「日の丸・君が代」じかけの天皇制

天野恵一

インパクト出版会

第Ⅲ部　象徴天皇制「再定義」のプロセスを〈読む〉　**165**

第I部

象徴天皇制の「二重構造」とその〈よじれ〉

●

[2001/5]

象徴天皇制の「二重構造」とその〈よじれ〉

「日の丸・君が代」じかけの天皇制の現在

1 「女性天皇」と「改憲」

「雅子さま懐妊　正式発表」の一面トップの見出しの新聞を手にしながら、この原稿を書き出している。五月十五日夕方に宮内庁が発表。四月十六日に「懐妊の可能性」発表があり、すでに「おめでとう」大合唱が、多様なマス・メディアによって演出された。一昨年の年末の「懐妊の徴候」大騒ぎから、流産へという流れで、スクープした『朝日新聞』を中心に、マスコミ報道への宮内庁や右翼（それに便乗した、『朝日』をおいかけて自分たちも大騒ぎをした事実を忘れたかのごとき、少なからぬマス・メディア）による抗議の体験が、各社にスクープへのブレーキをかけさせ、「可能性」（おかしな言葉だ）発表直後の号外（新聞）まで出しての大騒ぎの後は、静かに「正式発表」待ちであった。当然にも考えられる人工授精問題も、この間ストレートにふれているマス・メディアは、あまりない。ここまでは、宮内庁の統制が、かなり成功しているといえるのだろう（かつて、あれほど、授精の方法についてアーダコーダと論じた「女性週刊誌」にも、それに関する話題は不妊治療の名医がついた、といった程度の話があるだけだ）。

そして、マス・メディアは、ほぼこぞって、雅子の長いプレッシャーの悲劇を論じ、出産までに男でも女でも、どちらでもいいように、「女性天皇を可能にするべし」というキャンペーンをはった。そして、政治家が、すぐ動きだしたのである。

五月九日の『読売新聞』は、一面トップ（見出しは「『女性天皇』『自ら退位可能』皇室典範改正を検討」である）で以下のようにレポートしている。

「自民党は八日、皇室制度について定めた基本法である皇室典範について、女性の皇位継承や本人の意思による天皇の退位を認める方向で改正を検討する方針を固めた。小泉首相（自民党総裁）が総裁直属機関として党内に設置した『国家戦略本部』（本部長＝小泉総裁）で近く検討を開始する。政権与党が皇室典範改正を本格的に検討するのは初めて」。

小泉は以前から「女性天皇」は悪くないと主張していたことにふれつつ、そこでは、さらにこう語られている。

「また、国家戦略本部の本部長代理を務める山崎幹事長は『最近の男女共同参画社会を考えれば女性天皇は認められていい』『基本的人権（職業選択の自由）を天皇にも認めるべきではないか』などと主張しており、同様の考えは党内にも少なくない。／山崎氏の主張については、公明党の神崎代表、保守党の扇党首も六日のテレビ番組で『女性天皇を認めるのも男女同権という意味で賛成だ』（神崎氏）と賛同する考えを示した。／野党でも、民主党の鳩山代表が同番組の中で『女性天皇』実現のための皇室典範改正に賛意を表明した。社民党も先月十九日、皇太子妃雅子さまにご懐妊の兆候が確認されたことを契機に、男女平等の見地から『女性天皇』の可能性を探ろうと、皇室典範改正を視野に入れた党内論議を始めた。／与野党内に皇室典範改正の機運が出てきたことを踏まえ、自民党は『国家戦略本部で憲法改正を協議する中で、同時に皇室典範の改正も話し合いたい。大切な問題だけに早急に結論を出すよりも、まずは国民的議論に発展させ、改正への機運を高めたい』（幹部）としている」（傍点引用者）。

女性党首であり、テレビにもよく出ているフェミニスト議員もいる社民党は、自民党らの「平和憲法」を最終的に崩壊させるための明文改憲に反対している。しかし「女性天皇」には賛成ということになれば、「皇室典範改正」の国民的合意のうねりをつくりだしつつの、新しい象徴天皇のイメージづくりは、憲法（一章）の「改正」に必然的につながっていくのだから、その動きのなかで、社民党の改憲反対を崩せるのではないか。

自民党などには、そうした読みもあるのだろう。とにかく「皇室典範改正」で「女性天皇」（「民主主義」・「平等」）と「退位」の可能性（「人権」）というイメージをふりまき、「典範改正」から憲法「改正」への「機運を高めたい」という方向が目指されだしていることは明白だ。

皇室の人々の「人権」も考慮し、皇室を「民主化」することは、日本国家が「グローバル化」と対応するためには不可欠である。そういった論議が、今後さらにマス・メディアで精力的に組織されていくことは、まちがいあるまい。

「女性天皇制」（男でも女でも早く産まれた直系の方、というところまでいくのか、女は男の直系がいない時だけという程度に考えるのか、にかかわりはなく）であれ、世襲の特権身分制度（国家を象徴するという一族の存在）自体が反〈民主主義〉であり、そういう特権制度が人々の人権を抑圧している（彼や彼女たちが動く時の、ウルトラに人権抑圧的警備一つを考えてもみよ）という原理的な問題をふまえれば、天皇制の「女性化＝民主化＝平等化」などというのは、まったく欺瞞的なイメージ（イデオロギー）操作であるにすぎないことは明白なはずだ。

しかし、こうした操作のパワーが多くの人々の気分をつかまえ、フルに政治的な力を発揮してしまうことは、残念ながら、私たちが何度も体験してきた事実である。今度は、戦争のできる国づくりのための明文改憲の大きなステップとして「女性天皇」という構想が浮上してきているのであり、すでに、マス・メディアのそれに向けたキャンペーンも開始されているのだ。

私たちは、こうした動きに、あたりまえの〈民主主義〉の原則（皇室制度という特権的身分制度・女性差別制度をなくせ、という主張）をこそあらためて対置していかなければなるまい。フェミニズムと「女性天皇」・天皇制とジェンダーをめぐる論議にも積極的に介入していく必要がある。

こうした運動においては、「女性国際戦犯法廷」に集約された〈性暴力〉という視点から天皇の軍隊、そして天皇（制）の戦争責任（それを問わなかった戦後責任を含めて）を正面から問いなおそうという力強い女性たちの動きとの協力をどうするかという課題が、私たちの前に浮上してくる。侵略戦争・植民地支配の最高責任制度である天皇（制）が存在してきて、延命しているということ自体が、日本が侵略戦争と植民地支配の責任をまともに取って来ていないことを象徴している。私たちは天皇（制）の戦争責任・戦後責任をこそ追求し続けなければならない。これが私たちの反天皇制運動の原則的な主張であった。

だから、私たちが天皇ヒロヒト有罪を主張する「女性国際戦犯法廷」の判決と、「法廷」を国際的なネットワークをつくってつくりだしてきた女性たちの運動に強く共感したのは当然であった。「法廷」とその後をめぐる展開において、つくられつつある協力関係をもふまえ、「女性天皇制」による皇室制度の安定的継承制度づくりを賛美するキャンペーン、改憲への一大ステップである、このイメージ操作、これに抗する私たちの運動は、彼女たちとの、より自覚的協力関係をつくりつつ、広げられていくべきである。天皇（制）の歴史的な戦争・戦後責任を取るということは、天皇制という制度をなくしていくというにほかならないはずだ。だから「よい天皇制」づくりへのコミットなど話にならない。こうした視点も、共有できるはずである。

五月十六日の『朝日新聞』の社会面の見出しは、こうだ。「重圧耐え　深めたきずな」「雅子さま懐妊発表」「慣習・期待…揺れた8年殿下の優しさ支えに」。

本書のⅡ部・Ⅲ部に収めた文章群は、「雅子」にそくせば、婚約騒ぎから結婚、長い長い「不妊」プレッシャー、懐妊・流産そして、あらためての懐妊（正式発表）へ向かう、ほぼ八年に近い間に書かれたものが集められているわけだ。自分で眼を通しなおして、この八年間は、「女帝＝女性天皇」へ向けた、多様なマスコミ・キャンペーンの時間であったことが、あらためてよくわかった。

「国際化」時代にふさわしい、女性外交官という、キャリアのエリートの皇室入り、「女性の時代」にふさわしい「雅子さま」キャンペーンがまずあった。「女帝」美智子バッシング（天皇バッシングへと連動した）と美智子の逆襲も、天皇制のイメージをめぐる右翼メディアの改憲論議という性格を持つものであった。秋篠宮スキャンダルも、娘が天皇になる可能性への配慮からのバッシングという読みもできた。イギリスのダイアナ・スキャンダルをめぐる日本の熱い報道も、「女帝」のイメージをめぐって、くりひろげられたのだ。そして、現在の、皇室典範の「改正」への動きという具体性を持った「女性天皇」論の噴出。「美智子さま」「雅子さま」を「いじめるな！」といったキャンペーンの流れと、バッシング・メディア（それらは、すでに政府・宮内庁そして右翼の力によってほぼ押さえこまれてしまった）だった流れが、合流して合唱している。

この八年間の間に「女帝＝女性天皇」などという、「皇室の伝統」を壊すことは許さん、女が出しゃばると、ろくなことはない、といったむき出しの男尊女卑天皇制の主張（伝統右翼天皇主義者の論理）は、まったく影が薄くなってしまったようである。それは、この八年間の、実に多彩な、「女帝＝女性天皇制」づくりのためのキャンペーンが、精力的にくりひろげられた結果なわけである。皇室制度がピンチだから、やむなし、というトーンのものすら、マス・メディア（右派系も含めて）には、ほとんど登場しなくなっているのだ。これだけの長い準備をへて、今、「女性天皇」へ向けた本格的な政治的な動き（キャンペーン）が強まってきているのだ。

この「改憲」に連動するインチキ・キャンペーンに、広く反撃する、多様な行動がつくりだされなければなるまい。

小泉首相は「正式発表」に、「うれしいニュースですね。久しぶりに明るいニュースで、みんなお喜びになっていると思いますよ」と語ったと報道されている（傍点引用者『朝日新聞』五月十六日）。みんな「お喜び」なんて、皇室の反対の方へ向かって敬語になっちゃって（誤植でなければ）、皇室をめぐる発言につきものの混乱を、この人気首相も示している。この「右翼」首相も、「女帝＝女性天皇」にハシャいでみせているわけだ。世論調査で九〇％を超える支持にまでなったという小泉「人気」の薄気味悪さ。この「女性天皇」キャンペーンの操作と連動する、マス・メディアの〈犯罪的〉な政治操作の問題としてそれを見ておかなければなるまい。失業者が増大し、商店がドンドンつぶれ、景気は悪化一方、このままではやっていけない危機感が社会にあふれだした。他方、官僚や政治家は汚職まみれ。この状況で本人が「改革」を連呼し、なにか、まったく新しいステキなものをつくりだすという、マス・メディアが大きくつくりだした実態とは関係のないムードの強力な力で、人々の危機感を吸収し彼は人気首相になった。

2　「最低」から「最高」へ――「小泉人気」の問題

小泉純一郎が首相になった直後の世論調査の支持率は、『朝日新聞』では七八％（不支持八％）、『毎日新聞』では八五％（不支持五％）、『読売新聞』八七％（不支持六％）であった。この調査結果をつたえる四月三〇日の『朝日新聞』は「最低（森内閣九％）から最高へ」

への見出しがある。そこには、「音楽が好きで、芸能人や文化人と交流があり、はっきりモノを言う」、こういうキャラクターがうけているのだとも書かれている（「文化人」はともかく「芸能人」との交流があることが好かれる理由とは、どういうことなのだろう）。

森首相の最低は、あたりまえのことであった。小渕首相が急に倒れ、「密室」で小渕の意思を政治的に演出し、つくりだされた森首相。スタートの時の嫌な印象は、まず「神の国日本」発言。その後連発される、右翼体質むき出しの言葉。本人のそして閣僚らの責任感なきシモネタスキャンダル。自民党権力者たちの汚職。「外交」での信じられないような無責任なトンデモ発言。日本船が米潜水艦にぶつけられて沈没のハワイでの大事故が告げられても、賭けゴルフを続け、批判されると公然とひらきなおるのみ。あげくにその会員制のゴルフ場の使用が実質上タダという（汚れたプレゼント）であることが判明。

きりがないぐらいの、短期間での、ハレンチな行動の蓄積。「右翼体質」へのシンパシーから、「神の国」発言などは弁護していた右派メディアも、積極的に支持する主張を展開することはなくなるという状況になり、マス・メディアに袋だたき。ついに最低の支持率に落ちこんだのである。だから、それは当然のこと、以外のなにものでもない。

森内閣の基本政策は小渕内閣の継承であった。小渕は死の直前の一年間に（一九九九年国会で）、周辺事態法などの「新ガイドライン関連法案」、地方分権の名の下で軍事・外交の国家占有化をねらう「地方分権整理法」、改憲へ向けた憲法調査会の設置のための法改正、「日の丸・君が代」の強制のための「国旗国歌法」、警察官の盗聴を合法化する「通信傍受法」、住民票にコード番号をつけ国家が民衆の情報〈プライバシー〉を一元的管理することを可能にする「住民基本台帳法」の改定といった国家主義へ向かう悪法の立法化・改定を国会論議も少ないまま、数の力で押しきってアッという間に連続的に、やってのけた。森は、このアメリカに従う戦争遂行可能国家づくりの方向を、「天皇を中心とした神の国日本」といった、右翼ムードむきだしの言葉をかぶせながら継承した。財政もバラマキで不景気「突破」という政策スタイルを小渕から継承、事実上、不景気は持続し、経済はさらに悪化（「ＩＴ革命」のスローガンも、かなりむなしいものであった）。

この腐敗しきった政治手法の最低森政権の内側から小泉は出てきた。小泉は森派のトップ・リーダーとして森政権を最後まで支え続けた。この男が、脱派閥をとなえ、森派から抜けてみせ（森派の支持はあてこんで）、自民党改革・経済改革・構造改革を連呼し、国民的人気をつくり出し、首相となったのである。だから、世論の最高支持は、まったく、あたりまえではないのだ。

四月二十七日の『朝日新聞』の「勝因は『小泉主義』」という記事はこんなふうである。

「他の人なら倒閣運動している。森喜朗さんだから、支えている」との小泉発言を引いた後にこうある。「森氏とは政策や体質が相入れない」。「だが、『森さんだから』という『兄弟仁義』路線で折り合いをつけた」。兄弟仁義で折り合いがつくのなら森と体質が同じで、政策については、ただの無責任ではないか。

次には森と対決した盟友加藤紘一の「乱」の時の、「最後の一人になっても支える」という発言については、「今まで支えた森氏を見捨てるなんてかっこ悪い」で、「ぶれなかった小泉氏が男をあげた」。これもインチキな論理である。あがったのがどんな「男」か知らないが、あの最低の森首相を、「最後の一人になっても支える」などというのは最低の政治姿勢であるにすぎない。

この記事は、最初は森と「共同責任」だから総裁選に出るのをしぶっていたが、「出ないとひきょうといわれる」から出たという小泉の発言も肯定的に紹介している。「共同責任」であることは、まったくあたりまえの事実だ。だから、そのことの重大さを、本当は考えずに、マスコミにかつがれて首相になる方が「ひきょう」の極みではないか。

首相として、靖国神社に公式参拝するとか、憲法を改めるべきだ、自衛隊を「集団的自衛権」を行使できるようにするべきだ、さらには、「新しい歴史教科書をつくる会」という右翼グループのつくった排外主義に満ち満ちた教科書の検定合格への韓国・中国らの被侵略国側からの抗議に対する、不当な干渉というような発言。こうした一連の「兄弟」森同様の右翼体質を露出させた発言（時間とともにそのトーンは少しだけダウンしだしているが）をしている人物だから、私はその責任を問題にしているわけではない（その事それ自体も、もちろん重大な問題ではあるが）。

また、たとえば小泉内閣に森派から三人も入閣しており、「森派内閣」という性格があることに象徴されるように派閥政治に足をひきずられており、「改革」は看板だおれになる可能性が大きく、「改革」の内実が、イメージ操作だけで、まったく信用できないから、責任を問題にしているわけでもない。もちろん、小泉のいう「改革」の内実は、経済・政治・軍事全般にわたってアメリカの要求、アメリカ・スタンダードに合わせる方向への「改革」であることは明らかである。経済政策についても、「市場化」＝「資本の自由化」をスピードアップして、労働者の首きり・倒産を加速し、強い企業だけ強くしてグローバル化に生き延びさせようという「改革」であるのだから、決して庶民にとって歓迎されるべき「改革」などではない。そして、小渕内閣・森内閣にも、経済のレベルでもそういう方向への動きが何もなかったわけではない。また、軍事・政治においては、着々とその手を打ってきていた（小渕内閣の一連の悪法づくりがそれだ）。小泉は軍事・政治はその線を突き進み、経済において一気にそれをやるという「構造改革」を呼び、不景気にあえぐ人々の気持を、幻想的に吸いあげて人気を得ているのである。さらに自分たちをいためつける政策に、人々はすがろうとしているのだ。その政策はもちろん問題である。しかし、そうだから責任を問題にしているわけではないのだ。

小泉は、ハレンチ森内閣を中心で政治的に支え続けた人物である。最低の支持を必然化した森内閣の政治の共同責任者の一人だ。森を批判した論理は、そのまま小泉批判であたりまえなのだ。ほんのチョッピリの責任感でも、それがあれば、森とは別で、反派閥だなどといって総裁選に出てくることなどありえないのだ。いや出てきたら、その無責任さに、激しい批判が集中して当然ではないか。

マス・メディアは、こぞって人情話しに流しこんで、小泉の「改革」への期待を語り、徹底した無責任ぶりを隠蔽した。いや隠蔽どころか、ナルシズムにまみれたそのパーソナリティを「わかりやすい人」として賛えつづけたのである。無責任小泉をマス・メディアの無責任が支えた。そして、小泉人気はつくられた。しかし、ギリギリ問題なのは「世論」調査に表現されている人々の意識である。それがどの程度「客観的」なものであるかはともかく、この「世論」なるものが、無責任の腐臭をただよわせだしていることはまちがいない。支持政党なしのいわゆる「無党派」層の拡大とは、マス・メディアの情緒的な操作の対象の拡大でもあったようだ。最低限の政治責任を政治家に問うという姿勢（政治倫理）が、マス・メディアにはもちろん、多くの民衆の中から消滅してしまっている（いや、それは、もともとキチンとつくりだされたことはなかったのかもしれない）。最低限の政治的責任を問題にする人々は、圧倒的に少ないこと、この事実が全面的に、露出してきているのだ。どういう政策内容の人物が首相になったかではなくて（そのことも大きな問題だが）、首相―マス・メディア―民衆の相互もたれあい無責任構造（体質）、この構造の定着を、小泉人気は象徴しており、そのことが大問題なのではないのか。

こうした腐敗は、市民運動の中にまで浸透してきつつあるようだ。「市民の政治ACT」（五月十四日号）の連載コラム（田中良太）は、「無党派の奔流」が「無派閥化の奔流」を自民党の中につくりだした「小泉革命」と論じ、以下のように語っている。

「日本のメディアはそろって『小泉革命』を、文字通りの革命だと見ることができない。だからこそ『亀井静香幹事長説』などを報じることができたのである。小泉陣営は、この純感なメディアを置き去りにして、戦いを前進させていかなければ、反革命を成功させてしまうだろう」。

ここには、政治家の責任を問う姿勢もなければ、政策内容を批判的に検証する論理もない。マスコミに煽られ、マスコミ以上に小泉「革命」の情緒的ファンになった人物が、いいかげんなことをわめいているだけだ。こんな連載を書かせている「市民の政治」の編集方針には、怒るというより、あきれてしまうしかない。私たちのおかれている状況の悲惨さを、これは象徴している文章である。

一九八六年のダブル選挙の結果をめぐって、廣松渉と松本健一と私の三人の座談会が持たれ、その時、私は中曽根政治の、政治自体のショー化という問題にふれて、「『政治が芸能化』している」と発言したことを、よく覚えている（「『保守化時代』の政治・思想を問う」『エコノミスト』一九八六年八月十二日号）。首相を、あるいは有名政治家を「芸能人」への関心と同じ気分で見る（政治の主体は自分たちではなくて、政治ショーの大物役者で、自分たちはメディアで観て、アーだ、コーだと上っつらだけを情緒的に論じてみせる）傾向は、高度情報化社会で、より拡大・深化してしまったようだ。ここまで私たち民衆の腐敗は広がり進んでしまったのである。

マスコミを超えて「小泉革命」にひたすらハシャいでいる「ACT」のその文章と比較して、小泉の「タカ派」体質にブレーキをかけつつ、小泉の「改革」を賛美してきたが、自分のつくりだしたムードがあまりに無内容、それなのに小泉人気は異様に高まり、このことに不安を感じ、その点を記事にだしている『朝日新聞』などの「ブル新」のそうした記事の方が、まだましなのかもしれない。

政治のマスコミ・ショー化・芸能化は、天皇制のマスコミ・ショー化・芸能化と対応しつつ、象徴天皇制よりゆっくりしたテンポで、そうなってきたといえよう。人々の命がかかる、人間関係、社会の基本的なあり方を決めてしまう天皇（制）の政治（例えば「皇室外交」）を、無害な非政治的ショーとして、政府と一体化してマス・メディアは演出してきた。象徴天皇（制）は特別なスター・タレント一族であるというのが、情報社会《マスコミじかけ》の天皇制である。そして、権力政治（家）の舞台も、無害なショー（芸能政治大会）という色彩を、段々と持つようになってきたのである。

「女性天皇制」へという皇室「改革」は、改憲を無害なものに見せるための、前段の政治ショーとして準備されようとしている。そして、この「改革」を推し進めるのは、大人気タレントなみとハシャぐ小泉（内閣）である。すさまじい事態だ。

さて、今、全面的に露出している、（権力）政治家たち、マス・メディア、それに操作されている私たち民衆にある、無責任体質の起源は、とりあえず、戦争直後にあるといえよう。昨日の「敵」であった占領軍（アメリカ）の占領政策にガードされて、植民地支配と侵略戦争の最高責任（者）であったヒロヒト天皇（制）の責任をまったく問わず、天皇制とともに自分たちの責任を問われずに延命した政治家・官僚・資本家たち。そして民衆を死に狩りたてる宣伝をくりかえしたにもかかわらず、ほぼそのまま戦争責任を不問にして延命したマス・メディアという制度。あれだけの殺傷された人間を出しながら、自分たちの担った植民地支配・侵略の責任を、キチンと考えないばかりか、支配者たちの責任をまともに問わず、天皇や政治家・資本家とともに軍部の戦争に引きずりまわされたという被害者意識だけで戦後をむかえた多くの民衆。

そして、戦後の時間の流れの中で、この権力・マスコミ・民衆の一体化した〈無責任のシステム〉は決定的に破壊されることはなく、今日にまでいたった。権力とマス・メディアは、自分たちと皇室そして民衆は、軍部の被害者であり、本当は平和主義者なのだというプロパガンダを蓄積し続け、自分たちの植民地支配・戦争責任を隠蔽し続けた。そして、民衆も権力者（政治・社会の）とマス・メディアのつるんだ操作に抗して、彼らの責任を、自分たちの責任をふまえて、キチンと問うことが、よくできなかった（ここに戦後責任が発生する）。歴史的に嘘をつみあげ、その嘘にひらきなおる最高に無責任で欺瞞的な、天皇制と支配者たち（マス・メディアのトップも含まれる）を正面から批判することのできなかったことで発生する私たち民衆の戦後責任。戦争責任も戦後責任も、天皇一族を中心にした支配者たちのものと、私たち民衆のものとは当然にもレベルが違う。戦後生まれの世代（私を含む）には直接的な加害という意味での侵略責任はない、しかし、この責任を支配者（天皇〈制〉）らに取らせることができないで来たという戦後責任を媒介に、自分たちの戦争（植民地支配）責任ということも考えざるをえないのである。

かつて、問われるべき決定的に重大な責任を問わず、そのまま戦後の時間が流れ、ここまで来てしまった結果、蓄積された腐敗が、「小泉人気」としていま噴出しているのである。

だとすれば、私たちの「右翼」小泉内閣批判は、天皇制の無責任と欺瞞への批判と重ねられなければなるまい。根本の責任意識を回復し、それをつくりだしていくためには、天皇制の戦争責任・戦後責任を問う作業が不可欠なはずである。そういう前提に立てば「女性天皇制＝女帝」へ、などという論議も、そういう論議にまきこまれてあれこれ論じられる主張も、天皇制の戦争・戦後責任の隠蔽への加担にしかならないことは、あまりに明らかではないのか。

自分たち民衆が歴史的・現在的〈戦争・戦後責任〉を問いなおす作業は、必然的に天皇（制）と支配者たち、そしてマス・メディアの戦後を問うことと通底する。小泉内閣の批判も、この地点から果たされなければなるまい。

3　戦後国家の二重構造

敗戦後の占領期に隠された問題を引きずりだす必要。こういう問題意識は、この間、直接に天皇制をめぐる問題の方からだけではなく、沖縄・安保問題の方からも、私の中で浮上してきた。沖縄の米軍が蛮行をやりほうだいという米軍基地問題の方から考えれば、「占領は継続」しているという、多くの沖縄の人々の実感には、かなりリアリティを感ぜざるをえない。まさに、治外法権的に存在している米軍（基地）の実態にふれるたびに、敗戦直後に、米軍に沖縄を「売渡す」メッセージを発したヒロヒト天皇（と支配者たち）の、自己保身の政治の持つハレンチさを想起せざるをえないわけだが、この「切り捨て」（沖縄にマイナスを集中して逃げる）政治に対する批判的意識が、長いこと不在であった「ヤマト」の民衆の運動の無責任さについても、考えてみないわけにはいかない（「復帰」で再併合した後も、マイナスを沖縄に集中する構造的差別政策は持続して、今日にいたっているのだ）。

占領期に具体的に準備された戦後国家は、占領政策に天皇（制）を活用し、その戦争責任は不問にふしたマッカーサーら占領軍（アメリカ）のヘゲモニーでつくられたものである。象徴天皇制もアメリカ製である。そして、象徴天皇制へのモデル・チェンジをしつつの天皇制の延命は、天皇とともに、陸軍のリーダー（東条ら）を中心とした軍部のトップに戦争責任（敗戦責任というレベルのものを含めて）をなすりつけた、戦前・戦中の政・財界のボス、官僚たちの延命をも象徴するものであった。それは、自分たちの責任を、一部のかつての「友」に押しつけ、昨日の「敵」にその「友」をさし出すという「裏切り」国家の成立を意味した（それは占領政策への積極的協力を媒介に、米国のリーダーと、延命して占領政策にすがった日本のリーダーの合作としてつくられたものである）。かつての植民地沖縄を「切り捨て」昨日の「敵」にさしだすなど、天皇ら支配者にとっては、本当のところなんの痛みも伴なわない行為であったのだろう。

統帥権はもちろん、天皇は軍、政治に関する「専制」的権力の大部分を失ったが、絶対的権威を持つ儀礼的権力として延命したのである。その権威は「人間天皇＝国家」という特別なものとされた。そして、「象徴＝人間天皇制」の成立は、神権天皇制（「現人神」天皇制）を縮小し、裏側にかくして成立した（神道の世界の「現人神」としてのふるまいは皇居の中を中心に持続されている）。「神」と「人間」を入れ替え、表を「人間」、「裏」を「神」とする二重構造をもってそれは成立したものでもあった。

この儀礼的権力である象徴天皇制の「人間」と「神」の二重性は、歴史（戦争）認識の二重性と対応している。象徴というスタイルに変ったとはいえ、天皇制（神道の神）の延命は、「大東亜戦争」は敗れたりとはいえ正しい戦争で、もちろん侵略戦争ではないという、かつての「詔勅」・国家の思想を延命させ、そういう歴史認識を延命させた。こちらの極との対極に、日本は侵略戦争に敗けて反省し、「絶対神」の天皇をやめ「象徴天皇」＝「平和天皇」になったという前提で、「太平洋戦争」は侵略戦争であるという歴史認識がつくりだされた。これは、民主主義国に敗けたファシズム国日本は侵略を反省して民主国家となり、国際社会へ復帰しますという、日本国家の講和条約（対外的）論理である。占領から講和へという流れで、対外的には一応、こう主張したものの、国内には「大東亜戦争肯定」イデオロギーも強力に生き続けたのだ。この二つを極（歴史〈戦争〉認識）として戦後国家は成立し、動いてきた。侵略戦争と「正義の解放戦争」という二つの極をつつみこみ（この両極の間に、いろいろな主張が存在するというかたちで）象徴天皇制国家はつくりだされたのである。その国家が天皇制国家たるゆえんは、両極を統合する軸（価値観・イデオロギー）として〈天皇（制）〉には戦争責任がないという〉ロジックが存在している点に表現されている。激しく対立している二つの極の共通の土俵は天皇（制）に戦争責任はないというイデオロギーなのだ。

米日合作のこの国家のイデオロギー（歴史の偽造）と対決しなければ、本当に支配と対決することにはならない。

本書に収められた文章が書きつがれた八年間は、沖縄の反基地闘争の、新しいうねりが、占領期の問題に、あらためて光をあてた時間とほぼ対応している[1]。そして、ヒロヒト天皇の死に伴う、権力者たちの天皇関連資料（アメリカの占領資料の開示は、それ以前から）の公開が、その時代の天皇ら支配者たちのグロテスクな動きを、具体的に認識できるようにした時間ともこの八年は対応する（もちろん、この動きは、この八年より以前からスタートしている[2]）。

戦後日本国家の最大のタブー（嘘）を批判し続ける、反天皇制運動が、どのように少数派であることを強いられても、持続されなければならない「理由《わけ》」は、ここにあるのだ。天皇制の戦争・戦後責任をこそ問う。国家の最大・最高の「嘘《ホラ》」による支配を許さない。このことは、はずせないのだ。

［注］

（1）占領と天皇制の問題については私は「〈占領民主主義〉の神話と現実

――原爆・天皇制・「安保」・「国体」・新憲法」で少しこまかく論じた。(『再審』〈第1輯〉に書かれ、後に私の『沖縄経験――〈民衆の安全保障〉へ』〈ともに社会評論社〉に収められた)。

(2) この間の天皇ヒロヒト関係の資料の開示と研究の進展については、吉田裕の『天皇の戦争責任』(加藤典洋・橋爪大三郎・竹田青嗣著・径書房)の書評文を参照(『季刊 運動〈経験〉』〈1号・編集「反天皇制運動連絡会V」軌跡社〉の「ロング書評」)。

4 「外交」「巡行」「慰霊」と「二重構造」

この八年間で、というより、アキヒト天皇の代になってから突出したのは、皇室「外交」であった。「国体」・「植樹祭」・「海づくり大会」という年一回の地方「巡行」、全国めぐりのイベント(「海づくり大会」はアキヒトの代で天皇行事となった)、そして八月十五日にくりかえされる「戦没者追悼式典」という、国内の儀礼(イベント)にくわえて、国外の「外交」が精力的に展開された。この「外交」の政治的ねらいは明らかである。一つは「経済大国」から「政治・軍事大国」への道を、アメリカのリードの下に突っ走っている日本の支配者は、国連の常任理事国入りし、世界の大国としてのステイタスを手にしようとしている。だから、一方でPKO派兵をくりかえして、実績をつみあげ、他方で「皇室外交」で、その承認を他国から取りつけるという動きをつみあげてきたのだ。

もう一つ、「皇室外交」の重要な問題は、それが戦争責任の「清算ムード」の演出による、責任の隠蔽のための儀式である点だ。これは、特に中国などの植民地支配・侵略のダメージを与えてきた国については、「謝罪」めいたポーズ(「お言葉」)などを天皇が示し、欺瞞的であることこの上ないセレモニーとして演出され続けた。最高に責任ある制度にアキヒトが座ったまま、「謝罪」のようなことを語ってみせるという事自体が、実にハレンチなことなのである。天皇が責任をとるとしたら、天皇制をなくすために、自分が退位するしかないではないか。天皇は天皇であるまま、本当に謝罪することなどできないのだ。

この点は、戦没者追悼式典や、敗戦五十年(一九九五年)の時の国内の戦災地への「慰霊巡行」についても、いえることである。天皇の命令で戦死した人たちを、天皇(代替りしたとしても)が天皇として慰霊してみせる儀式は、死者にわびることなどを意味しない。大量な人々を死に追いこんだ責任ということを考えるなら、天皇(国家)による「慰霊」などという儀礼などは、なくすべきなのである。新たな戦争国家への道を進みだした今、予想される「新たな戦死者」のための天皇の「慰霊」が準備されているわけで、こうした過去の戦死者の「慰霊儀式」を、そのまま新しい戦死者への「慰霊儀式」に連続させるつもりなのだ。中曽根が一度やって、激しいアジアからの批判をあび、中止されたままであった靖国神社首相公式参拝の動きが、小泉首相によって、あらためて公然化しだしていることにも、「戦争=派兵」国家化という日本の状況が反映しているのである。

「皇室外交」(これはマスコミがつくり出した言葉だ)は、憲法上許されない行為である。そして、「巡行儀式」も「慰霊儀式」も、憲法上の根拠などない。天皇と靖国神社の関係がそれなりに公然たるものに復活すれば、それは憲法の「政教分離原則」に違反であることは、いうまでもない。

権力者の改憲構想の内容は、この天皇(皇室)をめぐる違憲(解釈改憲でごまかしている)状況を、スッキリと合憲に改める方向でねらわれているのだ。「象徴天皇」のままで、儀礼的権力としての政治権能を強化する。すなわち、それは「元首象徴天皇」づくりといえよう。こうした方向へ、象徴天皇制を「再定義」することが目指されているのである。

「女帝＝女性天皇」キャンペーンをふまえ皇室典範改正をステップに、一章の明文改憲による「元首象徴天皇」へ。

これが、この八年間でハッキリ見えてきた権力側の攻撃（政治プログラム）である。

私たちは、戦争＝派兵国家づくり（これは九条の明文改憲が最終ゴール）という未来への動きと対決しつつ、過去の天皇（制）の植民地支配・戦争責任、そして戦後責任を問いなおす（記憶の忘却や歴史意識の捏造に抗する）運動を、さらに持続するしかない。

さて、象徴天皇制の「再定義」のプロセスで、二重構造（イデオロギー）が、奇妙によじれたかたちになってきていることにも、注目しておかなければなるまい。戦後政治は戦争への反省という対外的な姿勢を基本とする「保守本流」の首相が、一方の「大東亜戦争肯定」ムードの「神」がかり天皇への郷愁派（右派）を押さえこむというシステムが主流で展開されてきた。右派の大臣が「肯定＝郷愁」派的発言をし、その暴言のために辞職するということがくりかえされてきたことに、その事は、よく表現されている。いいかえれば、右派が突出し、それを押えつつ、権力全体も「右傾化」する、ということがくりかえされてきたともいえよう。

ところが、単純な、信念などまるで持ちあわせていない「右翼」の森が首相になり、「天皇を中心とする神の国日本」などの「暴言」をくりかえしたが、彼は発言を撤回しなかったし、直接にそのことで首相をやめることになったわけではなかった。そして、今、マスコミむけのパフォーマンスがうまく、森よりはるかにズルそうな、単純と人情が売りものの「右翼」小泉が、その首相の座についている。このことに示されるように、二重構造は、なくなったわけではないが、かなりよじれたかたちになってきていることは明らかである。象徴天皇制は前提にしつつ、その土俵の上で「神」の天皇を回復させ、植民地支配・侵略戦争の過去も、あいまいに、あるいは正面から正当化していこうという、右派が保守権力の中心に座りだしているのだ。もちろん、彼等も、茶髪のロッカーを天皇在位十年式典に集めたり、「女性天皇」を積極的に容認したりと、世界的な時代の変化に対応しようという「開かれた」姿勢も示している。マスコミに「開かれた」皇室の方へ彼等も変貌しているのだ。「女性天皇」という問題についての、二重構図（対立）は、伝統的右翼の変貌によって、ほとんど消滅してしまったのだ。

「自由主義史観」派＝「新しい教科書をつくる会」の教科書の検定合格。「日の丸・君が代」の「国旗・国歌」法制化に伴う強制の全面化と、「右翼」首相の登場をもバックに、抗議の動きに暴力的に介入する右翼の日常的跋扈。今、右派（イデオロギー）の突出は明らかであるが、彼等のイデオロギーの変貌という部分も、おさえておかなければなるまい。ここには、右派のヘゲモニーの強化という状況が、単純な「戦前回復」をもたらすものではないことはもちろん、戦後「裏」にかくれていたイデオロギーがそのまま「表」に出てきたというほど単純な二重構造の入れ替わりを意味しているわけではないことが示されている。よじれつつの「裏」の露出（公然化）なのである。右翼天皇主義のイデオロギーの内容は、アメリカ製をかつぐ国粋ナショナリストというスタート時点からのインチキを考えればあたりまえの話ではあるが、無原則化、無思想化がより加速されているのだ。

右派の変貌には、ソフトな保守派の「人間＝象徴」天皇派（もう一方の極）のイデオロギーの変貌が対応している。皇室「外交」は、象徴天皇に政治権能をハッキリと持たせるわけであるから、純粋に儀礼的な権力にとどめるべきだという彼等のスタンスからすれば、「外交」の拡大に反対のはずであった。しかし、彼等こそが、こぞって「外交」を推進したのである。特にアキヒト天皇の代になってから、この傾向は全面化した。靖国問題などで、右派の動きに常に批判的である『朝日新聞』『毎日新聞』なども、「外交」賛美一色であり、違憲ではないか、という当然の疑問すら、まったく記事にされない状況になってきてしまったのだ（右派の方が、天皇の「謝罪」外交反対という線で「外交」にはかなり消極的であった）。こちらの極の内容も、かなり変貌しているのである。二つの極が相互に影響し合い、相互変貌をかさねながら対立し続けている。それが象徴天皇制（イデオロギー）の二重構造の現在である。

5　「日の丸・君が代」強制の全面化

「日の丸・君が代」が「国旗・国歌」法制化された後の入学・卒業式での学校を中心に、すさまじい旗と歌の強制が展開されている。反対する教師への処分や刑事事件にしたての告訴があり、「クビにする」という管理職発言が飛び出すようなヒドい状況である。自主的な式づくりをめざした子供たちへの、学校・右派メディア・右翼の一体化した攻撃も浮上した（国立）。法制化した時の官房長官野中広務は「強制はしない」と発言していたが、やはり「法制」化は「強制」化以外のものではありえなかったわけである。この八年の期間中で、この「日の丸・君が代」の強制の全面化の開始というのは、やはり天皇制をめぐる問題としては特記しておくべきことだろう。

私たちは、「法制化」に反対する運動をくぐり、「『日の丸・君が代』強制反対意見表示の会」をつくりだして、右翼の介入をはねのけ、一人一人の抗議・抵抗の声を広く連絡すべく動き続けている（今年の三月三日に「強制反対の声をひろげよう！　さまざまな視点から〈意見表示〉」という集まりとデモ〈大量な宣伝カー右翼の暴力的介入があった〉をふまえ、次の六月集会の準備に私たちは向かっている）。

去年（二〇〇〇年）十月十八日に、この会の主催で持たれた「押しつけを跳ね返そう！」という集会での、私の主催者発言（パンフレットに収められた）が、この間の私のスタンスをよく説明していると思うので、以下に紹介する。

今日の集会は時間が本当に立て込んでいますので、簡単にします。集会に至るまでの過程はニュースがありますので読んでいただきたいと思います。会についても、呼びかけ人の名前が入ったリーフレットも一緒に置いています。

「意思表示の会」の運動は、はじめに限定的な呼びかけ人を立てて、その後に、それも主体にしてひろく呼びかけるという形ではじめたわけですけれども、その呼びかけ人の方が、二年足らずのこの運動の中で、すでにお二人が亡くなっています。僕もいろいろな運動をやってきましたが、そういうことは初めてのことです。おひと方は、ついこの間お亡くなりになりました高木仁三郎さんです。高木さんは、渋谷の宮下公園で三月二五日にやりました集会に来ていただいて、話をしていただきました。それは会のニュースの三号に収録されています。おそらく高木さんが、こういう場所に出てきた最後の発言だったと思います。それも「日の丸・君が代」という、高木さん自身の本来のテーマからするとやや遠いところにある問題であるにも関わらず、病気を押して来ていただきました。その中で高木さんは、こんなふうに語りました。自分たちは、かつて戦争中に意見をほとんど言えず、いわば人格の中に国家の意思が踏み込んでくることに対抗できなかった親たちの世代に対して抗議してきた世代であった。しかし、「日の丸・君が代」が「国旗・国歌」として法制化されていくような状況は、今また自分たちも同じようにやられているということではないのか。今こそ、ひとりひとりが自分の意見、態度をきちっと持ち、それを表明できるようなものを作り出していくことが必要ではないか。「会」の運動もそういう運動であってほしい、というのが彼のメッセージの内容だったと思います。集会の後半に予定されているリードイン・スピークアウトも、そういう高木さんの意思もふまえて、ひとりひとりの方に短く自分の「日の丸・君が代」についての個々の思いを語ってもらうという趣旨で準備しました。

集会に先立って、いま「ゆんたんざ沖縄」という映画が上映されたわけです。「日の丸・君が代」の法制化問題に反対するさまざまな運動の流れの中で、この会も作られてきたわけですが、そのプロセスで、「君が代」は天皇のための世という内容だから良くないが、「日の丸」についてはスポーツなどを媒介に定着してしまっているのでやむを得ないのではないか、というような意見などが反対運動の中にもいろいろあって、個人的にいらだったということがありました。「日の丸」が戦争に人を動員した旗だったということはもちろんです。でも、僕自身の記憶というか、体験ということで言いますと、それだけではなくて、たとえば山谷で寄せ場の労働者のドキュメンタリー映画を撮った僕の友人の二人が、さまざまな偶然もあり右翼に殺されてしまった。殺した右翼が掲げていた旗が「日の丸」だったわけです。そういうこともあって、彼らが残した「山谷《やま》――やられたらやりかえせ」という映画を、「日の丸・君が代」法制化反対運動の過程であらためて上映することをしてきました。そうした動きの中で、もう一度見直してみたいと個人的にも思ったのが「ゆんたんざ沖縄」だったわけです。この映画の後、知花昌一さんが国体のソフトボール会場で「日の丸」を燃やして抗議するという事件があり、国体を契機とする天皇の沖縄訪問に反対する運動をやっていた僕たちも、その裁判の支援を「一坪反戦地主会・関東ブロック」の上原成信さんたちと組んでやりだしたことで知花昌一さんたちとの交流も始まったということがありました。昌一さんがなぜ「日の丸」を燃やしたのか、その思いと動機を説明するのに非常に「便利」な映画でしたので、「ゆんたんざ沖縄」は知花裁判支援のための運動の中で、ずいぶん上映もされたと思います。この映画を作ったシグロの演出家を中心とする人たちも裁判のための支援会議の場を会社で提供してくれるような形で、一緒に救援活動をスタートしたという記憶もあります。また、映画に登場した丸木位里・俊夫妻も、スタートの集会などに来ているというような構造がありました。

「日の丸・君が代」の問題をあらためて考えなおしてみる意味では、この映画を今の時点でもう一度見直してみたい、この映画を昌一さんと一緒に見て、どんなふうに考えるかを聞いてみる機会も持ちたいという非常に個人的な動機もありまして、会議で提案したらすんなり通りましたので、こういうことになりました。そして、亡くなってしまった、もう一人のこの会の呼びかけ人である戸井昌造さんは、沖縄の人々の運動に対して熱い思いを持ち続けている「えかき」でした。亡くなった戸井さんの気持ちという点からしても、この映画の上映はよかったなと思います。

そんなふうなモチーフで、きょうの集会は持たれました。ぜひ最後まできちっと聞いてください。

「日の丸・君が代」じかけの天皇制の暴力的性格（これは、拒否する人間への公然たる右翼の暴力だけではなく、教育委員会やそれとグルになった校長の、自分の主体的責任を隠した、行政処分にも、よく示されている）が、今、あらわになってきている。

植民地支配・侵略戦争に、そして全住民をまきこみ、おびただしい死者を出した沖縄戦に人々を狩りたてたこの「日の丸・君が代」。そして戦後も右翼暴力団のテロを象徴する旗と歌。大きな「日の丸」の旗をふり、宣伝カーで「君が代」をガンガンながしながら、右翼は、日常的に、抗議の集まりに（「日の丸・君が代」をテーマにした集まりだけではなく、「慰安婦」問題〈戦後補償問題〉・教科書問題の集まりにも)、自分たちの主張を批判することは許さぬと、暴力的に介入しつづけているのだ。

右翼の旗(「日の丸」)、右翼の歌(「君が代」)を国旗・国歌として法制化し、政府が教育委員会が人々に全面的に問答無用で強制する時代が始まっているのだ。

「法制化」(=全面強制)しないところで、「日の丸・君が代」を使うという、戦後の象徴天皇制のバランスが、この問題でも右側に傾いたことは明らかである。

「二重構造」という問題でいえば、侵略戦争の「旗と歌」を、そのまま(とはいえ平和のシンボルと表面上の意味づけはかえつつ)国が正当化するという極のパワーが、正面におどりでたのだ。しかし、これは天皇制が象徴天皇制となることで延命したことに対応して「日の丸・君が代」も残されたのであるから、このようになってくる必然性は、戦後一貫してあったのであるが(この問題でも、二重構造の右派へゲモニーへの転換がおきたのだ)。象徴天皇制・「日の丸・君が代」をくし刺しにして、戦争・戦後責任を問い続ける運動が、戦後まともにつくられなかったつけが、まわってきているのだ。もちろん、一人一人の小さな抵抗や抗議は、戦後の時間の流れの中に無数に、多様に存在している。だから、そうした体験(記憶)を歴史的につなぎ、それぞれの体験をふまえて拒否する根拠を、広く交流させる運動がつくりだされなければならないのだ。

「右翼」首相が経済のグローバル化(「構造改革」)を呼びつつ、「女性天皇制」を語り、「日の丸・君が代」を暴力団右翼とともに強制する。このように、「二重権力」(イデオロギー)がよじれ、きしみをあげだしている、この象徴天皇制(その二重構造)総体を批判的な射程に入れながら、私たちは、「日の丸・君が代」じかけの天皇制の戦争・戦後責任を問い続け、それらを、まるごと拒否し抜く運動を、さらに持続し、過去のそして未来の少数者の、しかし、したたかで、多様な抵抗の運動(記憶)と広く交流していかなければなるまい。[1]

[注]

〈1〉この間の「日の丸・君が代」拒否の運動については、私の「『日の丸・君が代』と右翼テロの記憶——映画「山谷——やられたらやりかえせ」と現在」(『インパクション』118〈二〇〇〇年三月〉号と「沖縄戦と『日の丸』の記憶——サミット(主要国首脳会議)に抗して」(『インパクション』119〈二〇〇〇年五月〉号)参照。

第Ⅱ部

皇室情報の読み方

［1993/5］

天皇訪沖と皇太子結婚騒ぎ

沖縄闘争レポート

日本人の死者まで出て、まったく内戦状況であることを日本のマスコミもはっきりと書かなければならない状況のカンボジア。反派兵運動をこうした緊張状況に対応しうるものにどのようにつくりかえていくのか。一方でこうした実践的テーマをかかえながら、私は天皇の沖縄訪問、皇太子―マサコの結婚フィーバーとの闘いという当面の課題へ向けて、激しく動きまわらなければならなかった。

　別にマサコを追っかけて行ったわけではないが、四月十七日、父方の祖父のいた新潟での墓参りの日、私も新潟へ。彼女の「皇室イベント」（なんと、見栄えがいい場所に小和田家の墓は移動されていた。これがイベントでなくてなんであろう）に抗して持たれた現地での集会で講演。

　地元では、マサコに決定と同時に、「小和田家のルーツ」というマスコミの騒ぎは持続的につくりだされていたのだという。この集会で、こういうエピソードを聞かされた。

　〈マサコの祖父は、中学だか高校だかの校長であったらしい（教育＝インテリ一家という家柄賛美記事に、そういえばそんな主張があったと思う）、しかし学校が失火で全焼してしまい、責任を取って辞職した、新聞記者は誰でもこの話しは知っているが、誰も記事にはしない〉。

　その祖父を個人的に非難する必要など、とりあえず私は何も感じないが、ひたすら「美しい、すばらしい家柄」をうたいあげているマスコミが、こういう点（都合の悪いエピソード）をタブーにしていることは問題にされなければならないはずだ。

　四月十八日は、私たち「沖縄植樹祭・天皇の沖縄訪問に反対する共同行動」による、天皇訪沖反対集会とデモ。私はこの新潟でのエピソードの紹介をも含めた主催者発言。四月二十三日早朝は「共同行動」主催の羽田現地行動。すぐ沖縄に飛んで、大阪・京都のグループと合流して、天皇来沖反対のビラまき。翌日から現地の「米須・山城『全国植樹祭』を見る集い」「全国植樹祭を考える糸満市民会議」の人々の主催する集会とデモに合流。私たち「反天皇制全国交流合宿」の常連の人々も多く（福岡は二〇人以上の結集）、炎天下、長い長いデモンストレーションを二日間にわたって展開。到着時の空港には私服刑事が群れをなし、車でズーっと尾行しつづけるという状況であったが、私たちは、公然と元気に闘いを貫徹した。東京では在日沖縄人のグループ「沖縄研究会」を中心の「反天でーびるニライカナイ大集会」が持たれ、リレートークなどで反天皇制をアピール。東京の「共同行動」のグループはこれに合流。私たちの沖縄での闘いは、これと呼応するかたちで展開された。

　二十三日には天皇夫妻は沖縄入り、南部戦跡をたずね、平和祈念堂で沖縄県遺族連合会の代表の人々の前で「お言葉」。

　二十三日の『沖縄タイムス』（夕刊）は、「車、手荷物すべてチェック」「ものものしい雰囲気」（見出し）と警備状況を大きくレポートしており、そこにはこうある。

　「糸満市の南部戦跡では、警察ヘリが飛び交い、海上には第十一管区の巡視船。ひめゆりの塔前では、爆発物処理車や警察犬が待機し、観光客の横で警官が目立つ。『観光客より警官が多い、商売にならない』と土産物屋。平和祈念堂は午後四時まで閉館」。

　警備のあり方に、批判的なトーンは、もう一つの新聞『琉球新報』の方も強い。一面のコラム『話の卵』（四月二十三日、タイトルは「警備狂騒曲」）にはこうある。

　「…県警の警備ぶりは常軌を逸脱して市民生活に不快感を与えるものであった」「警備による締め付けはマスコミにも及び何をするにも届け出をして許可をもらわねばならず、県の広報課も間に挟まれて悲鳴を上げている。

報道陣もイライラのしっ放しである」。

アキヒト夫妻は、皇太子時代に沖縄で火炎ビンを投げつけられるという、「大歓迎」を受けている。天皇制（国体）護持・延命のために、沖縄全土を戦場にする闘いに追い込んだ天皇制国家。戦後は、天皇ヒロヒト自身の意向もハッキリと表明された、米軍への沖縄売り渡し。こうした歴史があったため、結局ヒロヒト天皇は沖縄に来ることはできなかったのである。

ヒロヒト天皇の行為を「偉業」とたたえ、それを「継承」すると宣言して即位したアキヒト天皇。こうした事実をふまえれば、沖縄で何がおきても、おかしいことは全くないのだ。このウルトラハードな警備は、権力者たちもそう考えていることの反映であろう。

二十三日の遺族への「お言葉」は以下の通り。

「即位後、早い機会に沖縄県を訪れたいという念願がかない、きょうから四日間を沖縄県で過ごすことになりました。到着後、国立戦没者墓苑に詣で、多くの亡くなった人々をしのび遺族の深い悲しみに思いをいたしております。／さきの戦争では、実に多くの命が失われました。中でも沖縄県が戦場となり、住民を巻き込む地上戦が行われ、二十万の人々が犠牲になったことに対し、言葉に尽くせぬものを感じます。ここに深く哀悼の意を表したいと思います。／戦後の沖縄の人々の歩んだ道は厳しいものがあったと察せられます。そのような中でそれぞれが痛みを持ちつつ、郷土の復興に立ち上がり、今日の沖縄を築き上げたことには、深くねぎらいたいと思います。／今、世界は平和を望みつつも、いまだに戦争を過去のものにするに至っておりません。／平和を保っていくためには、一人ひとりの平和への希求とそのために努力を払っていくことを日々積み重ねていくことが必要と思います。／沖縄県民を含む国民とともに、戦争のために亡くなった多くの人々の死を無にすることなく、常に自国と世界の歴史を振り返り、平和を念願し続けていきたいものです。／遺族の皆さん、どうかくれぐれも健康に留意され、元気に過ごされるよう願っています」（傍点引用者）。

天皇に死者を追悼する権利などあるわけがない。日本の民衆が戦争を本当に「過去のものにする」ためには、まず天皇制をなくす「努力」を「日々積み重ねていく」ことしかないのだ。こうした「お言葉」の欺瞞性については、ここではこれ以上は問題にしない。しかし、「沖縄県民を含む国民とともに」という言い方には注目しておくべきであろう。

「復帰二十周年」イベントのゴールのイベントとして、沖縄植樹祭（天皇訪沖）は準備されてきたのであり、それは天皇制の戦争責任（沖縄戦の責任を含む）を水に流し、沖縄を「本土《ヤマト》」にさらに一体化（統合）する大イベントであった。だから、現地マスメディアである『タイムス』『新報』の二紙も、二十四日の朝刊も大々的に天皇の「哀悼の意を表した」言葉をクローズアップし、以下のような声を紹介してみせるわけである。

「人々の死の上に平和が成り立っているのだから、死は無駄になったとは思っていない。天皇陛下の平和を願う気持ちは十分伝わりました」（五十三歳）

「お言葉によって、遺族の気持ちがすぐに癒えるものではないが、良かったと思う。戦争中に青春時代を送った世代として、同感でき、その通りだと思います」（六十二歳）

——両方とも『タイムス』

もちろん「お言葉」などに納得できないという声も紹介されていないわけではない（この点と反対運動がそれなりに記事になっている点にヤマトほど天皇一体化が進められていない沖縄の特殊性がまだ生きていることが表現されている）。しかし、テレビも含めて沖縄の天皇制に関する情報環境もすっかり、ほぼ「本土」並みになってしまっていることを、今回は痛切に実感せざるを得なかった。

「来県歓迎」の「ちょうちん行列」もつくりだされ、「天皇陛下万歳」を叫ぶ行進があった。

環境を破壊する天皇式典を実施し、「緑」（グリーン）の大切さを天皇がキャンペーンし、ＰＫＯ派兵を推進している国家のシンボルである天皇が、過去の戦争責任を棚上げにしつつ、現在の平和の大切さと、平和への努力の必要を語る（もちろん「お言葉」は政府の作文である）。

この「倒錯」。沖縄のヤマト一体化とはこの「倒錯」の大衆化をしか意味しない。「歓迎」をしっかりやって「本土《ヤマト》」から特殊視されるようなことはなくしたいという、抑圧されている人々ゆえの過同調の意識が、天皇批判のタブー化という意識をつくりだしつつある状況も読みとれる意見が、メディアには躍っている。

権力が警戒した天皇制国家（ヤマト）による歴史的な被害体験からくるパワーは、ずいぶん後退を強いられているのだ。この点は、天皇制反対派は反社会的過激派のみというヤマトのマスコミのキャンペーンの水準に見あったような反対運動しか――現地の生活者が圧倒的に少ないという意味で――展開できなかった沖縄現地の状況がそれを象徴していた。

四月二十九日は、「共同行動」は東京で集会を持ったが、沖縄から帰った私は広島の集会へ。三十日は栃木での集会。ヘトヘトになりながらの講演であったが、沖縄を含めた日本列島全体をおおう、「皇太子―マサコ」結婚イベントは、「平和国家」日本の「幸福」を大々的にプロパガンダする舞台として準備されているが、本当はそれは、カンボジアで拡大している流血（戦闘）とこそ対応するイベントであることを論じた。

沖縄基地のＰＫＯ派兵のための強化と天皇訪沖は対応している。そして日本人の戦死と皇太子の結婚フィーバーは対応しているのである。皇室のウエディングには血の衣装がもっともふさわしいというのは歴史が私たちに教える〈真実〉である。

［『反天皇制運動SPIRITS』25号・93年5月10日］

［1993/5］

皇居の森はいつもバブルが花盛り

皇太子結婚費用と新吹上御所建設費用

皇太子と雅子の結婚式の時に使う雅子のティアラ（宝冠）は美智子が皇太后から譲り受けたものを、また彼女に送ることになったことを報告している「ティアラは美智子さまがプレゼント」という『週刊女性』（五月十一・十八合併号）の記事はこう述べている。

皇太子さまと雅子さまのご結婚にともなう総費用として予算に組み込まれているのは三億五五〇〇万円。／このうち国の儀式として行われる『結婚の儀』『朝見の儀』『宮中饗宴の儀』には二億八六〇〇万円が計上されている。／「雅子さんが『結婚の儀』でお召しになる十二単と、皇太子さまの夏用の黄丹袍の新調費用に三三〇〇万円が計上されています。／衣装代のうち、半分以上は京都の老舗呉服問屋に発注した十二単の費用だといわれています」／と周囲の人はいう。／六月一五日から三日間、約二七〇〇人を招いての『宮中饗宴の儀』に約一億七八〇〇万円。そのほかにも、記録映画や写真代に一四〇〇万円。外国などからの祝賀に対する返礼費用などに八〇〇万円が計上されている。／「雅子さんが使われる専用車と予備車の二台に二一〇〇万円。おふたりの新居となる東宮仮御所の家具や倉庫リース代などの整備費にも二〇〇〇万円が充てられています」／と宮内庁の関係者。ご成婚にかかる費用は『モノ』に対してだけではない。／おふたりの世話をする宮内庁東宮職の職員も計一二人が増員される。「雅子さんの世話をする東宮女官長一人と女官四人、侍従一人、事務員や運転手などに一二人の人件費として計六九〇〇万円が見積もられています」。

「秋篠宮さまのときは、秋篠宮邸の改修を含めて一億七五〇〇万円だったから、今回の約半分ということになる」。

どんなにハデなステキな結婚式であるかをアピールしている記事であるが、そんな気分にまきこまれずに冷静になって、この数字を見ていると、腹が立ってこないか。私たちからまきあげた税金がこれだけ使われるのである。

五月十八日に落成が予定されているという新御所建築に使われている費用は、こんな程度のものではない。

「両陛下と紀宮の住居となる私室棟は二階建てで床面積約千二百平方メートル（約三百六十五坪）。書斎、皇后召替室、寝室、居間、食堂など約二十数室。／事務棟も二階建てで約千百平方メートル。ここにも侍従室、女官室、内廷係室など約三十五室があります。／応接・迎賓棟は一階建てで約千平方メートル。応接部分には映写室やステージ、音響設備を備えた約八十畳の大広間があり、ここには晩餐会や映画会、コンサートもひらける多目的ホールになっている。大食堂もある。／また、迎賓部分は三十畳の寝室、浴室、洗面室などがあり、来客の宿泊施設です。／新御所は、この三つの棟を皇居独特の渡り廊下でつないだ豪華建築。全体の外壁はクリーム色で統一され、屋根はあかね色の銅板ぶき……」。

『週刊文春』の「吹上新御所建設ではらした美智子皇后『積年の思い』──皇太子ご成婚を前に──」（四月十五日号）は、以上のように関係者の話を総合している。

詳細は発表されていないが、総額約五十七億円といわれていると、ここではレポートされている。

「皇居の森には今もバブルが花盛り」というような陰口があることも紹介されており、この記事は宮内庁がまともに情報を提供しないことに怒りの声を発している。

宮内庁の姿勢と、それに支えられた皇室のあり方にかなり批判的な記事なのである。

本来の皇室のあり方からはずれだしているのではないか、というわけである。

しかし、そういう批判はあたらないのだ。元来、「皇居の森にはバブルが花盛り」なのである。「いつもバブルが花盛り」なのが皇室制度なのである。だから、清貧の思想を彼や彼女らに要求するというのは、おかどちがいである。

いつも、いつも彼や彼女らは、多額の税金を使いちらかして生き、動いているのである。

結婚記念の、五千円銀貨と五百円白銅貨と五万円金貨（二〇〇万枚）が発行される。大蔵省も安くつくった金貨で大もうけという皇室バブル商法が忘れられないらしい。

私たちにとっては、皇室というバブルを消滅させてしまうこと、このことこそが必要ではないのか。

『情報センター通信』125号・93年5月15日

［1993/5］

アメリカ雑誌にからかわれた日本のマスコミ

「ミカド」の結婚報道

皇太子と小和田雅子の結婚式直前という状況で、アメリカのマスコミのこの結婚に関する記事が、日本のマスコミで話題とされている。

『週刊新潮』（六月三日号）の「ミカドと結婚する方法『ニューヨーカー大特集』」は、ひたすら古風な「武家」のモラル、すなわち家とか国家のためにということが優先するモラルを雅子が生きているとし、その結婚は恋愛どころか〝お見合い〟にすぎないと、それなりにまともに『ニューヨーカー』が論じている点を問題にし、文化の違いが、そういうおかしな評価を生みだしているのだと主張している。

こまかい評価（雅子の顔についてなど）に評価軸（文化）の違いがもたらすものがあるとしても、基本的にはこうした判断はあたりまえであるというしかない。「異文化の溝」がつくりだした差異などではそれはないのだ。

日本のマスコミがつくりだしている、「六年ごしの純愛」などというストーリーは、まったくの嘘であることはあまりにも明白である。『ニューヨーカー』が「お国のため」と強いられた結婚を、結局受けていく雅子の気持ちを、そう評価するのは、その限りでなんらおかしくない。日本の宮内庁・マスコミがインチキな物語を大量にたれ流していること自体が、おかしいのだ。

「相手が皇太子妃となる女性でなくても、その美醜をあからさまに口にすること自体が憚られるものである。だが、同誌は雅子さんの容姿を俎上に載せてしまう」。

この記事は、こう論じながら、雅子は美しくないとする（歯並びが悪い、突起した鼻…）評価は、日米の（美醜）感覚の違いだと具体的に反論してみせている。その点の反論には、それなりの根拠はある。しかし、である。

「美醜をあからさまに口にする」ことははばかられるとは。よく言うよ、なのだ。マスコミは「美しい」「美しい」と連呼し続けてきたし、連呼し続けているではないか。なにがなんでも画一的賛美報道の方が、まったくあたりまえではないのだ。自分たちの報道のインチキさを反省せずに、外の相対的にはまだまともな報道に、あれこれ反論してみせるのは筋違いである。

『週刊文春』（五月二十七日号）のタイトルは「宮内庁はなぜ抗議しないのか　アメリカ一流誌の失礼千万な皇太子御成婚報道」である。タイトルだけで考えると、「愛国メディア文春」が、わが「国体」をからかわれたので抗議しているという風に感ずるが、記事の内容はそうではない。

ここでは『ニューヨーカー』のみではなく、『ヴァニティ・フェア』と『ニューズウィーク』の記事が紹介されている。

内容は浩宮や美智子に強引に口説き落とされたという事実を具体的に紹介しているものである。

『ヴァニティ・フェア』のレポートはこんな調子である。

「この結婚難の〝最大の原因〟に関しても、当然、美智子皇后と雅子さんの話題に上った。〈マサコは疑問を声に出して訊いた。皇太子と結婚すれば、皇后様を苦しめたと同じ恐ろしい宿命に悩まされなければならないでしょうか。／皇后はこう答えた。／『あなたが自分の感情に正直になり、自分の判断に従っているかぎり、いかなる問題も決して起こさせません』／その意味するものは明白だった。皇后は、息子と結婚する者には個人的な庇護を与えると約束したのだ。二人は無言のまま、しばらく見つめ合った。そして、丁寧な日本語を使いながら、結婚の具体的な条件について相談し始めた…〉」。

この記事は、ラストに〈アメリカの雑誌の記事は関係者なら知っている事実〉という特派員の声を示し、しかし「事実なら何を書いてもよいというわけでもあるまい」と語る。だが、事実を知らせないで宮内庁の姿勢が批判されるのは当然といったトーンで結ばれている。

『週刊文春』は、それなりにアメリカ雑誌のレポートに根拠があることを認めながらも、それを宮内庁批判の素材として活用して逃げているのだ。

皇室に関する事実は何でもドンドン書かれるべきである。賛美一色というマスコミ文化自体が問題にされているのだ。アメリカの雑誌はラディカルに皇室を批判しているわけではまるでない。ただそこで笑われているのは、宮内庁だけではなく、日本のマスコミの体質である。

だって彼等は、事実を書かないばかりでなく、ホラばかり書いているのだから。

［『情報センター通信』126号・93年5月31日］

［1993/6］

皇太子の結婚と「護憲」ウーマン

〈反戦〉と〈反天皇制〉

五月十日は「異議あり『東京サミット』共同行動」（準）主催のモザンビークPKO派兵に抗議し、カンボジアからの自衛隊の即時撤兵を要求する防衛庁抗議申し入れ行動。五月二十二日は「自衛隊はただちにカンボジアから撤兵せよ！　5・22」集会とデモ（主催は同共同行動）。その日の夜は「NGO・ボランティアの見るカンボジア・UNTACの現状」（主催「カンボジアPKO監視・市民共同デスク」）。五月二十七日は「討論会　いま、憲法・平和基本法構想を問う」（主催「自衛隊の即時撤兵とPKO法の廃止を要求する六月共同行動」）。五月二十九日は「異議あり！『東京サミット』共同行動結成シンポジウム」。この間、断続的に「議面」（国会前）での即時撤兵要求集会が持たれ続けた（主催「憲法を活かし、自衛隊の海外派兵に反対する実行委員会」）。

私が主催者の一人として参加している団体の動きだけでもこれだけあった。五月は、流血の内戦状況が全面的に露呈し（日本人の死者も二人出た）、自衛隊が公然とPKF活動に参加しだし、UNTAC（国連カンボジア暫定行政機構）が選挙を強行する、こうしたカンボジアの状況をにらんでの反派兵連続行動が様々にとりくまれたわけである。

この行動のなかで、たえず話題にされたのは、『世界』の四月号に載った共同提言「平和基本法をつくろう」である（「六月共同行動」の集会は、それ自体をテーマとした討論会であった）。

「護憲」メディア『世界』にかつての「護憲派」知識人を中心に、国家の武装（「最小限防衛力」）と「国連軍（警察軍）」をつくりそれへ参加しようという提案が大々的に発表された。それは社会党の自衛隊容認という右傾化（権力へのすりより）に対応する論理であることは明白である。

こうした動きに抗しながら、私たちは反派兵・反戦の思想の原則をどこにおくのか、という問題の討論をつみあげていくことになったわけである。

この提案は、もちろん特別立法によって改憲しようという提案である。「明文改憲」の必要をうったえる声も大きくなっている。憲法をめぐる論議は、反派兵行動の内側でも、反派兵（反戦）の原理をめぐる討論とかさねて問題にされ続けてきた。

私は「憲法九条を守れ」（護憲）という運動ではなくて、「非武装国家」化をめざす運動として、私たちの反派兵闘争を前進させようと提案し続けた。

五月三日の「憲法記念日」に持たれた改憲反対をかかげた集会はどこも集まりがよかったようである。派兵のエスカレーションを可能とする改憲策動に危機感を持っている人間は、まだ決して少ない数ではないのだ。この中で特に女性の集会は集まりがよかったようだ。

そして、いろいろな所で土井たか子が護憲（平和を守れ）発言をし、様々な市民運動の中で、また「土井たか子」への期待の声が高まっているようである。

私は、どうもスッキリしない。

四月四日の「雅子の真実」のタイトルの集会（主催「国家と儀礼」研究会）で放映されたビデオで、私ははじめて確認できたのであるが、「皇太子・雅子」婚約記者会見で、彼女はひどいコメントをしている。

「将来もこの仕事をずっと続けていきたいとおっしゃっていたわけですが、それを今度この場所で、いままでの延長線上でやっていきたいとおっしゃって、私、本当にいいなあと思いました」。

内容はマスコミにあふれたステレオタイプ化した「キャリア・ウーマン雅子」讃歌の一つであるにすぎない。しかし、この集会で、すでに加納実紀代もふれていたが、憲法学者の発言としては、あまりにもおそまつすぎる。

外務省の役人という職業と皇室の人間の活動は、まったくレベルが違うものであるにもかかわらず、マスコミはこの間、雅子の外務省のキャリアを生かした「皇室外交」を期待するなどという主張をくりかえし組織した。

皇室が外交する権能など憲法は認めていないはずである。象徴天皇制を認める憲法の理念を前提としても「本当にいいなあ」などといえるわけがなかろう。

文部省は各都道府県教育委員会・知事、各

国立大学長などに向けて五月十四日付けで「皇太子徳仁親王殿下の結婚の儀に際しての学校における児童生徒への指導について」という通知を出している。

「国民こぞって祝意を表す意義を生徒に理解させるようにすること」「国旗を掲揚すること」などがその内容である。六月九日を休日にしたうえに子供にも祝意を強制せよ、「日の丸」を国旗として掲げよと命令しているのである（公共団体以外にも協力を呼びかけよ、とある）。

五月二十五日には東京都は「皇太子御結婚記念祝賀事業」の実施を発表している。動物園・公園・水上バスなどを無料にすることや記念植樹イベント。六月二十一日に「祝賀記念式典」。そういった内容である。

皇太子の結婚が、まったく国家行事化されてしまうのである。これはまったく憲法上の根拠がないことであるはずだ。

政府・宮内庁・マスコミは一体化して、そうすることはしごく当然といったムードを組織しているが、これが天皇制の強化をねらう政治的な策動でなくてなんだというのか。

「たとえば、外務省職員である雅子さんはたしかに『キャリア・ウーマン』であり、その女性が婚約者になったことが、職業を持つ自立した女性に対するかつてのごとき偏見が薄らいだと評価したい一部の女性たちの気持ちはわからないわけではない。しかし、結局、雅子さんが選んだ道は、『キャリア・ウーマン』の地位を捨てて結婚にゴール・インするというものではなかったか。外交官の経験を生かして『皇室外交』で重要な役割を果たすだろうとの声が聞かれるが、結婚後の雅子さんは、公的立場では自主的・主体的には行動できないのであって、外交官の能力など生かす場はなく、ただ笑顔を振りまき挨拶をする存在でしかなくなるのである（天皇は一切の政治的権能を持たない上に元首でもないから、『外交』など行なえない。まして、公的になんの権能ももたない『皇室』が『外交』を行なえるはずもなく、『皇室外交』など憲法上は認められない）。」

横田耕一の「皇太子の結婚とこれからの天皇制」（『法学セミナー』六月号）の文章である。

憲法学者の主張としては、まっとうなものである。

結婚式も神道の儀式であり、これを国家行事として公的に行なうこと自体が違憲である。この結婚を国家の儀礼として全国民が祝うよう強制するなどということも違憲であるはずだ。

土井の発言は、権力とマスコミの、こうした一連のまったく違憲の動き（キャンペーン）に抗するどころか、それにまるごと加担するものでしかないことは明らかである。

土井は社会党委員長時代、ヒロヒト天皇重体騒ぎの渦中でお見舞いと記帳に行き、そのことで「女性の集会」でブーイングと批判をあびた。まるで反省がないのだ。

天皇制の認識と、九条や平和問題については別問題とは一応いえよう。しかし、である。天皇制と戦争は関係ないのか。PKO派兵を承認させる儀式としての天皇（夫妻）のASEAN三国・中国訪問があったという事実をふまえて考えれば、彼女の雅子の外務省キャリアを讃え、その仕事を皇室の人間になっても続けることが「本当にいいなあ」という発言の政治的意味は明白であろう（このかぎりではまるで反派兵の立場ではなくなってしまう）。

憲法（象徴天皇制の規定）をすら踏みにじって展開され続けている「皇室外交」（天皇制の強化）への批判という視点は反派兵（反戦）・改憲反対運動にとっても不可欠なもののはずだ。

私は反天皇制なしの反戦はありえない、などと一般的に主張したいわけではない。反戦（反派兵）の理論を具体的につめていけば、おのずとそういう思想的な問題をくりこまざるをえなくなるはずだと考えているだけなのだ。

土井の「反戦・護憲」論は、だからどうも私には、本当のところ信用できないのである。

私たちは、流血のカンボジアPKOと皇太子婚約・結婚の同時進行というこの状況下で、〈反戦＝反天皇制〉という視点をさらに深化しぬかなければならないのだ。

［『反天皇制運動SPIRITS』26号・93年6月1日］

皇太子結婚に「君が代」やはり復活

戦争と天皇制は切っても切れない関係です

［1993/6］

六月八日、新聞各紙は「宮中饗宴の儀」で「君が代」を演奏する方針への変更を宮内庁が決めたと報じた。

五月一七日に演奏しないと発表していたのだが、六月四日の閣議で村上正邦労働大臣が演奏すべきだと主張したこともあり、七日に急遽「御婚儀委員会」を開いて変更を決めたというのである。

「宮内庁では当初、演奏しないと決めた理由について、①三四年前の両陛下の時は入場時に演奏したが、皇室の人数も増え、全員が所定の位置に着く前に終了してしまう、②即位の礼の後の大饗（だいきょう）では演奏したが、今回、天皇主宰とはいえ、皇太子の結婚披露で、必ずしもそぐわず、常陸宮さま、秋篠宮さまの時も演奏していない、③当日の演奏曲目は雅楽だが、雅楽での君が代は耳になじまない、などとしていた」（『朝日新聞』）。

変更の理由はこうである。

「しかし、閣議での大臣の発言や、『検討してはどうか』との連絡が内閣からあったことから再検討し、『国事行為であり、国民的な慶事』などとして演奏することを決めた」（『読売新聞』）。

こうしたニュースを眼にした時、私はこの決定と『週刊文春』の記事とは関係があるのではないかと考えた。

それは宮内庁に抗議する記事である。タイトルは「皇太子御成婚『君が代』はなぜ消えたのか――宮内庁に敢えて問う」（六月一日号）。

内容は、何人かの右翼と宮内庁関係者のコメントを集めて、この「君が代」ナシの方針を出したのは天皇夫妻で、宮内庁は単なるイエスマンになってしまっているのではないか、といったものである。

「今回の決定については、宮内庁は一切ノーコメント。天皇家の意向と断定はできないのだが、ただ、今回の問題で明白なのは、宮内庁の責任」。

この記事は大臣や内閣の突き上げより早かった。もしかしたら、変更へ突き動かす直接の契機に、この記事がなったのではないか?、そう思ったのである。

田原総一朗は、「『週刊文春』の記事がきっかけで、閣議でも『なぜ、君が代を排除するのか』と問題になったようだ」と私の予想を肯定する発言をしている（「格闘コラム」連載一二七回――「君が代抜きを歓迎」の声が高まらなかったのは残念――『サンデー毎日』六月二十七日ご結婚特大号）。

田原はここで、「平和天皇」アキヒトの気持ちをクローズアップして論じたここで、こう述べている。

「その記事を読み、皇室にくわしいジャーナリストの人たち何人か取材して、わたしは一人で合点していた。ジャーナリストたちの見方は、『週刊文春』の記事と大差なく、あるジャーナリストは、とくに皇后の意向を強調した。それを聞いて、ニヤッと笑った、というのが不謹慎なら、ニッコリ笑った、と記しておこう。『なかなかやるな』という気持ちだった」。

平和にこだわりを持っている天皇アキヒトが、そうであるからこそ「君が代」抜きにしたのではないかというわけだ。

『文春』のような「君が代」主義者の抗議の主張に対抗して、「平和主義者アキヒト天皇」への期待が押し出されているわけである。

しかし、アキヒト天皇（夫妻）の平和主義に期待するなどという主張、私には決してまともな論理とは思えない。

政府は五月十四日に「皇太子徳仁親王殿下

の結婚の儀当日における祝意奉表について」という閣議決定をおこない、六月九日に「国旗」掲揚を地方公共団体や学校、会社に協力を要請している。文部省はこの線で各種学校すべてに「通知」を出している。

パレードの通路だけではなく、結婚の十日以上も前からあの侵略戦争のシンボル「日の丸」は街に何本もひるがえりだし、ケンスイ幕やポスターなどの結婚を祝うデコレーションがはりめぐらされ、九日には本当に気持ちの悪い風景がいたるところに現出した。

「君が代」の強制が通知されなかったのは、九日を休日にしたため、儀式がないからにすぎない。

天皇行事は、「日の丸、君が代」を民衆に強制するイベントとして常に組織されているのであり、今回の皇太子結婚儀礼も、まさにそういう儀式として作り出されたのである。

平和主義者のポーズを示すことは皇室の任務である。しかし天皇が平和主義者であるわけがないのだ。そうなれないし、そうならないから天皇（皇室）なのである。彼や彼女が仮に今回の結婚儀礼は「君が代」ナシと考えたのが事実であるとしても、そのことは彼や彼女が平和主義者であることを示すわけではない。だから内閣が方針を変更すれば（「日の丸・君が代」の民衆への強制の姿勢を強めている政府がそうするのはあたりまえであるが）、なんの問題もなく、「君が代」路線でいくのである。

［『情報センター通信』127号・93年6月15日］

「イメージ的一体化」と「秩序化＝差別化」

皇太子妃マサコ誕生報道をめぐって

［1993/6］

テレビ、新聞、週刊誌、グラフ雑誌……マスコミが総がかりでたれ流す皇太子妃誕生・皇太子結婚の賛美報道は、六月九日の結婚式・パレードをピークとしてその前後に、予想通り、マスコミ・フィーバーというしかない騒ぎがつくられ、三日連続の「大えん会」、そして「新婚旅行」とまだ続いている。

この政治イベントの性格をよく表現していたのは、九日の記者会見での母親の発言であった。

「お体に気をつけて、お国のために一生懸命つくしてください……」。

こんなふうにいったと思う。自分の娘に敬語を使う不自然さについてはいうまでもないが、「お国のため」の結婚であることの不自然さがそこに正直に示されている。

この結婚は憲法上はもちろん皇室典範においてすらまったく法的根拠を示すことができないものであったにもかかわらず、基本的に国事行為（国家自体が国家の行事であるとした）としてとり行われた。都庁ですら、「アキヒト－ミチコ」の時同様に奉祝イベントを持った。

だから、この結婚は、まちがいなく国政（公事）なのであり、この点は母親によっても十分におさえられていたわけである。

この儀式は、だから、普通の人間の結婚式、えん会、新婚旅行とは、やはり決定的に違うものだったのである。

しかし、一方でマスコミは友人の祝福の談話、花嫁をおくる父と母そして姉妹の思い、お里帰り、かつての職場へのあいさつ廻り、等々、一般の市民社会の「チャンとした」市民がくりひろげる結婚にまつわる儀礼を様々に展開している大和田雅子を追いかけまわして、彼女の動きが一般の「理想」のモデル中のもっとも理想的なものであるように描き出してみせた。

『週刊朝日』（六月二十九日号）にはテレビの「奉祝合戦」について以下のような記事がある。

「数十人に及ぶタレントが、この日の各局ご成婚番組に出演していたわけだが、コメントとして発言したその内容は次のように分類される。

①ほんとうにおめでとうございます。

②雅子様おきれい。皇太子様りりしくてい

らっしゃる。
③美智子皇后のお気遣いがすばらしい。
④雅子様のご両親はちょっぴりお寂しい。
⑤日本人に生まれて良かったと実感しました。
⑥歴史の一ページに立ち合った喜び。
⑦パレードが晴れたのは奇跡。不思議です。
この七つのみ。あとは、いかにうまく敬語を使い、修飾をほどこすのかの勝負だ」（ナンシー関の「テレビ奉祝番組は『御用タレント』たちの晴れ舞台」）。

ここでは、こうしたヨイショ発言を一つ一つ具体的に問題にすることはしない。しかし、小和田家の娘の私事＝国家の公事（国事行為）として成立しているこのマスコミじかけの結婚イベントが示す論理の構造を問題にしておきたい。

「雅子さまは二九年間育ててくれた両親、そしてともに助け合ってきた妹たちに、それぞれ感謝の思いを込めてカードを添えたプレゼントをされた。……そして、そのカードには、《長い間ありがとうございました。胸がいっぱいでなにも書けなくてごめんなさい》と……。長い間、ともに暮らした家族と別れる雅子さま精いっぱいの〝贈る言葉〟。『親子ですから、それだけ言ってもらったということだけで私どもには十分です……』（記者会見で恒さん）」（「お妃の母小和田優美子さん嫁がせたあとの心境」『週刊女性』六月二十九日号）。

テレビだけでなく、こういう記事はあふれている。ここで示されているのはそれなりの普通の花嫁とその父と母の姿である。

『週刊朝日』の記事にそくしていえば④のパターンのものである。考えてみれば①から④までは、かなり結婚式にはよくあるパターンである（その量のすさまじさと、ほめかたの度をこえたものであることをとりあえず考えなければ、そういえよう）。

⑤から⑦は、国事としての結婚以外ではありえないパターンである。国家儀礼の聖化を通したナショナリズムの心情の組織化がそこにはある。

象徴（＝「人間」）天皇制のイベントは、二つの一見矛盾する方向でのイメージ演出がなされている。この結婚イベントには、それが典型的に示されたといえよう。

一つの方向は、「ムード的な民衆との一体化」である。

マサコは両親に語りかけ「ちょっぴりお寂しい」二人を残して、愛犬になにか話し掛けるしぐさをして家を出て結婚式に向う。これは、あたりまえのよくある風景である。こういう点は、それなりにマスコミに大々的にクローズアップされた。「庶民（民間）と同じ」「人間」皇室のイメージによる一体化の演出である。こういうマスコミと宮内庁の演出をかざりたてるマスコミ用語は、「開かれた皇室」であり「民主化された皇室」である。

もう一方は序列化（差別化）というベクトルである。

すでにふれた例を引けば、母親の「お国のために一生懸命つくしてください」という発言がなされ、それがマスコミにクローズアップされることにこうした方向は端的に示されている。結婚が国事となることなど、あたりまえの人間にはありえないことである。それが重大な国事（公事）としてマスコミに宣伝されることを通して、それが一般民衆のそれとも違った、特別に重要かつ大事なイベントであることが示されるのである。ここには特別なものとしての権威づけ、秩序化がなされていることは明らかであろう。このベクトルではまったくあたりまえの「人間」ではないのである（警備のすごさもこの権威づけのためのデモンストレーションの一つだ）。

パレードの時に雨があがり晴れたのは「奇跡」、「歴史的イベントだ」だとか、「日本人でよかった」などの声は。これまた特別化―秩序化発言である。マサコの高学歴、エリート職業賛美も、あまり大々的であたりまえの「人間」をこえたイメージにまでいたれば、やはり強力な序列化＝差別化キャンペーンである（もはや神道儀礼による神秘化はそういう『序列化＝差別化』の多様なスタイルの一つということになっている)。

「ムード的な民衆との一体化」と「民衆に対する権威づけ、序列化＝差別化」は同時に展開されている。マスコミにおどる一つの記事、一つの発言の中にも、この二つのベクトルが同時に存在していることは多い。

私の皇室情報の批判は、この二つのベクトルを持つイメージ操作は、「人間化＝民主化」というのは操作されたイメージであるにすぎず、「開かれた皇室」というのはマスコミに「開かれ」るだけで、決して庶民と合流する話などではないことを示し、それは序列化＝差別化(抑圧)＝権威化を本当は進めているにすぎないことを具体的に一つ一つ明らかにする作業であった。

民衆との一体化＝「人間化＝民主化」のイメージをかぶせなければ、象徴天皇制は民衆を国家に統合するパワーをフルに発揮できないわけであるから、このベールをはぐことは、それなりに重要な作業である。だから、神道による宗教的権威づけだけではない、多様な手口の(学歴・エリート職業賛美!)「神秘化」の実態を明らかにすることをわたしなりに持続してきたのだ。

「ムード的な一体化」の根拠のないことをリアルに示すこと、それは「序列化＝権威化＝差別化」であることを明らかにすることを試み続けてきた(もちろん、今後もそれを持続するつもりだ)。

しかし、今度のマスコミの「マサコ・キャンペーン」の激流を泳ぎまわっていて、あらためて、もう一つの問題の切実さに気づかされた。

「序列化＝権威化＝差別化」の事実を前にして、「イイジャン」と考えてしまう少なからぬ民衆の意識と、どう対決していくのかという問題である。

確かにそういう権威主義的意識は、権力・マスコミによって民衆の生活の中で日々再生産されているものだとはいえよう。しかし、そうした民衆の意識自体が、それなりに今回の結婚フィーバー(キャリア・学歴賛美)を支えたことはまちがいない。単純に「民主＝人間天皇」のイメージ操作にだまされたといってすまされる問題ではないのだ(秩序的＝権威主義的一体化!)。

秩序化＝権威主義化、制度化された差別を「生き生きと」受容し、それを生きてしまう民衆(大衆文化)それ自体に対する〝毒〟を持った(自分の権威主義ぶりを内側から切り裂く)言葉(批判)がより積極的に目指されなければならないだろう。それをどういう方法が可能にするのか。批判の実践作業を持続することの中でその方法をより鮮明にしていきたい。

［『情報センター通信』128号・93年6月30日］

［1993/7］

「ポスト・モダン」天皇制という「大きなホラ」の物語

六月六日は「いいかげんにしろ!皇太子結婚──私たちは祝わない六・六コンサート&トーク」(主催　沖縄植樹祭・天皇の沖縄訪問に反対する共同行動)、六月七日は、皇太子の結婚国家行事化に抗議する運動団体の共同記者会見(私は「共同行動」として参加)、六月八日は「東京都即位の礼・大嘗祭違憲住民訴訟の会」主催の「皇太子の結婚を祝わない会──『祝意の強制』を許さない市民集会」で講演、そして結婚式当日の六月九日は「いいかげんにしろ!皇太子結婚騒ぎ　私たちは祝わない六・九集会とデモ(主催「共同行動」)。

こうした連日行動の中で、はためいている駅前の街路などの「日の丸」の旗と、大きなデパートなどの商店の「慶祝　皇太子さま・雅子さま御成婚」といった垂れ幕の数がやたらと増大していることに気づかざるをえなかった。

東京の街は、六月九日に向けて、日々気持ちの悪いムードにおおわれていったのである。駅の内外、路上などいたる所に警察官があふれ、勝手な検問体制がしかれているのだ。今回の警備費用は十七億円だという。九日当日はマスコミは「奉祝特別番組」づけ（週刊誌などは、直前の号から「奉祝特集」のラッシュ）。

政府―マスコミの一体となった皇室国家儀礼の演出は、今回もすさまじいカネとエネルギーをそそいで組織されたのである。

九日の集会は、主催者の私たちの予想を超えて雨をついて、多くの人々が結集した。そして都およびその周辺各所で、そして全国各地で多様な抗議行動が展開されていることが、そこで報告された。

この、つくりだされた問答無用の「祝い」の強制といった抑圧的ムードに抗する運動は、「天皇Xデー政治」を中心とする皇室国家儀礼との闘いの体験をいかして、各地で力強くとりくまれたのである。私は、この日の発言で、この間色々な集まりで主張し続けてきた、かつての皇太子・アキヒトとミチコの結婚騒ぎの時は公然たる抗議行動はどこにもなかった事実についてふれ、とにかく、今、皇太子結婚儀礼を国家とマスコミのしかけた政治攻撃として受けとめ、ハッキリと反対の声を発する大衆行動が多様にうまれていることそれ自身に、私たちのそれなりの前進は示されていると強調した。

反派兵行動（六月十三日には「六月行動」にもいそがしく動きまわらずをえず、直前になって噴出した抗議のエネルギーを、十分に運動化しきることに成功したとはいえない今回の取りくみを反省しながらも、その点だけは自分でも確認しておきたかったのである。

また、私は毎度おなじみのハードな警備とはいえ、今回はさらに飛び抜けてヒドい状態であるにもかかわらず、その点だけはよく記事にするマスコミは、その点についても押さえぎみであること、そしてこの「戒厳警備」のくりかえし自体が天皇制の「強さと偉大さ」とを私たち民衆に向けて政治的にデモンストレーションのための「国家の儀礼」であることをも、そこで問題にした。

あの皇太子ナルヒトは「皇室警備がハードすぎるのでは」といった発言をしたことがある。ソフトな「開かれた」皇室の演出に一役かってみせたわけであるが、パレードでハシャいでいたこの男は、自分の結婚のための、このスサマジイ警備に、実のところ何も感じなかったのであろう。

「……当時の雑誌に掲載されたいくつかの写真からも察することができる。たとえば、そのなかの一枚は、皇太子夫妻を乗せた馬車とそれを歓呼で迎える群集を撮っているのだが、興味深いのは、群集の多くが沿道の商店の二階から皇太子夫妻を見下ろしている点である。天皇や将軍、あるいは大名の行列を群集が迎えるということは、歴史のなかで様々に繰り返されてきたことであろうが、このように群集が権威のシンボルを上から見下ろすような形で迎えるというのは稀なことである。しかも、この写真を撮っているカメラは、皇太子夫妻はもちろん、両人を迎えている群集よりも高い位置にある。つまり、このとき天皇家は、国民を上から俯瞰する中心点としての特権的な地位を完全に失って、被写体としての受動的な位置に甘んじているのである。そして、天皇家を眺める国民を、さらに眼差していく特権的な視点は、むしろマス・メディアが動員した大量のカメラ群のなかに取って代わられているのだ（吉見俊哉「メディア天皇制の射程」『世界』一九九三年七月号）。

この「アキヒト―ミチコ」パレードを論じた文章とそこに収められた写真によってあらためて気づかされたが、マス・メディアの「特権的な視点」はそのままだが（もっともパレードをとるテレビカメラの位置をめぐってマスコミ側と警備側で激しいやりとりがあったようだが）、今回は、沿道の商店の二階に人が鈴なりになって迎えるなどということはまったく不可能であった。警備体制が違いすぎるのだ。

パレードコースの商店はのきなみ「自粛」を強いられている。その商店主のこんな声を『朝日新聞』（六月三日〈夕刊〉）は紹介している。

「三十四年前の天皇ご夫妻の結婚パレードも店の上にある自宅から目にすることができたという。『前回は二階から窓を開けてみなで祝福した。もっとなごやかに、やわらかく祝っていたような気がするね』／洋服屋の店番をしていた永倉綾子さん（七七）も『美智子さんのときは通りにゴザを敷いて見ている人もいたし、私らは二階で座布団を敷いて見たんですよ』」。

怒りをあらわに、「投石」し、馬車に飛び乗って皇太子夫妻にいどみかかった少年の存在に対して、興奮のあまり花を渡そうとして飛びだしかかった男が警備員にメチャクチャに暴力をふるわれ頭をおさえられ、まるで動けなかった（これもテレビに映されたそうである）という事態。三十四年前と今回では、皇室警備は飛躍的にハードになっているのである。こうした重々しい権威づけと、マスコミのマサコの高学歴・ハイ・キャリア賛美を媒介とした、むき出しの「エリート身分」の正当化（権威づけ）キャンペーンとは対応しているといえよう。

「人間＝庶民」皇室をきどる現在のマスコミじかけの天皇制は、以前よりはるかに「貴族（エリート）」としての権威づけによって支えられているのである。

青木保は、今回のパレードを見に集まった人々の「落ち着いた、冷静な祝賀の雰囲気」を強調。明晰な言葉を保持している皇太子夫妻のありようが、皇室がモダンの「大きな物語」を終らせ、「ポスト・モダンの物語」を語りだす時が来たことをつげており、その「冷静な落ち着き」はその時代に、ふさわしい反応だと論じている（「天皇制　ポストモダンへ」『朝日新聞』六月十四日〈夕刊〉）。

皇室の「脱神秘化」を力説するいかにも権力ごのみの「物語」である。それはアキヒト天皇制をそういう「脱近代」の時代の素晴らしき国家シンボル（神話）として受容せよという政治的メッセージであるにすぎない。

青木はパレードを見に行ったらしい。「実物」を一瞬であれ見た「臨場感」のすばらしさと「快い興奮」を語り、女性警官の「美しくさっそうとしたバイク姿は今度のパレードの大きなポイント」であったが、テレビはそれを「ほとんど映していない」と述べている。

インチキな話である。女性警官の先導隊が今度のパレードの目だまの一つだという「物語」は、事前にマスコミがつくりだしたものであるにすぎない。大量の警察官に取りまかれ、雨の中で長いこと待たされて人の肩ごしに、一瞬、「あら行っちゃった」という見物に、すばらしい「臨場感」や「快い興奮」をもし本当に感じたとすれば、パレードは、そういうものだというマスコミの大量につくりだした「物語」にマインドコントロールされた結果であるにすぎまい。そして、こういう青木の「物語」が、また人々をマインドコントロールするのである。

あの皇室賛美業者河原敏明ですらこう書いているのだ。

「沿道に五十二万人が集まった昭和三十四年のパレードで警備に動員された警察官は約一万三千人。その時より今回はパレードの距離が半分以下になったのですが、警察官の数は二倍以上の約三万人が配置されているのです。ちなみに沿道にかけつけた人は、今回十九万人でした」。

「皇室のページェントに表われる皇族方のそういうすばらしい個性を、あのいかめしい警備越しにではなく見られる日は、いつかくるのでしょうか……」（「昭和の皇太子妃と平成の皇太子妃」『週刊現代』六月二十六日号）。

皇室は「すばらしい個性」の人々に決まっているというマインドコントロールされた主張を彼もたれ流しているにすぎないが、すさまじい警備という不快な「臨場感」については、あたりまえの事実にふれているではないか。

外へ出たら暴力的におさえこむ警備員のつくったロープの「檻」の中にすしづめにつめこまれ、一瞬のぞいて赤い制服の女性のバイク姿にうっとりした気分になったはずだと思いこんだらしいこの文化人類学者。

彼が生産しているのは、近代の「大きな物語」の後にきた、「ポスト・モダン」天皇制という「大きなホラの物語」である。

［『反天皇制運動SPIRITS』27号・93年7月1日］

ミチコ・アキヒト非難のマスコミへの浮上の意味

それは「改憲」のための「自由」にすぎない

［1993/8］

『宝島』（八月号）の「皇室の危機」をめぐって、マスコミで話題があれこれつくられている。この宮内庁勤務の肩書きの大内紀（仮名）なる人物の文章のキャプションにはこうある。

「……皇室の恥となるようなことについては一切口外しないことを不文律としてきた〝菊の番人（宮内庁職員）〟がいま、その重い口を開いて、天皇家の内側を語り始めた!!」。

タブーを破って、皇室の内側から皇室の恥となるような事実が語られるというわけである。

『週刊文春』の「宮内庁職員が初めて明かした皇室の『嘆かわしい状況』」（七月二十二日号）にはこうある。

「……宮内庁職員が敢えて〝天皇家の内幕を暴露〟するのが異例なら、現天皇・皇后が批判の矢面に立たされるのもまた異例である」。

まったく、こういう主張がマスコミになかったわけではないし、この間はミチコへの非難めいた発言を中心にミチコ・アキヒト天皇への不満・批判的発言は『週刊文春』などに連続的に何度か記事になっていた。しかし、確かにこれまではっきりと書かれたことはなかったとはいえよう。その点でそれは「不文律破り」であり「異例」の内容といってもおかしくはあるまい。

それは『週刊実話』（六月二十四日号）の回収の問題から語りだす。自主的に回収されたらしいが、その理由は一枚のイラスト。

「その内容については、説明するのもはばかられるが、男と女がワンワン・スタイルで絡み合っている図だった。その横に皇太子ご夫妻とおぼしき似顔絵があり、さらにひとこと、『菊の後紋』と書かれていたのである」。

回収してあたりまえという口調である。

『創』の「『週刊実話』6・10回収事件の真相」（篠田博之文論文）はこの点について、こう論じている。

「〝開かれた皇室〟などと言われながら、皇室問題が現実にはタブーに縛られている」。

私も性的パロディなどあってあたりまえだと思うが、（仮名）大内紀は「馬鹿げた内容」「無礼千万」と怒ってみせる。こういう性的なパロディが出てくるのは、「皇室の権威が低下している」結果だというのだ。そして、権威の低下の理由は皇室の方にもあるのだ、と語りだすのである。

ミチコがアキヒトが「開かれた皇室」を目指して、あれこれ動き回ることで、侍従が振り回されてクタクタであり、ミチコのわがままは「お気に入り侍従」の発言力を強め、イエス・マンばかりがとりかこみ、あたりまえの情報が彼女らにまわらなくなっているのだ、というわけである。いくつもエピソードが紹介されているのだが、ここでは一つだけ引こう。

「……ご主人たちのお出掛けやお楽しみが増えれば、職員たちは洗濯とアイロン掛けに追われることになる。昨今の赤坂御所はまるでクリーニング店で、雨天でも続けば職員たちが夜の九時、十時までアイロン掛けに大童《おおわらわ》なのである。アイロンを持ち続け、腰痛を訴える職員まで現れているのだから、ことは深刻である」。

「禁欲的」だったヒロヒト天皇と比較してアキヒト・ミチコは「ブルジョワ趣味」でハデすぎる。「無私、公正で質実なお暮らし」にもどるべきである、と力説しているのだ。

「天皇一家の身辺の世話にあたる侍従や女官や侍医などの、いわゆる〝オク〟で働く職員。一方で公的な事務管理に携わる〝オモテ〟の職員。宮内庁職員はざっと千百名を数えるが、この告発者なり協力者が〃オク〃か〃オモテ〃かとなれば、〃オク〃と考えるのが自然だろう」。

こう論じている『週刊新潮』の「美智子皇后を『女帝』と告発した『宮内庁職員』捜し」（八月十二日・十九日号）は、以下のような宮内庁関係者の声をつたえている。

「新しい天皇陛下になられてから五年たちますが、職員の中にはその間にたまった鬱憤があり、それが突出してしまったのが今回の件です」。

ヒロヒトの代の側近たちが、代替りで中心からはずされてしまったことの不満を、こうした主張に読むことは誤りではあるまい。

しかし、私たちが問題にすべきなのは、皇室に関する性的パロディは、あいかわらずタブーにしているマスコミが、どうして、あるべき皇室像を論ずるミチコ・アキヒト非難の主張を解禁にしだしているのかという点である。

『宝島』の論文にふれているわけではないが、入江隆則は『諸君！』（八月号）の「〃日本共和国天皇〃の孤独」でこう論じている。

「美智子皇后が、巷間言われているところの宮廷革命によって進めようとしているのは、いわば戦後失った皇室の『被覆』を回復したいという、まさに『悲鳴』から出ていて、その限りではたいへんよく理解できる。しかし皇后が努力をされればされるほど、それが限りなく私的な『被覆』にしかならないことに困難がある。これはいわば現制度に不満があるということであって、まず、そういう理解を持たなければならないだろう」。

入江は「被覆」についてはこう説明している。

「これは現在十ヵ国に残っているヨーロッパの王室が、国内はもとより国際的な婚戚関係を、がっちりとしたネットワークのように張り巡らしているのと比較してみるとよい」。

この文章にも、かなりあけすけなミチコ・アキヒト論評が含まれている。

こういう言論は、天皇の中国訪問という「皇室外交」を推進した政府・マスコミ（主流）に対して、「外交」というナマの政治への天皇の積極的参加に反対するキャンペーンを展開した「伝統主義」者（神道右派中心）たちの流れから浮上してきていることはまちがいあるまい。その論理が、そういう政治を積極的に担おうとしているアキヒト夫婦への不満としてストレートに噴出しだしたのだろう（外務省は、保守政権内部の強力な訪中反対論を、「陛下自身の意思」をもふりかざして押し切ったのだ）。

しかし、そういった流れだけに注目していればよい段階では、もはやあるまい。

戦後憲法を口をきわめてののしってきた伝統主義的天皇主義者が「象徴天皇制」なのだから天皇を政治的に利用するなと、戦後革新派のような主張を、訪中反対運動の中で主張した。こうした逆転は今度もある。「イギリス王室」のように「開く」のは反対だという彼らが、マスコミで天皇（夫妻）について批判的に論じてみせることは、王制自体は否定しないが王女やその一族については、いいたい放題というイギリス・マスコミの方向へ日本のマスコミを一歩近づけるのである。もちろん、イギリスのレベルほどの自由度はまったくないが（性的パロディなどイギリスではあたりまえなのだから）。

天皇制支持を前提にした、どのような皇室こそがベストかという論議については、ある程度「自由」にできる状態が、つくりだされつつあるのだ。

マスコミのこうした「自由」度の政治的意味こそが解明されなければならないのだ。

今、明文改憲をめぐっては、もっぱら九条（国家非武装条項）問題のみが論じられているが、もし本当に明文改憲ということになれば、手をつけられる条文は少なくあるまい。そして一章（天皇条項）をどうするかということも「改憲派」にとって大問題であるはずだ。

明文改憲へ向けて、新しい象徴天皇制をどうするのか。このことが、それなりに、マスコミでも「自由」に討論される必要がある。こういう政治意思が、この間の「皇室」タブーをある面で破った主張のマスコミへの浮上を可能にしたのであろう。

だとすると、こういう言論は、さらに次々とマスコミに組織されていくことになるだろう。

それらが明文改憲の地ならしのための「開かれた皇室情報」である点こそが批判されなければならない。私たちは、そういう操作的な「自由」ではなくて、マスコミに、あらゆる皇室タブーを突破した言論の自由をこそ要求していかなければならないはずである。

〔『反天皇制運動SPIRITS』28号・93年8月1日〕

［1993/9］

「ゴーマニズム宣言」差替事件をめぐって

ごーまんかましてよかですか？

小林よしのりの連載漫画「ゴーマニズム宣言」（カバ焼きの日）が『SPA！』七月七日号（六月三十日発売）で突然、自社広告（扶桑社）に差し替えられた。この回以降も、この人気漫画は連載が続けられており、この回は『ガロ』の九三年九月号に載せられた。

問題の「ゴーマニズム」のその回のテーマは、皇太子とマサコの「御成婚」話である。「中核派」に洗脳された「雅子さん」がパレードの車の中から「天皇制反対ーっ」の声を発して警備の警察と歓迎の人波に向かっていくつも爆弾を投げ込んで大騒ぎになったという「妄想」シーンなどが描かれているものであり、ラストの方に「雅子妃・手製爆弾でご乱行」シーンの「前ページのギャグがSPA！に載っていたら日本の未来は明るいが白紙だったら暗いだろう」と書かれたページがあるから、そのページだけはカットされるのではないかと作者も予想して書いた漫画であるようだ。

『ガロ』の方で読んでみたが、ほとんど天皇制についての批判の毒などない、たわいのないオチャラケ漫画である。しかし、それなりに表現だけは「過激」といったものである。この漫画、ラストに「ごーまんかましてよかですか？」の一コマの次に作者の自己主張があって結ばれるというパターンで連続しているわけであるが、この回は、右手に「日の丸」の旗を持ち左手の人差し指を突き出して大きな口をあけた男（作者）がこう叫んでいるのだ。

「皇室報道はこわばるな！　天皇家に真の敬愛と自由を！」。

そこには画一的な賛美を量産し続けるだけのマスコミの姿勢に対する「批判」のみがあるようである。

作者の小林自身がストップされた経過について、このように書いている。

「その夜遅く、編集長と副編集長と担当編集者がやってきて、力及ばず、上からの指示でどうしても掲載できなくなったと、経過を説明された。具体的に作品のどこが悪いという説明はなかった。上層部はフジ・サンケイグループ全体に迷惑がかかる恐れもあるという言い方をしたらしい。問題のページだけを落とすことはできなかったのかと尋ねると、全体を自社広告に差し替えてすでに輪転機にかけているので、無理だということだった。最後のページは今回は連載を休むというお詫びの文を載せることになったと言って、文面を見せてくれた。／実は、かなり以前にコンテを出した段階で、編集長に『あれでやってもいいんですね？』と念を押してあった。編集長もあれこれと熟慮した結果、大丈夫だろうとOKを出した。それから絵入れを始めた」（「『ゴーマニズム宣言』皇室問題差替え事件の顛末」『創』九三年九月号）。

作者のねらいは以下の通り。

「一体、皇室そのものへのパロディは許されるのだろうか？　自分自身ははっきりわからなかったので、今回の作品で、現在の天皇制が持っているいくつかの問題点を列挙して書いてみることで、考えを深めるほんの糸口としてみたいと考えていた。その糸口さえ駄目だということになってしまったわけだ」。

「これほど物が言えないというなら、やはり天皇は神様なのかもしれない」。

天皇制自身の問題点が「いくつ」も「列挙」されているような内容のある漫画ではないし、マスコミの天皇記事（画）はこうしたタブーにかこまれていることを、作者がそれほどよく知らなかったというのは、ずいぶんだナーと思わないわけではないが、作者の「憤り」は当然である。マスコミじかけの象徴天皇制のタブー度は、まだまだ大変なものである。

しかし、もう一つの問題を私たちは見落としてはなるまい。フジ・サンケイグループという「右派」マスメディアの週刊誌の編集部は、この程度の皇室パロディ漫画を載せる「OK」を出しているということである。トップのストップで自主規制ということになったとはいえ、ここにはある進行中の変化が読みとれるのではないだろうか。

小林は『創』の十月号で鈴木邦男と対談してこう述べている。

「『宝島30』で宮内庁職員が天皇を批判した告発記事が載りました。天皇を敬愛している自分としては、むしろあの記事にこそ腹が立ちました」（「『皇室タブー』と表現の不自由」）。

右翼相手の対談ということでの配慮の発言ということもあるかもしれないが、こんな漫画家の皇室パロディにまともな批判の毒などありえようもあるまい。しかし、『宝島30』（九三年八月号）に載った「宮内庁」内部告発という形の天皇夫妻の告発＝非難記事（「皇室の危機」）が、マスコミで取り沙汰される時代である。こうしたマスコミの状況と、『SPA！』の編集部の姿勢は対応しているといえよう。

象徴天皇（制）の支持という基盤の上で、天皇〈皇室〉をめぐる言論は、それなりに「開かれ」つつあるようだ。

マスコミが、天皇制批判・否定の言説をまったくシャットアウトするという姿勢にはなんの変化もないが、それを前提にした上で、皇室報道についてのある流動化が始まっていることはまちがいないようだ。

神道主義右翼の大原康男は、「皇室の危機」についてふれて、こう論じている。

「匿名でこのような一文を公表することは極力差し控えるべきであったと考えるが、一読した印象では、それなりに真面目に現状を憂える、やむにやまれぬ気持ちで書かれたものであることは理解できる」（「諫諍論《かんそう》――『皇室批判』のたしなみ」『諸君！』九三年十月号）。

内容（天皇夫妻の生活・動きのありように直接的に非難を浴びせている）ではなくて、方法がよくないというわけである。大原はこの文章をこう結んでいる。

「――いささか陳腐な方法ではあるが――宮内庁長官や侍従長などに対して、一度は意見具申を試みることもあってよいと思われる。もちろん、これとて既に縷々述べてきたような昨今の宮内庁の実情からすれば、その効果は甚だ疑わしいが、いやしくも皇室のことを真に思ってのことであれば、たとえ徒労に終わろうとも、それ相応の慎重な礼節を踏まえるべきではなかろうか」。

「不敬なことは許さぬ！」と右翼イデオローグが叫ぶ時代ではなくなっているのだ。

『創』の十月号には、『ガロ』に載ったものも収めたマンガの単行本化（『ゴーマニズム宣言』の続編）のための交渉が作者によって扶桑社側となされているが、「今のところ実現は難しいようだ」との記事がある。結果に注目したい。

ごーまんかましてよかですか？

パロディ漫画に愛と笑いを！　皇室ファンの皇室パロディで笑えるか！　差別と抑圧の源泉天皇制（文化）の足もとを掘りくずす毒を持った笑えるパロディ漫画を！

（『反天皇制運動SPIRITS』29号・93年9月1日）

〈補論〉

「今回単行本化にあたっては、ぜひ載せてくれるよう頼んだが、ダメだった」と『ゴーマニズム宣言』（扶桑社、一九九三年）の第2巻にある。

［1993/10］

「美智子・天皇バッシング」の状況

朝日・文春の「対抗」という協力がつくりだそうとしているもの

「『美智子皇后バッシングは現在の天皇の路線への批判なのです。天皇その人を批判できないから、美智子皇后を標的にしているだけ。将を射るにはまず馬を射よ、ですよ』／と解説する。しかも、／『美智子皇后は、批判の材料を与えがちだ』／という。あまりにも細かなことによく気がつくため、何事にもよきに計らえだった昭和天皇を懐かしむ声を高める結果になった。相次ぐバッシングは、そこにつけこまれた面もあるというのだ。『ノスタルジックな論調のようだが、昭和天皇はあくまでダシで、その裏には、親しみやすい天皇、開かれた皇室は困るという危機感である』／と、別の皇室ウォッチャーも指摘する。突然の皇后バッシングからは、平成流の『開かれた皇室』に向けて、衣の下の鎧もちらりと透けて見えるというわけだ」（「美智子皇后バッシングの内幕」『週刊朝日』）。

『宝島30』（八月号）の「皇室の危機」から本格化した「美智子バッシング」は、そのまま天皇アキヒトバッシングであることは明らかである。天皇夫婦への非難を、ストレートにアキヒトにぶつけられないので、とりあえずミチコの方から開始しているということは、よく読んでみればすぐわかることだ。

『週刊文春』が、バッシングの線で連続的にキャンペーンをはり、『週刊朝日』は、そのキャンペーンにあまり根拠がないというキャンペーンを対抗的にはり続けている。

『週刊新潮』（九月三十日号）の「美智子皇后『訪欧』で『和服』と『洋服』の人気」には、こういう文章がある。

「総額約二億円の今回の訪欧費用のうちの、三千五百万円は両陛下の服装の新調代に充てられた」。

これも「美智子・天皇バッシング」というべき内容であるといえないことはないが、全体としては、それほど非難めいたトーンにはなっていない。トーンは落ちている。

『週刊朝日』的な整理にしたがえば、「開かれた皇室」派（「朝日」など）と「神道主義右派」（「文春」「新潮」など）の対立という図式になるわけである。現象的には、そうした整理に根拠はあるといえよう。しかし、今回の事柄は、そうした整理で終えてはならないことのように思えるのだ。

『週刊文春』の「美智子皇后訪欧中の評判――大新聞が報じない」（十月十四日号）は、タイトルからして、バッシングかなと思ったが、どうもそうなっていない。この記事の結びはこうだ。

「イタリアでの〝マドンナ騒動〟といい、このドイツでの感動的なシーンといい、我々はありのままの天皇ご夫妻をもっと知る必要があるのではないだろうか。『ひらかれた皇室』はなにより、そんなことから始まるといっても過言ではない」。

『週刊文春』は純粋な神道主義者のような「開かれた皇室」に公然と反対という立場ではないようだ。

この間宮内庁が『週刊文春』に正式に抗議したことも報道されている。

バッシングのトーンはかなりダウンしだしているのだ。

しかし、この間におきたこと、おきていることは、ある意味で決定的である。宮内庁のありかた（たとえばそれの秘密主義的体質）については、マスコミは右派メディアであれ、強く批判し続けてきた。しかし天皇・皇后個人を、これだけあからさまに非難する言論および、その言論をめぐる言論がマスコミに持続的に飛び交ったのはマスコミ史上はじめてのことである。

天皇制支持という立場を前提にしてであれ、あるべき天皇制のイメージを論ずるために、現在の天皇夫婦を個人的に非難するということはやはりタブーであった。このタブーが「右」（ただしこの「右」の幅はずいぶん広い）

から突破されたのである。

私の予想通り、こうした言論は、さらに次々とマスコミによって組織されている（バッシングのトーンにかなりブレーキがかかってきているとはいえ）。

天皇制のありかたについて、ある程度自由に論評できるムードをマスコミがつくりだすこと（もちろんこの「自由」からは天皇制否定の言論は排除されている）、このことが演出され続けているのである。それは、やはり明文改憲（一章）をどうする（皇室典範の「改正」も考えられているだろう）という論議の前提づくりの操作の持続ということなのだろう。

しかし、何故「右派」の方からこの突破はつくりだされたのか。「開かれた皇室論」というのは、マスコミの取材に皇室を「開く」ことには熱心でも、もともと皇室批判の自由度を「開こう」という主張ではなく、むしろ「人間的」と皇室を画一的に賛美してみせる論理であるにすぎなかった。タブーの度は、その意味で高かったのである。だから右派メディアから突破するしかなかったともいえなくはない。しかし「神道＝伝統」主義右派の倫理からすれば、本当は天皇（夫婦）個人の非難など許されないはずだ。こちらもタブー度は高かった（絶対不可侵のイメージはこちらの方が強かったはずだ）。だとすると、あらためて、何故「右派」メディアの方からか。

アキヒト天皇制への不満と不信がこちらに強かったことは確かなのであろう。しかしおそらく決定的なのは、ちょっとでも批判めいたことをいったら、右翼の攻撃（脅迫やいやがらせといったレベルでの）されるとの不安をとりのぞいて、それなりの「自由」を演出するには、天皇主義右翼のメディア自身が天皇夫婦の非難をしてみせるのがなによりだったのだ。

彼等に右翼テロの不安などありえようもない。彼等自身はみなお仲間なのだ。ここから開始するのが一番スムーズなのである。そして、本当のところ両者の利害は一致しているのだ。だから「美智子・天皇バッシング」（『文春』）対「開かれたアキヒト天皇路線支持言論」（『朝日』）という対立構造がまるごと問題なのである。

右派によって「開かれた皇室」がつくりだす「自由な言論」によって準備されている新たな象徴天皇制。私たちはこの準備のプロセス全体（改憲）の動きに足ばらいをかけるようなマジな象徴天皇制バッシングの言説とマスコミに浮遊している「バッシング論」とは明確に区別してかからなければならないのである。

［『反天皇制運動SPIRITS』30号・93年10月1日］

［1993/11］

女帝美智子の逆襲と『週刊文春』の「お詫び」

激化する天皇主義者の「内ゲバ」

ミチコ・アキヒトバッシングは思いがけない展開になっている。

十月二十日、会見への文書で「女帝」ミチコが「関係者の説明」と「人々の納得」をつくりだせと脅しの言葉を残し、卒倒し失語症になるという事態が発生。

バッシングの中心メディアであった『週刊文春』は直後は沈黙（これに対抗してバッシング批判をしていた『週刊朝日』などは、このミチコの政治にのって、「皇后様を追いつめたのは誰だ」とのトーンの特集）。テレビや女性週刊誌などは、こぞって皇后おいたわしやの大合唱。いつ声が出るようになるのかという点をクローズアップしつつ、動いているミチコを追いかけつつおいたわしや報道が持続している。この騒ぎの発端となったとされている「皇室の危機」を載せた『宝島30』の発行元の「宝島社」は、この論文を含めた単行本（『「皇室の危機」論争』）の発売をギリギリで中止。『週刊文春』の編集長は何度も宮内庁に呼びだされた。

十一月四日に「宝島社」の社長実父宅に銃

弾が三発うちこまれた。しかし、単行本はすぐ刊行するという姿勢はくずさなかった。そして十一月十三日（未明）に宝島社に四発の銃弾がうちこまれた。

右派のバッシングだから、右翼テロの不安は「ありえない」と私は前回に主張したが、ミチコ自身の政治的パフォーマンスの突出という事態が局面を大きくかえつつあるようだ。（この愚かな行為がまだ、右翼のものであると断定すべきではないが）。

ここではミチコによるバッシングから一号おいての『週刊文春』編集部の「お詫び」文と「皇室報道小誌はこう考える」の記事を検討してみよう（十一月十一日号）。

「お詫び」は宮内庁あてで、「タイトル及び記述に一部正確さに欠け、誤解を招く表現がありました」というもので、かなり強気の姿勢をくずしていない。記事も、「美智子皇后バッシング」を意図したのではなく、「平成の天皇」が「開かれた皇室」ムードが拡大するなかで、皇室がどうあるべきかの、「国民レベルでの議論がまったくなされ」ないまま、皇室の人々と「宮内庁の一部の幹部」だけで、このムードに対応することへの危機感を表明したのであるといった主張。

「今、メディアがやるべきことは、ご心労の原因を『美智子皇后バッシング』に求める安直な作業ではなく、その背後にある過密スケジュールや、宮内庁の体制など皇室制度を深く掘り下げる調査ではないだろうか」。

こういった反論をしてみせている。

しかし、バッシングが意図されていたのは明白である。「文春」を中心とする右派メディアが希望する動きとアキヒト天皇（夫婦）が違った動きをしていると判断し、バッシングで規制をくわえようという意図がそこにあったことは確かなことなのだ。

「PKO問題を機に憲法第九条が大いに議論された。しかし天皇を象徴と定めた憲法第一条に関するタブーにはマスコミは触れたがらない。軍隊を自衛隊といいかえる奇妙さと同様、象徴という言葉は、皇帝なのか、元首なのか、外国で翻訳に困る曖昧な存在であることは事実である」。

「不明確な法的地位にあるのは日本の皇室だけといってよかろう」。

こういう主張の中に、彼等の政治的意図がよく示されている。

象徴天皇のハッキリとした元首化（政治的機能の強化）。そういう方向への明文改憲への言論づくりである。この以前からの姿勢で、地位が曖昧なまま、皇族のマスコミの人気タレント同様の扱いのさらなる拡大（「雅子ブーム」など）に危機感をつのらせた彼等は、皇后（天皇）バッシングにまで突出したのだ。そこまで大きく踏みこませたのは右派全体が反対の運動を展開したにもかかわらず阻止できなかった天皇の中国訪問が直接の引きがねになったのだと思う。神道の祭司として伝統的な宗教的権威の中に生きかつ政治的元首であるというスタイルの、自分たちの思いのままになる象徴天皇制をつくるための皇后を突破口にした天皇バッシング。

ここには、天皇制と天皇（夫婦）（制度と君主〈夫婦〉）を明確に区別するという、天皇制の「伝統文化」を自分たちが裏切る行為を公然と行うという矛盾があった。個人は制度自体であるとし、天皇（一族）はすばらしい人だから天皇制はすばらしいと自分達自身が宣伝し続けてきたのであるから。

私たちは、ミチコの政治的な逆襲に抗議の声をあげていかねばならない。しかし、その批判は『週刊文春』などの右派メディアの言論を支持するからなどではない。「文春」系はもちろん、バッシングを批判していた「朝日」系をふくめたすべてのマスメディアから天皇制批判（否定）の声は排除されていることがふまえられたものでなければならない。何が天皇（憲法第一章）タブーだ。自分たちはマスコミでいいたい放題ではないか。タブーとされているのは象徴天皇制自体への批判の言説である。今おきているのは、このタブーの上にふんぞりかえった天皇主義相互の内ゲバである。

［『反天皇制運動SPIRITS』31号・93年11月15日］

〈補論〉
銃撃を発射したと自称した暴力団右翼はすぐ逮捕され、その後すぐ出入りで死亡。

なぜ皇后ミチコらへの批判は不在なのか

大内糺の「お詫び」と猪瀬直樹の嘘《ホラ》

［1993/12］

宝島社の『「皇室の危機」論争』は、発売された。

「……結局は十一月十七日に発売になった単行本にしろ、延期ではなく発売中止を真剣に検討したほどだというのだ」（「美智子皇后バッシングで銃撃された『宝島30』厳重なガードの中で編集長交代の人事も断行」『噂の真相』九四年一月号）。

「宝島社は『言論に対してテロで報いるという陰湿なやり方は、許されることではない』という抗議のコメントを発表したが、関係者の話では、発砲事件の直後には単行本『「皇室の危機」論争』の出版中止も検討されていたようで、コメントを掲載している識者のもとへ『出版中止の場合は「宝島30」にそれを転載してよいか』という打診も行われたという」（「皇后バッシング報道とは何だったのか」篠田博之『創』一月号）。

いろいろあったが、すでに刷り上がっていたものだ、なんとか出したのだろう。テロで出版されないよりはよかった。しかし、内容は「私たちの支持する皇室」論議で、まともな天皇制批判の主張などそこにはない。今回のテロ騒ぎを含めて、天皇制が存在すること自体のグロテスクさが露呈した状況下でそれを手にすると、あらためてシラジラしい気持ちになる。

十一月二十九日には、今度は文藝春秋社社長宅に銃弾が飛んだ。

『宝島30』の一月号は、この件の特集。その中に、自称宮内庁職員「大内糺」（仮名）の「お詫び」文が収められている。

テレビのワイド・ショーは『週刊文春』について、『宝島』の方も「お詫び」したという騒ぎで、ミチコさま「ご心配」報道をもりあげ続けた。

そして、宮内庁は、ミチコの口から言葉が出だしたと公式発表、という具合に事態は進んだ。よくできた展開である。

大内糺の「皇后陛下にお詫び申し上げる」はエゲつない文章である。

「皇后陛下が、お誕生日にご体調を崩されたことは、私にとっては心臓が止まりそうなほどのショックでした。もし、私の文章によって、皇后陛下がことさらお悩みになってしまったのだとすれば、本当に申し訳ないと思うばかりです」。

こう書きだされた文章は、以上のような責任転嫁の論理につながっていく。

「私の文章の一部分、それも天皇、皇后両陛下のご様子に触れた部分のみが取り上げられ、その後、一部の週刊誌の意図的な報道によって、皇后陛下をことさら批判しようとするための材料に使われてしまったことは残念であり、私の文章が皇后陛下のご病気の一因になってしまったのだとしたら、私は恐懼してお詫び申しあげるほかありません」。

『週刊文春』あたりのせいにしているわけである。自分の文章が、一番強烈なミチコの人格非難であったのだから、あきれる（私はその人格非難を批判する気持ちなどは、もちろんないのだが）。

「宮内庁の幹部は、私の文章の細部のあれこれを『事実ではない』と否定することで、私が宮内庁職員でないことを印象づけようと一生懸命になっているようです。そのやり方をみていると、彼らは私の真意を葬ること、ただそのことだけしか考えていないように思えてなりません。／しかし、私の書いた文章については、宮内庁の人間や皇室に近い関係者であれば、誰もが指摘した通りと受け止めているでしょう。巷間では私が宮内庁職員でないなどと、本題から外れた指摘をする向きもあるようですが、宮内庁に勤めるものでそのように思っている者はごく少数しかいないでしょう」。

こういうくだりを読むと、『週刊文春』同様ひらきなおっている、と読むこともできる。

「皇室の権威がますます揺らいでいくことを恐れ」つつ「一日も早いご快癒をお折り《(ママ)》申しあげます」と結ばれているこの文章（談話を編集者が文章化したとある）、それなりに楽しい誤植（?）はあるが、くだらない弁明である。

「心あるかたがたの応援を得たい」とか述べているが、自分の主張に対する責任感がまったく感じられないのだ、こんな無責任野郎を「応援」するのはたいへんだろう。だいいち、『週刊文春』がもっとも強力に「応援」したのに、そちらに責任転嫁しながら逃げ込みつつの、こういう発言はあきれるしかない。

『宝島30』の特集もこの「お詫び」文に象徴される、被害者意識にのみあふれた「皇室心配論」が中心。被害者意識はあっても、この「もう一つの」皇室主義者あるいは皇室愛好家たちは、もっとも大事な一点にはふれようとしない。

脅迫の銃弾の発射を煽動したのは、ほかならぬミチコ皇后の「発言」から始まる卒倒→失語のパフォーマンスであり、それをさせたのは天皇・宮内庁側だという、明々白々たる事実である。宮内庁幹部へのいやみや非難や批判はあっても、この因果関係をふまえ、「ミチコやアキヒトを許さない!」とどうして主張しないのか。

「わがまま」のかたまりとミチコを描きだした大内糺よ、ミチコの「わがまま」が生み出した脅迫に屈服して、「お詫び」では、まったくみっともないではないか。

しかし、ひどいのは大内だけではない。もう一つだけ例をひいておこう。

戦前も天皇は「権力を持たない象徴」で「財産がないんです」などという、信じられないようなホラをふきながら、実力のわりには自信がありすぎる皇室評論家の猪瀬直樹はこう述べている。

「皇后が誕生日の前日に反論しましたね。反論することで、普通のタレントと一緒になってしまった。英国王室は基本的に反論しないんです。権威というのは庶民を超越していなければならないからなんですね」（「マジな皇室改革は終身雇用制度を破壊する」『創』一月号）。

ここには、いくつものインチキがつめこまれている。もっともわかりやすい、この間ダイアナが、レオタード姿の隠し撮りに抗議して、訴訟をおこした（公務のサボタージュも宣言した）という事実に目をやれば、猪瀬の発言のデタラメさはすぐわかる。

それともう一つ、ミチコの反論が「普通のタレントと一緒」という主張については、フツーのタレントのオバサンが反論したら、バッシングがすっかりやんで「お詫び」が出て、マスコミは「オバサン御心配」報道一色になって、脅迫の銃弾がかつてのバッシング・メディアに飛ぶ、なんてことがあるかどうか、考えてみればよい。

この男の発言は、本当にオソマツである。しかし、説明にならない主張を意味ありげにふりまいて、人々が考えなければいけない問題を考えなくさせるという任務を、この男はマスコミの世界で担わされているのであろう。

ミチコ（アキヒト・宮内庁ら）の脅迫、煽動への批判、こういう事態を常にひきおこす天皇制の存在そのものへの批判、これが今、もっとも必要なことではないのか。

〔『反天皇制運動SPIRITS』32号・93年12月15日〕

[1994/1]

「内ゲバ」構造の浮上

「皇后」・「テレ朝」・「朝日新聞」バッシングと反撃

十月十三日の『産経新聞』の朝刊一面が「非自民党政権誕生を意図し報道　総選挙テレビ朝日局長発言　民報連合会」の見出しで大々的に報ずることから公然化した、いわゆる「椿（局長）発言問題」は、テレビの世論操作への非難キャンペーンから、椿の国会への証人喚問という事態をめぐって、権力のメディア介入への反対のキャンペーンというが突出、かなりややこしい状況を示している。

　このマス・メディアのあり方をめぐってマス・メディアを舞台に示された対立は、朝日系対フジ・サンケイグループという巨大情報産業の対立という構造の上に、伝統的なマス・メディア新聞界対歴史の浅い新マス・メディアテレビ界の相互の強烈な反発ということがかぶさってかなり複雑な様相を呈した。

　私たちが、こうした状況を前に忘れてはならないのは、これがマス・メディアをめぐる日本の支配者たちの激烈な「内ゲバ」の、マス・メディアへの露呈であるということである。政治権力のマスコミ産業への直接的介入への批判はあたりまえであるが、マス・メディア自体がすでに巨大な権力であることを無視した、権力の介入への非難や、「不偏不党」とは権力に対するそれで、マスコミに主観的判断なしなどを意味するわけではない、などとの主張に同意してみせることは愚かなことである。

　新生党中心の細川政権対自民党という外観で表現されている「内ゲバ」。マス・メディアをめぐるマス・メディアを舞台にした政治的「内ゲバ」。この点こそが注目されなければならない。

　『週刊文春』を中心として「皇后ミチコ・バッシング」報道と、ミチコの「反撃パフォーマンス」（オコトバ・卒倒・失語）に加速された「皇室バッシング」非難キャンペーン（週刊誌は『週刊朝日』中心）も、支配者の二つのグループの激しい対立状況のマス・メディアへの反映であった。

　『文藝春秋』の十二月号の「侍従が語る全真相」で手塚英臣（侍従）はこう述べている。

　「今回記者団からの質問にお答えになるにあたり、その後のものをかいつまんで教えてもらえたらとの御依頼があり、ポイントを箇条書きにしたものをさし上げました。

　回答は非常に迷われたようで、通常は書かれた回答を必ず長官に見てもらわれているのですが、今回は時間的に間にあわず、陛下にごらん頂き御許しを得て即、発表しました」。

　皇后はバッシング記事を「かいつまんで教えてもらい」、あの言論統制を呼びかけるといった政治的な文章を、天皇との相談のうえで、宮内庁長官が確認することなく発表したというのだ。あの「オコトバ」には、宮内庁の責任ある人々の対応のなさをなじっていると読めるくだりもある。「時間的に間にあわず」などという弁明はおかしい。皇室の人々と宮内庁の内部の人々の中に、大きな対立が存在してることは明らかなようだ。考えてみれば、宮内庁内部の情報をネタにミチコ・バッシングは組織され続けてきたのである。侍従たちの相互にもはっきりとした対立があるのかもしれない。皇室の政治的活用の方向をめぐっての二つのグループの「内ゲバ」。皇室バッシングをめぐる二つのマス・メディアグループの対立の裏側にも、はっきりと、こうした問題が読み取れる（天皇訪中に反対した右派の流れから皇室バッシングは組織されてきた）。

　もう一つの、マス・メディアをめぐって、マス・メディアに突き出された「内ゲバ」劇は、野村秋介の朝日新聞社における抗議活動のはての自決である。『噂の真相』（一九九三年十二月号）では、その日（なんとミチコが倒れてみせた日と同じである）、野村たち右翼・民族派の集会で朝日新聞社の出版局長が謝罪文を読みあげたわけだが、それへの社長自身の出席と謝罪を要求していたのではないかという推測がかれている（そこで細川首相の侵略戦争発言を糾弾する野村の発言が読まれた）。事実はどうであれ、これも『朝日』バッシングであることには変わりがあるまい。ここでもマス・メディアの報道の内容が政治的な事実となっているのである。

　『週刊文春』はミチコの逆襲によって強いられた「おわび文」を載せた号（十一月十一日号）で、一連の報道は、「憲法の天皇条項の再検討、みなおし」（わかりやすく言えば明文改憲の）に向けて組織したものであるとハッキリと主張した。

「皇后ミチコ・バッシング」、「テレビ朝日・バッシング」、「朝日新聞・バッシング」に、こうしに方向へ向けた、ある共通の政治意思を読み取ることは、まったく根拠のない主張とはいえまい（もちろん、「テレ朝」問題については、自民党の復讐といったマス・メディアがもっぱらクローズアップする方向からでなく、『産経』の大キャンペーンからこの件がはじまったという点にこだわって考えて、はじめて見えてくるのであるが）。

この間のマス・メディアは、この三つを関連づけて論ずることをまったくしていない。意図的に避けているふしがあるのだ。確かに、この三つの件はバラバラの流れの中で起きている。しかし、これらの件にはまちがいなく共通している問題がある。だから、私たちは、これらを関連づけて考えてみる必要があるのだ。

もちろん私は、バッシングをしかけているグループ、あるいはそれに反撃しているグループがキチンと意思統一をして、抗争しているのだといった、謀略論風なことを主張したいわけではない。この三つの件には、共通した、イデオロギー的対立（「内ゲバ」）構造が存在していることにまず着目すべきであるといっているにすぎない。もちろん、「新生党中心の細川内閣派」対「自民党右翼グループ」という、現象的で単純なわり切りでは、まったく不正確な理解になってしまう。諸団体、諸勢力の内部にも、こまかい対立をつくりだしている、相互にいりくんだ、しかし、明確な支配者の二つの政治意思の対立（「内ゲバ」）の存在。そして「その対立がマス・メディアの政治をめぐって、マス・メディアに露呈しているのである。

細川連立政権は、その一見、「ソフト」で「リベラル」なイメージ（もちろん、この点については「テレ朝」のみではない、多くのマス・メディアのイメージ操作のパワーが大いにものをいっているのであるが）で、世論調査では高支持率を示し続けている（やっとダウンしだしたようであるが）。しかし、「ウルグアイ・ラウンド」の成功のためにという名目（これも、もう一つの「国際貢献」イデオロギーである）で、強引にコメ輸入全面自由化へ向けた「部分開放」を決定したことにも端的に示されるように、農業と村の崩壊・地方の過疎化をさらに加速することも平然と実施するハードな政権である。そしくこのハードな細川政権は、マス・メディアのかなりのバックアップ（イメージ・アップ）でつくりだされた政権でもあった。そういうこともあって、細川連立政権は、マス・メディアの「政治的内ゲバ」を露出させざるを得ないような政権でもあるのだ。

この「内ゲバ」の大々的な露出（マス・メディアはそういうものとは明示的には語っていないが）は、「総保守化」時代を引っぱっているこの政権の弱さのあらわれなのであろうか。それとも、ある種のゆとりの表現なのだろうか。

［『月刊これでいいのかニュース』（「日本はこれでいいのか市民連合」の機関誌）94年1月1日号］

［1994/1］

マサコの記者会見が拒否された理由

内ゲバは激化している

十二月九日、皇太子妃マサコは三十歳の誕生日であった。東宮仮御所でお祝いの茶会はあったが、「誕生日記者会見」はなかった。美智子が皇太子妃誕生日単独記者会見を定例化していた前例にしたがって、それが実現するものと考えてマスコミ側は準備していたが、宮内庁側に拒否されたのだ。

「新聞社、テレビ局、通信社などの常勤十五社からなる記者会の怒るまいことか。一月十九日の晴れやかな婚約記者会見、そして六月九日のご成婚。そのご成婚前から、要請に要請を重ねてきた両陛下の会見だったのである。／『記者会の皇室担当記者は、毎週金曜日の午後二時ごろから東宮仮御所で行われる、菅野弘夫東宮大夫と曽我剛侍従との定例会見に出ています。この席上で、その時々の幹事社を中心に皇太子と雅子妃の記者会見を強く口頭で要望してきました。ご成婚後間もなくは〝まだ落ち着きませんので〟とか〝ご公務で大変忙しい〟などと、何かと理由づけをしてわれわれの要請をかわしてきたのです」（「雅子妃御誕生日記念会見中止の『バッシング』」『週刊新潮』十二月二十三日・三十日合併号）。

結婚後、記者会見は一貫してソフトに拒否されてきており、「誕生日会見」も、宮内庁側の対応は文書による質問すら受けつけないというものだったようだ。

「彼女は結婚前にただ一回の記者会見をした後は完全に『物言わぬ姫君』になってしまった」（亀井淳「続・世紀末マスコミ診断」『話の特集』一九九四年二月号）。

この日の拒否の理由は、例の「前例なし」である。結婚後早々の会見はないというのだ。

「しかし、この論法には少し無理がある。というのは、美智子妃殿下の場合は、昭和五十一年から『誕生日会見』がほぼ定例化し、皇太子妃が宮内庁記者会を仲介にして国民に語るという新たな『前例』が生まれていたからだ」。

こう論じている『週刊新潮』の記事は、本当の理由については以下のように述べている。

「その雅子妃の『御感想』に首をひねるのは、先の岸田英夫氏である。／『あれを読むと、〝責任ある務めを果たしていくよう修練に務め〟などとありましたが〝修練に務め〟なんて、今時の人が使う表現ではありません。宮内官僚があの文章をつくったのは歴然としています。悲しむべきことですよ』／こんな疑問をさしはさむのは岸田氏ひとりに止まらないが、図星だとすれば、宮内庁はなぜそこまでしなくてはならないか。念が入りすぎてはいないか。／そう辿っていくと、『誕生日会見』を突っ撥ねた『前例なし』の向う側には、ちょっと別の様相が見えてくる。／宮内庁関係者が語る。／『このところ皇室批判などいろいろな事件が重なって、それだけに、雅子さまが喋ったことで揚足をとられるようなことになってはいけない、という気持が宮内庁にあったんじゃないかと思います。宮内庁が気を回したということですね』／雅子妃会見が実現されれば、芸能記者なみの根掘り葉掘りとまではいかないまでも、宮内庁記者会も相当張り切った質問をすることは目に見えている」。

皇后バッシングをめぐって、宮内庁の中でいろいろおきている事実についてマサコがストレートに話してしまうようなことがないように、会見を中止させ、官僚の作文の「御感想」なるものを発表させたのだ、というわけである。この推測はかなりリアルである。だいたい、銃弾が発射される騒ぎの引き金になったミチコの「お言葉」は、本人が書き、宮内庁長官が事前に目を通すことなく、天皇アキヒトと相談の上で発表されたと、侍従の一人がマスコミで証言してしまっている。

まちがいなく、アキヒト・ミチコは宮内庁の官僚たちに、大いなる不満を持っている（あの「お言葉」自身に長官らへの非難が含まれていると解釈できるのだ）。マスコミは、それほど積極的にふれようとはしないが、宮内庁・皇室内部は、今、かなりグチャグチャな状態なのであろう。

マサコは、確かに「物言わぬ」というより「物言えぬ姫君」の立場に迫い込まれているようだ。

婚約記者会見については、マサコの方が長く話したり、皇太子をたてる言い方をしていないという点で、宮内庁内部の「守旧派」によって非難の声が組織され、「マサコいじめ」は続いていると、『週刊新潮』の記事は続けている。

七月十四日の岩手県の「第29回献血運動推進全国大会」の席上で、マサコは居眠りをして、一瞬コックリとなった。この件を写真つきでつたえた『女性セブン』の記事は、宮内庁関係者のこうした声を紹介している。

「ただ、あの件に関して、皇室とゆかりのあるかたの中にはおもしろく思われなかったかたもおられるようです。〃両陛下は、皇太子さまご夫妻以上のご公務をこなしていらっしゃるのに、あんなことは一度もない〃とか、〃緊張感が足りないからだ〃とか、かなりの反発の声が聞こえてきました」（「雅子さま『ご公務で居眠』への反発」八月五日号）。

この記事全体は、マサコバッシングというトーンではなく、「超多忙の毎日」に同情というまとめられかたになっているが、様々な非難は内部で蓄積され続けていることを十分に伝えている。

「新婚なんだし、彼女らの公務にはげみすぎたのだろう、昼の居眠りなんてあたりまえ、オツカレサン」という了解のしかたをしない人たちが、当然にも皇室のメンバーには少なからずいるわけである。

十二月二十三日の天皇アキヒトの誕生日を前にした記者会見の言葉には、皇室全体が「和の精神をもってお互いに助け合い」というくだりがあった（和がないのだ！）。

宮内庁・皇室の内部で、かなり複雑な対立は激化しており、「政治的な内ゲバ」はさらに激烈なものになっていると考えるべきであろう。

皇室あるいは宮内庁は、かくあるべしと論ずることにおちつく、ここで引いた『週刊新潮』のごときマスコミ記事は、この対立を反映しつつ、さらに量産されていくことになるだろう。

しかし、私たちに必要なのは、どのような皇室であるべきかを論議することではない。そういう論議をけとばし、銃弾テロを伴うグロテスクな政治的内ゲバをつくりだす皇室という制度を、どのようにしたらなくしていけるかを論議し続けること、このことこそが、私たちには必要であるはずだ。

〔『反天皇制運動SPIRITS』33号・94年1月10日〕

［1994/2］

全国民注目のロイヤル・セックスライフ!?

「雅子さま御懐妊か？」報道

『週刊新潮』（一月十三日号）の「『紀宮』ご成婚を占う歌会始の花婿候補『二人』」は、一月十四日の「歌会始の儀」という皇室行事に、有力な花婿候補の二人が出席し、紀宮と対面すると報じている。一人は昨年九月にベルギーに紀宮がおり天皇夫妻とそこで合流した時、お見合いがあったのではと騒ぎになった男（坊城俊成）。「歌会始」に出席する「名門」の二人という調子の、さすがに身分が高いという差別的トーンのこの記事は、以下のごとき皇室ウォッチャーの発言の紹介で終っている。

「これには、紀宮さまが非常に両親思いで、かつバランスを重んじるご性格もあると思います。皇后の病気の原因となった皇后バッシングは、皇后が推進してさた宮中改革への反動でもある。これは、いわゆる宮中の守旧派の反発に根ざしているわけですが、こうした旧勢力を抑えるために紀宮さまが旧華族の系譜に連なる相手と結婚しなければならないとしたら、それは、やはり宮内庁の責任ですよ」。この結婚相手探しにも宮内庁の中の「内ゲバ」が反映しているようである。

二十五歳になる紀宮の花婿候補をめぐる記事は、この間、マスコミに浮上している。しかし、美智子、雅子、紀子を連続的に記事にしている女性週刊誌などでは、「結婚騒ぎ」だというのに、紀官の記事の方が圧倒的に少ないのだ。「家柄」をもちあげるほうはともかく、「美女」（そうに決まっているらしいが）騒ぎにするには、あまりにも素材がそれにふさわしくなく、売り上げのアップを望めないからであろう。このへんに「開かれたマスコミ」の商業主義的御都合主義ぶりがよく示されている。

さて、宮内庁の「内ゲバ」であるが、一月十九日に予定されていた婚約決定一周年の浩宮・雅子の記者会見が中止、雅子の口ふうじのために、ついにそこまでいったかと思わせたが、「風邪をひいて」という公的理由のこの会見延期、マスコミは「内ゲバ」騒ぎではなくて、「ご懐妊」騒ぎということにあいなった。

「……丸一年ぶりとなる雅子さまの肉声に注目が集まっていた。／そして、会見ではご結婚以来、最大の関心事となっているご懐妊について、何らかの形でご発言があるものと期待が集まっていたなかでの延期に加え、風邪によるご公務の取りやめということが、美智子さまと紀子さまのご懐妊時の状況と酷似していたため、ご懐妊説がひとしきりマスコミを駆けめぐった」（『週刊女性』二月八日）。

「懐妊騒ぎ」はマスコミを駆けめぐったことは事実であるが、この騒ぎ、一番大きく騒いだのは、そう報道している女性週刊誌自身である。

この『週刊女性』の記事のタイトルは「朗報近し!?の波紋——雅子さまスワ！〃ご懐妊？〃」である。ついでに『女性セブン』はこうだ。「『お風邪です』宮内庁全面否定でも消えぬ雅子さま『ご懐妊』の理由●美智子さまのときは公表の二日前に長官が否定。●紀子さまのときも『お風邪のため、公務欠席』と。●三ヵ月間地方のご公務なし。●一月下旬といわれていた中東ご訪問の計画も具体化せず。●そして、皇太子さま〃目くばり〃〃気くばり〃が——」（二月十日号）。

『女性自身』「密着新連載（第三回）雅子さま美しき〃母〃への道——紀子さまの37度台の発熱もソックリ!?　紀子さまの〃お風邪はつわり〃だった！」（二月八日）。

騒ぐのは、注目するのはあたりまえといったトーンで記事は書かれているが、やはり、なんで人々はそんなことに注目しなければならないのか、と問いかえしてみなければなるまい。

女性誌の煽りは、とにかくたいへんなものである。この号の『女性自身』には「あなたもお茶の間でスクープできる雅子さま『ご懐妊』チェックポイント10!!」なんて記事もあるのだ。「ワイドショー女性レポーターから本誌雅子さま番記者まで『私はココに注目！』〃観察〃ポイントを大公開！」というわけである。そのチェックポイントは以下のとおり。

①お顔の変化、むくみ、お疲れの表情！、②靴のヒールの高さ！、③笑顔が不自然！、④着ぶくれの印象！、⑤アクセサリーが減る！、⑥皇太子さまのお気遣い、目線！、⑦視線が足元に！、⑧お腹《なか》に手を！、⑨子供の声、姿に敏感に反応！、⑩皇太子さまの喜びのご表情！

冗談のための記事ではない。こういうかたちで、関心をさらに作り出そうとしているのだ。

マサコの股ぐら（浩宮の性生活）に、「全国民」は注目すべし！　というわけである。

しかし、そんな股ぐらチェックに、私たちはなぜ参加しなければならないのか。それにしても、自分たちの性生活を「全国民」のための公務というふうにふるまう気持ちの悪い存在はいったいなんなのか。

「開かれた皇室」路線への反対を意思表示し続けている「神社本庁」の機関紙（『神社新報』）の、「主張」（「皇室内廷の危機」十二月十三日号）はこう述べている。

「雅子殿下には、現在の御年齢からいっても、一日も早く日継ぎの御子の御誕生といふ、国民の切なる願ひがかかってゐる。極力御外出を慎まれ、御身体を静かに休められる生活を是非確保していただきたい。いつも皇太子殿下と公務行事を御一緒されねばならぬ理由などないのである。まして、マスコミの騒しい開かれた皇室要求など、少しも気になさることはない」。

くだいて（バッシング調？で）いえば「年も年なんだから、早く男の子供をつくれ、それが仕事だろう、あれこれ出まわる必要なんてないぜ」ということだ。

男子出産は「国民の切なる願ひ」などといわれると、国民とされている一人として、そんなことは願ってはいないといわざるをえないが、まぁ、よくこんなことを大マジメで大人が主張するものである。

外出しないで「セックスにおはげみくださ い」という要請ではないか。

「ヒロノミヤとマサコのファック生活は、全国民の切なる願いがかかった、注目すべきイベントだ」という論理である。

冗談でなく、マジで、こういう主張が書かれているのだ。

『神社新報』が嫌う「女性週刊誌」。しかし両者は大まじめでこんな「冗談」のようなことを論じている点では共通している。

この対立している二つの天皇・皇室賛美記事（路線）は確かに表現のかたちはまったく別であるが、根っこの信じがたい愚かさは共通しているのだ。

ヒロノミヤ・マサコの性生活に注目せよという記事が愚かなら、自分の性生活を注目させるような位置に「嬉々として」存在している彼らは、いったいなんなんだ。

［『反天皇制運動SPIRITS』34号・94年2月5日］

［1994/3］

「男根主義」への順応

マサコ結婚後初めての会見

二月九日、ヒロノミヤ・マサコの結婚後初めての記者会見があった。

会見は延期され、「ご懐妊か？」いやマサコの発言を、とりあえずおさえるためだろう、といった憶測記事が浮上していたが、「ご懐妊」はやんわりと否定してみせた。

「会見は当初、一月一九日に予定されていたが、雅子さまの風邪のため、延期された。この風邪について、一部で『ご懐妊では』と騒がれた事に、皇太子さまは『思わぬ方向に発展してびっくりいたしております。あまり波風がたちますと、コウノトリのご機嫌を損ねるのではないかと思います』とユーモアを交えつつ否定。雅子さまは『プレッシャーを感じませんか』との質問に『特にそういうこともございませんが、物事はなるようになるんではないかという感じがいたします』と笑顔を見せた」（『朝日新聞』二月十日）。

「物言わぬ姫君」はやっと口をきいたわけであるが、予想通り、キッチリとした枠をはめられた発言を、ほほえみながらくりかえしてみせただけだった。

『微笑』（三月五日号）は、こう述べている。「それにしても、記者会見が3度も延期になったことは、いままで例のないことだ。／こんなことをいう皇室ジャーナリストもいる。／『微熱ぐらいであったら、20分ぐらいの会見はできないはずがないですよ。これほど長く延び延びになるには、ただのカゼだけではなく〝裏〟があるはずだと、誰もが推測してしまいます。／こんな情報もあるんです。会見でのお二人の発言内容に関し、当局と東宮側との調整が、なかなかつかなかったと聞いていますよ』／1年前のご婚約会見のとき、一部当局のシナリオどおりにいかず、お二人のみが考えられた発言になったこともあって、皇室関連の一部守旧派の人々から、雅子さまの発言に対して、『はしたない』という声も出たと伝えられているのだ。／『だから、今回はきちっと打ち合わせをしたということでかなり事前の調整がもたれたと聞いていま す』（前出・皇室ジャーナリスト）」。

肌の弱いマサコはかぜと薬で肌をいためテレビに出たがらなかったのでは、というテレビ皇室担当スタッフの発言とともに、以上のような声が紹介されているわけである。

自分の思ったままを話す「自由」をすべて奪われてしまったマサコ。こういう評価もなりたつかもしれない。しかしもともと、そういう「自由」がないから皇室なのであり、そんなことは十分承知の上で彼女はそのグロテスクで超特権的な世界へ最終的には自分で入っていったはずである。

『週刊読売』には、こういう主張が紹介されている。

「何気ない着席シーン。が、文化女子大教授の渡辺みどりさんは、こう指摘する。／『実は雅子さまはこの時、皇太子さまよりイスを十センチほど後ろに引かれました。ファッションも婚約会見の時のカナリアイエローの膨張色ではなく、ブルーと黒の引き締まった色。皇太子さまを引き立てる配慮が随所に見受けられました。雅子さまの環境への見事な順応力、感心しましたね』」（「雅子さま『ご病状』『ご懐妊』会見で放映されなかった部分」二月二十七日号）。

夫をたて、常にひかえめの「日本の妻」を「見事」に演じて見せるようになった、たいした「順応力」、「関心、関心」というわけである。もはや「はしたない」ことをしなくなったというわけだ。

「はしたない」ことの具体的な内容について、『サンデー毎日』は、このように論じていた。

「ある皇室関係者も、／かなり元気だと聞いています。風邪もあるでしょうが、むしろ記者会見にこだわっておられるのではないか』／ちょうど一年前のご婚約内定の記者会見で、雅子さまの発言に、一部から『もの言い』が出たことがあった。／『(殿下は）とても人間ができた方でいらっしゃる』／など目下の者に対する言葉が雅子さまの口から出たからだ。なかには、話し過ぎだという批判もあった。雅子さまは、こうした反対を気にしておられるのではないかというのである。／さらにこんな声もある。『外務省でバリバリのキャリアウーマンとして仕事をされてきた雅子さまにとって、皇室の生活は百八十度の変化。相当の覚悟はされていたとは思いますが、半年近くたち、そろそろお疲れも出るころ。朝のお目覚めも遅いようですし』（宮内庁関係者）」（二月二十日号「雅子さま『ご懐妊』説の周辺」）。

疲労と順応がセットになっているということなのだろう。

しかし、「バリバリのキャリアウーマン」の皇室入りで、なにか皇室がよいものに変わるのであるかのごとき主張を繰り広げた、「フェミニスト」の人々は、マサコの見事な順応ぶりをどのように考えているのか。皇室の女性という役割を生きることを決めた彼女に、何か期待をよせるような発言は、それ自体が皇室幻想の再生産に加担するものでしかなかったが、あからさまな順応という、あたりまえの事態を前に、どういう感想を持つのだろうか。

もちろん、マサコの「男根主義」への順応をなげいてみせてもいたしかたのないことではある。どだい皇室は「男根主義」を原理にして成立しているのであるから。

この記者会見によっても、マスコミの「ご懐妊」騒ぎは下火にはならなかった。二月二十一日に天皇の還暦記念の舞楽演奏会にヒロノミヤとともに出席したマサコがまた、騒ぎの火をつけた。

「この日、代表撮影した新聞社カメラマンは『撮っているときは気付かなかったが、ネガを現像してみて、おなかがふくらんで見えるのでびっくりした』と話した。同社は急きょこの写真を追加配信した」（『日刊スポーツ』二月二十二日号。これには「雅子さまふっくら」という見出しがついている）。

その写真で見るかぎりでは、たしかにおなかが「ふっくら」した感じであり、あたかもマタニティドレスを着ているかのごとく見えないわけではない。

テレビでも、この「おなかふっくら」シーンは何度もスローモーションで流されたようである。「全国民、マサコのおなかに注目せよ！」というわけだ。

ロイヤルボディの「ふっくら」度などどうでもいいことではあるが、「男根主義」に順応したマサコの懐妊騒ぎ（の持続）が、ヒロノミヤのいう「国民とともにある皇室」というイメージ操作の大きな素材となっていることには注目し続けなければなるまい。

それにしても、男の子を産まなければ、アレコレ非難されるという、おそれいった世界で、ニコニコしているマサコの順応度はどうだ。

［『反天皇制運動SPIRITS』35号・94年3月15日］

[1994/4]

皇室とともに輸入米を食べよう、ダト

「天皇家の食卓にも輸入米」報道

天皇家も輸入米という報道は、女性週刊誌でさらにエスカレーションしている。『女性自身』の「両陛下が輸入米のチャーハンに舌づつみ」(三月二十九日号)は、お米を納めている米屋の以下のような発言を紹介している。

「いまのような騒ぎになる直前でしたが、タイ米、中国米、米国米、を2回に分けて合計10キロお届けしました。/現在お手持ちの国産米とブレンドして召し上がるのではないかと思います」。

さらに、次のような「宮内庁関係者」なるものの声も。

「3月9日のご夕食のメニューをうかがって驚きました。/国産米はまったく使わず、タイ米と中国米のブレンドでチャーハンを召し上がったそうです。ええ、両陛下と紀宮さまのお三方で——ご感想はとくにうかがっていませんが、陛下は昔からカレーライスや混ぜご飯がお好きですから、きっとおいしく召し上がりになったのではないでしょうか」

この記事は、皇太子も輸入米が好きと続いて、以下のようにまとめられている。

「タイ料理がお好きで、ウイスキーもタイ産の〝メコン〟を愛飲していらっしゃるほどの秋篠宮さま。ご結婚直後の紀子さまのお里帰りの時は紀子さまは特製のタイ料理で川嶋家の人たちと夕げの食卓を囲まれたほど。/秋篠宮さまもタイ米を召し上がっていらっしゃるのだろうか? 秋篠宮家の官務官・富士亮さんに聞いてみると、

『(タイ米は)以前から召し上がっていらっしゃいます』

——やはり、タイ米がお好きなんですか。

『はい。お好きでいらっしゃいますね』」。

ようするに天皇一族は、評判の悪いタイ米を中心に「輸入米」が大好きなのです、としきりにアッピールしている記事なのだ。

似たような記事が『微笑』(四月九日号)にもある。それは、こんなふうに書き出されている。

「『天皇ご一家の好物は、昔からいわれていますが、カレーライスや混ぜご飯、チャーハンなどです。/皇太子さまが学習院に通っていらっしゃるころ、学食でよくカレーを食べていらっしゃるのを目撃しました。それもご飯とカレーを混ぜて食べていらっしゃいましたね。輸入米はチャーハンやカレーにあいますから、当然そのような料理が食卓に並ぶことになるんでしょうね』/と皇室ジャーナリストがいう。/天皇ご一家、皇太子ご夫妻、秋篠宮ご一家も、外米、ブレンド米を食べられるようになった」(「雅子さま『輸入米』のお献立は——『出前のタイ料理』をお手本に『カレー』と『おかゆ』と『チャーハン』」)。

この記事も天皇一族が「輸入米」が好きだというイメージを操作的にふりまいているものである。

なんのために、こういう記事がつくられているかは明らかである。

コメの自由化へむけた輸入米の流通に反発する声が、「タイ米はマズイ!」という主張を軸に浮上し、「国産米」の買いだめ、売りおしみ、不足という現象。こうした民衆のコメ騒ぎを、政府の思い通りの(輸入米に不満をいわない)方向にうまくおさめるために、皇室を政治的に活用しているのである。

「輸入米より国産米を」なんて主張して、国産米を探し、買いあさる人々の動きには、私もウンザリであるが、こんな記事を読まされる、なんかとても気分が悪くなる。

何を食べようと、私たちの勝手だろう。

このキャンペーンはまず三月九日付の新聞各紙が一斉に開始した。この件について『朝日新聞』(三月十一日)の「メディア」のコーナーが問題にした。タイトルは「『天皇家の食卓にも輸入米』報道経緯は? 受けとめ方は?」。

宮内庁の発表によって、この報道はつくりだされたわけであるが、この点について、この記事はこう論じている。

「両陛下の食卓に輸入米が出されるということを、積極的に発表したわけではなかったという。／七日に、ある放送局から『両陛下は輸入米を食べておられるのか』という問いあわせがあった。広報担当の総務課と、天皇家の食事を担当する大膳課が相談し、『日ごろから政府米を食べておられ、当然近く輸入米を食べられることになる。隠すことないだろう』ということになった。八月の宮尾盤次長と記者クラブとの定例懇談で同じ質問が出て、多くのメディアで同時に『宮内庁発表』として報道された。／報道担当の坂東自郎総務課長は『お尋ねがあったので、事実をお伝えしたまでなんですが……』と反響に当惑気味だ。別の幹部は『両陛下はいつも「国民とともに」とおっしゃっている。まさかいわゆるヤミ米を召し上がるというわけにはいきませんからねえ』／『伝統を重んじる立場の方にはデリケートな面もあるかもしれませんが、文句があるなら農水省に』。／側近によると、両陛下も『いろいろ試してみましょう』と、タイ米のピラフなども楽しむ意向のようだ」。

マスコミの方が、はたらきかけ、そういう答えを引きだし、ふくらませてみせたのだ。

この記事は全国紙の扱い（三月九日付朝刊社会面）をも紹介している。

「毎日新聞は『両陛下／ブレンド米食べます』／試食のうえ調理法研究』の見出し（二段で）、岡山県議ブレンド米反対決議の記事（三段）の横に掲載。読売新聞は『天皇ご一家／食卓にも／ブレンド米』の横見出し（一段で）、ブレンド米強制に反発する消費者等の声をまとめた記事（四段）の隣に載せた。／日本経済新聞は『天皇家にも輸入米』（一段）、産経新聞は『皇室にも輸入米／近く食卓に』（同）、朝日新聞はコラム『青鉛筆』で『天皇家の食卓にも輸入米』と取り上げた」（この記事は、マスコミの姿勢にかなり批判的な声をも、いくつか紹介している）。実際のところ、こういう政治的な〝あおり〟――各紙のものが女性週刊誌ほど露骨でないとはいえ、それが〝あおり〟である点は共通している――が、この件ではそれほど広告（政治）効果をあげているとは、思えない。

しかし、このマスコミの精神は問題である。皇室を、このように使おうという政治意志が、すでに強固につくりだされているのだ。いや正確にいえば、戦前から、そういう意志は持続しているのだ。

「陛下・皇室の方々に従え」というメッセージを発し、民衆を国策に従わせるのは、当然のことであるという意識がマスコミを支配しているのである。

マスコミに媒介されて、皇室のパフォーマンスははじめて強力なイデオロギー的機能を果たしうるのである（今回は、たいした効果ではないと思うが）。

天皇制の支配というとき、マスコミの媒介機能は不可欠であり、マスコミ（のトップ）の意志の方が皇室を引きずるという局面も少なくないようだ。今回の「天皇家の食卓にも輸入米」報道の騒ぎにも、そういう点が読み取れる。

「陛下のマスコミ」は、また「マスコミがつくる、イメージさせる陛下」と対応している。だからこの「マスコミじかけの天皇制」こそがまるごと問題なのだ。

［『反天皇制運動SPIRITS』36号・94年4月15日］

［1994/6］

天皇の真珠湾訪問中止をめぐって

久野収批判

五月十九日に政府は、天皇の訪米スケジュールの原案にあり、アメリカ政府にも通告してあった真珠湾（アリゾナ記念館）への天皇の「慰霊」のための訪問の見送りの方針をオープンにした。

「右派」メディアが真珠湾での「謝罪外交」反対のキャンペーンをはっており、羽田政権へのプレッシャー運動がかなり強力につくりだされているであろうことは予想されたが、あまりにアッさりとした中止決定であった。もともと「右派」人脈の羽田は、こうしたプレッシャーに思いのほか弱かったのだ。右翼まるだしの永野茂門を、とにかく法相にしてしまったような人事を見ても、このことは明らかなようである。

　五月二十日の『朝日新聞』は、この真珠湾訪問の見送りについてページをさいている。行くべきでないという声も紹介しているが、全体としては、アメリカ（真珠湾）側の、中止決定は残念の声もあり、中止の決定への批判の姿勢が表現されている。『朝日新聞』は「社説」も含めて、連続的に批判的なキャンペーンをはり、「戦後処理」のための「皇室外交」を積極的に推進すべしというトーンの主張を、くりかえしてみせた。この二十日の談話のトップは久野収である。

　「僕はそもそも行くべきではなかった、と思うが、決めた以上は実行した方がよかった。謝罪のニュアンスをにじませて真珠湾を『国の象徴』が訪れることは、明らかに、政治的意味がある。しかも『じゃあ原爆はどうなんだ』という話が必ず出る。真珠湾『奇襲』攻撃の経緯や、原爆投下責任は、なお未解明のややこしい問題だ。なのに、外務省や宮内庁は深い洞察なしにのんきに決めて、わーわー言われたらすぐやめる。ぶざまだ。永野前法相を思わせる。天皇のやるべき行為について真剣に詰めないと、また同じような騒ぎを繰り返すことになる」（傍点引用者）。

　新聞のコメントであり、不正確な表現はいたしかたないが、「決めた以上は実行した方がよかった」という発言の意味をどう理解すべきか一瞬とまどった。

　そういう「謝罪外交」は天皇はしないにこしたことはないが、政府が一度やると決めたら、キチンとすべきだ。こういうことなのだろう。だとすると「そもそも行くべきでない」という主張は、それほど強い意思ではないことになる。そうしたことに、原則的に反対なら、こういう、発言が出てくるわけがないのだから。

　事実、久野の発言は、『朝日新聞』の天皇を行かせて、「戦後処理」をさせるべきだったキャンペーンにスッポリとはまっているのだ。

　久野は、戦後憲法の理念の積極的な思想化という作業に一貫してとりくんできた人物である。当然にも、憲法を論じた文章は多い。『憲法の論理』（みすず書房、一九六九年）と『現代国家批判』（講談社学術文庫、一九七六年）の二冊をもとに、ヒロヒト天皇の死の直後に、編まれた『憲法の論理――増補新版』（筑摩書房）のための「まえがきにかえて――戦争責任の問題」には以下のくだりがある。

　「われわれがまず必要とするのは、満州（中国東北地区）侵略にはじまる太平洋戦争の戦争責任史の完成である。その意味では、動機はどうであれ、結果においては、まず国民主権のゆるぎない確立から、代表制民主主義と司法権、教育権の公選的独立を経て、象徴天皇制までは、戦争責任の具体的遂行の証明であった。日本の国民がこれらをますます固めるほうに努力をそそがなければ、戦争責任を生かした戦後の意味はなくなり、戦前への回帰がぶり返しかねなくなるのである」（傍点引用者）。

　戦争責任の具体的遂行の証明として、神権（現人神）天皇制から象徴天皇制への転換があるというのは、ＧＨＱ（アメリカ占領軍のトップ）と戦後の日本の支配者・戦後革新運動のリーダーたちに共通する認識であった。戦後進歩派の代表的人物の一人久野が、こう論じていることに驚くことはない。しかし、私たちは、ヒロヒトＸデー状況をはさむ長い反天皇制運動の中で、象徴天皇制へモデルチエンジして天皇制が戦後に延命したこと自体が、日本がまともに戦争責任を具体的に遂行してこなかったことを象徴しているのだということを実感してきた。日本の戦後の戦争責任論は、天皇制の責任とアジアへの（中国侵略以前からの）植民地支配・侵略への歴史的責任という視点を欠落させて語られすぎてきたのだ。今、「経済大国」日本にアジアの人々から戦後補償要求の声が日々高まるのは当然のことである。

確かに「現人神」といういわれかたはなくなり、政治的権能（軍事も含む）を失った儀礼的天皇である象徴天皇（制）は、敗戦の結果の産物であるが、侵略戦争の元凶である天皇制をなくせという国際的な声をかわすための政治的な配慮の産物でもあるのだ（ここまで変えたのだから歴史的な責任は問うな、ということであった）。

久野の「憲法の論理」には、「代表制議会」・「国民主権」デモクラシー論や「基本的人権」論・「九条の非戦思想」への積極的評価はあっても、憲法の一章（トップ）に象徴天皇制の規定があることで、「国民主権」・「人権」「非武装＝非戦」の思想がどのように歪んでしまっているかという視点は、まったく不在である。

アメリカを中心とする占領軍民主主義と、それとおりあいをつけて延命した日本の支配者の民主主義。私は、それに様々な批判や疑問を呈示しながらも、この制度としての民主主義の枠組全体を批判的にとらえ続けることのなかった「民主派」久野の主張が、私たちと同じでないことを、いまさら批判してみせたいわけではない。

ただ、象徴天皇は、外に向って一般的に国家を代表する最高国家機関である元首ではありえないとする戦後民主主義者の象徴天皇制解釈の立場からしても、天皇が「外交」の権能など持っていないことは自明なはずである。だから、皇室が外交すること自体に反対しつづけず「決めたらやるべし」などという主張をすることは、外交を舞台として実質的な天皇の元首化（解釈改憲）という政策を推し進めてきた権力者の政策に加担するものでしかないことが、この人にどうして理解できないのかは不思議である。

こうした主張は、決して脆弱なものではなかったはずの、久野たちの国家権力の支配者たちへの思想的抵抗の根底を、自分自身によって押し流してしまうものである。このことに久野はどうして無自覚でいられるのだろう。

今、マス・メディアの舞台で、象徴天皇の政治的権能を強化（「戦前への回帰」などではなく、「象徴天皇」のままの「元首化」である）を目ざしているのは、かつては象徴を「儀礼＝形式」的権力に限定しようという姿勢がそれなりにあった『朝日新聞』などのマスコミ主流である。そして、この間、「開かれた皇室」キャンペーン（皇室の「庶民＝人間化」キャンペーン）とこの政治権能強化（そのように明言は決してしない）推進は重なっている。天皇の元首化を強く主張してきた「右派」メディアは反対に、ナマの政治舞台（皇室外交）へ天皇を突出させることに不安を持ちだしている（このことと、大衆の人気とりで宗教性が薄まる「マスコミ天皇制・開かれた天皇制」反対の彼等の主張が対応している）。

この逆転現象にはまちがいなく時代が反映している。

ソフトに、派兵国家日本の象徴である外交天皇を強固にする政策が、支配者（外務省が突出している）とマスコミ（主流）によって着々とつみあげられているのだ。

一見、民主派ポーズのこのマスコミ（主流）の主張にくみこまれ続けたら、何がまっているのかは、私たちより、久野の世代は体験的によく了解しているはずではないのか（それとも、そうした反省は少ないのか）。

右翼の天皇の謝罪反対に抗して、マスコミ（主流）は天皇の謝罪外交による「戦後処理」をと論じている。私たちは、この対立構造全体を問題にすべきである。

私たちは、象徴天皇の政治的権能を強化する皇室外交そのものに反対しつつ、侵略戦争の最高責任制度である天皇という位置にふんぞりかえったアキヒトの「反省や謝罪」はまともな反省や謝罪ではありえないという事実に注目すべきなのだ。

天皇が天皇として反省し責任を取るということは、天皇一族（制）を存在しなくさせるということ――自分たちを消滅させる――以外ではないはずである。

〔『反天皇制運動 NOISE』1号・94年6月10日〕

［1994/6］

皇室は「理想のモデル・擬似本家」という倒錯

ヒロノミヤ・マサコ結婚一周年報道

皇太子・マサコの結婚一周年とかで、このところ女性週刊誌などで別冊の臨増（グラフ）も売り出され、「雅子妃365日の愛」（『週刊女性』の「永久保存版」のタイトル）だとか「新妻・雅子さま輝いて『愛の一年』」（『女性自身』の「緊急」増刊のタイトル）という具合に〈愛の一年〉讃歌がマスコミに大量に流れている。

雅子の帽子・イヤリング・ブローチ・靴・スーツ・ドレス・スカーフなどのファッションが細々と写真つきで解説され、その美しさと着こなしのうまさが宣伝される。

「皇室ファッションの三種の神器といえば――帽子、手袋、パールです」。こんなふうに論じながら、雅子のそれをいろいろ紹介しつつ、「ぜひとも真似したいテクニックです」とくるのだ（『「愛の一年」』）。マサコを中心にミチコやキコそしてノリノミヤという具合に天皇一族の「幸福さ」がしきりとアッピールされている。

「ロイヤルファッション」をお手本として、自分たちのファッションを考えよ、というメッセージが、それらの記事には大量に詰め込まれている（もちろん、もっぱら女性に対してである）。

『週刊読売』の臨増「皇太子さま、雅子さまご結婚一周年」のサブタイトルは「プリンセスファッションのすべて」である。これも「〃綺麗〃の秘密雅子さまスタイリング大研究」という特集が中心にあり、女性週刊誌的な売りである。

「雅子さまのファッションは、いつでも女性たちの注目の的。その知的な着こなし術から、私たちは何を学べるのか……。気鋭のファッション・ジャーナリストが雅子さまの『綺麗』の秘密に迫る」。

こうしたキャプションがついたグラビアと記事などが、そこには何本も収められているのだ。

映像メディアであるテレビの方が、ファッションを示すには都合がいい。活字メディアは大量にグラフのページをつくって、これを追いかけてみせているわけだ。

テレビやこうした週刊誌メディアに流される記事のトーンは、ほぼ同じである。

皇室は庶民の家族の「幸福」のシンボルであり、マサコは日本女性の美しさのシンボルであり、民衆の優しさの代表である。こういうトーンだ。

「女性の時代」にふさわしい「雅子さま」なる、時代にあわせたアッピールをしてはいるが、そこには、〈真・善・美〉のシンボルとしての皇室という、戦前からのイデオロギーが着実に再生産され、流されているのである。

「僕の経験から言うと、女性が関心を持つ領域というのはいくつかのポイントがあって、まず冠婚葬祭、それから皇室、芸能なんですね。雅子妃の場合はそれを全部含んでいるわけですから関心が高くならなくちゃおかしいんです」。

芸能レポーター梨元勝の「雅子妃――この一年の闘い」（麻生圭子・鴨下信一との座談会・『文藝春秋』七月号）の発言である。

ここで鴨下はこのように述べている。

「僕は、皇室というのはホームドラマのモデルだと思うんですね。とくに日本の皇室は、女性が欲しているすべてのモデルが重なっている。たとえば雅子様はいわば女性の社会進出のモデルであり、その前には美智子皇后という西欧的ブルジョアジー家庭のモデルがあった。それ以前はほんとうの貴族というか、上流階級ですね。こうしてみると今の皇室にはホームドラマが欲している全モデルがあるんですね。そこがすばらしいなあと思う」。

これに麻生は、こう対応している。

「しかも雅子様も紀子様も、帰国子女でしょう。まさに平均的国民の理想的家庭なんですよね」。

結婚で仕事をやめたマサコが、どうして「社会進出」のモデルでありえるのか。マサコはトラバーユしたのだというのが婚約・結婚時のあるフェミニストの言葉であったが、マスコミは、キャリア・ウーマンの持続としてマサコの皇室のための活動を描きだそうとしていることは事実だ。そういう理想の女を、マスコミを舞台に彼女は演じつづけているわけである。

とにかく、「平均的国民の理想」を、いろいろと演じてみせるのが皇室の任務なわけである。

ここには以下のような会話もある。

麻生が「ただ皇室問題が特徴的なのは、一貫して女性だけに受けるんですよね。男の人は興味がない。ワイドショーの男性ディレクターなんて『仕事だからやっているけど、本当に興味あるわけ?』と聞いてくる」。

これに梨元は「やっぱり仕事だから、という面はありますよ」と答え、さらに麻生はこう主張している。

「なぜかなって私、考えてみたことがあるんですが、女性はあまり社会と接点がないでしょう。男の人だったら、いつも見てる人や注目して尊敬している人がいる。サラリーマンだったら社長の真似をしよう、とか。そういういつも気にかける人が女性にはいないんですよ。核家族化しちゃったせいなんでしょうね。昔なら本家の誰それを見習おうというところがあったけれど今はないでしょう。だから天皇家が〝擬似本家〟みたいになっている」。

この座談会は、マスコミや世間を気にせず、もっと個性的で自由に皇室の人間はふるまっていただきたいというような主張がくりひろげられて終っている。

それほどギコチなくふるまわない方が理想的モデル・「擬似本家」としても都合がいいというわけだ。

私たちが忘れてはならないのは、皇室の人間は、私たちの理想のモデル（「擬似本家」）として存在しているわけではないということだ。政府が、マスコミが、理想のモデルであると日々操作的に宣伝し（今まで紹介した記事のように）、彼や彼女がそれらしく演じてみせているにすぎないのだ。

皇室を理想のモデルとして気にかけるように、私たちはしむけられているのである。

操作の結果できあがっているものを、はじめからそうであるように受けとってはならない。それは倒錯である。

一見、無害のように見えるマスコミの皇室ファッション記事も、こういう倒錯をつくりだしているものであり、〈真・善・美〉の価値の源泉が皇室にあるようなムード（イデオロギー）がそれによって組織されているのだ。

皇室情報の芸能化はマサコの登場でさらに加速されている。この事態は、皇室外交などを通した象徴天皇の政治的権能の強化（自衛隊との結びつきの深まり——天皇〈夫妻〉の硫黄島訪問は戦後最大の軍事作戦であったし、現在進められている天皇〈夫妻〉の訪米は日本の国連安保理常任理事国入りのための外交だ）と対応している。

支配者による日本の派兵国家化という強権的な政治への違和感を、マサコのファッションへのあこがれでかき消してしまう。こういう政治的な機能を、そうした「皇室＝芸能」記事は果たしているのだ。

皇室がやることは素晴らしいというムードにつつみこんで、支配者のどのようなグロテスクな政治にも大衆的な共感をつくりだす。

これが支配者のマスコミを媒介とした天皇制の活用法であり、象徴天皇一族は、そのように活用されるために存在している。

だから、マスコミに浮上する、一見非政治的な皇室情報に対する日常的な批判（私たちの倒錯にブレーキをかける作業）は、あきることなく持続されなければならないのだ。

『反天皇制運動NOISE』1号・94年6月10日

［1994/6］

皇室の結婚《セレモニー》・出産騒ぎは民衆のそれのグロテスクさの象徴ではないか

皇太子結婚の日、シックス・ナイン一周年へ向けてのマスコミの皇室情報の主役はマサコとともにキコということになった。キコが懐妊二ヵ月を発表したからである（五月十一日）。産まれる子が男なら「皇位継承順位三位」という点かこぞって論じられている。男の子を産むこと、これが皇室の女性の最重要な任務なのである。天皇の地位につきうる男を何人もつくっておかなければ、天皇制は制度的な安定感が持てないのである。だから、今度こそ皇位継承可能な男がつくられるか、ここに国心が組織されているのだ。

もう一点、クローズアップされている問題がある。

例えば『微笑』の「『紀子さまご懐妊』に渋面の人々」（六月十一日号）は、以下のようなワイドショー皇室担当者の声を紹介している。

「宮内庁関係者まして東宮関係者はいまいちばんピリピリしていますよ。ワイドショーなんかで紀子さまのご懐妊に雅子さまを引き合いに出されるのをいちばん気にしているんですよ。雅子さまと紀子さまのツーショットは、今後とも撮られない様に厳重に気くばりしていますよ」。

マサコにかかる大変なプレッシャーへの配慮があれこれと論じられているわけだ。テレビ・女性週刊誌中心にマスコミは、この間、「雅子さまご懐妊か!?」報道を手をかえ品をかえ続けてきたのだが、まったくそうではなかったという事実が明らかになって、そうした報道はストップしたと思ったら「紀子さまご懐妊」ということにあいなったわけである。マサコが「基礎体温」を測り始めたから、懐妊は近いなどという報道もキコ懐妊報道とともに流されているが、基礎体温を測れば妊娠するというわけではないのだから、おかしな記事である。これも配慮の産物か？　考えてみれば、配慮が報道されること自体がマサコへのプレッシャーになることはまちがいあるまい。

私はここで、マスコミの論調に引きづられてマサコに同情してみせようというわけではない。こうした愚かな男尊女卑を原則とする世界へ入ることを、最終的には彼女自身が選択したのであるから（おそらくその特権的生活と権威にひかれて）。

もちろん、マスコミがこぞって大々的にキャンペーンした「六年あるいは七年ごしの恋」などという美談の物語の裏側には、様々な方面からの逃げまわる彼女に対するプレッシャーがあったことは明らかである。強制された政略結婚を恋愛結婚といういいくるめる必要が国家とマスコミのトップにあった結果、あれだけのホラ語が大量にたれ流されたにすぎないのだ。皇室を民衆うけする存在としてイメージアップするためには手段は選ばなかったわけだ。

マサコの登場する記者会見は三度も延期された後、二月九日に持たれたが、予想通り発言はまったくの紋切り型であり、一回目の時にはそれなりにはあった「自由さ」が、まったくなくなっていた。皇室の世界の枠組にスッポリとはまった彼女がそこにいた。皇太子よりイスを後にひいた常にひかえめの妻を、そこで彼女は演じてみせていたのだ。そして、今度のキコ懐妊のプレッシャー問題というわけである。

税金を使いほうだいの贅沢と、サマづけの権威の報酬には、プレッシャーとイジメがあったというわけだ。

こうした皇室のあたりまえの生活にマサコが入ることが決った時、少なからぬフェミニストを自称する女性が、ミチコ、キコに次いで、民間の、それもキャリアウーマンがそこに入ることで皇室が「民主化」されるとか、これはキャリアウーマンの〝とらばーゆ〟として評価すべきとか論じていた。

一年後の今、マサコのこうしたあたりまえの皇室生活ぶりを、彼女らはいったいどのように評価してみせるのであろうか。

フェミニストを自称する彼女らよりズーッと年齢が上の戦中派の女性と、この皇太子結婚騒ぎの時期に、私は忘れがたい会話をかわした。私も参加している「国家と儀礼研究会」は、この時期マスコミが隠している事実、たとえば外務省の同僚であるマサコの元の恋人の存在など、様々な「事実」を持ちより、マスコミの嘘を突き崩すための集会を持った。その集会の名称は「雅子の真実」。この集会記録はすぐ本になった。この『雅子の真実』をタクシーにのって発行元の社会評論社に買いに来た女性がいたのだ。五冊くれという彼女に、偶然そこにいあわせた私は、どうして何冊も買うのかとたずねた。

「広告で見たんだけど、早くしないと発禁になってしまうのではないかと思って」。こう彼女は答えた。さらに、私に彼女はこう語ったのである。

「なんか、この間の皇太子たちの結婚報道を見ていると、あの大本営発表を思い出してしまうんですよ。あたりまえの事実はまったく隠されていて、向こうに調子のいい話ばかり大々的に流すわけでしょう。本当にいやな恐ろしい時代よネェー」。

もちろん、発禁になるなどと私たちは考えていなかった（『雅子の真実』はある大書店では、右翼におびえて、最初は客の注文があると持ってくるという販売方法で店頭には置かなかったということはあった）。しかし、天皇の統帥部である大本営の発表なみの嘘だらけ報道に恐ろしさを感ずるという彼女の体験的理解は、私にもそれなりによくわかったのだ。生活も豊かそうで、決して革新的な政治主張の持ち主とは思えなかった彼女の、恐怖と怒りは、まっとうなものである（政府はこの騒ぎとともにＰＫＯ派兵を推し進めた）。

フェミニストを自称する人たちは、恐怖や怒りを感じなかったどころか、このオバサンや私たちに、怒りを感じさせる報道に加担してみせただけだったのである。

私は戦後生まれであるから、彼女のように大本営報道にふりまわされたナマの体験はない。しかし、彼女の歴史的体験の記憶の引き出しかたは、それなりにリアルであると感じた。

私は一年前の皇太子婚約・結婚騒ぎについて考える時、マスコミの大々的ホラ・キャンペーンに味つけをした、何人かの自称フェミニストの発言とともに、このオバサンのまっとうな感性（記憶）をすぐ思い出す。

だいたいマサコが、氏を失い戸籍（支配者の民衆の管理のための名簿）から消され、「皇統譜」（神の一族の系図）に入れられたという事実に端的に表現されているように、この結婚は、人間が「現人神」（非人間）一族に一人吸収されたということであるにすぎない。だから、この「皇統譜」の存在は、「人間宣言」をし、象徴天皇（制）になった皇室のメンバーが、あいかわらず「非人間」でありつづけていることをこそ語っているのだ。

こうした家父長的な「家」（臣民を支配する一族）意識が、その制度の中で再生産され続けているのである（皇位継承は「男系の男子」だけ）。

皇室制度という存在がまるごと差別的であるとしかいいようがないものなのだ。こんなものを「民主化」したり「庶民化」したりすることは原理的に不可能なことである。マスコミや権力者がやり続けていることは、不可能なことを可能のようにイメージさせる操作だけである。

この「開かれた皇室」キャンペーンに、神道主義の右翼が「天皇の神聖さがうすれる」と反発してみせ、これと対抗しつつマスコミ（主流）は皇室の「民主化・庶民化」などという、実態とは関係のないイメージをふりまいてみせるのだ。私たちに必要なのは、こうした操作にまきこまれずに、ありのままの事実をふまえて実態をつかまえる、まっとうな感性と論理である。

マサコの結婚をたたえたフェミニストの主張とは反対に、皇室の婚約・結婚・懐妊・出産といった騒ぎを通して見えてくるのは、これにあこがれる民衆の中の、結婚・出産セレモニー騒ぎのグロテスクさである（もちろん民衆のそれがまるごとグロテスクだといっているわけではない）。

皇室の結婚・出産騒ぎ（セレモニー）は民衆のそれのグロテスクさの象徴ではないのか。

［『週刊金曜日』・94年6月10日］

［1994/7］

皇太子・雅子夫妻の不調和の中身

不貞ダ！離婚ダ！とはいかないが……

イギリスのチャールズ皇太子が六月二十九日（日本時間三十日）にテレビで「離婚しても国王になれる」と発言。関係が修復不可能になった後の「不貞」を認めたことも含めて、あらためて話題になっている。

あけすけな性的スキャンダルにまみれているイギリス王室。イギリスのマスコミだけではなく、日本のマスコミも、これにとびつきダイアナスキャンダルは、日本のマスコミでも日常化してきている。しかし、日本の皇室についてては、そうした報道は一貫してタブーであり続けている。

皇后ミチコの性格をあげつらう、ミチコ・バッシングが噴出したのは、ついこの間のことであった。これはミチコの「許さない」という断固たる公的宣言と「卒倒・失語」パフォーマンスによって、銃弾まで飛び出し粉砕されてしまい、非難の記事はけちらされ、「おいたわしや」記事のみがマスコミにあふれる事態となった。そして、今回の訪米はミチコの回復をしきりとアッピールする旅となったのである。

しかし、天皇制そのものへの批判ではない。人格バッシング（皇室はかくあるべしという非難）は一度右派メディアによって解禁されてしまったことは大きい。それは性的なスキャンダルはまったく排除されていたとはいえ、ミチコそしてアキヒトを欠点も多いなま身の人間として語ること（方向づけられた画一的な賛美としてではなく）がマスコミを舞台にとにかく開始されてしまったのだ。

こういうマスコミの動きは、一時的に後退しても、とまらないだろうと、私は予測していた。

思ったとおりタブー破りは、少しづつなされだしているのだ。『週刊新潮』（七月七日号）の「皇太子御夫妻の『調和』を心配するこれだけの事実」は、恐る恐るという感じではあるが、皇太子夫妻の関係がよくないのではないかというスキャンダルの要素が含められる記事を、「心配だ」という姿勢で書いている。

これは六月十六日に夫妻で登山して、仲のよさをアッピールしてみせた時の昼食のオニギリは、雅子の手作りではなく業者の作ったものだったという皇室記者の発言の紹介から始まる。そして、日米大学野球選手権大会の開会式における始球式（六月二十五日）への出席を二人が突然キャンセルした話が続く。

そこには以下のような「宮内庁関係者」の声がある。

「今回のように、予（あらかじめ）の日時がハッキリしている行事にも拘らず、皇太子ご夫妻がその出席を直前になって取り止めるというのは、私が知る限りでは前例がないことですね」。

そして、この「取り止め」の経過の奇妙さについて、関係者の話を紹介しつつ、次のようにまとめている。

「そして、さらに後日、東宮職からの申し出で、警備担当者も交えた打ち合せが六月十五日に実際に神宮球場で持たれることになったのだが、『ところが、当日、約束の午前十時に神宮球場の事務所で待っていたところ、その直後に東宮職から電話がかかってきたんです。聞けば、今日はそちらに伺えないと言う。それではいつがよろしいですか、と尋ねると、実は今回は、皇太子ご夫妻は、ちょっとお出ましになれませんとおっしゃるんですね』／主催者側に東宮職から正式に始球式の欠席が伝えられたのは翌日の六月十六日だったが、ちなみにこの日は冒頭で紹介したように、皇太子ご夫妻が奥多摩の高水三山に結婚後、初めて二人で登山した日に当たっている。／だが、ここで気に掛かるのは、さらに六月二十二日、山下和夫東宮侍従長が、自ら朝日新聞社に足を運んで事情を説明していることである。『この時にも、私の他に連盟の宮井専務理事に同席していただいたのですが、山下侍従長は、こちらが恐縮するほど謝っていらっしゃいました』／と、朝日新聞の鵜沢泰夫文化企画長は言う。／『ご欠席の具体的な理由についてはおっしゃいませんでしたが、ただ、恒例通りということで一度はオーケーと申し上げたが、スケジュールの調整をしたところ、時間が合わないという内部的な手違いがあったということでした。もっとも、これまでのご出席は皇太子殿下も独身時代だったが、今はご結婚後で、お二人でいらっしゃるので状況が違う。今後はそのところを注意して対応します、ということを言っておられましたね』／しかし、となると、これはどうしても雅子妃殿下の方に何らかの『事情』があったというニュアンスである。／キャンセルが明らかになるや、たちまち『すわ、ご懐妊か』という憶測が飛び交ったのも当然のことだろう」。

「ところが、これも何とも不可解なことに、森幸男東宮大夫によれば、／『いえ、ダブルブッキングということはないんです。当日の両陛下の日程を、私から申し上げることは適当ではございませんが、特にお出かけもなく、一日中御所でお休みになっていました』／にもかかわらず、山下侍従長、森東宮大夫とも、皇太子ご夫妻は、ともかく『お忙しく』て、しかしながら、ご懐妊に関しては『絶対ありません』と口を揃えるのだ」。

この後、皇太子が公務で忙しすぎ、マサコが慣れないことで疲れが出ているのではという皇室ジャーナリストとのコメントなどが続き、こういうことが語られる。

「実際、ある小和田家に近い関係者は、こんな話も耳にしているという。／『皇太子殿下があまりにお優しすぎて、雅子さまが殿下に口答えをするようなことがあるそうです。もちろんカカア殿下というほどではないのですが、雅子さまも多少増長しているところがあるのではないか、と小和田夫妻も心配しているようですね』」。

マサコがわがままで、皇太子がふりまわされているのではというふうに読める「物語」がまわりくどくそこには示されているのだ。夫に口答えしない妻など今どきいるわけもないのだから、男尊女卑がルールの皇室文化の伝統にあわないという、慎重に配慮されたマサコ・バッシング記事とも読むことは可能である。

さて、この記事は以下のごとく結ばれている。

「ご懐妊のプレッシャーの中、結婚二年目を迎えたご夫妻の『調和』がますます心配されるのだ」。

このままだと、夫婦なかがおかしくなるんじゃないかと心配だ、というわけだ。

確かに、「雅子のわがままに引きまわされる皇太子、このままでは離婚か！」といった調子の書きかたはしていない。しかしマスコミが皇太子夫妻の「調和」をあれこれと詮索してみせること自体が新しい事態である点には注目しておかなくてはなるまい。

戦後、マスコミに「私事」（たとえばどこどこに旅行に行ったとか）を公開される人気スターや人気タレントと同様の位置に皇室は置かれるようになった。そしてこの傾向は拡大し続けてきたわけであるが、公開される皇室の「私事」は、すこぶる画一的で、もっぱら「家族の幸福」ぶりをアッピールするものでしかなかった。この「私事」はタブーがはりめぐらされたもので、絵そらごとのイメージを与えるものであり続け、タレントのスキャンダル（あるいは外国の王室のスキャンダル）記事に親しんできている民衆の感性と、ひどいズレができてしまっている。

このズレを少しでもうめ、多くの民衆の感性にマッチした皇室のイメージへと転換させる作業を、こうした記事はねらっているのだ。

イギリスなみになることは不可能であるし、そこまでは望んでいないとしても、スキャンダルの方向へも少しは「開かれた」皇室。こういう試みが少しづつなされているようだ。

こうした「マスコミじかけの天皇制」の変化が、この記事にはよく示されている。

「朝日新聞」系の（マスコミ主流）は「開かれた皇室」というキャンペーンをはり続け、右派メディア（『週刊新潮』を含む）は皇室の伝統をふりかざし、それの否定、あるいはいきすぎへの不安を表明し続けてきた。しかし、皇室の「私事」を具体的に少しでも「開いて」みせだしているのは右派メディアの方なのである。

こうしたネジレ現象は、おそらく今後も続くことになるだろう。

私たちは、こういう変化、右派メディアによる皇室の「人間化」が、どういう民衆操作であるのかにこそ、注目し続けなければなるまい。

マサコのワガママに怒ったり、マサコの懐妊しないというプレッシャーなどによる疲れに同情したり、口答えを許す皇太子の「やさしさ」に感心したりといった「人間ドラマ」の観客になることを通して、私たちは自分の身を国家にあずけてしまうことになる。その国家は今、派兵大国に向かってひた走り続けているのだ。

［『反天皇制運動NOISE』2号・94年7月1日］

金日成死去報道と天皇「崩御」報道

何が異様なのか

［1994/8］

朝鮮民主主義人民共和国（北朝鮮）の金日成（主席）の死去を告げるとともに、北朝鮮のテレビは、老若男女がこぞって号泣するシーンを何度も映しだした。

この独裁者の死に、泣きさけぶ人々という風景は私にとっても、あまり気持ちのいいものではなかった。

日本のマスコミは、こうしたシーンを、やっぱりこの国の体制はおかしいという印象をふりまく格好の素材として活用してみせたのである。

「身をよじる慟哭はなぜ」という『AERA』（八月一日号）の記事は、かなり気をつかっており、それほど排外的なトーンはたかくないが、そこにも、こういう声が紹介されている。

『異様ですよ。あそこの政治体制は特殊でしょ。絶対権力者だった人物の死だし、泣かないと、消されちゃうからじゃないの』／東京・新宿の一杯飲み屋でテレビのニュースを見ていた中年サラリーマンの感想だ」。

こういう意見に対して、ここには「朝鮮総連」の「ある幹部」の以下のような声をぶっつけている。

「悪意に満ちた、とんでもない話。わが共和国（北朝鮮）では金主席を『オボイ・スリヨニム』と呼び、深く敬愛してきた。父であり母である首領様という意味だが、その主席の死を悼んで号泣するのは、自然な国民感情ですよ。だれが強制したものでもない。ええ、私も泣きました」。

北朝鮮という「国家＝テレビ」の、演出（多くの人々が泣いているシーンを、あれこれクローズアップしてみせる）という点を考慮しないわけにはいくまい。しかし、そうだとしても「泣かないと消されちゃう」という強制があるなどというのは、政治的悪意に引きずられたやはり極端な解釈でありすぎると思う。

私の違和感と反発は、むしろそれがそれなりに「自然な国民感情」として組織されているようであるということによって、大きくなったのだ。

この記事は、「戦前の日本の天皇教育」も金日成ほど徹底した「個人崇拝」ではなかったと述べている。

私は、しかし、この独裁者金日成の死に泣きさけぶ朝鮮の民衆の姿に違和感をかきたて、それを「異様」だと論ずる日本のマスコミの姿勢の御都合主義にもあきれた。

こうしたシーンは、やはり異様だと私も思う。しかし、どのつらさげて、その異様さをいいつのることが、日本のマスコミや日本の多くの民衆にできるのだ。

天皇ヒロヒトが重体になった時、何人もの人間が経済的ダメージで自殺しなければならなくなるほどの、様々なイベントを中止に追いこむ「自粛」をマスコミは煽り、政府や大企業の強制という事実はあったとはいえ、その強制を超えて、「自粛」の波を連鎖的に拡大する動きを多くの人々はつくりだしたではないか。

そして、ヒロヒトが死んだ時、マスコミには「崩御」という言葉一色だったではないか。いうまでもないだろうが、「崩御」という言葉は、神の死を表現するものである。マスコミは、こぞって「現人神」天皇観をその時、鮮明に露呈させた。そして、皇居の前の広場の玉砂利の上に座って回復を祈ったりする人々を大々的にクローズアップしてみせたマスコミは、全国各地で発せられたこの「崩御報道」に抗議する声をほとんどシャットアウトした。

外から見れば、「現人神」の死に号泣する「日本列島」というイメージを、政府とともに巧みに演出してみせたではないか。

そして、少なからぬ日本の民衆は、この演出にやすやすとのったし、追悼のためのパフォーマンスを多様にくりひろげてみせたではないか。

あれは異様ではなかったというのか。

確かに、戦後の日本は、金日成体制（朝鮮社会主義）のような独裁者の支配体制とはことなる政治支配であるといえる。しかし、北朝鮮を笑ったり、前近代的で遅れていると非難して悦に入って当然の体制であるのか。

まともに考えてみれば、そんな体制ではないことは明らかではないか。

今、マスコミは、こぞって金正日独裁体制は安定しうるのか、あるいはそれは成立しているのかという記事をあれこれ、たれ流している。

「一般に、社会主義国家の軍構成は非常に複雑かつ透明性に欠けるといわれる。なぜか。それは党が軍を支配下に置くためにさまざまな機構、監視体制が敷かれているからに他ならない。そして、その体制は一見、万全のように見える。／だが、実は、この『人民軍将官全リスト』を仔細に検討していくと、『金正日体制』が抱える問題点がみえてくる」（「これが『金正日への反乱』を読む極秘北朝鮮人民軍812人リストだ」『週刊ポスト』八月五日号）。

この後に人名がズラズラと紹介され、対立の構図があれこれと推測されている。こうした報道は、今、日本のマスコミにあふれているのだ。

それらの報道に共通しているのは独裁者の世襲制度といった北朝鮮の政治システムに対する侮蔑感である。

しかし、天皇制も世襲の制度であるということを忘れるわけにはいくまい。そして日本のマスコミは、この世襲天皇制を日々賛美し続けてきているではないか。あげくに、象徴天皇が、あたかも国家元首であるかのごとき政府の扱いを、正当化し続けてきているではないか。

考えてもみよ、一九四五年八月十五日、天皇が敗戦を宣言した日、皇居前の広場の玉砂利に泣きふした日本の民衆が、敗けてしまったことを、天皇・皇族にわびてみせることから、日本の戦後はスタートしたのである。

このシーンの異様さ、グロテスクさに、どれだけの日本の民衆が自覚的であるというのか。そして、この日の玉砂利に泣きふす日本の民衆をクローズアップして、自分たちも泣いてみせて戦後をスタートした日本のマスコミが、どうして北朝鮮を笑えるというのか。

政敵を殺して生きぬいてきた独裁者の死に

泣きさけぶ民衆を見て異様と感ずること自体がおかしいのではない。世襲の独裁体制に不信を持つことは、あたりまえのことである。かつて日本が植民地支配した国であり、戦後も敵対するだけでその責任をまったく取ってこなかったという歴史事実をまったく無視して、私たちはあれこれ無責任に論評すべきではないということは当然である。しかし、それはああした体制を否定的に考えること自体が私たちに許されないなどということを意味するわけではない。

だが、金親子の体制に異様さを感ずるのなら、私たちを包囲している天皇制国家の支配体制にも異様と感じて当然ではないか。

あちらを異様と感ずる多くの日本民衆の感性が、自分たちは異様ではないという前提で成立している点こそが〈異様〉である。

また、その点にこそ、マスコミの操作は集中している。

マスコミ操作に抗して、北朝鮮内部の、こうした支配を異様であると考えている、体制によって抑圧され隠されている民衆の声への通路をつくりだす作業をこそ、私たちは持続すべきである。

そしてその通路は、私たちが天皇制国家の異様さを、公然と批判し続けるという方向から、つくりだしていくしかないものであるはずだ。

［『反天皇制運動NOISE』3号・94年8月1日］

エイズ国際会議と皇室

差別管理社会の象徴

［1994/9］

「七日の開会式に出席された皇太子殿下は、／『エイズへの挑戦は多面的な取組みを必要としており、医学や医療だけでなく、関連する学問との緊密な連携を大切にするとともに、患者や感染者と家族、介護者の方たちとも互いに手を携えて進めなければならないと思います』／とお言葉を述べられ、その後、『患者・感染者世界ネットワーク』代表で自らも感染者であるカナダの参加者と握手を交わされている」。

「皇室担当記者によると、／『今回の皇太子ご夫妻のように、皇族が率先して難病患者のもとに出向いて行くのは、いわゆる皇室の伝統、原点ともいえるんですよ。特に、貞明皇后（大正天皇の皇后）がハンセン病に対して熱心な救護活動を行なっていたのは有名な話ですし、戦後は昭和天皇は奄美大島でハンセン病患者にご挨拶をされている。／今の天皇も皇太子時代に沖縄に行かれて、そのときは手袋を脱いで素手で患者と握手されていました。もちろん事前に、絶対に感染しないという保証があっての事です。ですから、今回のことも、主催者から正式な依頼があって半年前に既に決まってたことのようです。ご出席についても特に議論があったとは聞いていません。感染者との握手についても、皇太子ご夫妻自らの判断によるもので、会議出席には特別な意義を感じていらっしゃるようです』」。

『週刊新潮』の「皇太子御夫妻も出席させられた国際エイズ会議への『偏見』」（八月二十五日号）の主張である。この記事は、皇太子のこうした行為などが「エイズ感染者や患者に対する恐れや偏見が見直されるきっかけになるのは間違いない」と述べられている。「慈悲深い皇室」というイメージを演出し、人々の苦しみに広く気をくばっているのが皇室であると宣伝するために「エイズ感染者や患者」が利用されているのだ。そうした皇室イベントを、そのように報告している、この記事自体が問題である。しかし、読み進んでいくと、「皇太子御夫妻」のような方が、どうしてこんな会議に出席したのか、といったトーンが強くなるのである。それはエイズ感染者や患者は血液製剤の犠牲者以外は売春婦あるいは、相手かまわずセックスする人間とかゲイといった性的にふしだらなおかしな人々ばかりといった文字通りの「偏見」をふりまいているのだ。ここでは、大手新聞社の投書欄にあった「唯一」のまっとうな声として、『世界日報』にのった以下のような主張が紹介されている。

「差別をなくせというが、区別はしなければならない。差別する気持ちなどないが、エイズになった原因から目をそむけないで欲しい。エイズ患者・感染者の中に内心『私は、性生活がだらしなかったから、天罰が下った。真似をしないで』と反省を抱いている人も多いのではないだろうか」。

この国際会議はPWA（エイズ患者）にとっては、エイズ予防法などをつくって患者・感染者を管理する政策を展開してきた厚生省が中心の集まりであるとはいえ、この記事のような偏見を打破するための集まりであったはずである。それが、反対のキャンペーンのための素材として、ここでは活用されてしまっているのだ。

「……その実態がどうであれひとたび〝弱者〟とか〝少数者〟と定義されたり、あるいは先にそう名乗ったり宣言すると、その時点でたちまち保護もしくは特権を与えられ、それを要求する権利が生じてくるようになっているのがこの国のならいである。それに〝差別〟と〝人権〟がくっつけば、もう向かうところ敵無し。乱用の挙句、本物の弱者の姿が見えなくなっているといっていい」。

『週刊新潮』のおとくいの口調の少数者いじめの差別キャンペーンである。「エイズ患者・感染者などに『人権』などいらない、自己主張などせずに静かに死んでいけ！」こういった文字通りの差別的トーンがこの記事を貫いているのだ。皇太子夫妻のような方が参加する必要などない会議であったというわけである。「聖」なる「お方」を一方において、こんな差別されて当然の人間たちにまで、あたたかい「お言葉」と態度を示したとたたえつつ、しかしそうしてやるには価しない人間たちであるというかたちで、他方のPWAの人々を差別しているといったグロテスクな文章である。ここには、天皇制（皇室）の存在が再生産する差別意識の構造がよく示されているではないか。皇太子夫婦などを参加させて、PWAの人たちが「互いに手を携えて」などとスピーチさせたイベント。そうした点は、かなり問題のある国際会議でそれはあったと考えるしかあるまい。PWAの人々を相互をバラバラにして見えなくし、管理しながら殺していく社会の政治的象徴こそが天皇制なのである。

『週刊新潮』のこの号には「美智子皇后も西武も撤退した今夏『軽井沢』の閑古鳥」という記事もある。軽井沢の観光客や別荘族が減少したということと、西武百貨店が撤退したこと、および皇后が来なくなったことを重ねてみせただけの記事である。

「軽井沢といえば、天皇・皇后両陛下の〝テニスコートのロマンス〟がどうしても思い出される。実際、皇太子時代には、夏場はご夫婦揃って軽井沢で静養されるのが、長年の通例と、なっていた。／だが、実は即位後両陛下が軽井沢を訪れたのは、平成二年八月の一度だけ。この時代は皇太子殿下と紀宮さまも同行し、千ヶ滝プリンスホテルに宿泊。両陛下は旧軽地区にある思い出の『軽井沢テニスコート』でプレーを楽しんだが、それ以後は今年まで四年間、全く足を運んでいない」。

「両陛下」（皇室の人々）と関係が薄らいできている軽井沢に閑古鳥が鳴くのはあたりまえ、そういいたいらしい。「両陛下」は、それだけ価値のある存在なのだというわけだ。

さらに、九月八日の『週刊新潮』にも、「いま美智子皇后と最も親しい『八人』の超上流婦人」という記事がある。この記事は「東京ローンテニスクラブ」での交流を軸に、皇后と交遊していた八人の「超上流婦人」の声を紹介してみせたものだ。「共にテニスを楽しみ、親しく語らうことができるのは超上流婦人とでもいおうか、もちろん限られた人たちである」。こういうトーンが全体を支配している。超上流社会のエリートの中心に天皇ファミリーが存在することの、ありがたさが自明の事のごとくアッピールされているのである。一見、皇室の人間関係のありきたりの日常をレポートしているにすぎない、こうした記事も、実はすこぶる差別的なものである。自明の「高貴」な身分（存在）を、自明のごとくたたえ、非常に価値のあるものとして報道する。

　PWAの差別をクローズアップするかた方でその存在が活用される皇室。この皇室制度（それの報道のされかた）のグロテスクさが私たちに感じられないとすれば、それは私たちの感性が、マスコミの操作によって（そのありがたい存在が自明であるとする情報の洪水に溺れてしまい）、まったくおかしなものにつくられてしまっている結果である。

［『反天皇制運動NOISE』4号・94年9月1日］

［1994/10］

「疑うがゆえにわれ信ず」のシニシズム

ダイアナ・スキャンダルと皇室

　私も参加している「国家と儀礼研究会」の二人のメンバー（野毛一起・浅見克彦）の翻訳による、マイケル・ビリッグの『イギリス王室の社会学——ロイヤル・ファミリーに関する〈会話〉の分析』（社会評論社）が刊行された。

　それは、イギリス王室を支える、イギリス民衆の意識の存在様式を、非常に具体的かつ緻密に、そしてダイナミックに対象化してみせたユニークな著作である。

　そこでは、全く普通の欠陥だらけのあたりまえの「人間」として脱神秘化あるいは非神秘化して王室のメンバーを受けとめているのだが、その「普通の人間」として見る視点自体が「特別視」（神秘化）を前提としている（この普通の人間であることが特別なことなのである）という民衆意識のよじれた構造が、ハッキリと分析されているのである。この意識は公的な王室のイメージが美化された「作り話」であることを知りつつ、その壮麗なイメージを信じたがるといった「偽善的」なシニカルな意識であるとされている。

　「解読」で野毛は、大衆はかつての王権神授説のように、神秘性を王権に求めているのではなくて脱神秘化＝世俗化＝「人間」化を求めている、そのことによって王室との「同一化」を図ろうとしているのであり、この欲求がシニシズムを生みだしたのだと述べ、さらにこう論じている。

　「……この世俗化要求は、どんなに激しいブーイングやスキャンダルの暴露があろうとも、君主制の廃止、王室の全面否定とはならない。本書でビリックが、どんな激しいスキャンダルの嵐が吹き荒れようとも、その嵐自体が王室を擁護する力になるだろうと考えているのは正しいのである」。

　さて、今、イギリス王室史上、空前の「激しいブーイング」をまきおこしつつダイアナ・スキャンダルは、さらに吹きあれている。『サンケイスポーツ』（十月六日）は「ダイアナ妃暴露本で国民イヤ気」「英王室廃止しろ」「世論調査で七割支持」という見出しの記事がある。

　イギリスの大衆紙『デーリー・ミラー』がダイアナとの関係を暴露した元近衛将校の告白本『プリンセス・イン・ラブ』の発売（三日）直後に、八〇四三人の電話インタビューを実施。

　「その結果、実に七三パーセントの国民が『エリザベス女王を最後に、英王室を廃止すべき』と回答したという」。

　今回のブーイングは、すざまじい。このスキャンダルの嵐は、王室の全面否定にまでついに突き進んだのであろうか？

　この記事の中には読んでみると矛盾を感ずる事実が載っている。もう一方の大衆紙『サン』の五日づけの世論調査の結果は、七二パーセントが依然ダイアナを支持していると回答しているというものだ。破局の原因は皇太子の責任が七一パーセントでダイアナの責任としたのは一六パーセント、ダイアナの方が王女になるべく望んでいるのが六五パーセント（皇太子は三二パーセント）だというのである。

もう一つある。この元将校の告白本は、初版の七万五〇〇部は、発売と同時にアッという間に売り切れ、二日目には十万部突破のいきおいであるというのだ。（ちなみに、この将校の印税は三〇〇万ポンド〈約四億八〇〇〇万円〉とのことである）。

いったい、この人気、この関心はなんなんだ。

やはり、ビリッグや野毛のいう通り、この大スキャンダルの嵐自体も王室を擁護する力に転化するものでしかないのだろうか。

『週刊新潮』（十月十三日号）の「また暴露された『ダイアナ妃』スキャンダルの歴史価値」の中で会田雄次はこう語っている。

「まあ、王室の無いイギリスなんて考えられないから、どこか外国の王室から連れてきて継がせるかもしれないが」。

ウインザー王家は崩壊というところまではいくかもしれないというわけである。

しかし、ダイアナ・スキャンダルは、彼女の「妃」としての人気を下落させているわけではないという事実をふまえると、ウインザー王家の崩壊までいく、というのも、まだまだあやしい評価であろう（イギリス民衆は特別の人々のスキャンダルを楽しんでいるのだ）。

この『週刊新潮』の記事には、英紙『オブザーバー』の日本特派員の以下のような声が紹介されている。

「日本の皇室は、国民に尊敬されるべく、いいイメージの形成に努めています。例えばピアノやバイオリンを趣味にしたり、海洋生物の研究をしたりと、文化的な生活を送っているという印象を国民に与えています。ところが英国の王室にはこういう雰囲気は全くありません。英国の王室の興味はあくまでも、自分たちが楽しいと感じるもの。それは第一にセックス、第二にハンティング、第三に外国でのバカンスで、国家的な責任や義務といったものは二の次なんです」。

「国民の意識も自ら変わってきます。庶民というのは、自分たちが尊敬できる人間を求めているんです。政治家がその役割を果たせないのは日本も英国も同じ。しかし、日本では皇室がその役割を担っています。一方、英国の王室は、もはや国民に敬われる存在ではなくなっています。王室がこのような性的インモラルなことをやっていれば、尊敬しようがないでしょう。十年二十年前には国民から深く尊敬されていた王室も、今は見る影もありません」。

スキャンダル（世俗化）を通しての尊敬というシニシズムの心理という分析をふまえれば、こういった王室評価の一面性は、よくわかる（ただ、スキャンダルが「普通の人間」ではありえないほどすさまじい事実を引き出すところにまで行けば、「特別」〈尊敬〉への通路はふさがれ、底がぬけるということはあるかもしれないが）。

私たちが注目すべきなのは、イギリス王室のゆくえというより、皇室はすばらしいというメッセージが、こうした王室スキャンダル報道の中に、すべりこまされている点である。

「イギリス王室」にまなんだ「皇室」は、すでに「日本の皇室に学べ」といえるところにまでなっている。こういったトーンが『週刊新潮』のようなメディアだけでなくテレビの王室スキャンダル報道にも流れているのだ。

ミチコ皇后は「お美しく」還暦を「おむかえ」、キコは動きまわりながら出産準備、マサコはヒロノミヤとプライベート旅行でアツアツ、ノリノミヤは花婿候補に婚約されちゃった、てな報道が週刊誌やテレビに大量に流され続けているわけであるが、確かに「性的インモラル」なスキャンダル報道は、そこにはない。バッシング報道も力でおさえこまれてしまったから、スキャンダル的な報道は、ほとんど読めなくなっている。

私たちは、皇室ファミリーのそこに示される家族的な親しさ、ハッピーな美しさなどというものが、作りものであることは、よく知っている。多くの日本の民衆も、それが嘘であることを知りつつ、信じようとしているのだ。そういうつくりものの「美しい国家＝家族」というイメージに同一化したいという欲求がそこにあるのだ。

　このイメージは「国際的」にも通用するのではないか。だってあの世界の王室というべきイギリス王室を日本の皇室は超えた存在なのだから。その心理（欲求）はこんなふうにふくらみ出しているのかもしれない。

　ダイアナ・チャールズ・スキャンダルの日本での報道がそういうかたちで政治的に活用されていることだけは、まちがいあるまい。

　こう動きを、私たちが批判していく時に忘れてはいけないことは、天皇制など国際化できるしろものではないというあたりまえの事実だけではない。そういってみるだけでは何の力にもならないのだ。

　天皇制の国際化などは、ニセの国際化にすぎないことを日本の民衆は知っている。しかし、ニセであっても信じたいのだ。野毛一起流にいえば、大国意識にひたった人々は「疑うがゆえに信じる」というシニシズム。これは現在の日本の象徴天皇制を支える意識でもあると思う。

　この意識自体にゆさぶりをかける批判をどう多様に作り出していくのか。これが私たちの課題であるはずだ。

（『反天皇制運動NOISE』5号・94年10月10日）

［1994/11］

一日の三つの皇室記事

みんなあたりまえではない!

　一九九四年十一月一日の新聞には、三つの皇室がらみの記事があった。

　『東京新聞』には『お騒がせPR鳥人』の見出し（写真入り）で以下のような記事。

　「三十一日午後、皇居周辺などの都心の上空に不思議な飛行物体が現われた。運輸省東京航空局や報道機関にも問い合わせが殺到、警視庁などのヘリコプターが追跡する騒ぎとなった。／その後の同庁の調べで、この〝飛行物体〟は埼玉県内の自営業者の男性（五二）が墨田区の空き地から飛び立った動力つきパラグライダーと分かった。同日正午ごろ墨田区を離陸。神田、東京駅、警視庁上空を経て、赤坂見附付近でUターン。ほぼ同じ飛行経路を逆戻りして、午後二時ごろ飛び立った空き地に着陸。パラシュート状の翼にあたる部分には、この男性の著作のメインタイトルや出版社名、発売日などが書かれていた。／同庁で航空法や東京都屋外広告物条例などに違反しないか検討したが、いずれの法律にも抵触しないことが分かり、おとがめなし。／離着陸地点を管理する向島署が任意でこの男性から話を聴いたが、男性は『都心を飛んだのは初めて。自費出版の自分の本がもうちょっと売れればいいなと思って飛んだ』と悪びれない様子だった」（傍点引用者）。

　この記事だと、自費出版のPRのためのお騒がせ男がいた、というだけの記事であるが、書き出しの「皇居周辺」という点こそが本当は大きな問題であったようだ。『毎日新聞』の見出しは「皇居上空お騒がせ」である。記事には「一時は『過激派ではないか』の見方も出たほど」というくだりもある。パラグライダーを警視庁航空隊がヘリコプターを出動させて「大騒ぎ」という状況を作り出したのは警視庁側なのである。なんの法律にもふれないことを行なっているのに、この人が空から陸から追跡される大騒ぎになったのは、皇居の上をパラグライダーで飛行したためなのだ。テレビでも新聞でも、警察のお大騒ぎぶりを大々的に報道したが、この警察の皇室（皇居）警備の異常さを問題にしたものは、私の眼に入らなかった。皇室（皇居）は、このような異常な警備をして当然という判断が自明なごとき前提となっている。しかしこんな特別扱いは決してあたりまえではない。

　もう一つは「恩賜のたばこ二割〝節煙〟」（毎日新聞）。

　禁煙運動の市民グループなどの抗議などが続き、そうした運動と社会の流れに応じて二割をやめ、皇室を紹介するパンフレットに代替りする、という方針を宮内庁が発表したということらしい。「恩賜」などということばが残っており、年間二百万本も特別に生産（今後一六〇万本になるわけだ）されていたわけである。

「宮内庁によると、叙勲・褒章授章者などが両陛下に会うのは『一生に一度のことが多く』（同庁幹部）、たばこではなく何か記念になるものを、という要望が寄せられていた」。

「恩賜」のシステムは当然というわけであるが、これもおかしくないか。なんで「天皇」がくれるものは超特別にありがたいものとあらかじめ決定されているのか。エコロジストのイメージで売り出している現在の皇室のイメージにあわないから「伝統を手直し」して、もっとうける方向へイメージチェンジをはかっているにすぎないのだろうが、「恩賜」などということば（制度）は象徴天皇（「国民主権」下の天皇）にはふさわしくないからやめるべきだぐらいの声すらが、どうしてマスコミには出ないのか。私は象徴天皇制がいいなどとまったく考えないが、このレベルでの反発すらマスコミには出てこない時代になっていることの異常さには腹が立つ。

もう一つは皇太子（夫妻）の中東訪問へ向けた記者会見の記事。

「皇太子ご夫妻は三十一日、東京・元赤坂の東宮御所で記者会見し、五日出発する中東四ヵ国公式訪問へ向けての抱負などを語った。ご夫妻そろっての初めての外国訪問であると同時に、二人とも中東地域への訪問は初めて。イスラムの戒律が厳しい地域では、公式行事で別行動する場面もある。『洋服のことなども気をつけて準備しています』と話す雅子さまと目を合わせ、皇太子さまは『（別行動中の話しを）後でいろいろ雅子から聞くのが楽しみ』と笑顔で答えた」（毎日新聞）。

象徴天皇制下では、天皇（一族）には外交権能などないことになっている。だから本当は「皇室外交」などは許されないはずなのに、マスコミではあたりまえのこととなっている。そして皇太子の「外交」もなにも問題がないといったふうである。彼と彼女が「イスラムの戒律」にとまどうだろうことがもっぱらの話題だ。しかし中東は、あの湾岸戦争の戦地である。日本を含めた「大国」の石油利権がからんだ地域であり、あの石油で肥え太った「ロイヤル・ファミリー」たちとの「交流」である。そこにはグロテスクな政治・経済利害が渦巻いている。マスコミはこうした問題にはまったくふれようとしない。皇室は非政治的であるという象徴天皇制のタテマエを、そのままカモフラージュにして、まったく非政治外交というイメージのみ押し出している。「皇室外交」自体もあたりまえでないが、こうした「宮内庁」（政府）マスコミの姿勢もまったくあたりまえとは言えまい。

結局、一日にあったこの三つの記事（三十一日の事柄の報道）は、ことごとくあたりまえではないのだ。

「自明」の「真実」のごとくふるまうマスコミの「常識」（前提）を常に疑ってかかること。これが皇室報道に対する時の私（たち）の基本姿勢でなければならない。

［『反天皇制運動NOISE』6号・94年11月10日］

［1994/12］

「公務がいそがしい」、なんの「公務」が！

キコ第二子出産とマサコのあせり

まいどおなじみ、ダイアナ・スキャンダルはガンガン騒ぎが広げられている。イギリスの「ダイアナ妃との〝不倫関係〟を告発した暴露本」であると、マスコミに話題にされている元近衛将校『プリンセス・イン・ラブ』の翻訳も出版されたようだ。『週刊女性』の「ダイアナ妃　イギリスの〝ジェフ〟が衝撃のSEX暴露『まっ裸で僕を誘惑した』」（十月二十五日号）につけられた大きなキャプシヨンはこんな調子。

「『身体中に電気が走り、震えながら一線を越えた……』出るわ出るわ生々しい証言の数々。元恋人の暴露本は売れに売れ、ダイアナ妃の傷は深まって――」。

この元恋人は、たいへんな〝巨根〟であるという別の女性の証言なども飛び出し、スキャンダルは、いくところまでいった感じである。

このダイアナが中東（イスラム教国）へ行った時のケースが、今回のマサコの中東四ヵ国めぐりでも参考にされたようだ。たしか、スカートのままで入場して問題になった局面もあったと思うが（さすがにダイアナ!?）。

「外務省は英国のダイアナ妃が中東を歴訪した際の写真を取り寄せ、参考にした。その結果、ダイアナ妃は長めのスカートやロングドレスだったこと、砂漠のロイヤルテントで直接絨毯の上に座った時には、ズボンの上からスカートを履き、肌が見えないように工夫していたことが分かったという」（「雅子さま『女だけの晩餐会』」『週刊文春』十一月十日号）。

マサコは、ダイアナよりはるかに気を使ったようだ。ロングパンツの上にパンタロンというファッションが多かったようであるのだから。マサコはいつもダイアナよりも、ひかえめというわけである。

キコの二人目の子供の出産ということで、マサコは追いつめられている、それがたいへんなプレッシャーになっているのではという〝おかわいそう〟記事が、この間流され続けていた。『週刊新潮』（十二月十五日号）の「秋篠宮妃第二子御誕生で『皇系』への風声」は、あらためて、出産直前の今、この問題を扱っている。

むかしも女帝はいたのだから、あるいは男女同権の世の中なのだから「王位継承」を男女同権にすれば、男を産まなければならないというマサコのプレッシャーもなくなるのではなどというつまらない声も、そこには集められている。キコが男の子を産めば皇位継承権順位第三位の子供となってしまう。ヒロノミヤ・マサコをさしおいてそれはまずいと「秋篠宮」も考えているのでは、ということからこの記事は書き出されており、以下のように結ばれている。

「とある皇室記者は言う。／『今年も中東四ヵ国歴訪がありましたが、来年早々、お二人はまた一月末から再びクウェート、ヨルダン、アラブ首長国連邦の三ヵ国を回られます。これは先の歴訪であまりスケジュールが過密だったため、その積み残しが出たためですが、さらに来年はもう一回、別の海外ご訪問も予定されています。さすがにここへきて宮内庁もスケジュールの改善を検討し始めたようですが、それでも次から次へと舞い込むお招きや、出席せざるを得ない行事のために、早くも諦め顔ですよ。お二人はサラリーマンと違って土日に休むことも出来ません。雅子さまもご公務には慣れてきたようですが、このままでは疲労がたまる一方です』／先の中東訪問前に行なわれた記者会見でも、／『コウノトリのご機嫌はいかがでしょう』／という質問に対して、皇太子殿下はこう言われた。／『静かな環境が保たれることが大切と思います』」。

よくいうよ。宮内庁もヒロノミヤも、公務のいそがしさなどにげているが、この夫婦の最重要の公務は、男の子をつくることであることは、天下周知の事実ではないか。それが優先されないわけがなかろう。それが「全国民」注目の「ロイヤル・ファック」であるかどうかはともかく。

しかし、ダイアナ・スキャンダルのえげつなさと比較して、皇室下ネタ話のこの御上品さはどうだ（ダイアナは愛人づけで、ヒロノミヤ・マサコはいつもオホホのホといった調子なのだ）。マサコらは最大の公務にしっかりはげんでいないのでは、その「情事」じゃなかった「事情」は、とかいう程度の記事が、どうして日本中にあふれるスキャンダル・メディアにゼロなのか。

あんな信じられない広いところに住んでいて、「静かな環境」がほしいなどと、フザケルナ！　かってにヤレ！

［『反天皇制運動NOISE』7号・94年12月10日］

［1995/1］

なんでヒロノミヤの重圧じゃないの？

キコ出産とマサコのプレッシャー

昨年十二月二十九日にキコが出産、また女児であった。「佳子《かこ》」と「命名」。思ったよりマスコミの騒ぎは大きくなかった（もちろん、それでも「佳子さま騒ぎ」はいいかげんにしろという気分にさせるていのものであったが）。

ただ、この出産騒ぎ、マサコへのプレッシャー問題の方に焦点を転換されながら、大きくなりつつあるようだ。

『週刊新潮』（一月十二日号）にはこうある。『宮内庁や皇族は一様に〝女の子でよかった〟と胸をなで下ろしていますよ』／とは皇室担当記者。／やはり皇太子殿下より先に、弟君に男児が生まれるのは好ましくない。兄君に男児が生まれない場合、天皇が傍流から出ることになりますし、よしんば皇太子ご夫妻に男の子が産まれたとしても、年長の従兄がいると何かと問題ですから』」。

「別の皇室ジャーナリストは、これまで以上に雅子さまのご懐妊に注目が集まるというのだ。／『今回のように皇室に子供が産まれるたびに、結局は雅子さまに対する〝早く男児を〟という声が強まるだけ。〝最大の公務〟をなし遂げられないと、紀子さまの第三子ご懐妊が先になってしまう可能性もありますよ』」（「紀子さま『女児』出産で雅子妃の『プレッシャー』」）。

「最大の公務」であるファックに励んでくれというキャンペーンである。

『女性セブン』（一月十九日号）は、キコの「満点安産」ぶりと「秋篠宮家」の「和気あいあい」ぶりをほめたたえた後に、このように論じている。

「ところで、この知らせは喜ばしいニュースとして連日伝えられたが、一部ではこんな声があがっているのも事実。ある皇室関係者の話。／『新宮さまは皇族全体でみると、8人連続女性皇族のご誕生となります。つまり秋篠宮さまが昭和四〇年十一月に誕生されてから二九年間、まったく男性皇族がお生まれになっていないのです。こういった状況の中では、世間的にも男性皇族のお誕生を望む声が予想以上に強まっているのではないでしょうか』」。

どこらへんの「世間」のことをいっているのか知らないが、私の身のまわりの「世間」では、「男児出産を望む声」なんて、ほとんど聞こえてきはしない。こういう記事が、そういう「世間」の声をつくっていくためにつくり出されているのだろう。さらに引用しよう。

「一昨年、皇太子さまと雅子さまが結婚されたが、いまのところ、ご懐妊の朗報は聞こえてこない。もし万が一、ご夫妻に男の子が誕生されなければ、皇太子さま、秋篠宮さまに次いでその子が三番目の皇位継承権を持つため、その意味からも今回のご出産は注目されていた。結局、お子さまは女の子だったが、いずれにしても次にお子さまをお生みになる皇族に男子出産の期待がかかるのは確かだ。ある宮内庁関係者がいう。

『次にご懐妊が期待されるのは、なんといっても雅子さまです。そして、雅子さまが東宮に嫁がれた以上、男子を、いわゆる〝お世継ぎ〟をお生みになることは他の女性皇族以上に強く強く望まれています。今回、紀子さまが女児をお生みになり余計に男子ご出産が期待されていることは間違いありません。それらのことはさまざまな形で雅子さまのお耳にも入っていることでしょう。／本来授かりものであるべき出産に対する期待が、ますます強くなっているという重圧。加えて、そのお子さまが男の子であることが望まれている現実――これはもちろん、あくまでも周囲の過剰な期待ではありますが、それを受ける雅子さまにとってはなんとも複雑な思いがあるのではないでしょうか』」（「紀子さま『満点安産』に雅子さまの複雑」)。

期待が（すなわち、マサコへのプレッシャーが）強まっている「世間」とは、どうやら天皇一族や皇族たちの世間のことであるようだ。皇室やそれの安定的活用を願っているエリートたちの「期待」を民衆全体の「期待」へと押し広げていくのが、こういったマスコミ記事の政治的任務なのだろう。

『女性自身』（一月二十七・二十四日合併号）は、「雅子さま『男の子を！』の重圧！」のタイトルで、「新年一般参賀」のときに群衆の中に「『雅子さまーっ！　今年こそはお子さまをーっ！』／『早く男の子さまを！　絶対にーっ』」と多くの女性が夢中で叫んでいる声があったと報道している。

そして、この記事も『女性セブン』同様、一月中東再訪問についてふれ、公務の忙しさが問題と論じている。本当にファックする時間もない、なんて話が通用すると思っているのだろうか。

しかし、それにしてもである。なんで「マサコの重圧」だけがとりざたされ続けるのだ。なんで「女の世界」だけの話にされるのだ。「重圧」話にどうしてヒロノミヤの名前が登場しないのか。子供は二人でつくるんじゃないの？

〔『反天皇制運動NOISE』8号・95年1月15日〕

〔1995/2〕

天皇夫婦の「お見舞い」と被災地の迷惑

ダイアナとアキヒト・ミチコ

「天皇、皇后両陛下は三十一日午前、阪神大震災の被災地を訪問、避難生活を送る人を激励し、救援活動を行う地元関係者やボランティアをねぎらって歩いた。現地の活動の支障にならないようにと配慮し、移動は原則としてヘリコプター。車での移動も随員、関係者と同乗のマイクロバスという異例の形になり、交通規制も最小限に抑えた。

両陛下は午前九時半前、羽田発の自衛隊のYS11機で大阪空港に到着、自衛隊ヘリに乗り換えて兵庫県の被災地へ向かった。

午前九時四十分すぎ、西宮市民運動場に降り立ち、貝原俊民兵庫県知事らの説明を聞きながら、徒歩で約千百人が避難生活を送る同市立中央体育館へ。この後、車で芦屋市精道町八の同立精道小学校に移動した。

午後も神戸市と淡路島の避難所、神戸市長田区の火災現場を訪れ、夕刻に帰京の途に就く」（『毎日新聞』一月三十一日夕刊）。

一面のカラー写真つき（被災者に話しかける天皇夫婦）の記事である。新聞各紙は、ほぼ同様の扱い。

確かに反発をかわないように、こまかい配慮をしていた。ヘリコプターで現地直行、じみなジャンパースタイル、バスでの移動、現地の職員と同じ弁当、一人一人に対応するスキンシップ作戦…。そういう様はテレビに大々的に映し出されていた。しかし「活動に支障にならな」かったわけではないのだ。

大きな避難場を避け、天皇夫婦がうまく動きまわれる場所を選び、出迎えの体制をつくらせ、抗議する人間、あるいははっきりとした不満を表明する人間はいないかどうかを事前に調べ、ガードする警察官を配置する。「交通規制も最小限に抑えた」ということは、なんと、かなりの「交通規制」をしたということではないか。

この「見舞い」行動は「強い天皇の意志」があったと伝えられているが、本当に被災者のことをおもんぱかって行なわれたわけではもちろんない。本当に心配していたら、こんなことはできないはずである。こういった〝歩く迷惑〟をあれだけの死傷者が出た直後の被災地に連れていくようなことは。

マス・メディアは、こぞって「頑張ってください」と気づかうやさしい天皇夫婦と、感激する（「生きる元気が出た」という言葉まで引き出している）被災者という「物語」をタレ流した。

『ディリースポーツ』（二月一日）などは一面すべてを使って「美智子さまの励ましのフ

ァイトポーズ」の大々見出しの記事である。

テレビで、フトンから立てない被災者に「そのまま」と対応する天皇夫婦の「やさしさ」をクローズアップをしているシーンを見て、ゲンナリした。傷ついている老人が、そのままなのはあたりまえ。フトンから出なければいけないのではないかと思わせるような状態を作り出す方が、どうかしているのだ。

天皇（夫婦）の慈悲深さを誇示するために、被災者が利用されているにすぎないのだ。ヒディ話ではないか。

『週刊文春』には、この「見舞い」を急いだのは二月六日に来日するダイアナが「行きたい」と発言したということが関係しているのではとの記事があった（「天皇・皇后両陛下の視察地はこう決められた」二月九日）。

ダイアナに先を越されぬように「ご心配パフォーマンス」を演じたかったわけか。

ところがそのダイアナ、結果的には、今行ったら現地の人の迷惑になるから行かないということにしたらしい。

おもしろい話である。

軍隊のヘリコプターで現地に行き、スピーディーに〝迷惑〟を振りまいた天皇夫婦。これに対してチャリティーの大ベテラン、イギリス王室のダイアナは、そこまでアコギなことはしないとのたまわったのだ。


［『反天皇制運動NOISE』9号・95年2月1日］

［1995/3］

皇室「非難」vs「よくやった」コール
江藤淳・林健太郎論争を読む

「日本という国は今度の震災のように一旦火急の事態に立ち至った時は、やはり皇室が支えとなってその危機を乗り切る国柄のはずなのです」。

こういう前提から、江藤淳は、関東大震災時の皇室（摂政であったヒロヒトら）が「わずか三週間の間にまさに畳みかけるように次々と災害への対応を」したという事実を示し、今回は「民の惨状」をそのままに皇太子（夫妻）が中東へ「皇室外交」に出かけた、こんなふうでは「本当にこの国は滅んでしまうと私は思っています」と叫んだ。

この「皇室にあえて問う」（『文藝春秋』三月号）に対して、林健太郎がこう批判した。天皇夫妻は、被災地に出かけ、被災者に直接声をかけ、皇太子夫妻は、重要な「皇室外交」という務めをはたした、皇室はよくやっているではないか（「皇室はよくおやりになった」『諸君！』四月号）。

「莫大な御内幣金を下賜」したり、「国民に向かって詔書や勅語を発」するなどということは「戦後の日本ではあり得ない」のだから比較のしかたがおかしいというわけである。

林は、「今上陛下を非難」し、「皇室を傷つける言辞を弄する」のは許さないと力説している。

一月三十一日の天皇とミチコの「慰問」イベントに続いて、二月二十六日皇太子とマサコの「慰問」イベントがあった（合同慰霊祭に参加）。

まさか江藤淳にしかられたから出かけたわけではあるまいが、「がんばってください」との声をかけまわった。

「即刻苦しんでいる人々の側近くに寄って、彼らを励ますことこそ皇族の義務ではないでしょうか。と言って、何もひざまずく必要はない。被災者と同じ目線である必要もない」（「皇室にあえて問う」）。

こう語っている江藤は、天皇とミチコ同様に皇太子とマサコが「ひざまずいて」被災者と「同じ目線」にする努力をしていることは気にいらなかっただろう。

被災者のためのではなく、皇室が「心配している」というイメージを政治的に演出するためのイベント。この事はマスコミではふせられているが、このイベントを美しく見せるために、事前に追いたてられた被災者が出ている事実に端的に表現されている。どのみち、皇室そして支配者のためのイベントなのである。

江藤は林の江藤批判が載っている『諸君！』（四月号）でも書いている。そこで彼は宮内庁次長が、江藤への反論として「戦前と戦後の皇室の地位の違い」がわかっていないという、林と同様のことを主張していることに対して、皇室を自由に動かせなくしている戦後憲法こそ問題だと論じている。

「宮内庁筋によると、実は震災発生の直後にも、天皇陛下のお言葉をテレビ放送するという企てが模索されたという。ところが内部の慎重論に加えて、一、二の新聞が『それでは戦前の勅語と同じだ』と異議を唱えたので沙汰止めになったという。／またしても、現行憲法ではありませんか」（「国は何のためにあるのか」）。

国家人である江藤にとっては、この大震災は、自衛隊と皇室の大切さを政治的にアッピールし、改憲の必要を訴えるためにフル活用すべきもの、以外ではないのだ。この点は、実は林も同じである。（もっとも林は解釈改憲論のようだが）。

江藤と林の対立は、「皇室の義務」とは何かという判断の違いである（戦前のイメージに江藤は近く、林はそこまでするのはおかしいと考えている）。

皇室を国の治者の立場から、どう活用するか。その活用（利用）の内容が（皇室の義務）が対立的なわけである。

皇室のふるまいを非難したり（江藤）「よくやった」と持ち上げたり（林）することと、皇室への「絶対の尊敬」のタテマエは二人のような人間には矛盾しない事らしい。しかし皇室は支配のための便利な道具という感覚は、両者に共通して露呈している。この支配者（のイデオローグ）の操作（利用）意思。私たちは皇室の存在とともにこの意思自体を拒否する言葉をこそ、共有していかなければならないはずである。

［『反天皇制運動NOISE』10号・95年3月1日］

「皇室活用」論争の第二ラウンド

江藤淳vs八木貞二（侍従）

［1995/4］

江藤淳の皇室（のありかた）を非難した文章（「皇室にあえて問う」『文藝春秋』三月号）に答えて、侍従の八木貞二が「阪神・淡路大震災・両陛下の十五日間」（『文藝春秋』四月号）を書いている。

「江藤氏は、関東大震災発生の二日後から、約三週間にわたる当時の皇室の御様子を詳しく記された上で、『震災のような大災害にあっては天皇御自ら率先して国民を慰撫し、妃殿下方までが総動員で繃帯や着物まで縫うお金もお出しになる。そうすることで皇室の存在を示し、皇室は日本にとってなくてはならないものだという印象を国民に与えることが、いかに重要であるかを当時の皇室の方々は十分に知っておられたのです』と記されている」。

そして彼は今度も「両陛下」は、キチンと対応しているのだが、江藤のような声が出るようでは「側近にある者として誠に遺憾に思えてならない」から、災害発生後の十五日間二人がどれだけ、そのために気をつかったかの記録を、ここに示すというのである。

「お言葉」も「象徴」の枠を考えセーブし、「お見舞金」も皇室経済法下だから、「誠にわずかな額」だけど出した、そして、日々これだけ関心をはらい、動きまわったのだぞ、というわけである（八木は、ことこまかく、日々の動きの記録を示しているのだ）。

そして、この文章は、こう結ばれている。

「諸外国においても、災害の現場を国王や王族が見舞われることは多々あることを承知している。しかし、一国内の被災現場が今回程広域にわたり、交通網の寸断により、その一ケ所への御訪問すらが、これ程に困難を極め、長時間を要した御訪問というものは、あまり例を見なかったように思う。／両陛下の被災地お見舞いが、閣議を経て新聞に発表されたのが一月二九日であり、江藤氏の談話がこの日を待たずに編集されたことは想像に難くない。しかし、奥尻の災害の折にも、両陛下は早朝御出発より午後九時までのお帰りまでの時間を、道民の励ましのためにお当てになっており、現在の皇室が災害に当たり、何ら国民を慰撫せぬごとき記事が書かれ、国民への義務履行を言われることは、あまりに残念であり、ここにあえて震災後十五日間の両陛下の御動静につき、一文を記したものである」。

確かに、このあいだ、秋篠宮（夫婦）が大阪の方へ「見舞い」に行き、皇太子はその前に二度目の「見舞い」をしている。皇室はフルに動いているようだ。

この江藤と侍従の八木とのやりとりを、あたりまえの言葉でいいなおすと、こんなふうになる。

（江藤）こんな大地震はめったにない、こんな時こそ「皇室の存在を示し皇室は日本にとってはなくてはならないものだという印象を国民に与えることが、いかに重要であるか」を考えて、もっとハデにいろんなパフォーマンス（大心配の「お言葉」、巨額の銭のバラまき、「お見舞」にガンガン動くこと）をすべきだ。ヒロヒトが動いた関東大震災の時は、あれだけうまくやったのに今回はなんだ。

（八木）今回だって、これだけ日々情報をあつめ、なんとか、皇室は国民になくてはならないものだという印象をつくりだすための努力はしてきているのだ。こんなうまい災害を利用しないわけがないではないか。この災害以前にもそうしてる。動きがかつてほどハデにならないところは、象徴天皇（憲法）のブレーキがかかっているんだから、そこはわかってもらいたい、そうじゃないですか。

被災者をを日々気づかっており、心配しつづけているというポーズを取り続けることが、皇室の任務だというのだ。友人を知人を具体的に心配するあたりまえの人間の心配や気づかいとそれは、まったく違う。徹頭徹尾それは政治的（国家的）要請の「御心配」なのだ。震災の政治利用、多くの「国民」の不幸は、この利用の最高のチャンスというわけなのだろう。

なんたるハレンチ！

こんな「御心配」演出にのせられて、皇室などありがたがっていられるか。

私たちが注目すべきなのは、八木の文章のこういうくだりだ。

「自衛隊機ＹＳ11で羽田空港をお発ちになった。大阪空港まで一時間三十分……」。

天皇（夫婦）は、なんのために大阪まで自衛隊機にのらなければならないのだ。天皇（皇室）と軍隊（自衛隊）のドッキングの日常化も、この大震災を口実に、権力者によって押し進められていることの一つである。

江藤は、軍と天皇の国家にとっての大切さをデモンストレーションするチャンスとして、この大震災を位置づけ、激をとばしているのである。

そして、この動きのなかで、天皇（皇室）と軍隊（自衛隊）の日常的な「交流」もさらに加速されているのだ。

「皇室活用」論争――もっとうまくやれvsいやよくやってるではないか――の第二ラウンド（江藤vs林が第一ラウンド）も、限りなく気持の悪いものである。

［『反天皇制運動NOISE』11号・95年4月1日］

[1995/5]

皇太子・雅子の二つの「苦悩」

地震・外交・火事・不妊

小田桐誠が『月刊ヴューズ』（五月号）の「皇太子夫妻『ふたたびの苦悩』――彼らを苦しめるふたつのこと」で、こう書いている。

阪神・淡路大震災発生直後に、中東訪問した時、「ひとり皇太子だけは東宮侍従たちに執拗に／『大丈夫ですか？　本当に大丈夫なんでしょうね／と確認していた』。

「訪問の間中、阪神・淡路大震災による被災者のことは皇太子の頭から離れなかった。／『皇太子はスケジュールを切り詰めて早朝帰国することを側近にしきりに求めてた」（宮内庁職員）。

皇太子は、中東に出かけることで、自分たち皇室に「国民の非難が集中することはないか、心配していたのである」と小田桐はいう。

『この緊急時に皇太子夫妻はなぜ外国に行っているのか』／大震災発生から3日後、中東訪問の旅に出た皇太子夫妻に対し、こうした抗議の電話が宮内庁に一日数百件も殺到したという。冒頭の震災40日目の被災地訪問に対しても／『なぜ、もっと早く行けなかったのか』／『天皇・皇后に続いての慰問は税金の無駄づかい』／などと、あからさまな批判が宮内庁に寄せられたという。こうした抗議や批判が宮内庁に殺到するということは『極めて異例なこと』だと、宮内庁関係者は話す」。

そうだとすると、右翼のイデオローグ江藤淳の、中東行きを非難した主張などに、宮内庁の侍従らが公的に反論した理由もよく理解できる。

おそらく、抗議は「国民」一般のものなどではない。皇室外交に反対し続けている「右派」の組織的な活動として展開されたと考える方があたりまえだ。

ミチコ・バッシングを押し進めたのも「右派」（メディア）であった。この対立は、決して終わってはいなかったのである。

皇太子が「大丈夫なのか？」とおびえたのは、この右派勢力の非難である。

小田桐は、「国民」がこぞって皇室のスピーディーな被災地「お見舞い」を願っていたかのごとく論じていたが、そんなわけはあるまい。右派の願望が、そのまま多くの「国民」の願望であるわけがないのだ。

皇太子（夫妻）の、もう一つの「苦悩」については、小田桐は、こう論じている。

「現行の皇室典範では、皇太子妃に課せられる最大の条件は『親王出産』だが、雅子妃にはいまだにその兆候がないという」。宮内庁も「不妊の原因」について真剣に考えているという報告も、ここにある。

そして、この文章は、以下のように結ばれている。

「被災者からは、『雅子さまもがんばって、元気なお子さんを産んでください』／と逆に励ましの声があがった。／その夜、東宮御所に戻ったのは7時半。正味12時間あまりの強行日程だった。／心身ともに疲れはてて、皇太子はそのいらだちを誰にぶつけることもできない。ただただ、心のなかにとめおくだけだ。それを見守る雅子妃も同じだろう」。

「不妊プレッシャー」でマサコも失語症にでもなるのか。もっとも「右派」は「不妊」非難までやらかすことはないだろうから、なにも、そんなに「大丈夫？」とおびえる必要もあるまいに。

こちらの問題は女性週刊誌でも問題にされ続けている。「ご成婚いらい、期待が重圧のなって雅子さまを悩ませていた問題が、いま再び大きくのしかかってきた」（「雅子さま（31）『赤ちゃんを！の〃重圧〃再び』！」『女性自身』四月二十五日号）という調子の記事は少なくない。

自分たちの思うとおりにならないと、あれこれ公然と皇室を非難することを開始している「天皇主義右翼グループ」。女性週刊誌の、「雅子さまの重圧が心配」ポーズの「出産まだか」の記事は、右翼グループのような公然たる非難ということはもちろんないが、ある種のプレッシャー記事である点が笑わせる。

プレッシャーにならないように、静かに出産のその日を見守ろう、といったトーンでだいたい記事はまとめられているわけだが、そんな記事が何度も出ること自体がプレッシャーになることは明らかである。「プレッシャーをかけるな」と騒ぐことで、結果的にかなりのプレッシャーをかけているのだ。

こんなことが大きなプレッシャーになる超特権的「身分」を選んだ女の自業自得劇に同情など必要はないが、こうした皇室制度のグロテスクさには注目しておくべきであろう。

［『反天皇制運動NOISE』12号・95年5月15日］

［1995/6］

雅子の憂鬱と貴・景子のハシャギ

「まるで皇室」という問題

「確かに雅子さま情報は目に見えて減ってしまった。頼みのワイドショーも今やオウム真理教報道一色」。

『週刊文春』（四月二十七日号）の「雅子さまの憂鬱」は、雅子・皇太子が「お出かけを自粛する雰囲気」があり、それは「大震災」以降であると告げている。ここでは、あらためて「ご懐妊騒動」のプレッシャーによる憂鬱という問題が述べられている。

皇太子・雅子の「お出かけ」の減少は、おそらく右派グループの阪神・淡路大震災直後の「中東外交」時の攻撃（こんな時にどうして皇室が外国へ行くのか！）が原因となっているのではないか。こんな時にチャラチャラするなという右派グループ（国会「不戦決議」阻止に向けて活動を拡大していた彼等）の声に押された結果ではないのか。

さて、この二人、子供なしで結婚二周年（シックス・ナインだったはずだ）ということになる。それはまあ憂鬱だろうな。

一方にこういう夫婦（もっとも国民ではないカップルだが）があれば、どうやら妊娠しての結婚式だったらしい貴乃花・景子のようなケースもある。

この結婚式の大騒ぎは、あきれた。

身重の花嫁と貴乃花のイチャイチャぶりが、マスコミの話題をさらに大きくしたようだ。

「それはまるで、皇室報道を眺めているような一日であった。阪神大震災。オウム真理教――深刻な顔をし続けなければならなかったワイドショーの司会者たちは、もう、待ってましたとばかりに、とろけんばかりの笑顔と、いかにも歯の浮くような祝辞のオンパレード。久しぶりに訪れた明るいステージに、これまでたまっているストレスを精一杯発散しているかのようであった」（『週刊文春』六月八日号の「CATCH UP」という写真ページのキャプション）

『週刊文春』がマスコミの皇室報道は、「いかにも歯の浮くような祝辞にオンパレード」すなわち、つくりもののホラ話しであることを〝自白〟している点が笑わせる。そして、この文章じたいが「歯の浮くような祝辞」でもあることが、さらに笑わせる。

貴乃花は、このての大騒ぎは二度目。一回目は宮沢りえとの婚約であり、この時も、日本列島をパッと明るくする話題などと大騒ぎになり、手をにぎっての記者会見が何度も何度もテレビで流れ、いろんな雑誌のグラビアをかざった。離別もマスコミの大騒ぎをつくりだしたにもかかわらず、相手を変えて同じパターンが（もっとも、今度は女性は身重で結婚式だが）をくりかえされていることも、お笑いだ。相手を変えてのオベンチャラチャラチャラ大洪水である。本人もマスコミも、よくしらけずにやれるもんだと思っていたら、こんな『週刊女性』の記事のタイトルが目に飛び込んできた。「『まるで皇室』の声　アッコも激怒」（六月二十日号）。マスコミが皇室報道スタイルだっただけでなく、本人たちも〝皇室きどり〟だったというわけかなどと思って手にすると、こうある。

「街の声を拾ってみても、『暗いニュースが続くなか、お祭りムードで楽しかった』という声がある一方で、『何がおめでたいの！』／『ほかにやってないから、しょうがなく見てた』／『映画のビデオ、五本も借りちゃった』／『景子さん、しゃべってばかりで、初めてじゃないみたい』／なんてシビアな感想が続々。中には、こんな指摘もある。／『〝ご学友〟まで出演し、まるで皇室中継みたい。ちょっとヘン』／さらに『度が過ぎると逆効果をうみ不快』の声も。／そして、この事態を〝予言〟していたのが、和田アキ子。挙式二日前『ゴッドアフタヌーン　アッコのいいかげんに一〇〇〇回』（ニッポン放送）で、／『なんで各局でやるの！』／『河野景子なんて、フジテレビの一介のアナウンサーよ。ただのババァよォ』／『皇室が何かお祝い事をやるならわかるけど……』と激怒。／もっとも、貴乃花の母・憲子さんは雑誌に対談で『この子は神様の生まれ変わりだなあと思った』と発言。だとすれば〝皇室みたい〟になるのも不思議ではないのかも!?」。

なんか、ひたすらヒガミだけという感じの和田アキ子の言葉の中に、「皇室ならわかるけど」という言葉がある。記事全体も、皇室なら、マスコミの大騒ぎも当然だけど、彼等はいきすぎでは、というトーンが貫いている。日常的に「度が過ぎ」ている皇室報道ならともかく「ちょっとヘン」てのはおかしくないか。歯が浮きっぱなしの賛辞や気くばりのオンパレードが、あたりまえの報道なわけがなかろう。

最初にふれた『週刊文春』の雅子の憂鬱をうったえる結びはこうだ。

「コウノトリが早くやって来ることを、静かにお待ちしましょう」。

この右派イデオロギーヤクザぶりが売りものの週刊誌が、なに気取ってんだ。

［『反天皇制運動NOISE』13号・95年6月10日］

［1995/7］

「人間天皇」アキヒトのポリープ手術

スワ！　またまた「ホウギョ」（Xデー）騒ぎか！

『週刊新潮』（七月十三日号）の「天皇陛下『ポリープ手術』で日本の名医たちの百家争鳴」という記事の書き出しは、こうである。

「宮内庁が突然、陛下がポリープの摘出手術をお受けになると発表したのは、六月二十六日のことである。／『その日、鎌倉節次長の定例記者会見があり、その席上でのことでした。本来、翌二十七日の午前中には、日頃から皇居の清掃をしている勤労奉仕団の人たちと会う予定だったのですが、それを延期するというのです。突然の日程変更は毎度のこととはいえ、その理由がポリープの切除のためというのだから驚きましたよ』（宮内庁担当記者）／陛下の大腸にポリープが発見されたのは、六月二十四日に宮内庁病院で受けたX線検査によるもの」。

「それにしても、これが一昔前の話ならば、それこそ〝玉体に触れる〟ことなどもっての外。ましてや、内視鏡での治療など、到底考えられなかったのではないかと思えるのだが、／『陛下のお体に内視鏡を入れることについては、何の異論もありませんでしたね』と、先の宮内庁関係者が続けるのだ。／『昭和天皇の時の高木顕侍医長のような世代の方にとっては、陛下は神様ですから、メスを入れるとならば抵抗感があるのもやむを得ないでしょうが、今は時代が違います。以前にも盲腸の手術を受けていらっしゃいますし、一般の国民と同じ治療を受けておられるのです。どういう健康診断を受けるかということも含めて、すべて侍医団と相談して決めているんです』／なるほど、これで天皇陛下も文字通り〝普通の人〟であることが、証明されたというわけか」。

もはや「玉体」ではなく「人間」の身体なのだという「人間天皇」ぶりが、今回のポリープ手術騒ぎでも、クローズアップされているわけだ（〝尊師〟から〝人間〟になって久しいのだ）。

切除したポリープは良性であると発表された。メデタシメデタシというわけである。

『女性セブン』（七月二十日号）は、このポリープ切除騒ぎに、皇后ミチコの方にスポットをあてて記事にしている。タイトルは「美智子さまの『やさしいお食事』」である。見出しの文章だけで内容がわかるので、それを引いておく。

「大腸ポリープ（良性）早期発見で天皇陛下の手術は無事終了。その陰にあった愛の献身！」「ガン予防生活　塩分の少ない無添加食品、有機栽培の無農薬野菜を望まれ、肉料理はひかえめに。そしてお揃いで適度の運動を欠かさずに……」。

愛の献身のヨイショ記事である。もちろんこの記事でも、人間天皇ぶりを押し出してみせることもしている。こんな具合だ。

「昭和天皇の時代まで……〝玉体〟といわれた天皇のお体に外部から検査装置が挿入されることなどよほどのことがない限りあり得なかった。／ところが現在の天皇陛下は人間ドックを受けられ、内視鏡やCTスキャンを使った検査まで定期的に行われている」。

ところで、天皇アキヒトがポリープ手術というニュースが流れた時、私も非常に驚き、大変だと考えた。手術はすぐすみ、すぐ公務に復帰し、ポリープは良性だったと発表されても、まだ不安は残っている。悪性だったとして、悪性と発表されることはありえないからである。

私が驚き、大変だと感じ、不安を持っているのは、天皇を心配しているからでは、まったくない。

あの天皇Xデー騒ぎが、またやって来るとしたらウンザリだからだ。いやウンザリどころではない。また、各地での抗議行動に走りまわらなければならなくなるのは目に見えている。

こんな不安（と期待？）を持った人、持っている人は少なくないだろう。

まず、「自粛」騒ぎが企業や国家のコントロールで全国的に始まり、マス・メディアが天皇賛美一色になる、あんな事態はコリゴリである。

しかし、天皇が遠からず死をむかえれば、ああした事態がおそらく再現させられるのであろう。天皇が天皇であるかぎり、そうせざるをえないと、日本の社会・政界のトップたちは考えているのだから。

もしかしたら、予定稿は、すでに書かれているのか、いや、これから、念には念を入れての精神で準備しだす情報産業は少なくないのではないか。

考えれば、考えるほど、イライラする話ではないか。

しかし、天皇が「普通の人」であるなら、そんな事態がつくりだされるわけはないのだ。やはり、天皇アキヒトも、まだ神（尊師）であり続けているのだ。だから、戦後「人間天皇」になったはずのヒロヒト天皇の死は、あらかたのマス・メディアで神の死を意味する「崩御」という言葉で表現された。アキヒトは〝玉体〟ではなくなっても〝崩御〟の予定者ではあり続けているのだ。

アキヒト天皇も人間なんかではないのではないか。

〔『反天皇制運動NOISE』14号・95年7月15日〕

［1995/8］

異例の「慰霊」の旅に示された天皇夫婦の「気持ち」の悪さ

長崎・広島・沖縄・東京（都の慰霊堂）へと続いた天皇（夫婦）の「慰霊の旅」に、この間の皇室（天皇）セレモニーで出される「お言葉」ではなく「お気持ち」なる文章がマスコミを通じて流された。

何故そうなったのか。

「お言葉」を読みあげるセレモニーの場がうまくつくりにくい儀礼への参加なので、あらかじめ文章にした「天皇陛下のお気持ち」ということになった。そういう説明を宮内庁側はしているようである。

「犠牲者の冥福を祈ります」ということをくりかえしている「お気持ち」の内容は、もちろんひどい。自分たちが開始した戦争で、天皇制国家のリーダーたちが、自分たちの延命のためにグズグズ敗戦を引きのばしているうちに、大量につくりだされた死者たち。それをアキヒトが天皇として「慰霊・追悼」するセレモニーは、政治的に欺瞞にみちみちていることは、あらためていうまでもあるまい。被害者をつくりだした、最高に責任ある政治制度が天皇制である。その天皇の地位を、継承したアキヒトが、どのつらさげて、と思うのがあたりまえである。

その点だけでなく、マスコミは、まったく問題にしようともしていないが、「お言葉」を発表すること自体が憲法の象徴天皇制の理念からはみだした政治行為である（いくら非政治的な内容にしたなどといっても、例えば外交舞台で、「友好」を抽象的にうたった「お言葉」なるものを発表することが、非政治的な行為なわけはないのだ）、そのうえ「お気持ち」という、天皇の主観がよりこもったとされるものを出すことは、その「はみだし」のさらなる拡大である。

もちろん「お気持ち」は「お言葉」同様に政府と宮内庁（天皇の意志をくんだとされる）の作文であることには、かわりはあるまい。しかし、マスコミは、常に、そうした事実よりも、「お言葉」は天皇自身の意思が、まるごと示されたものであるかのごとく報道し続けてきた。そして、今回の「お気持ち」は、アキヒト自身がワープロで打って、そのままマスコミに渡されたものであるかのごとくに扱ってみせている。

そういえば、今回の「慰霊の旅」全体が、天皇アキヒトの主体的な意思によって、「異例」に準備されたというふうに、報道され続けている。

国家のくりかえされているセレモニーの中を天皇（夫妻）が動くのではなくて、天皇自身の強い希望によって、それがなされた。単なるセレモニーの「お言葉」ではなくて、強い「お気持ち」がそこで発表される、というスタイルである。

もちろん、これも政府・官僚の政治的演出（もちろん、それにアキヒト天皇夫婦が積極的に協力しているわけであるが）と考えるべきである。

この間、「皇室外交」をめぐっては、「右派」勢力の、現実政治のドロにまみれて天皇に責任が発生しかねないようなことには反対（「謝罪外交」に反対）という強烈なプレッシャーがあった。「皇室外交」を積極的に推進し続けていた政府・外務省と右派は激しい「内ゲバ」をくりかえしていた。その「内ゲバ」は天皇夫妻をもまきこんで展開されたのだ（「ミチコ・バッシング」というアキヒト非難のキャンペーンは、そうした流れに浮上したのである）。

しかし、「慰霊の旅」ということになれば、右派も反対を主張することはない。より、それは積極的になすべしというのが基本的な立場であることは明らかだ。天皇を政治的に活用しようという支配者の二つのグループが、こぞって賛成する「慰霊の旅」であったから、アキヒト天皇（夫妻）は、自分たちのたっての希望であるというパフォーマンスをくりかえし、「お気持ち」路線を、政府とともに積極的に突き進んだのかもしれない（もっとも、『週刊新潮』の「『被爆地と沖縄』異例の訪問された天皇陛下の決意」〈八月十日号〉は、天皇家の戦後は慰霊の戦後だったのに、昭和天皇がやらなかったことを、アキヒト天皇がことさらやるのは、今までの皇室が誤解されるというような主張で、ことさらの「慰霊の旅」に反対する声が宮内庁の内側にあったと述べている。「異例」の「慰霊」はヒロヒト天皇がなにか、するべきことをしなかったようにイメージさせるから反対という声らしい）。

私たちが、この間のアキヒト天皇（夫妻）の異例の「慰霊の旅」で示された天皇（夫妻の「気持ち」は、憲法の理念など、ふみにじって、政府の依頼（あるいは承認）さえあれば、国家の政治意志を担った欺瞞的な政治行為を、さらに積極的に行うぞという内容であることに注目しなければなるまい。

私たちは、この国家政治家、アキヒト天皇（夫妻）の「気持ち」に持続的に関心を向けることが必要であろう。

やはり「異例の慰霊」は気持ちが悪い。

［『反天皇制運動NOISE』15号・95年8月1日］

［1995/9］

「国策」と天皇

八・一五村山首相記者会見発言をめぐって

「村山富市首相は一五日午前、官邸で記者会見し、同日の閣議で決定した『首相談話』に『国策を誤り、戦争への道を歩んだ』との表現を盛りこんだことと昭和天皇の戦争責任の関連について『戦争が終わった時点で国内的にも国際的にも（天皇の責任は）問われていない。談話の『国策を誤ったということをもって陛下の責任をうんぬんするつもりはない』と述べ、天皇の戦争責任を問うつもりはないとの考えを示した。さらに、『国策を誤った』との言及に関連して、どの内閣が誤ったのかとの質問には『どの時期かについて断定的に言うのは適当ではない』と明言を避けた。／元従軍慰安婦からなる賠償訴訟については『国策として個人補償をおこなう考えはない』と、これまでの政府見解を繰り返した」。

八月十五日（夕刊）の『朝日新聞』一面の首相の記者会見の記事（見出しは「天皇の責任問わぬ考え」）の全文である。

敗戦直後に、天皇ヒロヒトの戦争責任を問う声が、国内的にも国際的にもなかったなどというのは、まったくの史実無視の暴言である。誤れる「国策」の最高責任者は天皇ヒロヒトであることは、明白な事実であったのだから。

この発言（説明）は、この日の「植民地支配と侵略」の「反省」と「おわび」を表明した首相談話（閣議決定）が、いかに誠実に歴史事実にむきあったものでないかよく示している。それは政治的なリップ・サービス以外ではないのだ（国家の責任を認めた個人補償の拒否の姿勢にもその点はハッキリ表現されている）。

私は、十五日は、『朝日新聞』しか読まなかったが、後日、『産経新聞』のこの記者会見の記事を読む機会があり、驚いた。そこには、『朝日』がつたえていない事実があったのだ。

「さらに首相は、当時の昭和天皇について『天皇陛下はひたすら世界の平和を祈念しておられた。先の大戦に際して回避されるための全面的な努力をされておられる。戦争終結のご英断をくだされておられることはよく知られている』と述べ、戦争回避と終戦に向けての昭和天皇の貢献を強調した」（八月十五日〈夕刊〉）。

「平和天皇」という、保守権力とマスコミと右翼が一体化して作ってきた政治神話を村山がなぞってみたからといって、いまさら驚くことはない。しかし、時間とともにより具体的に明らかにされているヒロヒト天皇の軍事・政治指導者ぶりという事実を無視した、この歴史を偽造した発言は、なぜ『朝日新聞』ではカットされているのだろう。

気になって八月十五日（夕刊）の各紙を読んでみた。『毎日新聞』・『東京新聞』でも、この発言は記事にされていない。『読売新聞』、『日本経済新聞』にはある。

『日経』のその部分を引いておこう。「村山富市首相は一五日午前の記者会見で、昭和天皇の戦争責任に関して『国際的にも問われていない』と述べたうえで「『国策を誤り（という首相談話）をもって陛下の戦争責任をうんぬんするものではまったくない』と強調した。その理由として昭和天皇は①戦争回避に努力した②戦争終結の英断を下したことはよく知られている――などと指摘した」。

この記事の整理によれば、何故天皇に戦争責任がないと考えるのか、具体的な理由として、「戦争回避に努力した平和天皇」という史実をネジまげた「神話」を村山が示しているのである。だとすれば、この点を示さない記事というのは、まったく不正確で、おかしな報道というしかないではないか。

『産経』や『読売』が、社会党委員長の首相が、こう発言することを、喜んで記事にする気持ちはよくわかる。しかし、『朝日』や『毎日』や『東京』は、首相がこんなインチキな歴史認識を具体的に示したことの、恥ずべき事実の重要さが、まったく理解できなかったのだろうか。

首相が謝罪の言葉をはいてみせたことの方をクローズアップして、各紙は報道してみせている。

村山は、談話で「独善的なナショナリズムを排し」と主張しているが、天皇（制）に戦争責任なし、などという歴史認識が独善的ナショナリズム以外なんだというのか。

こうした犯罪的な発言を、あたりまえのように、あるいは不正確にどうでもよいことのごとく報道するマス・メディアの歴史的犯罪。

このことが、敗戦五十年の今年の夏に、私たちが深く記憶しておくべき重大な事実である。

［『反天皇制運動NOISE』16号・95年9月1日］

［1995/10］

〃尊師〃は並び立たず

「オウムの天皇暗殺計画」報道

かなりアキれた話である。

「一九九三オウム真理教天皇家暗殺計画の衝撃」を大々的な売り物にした『文藝春秋』（十月号）。ところがこの記事が、ずいぶんなのである。

「公安当局が関係者から事情聴取して全容を掌握している模様だが、元信者たちの話では、当時、井上容疑者などを通じて、御成婚パレードの間隙をぬって自衛隊内でクーデターを起こすという情報があった。これに乗じて、レーザー兵器などで皇居を攻撃、天皇一家を暗殺し、同時に、国会、首相官邸も襲撃するという計画だった。／現役幹部がメジャーで間口を計っていたのは、レーザー兵器が入るかどうかを調べていたためで、電気の容量にこだわったのは、兵器の出力に見合うかどうかを知るためだった。／そして、結局は、自衛隊内で動く気配はなく、また、兵器の威力もいま一つだったためにこのクーデターは実行されなかった。すべて麻原容疑者が指示したものだったと言われている」。

「第二のクーデターも攻撃対象は第一と同じだった。警視庁が押収した早川メモや井上メモによると、決行日は、天皇が登院する今年十一月の国会召集日。ロシアから購入したミル17や気球で首都を無差別にサリン攻撃し、同時に、信徒と蜂起した自衛隊部隊とともに国会や皇居を襲うというものである。緊急閣議開催中の首相官邸を信徒千人がまず襲撃するという案もあった」。

皇太子の結婚パレードの時を狙おうとした第一次クーデター計画のために「現役幹部」が部屋さがしをしたというくだりに、以上の説明がある。

この長いレポートの中で、「天皇家暗殺計画」について書かれているのは、ほぼこれだけの事実なのだ。

すでに、かなり前に新聞などに天皇（皇居）をターゲットにした「オウム」の襲撃計画については、大々的に報じられている（公安の情報のタレ流しであろう）。

計画の内容が、少し具体的に示されてはいるが、元信者からの伝聞の伝聞と、公安情報がないまぜになって作られた記事だろう。決してキチンと調べられた話ではないのに、あらためて大々的な大騒ぎである。

この記事にあおられてすぐ右翼が動きだしたようである。右翼の街宣車が連日、南青山の教団東京総本部に押しかけている事実を伝えつつ、『週刊朝日』（九月二十九日号）が「有田芳生が上祐史浩に問う　坂本一家殺人事件、天皇家暗殺計画」でおいかけた（表紙には「天皇家暗殺計画、上祐を直撃」と大きく刷り込まれている）。

この記事も、『文藝春秋』と同様、売らんかなの大騒ぎのわりには、ほとんど内容がないのだ。『文春』の記事の中の「現役幹部」とは上祐のことではないかと、誰しも思うわけであろうが、『朝日』は、著者がテレビなどで、あれは上祐と語っていることのもふれ、有田にその点を質問させている。それに上祐はこう答えている。

「じつは右翼が騒ぎだすまで、私はその記事を知らなかったんです。いまだにきちんと読んでいない。途方もない話なので反論する気にもなりません。お笑いです。」

　でも、部屋探しのあなたの具体的行動についても記されていると、有田がくいさがったことへの返答はこうである。

「そう言われても、私は出家修行中の身で新聞やテレビも見ませんから、皇太子の結婚があったことすら知らなかった。結婚パレードって、本当にあったんですか（と有田さんに問いかける）」。こんなやりとりに、どんな意味があるというのか。

　私たちが、この騒ぎから読み取らなければいけない点は、とりあえず以下の二点であると思う。オウム真理教への破防法の適用が、具体的にほぼ決められるという事態の直前に、この「天皇暗殺計画」を含むクーデター・キャンペーンがなされたということが一つである。そこには公安警察のマスコミ政治が確実に存在していると考えるべきである。

　もう一点は、「オウム」の天皇家暗殺計画の存在が、ある程度事実であるとすれば、オウム王国は非常に天皇制国家（特に「現人神」天皇を中心においた、マインド・コントロール国家であった戦前〈戦中〉の天皇制国家）のイメージに類似したもののようであるから、「絶対」の「人間一族」は二つあってはいけないという問題があったのであろうという点だ。

　〝尊師〟は並びたたず、というわけである。

　絶対の天皇（制）のガードマンである右翼が、絶対の〝尊師〟の教団を非難し、攻撃する。お笑いである。

［『反天皇制運動NOISE』17号・95年10月1日］

［1995/11］

「日の丸裁判」高裁判決と沖縄

「番外」レポート

　判決の後の雑談の時、知花昌一は、「八年間はアッと言う間だった、決して長く感じなかった」と語った。その言葉を聞きながら、この支援活動の八年間は、私にとってもまったく長く感じなかったと、あらためて思った。沖縄の「海邦国体」のソフトボール会場（読谷村）で、強制された「日の丸」。それがあげられるとすぐに降ろして焼き棄てるという知花の抗議行動。私たちの支援の活動は、その直後にスタートした。それは、「つい昨日のこと」のようだ。この時点での動きを沖縄県人会の上地哲は、このようにレポートしている。

「十一月十五日、東京・総評会館会議室に四十数名の人が集まった。昌一さんの行動を支援し、支援運動をつくっていこうとする人々である。丸木位里さん、沖縄戦一フィート運動の山城文盛さん、一坪反戦地主の上原成信さん、日高六郎さん、映画監督の土木典昭さん、反天連の天野恵一さん、その他沖縄に関心を寄せるジャーナリストの報道関係者、沖縄出身の青年達などで小さな会場はすぐにいっぱいになった」。

「状況報告のあと、質問や議論はかなり熱を帯び、行動を早急に起こすことが決まった。①読谷へのツアーを組む。②知花氏らへの支援署名・カンパ活動を行う。③大衆集会を持つ（十二月六日）。④情宣活動を取り組む。⑤関西との連繫をはかる。以上の五点が提案された」。

　「会のスローガンとして次の三点が確認された。

一、「チビチリガマ世代を結ぶ平和の像」の破壊に抗議し、私たちはこの像をつくった集団自決の遺族に対し、謝罪の意をこめて、あらゆる行動を考える。

二、『八十七年・沖縄』を「日の丸」掲揚阻止の行動で身を持って示した知花昌一氏を支援し、彼と家族へのテロ、そしてその見せしめのための起訴に対し同氏の意思を守りぬく。尚、同氏とともに逮捕・起訴された知花盛康氏を支援する。

三、反戦平和・文化村づくりに一貫して闘ってきた読谷村及び村民たちの運動に連帯する。

会の名前を決めるのにもかなりもめたが、最終的には、知花さんとチビチリガマの像との関係も含めて、『チビチリガマ世代を結ぶ平和の像』破壊に抗議し考える会となった」（傍点引用者）。

「もめた」のは、会の基本的な性格をどう考えるかという、重要な点があった。

十月二十六日の、知花の「日の丸」焼きすての日の前日、日本ソフトボール協会の選手団と会長の弘瀬のチビチリガマ参拝があり、「日の丸」を押しつけた人物・弘瀬の参拝を拒否し、ガマの入口で知花が弘瀬に直接抗議（拒否は遺族の人々の意思でもあった）。こういう経過もあり、右翼は、このガマの中での強いられた「集団自決」という惨劇の遺族の人々が、金城実をリーダーにしてガマの入口に作った、平和への思いを世代を越えてつたえたいという願いをこめた「平和の像」を破壊したのである（十一月八日）。

壊された像に「日の丸」つきの銛《もり》がつきたてられ、「国旗を焼き捨てる村には平和は早すぎる。天誅を下す」という「檄文」があった。このような行為に、私たちも強い怒りを持ったことは、いうまでもない。

知花支援なのか、像破壊抗議か、両方やるのは前提で、会の活動の軸をどこに置くのかという点で、この日の会議が「もめた」ことを私は、よく覚えている。

日高六郎が、右翼の愚行への抗議を中心にすえるべきだと強く主張し（もちろん彼一人ではないが）、会の名称はそちらの線におちついてしまった。できるだけ運動を幅広くという配慮からの提案であることはよくわかったが、それは私を含めて集まっていた多くの人間の気持ちとは、かなりズレていた。私自身が、その場でどういう発言をしたのか、しなかったのか憶えていないが、丸木位里が、「ここに集まった人たちは、知花の行動を支援するために集まったのだから、会の活動はその線でいくことで、いいではないか」とスッキリ発言し、私はそれに強く共感したのをよく憶えている。

こうした思いを持ったのは、私だけではなかった。だから、具体的な活動がスタートするとともに、すぐ知花裁判支援が必然的に中心課題にすえられることになった。私たちは、まずなによりも知花の行動に共感し、右翼の暴力の攻撃にさらされている彼を孤立させないための支援活動、裁判支援を軸にしたそれを実現すべく集まったのであった。

上地は、最初の集会について、さらにこう述べている。

「十二月六日、東京・総評会館大集会室には、あいにくの雪にもかかわらず、五百人が参加してくれた。『チビチリガマ世代を結ぶ平和の像』破壊に抗議し考える集いは、読谷村から平和のための読谷村実行委員会の新城末芳さんに参加してもらい、実質的な考える会の旗揚げ集会となった。会の代表委員に丸木位里さん、山城文盛さん、天野恵一さんの三名を選任し、……」（「知花裁判支援へ向けて」『インパクション』53号〈一九八八年六月〉）。

この日の会の声明文で、会の行動日程のトップは「知花昌一の『日の丸』掲揚阻止の行動を支援し、同氏の裁判闘争を支援する。／また、知花盛康氏に対するデッチ上げ逮捕・起訴を糾弾する」であった（昌一を助けたとでっち上げられた盛康は、一審で無罪確定）。

知花支援で、この日、人は幅広く結集したのだ。どうして、私などが「代表」の一人に押し上げられる結果になったのか、よくわからない。私はこの日は、反天皇制全国交流合宿から東京へ帰った日で、友人たちといそいで会場にかけこんだ。突然の指名でおどろいたが、「代表」は、名目にすぎないことは明らかなので、あえてあれこれ言わずに引き受けた。壇上で三人が紹介された時、丸木は一人で立っておれず、後ろで支える人がおり、山城は会場で集められたカンパ袋が重くてうまく持てずに、フラフラしていたので、私がその袋を彼から渡されて持つことになるというありさまであった（高齢であった御両人は、すでになくなっている）。

支援の声が大きく広がりつつあるこの日の集まりの中で、長い裁判になることは予想できたので、どんなに人の集まりが悪くなっても、とにかく裁判が終わるまで、「会」を持続する、すなわち最低、東京からの弁護士を送り続ける経費は出し続けられるように「会」を支えること、このことをこの時に私はささやかに決意した。

上原成信の裁判傍聴を持続するガンバリ、後から合流した北村小夜などの協力といったパワーを軸に、裁判支援活動は、なんとか持続できた（一審判決の後、会は、少しでも活動を支えてきたメンバーの再結集をはかり、なんとも大がかりで内容のともなわなくなった組織を再編し、「代表」などの「名誉職」はおかずに「知花昌一の『日の丸』裁判を支援する会」と名称も変えた〈一審判決は九三年〉）。二審は一審を長く支えた人間に、「反天連」のメンバーもプラスして、なんとか少人数でも弁護士を送り続ける体制は維持できた。反天皇制運動にプラスして反派兵運動もいそがしくなり、私は「会」の動きにはほとんど時間を割くことができないできたが、とにかく「決意」は、それなりに多くの人々の努力によって実現できたとはいえる。

十月二十六日の判決後、上告はしない、こう知花が明言した時、私は、まず、とにかく裁判支援の持続という課題を、とにかく果たしえたという気持ちで「ホッ」とした。

福岡高裁の那覇支部は控訴棄却、すなわち一審の懲役一年執行猶予三年を支持した。「日の丸」を拒否したい知花や沖縄の人々の気持ち、それをはぐくんだ歴史的体験に理解があるような言葉もちりばめられているが、判決の結論に、そのことがなにも考慮されていないしろものであった（それはポーズでしかない）。そして、一審の中心であったソフトボール協会（弘瀬）の「日の丸」強制という明白な事実（関係の構造がそうなっていること）を無視し、弘瀬の脅迫の言葉を（政治的駆け引きの言葉と解釈してみせる）無神経さがそこに示されているだけであった。

知花は、判決はともかく、私は「勝利」したと、判決後の記者会見で発言していた。

右翼の持続的襲撃をはねかえし、全国的な支援（多様な運動体）と連絡しながら、裁判を持続することを通して、「日の丸」を焼くことで自分が示したかった抗議の意思は、広く広くアッピールできたから。そう彼は、その理由を語った。知花はさらに、民衆のやむにやまれぬ抵抗を受けとめる器量は裁判所にはない。弁護士の方々もその枠の中でギリギリまで努力してくれた。もう裁判はいい。そんなふうに語った。

那覇の裁判所にあげられている二つの大きな「日の丸」（裁判のこの日、私はそれをあらためて確認した）。判決の日まで傍聴にきて嫌がらせを続けた右翼（五、六人）の存在。

こうしたことを考えつつ、私は彼の話を「まったく、その通り」という思いで受けとめた。『沖縄タイムス』も『琉球新報』も、判決を一面で大々的に報道し、社会面もこの件でうめつくされていた。

米軍の兵隊による少女レイプ事件への抗議、そして大田知事の軍用地使用の契約の代理署名拒否という事態。このことを契機に沖縄に反基地（反安保）の強烈な大衆的うねりがつくり出されているという状況下で、あらためて契約切れのトップの反戦地主として知花昌一がスポットをあびているということもあってだろうが、新聞の論調はヤマトと違って、単に扱いが決定的に大きいというだけではなく、判決に批判的なトーンが貫いている。そこには沖縄メディアのある個性がにじんでいる。

この間の沖縄の「島ぐるみ」闘争の高揚も、かなりハッキリと反基地の姿勢を示している沖縄メディアによっても支えられているといえよう。いく日かの新聞を、まとめて沖縄で読みながら、私はそういう実感を強く持った。

レイプの日常化は、殺人の専門集団（軍隊）の住む基地が必然的にもたらすもので、この大量の基地（沖縄の土地の二〇％、日本全体の米軍基地の七五％）を押しつけているのは日米安保体制である。

「基地も安保もいらない」、こうしたほとんどの沖縄民衆の生活実感が、その紙面に、それなりに反映されているのだろう。

もちろん、私は沖縄メディアを一般的に賛美したいわけではない。この間の少女レイプと基地問題をめぐる報道でも、少女の悲劇をクローズアップし「犯人」の身柄引き渡しのみに集中した「地位協定」のみなおしの強調（主権侵害論という「日本国家」にまきこまれたナショナリズムの論理）というヤマトのマスメディア同様の政治操作的トーンが、その紙面に流れている。そして、沖縄メディアの性格は、天皇報道（天皇が来たときの報道など）を思い出してみれば、あまり信頼できないものであることは、それなりに明白である。それは、やはり「平和天皇」賛美のトーンが基調である。ヤマトほどではなくともストレートな批判はタブーとなっているのだ。

沖縄闘争も、こうした沖縄メディアのつくり出している枠組みを、大衆的に突破するパワーを示すことなしに、本格的な前進はないだろう。

帰りの飛行機の中でアッという間の八年を振り返りながら、「ヤマト」の反安保闘争を、持続している反派兵運動の中で、どのように力あるものにできるかという課題に、あらためて正面から向き合う必要を、私は強く感じた。

「知花裁判」は沖縄現地では次のラウンドに向かって動き出した。私たちは、反天皇制と反派兵（反安保）の合流した大衆的パワーをつくり出す、次のラウンドに、この八年間の体験をふまえつつ、どう突き進めるのか。

知花は、「八年間燃え続けたが、燃え尽きたわけではない。さらに燃えている」と語っていた。

私（たち）の、燃える思いを、私（たち）はどのように運動化していけるのだろうか。

［『反天皇制運動NOISE』18号・95年11月10日］

皇后美智子の記者会見発言

本格的につくられつつある「女帝論議」

［1995/11］

十月二十日の美智子皇后の誕生日の記者会見で以下のようなやりとりがあった。

――皇后さま、皇太子妃雅子さまをはじめ、女性皇族の声が国民に届きにくいように感じられますが、女性皇族としての役割をどのように考えていますか。男女平等の観点から女性が皇位につけるように『皇室典範』を改訂するべきとの論議がありますが、女性が皇位につくことについて、どのようにお考えですか〈記者の質問〉。

――国の象徴でおありになる天皇陛下に連なる者として、常に身を慎しみ、行事、祭祀等、皇室の伝統を守りつつ、その時代の社会に内在する皇室の一員として、社会の要請に応え、課せられた務めを果たしていくこと（一般論としてではなく、私の感じてきた範囲内でお答えしました）。皇室典範の改訂の問題は、国会の決定に俟つべきものと思います」〈美智子皇后の回答〉。

浩宮・雅子夫婦に子どもができず（とうとう結婚三年目に子どもなしで突入）、秋篠宮・紀子も子どもは二人とも女。次の皇太子はどうなるのかという問題から、「女帝」も可能な方向での皇室典範を改めるべきではないかという声が、あちこちで聞こえだしてきている。こうした状況をふまえての質問である。

美智子は、「皇室典範をかえるべき」などと、とりあえず答えるわけにはいかない。そんな政治的発言は、さすがにひかえた。

しかし、記者の質問は、あらかじめ宮内庁サイドに渡され、選択されて準備されたものであることは公然たる秘密（ナマの飛び込みの質問はありえないシステムのはずだ）。だとすると、「女帝制度」に変えることに、女として賛成か否かという質問を記者に宮内庁サイドが許可したということになる。

マス・メディアも宮内庁（皇族）も、「女帝論議」を社会に向けてしかけていることは明らかである。

ストレートに政治的な発言を引き出そうとているがごときマス・メディアの姿勢も問題だが、「国会」が決めるとかわした美智子の回答も問題だ。その内容自体に特別な政治主張はないが、こういうやりとりがされること自体が、一つの大きな政治であることはまちがいない。

公然と、「女帝論議」がしかけられる時代に、今、私たちは入っていること、このことに注目しなければなるまい。

記者は「男女平等の観点から」などと質問しているが、この論議は、子ども（男の子ども）が皇太子夫婦・秋篠宮夫婦にできないという事態が準備したものであることはあまりにも明白だ。それはとにかく「女帝」を可能にしてでも皇室制度をうまく存続させたいという願望の産物であるにすぎない。しかし、マス・メディアの皇室の「平等化」、「民主化」、フェミニズムの時代に開かれた、というイメージ操作を伴ってその論議が作り出されつつあることも、この質問が象徴しているといえよう。これが操作にすぎないことは、皇室の中が「男女平等」になったって、皇室と民衆の不平等は、まったく変わらないという事実に着目すれば明らかである。

［『96東京植樹祭を問う共同行動ニュース』1号・95年11月］

[1995/12]

ダイアナの告白

「マサコの孤独」!?

十一月二十一日のイギリスBBCテレビのダイアナインタビューをNHKが日本独占放送。日本のマスコミは、このネタに飛びつき「不倫告白」ということをもっぱら強調する大騒ぎである。

BBC（国営放送）とダイアナの演出（演技）は、見事であった。

その「不倫」と騒がれている点を「イエス」とスッキリ回答する前に、チャールズ皇太子が自分の恋人（愛人）の存在を公的に認めたことを「ああした地位にある人間として、勇気ある行為」と、持ち上げて見せているのだ。

内容は、すでにアンドリュウー・モートンの『ダイアナの真実』に書かれていた内容を、あらためて追認したようなものである。この本も、自分の友人たちの情報によるもので、著者とは会っていないが、自分の承認の下に作られたことも認めていた。この『ダイアナの真実』は、夫にはじめから愛人のいる結婚生活で、過食症になり自傷行為をくりかえし、ボロボロになりながらも王子たち（自分の子供）のために王室の改善に努めるダイアナというイメージで彼女を描いている。

この悲劇のヒロインを、今度は大々的にテレビで彼女は演じて見せたのだ。「不倫」の承認という点も、勇気を持って認め、悲しい結果に終わった恋物語の一つと、うまく処理しながら。

「本国イギリスでは実に三人に一人がBBCにチャンネルを合わせた」このインタビューのアンケート調査について『週刊新潮』（十二月七日）はこう述べている。

「例えば『デーリー・ミラー』（十一月二十二日付）――〈ダイアナ妃は国民を失望させたか？〉〈させない九〇％〉〈チャールズ皇太子とダイアナ妃のどちらに同情するか？〉〈ダイアナ八七％〉〈ダイアナ妃インタビューをもっと見たいか〉〈見たい七五％〉

『ザ・サン』（同二十四日付）でも――〈結婚の破綻で最も責められるべきは？〉〈チャールズ皇太子四三％〉〈ダイアナ二％〉〈両者平等に四八％〉〈ダイアナ妃は王室内で不当な扱いを受けたと思うか〉〈思う七二％〉

自らの不倫の告白が、今のところ少しもダメージになっていないのだ」。

この記事のタイトルは「ダイアナ妃捨て身の不倫会見で英国の意外な反響」であるが、

本当のところ、それは「意外」でもなんでもないのだ。

私はNHKのインタビューを見ていて、チャールズとその側近へのダイアナの反撃の、とりあえずの「勝利」を確信した。そこには「不倫」を認めざるを得なかった「汚れた女」などというイメージはまったくないのだ。それは見事に計算された発言であり、身ぶりであった。黒を基調とするファッションも、悲劇に耐え、抗し続けるヒロインのイメージにマッチしたもので、ユーモアをまじえた淡々たる語りも、まったくたくみなメディア人間ぶりを示していた。

『週刊文春』は、何故いま会見かという点について、ある英国在住ジャーナリストの、こういう声を紹介している。

「その理由は大きく言って二つあると言われています。現在進行形の相手と噂されているカーリング（有名なラクビー選手）が別居し、彼の妻がマスコミを通じて激しくダイアナをののしったので、イメージダウンを恐れたということ。さらにカミーラさんが今年の始めに離婚し、チャールズとおおっぴらにつきあいはじめたことはダイアナにすれば脅威でしょう」。（「ダイアナ妃不倫告発　雅子さまの『ご感想』」十二月七日号）。

ＢＢＣとダイアナの組んだイメージ戦略があったことは確実である。かつて噂されたもう一人の男との関係は明快に否定する発言があり、現在噂の男性についての質問はなく、一人で生きていることをアッピールする発言がそこにはあったのだ。イメージダウンにならない配慮はいきとどいている。

また、ダイアナは、国民に心をしばり続ける王室、「心の王妃」として生きたいと語り続けていた。

実質的に、メディアの女王でありつづけている彼女は「マス・メディアの王妃」として、イギリス王室への強い「国民的」関心を組織し続けているのである。チャールズを飛ばして自分の子供（王子）を国王にとの彼女のねらいは明らかである。しかし、こうしたダイアナのパフォーマンス自体が、王室制度の強化につながっていることを忘れるべきではあるまい。

『週刊文春』の記事は、雅子の「ご感想」とタイトルでうたっておきながら、「『ご感想』は漏れてこない」と結論する、おかしなものである。

マサコの孤独が気がかりだ、という主張、日本のマスコミの「マサコの孤独」の演出は、なにをねらっているのだろう。

〔『反天皇制運動NOISE』19号・95年12月10日〕

［1996/1］

「君島ブランド」と「雅子ブランド」

作られたイメージ

雅子が愛用している君島ブランド。このデザイナー君島一郎の息子と女優・吉川十和子の結婚騒動、やれ「隠し子」だ「もう一人の愛人か」だとかマスコミは大騒ぎである。

この騒動の拡大は、「君島ブランド」なるものが、文字通り、ブランド・イメージのみで、おそろしくおそまつなしろものである事実を明らかにしてしまった。

有名人にうりこんで、その関係で、ブランド・イメージを演出する。それが自己目的化された商法のイヤらしさがムキ出しにされているのだ。

こういったトップ・デザイナーの世界というのは、結局こういった有名人活用のイメージ操作以外のものでないのかも知れない。その点はともかく、「君島ブランド」とは有名人パクリと売りこみのうまさ以外の産物ではないこと、ようするにデザインがいいなんてことではない。こういったトーンの記事がマスコミにあふれ、このブランドに入れあげた女優をからかうという感じの記事（写真）が、あれこれ出ている。

しかし、「雅子さま」をからかう記事はゼロである。皇室の「雅子さま」、あの連日テザインのセンスのよさが宣伝され続けている彼女。「君島ブランド」をつくりだすのに、もっとも力のあった彼女。それにかかわらず、である。やはり皇室批判はタブーなのだ。

『女性セブン』は、こういう宮内庁職員の声を紹介している。

「雅子さまがお召しになっているブランドですからねえ。皇室に対するイメージを考えると心配なんですよ。妃殿下もお心の内ではお困りでないかと推察します」（一月四日・十一日号）。

この記事のタイトルは「雅子さまが眉をひそめる『女性蔑視』事件」である。

君島一郎が、この騒ぎの中で発した「キズモノになっていいのか」というような女性蔑視発言に、自立せる女性「雅子さま」も眉をひそめているにちがいないと考える、というヨイショ記事だ。

しかし、こんなインチキ・デザイナーに利用されている有名人の中で、もっとも有名な雅子のデザインセンス、エトセトラが笑われるのではなくて、「雅子さまは被害者です」というトーンの記事しか出てこないというマスコミのタブーはお笑いである。

考えてみれば、雅子のデザインセンスのよさなるものを、カラーグラビアをフル活用してクローズアップし続けているのは、こうした「女性週刊誌」を中心とするマス・メディアである。

マス・メディアがつくりだしたブランド・イメージ。大騒ぎしているマス・メディア自体がつくりだしたインチキを、今度はインチキだ、インチキだとスキャンダルをネタにわめいているわけだ。そして、その騒ぎの中でも皇室（雅子）批判のタブーは、自明の前提となっているのだ。

考えてみたら、「皇室」自体がマス・メディアのイメージ操作によってつくられた「ブランド」にすぎない事実が、この騒ぎによく示されているのではないか。

〔『96東京植樹祭を問う共同行動ニュース』2号・96年1月〕

［1996/1］

マサコは三年間は避妊の約束というお話

女帝論議はどうなる

奇妙な記事である。まあ、女性週刊誌の記事など、あらかた、なんのためにこんな奇妙なといった調子のものであるが、それにしてもといった感じのものである。

タイトルは「雅子さまが美智子さまに誓った『慶びの期限』（『女性セブン』一月十八日・二十五日号）。

そこには、こういう「皇室関係者」の話がまず紹介されている。

「じつは、今日までご懐妊の報がなかったのは、ご結婚当初からのお考え、つまり、三年間は皇太子妃としての立場と役割を充分理解なさることを第一とし、ご懐妊すなわちお慶びごとはできればその後にというお考えがあったからなんです。これは、皇太子さまと雅子さまおふたりの希望で、美智子さまもご承知のこととうかがっています。いわば美智子さまと交わされた約束事だったのでしょう」。

雅子は、今年の六月で結婚三周年ということになる。だから、とこの「関係者」なる人物は、さらに、こう主張している。

「美智子さまと約束された三年、お慶びを待つ三年という期限が過ぎるわけです。私は今年がご懐妊へのスタートとなると思っています。お正月、皇太子さまと雅子さまは、両殿下の前で、はっきりとそのお気持ちをお話になったようです」。

この記事の結びは、こうである。

「この三年間、雅子さまは皇太子妃として立派にお務めになり、日に日に風格もつけられている。そして、四年目の春――雅子さま皇太子さま、そして天皇ご一家にとって、今年は〝実りの年〟になるのだろう」。

この「関係者」。三年間は夫婦ともに避妊

路線で今年の六月になったら、それをやめて、子供作りのセックスをガンバリます、なんて話を耳にしているのだから、雅子や美智子の身のまわりにいる人間ということになる。もちろん、この記事が事実だとすれば、の話ではあるが。

子供（とくに男の子）ができないということで「雅子さまにプレッシャー」をかけてはまずい、などと言うことを、あれこれ話題にした、結果的に雅子に重圧感を与えるプレッシャー報道。そして、さらにはもはやできないようだという前提から、この間は「女帝」が可能になるような皇室典範を変えることへ向けたキャンペーン。こんなふうに、マス・メディアの「雅子と子供」報道は流れてきた。

この記事は、そんな流れなどなかったような「お話」になっている。自分たちがタレ流してきた記事の前提をひっくり返す内容なのであるが、そんなことにはおかまいなしに、新しい話題提供というわけだ。

もちろん、そんな「避妊」の約束があったなんて話は、信用できる話では、まったくない。若いうちの出産を急いでいた、という今までのこの話題の前提を、くつがえす根拠などありはしないのだ。しかし、なんでこんなミエミエのホラ話が、今、ここで浮上しているのか。

『女性自身』には、「雅子さまへの気配り？それとも…紀子さま『男の子』のご遠慮⁉」（二月二十三日号）という記事がある。

こちらは、二人とも「男の子供」へ向けてがんばるようだといった調子で結ばれている。

さらに続く、全国民注目の〝ロイヤル・ファック〟のいくすえは、なんて話につきあってはいられないが、この三年間の避妊の約束なんていうつくり話が、堂々と出てきたことは、少し気になる。

雅子が身ごもる展望が、でてきたのであろうか。しかし、いったい、誰が、どうして、その事を確認できるというのか。仲が悪くて、この間ほとんど性的関係がなかったが、なんとかセックスを日常化する関係に二人がなった、とでもいうことなのか…。

こんなことに頭を使うのは、およそくだらないことではある。しかし、「女帝論議」が、どういうことになるのかという点には注目し続けないわけにはいくまい。雅子の男子出産の可能性が、全く低いという事実こそが、政府、マスコミ側のこの論議を作りださせているのだから。

［『反天皇制運動NOISE』20号・96年1月15日］

［1996/2］

「女帝は検討する考えはない」って本当？

新宮内庁長官の「女帝問題」発言

ヒロヒト天皇Xデーの長い政治過程、そしてマサコ・ブーム演出の時代の実力者宮内庁長官といわれた藤森昭一宮内庁長官がやめ、鎌倉節（さだめ）が新長官になった。

鎌倉は六十五歳で、「一年前の四月に宮内庁次長に就任。警視総監時代は天皇訪沖、昭和天皇在位六十年式典を担当した」（『『女帝はない』新宮内庁長官発言で雅子さま気になる『お立場』』『週刊文春』二月八日）。

その治安警察のボスあがりの鎌倉が就任後初の定例会見で「女帝はない」と発言したとの新聞記事。『週刊文春』には、この発言をめぐる記事がさっそく載った。

一月二十五日の定例記者会見のやりとりの内容はこうだ。

――女帝を検討する考えはあるか（質問）。

「検討する考えはない。皇位の継承については現行制度がきちっとしており、制度が働かない事態ではない。世間でいろいろ議論があるということは認識しているが、法改正という意味で考えていることはない」。

まあ浩宮と雅子のプレッシャーへの配慮が

こういう発言をさせたのであろう。

『週刊文春』の記事は、宮内庁関係者の以下のようなコメントが紹介されている。

「……。宮内庁内部で女帝を検討している事実はないんです。それなのに女性誌までが、『通常、結婚後二年のうちに九十％の夫婦が妊娠する』という医師の見解や、不妊治療に関する報道とともに女帝問題に言及してきた。二十五日に明言したのは、こうした傾向に冷水をかけて鎮静化したいという狙いもあったのでしょう」（同前）。

この記事は、鎌倉発言をめぐって、もし男の子ができなかったらどうする、いいすぎだ、いや立場上の発言は当然だが女帝への準備はすすめるべきだ、いや今の段階で女帝を論ずるのは時期尚早で不見識、こうしたいろいろな声を紹介している。

この記事の結びは、こうである。

「この六月に皇太子さまと雅子さまは、ご結婚四年目を迎えられることになる」。

冷水をかけて鎮静化しようとしても、男の子供を雅子（あるいは紀子）が産まない限りは時間とともに、この騒ぎはマスコミの大きなネタにならざるをえないことが、この結びの言葉に暗示されている。

今後、天皇（夫妻）や皇太子・雅子の記者会見のたびに、「女帝」をめぐる質問は出され続けることになるだろう。

『This is 読売』（一月号）は「女性天皇の時代」の特集であった。そこで読売新聞の記者加藤孔昭は、あらためて宮内庁内部の皇位継承資格順位をめぐる（まあ「女帝」の可能性の検討）の資料を紹介し、内部でそれなりの準備が進んでいることを明らかにした。

鎌倉発言は、内部でそんなことはしていないと一応否定してみせた発言でもあったわけだ。本当のところは、それなりに検討は始まっていると考えるべきであろう。

『週刊文春』の記事も、「男女同権の時代に整合する皇室に向けて積極的にそうすべきだ」というような、一見もっともらしい声が前に押し出されている（しかし、何故みんな、「お立場」を問われたり、プレッシャーを感じたりしているのはもっぱら「雅子」という具合に、女だけがクローズアップされるのか。この記事のタイトルも、どうして「浩宮、気になる『お立場』」ではないのか。なにが男女同権だ）。

私たちが、こうした、さらに大きくなることが予想される、マスコミの「女帝」論議を考える時、忘れてはならないことがある。

それはこの論議は、皇族に三十年間、男子が産まれなかったという、皇室の危機の状況がつくりだしてきたものであり、とにかく世継ぎをという徹頭徹尾皇室制度の安定的延命のためにしかけられた言論であるということだ。

そこにあるのは、世襲の特権的身分制度（天皇制）それ自身のグロテスクさであり、それは主役が男から女に変わったからといってなくなるようなグロテスクさではないのだ。

［『反天皇制運動NOISE』21号・96年2月1日］

［1996/3］

ダイアナ離婚同意騒ぎ

「女帝」の時代のイメージ操作

「ダイアナ妃『殺意のパンツ――現代のシンデレラ』が夫に猟銃を向けるまで――全軌跡」（『女性セブン』三月二十一日号）。記事の中キャプション（正式のタイトル？）は「あなたの頭を撃ち抜くわよ――ロイヤル・キスから十四年七カ月。現代のシンデレラは、ある日、不実な夫に猟銃を向けた」。カミラ夫人のパンツをチャールズのポケットから見つけた時のダイアナの怒り……というわけである。

「独占詳報、ダイアナ妃、夫を射殺未遂事件だから離婚！一〇大〝修羅場をいま明かす!!〟」（三月十九日号）キャプションはこうだ。「別居生活も三年を超え、夫に殺意さえ抱いていた彼女が下した最終結論は〝一五年に及ぶ結婚生活の解消〟だった――。」「ダイアナ妃『復讐離婚』――金のかかる女とイヤがられ…「W不倫」「二五億円の慰謝料」『銃突きつけ事件』など一五年間を全検証」『週刊女性』（三月十九日）カラー写真のキャプションはこうだ。「一五年間のドロ沼愛憎劇にピリオド　ついに闘いとった〝女帝〟ロード」「美しくなることが復讐だった」

三月一日の日刊スポーツは「したたかなダイアナ妃　離婚同意『将来の国王の母』英王室に君臨　二王子養育上の決定版　プリンセスの称号慰謝料二五億円など条件」などの見出しが一面いっぱいにあり大きく「女帝」という文字がある（ほぼ五ページにわたってダイアナ妃記事がうまっている）。

三月九日の『内外タイムス』は「狙いは八〇〇〇億円ダイアナ妃乗っ取り」の一面大見出し、「『英史上最大で最悪の女狐』の声も出た」の小見出し（例の調子で、あまり根拠もなくダイアナは英王室の財産をまるごと取ろうとしているというトーンの英国記事のそれをさらにオーバーにした紹介である）。

「独占」だといってみせても、どこも同じような記事で、今まで何度も使ったエピソードを組み立て直して、ひたすらオーバーかつショッキングなイメージで押し出して見せているだけなのは、以上の紹介でもよくわかるだろう。マス・メディアのダイアナの離婚の同意を伝える騒ぎは、テレビも含めて、みんなこんな調子である。〝ダイアナ・バッシング〟といったトーンは、そこには余り高くない。しかし、やはり、スキャンダルまみれ（「W不倫」あるいはダイアナの「不倫」相手のリストが堂々とかかげられている記事は少なくない）のイギリス王室をクローズアップすることで日本の皇室の「清い」イメージと明示的にであれ、そうでなくであれ対照して見せるというねらいが、そこには存在している。皇室のスキャンダルはタブーにしておいて、イギリス王室のスキャンダルには、飛びついて騒ぎまくっているマス・メディアの姿勢が、必然的に、そういった政治（情報）操作をうみだすのである。この点は、繰り返し確認しておかなければなるまい。「子供ができないのはもしかしたら皇太子夫妻に性交渉がないからではないか。家庭内離婚状態で、雅子が記者会見をしぶっていたのも、そういう問題があるからではないか」。

ダイアナについては根拠があろうがなかろうが、愛人スキャンダルを連続的に報道したマスコミは、この程度の推測記事すら、どこにも載ることがなかったのだ。スキャンダルめいた記事はナシ。このコントラストな事態に注目しておくべきである。それと、この間のダイアナ報道には「女帝」という言葉が改めて飛び交っていることの問題も考えておくべきであろう。これは「女性天皇制」へ向けたイメージ操作のネタにダイアナ・スキャンダルが使われだしているのだといえないわけではないのだから。

［『反天皇制運動NOISE』22号・96年3月1日］

［1996/3］

宮内庁の政（性？）治判断

皇太子誕生日記者会見

「『コウノトリのご機嫌について（記者が）お聞きになりたいと伺ってますので』と前置きして、『コウノトリはどうも静かな環境を好むようでして、もし飛んでくるのであれば、結婚の時と同じ、マイペースであろうと思っています』と、お子さまに関する質問が出る前に、それについての気持ちを語られた」。

二月二十三日で三十六歳になった皇太子の二十二日の記者会見での発言をつたえる『読売新聞』の記事である。

自分の方で積極的に発言するかたちを取り、「女帝を可能にすることをどう思うか」という質問は出させなかったのだ。もちろん、事前に宮内庁側が質問自体を禁じたのだろうが。

『女性セブン』（三月十四日号）は異例の雅子同席記者会見の後に「オフレコ」を前提にした皇太子夫妻と記者たちの懇談会が持たれたことをつたえている（「雅子さま一年ぶり

会見全録とオフレコ懇談会での『素顔』」)。

『女性セブン』の記事も、『女性自身』の記事(「雅子さま優等生すぎます——皇太子さま誕生日会見での『お答え』に〝らしさ〟を求める声が」(三月十二日号)も、ハツラツたるキャリアウーマンだったマサコらしさが見えない、型どうりの発言でないものがほしい、といったトーンのものである。女帝論議がなされなかったこと自体を問題にはしていない。

今年の一月二十五日の新宮内庁長官鎌倉節の「女帝を検討する考えはない」の発言は、昨年の一月に『読売新聞』が宮内庁内部で女帝についての検討が始まっているという記事を出し、『This is 読売』(一九九六年一月号)で、宮内庁の内部資料を示しつつ、「女性天皇の時代」の特集を組むという状況の流れ、女性週刊誌とともに「読売」中心に、皇室典範あるいは憲法の改正論議が大きくなる動きにストップをかけるものであったことは明らかである。

まだ、皇太子夫妻には、子供(男)ができる可能性が残っている、水面下での「女帝」へ向けての検討は開始しているとしても、あくまで表向きは、そんなことはしていないことにしておかなくてはまずい、〝雅子バッシング〟の素材に、そういう動きが活用されるのはまずい。

こういう政(性?)治判断が政府・宮内庁側にあったんだろう。

記者会見がまともにできなくなってしまったほど、マサコのこの件で大きなプレッシャーを感じているわけだから、天皇・皇太子夫妻の意向をもくんで、「女帝論議」は、とにかくしばらくやめさせなければならない。

こういうことなんだろう。

「女性週刊誌」の記事の内容にも、こういう宮内庁側の意思によるコントロールがあることがうかがえる。

今度の記者会見記事は、「女帝論議」は、避けようという姿勢に支えられたマサコものである。

しかし、このまま男の子供ができるということがなければ、結局「女帝論議」はマス・メディアに噴出することになる。政府・宮内庁の政治的意思によりコントロールされた「女帝論議」が、どうつくられていくか、私たちはこれに注目しつづけなければなるまい。

［『96東京植樹祭を問う共同行動ニュース』3号・96年3月］

［1996/4］

「美智子さまが紀子さまに」の時代

「眞子さま」の幼稚園「ご入園」

「いつも一緒にいらっしゃるのに、お話がつきないのが、セレモニーの合間におしゃべりが弾み、笑みがこぼれる。いいな、いいな本当にいいな」。

『女性セブン』(四月四日号)のグラビアページの文章である。見出しはこうだ。「背中の会話　幸せのシーン　見いちゃった！　という感じの皇太子さまと雅子さまの後ろ姿。ブラジル大統領夫妻の歓迎行事でキャッチ」。

子供ができない。そのために一部には不仲説も流れる事態になったこともあってか、女性週刊誌には、ミエミエの仲好しぶりをクローズアップした報道が目につく。しかし、そんな写真やシーンがあふれても、「いいな、いいな」などといってみても、子供ができるわけではない。

『女性セブン』の四月十八日号には、「美智子さまが紀子さまに送られた『ご入園心得三訓』」なる記事がある。

「眞子さまは、現在四歳。〝おてんばさん〟と呼べるほど、活発な女の子に成長され、この春からは学習院幼稚園に入園されることにのはまずい。

なっている。パパ、ママのそばを離れ、初めての集団生活。紀子さまは、入園にあたり、制服やかばん、靴などをそろえられ、入園の日を心待ちにされているが、新しい生活のリズムがはじまることに、少し不安もおありのようだ。

宮内庁関係者がこう話す。

『三月中旬のことでしたが、紀子さまは眞子さまと佳子さまとお連れになって、美智子さまの下へ幼稚園ご入園のことについて、ご相談に上がられています。紀子さまは、ご自身なりにしっかりとした教育方針をおもちのかたですが、母親としての大先輩である美智子さまに、アドバイスをいただきに行かれたんですよ』

美智子さまは、ご自身が皇太子さま、秋篠宮さま、紀宮さまを幼稚園へ入園させたときのことを振り返り、話をされたという。

その「三つの教え」とは、①きちんとあいさつをすること②音感・運動能力を養うこと③自分のことは自分ですること。

美智子が浩宮らを育てた時の体験がにじんだアドバイスであるというわけだ。

「二人のお子さま」はそのため、立派に成長したと、書かれている。しかし、つれあいの候補者を宮内庁の役人たちが何人も何人も、何年もの間、あれこれ追いかけまわしてつれてきて、その中で、なんとかいろいろなプレッシャーをかけて、いやがり続けた雅子をつかまえたという事実一つを考えてみても、浩宮ができる自分のことってなんだろう、と、あまりの「立派さ」に吹きだしてしまう。まあ、そういったことはともかく、こうした、ありふれた皇室記事であっても、今の状況の中で、特別の意味を持ちだしていることを見落してはなるまい。

もちろん、それは雅子にこのまま子供がなく、紀子が男の子を産まないかぎり、女性も天皇になれる方向での皇室典範の「改正」は、具体化してくるだろうということであり、そうなったら、近代天皇制のはじめての女天皇は、眞子ということになるということだ。そんなに天皇制が長続きするのか、といった問題はともかく、そういう方向を意識して、皇室記事が書かれだしていることはまちがいない。

このままいけば、かつて「浩宮の育児」の過程をマス・メディアにアレコレ、示することで、皇太子夫妻は一般庶民同様の家庭へ向かって皇室を「民主化」しているというプロパガンダがされたように、秋篠宮（夫妻）と眞子らの一族の動きが、必然的にマス・メディアによって、クローズアップされざるをえなくなることはまちがいない。

女天皇の成長過程を、それとして示すことは情報《マスコミ》天皇制の時代の、マス・メディアの政治的任務なのだから。

「美智子さま」から「雅子さま」へ、ではなくて、「美智子さま」から「紀子さま」へという記事が女性週刊誌には、多くなってくるだろう。

そうなれば次の天皇夫妻（皇太子・雅子）は、お仲がよろしいようで、てな調子の記事を書き続けられるだけということになろう。

こうした状況に本格的に突入するのを阻止するには皇太子・雅子が子供をつくることに成功するしかない。さてどうなる。

てな具合に、ロイヤル・ファックのゆくえに注目している暇など、ありはしない。しかし、女天皇制へ向かう時代が始まりつつある状況。この象徴天皇制国家の政治的性格が変更される可能性が大きくなっている状況を、どのようにつかまえるかは、私たちにとって大きな課題であるはずだ。

（『反天皇制運動NOISE』23号・96年4月1日）

［1996/5］

本当に紀子は怒っているのか!?

秋篠宮タイひとり旅、その横には女性が……

『週刊新潮』（五月二日・九日号）のトップのカラーグラビア（四ページ）は、かなり奇妙なものである。タイトルはこうだ。

「タイの秋篠宮殿下、紀子さまは怒っていらっしゃいますよ」。

写真は、チェンライ宮殿に到着し、歓迎されるシーン、民俗舞踊を見入っているシーン、メコン川の河原を歩いていたり、川でモーターボートにサングラス姿で乗ったりといったシーンなどであり、それだけ見ていると、いつもの皇室賛美グラビアである。

しかし、タイトルがおかしい、そして、写真に添えられた文章は、どうも、いつものような賛美文ではない。

「四月十七日から一週間、タイひとり旅に出られた秋篠宮殿下。お好きなナマズ研究のためとはいえ、クリントン大統領夫妻を呼んでの晩餐会を欠席されてしまった。紀子さまだけの出席という変則的な形を作ってしまわれたが。そんなにタイご訪問が大事だったのか。一説にはタイに親しくしている女性がいるとの噂もあって。

――チェンライ空港にご到着された秋篠宮殿下。その横には通訳の女性が。

実は、秋篠宮殿下のタイひとり旅に怒って、晩餐会のあと、紀子さまは実家に戻ってしまわれたなんて、見てきたように言う人もいたんですよ。

ところが、殿下はそんなことには頓着せず、タイの一週間を心ゆくまで満喫されたようでした。どうです、タイ女性の民俗舞踊を喰い入るようにご覧になられている殿下のゆったりとした表情のいいことといったら。背広にネクタイ姿で国内での公務をこなされているときと全く違った、なんとも開放的なご様子ではありませんか。ナマズ漁もご熱心に視察され、ナマズの稚魚を放流したり、ボートでメコン川を回られたり。そのときは研究者のお顔でしたが、なんともサングラスのお姿は迫力がありました。

通訳のタイ女性など、そんな殿下に寄り添うようにしておりましたが、ハンサム殿下、どこへ行ってもモテますね」（傍点引用者）。

秋篠宮がクリントン大統領との晩餐会出席という公務を欠席し、ナマズ研究とかのためタイに行くことについての非難めいた記事は、『週刊文春』、『週刊新潮』に載っていた。そして、『新潮』の方は、タイに特別の女性がいるという噂を紹介していた。「タイに恋人が」という噂記事は『新潮』を紹介するかたちで女性週刊誌も追いかけた。

こういう前提をふまえて、「その横には通訳の女性が」とか、「通訳のタイ女性などが、そんな殿下に寄添うようにしておりました」とか、さらには「紀子さまは怒っていらっしゃいますよ」という文章の意味を考えてみればよい。

「タイの女性」の存在について、かなりはっきりとした感じで書いていたのは、ほかならぬ、この『週刊新潮』なのである。このグラビア記事は、その後追い記事なのだ。

これは、本当のねらいは、「見ちゃった、見ちゃった」の「フォーカス」記事なのである。

皇室についてストレートにスキャンダル記事は書けないため、こんな賛美記事に皮肉をすべりこました主張になっているのだ。

このグラビアを見て紀子が実家に戻る気持ちになるかどうかは知らないが、このグラビアは、秋篠宮のスキャンダル写真という性格を持ったものなのであり、それはわかる人間にはわかるようになっており、後で抗議がきたときには、「そんなつもりではない」とツッパネることも可能なようにつくられているのだ。

こういう情報が流されているのは宮内庁の内側であるようだから、マスコミをつかって、秋篠宮の遊び人ぶりにブレーキをかけたいという意思が宮内庁側の一部にあるのだろう。

この奇妙な、ハッキリとしないスキャンダル写真の浮上。

こうした状況が示すのは、浩宮・雅子の間に子供ができない現状では、秋篠宮も今までのように次男坊だから好き勝手というわけにはいかなくなってきているということではないのだろうか。

しかし、『週刊新潮』の姿勢は、どうして

こんなに腰が引けているのだ。まあ、それでも、このスキャンダルをまったくタブーにしている他誌よりはマシ。そういえるか？

〔『反天皇制運動NOISE』24号・96年5月1日〕

［1996/5］

天皇・クリントン会談でのアキヒト発言

安保「再定義」と象徴天皇制の「再定義」

四月十七日、来日していたアメリカ大統領クリントンと天皇アキヒトとの会談があった。『産経新聞』（十七日夕刊）は、このように報道している。

「会見に同席した宮内庁の渡辺允部官長によると、陛下は米軍の沖縄・普天間飛行場の返還が日米間で合意したことに触れ、『沖縄をめぐる問題については、沖縄の人の気持ちを配慮しながら両国政府の間で十分協力して解決していくことを願っている』という趣旨のことを話された。／これに対し、大統領は『沖縄の人の気持ちは、よく分かっているつもり。米国としては、沖縄を含めた日米国民の友情を大事にしていきたい』と答えた」。

大量に押しつけられた米軍基地を縮小撤去せよという沖縄の人々のあたりまえの要求の高まりを逆手にとって、日米支配層は、日米安保（軍事同盟）の飛躍的強化へ向けて、普天間基地の返還の合意なるものを提示してみせた。この安保「再定義」＝改定のセレモニーの中に、天皇・クリントン会談があったのであり、アキヒトとクリントンのこの政治的な発言があったのだ。日米両政府にあるのは、ダマシという「配慮」であるにすぎない。アキヒトは、このダマシになにか特別の積極的意味があるかのごときイメージを付与する政治的な立ちふるまいをしてみせたのである。

このアキヒトの発言について、『読売新聞』（十七日夕刊）は、こうコメントしている。

「陛下は、皇太子時代に五回、即位後も二回沖縄を訪問。特に昨年は、戦後五十年の『慰霊の旅』として、沖縄の『平和の礎』などを訪ねて戦争犠牲者を追悼するなど、沖縄に強い思い入れを抱く陛下の気持ちがにじみ出た発言とみられる」。

『毎日新聞』（十七日夕刊）はこうだ。

「陛下が会見の場で政治性のある話題に触れるのは異例。かねてからの沖縄への関心から、この発言になったとみられる」。

いったい、アキヒトの沖縄への「強い思い入れ」とか「関心」というのは、なにか。

「国体護持＝天皇制の延命」のために、全住民をまきこんだ地獄の地上戦へ、沖縄の人々を追い込み、戦後はヒロヒト天皇が米軍に沖縄を積極的に売りわたす発言をし、安保体制づくりに政治的に加担する動きをした。こういう、天皇制の負の歴史に、アキヒト天皇が自覚的であるということが、この「思い入れ」とか「関心」の根拠であるはずだ。

そういった、まずい歴史を隠すため、沖縄の人々を気づかっているがごとき政治的ポーズをアキヒトは示し続けてきた。

しかし、それが、やはりポーズにすぎないことが、今回のクリントンとのやりとりによく表現されている。

米軍（基地）ゆえのレイプや事故の被害がたえない、沖縄の人々の「気持ち」を本当に考えたら、こんな安保「再定義＝改定」のセレモニーの中で「解決」ムードの演出に一役も二役もかうがごとき発言やふるまいができるわけがあるまい（結局、基地も米軍も撤去へ向かって縮小されるわけでは、まったくないのだから）。

沖縄と天皇の関係についても、アキヒト天皇は、ヒロヒト天皇の犯罪を継承する地位に、ヒロヒトをたたえながら座ってきた。そして、この天皇・クリントン会談での発言によって、アキヒト自身による政治的な犯罪が、さらにプラスされたことを、私たちは忘れてはならないだろう。

こんなに政治的な発言を天皇がしても、それをマス・メディアはどこも問題にしない。象徴天皇が、こんな「外交発言」をすることなど、戦後憲法は認めていない、という批判すら、まったくないのだ。
マスコミじかけの象徴天皇制の「再定義」の作業は、実質的に押し進められ続けているのだ。

〔『96東京植樹祭を問う共同行動ニュース』4号・96年5月〕

「人工受精」か「女帝」か、か?

『ニューズウィーク』のマサコへの助言

[1996/6]

結婚三年になる「雅子」をめぐる米誌『ニューズウィーク』の記事が話題になっている。日本版のそれは「プリンセスはどこへ行った」という特集タイトル（六月五日号）。

皇室という「菊のカーテン」の中にとじこめられたマサコは、かつてのキャリアウーマンというイメージはなくなってしまったという内容は、四月三日の『毎日新聞』の「雅子さまの実像　意外？　マイホーム型」という大きな記事の流れに合流するものである。

『毎日新聞』は、何人かの証言を軸に、キャリアウーマンというのはマスコミがつくったイメージで、マイホーム型が実像であるといったまとめかた。結びは、彼女の「知的で感性豊かな」「個性」が見えなくなっているのは「残念」という、例のスタイルであった。

この記事を追いかけた『週刊女性』（四月二十三日号）は、「『もともと控えめで、シャイな方』とキャリアウーマンのイメージとはかけ離れた証言が。〝皇室改革〟の声や〝新時代のプリンセス〟の期待は〝ご懐妊〟と同様に重圧？」（「『マイホーム妃』報道に雅子さまの心中……!?」）という具合に論じてみせた。

こうしたトーンは、キャリアウーマンとして発揮されたマサコの活力が、皇室・宮内庁の伝統の重圧によって押さえられているのは問題だといった、かなり支配的であったマサコ報道のトーンとは逆向きのものである。

もともと彼女は、保守的で「伝統」的、男の三歩うしろを歩くのが好きな女だったのだ、それはそれでよいではないか。まあ、こんな調子の主張である。

『ニューズウィーク』の方は、本来彼女がそういう人物だというトーンではなくて、「周囲の環境に順応する術」を見につけてきたマサコは、皇室の女の期待されている役割に順応しているのだという論理の運びである。

そこには、こういう主張がある。

「もっとも雅子妃が控えめにしていることは、皇室にマイナスの影響を与えてもいる。／日本では、皇室に対する国民の関心が薄れつつあるようだ。日本テレビは毎週日曜日に三〇分番組の『皇室グラフィティ』を放映していたが、視聴率が振るわないことなどを理由に一五分番組に変更。放映時間も午前十一時から午前六時に繰り上げた。／もう少し皇室の人間的な面が見たいという声は、雅子妃の控えめな姿勢を称賛する人々のなかにもある」。

「キャリアウーマン」スタイル、「マイホーム」型、どちらが実像であれ、雅子の「人間性」の素晴らしさは自明である、何故なら彼女は「皇室の人間」なのだから、それは説明ぬきで素晴らしいに決まっているのだ。

こういう、インチキなロジックが底に流れている点では『毎日』の記事、そして、「女性週刊誌」、さらに『ニューズウィーク（日本版）』は共通している。

その素敵な「人間性」がクローズアップされないのは残念だの大合唱なのである。

さて、『ニューズウィーク』は、一方で「女帝」も可能にする制度の導入の必要性を論じつつ、「人工受精という方法もある」と語った。

『週刊新潮』も『週刊文春』も、主要にこの点にとびついて記事をまとめた。『新潮』の方にはこんな声も紹介されている。

「私のところでやっている顕微受精というのは、不妊に悩む夫婦の精子と卵子を顕微鏡下で受精させる方法です。危険もなく、それに、精子の数や運動率に関係なく受精が可能。極端にいえば全く動いていない精子でもいい。……」（「米誌ニューズウィークがここまで書いた『雅子妃』への忠告」六月六日号）。

チョットでも精子があれば、バッチシよというアドバイスである（チョットもナカッタラ、どうするの？　マア、ドウデモイイか）。

『文春』の方は「しかし、人工受精の可能性を露骨に書かれては、日本人は戸惑わざるを得ない」（「『ニューズウィーク』『消えたプリンセス』の衝撃度」）と露骨に不快感を表明している。「戸惑わ」ない日本人だっていくらだっている。いやな言い方だ。

さらに気をつけるべきなのは、『ニューズウィーク』の記事の結論である。

「それでも世継ぎが生まれず、女子の皇位継承を認めるよう皇室典範が改められれば、なんとも皮肉なことになる。雅子妃は図らずも日本の女性に大きな貢献をしたことになるからだ。外交官の道を歩み続けていたとしても、あるいは男の子を産んだとしても、これほどの貢献はできないはずだ」。

皇室の女が天皇になれるようになることと、「日本の女性」全体とどんな関係があるというのか。このムード的インチキロジックはなにか。「女帝」は女性解放のシンボルだとでもいうのか。「身分」差別のトップにいすわる皇室のイメージチェンジで、差別が少なくなったり、なくなったりするわけがないではないか。

マサコの貢献の対象は、この差別と抑圧のシンボル（皇室）装置を愛用し続けている支配者たちであるにすぎない。

「人工受精」か「女帝」か、でも、「人工受精」も「女帝」もでもなく、こんな愚かな制度を、どのようになくしていくのか、これが私たちの問題である。

〔『反天皇制運動NOISE』25号・96年6月1日〕

「皇室」イメージの分裂

「慰霊」する天皇とスキャンダル・W杯・皇室

［1996/6］

「タイに複数の女性が」という秋篠宮シモネタ・スキャンダルがついに『週刊新潮』に浮上。そしてすぐに、その問題で抗議に来た紀子のおやじと会った直後、天皇アキヒトが病気になったという記事が『週刊新潮』にまた出た。

そして、なんと右派が要求し続けている、天皇の護国神社参拝（栃木）は、右派メディアのシモネタ・スキャンダルで一時中止に追いこまれたようである。六月十七日に予定されていた栃木行きは流れた（七月二十五日にあらためて行くことが準備されだしている）。

ここには、象徴天皇制を、どのように演出していくかをめぐって、支配者たちがブレているさまが、よく示されているのだ。

一方は、ＰＫＯ派兵の日常化が進む今、あらためて新しい戦死者を国家（天皇）がとむらう制度のキチンとした再確立の必要が、支配者にとって出てきている。ここには「神権国家」の顔としての天皇という「伝統的」（宗教的）イメージの天皇の存在が不可欠である。それは、かっての絶対神聖「現人神」ほどではないとしても、そちらのベクトルに引きよせられたイメージの天皇である。

しかし、「大衆天皇制」「週刊誌天皇制」のレベルをさらにアップせざるをえない高度情報社会の中の象徴天皇制である、今の天皇制は、やはり、少しづつ、スキャンダルまみれの人気者というスタイルで演出される方向を歩んできた。

アキヒトの皇太子ブーム、そして、ミッチー・ブームのマス・メディアの演出が、皇室への民衆の積極的関心を新しいかたちで組織していく方向を決定したのであり、この間の右派マス・メディアのミチコ・バッシングや秋篠宮シモネタ・スキャンダルは、そうした流れの必然の帰結といえる。

イギリス皇室と違って、様々なタブーに強度におおわれ続けているとはいえ、この間の皇室情報は、少しづつ、スキャンダルにも

「開かれる」方向を示してきたのだ（もちろん、いろいろなジグザグはあるが）。まったく型通りのヨイショ記事だけでは、売れないし、皇室の人気がたもてない。こういう判断は情報産業（資本）の方に強く存在し続けてきたのだ。なま身の皇室たちをマス・メディアに露出させることを「不敬」とするような観念は、古い右翼のものにすぎないという思いもあろう。

しかし、スキャンダルにまみれた皇室の「慰霊」儀式は、なんとも様になちない。追悼・慰霊のセレモニーの中心に座り続けなければならない天皇（皇室）のイメージと、バッシングの中の皇室のイメージには大きなズレがある。

バッシングの意図の中には、キチンとした皇室にするための〃おしおき〃という意図が含まれているのだろう。しかし、スキャンダルが読み手の方に組織するものは、メディアの意図を、はるかに超えたものである（メディアに〃おしおき〃されるようでは尊敬はされないのだ）。

分裂したイメージの演出という現状は、サッカーのワールドカップの日本と韓国の共催を報じた記事の中にも示されていた。

「一九八九年には、皇太子ご夫妻（現天皇、皇后陛下）の訪韓が検討されたが、韓国に強烈な拒否反応があり、両国外交当局も苦慮。たまたま皇太子妃が子宮筋腫で倒れたため、中止されたいきさつがある」。

「ただ、共催を両国親善関係の画期的な前進と結び付けたいとの両国の機運が盛り上がった場合、天皇訪問の舞台としては、歴史的なしこりを解く絶好の機会となり得るとの考え方や、皇太子や皇族の訪韓の可能性を探る動きともなることも予想され、……」。

六月一日の『朝日新聞』の記事である。もちろんW杯自体が国策スポーツ・イベントで、政治的なものである。しかし、サッカー人気にかぶして、「元首天皇」の出席で、天皇訪韓という、今まで実現できなかった大きな政治課題を実現しようという姿勢（政治家のみではなく、これをクローズアップしている『朝日新聞』の姿勢でもある）は、支配者にしては少々天皇を軽く扱いすぎている、と読める。

サッカーの大衆的人気に「皇室外交」という政治をすべりこませるという、こそくさ。

それとも、ベルリン・オリンピックのヒトラー、イタリア・W杯大会の時のムッソリーニを想起させるイメージで、それを準備させるというのか。そんな条件は、今やあるまい。ヒロヒト天皇ではなくアキヒト象徴天皇の時代なのである、今は。

このイメージの「分裂」が示す、マスコミじかけの象徴天皇制の自己矛盾を拡大し、支配者の演出をひっかきまわす運動（言葉）が、様々に構想されなければなるまい。

〔『96東京植樹祭を問う共同行動ニュース』5号・96年6月〕

［1996/7］

秋篠宮・紀子の関係は「ダイジョウV《ブイ》」か？

『週刊新潮』vs「宮内庁」・『産経新聞』

このニュースの二十四（五月一日）号を、私はこんなふうに結んだ。

——しかし、『週刊新潮』の姿勢は、どうしてこんなに腰が引けているのだ。まあ、それでも、このスキャンダルをまったくタブーにしている他誌よりはマシ。そういえるか？

——

私の批判にはげまされて、なんてこともありえないが、『週刊新潮』はこの後、ストレートに正面から秋篠宮シモネタ・スキャンダルの報道にふみこんだのだ。

六月二十日号のタイトルの記事。タイの女性問題に関することで紀子の父親（川嶋辰彦）が天皇に会い、その直後に天皇が奇妙な病気ということで静養とつたえたのである。

ついに、ハッキリとした秋篠宮スキャンダル記事がマス・メディアに浮上した。この歴史的事態に、それまで、沈黙していた宮内庁があせって「厳重抗議」（六月十三日）。この抗議に『週刊新潮』は公然と反論するというふうに、腰のすわった姿勢を示したのである。前例のない事態が展開されたのだ。

秋篠宮に「女性問題」なんてないし、紀子との関係は良好で、クリントン大統領の歓迎晩餐会に欠席して、タイに秋篠宮が行ったのも、天皇は「承知」していた。こういう抗議に、『週刊新潮』は、「『秋篠宮殿下』記事への宮内庁抗議に答える」（六月二十七日号）で反撃する。

「これまでの経緯を知っている宮内庁関係者が、こう打ち明ける。／『実は、私が秋篠宮殿下の女性問題を知ったのは、去年の暮のことでした。私にその話をしてくれたのは、ある宮家に仕える奥向きの職員です。二人も子供がいらっしゃるのに、秋篠宮には別に女性がいる。それも外国人の女性でタイ美人だというのです。しかも、一人ではなくて複数の女性と付き合っているということでした。初めは〝まさか〟と思ったのですが、やがて、そのために紀子さまとも夫婦喧嘩が絶えず、紀子さまが、〝もういい加減になさい〟とやり返す場面もあったという話も聞こえてきて、〝ああ、やはり〟と思ったのです』」。

「で、問題は、……『川嶋教授が、四月に秋篠宮の女性問題が報じられた後、陛下に会っているのは間違いない。宮内庁では、年初の挨拶以来、一度も会っていないといっているようですが、陛下がプライベートな時間に誰とお会いになっていたかは、奥向きの話であって、表にいる宮内庁の職員は把握していない事柄なんです。かねてから、川嶋教授は何かあれば御所にいらっしゃいましたが、去年から今年にかけて以前より頻繁になっているということは、ハッキリ聞いています。川嶋教授は去年以降、御所に三度いらしているということです。特に、一回目と三回目はシリアスな内容だったようで、その三回目というのが四月二一日に当たる。まさに怒鳴り込んできたという感じで、川嶋教授とお会いになられた後、陛下のご機嫌があまりよろしくなかったそうです。陛下がプライベートに人と会われるのは、土曜か日曜の午後が多く、その時に川嶋教授とお会いになっているということです』」。

抗議を予想し、まちかまえての反論と読める。

ここで、『週刊新潮』は、『産経新聞』の社会部の「一方的報道は不公正」（六月十六日）の、皇室が立場上反論しないことは「暗黙の了解」、反論しない存在に事実を確かめずに一方的に批判するのは、まともなジャーナリズムでないという主張（宮内庁ベッタリ記事）にも反論をくわえている。

「そもそも、この記者氏、皇族には反論権がないと信じておられるようだが、何か勘違いされているのではないか。皇族だって書面なり、記者会見なりで反論することは、いくらでも可能なはずではないか。それどころか名誉毀損で刑事告訴することも可能だのだ」。

法律的には『週刊新潮』のいう通りだし、その限りでは、当たり前の主張である（もちろん、皇后ミチコの「反論」は、銃弾による連続脅迫テロをすぐ引き出したことを忘れるべきではないが）。

キチンと「敬愛される皇室」にするためには、皇室スキャンダル（批判）は、あってあたりまえとの姿勢の『週刊新潮』による宮内庁・『産経新聞』への反撃、これは、天皇主義者の「内ゲバ」である。

「重要な公務を放り出して」、女あそびなど許せない、などという主張（心情）に加担する必要などまったくない（「公務」すべて放り出し、天皇・皇族などいなくなってしまえばよいのだ）。皇室がマス・メディアのシモネタ・スキャンダルに向かって、「開かれ」だしている状況には、私たちも注目しなければなるまい。

かつてのバッシング・メディアで銃撃のターゲットの一つだった『週刊文春』は、『週刊新潮』と宮内庁のやりとりの事実を写真のページで伝えているのみ。皇太子と雅子のツーショットにこういうキャプション「秋篠宮ご夫妻に不仲説が囁かれる折りも折り　僕たちだったらダイジョウV」。

そこには、『週刊新潮』の記事が「宮内庁のお怒りに触れてしまった」（傍点引用者）というくだりがある。なんで、宮内庁に敬語使うの。「お怒り」がそんなにこわいの。『週刊文春』のオツムは「ダイジョウV」か。

［『反天皇制運動NOISE』26号・96年7月1日］

W杯サッカーの政治

［1996/8］

「『スポーツに政治の介入は禁物』とはいえ、五輪やW杯サッカーのような大イベントが、政治と無縁であろうわけがない。とくに韓国ではソウル五輪の成功に続く国家事業として、招致は国を挙げての盛り上がりを見せていた。単に、近代化や国際化の象徴としてだけではない。『アジアで初』の開催を日本と争う形になった韓国にとって、W杯招致はいつしか『日本を超える』という重い目標が課せられてしまっていた。／足掛け三十六年に及ぶ植民地時代はいうまでもなく、戦後の日韓の間は苦難の連続だった。国交正常化まで実に二十年を要したばかりか、その後も金大中氏の拉致事件、歴史教科書事件など、やっかいな政治問題が多発した。ようやく関係改善が進んだ最近ですら、閣僚らの発言が繰り返し問題化する一方、従軍慰安婦の補償問題はこじれにこじれ、竹島問題まで再燃する始末だった。／そうした中でもし、W杯の日本単独開催が決っていたら、どうだったろう」。

五月三十一日、国際連盟（FIFA）の理事会が二〇〇二年ワールドカップ（W杯）を日本と韓国の共同主催にする満場一致で決定。この決定をマスコミは大騒ぎでつたえた。以上の文章は『朝日新聞』の一面の「21世紀への協力の意義重く」のタイトルの政治部長（若宮啓文）の文章（六月一日）の一部である。

「未来志向」の共同事業は、日韓の信頼を深め「東アジアの平和と安全」をもたらすのだと彼は主張している。まるで安保「再定義」なみの主張である。

侵略戦争をした過去の責任をキチンと取る（国家の補償を払う）ことなく、教科書が侵略の事実をハッキリと書くことにブレーキをかけ続ける日本政府の姿勢への批判もなく、「やっかい」だとか「こじれた」だとか論じている点が、もちろん問題だ。

誰の目から見ても、W杯サッカーは、国家の政治そのものである。近代スポーツの、「スポーツは本来非政治的・中立的なものである」というベールは、はぎとられてしまっており、マス・メディア自体が、それを政治（日韓・東アジア「平和外交」）そのもののイメージを押し出しているのだ。そして、橋本首相と金泳三大統領の外交交渉の重要なテーマにこの共催問題がなっている。

確かに「五輪やW杯サッカーのような大イベントが、政治と無縁であろうわけがない」。

世界各国が、プロ、アマチュアを問わず世界一の座を競うこのW杯は、一九三〇年に第一回ウルグアイ大会が開催された時から、対立をあおり国民の戦意を高揚させる政治手段として、支配者に愛好されてきた。それはもう一つの国策である戦争とセットであったのだ。このことは、第二回イタリア大会（一九三四年）が、独裁者ムッソリーニのファシズムの正当性を世界に力強く示す政治舞台として準備され、それが大々的にアピールされたことに、より明瞭に表現されている。

この「国策スポーツ・イベント」の基本的性格は、マス・メディアの発達（世界中のテレビに映し出される）により、放送権の利権もからんで、より〝銭まみれ〟になっている現在も、変化しているわけではない。

もう一つの国策スポーツ・イベントであるオリンピックも（こちらの方は、アマチュアリズムの看板をまったくおろしてしまっているわけではないとはいえ）、同様である。オリンピック憲章には、「平和の世界の建設に寄与する」とあるが、この「平和」はしばしば戦争をしか意味しなかったのだ。一八九六年、ギリシアの首都アテネで開催された第一回大会。このオリンピックの成功をバネにしてギリシア王室はギリシア軍をかりたててトルコ軍を攻撃、大敗、という笑えないジョークのような歴史的現実に目をやれば、これは明らかである。そして、さらに、現在のオリンピック・セレモニーの基本的スタイルをつくりだした（聖火リレー、聖火台、表彰式等）、あのナチ・オリンピック。そこにはナチの「絶対宣伝《プロパガンダ》」が洪水のように流されたのであった。

一九八八年のソウル・オリンピックは、在韓米軍の大量の増員と、海上自衛隊と米軍の日本海演習（史上最大規模）を伴って開催されたことは、まだ記憶に新しい事柄である。

二〇〇二年のW杯の前に、一九九八年に冬季オリンピックが長野で開催されることが決定されており、すでに、会場準備のために長野現地では、自然破壊が大々的にうみだされている。そして、それでも公然と反対の声をあげる人間は孤立しているのだ。

ただし、オリンピック景気をあてこんで、ハシャいだ長野の人々も、時間とともに、それが現実にもたらすものに気づきだしている（投資される金額にみあった収益があがるわけではないし、庶民にその利権がまわってくるわけではない。しかし、県財政の大赤字のつけはまわってくる。もちろん大企業は大もうけ）。

まだW杯やオリンピックといった国策スポーツ・イベントを批判する声は少ない。あってもそれは、スポーツは本来非政治的なものである、それを国家の政治に利用するな、というトーンのものでしかない。しかし、国策スポーツ・イベントは、見てきたように、もともと政治的なものだ。

今度のW杯の日韓共催は、日韓・東アジアの政治（軍事）大国としてのヘゲモニーを確立しようという日本の「国策」としてはじめから政治的に位置づけられている。だから、これを口実とした天皇訪韓もささやかれているのだ。だとすれば、それは、正面から政治的に論評され、批判されなければならないはずである。

「俺は、あたいは、サッカーの大ファン、政治なんて関係ない、批判なんて許さない」というような人々は、自分で個人的にサッカーしなさい。タマと足さえあれば、誰でもできる。これが「蹴鞠《けまり》」のいいところなんだから。

〔『月刊フォーラム』96年8月号〕

［1996/8］

経営雑誌に飛び出した「雅子」バッシング記事

「不敬」だから「取り消す」とさ

この件については、『夕刊フジ』の記事で知った。しかし、そこには右翼がおしかけてきて大騒ぎになった記事について、具体的に示されていなかった。

さっそく、『月刊経営塾』を手に入れて読んでみた。

「架空　身の上相談」のクエッションの方は「極東の国の皇太子妃」が子宝に恵まれなくて、国民の期待に応えられず困っているというもの。誰でも雅子を思いだす内容。それへのアンサーは、以下の通り。

『三年子なきは去れ』とは昔、よく聞いた言葉だ。結婚して三年間、子供ができなかったら、女性は三行半を突きつけられてもしかたがないという意味だ。／だいたい王室の人は子づくりが下手だ。お主の義弟夫妻にしても子供は二人うまれているが、ともに女の子だし、他の王族にも最近、男は生まれていない。／ワシは男女産み分けの権威と言われるS先生をよく知っているが、その先生に言わせれば、下手くそなセックスやいい加減なセックスをすると、女の子が生まれやすいという。これは膣内の酸性、アルカリ性の関係で証明されているんだ。王室に女ばかり生まれているのは、上手でない証拠だろう。／お主の手紙にも書いてある米雑誌には、人工授精をしたらどうかとまで書いてある。どうしても子供ができないのなら、それもいいとワシは思うのだが、お付きの人がそれを許さないという話を聞いたことがある。子供は神に委ねるべきで、人の手を介するべきではないとの考えらしいな。／でも、王室の仕事の第一は、王家を継承する男の子孫を残すことだろう。だったら、回りのいうことなど気にせずに、まずは専門家に相談してみることだ。不妊と産み分けの権威のS先生をいつでも紹介してやるぞ。／それでもいやだというならワシが直接教えてやってもいい。その手の知識は玄人はだしだ。きっとお主の役に立つと思うぞ」。

　すぐ出た、『週刊文春』の記事は、その記事内容については、こまかく紹介している。しかし、その内容は『フジ』同様、「〝相談〟に対する〝回答〟には、仰天させられる」、経営評論家針木康雄が社長兼主幹の雑誌で信じられないといったトーン。

　そこにある渡辺みどりのコメントはこうだ。

「…はたしてこれが風刺といえるのでしょうか。お子様ができないということをテーマに取り上げることが失礼だし、常識を逸脱している」。

　創刊一〇〇号目前の九九号での騒ぎ、この「身の上相談」連載はとりやめ、責任者はひたすら低姿勢。『週刊文春』の記事の結びはこうである。

「――雅子さまに何かおっしゃりたいことはありますか？／『そんなことしたら、殺されちゃうよ。ひたすら頭下げて、申し訳ない…』／針生氏、現在は〝針のムシロ〟に座わる心境である」（『皇太子妃』を茶化した針木康雄『経営塾』発行人」七月十八日号）。

　かつての美智子バッシング・メディアは、「雅子さま〝でっちあげ身の上相談〟に『許せない！』の声！」（『女性自身』七月三十日号）という調子の女性週刊誌と同じレベルの反応である。

　『月刊経営塾』八月号には以下のような「お詫びと訂正」が載った。

「弊誌七月号の連載『架空・身の上相談（四十七頁）の文中、皇室に対して不敬と受け取られる表現がありました。関係者各位にお詫び申し上げると共に、該当頁を取り消します。平成八年七月十五日　株式会社　経営塾」

　「取り消す」ってのはなにか、これは誤植や誤記でなく、編集部がヘラヘラ書いた記事ではないか。雅子をカラカいたい本音が露出したら、右翼らに脅迫されたり、経営者から非難が出たりで、まずいぞとあせっているだけということがよく読みとれる文章である。

　メディアはこぞって、右翼同様に、この記事の問題は皇室に不敬な点であると主張している。しかしそんなことは問題ではない。皇室をカラカウのは民衆のあたりまえの権利である。この記事が、全く愚かな女性差別観に満ち満ちている点、これこそがくだらないのである。

　どっちを向いて「お詫び」をしているのだ。

　それにしても、経営雑誌に、こんな記事が飛び出してしまう妙におかしな状況が進展していること自体には注目しておかなくてはなるまい。これも「女帝」スキャンダルである。

［『反天皇制運動NOISE』27号・96年8月1日］

［1996/9］

秋篠宮とタイの「ソープランド」

ナマズとともにソープも「見学」していたというお話

「少なくとも戦後日本で、これほど皇族が明白に批判に晒《さら》され、さらに女性問題の噂が露骨に報道されるのは前代未聞であろう。噂は、皇室、および宮内庁を震撼させ、そしていまもくすぶっている状態なのである」。

　『週刊現代』の特別レポート「『タイ不倫疑惑』『不仲説』を検証する　揺れる秋篠宮家

『夫婦の実像』」（八月二十四・三十一日合併号）の中の主張である。

このレポートには、さらに宮内庁、皇室を「震撼」させるような内容がつまっているのかと読み進んでいくと、どうも、そうではない。

秋篠宮と紀子の仲がしっくりしていないと思わせる風景（軽井沢で秋篠宮が近くにいる紀子と子どもに声もかけずにひきあげた）の紹介から始まるこの記事は、「殿下の女性問題」の多さへの危惧の声も紹介してはいるものの、あれこれ秋篠宮の自分勝手ぶりを問題にしつつ、性的スキャンダルについては、宮内庁の公式見解をほぼなぞってみせているだけである。あまりに身勝手なふるまいが、そういう噂をつくりだすんだという調子の記事であるにすぎない（やはりおさえて書いているのだ！）。

しかし、その勝手ぶりを示す一つの具体的エピソードは、なにやら性的スキャンダルにつながりそうなものである。

「こうした、日本大使館の目が届かないなかで、89年には秋篠宮殿下はタイ北部の町・ピサヌロークで、短時間とはいえ『行方不明』になり、大使館員たちがパニックに陥ったこともあった。

この殿下の行方不明事件は、表向きはホテル内のディスコを見学にいった、ということにされている。が、一種の社会見学として実際に殿下が出かけていたのは、同町にある『ソープランド』だった。

前出のソムチャイ氏が前もって地元警察に警備を依頼。店に連絡して貸し切り状態にして店内を見て回ったのだが、日本大使館、突然殿下を見失い、大騒ぎになっていた。

タイのソープランドでは、ガラス張りの大部屋の中に雛壇《ひなだん》があり、女性が数十人ズラリと並ぶ。通常、客は雛壇の女性を選んで指名し、店内の個室につれて入るか、ホテルに女性を連れ帰る。

『殿下はガラス越しに雛壇を見て回り、説明を聞き終わった後、ポツリと「わかった。もう帰ろう」といって、つかつかと店を出ていった。ただ社会勉強のためにシステムを説明しただけで、断じてそれ以上ではなかった。とにかく私は、行動が自由にならない殿下に、システムだけでも教えてあげたかっただけなんです』（ソムチャイ氏）」。

ソムチャイ氏なる人物はタイ人のガイドということである。

大使館のメンバーにかくして、地元警察のみの警備にして、ソープランドの店を貸し切りにして「見学」。オイオイ、本当のところ、なにしに行ったんだよ、こう思わないほうが、おかしいではないか。

複数の女性を男が「見学」して、えらんで女性を買うシステム、そんなもの、いちいち行って「社会勉強」しなくちゃ理解できないものなわけがないだろう。

この件に『女性自身』（九月三日号）がとびついて、記事が出た。

「学習院大学の学生時代から何回もタイを訪問されている秋篠宮さま。この冒険は89年、23才のときのことだという」。

「タイのソープランドは通称〝熱帯魚の水槽〟。マジックミラーの向こうにヒナ段になった大部屋があり、胸に番号札をつけたソープ嬢がズラリと並んで座っている。／客からは見えるが、彼女たちには客は見えない。客は好みの女性を選んで番号で指名し、店内の個室かホテルの自室で、即席の恋愛をする。／話の出所は、秋篠宮さまの通訳でもあり友人でもあるバンコク在住のソムチャイ・コシタポン氏だという。／同氏は日本の上智大学を卒業したタイのエリート。／秋篠宮さまの初めての訪タイ（85年）にガイドを務めていらい宮さまの信頼を得て、訪タイのときは必ず行動を共にしている。

『ソープランドのことは〝殿下が羽を伸ばせるのは、宿泊ホテルの中くらいしかない〟という例として、オフレコで話したことなんです。が、記事になってしまった困っています』／と当惑しながら、実態をくわしく話してくれた」（「紀子さまショック！　秋篠宮殿下、若き日の『ソープ見学』が発覚！」)。

自分の宿泊したホテルの地下一階のソープランドに「見学」に行って、すぐ帰ってきただけだという、このタイのエリートの説明がこのあとに続いている。

結びはこうだ。

「秋篠宮さまもすでに30才。／いままでのことはともかくも、もうそろそろ〝武勇伝〟はご卒業を……」。

『週刊現代』同様の秋篠宮を「いさめる」というトーンの記事である。

キチンとした皇室としてふるまってくれ。こんな要求を私たちがする必要があるのだろうか。

「研究」とかの名目で、遊びまわっている、この男たちのような存在を、いつまで私たちはめんどう見ていかなければならないのだ。

「社会勉強」のための「見学」だとさ。

［『反天皇制運動NOISE』28号・96年9月1日］

［1996/10］

「台覧」試合とは何か

プロ野球と皇室の関係

「一〇月一九日、巨人優勝の場合、東京ドームで行なわれるオリックスとの日本シリーズ第一戦が、皇太子ご夫妻をお招きしての『台覧試合』となることが四日までに分かった。皇太子殿下がプロ野球を観戦されるのは一九八八年以来八年ぶりだが、ご夫妻そろっての観戦は初めて。野球機構にとって長年の努力が報われた格好だが、前提はあくまで長嶋巨人の優勝。この報を聞いた長嶋監督は『こうなったら直接対決です』と六日、ナゴヤの中日戦での自力胴上げを約束した」(傍点引用者)。

『デイリースポーツ』(十月五日)の一面トップの「巨人Vなら一〇・一九日本シリーズ『台覧試合』皇太子さま雅子さま　イチローvs松井見たい　長嶋監督ウェルカム」の大見出し記事のキャプションである。

長年、「再度の『天覧試合』を」と交渉していた結果、どうにか皇太子を呼べることになったらしい。しかし、どうして長嶋らは、こんなにありがたがり、ハシャグのか。

「皇室と野球のつながりといえば、昭和三四年六月二五日の天覧試合があまりにも有名だ。東京ドームの前身の後楽園球場で行なわれた巨人―阪神戦、昭和天皇と皇后陛下をお迎えした試合で長嶋(現巨人監督)がサヨナラを含む二本塁打、ONのアベック本塁打も飛び出し、これを契機にプロ野球人気が沸騰するのである」。

「皇太子ご夫妻が観戦する前で、松井が、イチローが、スーパープレーをお見せすればプロ野球のいちだんの発展につながるのは間違いない」(傍点引用者、『スポーツニッポン』十月五日)。

私も、ガキの時にラジオでこのゲームを聞いていた記憶がある。阪神のエース村山から長嶋がサヨナラホームラン。ドラマチックな展開であった。しかし、この時も、アナウンサーが(そして、それをつたえる新聞記事などが)、「天覧ホームラン」を乱発して、なぜ興奮するのか、よく理解できなかった。

プロ野球の人気が高まったのは、決して「天覧」などと関係のある話ではあるまい。天皇夫妻が見る、見ないと、野球人気の浮沈との直接的関係などあるわけがない。どうして、こんなインチキ神がかり記事を書くのか。

「台覧」で「プロ野球のいちだんの発展につながる」わけがあるまい。スタープレーヤーが皇族の前でプレーし、皇族がそれを見れば「発展」まちがいなし、などと、どうしていい大人が書けるのか。

『報知新聞』(十月五日)は「皇室とプロ野球は深いつながりがある」、などと書いているが、事実は反対であろう。「天覧」が今まで一回しかないということが、それをなによりも雄弁に語っている。つながりをつくる努力をプロ野球界のボスたちが長くしてきたものの、なかなか「つながり」をうまくつくれなかったが、今度、皇太子(夫妻)を引っぱり出すことに成功したので、ハシャいでいるのだ。こういう球界のボスたちと、私たちがいっしょにハシャぐ必要などないのだ。天皇が「天覧」で、皇族が「台覧」。こういう特別のありがたがる言葉の使用を強いる存在など、気持ちが悪くないか。

イチローは、雅子に非常な関心を払っていたから、「一度お目にかかりたいと思っていた」と語ったと『デイリースポーツ』は書いているが、記事が本当だとすれば、〈このドスケベ、個人的な関心をペラペラ記者に口にするな〉とでもいうしかないではないか。

各紙とも、警備の関係上、球場は東京ドーム以外は考えられないと論じている。日本シリーズの第一戦である、その日はまちがいなく、多くの人が集まる。そして、大変にハードな、入場者には不愉快きわまりない警備体制がひかれることになるだろう。「台覧」するという特別の人をガードする体制は、トビキリ強権的なものだ。一般の入場者の気持ちなどおかまいなしの、入場者らのチェックが行なわれ、特別の警備がなされることは、まちがいあるまい。

球界のボスや、ボスらのバックアップでなりたっているスポーツ・メディアが、どのように皇族の〝ありがたさ〟を政治的(操作的)にアッピールしようが、彼らの存在は一般入場者たる私たち（私は球場までいくようなことはないが）にとって、ただのメイワクである。

〔『反天皇制運動NOISE』29号・96年10月1日〕

秋篠宮〝ニワトリ博士〟報道

『週刊新潮』の「後退」と『経営塾』社長退陣

[1996/11]

秋篠宮が名誉博士号ではなくて、ホンモノの（理学）博士号を授与されたのだという。このタイミングでの、この話題は、いかにもできすぎである。

『週刊女性』（十月二十九日号）はこう論じている。

「秋篠宮さまといえば、これまで〝ご公務欠席〟への非難や〝タイ女性との親密報道〟など国民が心配してきたが、今回の博士号の授与は、そんなことを吹っ飛ばす名誉挽回の快挙だ」（「紀子さまも〝ホッ！〟〝秋篠宮さま意外!?〟〝東大レベル〟の博士号授与　ナマズじゃなくて空飛ぶニワトリ研究ってどんなの」）。

宮内庁の役人は心配していたかもしれないが、多くの国民は「心配」などしているわけがなかろう。多くの人々は、私同様にどうも演出された名誉挽回劇ではないかという印象を、持ったはずである。

この、できすぎのドラマの舞台裏を、少しはリアルに示す報道はないのか。これまでの流れでいえば、『週刊新潮』のレポートへの、それなりの「期待」を私は持った。

「秋篠宮に博士号をおくった変な大学」（十月十七日号）というタイトル。これはいけるかなと思ったが、内容を読んでガッカリ。

学位をおくった「国立総合研究大学院大学」は名前は知られていないが「東大レベル」の学位だという説明なのである。

もちろん、少々の皮肉は書かれている。ある専門家のこんな声もそこに収められている。

「殿下の論文は非常に価値のあるものだと認めます。ただ家禽学会のなかに殿下の研究をしていたライバルの学者がいたのです。もちろんこの世界は先手必勝ですし、早く発表して印刷物にした方が勝ちなのは分かっています。もたもたして自説を発表しなかったその学者にも非があるんです。でも、ひとりで研究している一介の学者と殿下では相手になりません」（傍点引用者）。

オイ、オイ、本当のとこ、誰の研究成果なんだよと思わせる言葉である。しかし、この点はまったく突っこまれない。

公務に支障なき範囲で研究に精を出すべしなどという宮内庁の役人の心配と同じようなことを語って、このレポートは終わっている。

これでは、脅迫の銃弾をあびて以後皇室バ

ッシングパワーが、まったくなくなってしまった『週刊文春』とあまりかわらない。

「秋篠宮ニワトリ研究博士論文の『水準』」（十月十七日号）は、「一般の研究者」同様の努力をした秋篠宮には実力があったのだと論じ、『週刊新潮』同様に公務との関係を論じつつも、「……今後の、秋篠宮の業績と行状次第。／皇室初の〝博士〟の活躍に期待したい」と結んでいる。

「名誉挽回」の努力の持続を期待してみせているわけだ。ただ、このレポートの中にもおもしろい発言がある。

「遺伝学の研究者が指摘する。／『秋篠宮さまを指導してきた五條堀教授といえば進化遺伝学のボス的存在。さらに、秋篠宮さまの過去の三本の論文には、アメリカのシティ・オブ・ホープ研究所の大野乾先生が共同研究者として加わっている。大野先生は米国科学アカデミーの会員でノーベル賞候補と言われる世界的権威。無名の学者でそんな先生と共同研究なんてなかなかできません。実際、秋篠宮さまがどこまでご自分で研究されたのか疑問です』」。

この疑問は否定されるかたちで、このレポートは終わっているのだが、この発言と、さっきの『週刊新潮』の発言を重ねると、少しは〝本当の話〟が浮かびあがってこないわけではないようだ。

しかし、『週刊新潮』は、どうして、こんなに「後退」したのかな、と思っていた時、『創』（十一月号）に、こんなレポートを発見した。

「八月十七日号に発行された経済誌『経営塾』を見て驚いた人は多かったろう。／巻末のほぼ1ページを使って『謹告』なる文章が掲載され、しかも同時に針木康雄社長がこの10月1日で相談役に退くという『お知らせ』も掲げられていた。針木氏といえば経営評論家としても有名で、『経営塾』は彼が8年前に創刊した雑誌である。その発行元・経営塾社長の座から針木氏が退くというのである」。

雅子の下ネタカラカイ記事に対する右翼の攻撃は、予定した百号記念パーティーを粉砕してしまうにとどまらなかった。百号記念号にズラズラのった広告スポンサーに質問状を発するというスタイルでのさらなる攻撃が展開され、広告収入がガタ減りで、社長退陣にまでおいこまれたのだという。

財界のトップ（広告主）が右翼の攻撃で「手のひらをかえしたような対応」になった例も紹介されている（「右翼の抗議で『経営塾』針木社長退陣の顛末」、編集部レポート）。

『経営塾』と『週刊新潮』をストレートに結ぶ線はない。しかし、『週刊新潮』の〝秋篠宮バッシング〟記事に右翼がなにも動かなかったという保障はないし。少なくともこういう経営者たちを直接ターゲットにした右翼の動きを『週刊新潮』側はよく知っているであろう。

右派メディアの皇室の性的スキャンダル解禁の動きへの強烈なブレーキとしてまたまた右翼の動きが機能しているのではないか。

［『反天皇制運動NOISE』30号・96年11月1日］

［1996/12］

「御静養で御懐妊を」というプレッシャー

イタリア紙の「沈黙・悲しみの雅子」報道をめぐって

今度はイタリアである。

イタリアの三大有力紙の一つであるといわれている「コリエール・デラ・セラ」紙に「マサコの沈黙　悲しみの妃」のタイトルの、六枚の写真つきの半ページの大きな記事が出た。

おいかけられての「圧力」の下の結婚の結果、こんどは子供ができないプレッシャー。マス・メディアには「失礼なこと」を書かれ、侍従には「叱責」され、公的な場所に出ることが少なくなり、「悲しみに沈む」マサコ。こんな調子の記事だ。

宮内庁側は、侍従が「叱責」する、なんてありえないと憤慨していると報じている『週刊文春』（「イタリアの有力紙が大々的に報じた『沈黙する悲しみの雅子妃』」十一月十四日号）は、この記事の紹介をしつつ、宮内庁の姿勢の批判を引きだすという、例の調子のパターン化された記事である。

「また、今年に入り、テレビの皇室番組のタイトルが変わったり、放映時間帯を変更、短縮されて、皇室を取り巻く環境が少しずつ変わり始めている。今や日本テレビ以外の民放は皇室専属の記者さえ置いていないという。／『ニュースが少ないんです。女性誌も肉声や普段のお暮らしぶりが伝わってこないため、帽子がどう、ファッションがどうという話題しかない。しかし、宮内庁にはこうした危機感を持っている人間がいないんです』（皇室記者）」。

マス・メディアに話題を提供しようとしないからこうなるんだ、もっとマス・メディアに「開け」、こういう主張である。

この記事を、皇太子夫妻は気にしないだろうという声の紹介で、結ばれている。

そんなことはあるまい。記事のこまかいところに少々まちがいがあったとしても、子供ができないことでマサコがプレッシャーを感じ続けていることはまちがいないし、それで、この間ズーッとおちこんでいることも事実。国内のマス・メディアの、あれこれの記事（プレッシャーで〝おかわいそう〟というトーンも含めて）にピリピリせざるをえないところにおいこまれている今、連続で、この点をクローズアップした海外報道を気にしない、なんてことはありえない。

『週刊女性』（「雅子さまに〝身内いじめ〟の大バッシング」十一月十九日号）は、西洋人の「日本人いじめ」、「悪意」の「作意」がある、とかの声を紹介しつつ、バッシングに反撃しつつ、皇太子夫妻が外国人記者クラブで会見を持ったらどうかという提案を紹介している。

国内の記者会見もよくこなせないのに、そんなこと無理ではないか。日本人記者との間のように、事前に質問をチェック、許可したもののみなどという統制が、外国人記者との関係ではうまくつくれまい。ストレートな質問に皇太子夫妻は耐えられるのか。

『女性セブン』（「『皇太子妃・雅子さまの不幸』の波紋」（十一月二十一日号）は、記事の概略つきという丁寧な紹介、内容はマス・メディアに「開かれた皇室」になっていない点を問題にしつつも、皇太子夫妻の仲のよさを強調し、記事に抗議する姿勢で書かれている。まあ、みんな同じようなトーンなのだ。

さて、『週刊新潮』はどのように扱うか、少し注目していた。

「雅子妃殿下四ヵ月続く『御静養』で心配される体調プレッシャー」（十一月二十八日号）は、十月十九日の東京ドームでの日本シリーズの「台覧」試合が、スケジュールの調整ができずに流れたということを大きく問題にしつつ、なんでもっと「国民」にアピールすることをしないのかとなげき、マサコにつきまとう「男児出産のプレッシャー」については、八月以降は「ご静養」という連休が毎月くりこまれたスケジュールで二人は動くようになっているが、この宮内庁のやり方は「静養というプレッシャー」をつくり、不自然だと批判。

外国から、このように見られるのは宮内庁に「忠臣」という人材がいないからだというところにおちつく。マス・メディアへの演出、夫妻のストレス解消、ともに失敗しているというわけだ。結びの言葉はこうだ。

「あの毅然とした雅子妃を再び見られるだろうか」。

宮内庁バッシングの素材として、フルに使っているわけである。

どこもキチンと問題にしていないが、このイタリア紙の記事で一番おもしろいのは、「日本人」は子供ができない騒ぎを楽しんでいるだけで「悲しみの皇太子妃や皇室一族を、敬愛しているかどうか」よくわからないというレポートの部分だ。敬愛・尊敬の身ぶりは、報道記事にはあるが、あんなものを本心から「敬愛」している人間はどれくらいいるのか。

今どき、「世継ぎ」ができないということ

でこの大騒ぎ。世襲の身分制＝天皇制それ自体のグロテスクさ。マス・メディアの各誌は、この点にだけはふれない（宮内庁の姿勢だけの問題なわけがない！）。

　あんなもの「敬愛」できるかよ。

［『反天皇制運動NOISE』31号・96年12月1日］

［1997/1］

天皇家の「逆襲」

皇族自身によるマス・メディア批判が「封印」するもの

　十一月三十日の秋篠宮の誕生日会見で、女性問題についての記者の質問に彼は、以下のように答えてみせた。

「そういうことはまったくないことですし、火のないところに煙が立ったというか、非常に想像力豊かな人がそういう記事を書いたんだと思いますけれども、完全に事実と異なる報道がなされたということについては……（少し沈黙して）不満に思っています」。

「私も週刊誌を読みましたが、根も葉もない女性問題について（笑いながら）いろいろと話が広がってしまったわけですね」（「秋篠宮さま『タイの愛人』問題会見全採録」『週刊女性』十二月二十四日・一月一日合併号）。

　宮内庁の抗議に『週刊新潮』が屈せず、キチンと取材して書いたものだと突っぱねた結果（それなりに自信があるのだろう）、とうとう秋篠宮本人が反論するという事態にあいなった。

　おそらく、前例のない事だろうなと注目していたら、十二月九日の雅子の誕生日会見も、イタリアの新聞、米国のニューズウィークなどの記事についての批判の言葉が雅子の口から飛び出した。

「……全体として見ますと、どうもある一つの側面なり一つのテーマというものを強調し過ぎるあまり、何か少し事実にはないようなことを事例として挙げていたり、それからまた極端な結論というものを導いていたりしているような例が見られるような気がいたします。中に例えば『私の姿を見られるのは、列車や車に乗る時だけになってしまった』ですとか、それから『公の場にはほとんど姿を見せない』といったものもあったようですけれども、本当にそうでしょうか。そういうのは少し極端に過ぎないでしょうか、という感じがいたします」。

「一方で、週刊誌などの国内のメディアについてはそれではどうかというふうに見ますと、中には公平な目で見て論じてくださっている記事も時折目にいたしますけれども、よく見かけますのは、皇室なり、宮内庁なり私なりに対して一定の先入観を持って、あるいは事実に基づかない憶測というものを中心として議論を進めているもの、そしてまたさらに、その上にとてもセンセーショナルな見出しが付けられたりしていることがよくございますので、そういったことで、国民の中に皇室ですとか皇族といったものに対して誤解が生じたり、間違ったイメージというものが広がっていかなければ良いけれどというふうに思っています。やはり、正確で、そして個人を尊重した公平な報道というものがなされることを希望します」（「雅子さま「お誕生日単独会見」全録」『女性セブン』十二月二十六日・一月一日号）。

　こちらは、かなり、具体的な反論も含まれている。

　宮内庁・天皇一族のマス・メディアへの「逆襲」が政策として開始されたと考えるべきであろう。

　この『女性セブン』には「雅子さま　封印された『赤ちゃん問答』」というタイトルの記事もあり、子供の問題についての質問を宮内庁側があらかじめハジいたことを問題にはしている（抗議のトーンはない。また外国にさわがれるのが心配といった調子）。

『週刊女性』（「雅子さま自らが語った『理《わ》由《け》』と『結婚生活』近況!!」十二月二十四日・一月一日号）はその点にはまったくふれていない。『週刊文春』（「雅子さま単独記者会見誌上完全再録」十二月十九日号）も『週刊朝日』（「雅子妃会見、囁かれる『解説』」十二月二十七日号）も、宮内庁のこうした姿勢をバックアップしようという内容である点で共通している。

さすがに『週刊新潮』は「御懐妊の件」に触れられなかったことを問題にしつつ、「宮内庁記者会なる閉鎖組織のメンバーだけ」の会見というありかたを批判してみせている（「雅子皇太子妃『単独会見』までの虚々実々『工作』」十二月十九日号）。

十二月十日の『朝日新聞』にはこうある。「宮内庁は一九日、『週刊現代』（講談社）の今月二八日号に掲載された『秋篠宮「愛人会見」雅子妃「単独会見」でわかった〝菊のカーテン〟を操る裏の大物』の記事について『事実に反する記述がある』と同誌編集部に申し入れた」。

宮内庁の「逆襲」はかなり強烈のようだ。確かこの『週刊現代』の記事は、会見実現には皇后美智子の強い意思があったというような内容だったと思う。

『噂の真相』は、反対に宮内庁長官鎌倉節による会見の場での、本人の口からの反論という方法のゴリ押し（恫喝）と、それへの美智子の反発が強まっているとレポートしている（「異例の雅子妃単独会見で見え隠れした宮内庁鎌倉節長官の警察流報道対策術」二月号）。

マスコミじかけの象徴天皇制の制度内部のよじれが、なにをもたらすかに注目し続けなければなるまい。

そして、今、忘れてはならないのは、宮内庁・天皇一族のマス・メディアにおける「女性天皇」論議のいましばらくの「封印」という政策は貫徹されてしまっていることである。

［『反天皇制運動NOISE』32号・97年1月15日］

［1997/2］

「御製《ヘボウタ》」における「不適切な助動詞の使い方」という「大」問題

一月十七日の『毎日新聞』に以下のごとき記事があった。

「昨年末に公表された天皇陛下の歌の一首に不適切な助動詞の使い方があったため宮内庁は16日、訂正を発表した。

陛下は昨年9月に『全国豊かな海づくり大会』出席のため、石川県珠洲市を訪問。これを詠んだ『珠洲の海に放ちし鯛の稚魚あまたいずれの方を今泳ぎけむ』との歌を12月27日に公表した。

しかしその後、『最後の「今泳ぎけむ」は「けむ」が過去を推量する助動詞のため、「今」と合わせて使うと意味がおかしいのではないか』との指摘が宮内庁関係者からあった。陛下自身も検討し、現在のことを推量する助動詞「らむ」を使い、「今泳ぐらむ」と訂正し、意味をはっきりさせることにした。

陛下の歌は、和歌の専門家が目を通してから公表することになっているが、今回は十分目が行き届かなかったという」（傍点引用者）。

皇室の人々のヘボ歌ぶりは、わかっている人には、広くわかっている事実らしい。しかし、笑わせる話である。とりまきの「和歌の専門家」の力量も、かなりおそまつなものであることは、「歌」の世界など無関係な私にも、わかった。

マス・メディアを媒介に、恥を天下にまきちらすようなことは、もうやめればよいのにと思っていたら、こんな記事にでっくわした。

「『長らくご高齢の歌人が御製に目を通して来られましたが、今回は完全に見落とし、気付かなかったそうです』

歌会は皇室のお国振りといわれ、和歌は最も重要な伝統に属する」。

「天皇陛下『御製』の誤りを見落とした『宮内庁』」（『週刊文春』一月三十日号）の記事である。

「重要な伝統」今壊れ〝けむ〟、かどうかは知らないが、「皇室のお国振り」をこけにしたアキヒトに皮肉でもいうのかと思ったら、さにあらず、大歌人でも間違っている例もあり、「見直す必要なし」と宮内庁がつっぱねればよかったのだという声を紹介しつつ、この記事は、こう結ばれている。

「もっとも、宮内庁及び関係者が陛下に訂正を勧めた訳ではなく、陛下が進んで朱を入れられたという。図らずも陛下のお人柄を物語る椿事となった」。

なるほど、ころんでもタダではおきない。文法無視のヘボ歌も、「陛下のお人柄」賛美のネタとなるわけである。

この歌を詠んだ「全国豊かな海づくり大会」なる儀式は、天皇（夫妻）が稚魚を放流するセレモニーを中心にしたもので、全国各地を転々として年一回開かれている。海岸の地形をひんまげたり、埋め立て地をつくったりの会場づくり、そして特別整備のもとの一連のセレモニー。「国体」「植樹祭」とともに、迷惑な皇室イベントだ。

歌の文法が誤っているだけではなくて、税金を大量に使って、こんな皇室セレモニーを実施すること自体が誤っているんだ。

しかし、重大な伝統を継承する歌人天皇とその一族というポーズを、彼等は何故とり続けなければいけないのか。今回のエピソードは、それがまったくポーズにすぎないことを、多くの人々の前に、あらためて示したわけである。

専門家のチェック――手なおし――を受けてたれ流されるヘボ歌。ヘボはヘボでも彼等のヘボは、いつも尊いスバらしい。てなインチキ文化の内側を、いつまで私たちは生きなければならないのだろう。

（『反天皇制運動NOISE』33号・97年2月1日）

［1997/3］

「雅子懐妊」カラ騒ぎ

「女帝」論議のタブーは続く

「雅子さま『ご公務の空白』と『微熱症状』相次ぐ欠席の理由は、美智子さま、紀子さまの『あの時』と同じ……」のタイトルの『女性セブン』（二月二十日号）の記事。あの時とは、もちろん妊娠の時だろうが、何が同じなんだろうと思って、手にしてアキれた。

熱が出たといって「公務」を欠席しているので宮内庁に懐妊かと問あわせると「風邪気味」と否定してみせるパターンが「同じ」だというのである（その直後に懐妊を発表）。

この論理でいけば、雅子が風邪で熱を出して寝込めば、常に懐妊と判断しうることになるわけである。宮内庁が「お風邪」といえば、スワー、「ご懐妊」と騒げるわけだ。

この『女性セブン』・『女性自身』・『週刊女性』がしかけ、テレビのワイドショーもとびついた、「ご懐妊」騒ぎについて『週刊文春』は、こんなふうに論じている。

「今回のご懐妊ブームの火付け役『女性自身』（三月四日号）。なんと、そこには『雅子さま　ご懐妊はなかったのため息！』の見出しがデカデカと踊っているではないか。／これまでさんざんあおってきた〈風邪はご懐妊のカムフラージュ〉説を切って捨て、話題のローヒールについても〈太めのローヒールは今年の流行ですからね〉と打ち消しているのである。／まさにマッチポンプの典型（『雅子さまご懐妊』と女性誌が大騒ぎする理由」二月二十七日号）。

ローヒールはいてるのも紀子の時と同じだという記事もあったわけだが、まったくのマッチポンプぶりは、確かにあきれるしかない。『週刊文春』のこの記事の最後はこうである。

「しかし、元朝日新聞編集委員で皇室評論家の岸田英夫氏はこう喝破するのである。

『確かに、不景気や汚職、ペルーの人質事件といった暗い話題が多い中で、国民が望む唯一の明るい話題が雅子さまのご懐妊であることは事実でしょう。しかし、一番大事なのは正確な事実に基づく報道をすること。靴のヒールの高さやご公務の欠席だけで、推測記事を書いていてはそのうち信頼されなくなってしまうでしょう。』」

しかし、女性週刊誌のこうしたヨタ記事を、いったい誰が信頼して読んでいるというのか。〃懐妊騒ぎ〃は、雅子の結婚直後の時から、くりかえされているのだ。記事の内容も同じようなものである。

推測でイイカゲンな騒ぎをデッち上げ（あたればもうけもの）、読者は、軽い気持ちでその記事を消費する。これが女性週刊誌と読者の一般的な関係ではないのか。

そして、雅子の懐妊が「国民が望む唯一の明るい話題」であるという主張は、いかにも操作的である。子供ができたら、マス・メディアは、巨大な〃明るい話題〃として扱うことはまちがいあるまい。最大の〃明るい話題〃としてつくられるのである。

皇室記事のマッチポンプの構造は、こうした記事にこそ、よく示されているのだ。

今回の〃ご懐妊〃のカラ騒ぎで私たちが注目しておかなければならないのは、まずこうした騒ぎは、実に久々であったということである。雅子の出産はもはやありえないのではないかという予測のもと、「女帝」をどうする、「雅子さま不妊プレッシャー」という記事を続出させ、その後に宮内庁の「女帝」否定と抗議があいつぎ、雅子の直後の反論もあったという、ここ数年の流れをおさえる必要がある。その結果、女性週刊誌は、なんと結婚直後のトーンへもどってしまったのである。

年をかさねるとともに「不妊」の可能性は大になるという前提で、あれこれ騒いだあげく、年がかさねられているのに、〃ご懐妊〃のカラ騒ぎを、やりなおす。何がここに隠されているのか、もちろん、宮内庁の統制である。タブーにおいこまれているのは、「不妊」・「女帝」論議だ。

『週刊文春』の記事も、こうして宮内庁の意向にそって、書かれたものである。本当は「明るい話題」をつくるチャンスの可能性は少なくなり続けているのだ。

宮内庁・政府の側はギリギリの決断をせまられる時点に、もはや近づきつつあるのではないか。

「女帝」論議のタブー化が、こうしたカラ騒ぎをつくりだしているのだ。カラ騒ぎの裏で何が準備されているのかに、私たちは注目し続けなければなるまい。

〔『反天皇制運動NOISE』34号・97年3月1日〕

［1997/4］

「外国交際」は「援助交際」とは違う

「女帝」と「外交」

『SAPIO』（四月九日号）が「ロイヤルファミリー『曲がり角』の研究」を特集している。

そこで猪瀬直樹は、「女帝」問題についてこう述べている。

「ちなみに時事通信が昨年四月に行った全国世論調査によると、女帝に賛成二七・八％、反対二一・四％、どちらともいえない三七・八％という結果が出ている」（「大新聞が好む『開かれた皇室』は誤魔化しである」）。

猪瀬は、そうした「柔軟性」を皇室が持つのは、あたりまえといった口ぶりでこの文章を書いている（そのように明言はしていないが）。

そして、結びは、皇居は京都御所へ移転すべしである。

「雅子妃が外交官出身ということから皇室外交への期待が高まっているが、皇室外交はあくまで文化外交なのだから、天皇家は賓客を京都で迎えればよい。来日した国家元首も大物政治家も京都で神社仏閣を見物し、せいぜい日本の伝統文化と先端技術の融合について話し合ってもらえばよいのである。／警察庁は、京都御所では警備に責任を負えない、と食い下がるだろう。それは固定観念なのだ。皇居が東京にあるからこそ天皇の存在がキナ臭く思われて過激派のロケット弾の標的にされるのである。皇居警察は平安時代の検非違使のスタイルをし、宮内庁の役人が蹴鞠のアトラクションでもしたら、誰も襲いはしない。二一世紀の皇室は、祭祀性を内に秘めながら、外に対してその程度に〃開かれた〃形が望ましいのではないだろうか」。

政治都市東京から京都に移れば政治的「キナ臭さ」がうすれる、文化・祭祀天皇に純化すべし。これは、神道主義右翼の天皇論と共通の主張である。

しかし、京都にこもって「外交」すべしというこの主張によく示されるように、天皇の政治的権能をまったく弱体化せよと、彼は主張しているわけではないのだ。猪瀬は儀礼・祭祀権力という一見、「非政治」的に見える政治権力としてフルに活用すべきであると語っているのである。

『ＳＡＰＩＯ』のこの号には、高橋紘の「『皇室外交』という名の天皇家の政治利用は大いに問題だ」という論文も収められている。

皇室は政治と一切関係ないのだから、そもそも「皇室外交」という言葉自体が矛盾しており、宮内庁では「外国交際」という言葉しか使われないと述べている高橋は、この文章をこう結んでいる。

「象徴天皇は政治とは無関係なはずである。その天皇を政治に巻き込んではならない。／『外国交際』のすべてがいけないといっているわけではない。むしろ、天皇はじめ皇室の方々には、もう少し、ご自分のお好きなところに自由に行ってもらいたい。外務省も、天皇は元首ではなく政治には関係ないのだと、きちんと表明すべきだろう。政治色をなくしながら、基本的に象徴天皇をどのように守って行くべきか。それが、今後、日本に問われる課題といってよいだろう」。

「外国交際」という言葉は、笑ってしまう。言葉を置きかえ、元首でなく政治に関係ないと宣言してみせたって、国家の象徴として「外国交際」しちゃえば、それは政治的な行為にならざるをえないではないか。お金めあての少女とスケベオヤジの「援助交際」とは、わけがちがうんだぜ。そもそも、象徴天皇は非政治というタテマエ自体がおかしい。国家の象徴という世襲の地位は、それは、そうであるだけで政治的である。それが動けば政治的な活動にならざるをえないではないか。仮に「女帝」ができて彼女が「援助交際」すれば、それは政治問題だろうがな（ナイナ）。

だから、「ロケット弾」なんてものが飛んでくるかどうかは知らないが、猪瀬のいうように京都に移ったって、政治的批判をあび続けることにはかわりはないのさ。

こうして象徴天皇を守ろう、などという高橋の発言自体が、右翼と同様に高度に政治的な主張であることに、ご本人は気がつかないのであろうか。

本当の意味で、象徴天皇を非政治化するにはどうしたらいいか？　簡単な話である。天皇という地位をなくせばよいのだ。象徴天皇でなくなり、民間人の一人に天皇がなり皇室制度がなくなれば、その政治性は消滅に向かう。

純粋な宗教的・文化的シンボルへという主張が、政治（国家）制度としての象徴天皇をそのままにしてのものであれば、それは天皇の政治性を隠蔽する、支配のための「文化イデオロギー」以外のものになりようはないのだ。

ブラジル・アルゼンチン訪問という「援助交際」ではなかった「外国交際」。ブラジルもアルゼンチンも日本とともに国連常任理事国の有力候補国だ。こういうかたちで、皇室の「外交政治」が再スタートしようとしている今、かくのごとき「外交利用」反対論自体のイデオロギー的性格にこそ注目しておくべきであろう。

［『反天皇制運動ＮＯＩＳＥ』35号・97年4月15日］

［1997/5］

雅子懐妊「Xデー」騒ぎは続く

何が隠されているのか

四月十日の結婚四周年を前後して、雅子懐妊Xデー騒ぎが再浮上している。

「雅子さま（33）と『コウノトリ』　ご結婚四周年を前に――ひそかに動き出したXデー!!　ご学友、宮内庁病院　点と線……」（『週刊女性』（四月一日号）。「ドイツ大統領歓迎行事〝風邪のため〟ご欠席！　いよいよ

!?の気になる『ご体調』……。雅子さま動きはじめた『コウノトリXデー』」(『週刊女性』四月二十九日号)。

こういった女性週刊誌の記事のタイトルを見ただけで(内容も、それ以上の何かが書かれているわけではない。宮内庁は公式には否定し、まだオープンにしていないが「まちがいない」といった調子のものである)、まちがいなく(またもや!)懐妊Xデーだぞという気分を持たせるものであることは明らかだ。

ただ、今回のこの「騒ぎ」は、女性週刊誌のみによってつくられているわけではない。

『週刊新潮』は「皇太子妃『ご懐妊』情報で報道陣の臨戦態勢」(『週刊新潮』四月二十四日号)で、こういう声を紹介している。

「だが、別の全国紙の編集幹部はこう語る。『今年になって、ご懐妊の情報が流れたことは、実は二回や三回ではありません。発信源も宮内庁ばかりでなく政治家や官邸周辺というケースもありました。そのため、各社ともいつでも号外を出せるように予定稿を用意していることは事実です。ただ、この件に関しては、一発勝負で後はない。抜かれてしまえばそれまでです。いよいよという段階になれば、宮内庁担当記者ばかりでなく、宮内庁幹部と旧知の記者OBや、編集委員、役員までも動員して裏を取る。その意味では、既に毎日が臨戦態勢なのですよ』」。

なんか、おかしい。

二年前、一年前を考えてみよう。結婚二周年、三周年と、「子供はできないのでは」、「女帝」制度が必要なのでは、「雅子さまプレッシャーでおかわいそう」という声が女性週刊誌中心に大きくつくられた。宮内庁は「女帝はない」と否定し、雅子にプレッシャーをかけるような報道に抗議し、そうした問題をタブーにするムードをつくりだした。

そして、今年に入って、「懐妊Xデー」騒ぎが、二度も大きくつくられている。

四周年ということになれば、これまでの流れでいけば、「もはやできないのでは」というトーンが強まるしかないはずである。

宮内庁・政府筋から「懐妊情報」が何度も流されているらしい。これは操作ではないのか。「子供ができない」「女性でも天皇になれる制度の必要」といったキャンペーンにストップをかけ、他方で「懐妊情報」を流す。

皇室ネタを待っているメディアがそれに飛びつく。「ご懐妊Xデー騒ぎ」がこうしてつくりだされたのではないか。子供づくりが「公務」の二人の間に四年もたっても子供ができない、これはこまった、という政府・宮内庁・皇室の苦悩と、この皇室制度の愚かしさの実態がクローズアップされ続けることをさけるための操作がそこにあるのではないか。

『週刊女性』(五月六日・十三日合併号)は、ワシントン・ポスト東京特派員の「それを報道することによって、たくさんの部数を売りたいと、メディアは考えています」という話を載せている(「海外メディアも注目!『私たちもスタンバってます!』」)。

とにかく話題がほしいメディアに、せっせと、インチキ情報を、宮内庁(政府)側が流しているのではないのか。

それとも、こんどこそ確実という、特別なしかけ(例えば人工受精とか……)をほどこしつつあるというようなことが、実はあるのか。

どちらにしても、政府・宮内庁は、マス・メディアを使って、何を隠蔽しようとしているのか、この点にこそ、私たちは注目していく必要があるだろう。

[『反天皇制運動NOISE』36号・97年5月15日]

[1997/8]

橋本首相の「参拝中止」と天皇らの「公式参列」

国家の「慰霊」自体を問おう

八月二日の『読売新聞』には「8閣僚　靖国参拝へ　本社調査」の記事がある。「『公人』明言ゼロ」との見出しもあるが、「公私の区別については、小泉厚相だけが『厚相として』と回答した」と書かれている。

「参拝しない」の回答は九閣僚で「橋本首相は対外的な配慮から、すでに参拝しない意向を固めている」とのこと。

昨年（96）七月二十九日、橋本首相は靖国神社を参拝した。そのことをつたえた『朝日新聞』（九六年七月三十日）は、こう論評した。

「首相や靖国神社の説明によると、首相は本殿に上がり、『二礼二拍手一礼』で参拝。『内閣総理大臣』と記帳したが、玉ぐし料は出さなかった。警備上の都合で公用車は使ったが、参拝の際に秘書官は同行させなかったという。／首相や閣僚の靖国神社参拝をめぐっては、長らく、合憲・違憲論議が続いたが、中曽根内閣は八五年、『おはらいや玉ぐし奉呈、かしわ手などの儀式はやめ、本殿で一礼するだけにする』などの方式ならば政教分離原則に抵触しないとの見解を発表し、公式参拝に踏み切った。／今回の首相の参拝は『公式』とは宣言していないが、形式は明らかにこの見解に反する。が、首相はこの日が自分の誕生日であることや、親類知人に靖国ゆかりの人がいることなどをあげ、参拝は個人的側面が強いことを強調した。／ただ、首相は一方で、『総理大臣に私人があるのか』と語り、いわゆる『公式』『私的』の区別を明確にすることを拒んだ。この論議を続けている限り、首相らの参拝に対する、中曽根内閣以降のしばりから脱せないとの思いがあるようだ」。

ここでは、社会民主党時代と違って、社会党の村山党首らが「柔軟姿勢」に転じていることも、首相が参拝に踏み切った背景でもあろうとも論じられている。

さらに橋本首相の発言が別枠で要旨として示されているのだ。

「いとこはあそこ（靖国神社）に帰ってくるといって出撃したのだから。そういう意味では、いとこの戦死の公報が届いた時にも行きたいと思っている」。

「内閣総理大臣である以上、それは内閣総理大臣と書く」。

「総理大臣に私人があるのか。私人があるというならそう扱っていただきたいが、それは許されないでしょう。だから公私を分ける質問には首をひねる。心の中の問題を分けようとすることに無理があるんじゃないか。総理である以上、そういう事（戦没者への思い）は忘れろというのか」。

個人的、私的な心情をタテに、自分たち（自民党のボスたち）が、政治主義的につくりだした公私の別論にケチをつける。私的な参拝だからいいではないか。これが彼らの論理であり、彼等はこういう方向で靖国神社公式参拝路線の突破口をつくってきたのだ。そういう事実を無視した橋本の言葉は、強引に靖国公式参拝のステップを踏んでしまおうという政治的意図を持って吐かれたものであることはまちがいない。

今年は行かないという。その理由の一つは「対外的な配慮」。もう一つは、さきほどの『読売新聞』によればこうだ。「今年は、『この仕事に私人というものはない、ということを知った』として、参拝しない考えだ」。

これは、どういう意味だろう。靖国参拝の公的な突破はやはり、むずかしいということを知った、ということだ。

この橋本の姿勢の転換をつくりだしたものは、もちろん、愛媛玉ぐし料最高裁違憲判決（四月二日）だ。靖国神社および護国神社への愛媛県の公金支出は違憲とした判決は、首相の靖国公式参拝は違憲という判断を推測させる内容である。

「戦没者の慰霊及び遺族の慰謝ということ自体は、本件のように特定の宗教と特別のかかわり合いを持つ形でなくてもこれを行うことはできると考えられる」との判決の主張に橋本はストップをかけられたのだ。公人がどうした私人がどうしたなどという話ではないのだ。

国家が侵略戦争に民衆をかりたてるための「政治宗教」施設である靖国神社（「靖国で会おう」とはいいかえれば「侵略戦争で死のう」ということであった）。首相の公式参拝は、この施設の戦後的「再生」をねらったものである。これにブレーキをかけられたことは、もちろんわるいことではない。

しかし、国家が戦死者らを「慰霊＝追悼」する儀式を行なうこと自体が問題ではないのか。死者を国家が管理する儀礼（システム）自体が民衆を新たな戦争にかりたてる装置である。

だから、靖国神社などの神道という特定の宗教団体と特定のかかわり合いを持たない国家儀式の方も大問題なのだ。このことを忘れるわけにはいかない。毎年くりかえされている、今年の8・15の政府の「戦没者追悼式典」は目前である。ここには天皇まで「公式参列」しているではないか。

［『反天皇制運動じゃーなる』1号・97年8月5日］

［1997/9］

「悲劇のプリンセス・ダイアナ」という物語

「大葬儀・イベント」をめぐって

八月三十一日にパリで交通事故死したダイアナ。九月六日の「国民葬」まで、イギリスの騒ぎは気持ちの悪いものであった。そして、その騒ぎは、まだ続いている。

ダイアナ・フィーバーは、ヨーロッパやアメリカでもつくりだされ、日本のマス・メディアも連動して大騒ぎである。

追っかけカメラマン〃パパラッチ〃の追跡が事故死の原因としてクローズアップされた最初は、パパラッチ非難の声がマス・メディアに強く浮上。自分たちがダイアナ・スキャンダルを追いかけ続けていたことなど、まったく忘れたかのごとき、〃パパラッチ非難〃が続出。ついで、死んだ運転手が、実は大量に酒をのんでいたことが明らかになると、そのトーンは少々ダウン。

ヨーロッパ一のプレーボーイと呼ばれていた新しい恋人のエジプト「大富豪」も、事故でともに死んでいるわけだが、エジプトのメディアは、ダイアナがイスラム教徒と結婚することを嫌ったイギリスの情報機関が謀殺したのだと報道。こうした「謀略」論もあれこれ飛びかっている。

この「ダイアナ・イベント」の演出は、彼女を「慈悲深い聖女」のイメージにぬりたくっていくプロセスであった。

愛人がいたチャールス皇太子へのあてつけから、次々と「男」をつくり続けたとされる、ダイアナ・スキャンダルのゴールで、一瞬に逆転、彼女は「聖女」になったのである。きまじめに恋ひとすじに生きた女。二人の王子（子供）をこの上なく愛し続けたやさしき母。福祉活動にはげみ、弱者のために生きた慈悲深い庶民の「心の王室」。

調子のいい「物語」が大量に生産され、流され、スキャンダルまみれの過去は美しいエピソードにつつまれて、後景にしりぞいてしまう。

湯水のごとく金をつかって遊びほうけている武器商人でもあるらしい一族のプレーボーイとの今度こそ「本物の恋」も、本当のところはどうでもいいことになり、死人となってしまえば、次の展開はないのだから、ひたすら「美しい恋物語」のイメージを安心してぬりたくっているマス・メディア。

大量の人々の記帳、いろいろなショーなどの自粛、そして、「全イギリス国民」が心から追悼しているという政府、マス・メディアのイメージの演出。

天皇ヒロヒトの「Xデー」をめぐってかつて日本でつくられた状況を想起させるウンザリさせる事態。日本のマス・コミは、このイギリスでの「悲劇のプリンセス」という物語づくりのイベント演出をそのまま、なぞる報道を続けている。

チャールズとダイアナの結婚にいたるスキャンダルは、結果的にイギリスの人々のダイアナへの同情をうみだし、エリザベス女王・チャールズ皇太子（王室）への反発を強めさせたといわれた。

ダイアナの事故死は、この〃同情〃を決定的なものにしたようである。この大衆的な同情がマス・メディアのつくりだした〃ダイアナ神話〟を多くの人々が受容し、消費する、心情的なベースなのだろう。

　日本政府（宮内庁）は、イギリス側が希望した皇太子と雅子を葬儀に出席させなかった。「元妃」のダイアナでは格違いと考えたか、スキャンダル・ダイアナのイメージが、死後こんなに短期間の間にクリーンにつくりなおされるとは予想できなかったからか。

　出席させるべきであったという声もマスコミに多く、宮内庁に抗議の声がかなりとどけられたということもニュースになっている。

　皇室のイメージ・アップになる舞台だったのに、というわけだろう。

　この「大葬儀」は、親しかった人の死を悼むというあたりまえの人間の感情とはまったく異次元のところでつくりだされた政治イベントである。だから、政府（宮内庁）にとって、出席か否かは、政治的判断の問題であったにすぎない。

　「大葬儀イベント」（まつり）、こうしたメディア・イベントによる「死」の消費は、スキャンダルの消費より、はるかにグロテスクではないのか。

〔『反天皇制運動じゃーなる』2号・97年9月16日〕

［1997/10］

ダイアナと王室、皇太子・雅子と皇室

マスコミの「沈黙」を読む

　この間のダイアナと皇室をめぐる女性週刊誌の報道は、便乗皇室売り出しとでもいった内容のものである。

　「美智子さまともっと親しくなりたい。個人的に友達になりたい」とダイアナが語っていたと英国赤十字社のアスコット支部長の女性が語ったというエピソードをちりばめた『美智子さまのお友だちに』と願い続けて」のタイトルの、ロンドン現地取材であるらしい『女性セブン』（十月十六日・二十三日号）の記事。これは慈善の心の美智子とダイアナの共通性をクローズアップして、美智子をダイアナの慈善家人気に便乗させようという意図がミエミエ。

　アメリカの『ニューズウィーク』がダイアナと比較して雅子は「不自由」、〟鳥かごの中の雅子妃〟という報道をうけて、もっと報道が素顔の雅子に接近できる方がよいと論じている『週刊女性』（「雅子さまを襲うダイアナさん後遺症」（十月七日号）も、「多少の不自由さはあるにせよ、雅子さまは皇太子さまとの結婚生活を楽しまれているようだ」というのだから、せわはない。ダイアナ同様ステキなマサコの情報を、もっとちょうだいというわけである。

　ダイアナの突然の事故死以後のダイアナ情報の洪水のような流れを見る中で、英王室（ダイアナ）と皇室との比較という論調は一つの大きなまとまった流れをかたちづくっている。紹介した「便乗売出し」記事も、そうしたものの一つである。

　しかし、である。

　この流れの中で、決定的なことが語られなくなっているのだ。以前には、あれほど騒いだ、皇太子と雅子の間に子供ができないという問題である。もう無理ではないかと大きく話題にしてから、一年以上の時間がたつ。この間、この件が正面から論じられることはなくなっていた。

　生まれる確率は、時間とともに少なくなっていくことは明らかであるのに、宮内庁サイドの要請で、この件はマス・メディアではタブーにされてしまってひさしいようである。

　女性も天皇になれる方向への皇室典範を変えることも準備されているのでは、ということをめぐる報道も、まったくなくなってしまった。

　政府（宮内庁）サイドとしては、天皇制を安定的に維持するために、そうした準備も、とうにしだしていると考えて、あたりまえの

状況であるのに。

野坂昭如がダイアナの死にふれた文章を、「極東の島国、皇室を奉載する民草《たみぐさ》としては、雅子妃の御懐妊を祈る」、と結んでいる。（『週刊文春』九月十一日号）。

プリンセス・ダイアナは悲劇の恋の死を見事に死んだ、と「きちんと大団円」と語った後にこの文章。

ダイアナに冷たかった王室、との声がイギリス「国民」の中から高まり、王室へのブーイングのうねりの拡大が伝えられ、王室は歴史的な危機をむかえていると、今、語られだしている。この「国民」の非難やブーイングが、まるごと王制をなくしていく性格のものであるような評価にはくみできないものの、一応、支持率の激しいダウンという「危機」の状況をエリザベスやチャールズがむかえていることはまちがいない。

この間も、王室は「危機」だけど、皇室は安定しているといったトーンで多くの記事が書かれているのだ。

しかし、「臣民」野坂が思わずふれてしまったように「万世一系」（血）の神話の上に成立している皇室に、子供（男の子）ができないという危機的な状況が続いているのだ。

野坂が祈ったら、子供ができるわけではあるまい。「危機」は深く静かに進行している。

私は「危機」を問題にしているわけではない。問題はマス・メディアの沈黙である。タブーがはりめぐらされているという事実、このことにこそ注目しておかなければならないのだ。

権力（宮内庁）のほぼいいなりというマス・メディアの皇室報道の姿勢は、この間、グーンと強化されてきている。

このマス・メディアの体質は、いろいろな「事件」で、警察情報を、あたかも客観的な事実であるかのごとくそのまままたれ流す体質と裏腹である。

マス・メディアの沈黙の意味を、私たちは読まなければならないのだ。

［『反天皇制運動じゃーなる』3号・97年10月14日］

［1997/11］

アムロ・SAMと雅子・皇太子

〝お子さまタブー〟を読む

『週刊女性』（十一月二十五日号）に「〝アムロの姑〟は美智子さまのテニスライバルだった」という記事がある。確か『夕刊フジ』にも同様の記事があったと思う。

「安室奈美恵の夫、SAM（35）の母は、学習院時代に、聖心の正田美智子さんとテニストーナメントで何度も優勝を争って――」というお話である。

この記事を眼にしながら、美智子の誕生日の記者会見で、皇太子と雅子の子供の問題について、質問が出されるということすらなかったことを思いだした。

二十歳で人気ピークのアムロが妊娠してスピード結婚という話題に対応させるのなら、雅子の子供はどうなったという話題が、つくられて当然の世界。それが、アムロを皇室と結びつけられる話題は、もっぱらこんなものだけなのだ。

『週刊女性』（十一月二十五日）には「雅子さまにこれだけの声『スカート丈、もっと短かく……』」のタイトルの記事がある。

「丈の微妙な長さで印象もずいぶん変わるもの。〝コンサバ系〟皇室ファッションの中にも個性が光る。雅子さまに、ぜひ〝スカート丈改革〟を」。

以上がキャプション。結びはこうだ。

「国民は〝マイ・プリンセス〟として、雅子さまを誇りに思い、さらにファッションを通じて〝改革〟を期待しているのだ」。

〝中庸〟なロイヤル・ファッションを打破する、短いスカート丈を、というわけだ。

彼と彼女の、皇室の世界で、もっとも重大な任務である、子づくり。「国民は〝マイ・プリンセス〟雅子さまの子供がいつできるかと、心配し、期待しているのです」とわめき続けた女性週刊誌に、「スカートの丈」は話題にするが、そういう記事はまったく出なくなった。

　皇室の人間の記者会見で、その件への質問もタブーになってきているようだ。

　ダイアナのスキャンダルは書き放題。ダイアナの死後、イギリス王室の王子たちの話題も、今でも、あれこれ記事にし続けている。しかし、皇太子（夫妻）に子供ができないため、皇太子の次の展望がまったくなくなりつつあり、女性でも天皇になれるかたちに、皇室典範を変えるしか、うまい方法がないところのギリギリまで、政府・宮内庁は追いつめられている。

　だが、宮内庁は「女帝はない」と公言し、マス・メディアが、この件を話題にすることで、雅子・皇太子にプレッシャーをかけることをストップさせる動きに出た。かなり露出した〝秋篠宮スキャンダル〟を押さえこみながら、宮内庁による子供（妊娠）問題のタブー化がなされ、「雅子に子供のつくり方をおしえてやる」といった経営雑誌のヨタ記事への攻撃から始まった、右翼のいやがらせは、広告を出している財界のメンバーにまで及んだ。

　宮内庁の動きと右翼の脅迫が連動して、この問題のタブー化がつくりだされ、今日の状況がうまれたのである。

　『正論』の編集長である大島信三は「レディ・ダイアナ・スペンサーの孤独な戦い」（十一月号）というタイトルの「長い編集後記」でこう書いている。

「……あらためて英王室とは格段にちがう日本の皇太子ご夫妻の安定性に感服したのである。育った家庭の平穏な環境、充実した教育期間、青春の一時期をすごした職場の充足度、配偶者との関係などなど。どれをとっても雅子さまはダイアナ妃の上をいく。／ダイアナ元妃が勝《まさ》ったのは、知名度とファッション性、エイズや地雷廃絶キャンペーンなど世界的規模の慈善活動と英王室の跡継ぎを残していったことである。うらやましいのは一番最後だが、雅子さまは気にされることは少しもない。お子さまに恵まれないときは、法律を改正して英王室のように女王（女性天皇）を認めればよいのである」。

　ダイアナに子供がいて、皇太子夫妻に子供がまだいないことをストレートに論じた、この間では例外的な文章である。

　しかし、ダイアナより、何が安定的でステキなのか。タブーをはりめぐらす政府・宮内庁、そして脅迫してまわる右翼の後ろに、子供の問題だけはあれこれ話題になることは許さないと、不安げな暗い顔をして立っている皇太子と雅子。

　世襲の特権的身分制度が必然的につくりだしたプレッシャーにもがいている二人の姿を隠すため、「スカートの丈」の話題がクローズアップされる。おかしな、そしていやな制度である。

［『反天皇制運動じゃーなる』4号・97年11月18日］

［1997/12］

雅子誕生日（34歳）記者会見

「人工受精」騒ぎの再浮上

十二月九日は雅子の三十四歳の誕生日。

『朝日新聞』（十二月九日）にはこうある。

「誕生日を前にした記者会見では、皇室入りしてから四年半の間の社会の変化を踏まえ、『どのようなことが本質的なことであって、何が大切な価値で、どのような方向に向かって日本あるいは世界が動いているのかを常に意識し、敏感に感じとっていくことが大切なのではないかと思っています』と語った。／雅子さまは二度目の単独での記者会見」。

　彼女の最重要の公務であるはずの、子づくり問題は、やはりタブーであったようだ。まったく、一般的で、どうでもいい「作文」での対応である。

　しかし、メディアの状況は、少しづつ変化しだしている。約二十五分間におよんだ雅子の会見は「二匹の子犬が家族の仲間入り」しているエピソードなど紹介しつつ、彼女の

「肉声」が届いたなどと論じている『女性セブン』（「雅子さまがお誕生日会見でもらした『3つのご感想』」十二月二十五日・一月一日合併号）ですら、以下の事実を伝えている。

「……事前にちょっとした異変が起こった。外国メディアが会見への出席を要請したのだ。……だが、答えは無情にも〝NO〟。日本的な〝和〟を乱されたくないためか、記者会がオブザーバーとしての出席も許さなかった」。

「会見については、事前に記者会と宮内庁が協議の上決定した質問事項が用意された。しかし、今回もご懐妊にまつわる質問はなかった。デリケートな問題だけに触れずにおこうという記者会・宮内庁双方の配慮からだろうか」。

キャプションには、こうある。「今年のお誕生日会見でもご懐妊に関する質問は封印された」。

宮内庁（それに従う記者会）によって質問が封印されていること（統制に従わない可能性のある外国メディアが排除されたこと）を女性週刊誌ですら、ハッキリ語りだしているのだ。

「事実、宮内庁記者会での会見には、雑誌記者や海外のプレス関係者は入れないのが現状である。記者会見とはいっても、あらかじめ提出された質問状に従って、進行されていく」。

子供の問題については、まったくふれていない『週刊女性』（「雅子さま34歳の誕生日にご学友 外国人記者 本誌があえて〝進言〟！」十二月二十三日・一月一日合併号）も、以上のように論じ、雅子の私的な事柄をもっとマスコミに「開け」と要求している。

『女性自身』は、ふみこんだ記事である。二つの噂を紹介しているのだ。一つは「宮内庁病院がヒメゴンという排卵誘発剤を大量に購入して、雅子さまが人工受精なさった」。もう一つは「雅子さまご懐妊のためのプロジェクトチームが、坂元正一先生を中心に結成された」。

全体の記事は、「人工受精」でもいいじゃないか、一日も早く子供を、といったトーンでまとめられている（「宮内庁病院〝不妊治療〟の権威と雅子さま34才！」十二月二十三日・一月一日合併号）。

以前「すでにあれこれ論議になった問題の再浮上である。「人工受精」騒ぎと、女性天皇制論議（女性でも天皇になれる制度に天皇制を変えれば〈皇室典範を変えれば〉雅子がプレッシャーから解放されるという話）がマス・メディアで大きくなりだした時、皇太子・雅子のプライバシーのガードに向けて宮内庁が動き、こうした言論がタブーになったという流れが、この間あった（もちろん、経営誌の「不妊」からかい記事をきっかけとした右翼の暴力的脅迫のエスカレーションという問題もある〈広告を出している企業への攻撃！〉）。

しかし、待っても変化がないので、ジレてもともどり、という方向へメディアは向かいつつあるようだ。

私は雅子（皇室の人間）の「私的」エピソード（犬をかってるとか、どんな服を着ているかとか）を大々的にテレビ・週刊誌が報道することに腹は立っても、共感することなどない。しかし、世襲の天皇が国家の象徴である制度がどうなるのかという事柄と、皇太子・雅子の子供ができるのか否かとはストレートに関連している事柄である。メディアが公的にこれを問題にし、とりあげて論ずるのはあたりまえの事だ。

雅子のプライバシーを守れなどという論理はなりたたない。身体がまるごと国家の象徴である王とその一族。子供をつくることが公務。こんな存在が、庶民と同様なプライバシー保護の対象になるわけがないのだ。

しかし、どうして雅子の方だけ（やれ不妊だと）問題にされるのだろう。皇太子の方の問題にふれるのは、やはりタブーなのか。

のぞかれて当然のプライバシー（実はあたりまえのプライバシーではない）と強力なタブーがセットの皇室制度。

こんなグロテスクな存在（制度）は、もう

どうにかできないのか。

〔『反天皇制運動じゃーなる』5号・97年12月16日〕

文化勲章の「親授」儀式への格上げ

戦争と文化の対応

［1998/1］

文化勲章のシーズンは、よく、なんであの人が「勲章」なんかもらうのだろう、という気持ちにさせられる。天皇制に批判的な主張をしてきた人、天皇制を支える文化を鋭く問題にしてきたはずの人物が、受章者に決まって、ハシャいでコメントしている風景に出くわすのは、なんともウンザリの気分なのである。

去年の文化勲章をめぐる問題は、そうした問題以外に、「文化勲章」という制度自体が変えられるという大きな問題があったことを牛島秀彦が鋭く指摘している。

「政府は一〇月二一日の閣議で、従来は天皇佇立《ちょりつ》の下に、総理大臣から『伝達』されていた文化勲章を、今年から天皇が直接受章者に『親授』する、格上げした儀式に改めることに決定した。

文化勲章は、もともと一九三七年二月十一日の勅令九号による『文化勲章令』が『支那事変』『大東亜戦争』を経て、戦後の今日まで引き継がれたもの。今回の決定は、戦後の『勲章、記章、褒章等の授与及び伝達式例』（六三年閣議決定）の改正で、文化勲章の授与も天皇の国事行為（憲法第七条）の範囲という判断で、名称も従来の『文化勲章伝達式』から『文化勲章親授式』と改称することにしたのである。

『宮内庁によると、文化の発展への評価が高まる中で、儀式の形式でも重みを表す改正。三七年に制定された文化勲章令が今年で六十年を過ぎたのを機に、橋本龍太郎首相の意向もあったという』（『日本経済新聞』十月二十一日付夕刊）。

憲法無視の天皇元首化が進むなか、天皇の国事行為に関わることなのに、平和憲法を無視した『日米安保条約大改悪の新ガイドライン』同様、国会で審議されることもなく改訂されたのだ。また取り上げる議員もいない」（「『いつか来た道』を歩まされている日本」『週刊金曜日』一九九七年十二月十九日号）。

名誉の源泉は天皇（皇室）にある。勲章をめぐるセレモニーは、このことを確認する、国民的儀式なのだ。だから、「文化勲章」の儀式としての格上げは、単なる儀礼のかたちの変化で、政治的な問題ではないかのごとくやりすごすことは許されない。

それは、まちがいなく、天皇制という政治制度（イデオロギー支配）の強化なのである。

宮内庁のいう「文化の発展への評価が高まる」とは、どういう意味か。「改正」の意図は、そんなところにあるわけではないことは明白である。

「国家＝天皇」を名誉の源泉として、民衆があがめるようにしむける文化装置の強化のねらいは、牛島が問題にしているように、「新ガイドライン安保」体制づくりの時代の要請であると考えるべきなのだ。

橋本内閣は、日米安保体制を、米軍にくっついて自衛隊が派兵され、具体的な戦闘行為を行うことが可能なものにするため動き出している。自衛隊法の改悪、有時法づくりが現実のスケジュールに入りつつあるのだ。

戦争をするということは、殺し殺される行為を「合法的」に実施するということである。戦死した「国民」の名誉をたたえる天皇を中心においた儀式を媒介に、人々が国家に命をさしだすことの「国民」的合意をスムーズにとってきたのが、戦前（中）の天皇制国家であった。

国家（天皇）が死者を管理する（戦没者追悼式典を見よ！）ことと、天皇が「勲章」をあたえることは対応している。軍人（自衛隊員）の「名誉の戦死」の名誉の源泉は、天皇（国家）ということになるのである。文化をたたえることと戦争（戦死）をたたえることがイクオールなのだ。

もちろん、象徴天皇の「元首化」（政治的統合の機能の強化）は、戦前天皇制への単純な「回帰」ではない。新しい戦争国家日本のシンボルである天皇にふさわしい機能強化づくりなのだ。

こうした重大な制度の変更だから、国会で何も論議しない。そういうふうになってしまっているのだ。こんな時代を、私たちは生きだしているのである。

［『反天皇制運動じゃーなる』6号・98年1月13日］

［1998/2］

雅子妃記者会見の外国メディア排除問題

「国民に媚を売る」皇室の話

第五回（前々回）でふれた「雅子誕生日（34歳）記者会見」の外国メディア排除問題について、『週刊文春』にあとおい記事が出た。

それは、こう書きだされている。

「世界最大の通信社であるAP通信社が昨年一二月五日に開かれた雅子妃の誕生日記者会見に『わが社も参加したい』と申し込んでいたことは、ほとんど知られていない」（「雅子妃会見への出席を拒まれたAP通信の『なぜだ?』」一月十二日号）。

そこには以下のような宮内庁側の声が紹介されている。

「基本的に宮内庁は、天皇陛下を始め皇族の方々が記者会見で話されることは国内、海外を問わずに広く報道してもらいたいので、外国人はダメと排除しているわけではありません。

ただ誕生日記者会見に限っては過去、宮内庁記者会からの強い要望によって実現した場であるし、ましてAPは非常勤ながら宮内記者会の加盟社。今回の申し出はまず、クラブ内で話し合って下さいとお願いしたいんです。

宮内庁記者会から『従来通り常勤加盟の一五社でやる』と言われ、それに従ったまでです」。

拒否したのは、宮内庁というより記者クラブということになる。

この記事は、新聞協会が記者クラブについての見解を変え、クラブに属さないメディアの取材を阻害してはならないと言い出している事実にふれ、宮内記者の声を紹介しつつ、こんなふうに論じている。

「だが、匿名を条件に反対派の宮内記者はこう言う。

『一般に「誕生会見」とは言われますが、これは通称。皇室の場合は普通、〝会見〟という言葉は用いられず、「拝謁」「引見」「御会釈」などランクがあり、正確にはわれわれ記者と皇室の方々との〝会見〟は「御会釈」になるのです。そんな作法もわきまえない外国人記者に、皇族の肉声が聞ける神聖な場をかき回されたくない。

それに雅子妃の誕生日会見は宮内記者会がこれまで根気強く要望し、雅子妃、宮内庁、クラブの三者間の葛藤のようなものを乗り越え、一昨年ようやく勝ち得た成果です。それを普段はフォローもしない外国通信社に、突然、入れてくれと言われても、いいとこ取りされてたまるか、と思いますね。』

日頃、『開かれた皇室論』を振りかざし、皇室の閉鎖性を嘆くことを金科玉条にしてきた新聞記者にしては、ずいぶん『閉鎖的』な言い分ではある」。

「作法」などクソクラエ！である。『週刊文春』にしては、かなりマトモな記者なのかな、と思ったが、やはりさにあらず。

宮内庁記者クラブの特権意識・閉鎖意識を批判する自分たちの論拠を、この記事は、こんなふうに示すのである。

「ある宮内庁OBが苦笑まじりに言う。

『征服王朝の過去をもつ英国王室と、日本の皇室では、歴史がちがいます。英国の場合、国民に媚《こび》を売らないと成立しないのですが、日本の皇室は質素に暮らし、国民の幸福を祈念する姿勢が伝統。これがわかっていれば、いたずらに外国記者に露出するのが正しい皇室のありかたではないこともわかると思います。

ところが、戦後マスコミは英国王室を理想と讃え、「開かれた皇室」が常識のように書いてきた。英国王室の惨状をみれば答えは明らかです。メディアもそうした本質論で外国人を排除するのなら、まだわかりますが、これではただの特権意識。戦前の宮内省なみですね』」。

『週刊文春』は『既得権』を存在させる場合は、明確に人々を納得させる理由が必要」と語っているのだ。

外国には開かない皇室という「本質論」で、その特権・閉鎖性を正当化すべきだというのである。

国民に「媚を売らない」皇室などと、よくいえるものだ。

コビ、コビじゃあないか。

例えばだ、『女性セブン』（二月二十六日）のトップのグラビア。「白銀のNAGANOに『華』を」のタイトル。二月二日、あのIOC総会、オリンピック・マフィアの総会に出席した時の写真がある。「雅子さまはグリーンのコートに流行のマフラーをアクセントになさった。日本のプリンセスが国際舞台の〝NAGANO〟でお見せになるファッションも大会に華を添え、……」と説明書きがある。

オリンピック・マフィアの「華」になるべく、あれこれ自己演出して雅子（と皇太子）はマスコミの前に登場してみせているのではないか。こんなこと日常だろう。

コビコビじゃん。

「人口受精はまだですか?」なんて質問されたらまずい、だから宮内庁も記者クラブのボスも、まだ外国メディアを排除してるんだろうが。そんなことも書けないで、『週刊文春』も皇室コビコビ・メディアではないか。

（『反天皇制運動じゃーなる』7号・98年2月15日）

［1998/3］

イギリスの「男女同権王室」改革と「女性天皇制」

皇太子三九歳誕生日記者会見

皇太子が三八歳の誕生日を迎えた。この時の記者会見について、以下のような記事が『週刊女性』（三月二十四日号）にあった。

「今年の誕生記者会見は、ちょっと気になることがあった。それは例年、皇太子さまご自身が語られる〝お子さま〟問題について、今年は一切、触れられなかったことである」。

「皇太子さまの誕生日会見は日本選手団のメダルラッシュに沸いた、冬季オリンピックの話題から始まった。／清水選手の金メダルや船木選手の銀メダルを取った瞬間を目の前で観戦することができた喜びを、皇太子さまは、『大変うれしい』という言葉を繰り返しながら感動をこめて話された。／そしてイギリス留学の思い出やオリンピックの観戦に訪れた、世界の王族の方々との交流についても、皇太子さまは親しさのこもった口調で語られたのである」（皇太子さま〝お子さま問題〟に答えずの何故?」）。

こうした流れで出た、「お子さま」のことなどについて問題も含む生活についての質問については、雅子は皇太子妃としても妻としてもよくやってくれている、料理もつくってくれる、などというエピソードではぐらかし、子供問題は答えなかったというのである。

もはや、ふれないという方法で答えるしかないところに追い込まれてしまっているようである。

『「雅子さまをいたわるお気持ちの表われではないでしょうか。ご自身が、何か表現することで、また雅子さまへの風当たりが強くなってはいけないという、深い思いやりからだと思います』

皇室担当記者は、発言しなかった、皇太子さまの〝何故〟について、そう打ち明けた」（同前）。

なぜ、女にだけ「風当たりが強くなる」と判断するのか。三八歳のこの男への「風当たりの強くなる」ことを自分で避けるためと理解することは何故しないのか。

『AERA』（三月十六日号）では、久々に

「女性天皇」問題が英国の王室改革にひっかけて正面からとりあげられている。

英国では、ダイアナの死の騒ぎをくぐって、「王位継承法」改正が実現しつつあるようだ。継承権の順位は男性優先であるのを改め、性別に関係なく年齢順にするという方向。この記事は、こう論じている。

「一九七五年の国際婦人年などをきっかけとして、男女同権を制度的にも徹底させようという機運が高まった。それが欧州の各王室にも及んだという背景がある。スウェーデン、ノルウェー、ベルギーは男女を問わずに長子が王位を継承できるよう法改正している」（『女性天皇』が生まれぬ理由」）。

このままいくと皇室の「自然消滅」になりかねない、女性天皇を可能にする方向へ論議を開くべきだ、かつては女性天皇もおり、戦前の皇室典範づくりの時ですら、その可能性は大いに語られた、それなのに、どういうわけだといったトーンの記事である。

結びは、こうである。

「東西冷戦時代の『鉄のカーテン』をもじって、皇室は『菊のカーテン』の中にあると言われたりする。主権は国民にある。女性天皇制問題は、タブーのない幅広い論議が生まれる機会になるだろうか」。

「菊のカーテン」は宮内府（政府）とマス・メディアが協力してつくりだしているものである（もちろん、右翼の暴力《テロ》がバックアップして）。

「主権者」に見えなくして事を進めて、どうしても、ギリギリ公表せざるをえない段階になったら、国民的合意と賛美づくりのために「幅広い論議」をつくりだす。これがマス・メディアの方法である。

こういう記事が出だしたということは、ギリギリの直前までの事態になっているからであろう。

私たちは、こうした「国際社会」の常識に対応する、新しい皇室へ、という論議にまきこまれて、天皇制の延命に手をかしてしまうわけにはいかない。

五月下旬、アキヒト天皇夫妻は、ポルトガル、イギリス、デンマークを訪問する。

イギリスでは王室改革を進めているエリザベス女王らとの大パーティーが準備されている。

「女性天皇」を可能にする動きと、この「外交」は、何か関係があるのか？

［『反天皇制運動じゃーなる』8号・98年3月15日］

［1998/4］

天皇「訪韓」問題の浮上

「謝罪外交」反対論もあらためて浮上しだした

二月、韓国に金大中政権ができ、天皇の訪韓という問題が、あらためて話題になりだした。金大統領による訪韓の要請が韓国で小渕外相になされたことが直接のきっかけである。

二〇〇二年にサッカーのワールドカップが日韓共同主催で開催されることが決まった時、その開会式への天皇の出席が、当然のことのように語られていた。しかし、それ以前に天皇訪韓というプログラムが組まれるかもしれない状況になってきているようだ。

『週刊新潮』（四月九日号）は、早々と「訪韓反対！」の声をあげている。

「……先の植民地政策の謝罪は避けては通れまい。当然、これまでに陛下が述べてきた内容以上の〝お言葉〟が求められることは間違いないだろう」（「急ぐな天皇陛下の『訪韓』」）。

「謝罪外交」反対といった、あいかわらずの右派の論理がそこにある。

元従軍慰安婦への戦後補償や竹島、教科書問題など難問が山積している時に行くべきではないというのだ。

「六年前に今上陛下の中国訪問が決った時、各界の名士が連名で新聞に『ご訪中に反対します』という大広告を出したことがあった。当時、事務局の責任者をつとめた国学院大学講師の高森明勅氏は、

『そんな事態になれば、天皇ご訪韓と〝お言葉〟をめぐる紛糾が日韓関係を改善するどころか、むしろかえっていらざる対立を引き起す可能性の方が大きいでしょう』

と今回もこう懸念する。

『韓国では現在も日本の歌謡曲の禁止をはじめとした文化的反目や反日歴史教育など日本に対する根深い不信感が残っています。それらが清算されないまま陛下の訪問が実現しても、彼らは日本が竹島を始めとする諸問題で、韓国の要求を認めたからこそ天皇が来ることになったと受け止めるでしょう。結果的に金政権のペースにお墨付きを与えることにもなりかねません。さらに現在のような状況では、訪韓そのものが経済援助を引き出す口実にさえ利用されかねません。そうなれば日本にとっては名誉ばかりか国益までも損なわれます。陛下の地位の重さを十分考慮すべきです』

にもかかわらず、わが国では元首相と外務大臣が揃いも揃って『時期尚早』のひと言すら言い出せないのだから情けない」。

いつもの主張だ。日本の政府が侵略と植民地支配の歴史に対して具体的に責任を取ることを、まともにしないで来た結果の「根深い不信感」の存在。こうしたことを棚に上げた論理だ。

この記事の結びでは、以下の通り。

「実際、現在の韓国に日本に対する感情は戦争の当事者がすべて死んで、記憶の遥か彼方に立ち去るまで本当に消えることはないかも知れない。／だが、少なくとも日本が天皇陛下をかの国に送り出す理由はなにもないのだ」。

軍隊の「慰安婦」になることを強制された女性たちが、日本政府からの謝罪も国家の賠償も受けずに何人も亡くなっているという状況をふまえれば、「当事者すべてが死んで」「記憶が消える」までなどという発言のハレンチさに説明はいるまい。国が責任を認め謝罪し補償すべきなのは、「慰安婦」にされた人だけでなく、元の軍人・軍属全体にであり、そちらの方はまったく話題にしようとする姿勢すらないことも、さらに問題である。

この記事は、かつて（一九八六年）、皇太子であったアキヒトの訪韓が中止になった時、美智子の病気を公的な理由と発表されたが、実は宮内庁が韓国の「治安」状況が不安と判断し、外務省にことわったためだというエピソードをもつたえている。

非政治的で、単なる儀礼的なものであるにすぎないと政府が語っている「皇室外交」が、実際は、いかに政治的なものであるかが、こうした記事に正直に示されている。

もちろん、天皇の訪韓を推進しようとしている日本の支配者の方も、国の責任を認め、キチンと反省しようというわけではない。「天皇外交」によって、責任を曖昧にして、過去をいい加減に清算してしまおうというにすぎない。

推進派も謝罪外交反対派も、まるごと批判する視点からの天皇「訪韓」批判の思想と運動。あらためて、これが広くつくりだされなければなるまい。

［『反天皇制運動じゃーなる』9号・98年4月15日］

［1998/5］

「女性天皇」容認の世論拡大!?

イギリス（エリザベス女王）訪問前のキャンペーン始まる

五月二十三日から、天皇（夫妻）はイギリス・デンマーク・ポルトガルを訪問する。

そして、イギリスではエリザベス女王らが大々的に迎える準備をしていると、つたえられている。このイギリス王室と皇室「外交」は、おそらく「女性」の王との交流を通して、「女性天皇制」についての政治的アッピールがねらわれるのではないか、私はそんなふう

に予想した。

イギリス王室は、「王位継承法」改正に向かって「大改革」が進んでいると、つたえられている。継承権の男性優先をあらため、年齢順にするという男女の「同権」化である。このイギリス王室と皇室の交流は、「女」の積極性を押し出す政治舞台として演出されるのではないか。そう考えたのである。

予想通りの動きが、はじまっている。共同通信とその加盟社で組織している日本世論調査会による、四月十八日・十九日の全国世論調査の結果が、四月二十九日に『東京新聞』『沖縄タイムス』などに大きく発表された。

「調査結果によると、皇位継承者を『男子に限るべきだ』と答えた人は前回一九九二年の調査では四七％だったのが、今回は三一％で、女性の天皇を認める意見（前回三三％）と順位が逆転した」。

見出しは「『女性の天皇』50％が容認」である。

「女性の社会進出を反映し、若い世代を中心に女性天皇へのアレルギーが減っているためとみられるが、秋篠宮さま以降三十年以上も皇位を継承できる男児が誕生していない皇室の現状も背景にありそうだ。／皇室典範一条は皇位の継承について『男系の男子が継承する』と規定。皇位継承順位は一位の皇太子さま以下、秋篠宮さま、常陸宮さまと続き最終順位の七位は高円宮さま。生まれたのは女性ばかりで、秋篠宮さまより下の世代の皇位継承権者はいないのが現状だ。／今回調査の女性天皇容認派は、前回一九九二年調査の三三％を一七ポイントも上回った。年代別では若い世代が多く、三十代の五七％を最高に二十～四十代がいずれも五〇％を超えた。特に三十代女性は最も高く六六％に上り、五十～六十代女性も五〇％以上占めた。……」。

皇室に「親しみを感じる」か「すてきだと思うか」とかいった全体のアンケートの問い自体が、ひどく誘導的な調査である。この「調査」を通して何をアッピールしたいかは、こうしたコメントに明白に示されているではないか。

時代は「女性天皇容認」に向かって、ドンドン進んでいるというイメージが、そこにクローズアップされているのだ。

「宮内庁がインターネットのホームページづくりなどを通じて皇室の紹介に取り組んでいることについて『皇室情報がオープンになるのはよいと思う』と答えた人は八一％となった」。

こういうコメントもある。インターネットに「開かれた皇室」が支持されている、というわけだ。

まともな「皇室情報」は、まったくとざされており、インターネットを通じてさかんに皇室ＰＲ情報が流されるシステムの成立。「開かれた皇室」はイメージだけであることは、今さら、いうまでもあるまい。

とにかく、イギリス訪問前に、「女性天皇」の時代が「世論」の多数派になっているという政治的アッピールが、マスメディアでなされたという点に、私たちはまず注目しておくべきであろう。

皇位を継承できる男児の不在という「皇室の現状が背景にありそうだ」などと書かれているが、この現状こそが、こうしたアンケート調査による世論誘導の必要性を生み出しているにすぎないのだ。

おそらく、こうした「世論」づくりの作業は、今後さらに、つよまってくるのではないか。

さて、こうした準備をしつつ、「女性天皇」アッピールの舞台として、イギリス女王らとの「外交」が、どのように演出されることになるのか。

〔『反天皇制運動じゃーなる』10号・98年5月12日〕

［1998/6］

〈あなたは彼や彼女らを許せるの？〉

皇室・王室交流と戦争犯罪

天皇アキヒト（夫妻）は、ポルトガル・イ

ギリス・デンマークとまわったわけであるが、イギリスで、やはりステキな歓迎をうけたようである。

『週刊新潮』（六月四日号）は怒っている。

「ともあれ、問題の記事は五月三日付の高級紙『インデペンデント』日曜版に掲載された。〈あなたは彼らを許せるか？〉という見出しの下に陛下とともに三人の男の顔写真が並べられ〝我われが悪魔扱いしようとしているもの〟とキャプションが付いている」。

この後に、自由党議員の「愕然としましたね。何しろそれは日本でいえば、読売新聞が麻原彰晃と大久保清の写真の横にエリザベス女王を並べたようなものでした。……」という声が紹介され、こう続く。

「無理もない。何しろ、陛下と並べられていたのは一九八八年、仲間とともに十四歳の少年に性的な暴行を加えて殺害したほか、二十人もの少年たちの誘拐、強制猥褻、殺害に関った疑いを持たれている英国の凶悪犯シドニー・クック。そして、一九九三年にリバプールで起きた幼児殺害事件で、当時十歳の少年殺人犯として、日本でも大きく報じられたロバート・トンプソンとジョン・ベナブルスの顔写真だったのだ」（「両陛下『英国訪問』でマスコミ報道の非礼　殺人犯と並べられた天皇の写真」）。

外務省が抗議の手紙を出した経過を紹介しつつ、この記事は日英議員連盟の副会長の以下のような発言を載せている。

「そもそも戦争犯罪と一般の犯罪では次元はまるで違います。戦争犯罪は罪刑法定主義ではなく、勝者が敗者を裁くもの。本質的には裁判でもないんです。昭和天皇は戦犯ではありません。ましてや今の陛下に至っては太平洋戦争とは何の関係もないんです。それなのに高級紙でこんなことをやるなんて、英国の常識を疑います」。

こういう議員や、『週刊新潮』の「常識」をこそ私たちは疑わなければなるまい。

ヒロヒトの死が近いころ、英国の大衆紙『サン』が〈ヒロヒトが死ねば地獄に特別席が用意されている〉の見出しの記事が出たことにもふれ、高級紙『インディペンデント』までもがと怒っているわけであるが、ヒットラー・ムッソリーニ・ヒロヒトについて、そういう感情があることはあたりまえではないのか。

確かに、戦争犯罪と一般の犯罪とでは次元がまったく違う。どんなに凶悪といわれる一般犯罪者をもってきても、戦争犯罪のごとき大量殺傷者とは同列に扱えないのである。その犯罪のスサマジサのレベルが、まったく違うのだ。

何十万、何百万の人々が、そいつの「名」の下に、「命令」の下に殺傷されたのだ。そして、その男は、「勝者」の勝手な裁きによって、許され、なんの責任も問われなかった。だからその点は確かに「本質的には裁判でもない」というしかないのだ。

そして、アキヒト天皇は、この超A級戦犯のポスト（天皇の地位）に、ヒロヒトの大量殺傷の「命令」を偉業とたたえて、ついた。アキヒトがその「犯罪」も継承することを宣言して、新天皇になったのである。

アキヒト天皇は「太平洋戦争とは何の関係もない」どころではないのだ。大ありなのだ、関係は。

ついでに、エリザベス女王と麻原彰晃と大久保清の写真がならんだとて、なにも問題ではないのだ。もちろん、英国の戦争・植民地支配の歴史の中で、エリザベス女王の殺傷責任は巨大であるから、麻原や大久保なんかと同列で、その犯罪を扱うのは、おかしいということは、アキヒトについてと同様にいえることであろう。

いったい、国家権力のトップ、国家の最高権威とされる者は、これだけひどい犯罪をおかし続けても、どうして、あがめ続けられなければならないのか。

〈あなたは彼や彼女を許せるのか？〉と問われ、そんなことを問う非礼は許せないなどと怒ってみせる「国家の常識」を徹底的にしりぞけ、〈彼や彼女だけは絶対に許してはいけない〉という、あたりまえの気持が、論理が多くの人々の国境をこえた「常識」とならなければ、戦争はなくなることは、ないのではないか。

［『反天皇制運動じゃーなる』11号・98年6月9日］

［1998/7］

皇室の説く「平等」とは何か？
秋篠宮は「真のコスモポリタン」という物語

結婚八周年記念だとかで、六月二十九日に『秋篠宮さま』（毎日新聞社）なる単行本が出版されたらしい。この元宮内記者が折にふれての秋篠宮の発言を収めたこの本をネタに、『週刊女性』（七月十四日号）が、あれこれ書いている（「赤裸々告白　秋篠宮さま『天皇家の窮屈な子育て』」）。

「赤裸々告白」という大見出しもあるから、そうした問題を少しは正直に語っているのかと思ったら、やはりインチキ。

「米国クリントン大統領の来日歓迎晩餐会を欠席して、ナマズ研究のためのタイ訪問に出かけられたことが、一部マスコミに批判されたのだ。しかも〝殿下には結婚前から親しくしている女性がいて、その女性に会うために行くのではないか〟という記事まで出る始末」。

この件については、秋篠宮のかつての記者会見での弁明を紹介しているだけである。

秋篠宮の弁明が「真相」だというのなら、何もあらためて記事にする必要がどこにあるのか。まあ、こういうあたりまえの批判を「女性週刊誌」に、してみせるなどということはムナしいことである。それは、どうでもいい記事が大量につめこまれてこそ、成立するメディアであるのだから。

この記事で注目すべき発言は、以下の紹介である。

「特筆しておきたいのは、この騒動そのものに対する秋篠宮さまのご見解である。

皇族がこうした集まりを欠席することは珍しくもないにもかかわらず、批判を浴びたのは、その対象がアメリカという大国だったからではないか、と指摘したうえで、こんなご意見を述べられている。

〈ただ、天皇主催の宮中晩餐会というのは、大きい国であっても小さい国であっても、みんな平等に扱うべきだ。国賓が来られても、例えばアメリカの大統領や大きい国の大統領だと大きく記事を出すが、小さな国だと小さな記事になる。国賓というのは、大きい国であっても、小さい国であって、同等にこちらとしても接するべきだと思う」〉

幼いころから海外との交流を重ね、ネパールやブータンなどの小国にもお出かけになっている宮さまには、真のコスモポリタンとしての考え方が備わっているのだろう。

そんなバランスのとれた人間形成が、両陛下のご教育のたまものなのはいうまでもない」。

ひどい、オベンチャラ記事である。

大国にこびるな、大国も小国も平等にマス・メディアは扱うべきだ。もっともらしい主張である。

しかし、三十二歳のこの男が、「さま」を連発されつつ、こういう週刊誌で、大々的にヨイショされるのは、彼が、一般の庶民ではなく皇室の人間という、特別の身分だからである。

これといったユニークな内容があるわけでもない発言が、あれこれ集められて出版されるのも、彼が皇室の人間だからであるにすぎないことは、いうまでもあるまい。

そういう不平等のシステムの上に、ふんぞりかえりながら、「平等」を語ってみせる人物が「真のコスモポリタン」なのかね。

平等ということを本気で考えるのなら、小国相手であれ、大国相手であれ、国民の税金を湯水のごとく使って、天皇主催の「宮中晩餐会」などを開催すること自体をやめるべきではないのか。

［『反天皇制運動じゃーなる』12号・98年7月7日］

［1998/8］

『秋篠宮さま』と鶴見良行

天皇制と「皇室の人々」との関係について

『秋篠宮さま』（毎日新聞社）なる本を読んでみた。前回ふれたように、この本は秋篠宮の発言を記者が紹介しているものである。予想した通り、内容にそれほどユニークなところはなく、よくある皇室賛美本（まずい話は、いっさいない）であるにすぎない。

あらためて、ここで取りあげるのは、私にとっては、皮肉で、少々驚くべき事実がそこに書かれていたからである。

秋篠宮は、鶴見良行のファンで、彼との交流もあり、いろいろ助言も受けていたというエピソードが、そこにあったのだ。

当然にも、皇室という存在を特別視している私のような人間には、〈『べ平連』にいた鶴見さんと「秋篠宮さま」の交流が〉などと書かれると、少し驚いてしまうのであるが、よく考えてみれば、驚くような問題ではないのかもしれない。

ここで私はこの件で鶴見良行を批判したいなどというわけでは、もちろんない。

ただ、皮肉だな、と思ったのは、戦後五〇年の年、私は戦後思想のコメンタールの編者の一員として、天皇制の問題の巻を担当して、鶴見良行の鋭い象徴天皇制批判の論文を発見して、そこに収めたという事があったからである。

このエピソードを読んで、天皇制と天皇ら皇室個々人をどのように区別し、関連づけて考えるのかという古くて新しい問題があらためて、私の頭の中に浮上してきたのだ。

一個の人間として、交流し、話をすれば、皇室の人間であってもそれほど特別な人物ではないと思えるだろうし、鶴見にとっては、助言すべき一人の若者（学生さん）として秋篠宮が存在したとしても、それはおかしなことではあるまい。

皇室の人間と、普通の人間とつきあうようにつきあってはいけない、彼らは、彼女らは会ったら非難するだけの存在である。こんなふうに断罪してみても、いたしかたないだろうとは思うのだ。

しかし、どうしても、少しひっかかりを感ずる点がある。

この間、私は、最近もう一人の鶴見である鶴見俊輔の共同研究『転向（上）』（一九六一年）に収められた近衛文麿らの翼賛運動の分析をしている論文を読みなおした。そこで私は鶴見が、天皇を普通の多くの支配者の一人とみなして、自分たちの横ならびの視線で天皇について考えていることを、あらためて発見した。

読みなおしていて、思いだしたのが、三十年ぐらい前に最初に読んだ時も、この点には、首をひねりながら、この論文を読み進んだのである。

特別に神聖で、法律上の責任はまったく負わないでよい「現人神」。「絶対」の権力者であるとされる天皇と、その一族。

その天皇に、あたりまえの人間のように期待をかけてみたりする論じ方、その点にひっかかったのである。鶴見俊輔にとっては、そういう発想は自然であったのだろうが、私のような育ちの人間にとっては、それは自然とは感じられなかったのであろう。

この間の、もはや決して短いとはいえない時間のたった、私の反天皇制運動の持続の中で、あれこれ、この問題について、様々なケースにそくして、考える体験をもった。

そのなかで、あたりまえの庶民の皇室との決定的な距離感はある意味で大切な感情であるとあらためて考えた。私の結論は、皇室の人間を、決してあたりまえの人間として、私たちの横ならびの人間として考えてはいけないというものである。「人間＝象徴」天皇制については、特にそうだ。

とてつもなく特権的な身分制度（国家の装置）そのものである天皇とその一族。彼や彼女らを一方で、神聖化しつつ、他方で、普通の人間と同じ（あるいはそのシンボル的存在）というイメージをふりまく。こういう方法で、象徴天皇制は、聖なる国家への民衆の一体感を組織する政治制度として存在しているのだ。

だから、横ならびの視線で見ることによって、天皇制（国家）の支配のありようはよく見えなくなるようにそれは存在しているといえるのである。

一個の身体が国家を象徴する男とその一族。こうした世襲の身分制度を決定的に特別視するところからしか、天皇制というものは視えてこない。

ただ、鶴見良行に、このことが理解できていなかったとは思えないのだ。

秋篠宮が『ナマコの眼』や『バナナと日本人』に感動したっておかしくはない。個人的に会いたいということで、鶴見と会っていろいろ「研究」の助言をされてもおかしなことではあるまい。

しかし、鶴見良行はどういう気持で交流したのであろう。

天皇制と皇室個々の人間というものの関係について、どんな風に考えながら、この天皇制への批判的スタンスを崩すことのなかった人物は、秋篠宮と会っていたのだろう。その体験を、どんなふうに自分の中で整理したのだろうか。

直接に話しかければ、話しに応じてもらえる距離にいたこの人物が、もはやこの世にいないことが残念である。

［『反天皇制運動じゃーなる』13号・98年8月4日］

「雅子懐妊」騒ぎの始まり

皇室の下半身への「熱い視線」

[1998/9]

「雅子さま（34）おめでとう！」という大見出しの記事が『女性自身』（八月十八日・二十五日合併号）に出た。表紙に雅子の顔が大きくあり、「おめでとう！」の文字。まるで本当に妊娠したかのごときである。内容は、いつもの通りトーン・ダウン。

本文の方のタイトルは「スクープ雅子さまに〝ご懐妊〟の気配！」である。

まず、追っかけオバサンたちの証言。雅子の態度に「ゆとり」と「輝き」が出てきたというお話。

次に、七月に第34回献血運動推進全国大会に出席するため福島に行ったときに福島県立医大看護学部を訪問したが、ここには不妊治療で有名な佐藤という「先生」がいるという話。

さらに那須御用邸と福島県立医大は思いのほか近い、と続き、佐藤らの治療プロジェクトチームがそこへ行っているのではないかと推定する。

「不妊治療の専門家も匿名を条件に、この可能性を認めている。A医師、

『たとえば体外受精を行う場合、構成スタッフは産婦人科医1名、受精卵の培養を行う検査技師、看護婦、それに、麻酔医も同行するとして、以上4人。／場所は4畳半ぐらいの小部屋でできるし、顕微鏡や遠心分離器、受精卵培養のためのガスボンベなど、設備はライトバン1台で運べます』

B医師も、

『宮内庁としては極秘にしたいでしょうからね。東京の病院や東宮御所で行うより万全でしょう。佐藤医師かどうかは知りませんが、那須御用邸で雅子さまの不妊治療をしているという憶測は、不自然ではありませんね。／皇太子ご夫妻の那須御用邸滞在は、5月は13～18日、6月は、10～15日だったそうですがこれは排卵の周期と、偶然にもほぼ一致しています。／通常、人工授精は月1回の排卵日とその前後1日ずつ、計2～3日の間で行われますからね』」。

次に、御用邸近くは、「すごい厳戒体制でした」という、追っかけオバサンの話。さらに、「ふっ切れた」表情で「明るく」動きまわる「雅子さま」の今日このごろが紹介される。

要するに、人工授精プロジェクトによって、

それはなされ、すでに「成功」しているのだという結論なのである。

天皇と皇后の時も、七月に噂になっていたが正式発表は九月だったという、ズーッと以前にもくりかえされたエピソードを根拠に、今は否定しているが宮内庁の「正式発表」も目前だというわけだ。

どこまで、何が本当なのか。

『女性セブン』（九月三日号）に、これを追いかけるような記事が出た。

神奈川国体会場でロイヤルボックスに向かう通路に「手すり・スロープ」の増設を宮内庁が要請した、それは「『雅子さまの赤ちゃんを守る』ためのものと想像はふくらんでいく」というわけだ（「『雅子さまの赤ちゃんを守る』を追う」）。

天皇なみのハードな警備体制をはじめて神奈川県警が敷こうとしている点も、「赤ちゃんを守る」ためのものではないかとも、ここでは語られている。

この記事は、すぐ懐妊した美智子とちがって雅子は五年三か月ものあいだ「国民からずっと、ご懐妊への熱い視線を注がれてきた」、だから懐妊となれば美智子の時以上に「日本中が熱狂する可能性もある」と主張している。ただ人工授精問題には、まったくふれていない。

『女性自身』の記事を前提に憶測を拡大した記事であろう。

とにかく、「人工授精」による「雅子懐妊」騒ぎが始まったわけである。

「雅子懐妊への熱い視線」を「女性週刊誌」やテレビの「芸能皇室」番組などが注ぎ続けてきたのは事実であり、一時、宮内庁側の強いクレームもあり、ストップされていた「雅子懐妊」騒ぎが、あらためて解禁状態になりつつあるのも確かだ。

『週刊文春』（九月三日号）には、「紀宮さまが坊城俊成氏に贈ったお手製『木彫りの鳥』」のタイトルの記事がある。

それは、このように結ばれている。

「ささやかれた障害も一つ一つ消え、いよいよ紀宮さまのご結婚が秒読みに入ったことは、喜ばしいかぎりである」。

「紀宮結婚」も「雅子懐妊」も、いつもの調子の週刊誌記事なので、本当のところは、わからない。

かくのごとく、マス・メディアは喜ばしさを強調し、皇室の下半身に「熱い視線」を注ぎつづけている。

シモネタ・ノゾキ記事に、ハンランする敬語。薄気味悪い風景である。

［『反天皇制運動じゃーなる』14号・98年9月8日］

［1998/10］

天皇訪韓の具体化が意味するもの

和田春樹批判

金大中韓国大統領と天皇アキヒトとの言葉のやりとりをへて、金大中は二〇〇二年のワールドカップ（日韓共催）時以前に天皇の訪韓を正式要請ということになった。

今、過去が「清算」され、未来の協力への志向が積極的に語られる時代が来たというムードが、マス・メディアの中で、強力につくりだされている。

そうした状況の中で和田春樹は、こう語っている。

「このたびの日韓共同宣言は、日本政府が戦後五十年に到達した認識を韓国国民に向かって表明したのに対し、その金大統領が二十一世紀に向かって日韓のパートナーシップをつくるのに前提ができたと承認した歴史的文書である。／金大統領は日本文化解禁と天皇の訪韓を新時代のあかしとして提起した。天安の独立記念館の最後の壁にも共同宣言の一節が掲示されるだろう。日本側では、政府の認識をすべての国会議員と公務員、すべての国民のものとすることが重要である。『慰安婦』問題など残る『償い』問題もこの精神で進めるべきだ。天皇が訪韓し、共同宣言の精神に基づいて韓国国民に語りかける日が早く来ることが望まれる」(「宣言精神を全国民のものに」『神戸新聞』十月九日)。

天皇の訪韓。何度も語られたが実現できなかったことが、いよいよ現実のスケジュールになろうとしている。

しかし和田は、例えばである、元「従軍慰安婦」の人たちへの補償をめぐる問題についてなど、今回の日韓首脳会議では、議題としてすらはじかれているという現実について、どう考えているのだろう。議題にすらしない、このことに日韓首脳の明確な政治意思が示されているではないか。

そして、天皇の訪韓問題については、どうしてこんなに手放しでヨイショできるのか。天皇訪韓が、いわゆる「新時代のあかし」になるというのだ。天皇は「代替り」しているとはいえ、天皇制は、アジア・太平洋戦争時の侵略・植民地支配に最高に責任のある制度である。天皇制のこの責任については、一度も日本政府によって認められたことはない。

そして、その天皇が、国家を代表して、天皇として韓国を訪問することは、何を意味するのか。それは日本政府は日本の侵略・植民地支配の歴史に、具体的にキチンと責任を取らないことを前提に、今後も日韓関係を持続していくということを象徴する政治(外交)に、ほかならないではいか。

なにやら、もう、それなりに過去の侵略や植民地支配については決着がついた、そういうムードが、今回の金大中の来日と、彼のふるまいを通して、強力につくりだされている。しかし、なにが決着で、どういう「清算」が進んだというのか。

未来へ向かった「日韓のパートナーシップ」が宣言されたところで、過去の、そして現在の歴史認識について、どう正されたというのか。

かつての「日韓併合」は合法という、ひらきなおった日本政府の強権的態度を前提に結ばれた「日韓条約」(六五年)の「歴史認識」(その認識を前提にした、今までの日韓関係の問題)がどう正されたというのか。

なにも、正されなかったではないか。確かに、金大中の全面協力下、友好(未来への協力)ムードは、前例のないくらい大きくつくりだされている。かつての「民主化」運動の悲劇のリーダーであったという金大中の過去は、フルに政治活用された。

金幻想が、日本政府によって、非常に巧みに利用されたわけである。その幻想にのって、和田のような発言が浮上してきているわけだ。

しかし、事実として進められている事態をこそ、私たちは直視し続けなければなるまい。日本の侵略・植民地支配の責任と、その事実にほっかむりしたままの戦後の責任(北朝鮮についても忘れるわけにはいかない)、これらすべてそのままにしたまま、なにやら〝すんだ〟というムードを演出することに成功した日本政府は、その欺瞞の政治の「完成」をめざして、天皇訪韓の準備に、具体的に向かいだしたのである。

歴史認識が正されないことと、アキヒトが天皇として(国家を代表して)訪韓する外交が正当化されるということが対応しているのだ。

[『反天皇制運動じゃーなる』15号・98年10月13日]

[1998/11]

新しい「ミッチー」賛歌

「子供時代の読書の思い出」騒ぎ

「私は、自分が子供であったためか、民族の子供時代のようなこの太古の物語を、大変面白く読みました。今思うのですが、一国の神話や伝説は、正確な史実ではないかもしれませんが、不思議とその民族を象徴します。これに民話の世界を加えると、それぞれの国や地域の人々が、どのような自然観や生死観を持っていたか、何を尊び、何を恐れたか、どのような想像力を持っていたか等、うっすらとですが感じられます。/父がくれた神話伝説の本は、私に、ここの家族以外にも民族の共通の祖先があることを教えたという意味で、私に一つの根っこのようなものを与えてくれました」。

古事記や日本書紀の神話を子供向けにつくりかえたものの読書体験を語りながら、以上のように主張しているのは、皇后ミチコである。

「民族の共通の祖先」という「根っこ」への一体感。ソフトな語りくちであるが、古代の支配者たちの「神話」を「民族の象徴」と語る彼女の話は、「国＝民族」を超歴史的に、歴史の「物語」の主体とするイデオロギー（現代の神話）であるといえる。

第二六回国際児童図書評議会（ＩＢＢＹ）ニューデリー大会に映像でミチコは基調報告をした（英語）。

それの日本語のテキストが紹介され、テレビでも放映（日本語）され、マス・メディアは大々的にキャンペーン。

その内容の一部が、これである（「子供時代の読書の思い出」『文藝春秋』十一月号）。

神話の中の「いけにえ」の物語についてふれたくだりで、彼女はこういうことも語っている。

「『いけにえ』と言う酷《むご》い運命を、進んで自らに受け入れながら、恐らくはこれまでの人生で、最も愛と感謝に満たされた瞬間の思い出を歌っていることに、感銘という以上に、強い衝撃を受けました。はっきりとした言葉にならないまでも、愛と犠牲という二つのものが、私の中で最も近いものとして、むしろ一つのものとして感じられた、不思議な経験であったと思います」。

「今思うと、それは愛というものが、時として苛酷な形をとるものなのかも知れないという、やはり先に述べた愛と犠牲の不可分性への恐れであり、畏怖であったように思います」。

なにやら、自分を悲劇のヒロインにしたてあげる物語を、彼女はここで語っているように思える。

皇室への民間からの「いけにえ」とアキヒトへの「愛」の物語!?

個人的な体験や、個人的な感情がオブラートにつつまれて、あるいはナマのまま語られている。いわゆる「公式」の発言とは、まったく違った、ナマ身のミチコの言葉がそこにある。

マス・メディアは、これをクローズアップして伝え、その内容を賛美してみせる。

「人間皇室」のイメージアップである。

こうした動きは、「皇室外交」時の天皇アキヒトの「お言葉」の内容に、私的なエピソードや個人的な感想がこめられだした動きと対応している。そして、今回のミチコのそれは、それを一段レベルアップしたといえよう。

ミチコの発言の内容に、人間的共感をよせる発言が、あれこれと飛び出しているが、憲法は象徴天皇（夫妻）に、政治的行為や政治的発言を許してはいないはずである。

自分の思想（歴史観やイデオロギー）を天皇一族が「自由」に語りだす、皇室の「人間」化は、新しい「国家主義」の傾向の強化以外を意味しない。現在のマス・メディアはこの点をまったく問題にしなくなっている。支配者が、そのように「国家のシンボル」を政治活用しだしてきていることの状況的意味にこそ、私たちは着目すべきだろう。

人生の「かなしみ」を語る、ミチコの「人間」味に感心することで、天皇制国家の物語のイデオロギー操作にまきこまれていくことでよいのか。

この大会のテーマは、「子供の本を通しての平和」であった。

しかし現実の国家（象徴天皇制）の任務は、「新ガイドライン安保」による、具体的に戦争遂行可能な国家へ転換しつつある現在の「戦後国家」への「国民」の「動員」である。

国家（戦争）への「いけにえ」づくりのために、皇后の「平和の物語」がマス・メディアにおどっているのである。

皇后の賛美は、国家（戦争の主体）の賛美へと引きづられる。天皇制はそういうもの以外ではありえないのだ。

〔『反天皇制運動じゃーなる』16号・98年11月10日〕

［1998/12］

「皇室外交」のスタイルの変化に注目しよう！

金大中・江沢民と天皇との会談

十一月二十六日の、江沢民中国国家主席を迎えた宮中晩餐会での天皇アキヒトの「お言葉」は、日中国交正常化二十周年の年の自分の訪中を「うれしく思」うという話から、相互理解を深め、「両国の友好関係の更なる発展」をといった、一般的な友好のアッピール以上のものではなかった。

「……不幸なことに、近代史上、日本軍国主義は対外侵略拡張の誤った道を進み、中国人民とアジアの他の国々の人民に大きな災難をもたらし、日本人民も深くその害を受けました。『前事を忘れず、後事の戒めとする』と言います。われわれはこの痛ましい歴史の教訓を永遠にくみ取らなければなりません。……」（『読売新聞』十一月二十七日）。

こういう江沢民の「答辞」の言葉と比較して、政府が準備した天皇の言葉は、侵略戦争の加害国という歴史的現実に、まったくふれていない。

政府（首相）は村山首相談話にそって「改めて反省とおわびを表明する」と述べた。

十月七日に韓国大統領が来日した時の天皇の言葉も、謝罪、おわび、反省の内容はなく、韓国に対する「植民地支配により多大の損害と苦痛を与えたという歴史事実を謙虚に受けとめ、これに対し、痛切な反省と心からのおわび」という文章は日韓の「共同宣言」の中に入れられた。

マスコミの論調も、天皇の「お言葉」が、どれだけ踏み込んで謝罪する内容になるかという点を注目するものではなくなっている。「謝罪・反省・おわび」の内容の方は、もっぱら日本政府の姿勢がどうかであり、天皇の言葉は、それに正面からふれないのは当然というトーンだ。

マス・メディアは、まったく問題にしていないが、ここで政府の天皇の活用のしかたに、大きな転換がうまれているのだ。金大中（韓国）側も江沢民（中国）側も、天皇の謝罪・おわびの言葉を要求したが、日本政府がそれを拒否した、というようなことがあったのか否かも、まったく不明である。

天皇訪中時に、右派議員（自民党議員らの多数を軸とした）や民間右翼の「天皇の謝罪外交反対」という動きは、たいへん大きなものとなった。

こうしたプレッシャーもあって、政府は、天皇に何度も「おわび」の言葉を吐かせることをやめる方針に転じたのか。侵略・植民地支配の最高責任制度である天皇制。天皇がハッキリと「おわびと反省」するのは、天皇制には戦争責任はないというインチキな政府の姿勢からして整合的でないと判断してそうなったのであろうか。

私たちは、天皇の天皇としての「おわび」の言葉などは、まったく「おわび」にならない、政治的欺瞞であると考えざるをえないが、政府の姿勢の転換が、どういう政治意図からもたらされているのかという点にも、批判的なまなざしを持って注目し続けなければなるまい。

十一月二十八日、韓国の金鍾泌首相は、二〇〇〇年に天皇の訪韓を、という具体的な時期を特定した招請をした。

いったい、日本政府は、どういう「皇室外交」を展開させるつもりなのか。

『週刊新潮』（十一月二十二日号）は「金大中大統領来日で日韓の『歴史認識』はホントに一致するか」という記事で、以下のようなコリア・レポートの編集長の声を紹介している。

「金大中氏は天皇の訪韓を要請しましたが、訪韓が実現すれば、韓国国民は必ず謝罪を要求します。過去の歴史や謝罪問題は清算されたわけではなく、一時、棚上げになっただけの話です」。

『週刊新潮』の路線は、天皇・政府の「謝罪外交」反対という右派の主張の代弁というものであり続けているわけで、天皇訪韓で、あらためて天皇の「謝罪外交」が行われることに危惧をいだいている記事である。

私たちは、天皇の「外交」そのものに反対する運動を大きくつくりだしていかなければならないわけであるが、その運動の中で政府の「皇室外交」における、天皇の活用のしかたが、この間、大きく変化した事実と、その変化の理由、さらにそれが今後、何をもたらすのかに注目し続けなければなるまい。

〔『反天皇制運動じゃーなる』17号・98年12月8日〕

［1999/1］

天皇（皇室）によって、切り捨てられた「弱者」が社会に「包含」されるというお話

アキヒト天皇十周年キャンペーンの中から

アキヒト天皇が「即位」して十年というキャンペーンが、マスメディアで展開されている。『毎日新聞』（一月七日）は二ページまるまる使っての大特集（「即位10周年・国民とともに」）だ。

そこで、三浦朱門がこんなことを書いている。

「こういう時代の転換点にあっては、時代の流れに吹き飛ばされる人が必ず出て来ます。その人たちに対し、国民の多くは放っておくわけじゃないけど、自分たちの手が回らないという気持ちがあるわけです。そういう気持ちを代行し、時代から取り残された人たち、あるいは、時代の変化についてこられない人たちのために動かれる、働かれる、こうしたことがこれからの皇室の役割として期待されることだろうと思います。／成熟化社会の負の部分に光を当てる。例えば老人問題とか、社会福祉とか、ハンディキャップの問題とか、時代が変化するときにつらい思いをする人たちを慰め、励ます、そういう行為を通じて日本の社会に光を当てることが、陛下がこれからなされることだと思います。弱者を情け容赦なく切り捨てるということでは、一つの社会の連続性を保たれない。弱者を常に包含してはじめて社会の連帯ができます」（「昭和の清算……弱者の包含」）。

アキヒト天皇の時代は、不景気が持続し、大量失業の時代となった。三浦の主張には、こうした時代の動きが反映しているわけである。

この特集記事は、天皇（夫婦）のハードな公務への取り組みの歴史が書かれているわけだが、そこにはこうある。

「災害被災地にいち早く訪れるのも平成に入って続いた。長崎県雲仙・普賢岳の噴火、北海道・奥尻島の津波、阪神大震災では、被災者を激励している。両陛下の地方訪問は半年以上前から綿密な準備で進められているのが普通だが、大災害の場合、急きょ日程が組まれるようになった」。

大量の警備のおともをつれて、自衛隊のヘリコプターなども飛ばして、天皇夫妻が被災地へ、自分たちの慈悲深さを政治的にアッピールするために、のりこむ。マスコミの記者らもゾロゾロ後を追いかける。本当のところ、被災者たちは、いい迷惑だろう。この迷惑行為を多様に、広く展開すべきだと三浦は主張しているようである。

この間の「大震災」などの被災者たちは、国家（政府）の棄民政策（自殺に追いこんでいくような）に激しい怒りの声を発し続けている。現在の日本国家・社会が福祉を切り捨て、「弱者を情け容赦なく切り捨て」ていることは、明らかだ。今年の「越冬」期間も、野宿者たちと、その支援者たちは山谷を中心に、大量の炊き出し活動を展開した（新宿など野宿者の多い地域へ、そこから運び出されたのだ）。野宿者は、間違いなく増大し続けている。そして、行政は彼らの仕事を、まともに探そうとはしていない。

「切り捨て」政治・社会、棄民行政（国家）という言葉が、日々リアルになっていく現実を、いま私たちは生き続けている。天皇の「弱者」への「慰め」「励まし」というパフォ

ーマンスで、回復されるという「社会の連続性」「連帯」とはいったいなにか。

　そのことを通してマジに「連帯」などが回復されたり、生まれたりするわけがなかろう。その天皇（皇室）の行為は、本当のところは、何のためになされるのか。国家の象徴ファミリーの被災地などをめぐっての慈悲深さの演技（心からの演技）は、「切り捨て」政治・社会の責任者（政府ら）が、自分たちのそういう政策にかぶせたベールなのだ。国家（そして日本社会の支配者たち）は、決して棄民政策などとっておりません、「時代の流れに吹き飛ばされ」た人々を、たいへん心配しているのです、そういうポーズを、皇室のパフォーマンスによって、つくりだしているのである。

　「切り捨て」政策が広く持続的に展開されていけばいくほど、天皇（皇室）の慈悲深さの誇示（「ご心配」パフォーマンス）の頻度が高くなるわけだ。いやな話である。

　この時代の社会の中での人間相互のまともな連帯は、こうした天皇（皇室）の欺瞞的パフォーマンスを蹴飛ばす動き（意志）によってのみ、つくりだされていくのではないか。

〔『反天皇制運動じゃーなる』18号・99年1月12日〕

［1999/2］

天皇ヒロヒト「敗戦23年後の述懐」をめぐって

「退位すると言ったことはない」んだって

「……明治天皇は、大臣が辞職するのとは違って、天皇は記紀に書かれている神勅を履行しなければならないから退位できないと仰せられたとのことである。明治天皇の思召《おぼしめし》は尤《もっと》もであろうと思う。

　わたしの任務は祖先から受け継いだ此《こ》の国を子孫に伝えることである。……

　もし退位した場合はどうであろう。何故退位したかと問われるであろうし、混乱も起《おこ》るであろう。又《また》靖国神社の宮司にまつりあげて何かしようとしている人々のうわさもあり、又摂政になると予期して、戦時中の役目から追放になる身でありながら動きを見せた皇族もあるから、退位はなさらない方がよいと言ってくれたのは松平慶民であった。……」。

　『朝日新聞』（一月九日）に大々的に載った、天皇ヒロヒトの一九六八年の「肉声」の一部である。見出しは「退位すると言ったことはない」。徳川義寛元侍従長の日記の付属資料の中から発見されたとある。その『朝日』には、吉田裕や田中伸尚の、ヒロヒト天皇は戦争責任感覚が欠如しており「神権主義」天皇観・「神勅天皇観」を戦後も保持していた人物である、とのコメントがある。

　「敗戦23年後の述懐」がそうであることに注目しておく必要は、私たちにも確かにあるだろう。すでに敗戦直後の「肉声」は、「昭和天皇独白録」として示されており、戦後も自分を「現人神」という観念でとらえ続けていたこと、天皇ヒロヒトの責任意識は、自分の一族（祖先）へのもののみで、侵略戦争の戦場に狩り出して殺傷を強制した「国民」に対してですらまったくない事は、そこによく読めた。

　ヒロヒト天皇のこういう姿勢（思想）は、一生変わらなかったのだろう。しかし、「祖先」をタテに「皇族」内部の反抗を許さないために「退位」しないという論理はどうだ。自己保身のために揺れ動いていたのだろうが、「退位せず」発言も、「祖先」のためをダシにした自己保身であることがミエミエな点が笑わせる。「戦争中の役目から追放になる身でありながら」と、その皇族を評した側近と、その言葉を、自分の口からくりかえしておかしいと思わない、この男たちの感覚はすさまじい。

　「戦争中の役目から」、超A級戦犯として処刑されてもまったくおかしくなかった、あの植民地支配と侵略戦争の最高責任者が、こういうことを語っているのだ。これは、お笑いを通りこしている。「此の国」は、みんな自分たちの持ち物と考えている「神勅」天皇ヒロヒト。ずいぶんな話ではないか。

「人間天皇」ヒロヒトのもう一つの顔は「神権天皇」であった。この二重構造は、ヒロヒトの「御遺徳」をたたえて即位したアキヒト天皇にも、それなりに連続していること、このことをも私たちは確認しておかなければなるまい。

『靖国・天皇制問題情報センター通信』（262〈一月三十一日〉号）で小田原紀雄は、こう論じている。

「しかし、研究者にとっての価値はともかく、こんな誰もが予想できた内容の見解を、一面に掲載する新聞社の意図については、しっかり考えておかねばなるまい」（「ホルマリン漬け男の居直り妄言」）。

確かに、歴史学者にとっては重要な資料なのかもしれないが、こんな「肉声」は、まったくアホらしいだけの内容であることは、小田原とともに確認しておかなければなるまい。

マス・メディアは、こんな発言を、何かとてつもなく重大な内容がつめこまれたもののように扱う。その扱い自体が政治操作なのである。

天皇（制）は、とてつもなく大きな存在である、だから、天皇の「肉声」は重大な歴史的意味があるのだ。

こういうメッセージが、扱い方自体の中にうめこまれているのだ。しかし、あたりまえの人間の発言として評したら、「肉声」の内容は天皇や側近たちなんてのは、笑ってしまうか、いいかげんにしろというしかないとんでもない人々であることが確認できるというしろものであるにすぎないのだ。それは、私たちが、その事を確認するためにのみ意味のある「歴史資料」である。

［『反天皇制運動じゃーなる』19号・99年2月9日］

「日の丸・君が代」の「法制＝強制化」

校長の自殺と日本共産党の路線転換

［1999/3］

三月四日の『沖縄タイムス』には、日の丸・君が代法制化の動きについて、こういう記事が載っている。

「日の丸掲揚、君が代斉唱をめぐる対立の中での広島県の高校長の自殺が波紋を広げている。政府は『現場に判断を任せておくと今回のような事件も起き得る』として日の丸・君が代を法制化する方針を決めた。法制化されれば影響は学校だけにとどまらない」。

そこには、政府が法制化の口実に使っている、校長の自殺について、こう紹介している。

『式で君が代をお願いできないか』。卒業式を二日後に控えた二月二七日夜、広島県立世羅高校の石川敏浩校長（五八）から電話を受けた教頭と教組側の教諭二人が同県御調町のカラオケボックスに集まった。

『今日も県教委から電話があった。君が代を歌わない学校は少ないそうだ』。約一時間議論したが、職員会議の『従来どおり実施しない』方針は譲らなかった。

『処分は覚悟しなきゃいかんなあ』。石川校長は別れ際にこんな言葉を漏らし、翌二八日午前、自殺しているのが見つかった。

広島では平和運動などの経緯から教組側の影響力が強い。県教委は一九九二年、『（君が代は）国民の十分なコンセンサスが得られていない』とする確認書を教組側と交わした。

だが最近、文部省の強い指導を背景に、県教委は二月二三日『日の丸・君が代』指導徹底の職務命令を出すなど強硬路線に転じた。

……。

『校長自身、君が代の押し付けに消極的だった』『君が代をごり押しする人ではなかった』と同校の教諭は口をそろえる。校長はこれまで指導してきた現場教育との整合性に悩み、追い込まれていた」。

校長の自殺の直接的な原因が、この問題であったとすれば、八九年の小中高校の学校指導要領の改定、日の丸・君が代について「望ましい」から「指導するものとする」への変更、すなわち国による強制の強化が、校長を死に追い込んだことは、あまりにも明らかではないか。それなのにこの件を「法制化」という強制の徹底化の口実に使っているのだから、政府の手口はえげつない。教育現場に判断（決定）させない方向、すなわち全面的な「強制の制度化＝法制化」こそが、いま、政府によって目指されているのだ。

そうであるにもかかわらず、野中広務官房長官は、日の丸・君が代を「義務づける強制条項は盛り込むべきではない」と記者会見で発言しているとマスコミは伝えている。

「強制できるとか、そういうものを法律の中に位置づけるものではなく、既に（国民に）定着している問題なので、むしろ国民の今日的理解をより法律的に担保することが、わが国の新しい世紀へのスタートになるのではないか」。

野中は、こんなふうに主張しているのである。教育現場への国による強制（義務づけ）は、年々強化され続けてきており、強化された結果、校長の自殺者まで出す事態が生まれているのに、法制化は「国民に定着」しているものを法律的に担保するだけだと強弁している。自分たちが強制して自殺者を作りだしといて、原因を教育現場のトラブルに転化し、強制の完成を目指す法制化は「国民」の意思だというのだ。「定着」させるために、これだけ「国民」に強制し続けてきた上で、最終的に法制化しようというときに、「強制条項は盛り込むべきではない」などと、ソフトなイメージをふりまいてみせる。法制化自体が強制そのものであるのに、ふざけた話である。ここには国による「強制」を「国民」の自発性にすり替えるトリックがあるのだ。

さて、ついこの間の日本共産党の、国旗・国歌の法制化の必要論と、法制化されたら日の丸・君が代を認めるという発言と、この政府の姿勢を重ねて考えてみると、うんざりしてくるではないか。共産党は、政府のトリックに主体的にはまりこんでいこうというのだというのだ。どうなっているのか。

『週刊新潮』に「共産党よ『日の丸』にスリ寄るな『赤旗』を守れ」（三月十一日号）というからかい記事がある。

これを読みながら、日本社会党が日の丸・君が代容認の方向へ大きく進み出した（いいかえれば自己解体しだした）時、右翼の宣伝カーが党大会の会場に向かって、「日の丸」を掲揚して大会を開け、今までのことを「陛下」に謝罪しろというような主張をしていたことを思い出した。

与党になれるのではという幻想がバネの路線転換であろうが、共産党の「一人一人に強制することは反対だ」といいつつの容認は、結局、国の強制への屈服であり、そのままいけば、強制への加担であるにすぎまい。新ガイドライン安保体制という戦争国家へ向かう日本の動きと連動する、こうした政策への同調。それは、この党の「自殺」への道ではないのか。

〔『反天皇制運動じゃーなる』20号・99年3月9日〕

［1999/4］

天皇制と矛盾しない存在であることのアッピール

『新日本共産党宣言』は、なんだかメロメロ

日本共産党の「日の丸・君が代」問題に関するスタンスは、法制化されたら容認というトーンが後退し、もっと国民的論議をするべきであるというトーンが前面化し、政府の姿勢にのみこまれかねないという方向にはブレーキがかかったようである（共産党発行の大きなカラーのビラにそれはよく示されている）。

不破哲三・井上ひさしの『新日本共産党宣言』（光文社）はマスコミにも大々的に宣伝されており、ニュー共産党売り出しのためのテキストとして、党をあげて話題づくりに励んでいるようなもので、手にしてみた。

本人は否定しているが、眼をおおいたくなるような井上の共産党（不破委員長）ヨイショ本である。なんでここまでしなければいけ

ないの？

かつては権力の弾圧もすごく、いろいろ「誤解」もうけ「偏見」で理解されてきたけど、本当は「国民が信頼を寄せ」るべき、すばらしい党であることが、ここにきて理解されだした、よかった、よかったというトーンの両者のやりとりを読まされれば、やはり、オイオイ、イイカゲンニシテクレと言うしかないではないか。

ソ連共産党体制は、スターリン独裁によってつくられた「歴史的巨悪」であることに気づいたわが党はそれと歴史的（一九五八年から）に闘い続けたと不破は語り、スターリン体制と自分たちは何も関係ないと強弁している。ボルシェヴィキ革命がつくりだした強制収容所社会主義の問題を、スターリンの支配にのみ還元して論ずる方法自体が、歴史事実に照らしてまったく妥当ではないが、不破の主張を前提にしても、そのスターリン独裁を最高の民主主義で、労働者の祖国と讃え続けてきた戦中・戦後の共産党の歴史についてまったくふれないのは、どうなっているのだ。それに対する、まっとうな批判や疑問をぶつけた主張を、「反革命」というレッテルで断罪しパージし続けてきた党の歴史を忘れたのだろうか。

ここには「反省」という姿勢が、ほとんどなくて、ひたすらなる自己正当化のための強弁（党は基本的には常に正義を体現してきたという狂信の押しつけに支えられた理論）が生き続けていることが示されている。

こういう態度に「恐ろしさ」を感ずるのは私だけではないだろう。

私が決定的にあきれたのは、井上の「はじめに」と不破の「あとがき」に日付が入っており、そこに元号（天皇暦）が使われている点である。ここまで、支配者がつくりだした「現実」にコビコビになるとこまで行ったか、わざわざ、こんなことまでするのかよ。私は、そう思った。

「天皇制をなくすかどうかは、戦前とは違って、日本の政治にとっては死活の問題ではなくなってきました」と不破はここで主張している。しかし、象徴天皇制下の「元号法制化」や「日の丸（天皇帝国の旗）」「君が代（天皇の世の永続と尊さを讃える歌）」の教育現場や地域への強制の拡大という歴史的な動きが示しているのは、支配者にとっては、重要なイデオロギー支配・国家統合の政治装置の中心に天皇制があり続けているということではないのか。だから、天皇制をどうするというのは「死活の問題」でありつづけてるのさ。

もはや、わざわざ「平成」で自分（党）の存在をアッピールしようという人々に、こんなことを言っても無駄か、と考えていたら、「赤旗」に不破の、元号は自分の意志でなく出版社が勝手につけてしまったのだという「弁解」が載っているという話を聞いた。

党のプロパガンダの最重要テキストとして準備したものの、ゲラの最終確認もしなかったという話が、信じられるのか。党内からも批判が噴出した結果ではないのか。それとも本当にミスなのか。

「象徴天皇制と日本共産党は矛盾しない」という見出しの言葉がある。天皇制とまったく矛盾せず、天皇制国家に翼賛するようになることを、かつては政治的転向と、コミュニストは呼んだ。

矛盾しないことを力説し、こんなふうにプロパガンダする共産党は、確かに変わった。しかし、いったい自分たちの語っていることの意味が、よくわかっているのだろうか。

憲法九条の解釈と意味づけについても、まったく現象的に対立的なことを不破はここで主張している（一四八ページで「自衛のための軍事力を持つことは許される」と憲法解釈を語り、一六八ページで「軍隊（戦力）は持たない」ということが憲法（国）の大原則と語っている。これを表面的に整合的に理解しようとすれば「自衛のための軍事力は軍隊（戦力）ではない」という自民党政府同様の詭弁の解釈学を動員しなければならなくなる）。

選挙でふえてハシャイデ、幻想にオタオタして、彼らなりに立てていた原則すらなにやら、オカシクなってきている。それが、この本には、象徴的によく示されている。この不破の主張（本づくり）の杜撰さの意味にこそ注目する必要があるのではないか。

〔『反天皇制運動じゃーなる』21号・99年4月13日〕

[1999/5]

雅子の選択肢

もうやめたら、は何故ないの

『週刊女性』の「特別インタビュー――CBSテレビアンドリュークラーク氏『雅子さまの〝産まない〟という選択肢はないのか？』」（五月十一日・十八日合併号）は、このように書き出されている。

『産まないという選択肢はないのですか？つまり彼女が自分の意志として産まないことができるのですか？』

雅子さまに対して、こんな衝撃的な疑問を投げかけたのは、アメリカのCBSテレビである。日本でも4月27日の深夜1時55分からTBS系で放送される予定だ。『48hours』というドキュメント番組で『世界の皇族たち』を紹介する企画。日本の皇室は『私たちの皇室　雅子さまの謎』と題されている。ビデオを入手したので誌上で紹介しているわけであるが、雅子は、イギリスのダイアナなどと比較して、まったく不自由な管理された生活を強いられ続けていることを、雅子のかつての友人などへのインタビューを媒介にクローズアップしてみせている、「海外メディア」の、おなじみのトーンの記事である。

ただ、〝産まない〟自由すら、彼女は持っていないのでは？　こういう問いかけは、あまりなされたことはなかったと思う。

もちろん、雅子問題の落ちつき先は、「女性天皇制」論である。

「また、〝お世継ぎ問題〟については、『あくまでも、仮定の問題として、プリンセス雅子が産まなければ皇位の継承問題が生じてきます。

天皇家が長い間つづいている国で、継承の危機は非常に由々《ゆゆ》しき問題です。

ただ、私個人としては、皇位の継承を変えることで、男性社会である日本が変わるのではという思いもあります。

世界には女性にリードされるロイヤルファミリーもたくさんあるのですから、日本が変わることも、そんなに時間がかかる難しいことではないと思います』」。

こうした発言を紹介したあとに、記事は、女性の「継承」は皇室典範を変えないかぎりはありえない、と語る。

次に、オーストラリアのABC放送が皇室の危機についての自由な討論の必要を語っていることも紹介している。こういう発言がある。

「これら一連の後継者の話題から女帝論への流れの中で、日本駐在の特派員は、『女帝のことを議論するのはいいと思います。むしろどんどんやるべきでしょう』と、日本での女帝論の盛り上がりには賛成のようだ」。

「ABC放送では『皇室に関して公開されていないことが問題であり、跡継ぎ問題や、皇室の将来についてもっとオープンな議論がなされるべきだ』とも報じている」。

ようするに海外の「声」を利用して、「女帝論、危機の皇室をどうする論議」を、もっと自由にマスコミでも、論じるべきではないのかと、宮内庁と雅子に〝おうかがい〟をたてているといった調子の記事である。

子供ができない、どうするというマスコミ騒ぎはすでにあり、雅子がナーバスになって、ほとんど発言しなくなり、宮内庁が、バッシングになるから論ずるなとメディアへ介入、「女帝」論議は一時期、女性週刊誌からも後退していたが、やはり子供ができないという状況が続き（雅子はすでに三五歳）、このところ、チラホラ、「女帝」論議が再浮上してきていたのだ。

こういうプロセスがあったため、結婚六年

目の六月（九日）をにらんでかくのごとき「外圧」を利用して、自由に論議するべきではないかと、「自由」になりたいのは雅子というより、自分たちメディアの方であるという裏の意図がミエミエの記事が熱心につくられるのである。

メディアが「自由」になれば、雅子の気持ちが無視され、彼女のプライバシーにふみこんだ記事が、いっぺんに噴き出すことになるだろう。

子づくりが公務である、国家の象徴一族の女の「宿命」だ。

私は雅子に同情しているわけではない。

「〝期待〟という大きなプレッシャーの中で暮らす雅子さまは本当に幸せなのですか?」「雅子さまに〝産まない〟という選択肢はないの?」

こう問いかけて、「女帝」も可能にする準備をと、皇室制度の持続をスムーズにするべくキャンペーンする、このパターンの言説。雅子に同情しつつ、「女性天皇制」の方向での解決をアッピールする、こうしたステロタイプ化された記事に対して、私はこう問いたい。

「雅子には、こんな身分から脱出して、皇室からおりるという選択肢はないのか？　皇太子がもし必要なら、ともにおりればいいではないか」。

こういう、あってあたりまえの問いかけだけは、常に不在。ここに皇室報道の基本的性格が示されている。

こんなひどい制度なくしたら、という問いだけはタブーなのだ。

〔『反天皇制運動じゃーなる』22号・99年5月8日〕

［1999/6］

「日の丸・君が代」強制と右翼テロ

アキヒト在位十年「奉祝」の動きの中で

「日の丸・君が代」法制化という政府の動きは、ついに右翼のテロを、引き出した。

「五日午前八時ごろ、大阪府豊中市新千里東丁三丁目、同市立第八中学校（生徒数五百四十七人）の校長室に男が押し入り、津田直之校長（五七＝兵庫県芦屋市楠町）を持っていた果物ナイフで刺した。津田校長は胸や背中などを三カ所刺されて重傷。豊中署は、校長室にいた男を殺人未遂の疑いで現行犯逮捕した。調べに対し、男は『日の丸掲揚や君が代斉唱を全国に広めてほしい。校長を殺せば（マスコミ）に大きく取り上げてもらえる、と思った』などと話しているという」。

「府警によると岩元容疑者は『私は右翼だ。（日の丸掲揚などを）出身校から広めないといけない』などと供述しているが、これまで右翼団体などに所属していた形跡はないという」（『朝日新聞』六月五日〈夕刊〉）。

単独犯で背後関係はないような報道であったが、やはりそうではなかった。翌日六日の『朝日新聞』には校長を刺す二日前に、日の丸・君が代については目だった活動をしていない構成員約十名の右翼団体に入っていた事実を伝えている。

「岩元容疑者は五月末、大阪府内のコンピューター部品製造会社を退職。今月二日に右翼団体の事務所を訪ね、入会を申し入れて断られたが、翌三日には入会を認められたという」。

なにか奇妙な話である。『赤旗』（六月六日）は右翼団体の名称を示している。一九九一年四月に政治結社として届けられている「太政官（だじょうかん）」というグループで、「九四年六月二十五日に、大阪市・中之島の朝日新聞大阪本社に、バスを改造した街宣車を突っこませ、メンバーのひとりが『器物損壊罪』で現行犯逮捕された右翼団体として、知られています」ということだ。

君が代を「斉唱」していない学校の校長への右翼テロ。『産経新聞』（六月五日〈夕刊〉）には浅利敬一郎大阪府教委義務教育課長の以下のコメントがある。

「暴力で意思を通すなんてことはあってはならないし、考えられないこと。国旗・国歌に反対する教師らが強引に国旗を引きずりおろすことが以前にはあったが、今は力づくはよくないという共通認識ができている。教育委員会としてもこれまで教師と議論しながら理解を求め、全般的に掲揚率も斉唱率も上昇してきていただけに、こんな事件が起きて残念でならない」（傍点引用者）。

拒否する教師たちを、処分するのは「力づく」ではないのか。右翼の刺殺を目指したテロと、処分覚悟の抵抗としての教師の「引きずりおろし」を、同じレベルで「暴力」で一括りする主張は操作的である。力づくで「上昇」させてきた政府・教育委員会の姿勢の延長線上に、右翼のテロ（暴力）が浮上してきたのではないのか。

『神社新報』（四月二十六日号）によれば、「日本会議」の総会が四月十七日にあり、そこにこうある。

「十一年度の事業計画は「天皇陛下御即位十年奉祝運動と国旗国歌法制化問題が二本柱。五月下旬には天皇陛下御即位奉祝委員会（会長・稲葉興作日本商工会議所会頭＝内定）が発足し、十一月十二日に『国民祝賀式典』を政府後援行事として実施する予定」。

かつて、ヒロヒト天皇在位六〇年「奉祝」キャンペーンの動きの中で、寄せ場（山谷）の労働者からのピンハネ組織をつくろうとした右翼ヤクザが「日の丸」を掲げて登場し、これに抗した佐藤満夫が（一九八四年年末）、そして山岡強一（一九八六年正月）が、彼らによって殺された。

また、ヒロヒト天皇Xデーからアキヒト天皇即位の時期にも右翼のテロは突出した。今度は政府と右翼のアキヒト天皇在位一〇年「奉祝」と「日の丸・君が代」法制化運動キャンペーンが、「日の丸・君が代」強制右翼テロを浮上させたのである。

政府の法制化を、こうした右翼がつきあげ、自民党や自由党がとにかく法制化に向かって動き出そうとすることで、右翼がさらにハシャぐ。こういう循環の中であらためて暴力（テロ）が突出したのだ。

この右翼テロこそが、「君が代・日の丸・天皇制」というものの本質をよくしめしているのである。天皇（皇室）も政府も教育委員会もマスコミも、右翼テロを非難してみせる。しかし、特別に神聖化された天皇という存在が、その天皇と結びついた「日の丸・君が代」が、それを尊重させようとする政府と教育委員会とマスコミの姿勢が、右翼テロを誘発させるのである。

「日の丸・君が代・天皇制」が、本当のところどういうものであるのかは、天皇主義右翼のテロや脅迫を常に伴うかたちでしか、それらは歴史的に存在してこなかったし、存在していないということに、端的に示されているのだ。

行政の「議論」は、国家の「力づく」で支えられており、おまけに右翼のテロ（暴力）によっても激励されているのである。

私（たち）が「日の丸・君が代」の法制化に反対するのは、あたりまえのことなのだ。

〔『反天皇制運動じゃーなる』23号・99年6月8日〕

［1999/7］

「君が代」首相の新見解と憲法

転換の意味を「よくよく考えて」みよう

七月一日、衆議院内閣委員会で、「国旗・国歌法案」の審議が始められた。そこでは、政府側は六月二十九日の衆議院本会議での小渕首相の答弁の内容に依拠しつつの説明をくりかえし続けた。この日私は傍聴に入った。

小渕首相は「君が代」の解釈については以下のように二十九日に主張していた。

「君が代の歌詞は、平安時代の古今和歌集や和漢朗詠集に起源を持ち、祝い歌として民衆の幅広い支持を受けてきたもので、『君』は相手を指すのが一般的で、必ずしも天皇を指しているとは限らなかった。明治時代国歌として歌われるようになってからは、大日本帝国憲法の精神を踏まえて、『君』は天皇の意味で用いられた。終戦後、日本国憲法が制定され、天皇の地位も変ったことから、『君』

は日本国及び日本国民統合の象徴であり、その地位は主権の存する日本国民の総意に基づく天皇を指しており、『君が代』とは日本国民の総意に基づき天皇を日本国及び日本国民統合の象徴とするわが国のことであり、歌詞もわが国の末永い繁栄と平和を祈念したものと理解することが適当だ。」「『代』は本来時間的概念を表すものだが、転じて『国』を表す意味もある」。

政府の「新解釈」には、国民主権下の象徴天皇制を「君が代」の解釈の中におりこんで、憲法違反という批判をかわそうという意図が読める。

一日の内閣委員会では、共産党議員が、国民主権の憲法にはやはり「天皇の御代」を意味する「君が代」はふさわしくないとくいさがっていた。この日、議員面会所内の「『日の丸・君が代』法制化に反対する共同声明」の抗議集会に参加するため、早めに内閣委員会の傍聴席から出てしまった私は、直接に聞くことができなかったが、おもしろいやりとりがこの直後にあったようだ。野中官房長官がこうやりかえしたらしい。

「『共産党は天皇制を否定しているのに（象徴天皇制を定めた）現憲法を認めるのか』と論争を打ち切った」（『朝日新聞』七月二日）。

野中の対応は、もちろん逃げである。しかし、憲法の一章に象徴天皇の規定があり、政府のような解釈が成立する根拠自体が憲法にあることを私たちは忘れてはならない。

あたかも「一章」の存在しない「国民主権」主義理念を前提に論じて、違憲をいいたてるだけでいいわけがないのだ。野中のこのひらきなおった逃げの言葉は、反対の立場から、この問題を照らし出しているといえないか。

「日の丸・君が代」が戦後に残って生き続けてきたことと、天皇制が象徴天皇制へとモデルチェンジしつつ残り、生き続けてきたことは対応する。だから、象徴天皇制（憲法一章）と「日の丸・君が代」を重ねて批判する視座にこそ、私たちは立ち続けなければならないはずである。

法制化推進キャンペーンを展開中の『読売新聞』の「社説」（六月三十日）は、こう論じている。

「このうち、社民党は、村山政権発足直後、九四年九月の大会で、日の丸・君が代を国旗・国歌と認めるとの決定をしていた。それが先週末、国旗、国歌とは認めないとの立場に再転換した。／村山首相、土井衆議院議長当時に内外の公式行事で掲げられていた日の丸、演奏されていた君が代はいったいなんだったのか、ということになる」。

私は社民党が「再転換」してよかったと思っている。しかし、権力にむらがって、社会党の転換と解体をもたらした人々の政治責任という問題も忘れてはならないと考えているのだ。保守権力の思うがままという現在のような国会状況は、野党社会党の自壊を通してつくりだされたのであるのだから。

六月二十九日、衆議院議員会館のキリスト者中心の法制化反対集会では社民党党首の土井が発言していた。

土井は小渕首相が、法制化は考えていない、と語った直後に法制化を主張し転換したことを取りあげ、首相が「よくよく考えてみると」必要とくりかえすばかりで、何故、今、法制化なのかという点が、まったく明らかでないと、激しく非難した。その「鋭い」口調の演説に、多くの人々の拍手がまきおこっていた。

私は、とても拍手する気にはならなかった。土井は、自分たちの転換について「よくよく考えてみると」という、無内容な弁解すらしてみせなかったのである。彼女は、過去一貫して、「日の丸・君が代」の国旗・国歌化に反対してきたかのごとくふるまっているのだ。『読売新聞』とは反対の立場で、いったいなんなんだと、いわざるをえまい。

［『反天皇制運動じゃーなる』24号・99年7月6日］

［1998/8］

首相の公式参拝への「環境整備」とは何か

「日の丸・君が代」法制化の次にくるもの

自民党が首相の靖国神社公式参拝への「環境整備」のための「有識者懇談会」を設置する方向で動き出した、という報道が八月六日の『読売新聞』に出た。そこで示されているのは「宗教色を薄める靖国神社の特殊法人化」というプランと「A級戦犯を他に移して祀《まつ》る（『分祀』ぶんし）」案である。

六日の午後野中広務官房長官が記者会見し、マスコミが、この問題を大きく取り上げた。八月七日の『毎日新聞』は関連発言をまるごと紹介している。

「――自民党が靖国問題を検討するというが。

◇今世紀末を終わるにあたり、国家のために一命をなげうって犠牲になった人がまつられているが、そのありようは十分、整理されることなく五十数年が経過した。歴史をもう一度点検しながら、国民が国家の犠牲になられた人に心から哀悼（の意）を表し、総理はじめ、すべて国民が心から慰霊できるようなあり方を考える重要な時期にさしかかっているのではないかと個人的に思う。党内で考えられるとすれば、大切なことだと考える。

――A級戦犯分祀と神社の特殊法人化について。

◇内外に多くの犠牲を出した戦争だけに、誰かが責任を負わなければならない。東京裁判は（当否をめぐって）いろいろなことを言われるが、それとは別に（誰かが）戦争責任を負わなければならないと考えた時に、やはりA級戦犯に責任を負ってもらって、この方々を分祀することで、靖国はできれば宗教法人格をはずして、純粋な特殊法人として、国家の犠牲になった方を国家の責任でおまつりする。すべての宗教を問わず、国民全体が慰霊を行え、海外に出れば、総理が各国の国立墓地に献花するので、（逆に）各国首脳が来た時に、わが国の戦没者の国立墓地とでも申しますか、そういうものに献花できる環境をきちっとしておくべきだと思う。

かつて中国の鄧小平が『もし、A級戦犯が分祀されるなら、私も日本に行った時に献花する』と言ったことを、私は唐家璇外交部長（外相）から聞いた。中国、韓国はじめアジア各国のわだかまりを解いていく（ため）にも重要な問題だと考えている」。

この野中発言について、『読売新聞』（八月七日）は、こういう「政府首脳」のコメントを紹介している。

「これに関連して、政府首脳は六日夕、『分祀は靖国神社を（宗教法人として）そのまま残す場合だ』と述べ、野中氏の発言はA級戦犯の分祀か特殊法人化のいずれかの措置が必要との趣旨であると説明。そのうえで、『無宗教の「国立靖国の墓地」に靖国神社を移行させるのが一番いいのではないか』と語った」。

頭がカラッポを自認する首相の「政府首脳」らしい発言であり、この内閣の悪政をヨイショし続けているメディアの記者らしい、おかしな整理である。

アレカコレカではなく、アレモコレモの提案と理解すべきなのだ。

『毎日新聞』には、こうある。

「1985年に初の靖国公式参拝を実現した中曽根康弘首相が翌年の参拝を取りやめたのは、同神社にA級戦犯が合祀されていることに中国が激しく反発したためだった。中曽根氏はその後、神社側にA級戦犯の分祀を働きかけるが、拒否される。同氏は今年5月、毎日新聞のインタビューに応じ、『靖国神社は宗教法人で独立の人格体だから、国が介入できない』と強調、宗教法人である限り、分祀は難しいという考えを示していた」。

靖国神社側そして遺族も、政治的に「分祀」という方法に激しく反発して、拒否した。だから、今度は拒否できない「特殊法人」にまつりあげて「分祀」という提案と理解するしかないだろう（それとも「分祀」しなければ

「特殊法人」化だ、という脅迫だとでもいうのか）。

連立入りした公明党なら、この線でなんとかまきこめるだろうという判断もあり、靖国神社・神道主義右翼（自分たちの内部にもゴッチャリいる）路線との対決と説得ということがこの内閣で公然と開始されることになるのだ。

目ざされているのは、天皇の神社「靖国」との国家の公然たる関係の回復である。しかし、それは単純に「国家神道」の復活ではない。宗教色を薄めた「靖国神社」と「人間天皇」を象徴とする「国家」の公然たる関係のつくりなおしなのであるから。

「日の丸・君が代」の法制化、「靖国」と象徴天皇制国家の関係のつくりかえによる公然たるドッキング。

これは、ポスト戦後（戦争のできる＝戦死者のつくられる）国家への動きと対応した象徴天皇制という国民統合のシステムの新たなつくりなおしであることは明白だ。それは戦争へ向けた「環境整備」である。

象徴天皇制国家の統合システムが、戦争へ向けてキチンと新たに整備されようとしているのだ。

［『反天皇制運動じゃーなる』25号・99年8月10日］

［1999/9］

「皇室外交」と憲法

小沢一郎の「日本国憲法改正試案」をめぐって

「公賓として来日している韓国の金鍾泌首相夫妻は三日、皇居で天皇、皇后両陛下と会談した。宮内庁によると、首相は『ご都合がよろしい時にご訪問されるよう、大統領から重ねて伝言があった。よい訪問になるよう環境づくりに鋭意努力したい』と、改めて両陛下の韓国訪問を招請した」。

九月四日の『朝日新聞』の記事である。金大中大統領の韓国への天皇（夫妻）の「外交」が、アジアへのかつての侵略の責任の最終的な棚上げの政治セレモニーとして準備されているわけである。外国の元首クラスに訪問してもらえる「靖国」につくりかえたいという、政府の新しい「靖国国営化」政策と重ねて、この「皇室外交」について考えてみると、象徴天皇制国家が、今どのように「再定義」されつつあるかがよく見えてくる。

小沢一郎は「日本国憲法改正試案」（『文藝春秋』九月号）で、憲法第一章についてこのように論じている。

「いわゆる、戦後左翼の主張のように、単純に『平和憲法』と思っている人達は、前文の理念的イメージに引きずられて勘違いしている。日本国憲法は立憲君主制の理念に基づく憲法である。天皇が一番最初に規定されていることからも、それは明らかではないか。／元東大教授の宮澤俊義などが『国家元首は内閣総理大臣である』と主張しているのも間違いである。宮澤説は大日本帝国憲法との比較において日本国憲法は共和制であると位置づけているのであるが、例えば第六条に書かれているように、主権者たる国民を代表し、若しくは国民の名に於いて内閣総理大臣及び最高裁判所長官を任命するのは天皇である。又、外国との関係でも天皇は元首として行動し、外国からもそのようにあつかわれている。このことからも国家元首が天皇であることは疑うべくもない。天皇が国家元首であることをきちんと条文に記すべきであると主張する人もいるが、今の文章のままでも天皇は国家元首と位置づけられている。宮澤説は私も学生時代に何回も読んで勉強した経験をもっているが、戦後社会や今日もなされている、戦後左翼が好んでする議論に通ずるものだと思う」。

ひどく乱暴な論議である。宮澤説は、戦後の憲法学会の通説であった。それは、天皇は国家を代表する元首として外交できる権能を持っていると憲法に明記されておらず、明記されていない政治行為は、してはならないと、その憲法が宣言していたからである。

小沢は、ここで、外交元首として象徴天皇は存在しているという解釈を確認すれば、文章を書き改める必要はないと主張しているのだ。戦後、保守党は「解釈改憲」で、憲法の禁止する「皇室外交」をつみかさねて（特にアキヒト天皇に代替わりしてからは、ハデに外に動き回って）きた。それを、ネジまげた解釈で正当化してきたのである。小沢は、その解釈がまったく妥当であると強弁してみせているだけなのだ。たとえ宮澤の「共和制」解釈にスッキリしないものがあったとしても、天皇は「元首」として外交でき、日本は「立憲君主制」の国であると単純に規定されているなどの解釈が、あたりまえのはずはないのだ。

小沢は、文章はそのままで天皇の「元首化」を公的に確認する必要を力説しているのである。

一九九四年に発表された読売新聞社の「憲法改正試案」は、天皇の規定を第二章にかえて、第九条（天皇の国事行為）の一に「国を代表して、外国の大使及び公使を接受し、また……」という規定を入れるという案であった。この読売試案も、天皇を元首として明記するのではなく、「国を代表」して「外交」する権能があることを明記するというものであった。

改憲派は、強引に押し進めている「皇室外交」が違憲であることに十分に自覚的であるのだ。だから既成事実を積み上げ、解釈をネジまげ、その解釈こそが今や妥当だと強弁しつつ、あるいはソッと新しい規定を折り込みつつ改憲プランを提示しているのだ（小沢は第二条以下をどう改めるのか、ここでは何も具体的には示していない）。

アキヒト天皇在位十年式典が政府によって準備されている今、この間、アキヒト天皇の「外交」の成果がマスコミでキャンペーンされ続けてきた。

「日の丸・君が代」の国旗・国歌への法制化に続く「靖国神社」の新しい国営化の動き。そして、元首象徴天皇外交の、スッキリとした合憲化という動き（これが彼らの明文改憲プランの天皇条項についての、メインの狙いであることは明らかだ）。

アキヒト天皇在位十年奉祝式典・キャンペーンは、こういう象徴天皇制の再編のプロセスに浮上したものである。

そして、次の天皇訪韓という政治セレモニーもまた、明文改憲の政治の大きなステップである。このことにも、私たちは注目し続けなければなるまい。

（『反天皇制運動じゃーなる』26号・99年9月8日）

［1999/10］

アキヒト天皇「在位」十年式典への動き本格化

「日の丸・君が代」「奉祝」の強制への抗議を！

『産経新聞』（九月二十八日）はこのようにつたえている。

「野中広務官房長官は二十七日午後の政府与党連絡会議で、天皇陛下の在位十周年記念式典が行われる十一月十二日に各政府機関で国旗を掲揚するほか、地方自治体や私立学校を含む学校、民間企業に国旗を掲揚する協力を要請する方針を明らかにした」。

協力要請については、地方自治体については自治省、学校には各地の教育委員会、民間企業には経団連や商工会、さらには一般家庭には新聞・テレビを通じて呼びかける、との方針であると二十七日の記者会見で古川貞二郎官房副長官が語ったと、そこにはある。

式典当日は半日休、大蔵省が記念一万円金貨二十万枚、五百円白銅千五百万枚を十一月に発行、記念郵便切手、ＳＦメトロカード、記念ハイウェイカードの発行などが予定されているらしい。

『読売新聞』（九月二十八日）は、宮内庁、文部省、総理府などの天皇在位十年記念の「皇室ゆかりの天覧会」の予定を紹介している。

九月二十八日の夕刊の『産経新聞』は、民間側の動きを、このように紹介している。

「一方、天皇陛下の在位十周年を祝う超党派の『奉祝国会議員連盟』が二十八日午前、東京・紀尾井町のホテルニューオータニで設立総会を開き、発足した。衆参七百五十二人の国会議員のうち、共産党を除く衆院二百八十四人、参院百三十三人の計四百十七人が参加。会長に森喜朗自民党幹事長を選した。／政府や民間で組織する奉祝委員会（会長・稲葉興作日本商工会議所会頭）と連携し、在位十周年奉祝行事を支援していく」。

九月二十八日に政府が式典について閣議決定して、いよいよ天皇アキヒト「在位」十周年式典へ向けての動きが本格化しだしたわけである。

ここでふれられている「天皇陛下御即位十周年奉祝委員会」の設立は、七月二日（設立総会）と、グッーと早い。

「設立総会は、大原康男國學院大学教授が司会をつとめ、まず開会の挨拶を島村宣伸日本会議国会議員懇談会会長がおこなった。／続いて事業計画案が戸澤眞奉祝委員会事務総長から発表され／①国民総参加の奉祝行事の開催（十一月十二日、皇居前広場で三万人～五万人が提灯を掲げて祝賀式典に参加。各地で奉祝大会など）。／②御即位十年記念の文化事業の推進（記念出版、青少年弁論大会など）／③全国での広報活動の展開（記念映画上映運動や天皇陛下の御聖徳を伝える書籍・パンフレット普及）／――が満場の拍手で採択された。／委員会会長の稲葉興作日本商工会議所会頭は『この行事を通じて、皇室と国民をつなぐ絆をゆるぎないものにしたい』と、決意を述べた。／続いて政府代表の鈴木宗男内閣官房副長官、羽田孜民主党幹事長、扇千景自由党副代表常任理事、財界代表の石川六郎日本商工会議所名誉会頭、学会代表の坪井栄孝日本医師会会長、宗教界代表の東園基文神社本庁統理がこもごも祝辞を述べた」（『神社新報』〈七月十七日号〉）。

政府・民間（右翼）が一体となって動いていることが、よくわかる。「祝辞」のなかで注目すべきは羽田孜の発言だ。そこにはこうある。

「羽田民主党幹事長は、どこの国の代表者でも天皇陛下に接すると誇らしげであることを紹介しつつ、法制化で問題になってゐる国旗国歌問題について触れ『国旗を掲げ、君が代を大きな声で歌える環境をつくらねば』と述べた」。

「日の丸・君が代」の「国旗・国歌」としての法制化への動きは、まちがいなく、このアキヒト天皇「在位」十年奉祝式典をにらんでのものだったのである。

国旗・国歌としての「日の丸・君が代」を正面から、全国民に強制して、天皇「在位」十年の祝いを政治的に演出する。こういう政治意図が、権力側には明確にあったのだ。だから、それにまにあわせるためにあんなにムチャクチャなスピードで、法制化してしまったのである。

ヒロヒト天皇「在位」五十年、そして「在位」六十年（一九八六年）と比較して、アキヒト天皇「在位」十年のマス・メディアのキャンペーンはここまでは大きなものではなかった。しかし、政府の側は、「日の丸・君が代」の「国旗・国歌」化という、とてつもない大きな「奉祝」を、すでに実施してしまったのであるということを忘れるべきではない。

アキヒト「在位」十年の「奉祝」キャンペーン・式典批判の動きを、「日の丸・君が代」の拒否の動きと重ねて、つくりだしていかねばなるまい。

「日の丸・君が代」・天皇制の戦争責任・戦後責任をこそ問い続けなければならないのだ。

［『反天皇制運動じゃーなる』27号・99年10月5日］

［1999/11］

「天皇メッセージ」と「在位十年奉祝」

アキヒト天皇の沖縄の歴史と文化の理解度

「即位十年奉祝」式典の前日（十一月十一日）に「両陛下会見」なるものが持たれた。

そこでアキヒト天皇は、沖縄についてこう発言している。

「沖縄県では沖縄島や伊江島で軍人以外の多数の県民を巻き込んだ誠に悲惨な戦闘が繰り広げられました。沖縄戦の戦闘が厳しい状態になり、軍人と県民がともに島の南部に退き、そこで無数の命が失われました。島の南端、摩文仁に建てられた平和の礎には敵味方、戦闘員、非戦闘員の別なく、この戦いで亡くなった人の名が記されています。そこには多くの子供を含む一家の名が書き連ねられており、痛ましい気持ちでいっぱいになります。

さらに沖縄はその後、米国の施政下にあり、二十七年を経てようやく日本に返還されました。このような苦難の道を歩み、日本への復帰を願った沖縄県民の気持ちを日本人全体が決して忘れてはならないと思います。私が沖縄の歴史と文化に関心を寄せているのも、復帰にあたって沖縄の歴史と文化を理解し、県民と共有することが県民を迎える私どもの勤めだと思ったからです。後に沖縄の音楽を聴くことが非常に楽しくなりました」。

この「平和と沖縄を思う心」をマスコミはこぞってクローズアップしてみせている。しかし、この男の沖縄の歴史理解には、ヒロヒト天皇らが自分たちの延命工策の時間をかせごうとして、グズグズして敗戦を延ばした結果、沖縄戦になってしまったことやヒロヒト天皇自身が沖縄での「戦果」を期待していたという重大な事実はふまえられているのか。又、敗戦後占領下には「沖縄（および必要とされる他の島々）にたいする米国の軍事占領は、日本に三権を残したままでの長期租借――二五年ないし五〇年あるいはそれ以上――の継続に基づくべきであると考えている」というヒロヒト天皇の沖縄を米軍に売り渡すメッセージの存在についてはどうなのか。「疑いもなく私利に大きくもとづいている希望」とアメリカ側に評されたメッセージは今日まで続く大量な米軍基地の沖縄への押しつけという歴史的現実とおおいに関係のある事柄である。いつも「昭和天皇のことを念頭に置きつつ」動いてきたというアキヒトは、こういう自分が継承している天皇制の歴史的責任について、どう考えているのか。

そういう事実は、まったく存在していないかのごとくにアキヒトはふるまい、マスコミも、そういうことをまったく問題にせず、天皇の「平和」を思う心を抽象的に賛美し続けている。しかし天皇は、他人事のように沖縄戦の「悲惨」を語り、沖縄の戦後の「苦難」を語れる人間ではないのだ。天皇（制）の責任を考えたら、天皇の「痛ましい気持ちでいっぱいになる」等と言った、政府の役人と協議の上で作られた「発言」などはまったく心のないものであるにすぎないことは、あまりにも明白ではないか。

十一月五日の『沖縄タイムス』には、以下のような記事がある。

「県の新平和祈念資料館の展示内容を検討する監修委員会（委員十三人）の全体会議が四日午後、糸満市摩文仁の同資料館で開かれ、県が独自に削除した『天皇メッセージ』の復活など、これまで三つの部会で確認してきた事項を了承した」。

アメリカと日本政府の意向をくんで、沖縄内に新しい基地を移設することを、年内に決めるという方針を明確にした稲嶺（恵一）県政は、この間、新しい県の平和祈念資料館や八重島の平和祈念資料館の展示内容や方法を勝手に改竄している事実が明らかになり、沖縄社会では、県知事の責任（そうである事実を隠し、嘘をつき自分たちは関係ないかのごとくふるまい続けてきた態度をも含めて）を問う声は大きくなっている。この改竄のなかに、「天皇メッセージ」の削除も入っていたのである。改竄は、日本軍が沖縄の住民に対して行った様々な残虐行為の事実を隠していく方向で行われたのだ（一つ例を示せば、「虐殺」を「犠牲」といいかえるという具合）。

日本政府の意志を先取りして、「国策にそぐわない」もの「反日」的なものを書きかえたり削除していった稲嶺県政は、やはり、天皇メッセージは隠すべきだと考えたのだろう。

今回は、沖縄の人々の強い抗議で、その削除から復活ということになったが、アキヒト天皇が、沖縄戦の「悲惨」を語り、沖縄の「苦難の道」を忘れまいと語り、「沖縄の歴史と文化に関心を寄せている」と語ることと、天皇メッセージを削除していく動きこそが、実は連動しているのである。

天皇が「沖縄の心」の大切さを説き、沖縄の文化と歴史への深い理解を示すことは、基地と軍隊を沖縄社会の中に大量に押し込み続けようという日本政府のあり方を、正当化することに通底しているのだ。

沖縄に関心が深いことを売りものの一つに「即位」したアキヒト天皇制の「十年」は、そういう「十年」だったのである。

〔『反天皇制運動じゃーなる』28号・99年11月16日〕

［1999/12］

天皇（皇室）信仰の空洞化

「天皇在位十年式典」が浮かび上がらせたもの

「今回のイベントで五万人集まるといわれた観衆もフタをあければ、二万五千人程度だった。テレビには、動員されたものの、万歳しない、君が代を歌わないタレントたちが大映しにされた。そしてYOSHIKIの出番が終わると、まだ祭典は続いているのに、一斉に会場の出口に歩きだしてしまった若者たち……。／もぬけのカラになった一般募集席を前に万歳を叫び続ける村上正邦の姿が、天皇を政治利用しようという者たちの現在を象徴するかに見えた」。『噂の真相』（二〇〇〇年一月号）の「YOSHIKIやGLAYまで参加した天皇即位10年祭の仕掛けの構図を剥ぐ！」（特別取材班）の結びの文章である。

十一月十二日の政府主催の「天皇在位十年式典」に続いて行われた「国民祭典」は、YOSHIKIやGLAYやSPEEDなど、茶髪のロック歌手や芸能人を大量に動員した。そしてYOSHIKIは「奉祝」のための曲を作曲し、自分で演奏してみせた。祝賀パレードは、こうした式典につきものだが、こうしたことははじめての試みである。主催は「天皇陛下御在位十周年奉祝委員会」と「奉祝国会議員連盟」であり、実体はゴリゴリの伝統的右翼天皇主義者のグループ「日本会議」が中心。

神道の伝統にのっとった皇室儀式の重要さに執着し続けてきた彼らは、むしろ、こうした芸能人に皇室が「開かれる」ようになることに強く反発してきたはずである。

ロックなどの人気で茶髪の若者たちを動員しても、もともとの皇室儀式とは水と油。この記事がレポートするような事態になるのは、十分に予測できたはずだ（マス・メディアはこぞって若者が動員されたことをクローズアップしたが、この記事同様、皮肉な状況をリアルにレポートしているものも少なくない）。

これの発案と仕切りは「日本会議の中心メンバーで、イベントの実行委員長も努めた参議院のドン・村上正邦こそ張本人のようだ」。これに、「警視総監上がりのゴリゴリの保守派」の宮内庁長官の鎌倉節が全面協力で政府（首相）のバックアップをも引き出してきた、と、この記事は論じている。「守旧派」がこういう祭りを演出し、仕切ったらしい。村上の名前はマスコミにも浮上していた。

私は、「右派勢力」の内部に、こういう試みに反対する声が、もっと大きく存在しているのではないかと思っていた。しかし、「開かれた皇室」路線の人々でなく、それを批判してきた「右派勢力」によってこれが準備され、つくりだされ、はっきりとした内部からの批判の声は、ほとんど認められないという状況である。たとえば、『神社新報』（十一月二十二日号）はこう報告している。

「続いて元X－JAPANのYOSHIKIさんが、この日のために作曲した奉祝曲をオーケストラを従へてピアノ演奏する、会場に二台設置された大画面に、両陛下が時折会話をかわされながらにこやかに聴き入られる御様子が映し出された」。

北島三郎、森進一、星野仙一が万歳三唱の音頭をとり、その後に村上の閉会の言葉があったことをも、この記事は淡々とレポートしている（まったくハシャいで書いていないところは「伝統的」である）。

こういう〝祭り〟路線を彼らがイヤイヤ選択したのではないことはまちがいないようである。

神道主義右翼、伝統的天皇主義グループこそが、人気タレント、若者の茶髪文化にコビコビの〝祭り〟を準備した主役であったのだ。

ここには、大きな変化が示されていることに私たちは注目しておくべきだ。

これは、漫画家小林よしのり（彼も参加していた）などの人気で、若者文化に右翼文化が浸透しだしている状況と対応した、彼らの側のしかける意欲の産物といえるだろう。だとすると、彼らのこうした変身は、時代の要請への彼らなりの対応ということになる。

いやな、いや、おもしろい時代になってきたものだ。この〝祭り〟が、水と油をひっかきまぜたようなものになり、かなり混乱した、天皇への一体感がうまくつくり出されなかった儀式（メディア・イベントとしても）であったことの意味にも、私たちは、注目しておかなければなるまい。

伝統主義右翼の天皇（皇室）信仰は、現実には、ヤクザ右翼が天皇を脅迫のテコとして金を集め続けている実体に目を向けて考えてみれば（彼らは、ある部分でダブって存在してきた）いまさら驚くことではないのだろうが、まったく名目的なものにすぎなくなっている。そして、その名目を誇示するための皇室儀礼（伝統）の尊重というポーズすら、一部分解体させだしたのだ（もちろん儀礼の大枠はそのままではあるが）。

天皇主義右翼文化の中でも、天皇（皇室）信仰が、とめどなく空洞化し続けている。マス・メディアの注目度（芸能人の人気）によりかかることを、あたりまえとする気分が、かなり支配的になってきているのだろう。

「開かれた皇室」路線のマス・メディア（主流）でも、とまどうようなイベントを右派勢力が突出してつくり出した。この「突出」は、天皇主義文化の中で天皇（皇室）信仰の全面的空洞化を象徴している。それは、空洞化を目に見える形で浮かび上がらせたのだ。

「天皇在位十年式典」は、「天皇陛下万歳！」と叫ぶ人々の天皇（皇室）信仰（伝統的神聖化の精神）が、まったく空洞化してしまっていることを、くっきり映し出す鏡であった。

［『反天皇制運動じゃーなる』29号・99年12月11日］

［2000/1］

「やったぜベイビー」から流産へ

「御懐妊の徴候」大騒ぎの後

十二月十日の『朝日新聞』の雅子の「懐妊の徴候」スクープから始まった、マスコミのフル回転の「おめでとう」の大騒ぎ。ウンザリした気分でいたら、十三日検査、正式に懐妊とはいえず、マスコミの騒ぎへの自粛要請（宮内庁発）ということになる。アレアレ報道協定づくりへ向かっているのだろうが、それにしてもと思っていたら、三十日夜、再検査で流産の発表。

あふれかえった「おめでとう」騒ぎの記事を読みなおすと、シラジラしさはひとしおである。一紙だけ紹介しよう。『サンケイスポーツ』（十二月十一日）、一面カラーで皇太子と雅子の半身写真が大々的にあり、「雅子さまご出産」の大見出しに「おめでとう」「ミレニアム8月上旬」「ご成婚7年目……待ちわびたコウノトリついに!!」という小見出しが添えられている。一面のはじに「本日は『雅子さまご懐妊特集』のため特別紙面構成になります」とある通り、二面三面（カラー）の上横（全体の四分の一ぐらい）に「やったぜベイビー」の大見出し、「不景気ムード吹っ飛ぶ」「ご結婚7年目の慶事」「皇太子殿下『第一子』」「列島　興奮喜び縦走」の小見出し。記事の中の見出しはこんな調子。「ご結婚の時と同じ。マイペース貫く」「おめでたケーキなど……セール考えます」「経済効果につながる」「株価もご祝儀相場を期待」「日本が待ちに待った吉報」。

　各紙（誌）ともほぼ同じトーン。内容は見出しだけで、読まなくてもわかる。すべてのマス・メディアが「女性週刊誌」化してしまった。テレビも内容はほぼ同じ。

『週刊新潮』（一月二十日号）には、スクープした『朝日新聞』に対する、カラカイのしあげとでもいった記事がある。

　大スクープにはしゃいだ『朝日』は、年明けに折り込むPR版の中に「ご懐妊スクープ」の宣伝を大きく掲載していたが、三十日の発表で、うろたえ、全国の販売店から回収という騒ぎになったというのだ。

「朝日新聞販売局の有力OBによれば、／『PR版には1部あたり10円のコストがかかっており、今回のケースはすべて回収ですから、最低でも4500万円の損害が発生しています。通常なら、会社に1000万円以上の損害を与えた場合、その関係者には当然、しかるべき処分が下されますが、今回の企画は社のトップの方からの指示によるものらしくて、責任を問う声すらあがっていないそうです』／というから、社を挙げて世紀のスクープに浮かれていたのだろう」（「雅子妃『流産』で密かに回収された『朝日』PR版4500万部」）。

『朝日』に続いてハシャいだことを忘れたかのような、他のマス・メディアの「雅子さまの気持ちを無視、人権を考えない」スクープへの非難の声が、宮内庁の怒りをバックに、かなり出だして、その後流産となった時、この大ハシャギ『朝日』は、弁解の記事まで出すしまつ。公人中の公人の国民の関心事だから書いた、という主張。

　確かに、皇太子と雅子のセックス（子づくり）に「国民はこぞって関心を寄せよ」という姿勢でマス・メディアが横ならびしていることは事実だ。だから、こぞって大ハシャギだったわけである。

　ステロタイプな発言ばかりの「おめでとう」騒ぎの中で、私がオヤと思ったのは、雅子の母親の『毎日新聞』（十日夕刊）の、「もし違っていたら」「傷つくだけ」「心配」と涙ぐんだという記事。喜びの涙とも読めなくはないが、子供ができないプレッシャーで悩み抜いた娘が、こんなに騒がれて、もしできなかったら娘はどうなってしまうのかという母の心配の方が、「喜び」なんかをこえていることがよく示された発言。彼女の心配した通りの結果になったのだ。

　流産の事実が報道された時、私は、この母の発言を思い出した。

　私は、雅子やその母に同情しているわけでも、同情すべしと主張したいわけでもない。セックスが公務中の公務であり、マス・メディアがその「私的＝公的」生活をのぞきみすることに耐えるのが天皇一族の公的任務である。情報社会の象徴天皇制というものは、そのようにつくられてきたのだ。優秀なエリートである雅子は、その事を十二分に知りながら、おそらくその超特権的身分へのあこがれもあり、皇太子と結婚する道を、いろいろ圧力はあったとはいえ、最終的には自分で選択したのだ。

「御懐妊」大騒ぎ、そして「おいたわしい」大騒ぎとマスコミはハシャぐ。あげくに「雅子さま」が心配だからあまり騒ぐべきではないなどと「騒ぐ」。どうなったって、マスコミあっての象徴天皇制の「悲劇＝喜劇」だ。

　雅子に同情すべきなのではなく（それが天皇制を支える！）、こんないろいろな意味で非人間的な制度をとのようになくしてしまえるか、このことに関心が集中されるべきなのだ。

〔『反天皇制運動じゃーなる』30号・00年1月19日〕

天皇一族の公事と私事

雅子の「人権」と宮内庁の操作

［2000/2］

「雅子」をめぐるマスコミ報道は、その「流産」発表以来、あの「懐妊兆候」報道直後の、大騒ぎが、まったくなかったかのごとく、消滅している。

右翼の「朝日新聞社」攻撃の話は、耳にする（マス・メディアがとりあげているわけではない）。本当は、いつ「流産」と判明したのか（どう考えても、あの発表のプロセスは不自然だった）、宮内庁内の誰がリークしたのか、なぜ知っていながら（?）ベルギーに行かせたのか、といった宮内庁側（医者も含む）の責任という問題が出てくる。すべての問題がまるごとベールにつつまれたまま、この問題も終わろうとしているようである。

宮内庁側はマス・メディアの方にすべての「責任」をかぶせて逃げきってしまったのだ。右翼の動きも、その線である。彼等の立場でその「責任」を問うなら、宮内庁をもそのターゲットにならなければならないはずにもかかわらず。宮内庁側は「雅子さま」の人権侵害をした一部マスコミへの非難の強い姿勢を公然と示すことで、この隠蔽を成立させた。

多くのマスコミは、とりあえずシュンとした姿勢を示し、女性週刊誌などは、自分たちが以前から何年間も、さんざんアーダ、コーダと書いてきたことを忘れたかのように、「反撃できないのに、雅子さまおかわいそう」という記事を、「流産」報告とともにタレ流した。

こうした宮内庁政治のマス・メディア操作がつくりだされている状況下で、天皇制批判の立場から、彼女の人権を擁護し、マスコミ報道を批判する文章をいくつか眼にした。

本多勝一の「『天皇』家に嫁いだM子さんの私事」（『週刊金曜日』一月十四日号）が、もっとも徹底した主張である。

「何の必然性もない天皇制の『皇位継承』など『国民』の一人たる俺にとって『重大な関心事』では全くない。こういう国民もかなりいるはずだが、あたかも全国民の『重大な関心事』であるかのごとく書く鈍感さと思想的頽廃と、事実に反する虚偽性・虚報」。

こういう主張に、私は強く共感する。しかし、である。本多は「M子さん」の私事を暴露する「名誉毀損・人権侵害」のマス・メディア（特にスクープをし「弁明」記事を書いた「朝日新聞」）を鋭く非難しているわけであるが、その論が、あたかも「雅子」の懐妊や流産に、まるきり「公共性」がないかのごとき前提で成立していることが気になった。

この問題について、『週刊金曜日』（一月二十八日号）の投書欄に「現法制下では天皇一族に人権はない」のだから「『人権侵害』として糾弾することに疑問を感じている」という批判の声が載せられている。問題にしているのは「天与のもの」としての人権ではない。

「……、彼等の持つ法的な特権は否定されなければならない。彼らの人権を保障するには、憲法の天皇条項やそれに付帯する皇室典範をはじめとする諸法律を、否定することが条件となる。現在のままでは、天皇一族に、人権は認められない」。

この、まったく、その通りの匿名教員の主張は、こう結ばれている。

「問題は、これが人権侵害かどうかではなく、ある夫婦の妊娠や出産というまったくの私事が、国家と国民にとって重大な意味を持つかもしれないという現在の制度にあるのだと思う」。

問題は、天皇（一族）の私事は国家的公事であるとする憲法（一章）と皇室典範の基本理念にあるのだ。世襲の王制を憲法が宣言し、天皇の身体が国と「国民統合」を象徴するという制度は、次の天皇となる可能性のある子供づくりは、必然的に国家的「公事」とする制度である。

朝日新聞（編集局長）の「公人中の公人」の私事は公事という弁明のロジックは、国家制度上の根拠のあるロジックである。もちろん、このロジック自体を否定的に考える立場で物事を考えることは自由だ（私自身もそのつもりである）。しかし、そういう国家（憲法）秩序の内側を私たちが生き、生かされているという事実に無関心・無知であるということと、それは、まったく別の事柄であるはずだ。

それに、さまざまなプレッシャーがあったとしても、このウルトラ特権（人権を喪うことと対応している）にかこまれた皇室の「人間」になることを雅子は、最終的には自分で選択した「才女」なのだろう。

彼女の「人権」をめぐる問題は、このマスコミじかけの象徴天皇制自体へのグロテスクさへの批判と重ねて考えられなければ、おかしな方向へ流れるものになってしまう。

国家制度としては存在していない「皇室の人権」をタテにした宮内庁側の報道操作を操作として見る視点こそを持つべきなのである。

〔『反天皇制運動じゃーなる』31号・00年2月15日〕

〈補論〉

「皇室の人権」の問題をめぐっては、ここでの私の主張への批判も含めて、『反天皇制運動じゃーなる』33〈二〇〇〇年四月〉号～37〈二〇〇〇年八月〉号までの「反天論議」で文字どおり論議されている（中島啓明、大川由夫、北原恵、桜井大子と私が書いている）。

[2000/3]

「日の丸・君が代」強制拒否運動の報道

本当に語られるべきことが語られていない

『日の丸』・『君が代』の強制に反対する広島県民の会」と『日の丸・君が代』強制に反対する相談ホットライン」から、あの、政府・文部省の「日の丸」強制によって校長が自殺においこまれた広島世羅高校の卒業式で「卒業生の言葉」を、その場で語った（「国歌斉唱」に、多くの友人とともに立ちあがらなかった）、生徒のメッセージがＦＡＸで送られてきた。

「誰が初めに座ったのかはわからない。私は私の意思で着席した。私は12年間の学びを『間違いじゃないよ』と主張したかった。『強制しなければ掲げられない旗や歌は、いくら法制化したってしょせん根無草。』いつか読んだ本の一文が頭をよぎった」。

そのメッセージの一部分である。地元の『中国新聞』（三月一日）は、それなりにこの件は大きく扱っている。

「一年前の卒業式に前校長が自ら命を絶ち、国旗国歌法制化のきっかけとなった世羅郡世羅町の県立世羅高校（田辺康嗣校長）は、昨年は見送った国歌斉唱を盛り込んだ卒業式を開き、二百一人を送り出した。／フロアに卒業生と在校生が向き合う対面方式だった昨年までのスタイルを、今年は国旗を三脚に立てたステージを使う方式に変更。全員が起立し、開式の言葉に続いて国歌斉唱に入った。教職員の一部がすぐに着席。カセットデッキから君が代の演奏が流れ、歌の冒頭にさしかかると、卒業生全員と出席した二年生二百二人のほぼ全員が次々と座った」。

この記事も、おきていることの上つらをなぜただけの記事である。座っていることで、「君が代」を拒否することを、態度で示した一人一人の意思の内容をつたえる姿勢が、そこにはまったく欠落している。そのことを、できるだけ具体的につたえる。それがジャーナリズムの任務ではないのか。何故、一人一人が拒否したのかを。

『神奈川新聞』（二月二十八日）には、こうある。

「集会は、市民グループ「『日の丸・君が代』の法制化と強制に反対する神奈川の会」の主催。午後一時から、県議や学者、市民ら十五人がそれぞれの立場から、国旗国歌の強制に反対するリレートークを行い、市役所周辺までデモ行進する予定だった。／広場では、やじ馬が遠巻きに取り囲む中、同会のメンバーら約二十人と日の丸を掲げた政治団体員数十人が警察官のつくった壁をはさんで対立。『日の丸を強制するな』『君が代は国歌だ』などと激しい怒声が飛び交い、ものものしい雰囲気に包まれた」。

こう右翼の暴力的介入によって混乱した状況をつたえたあと、ものが言えなくなり「怖い」、「戦前と同じタブー」という批判の声を紹介している。

右翼には、それなりに批判的な記事である。しかし、右翼の暴力を、ここまで野放しにして、こんな集まりはつぶしてしまえという態度だった、あの神奈川県警に対する批判的コメントは、なにもなしだ。

合法的な（警察に届けでることを強いること自体も問題とはいえるのだが、とりあえず、届けでている）情宣とデモを、天皇主義右翼が暴力でつぶす。百人ぐらいはいたという右翼。県警のリーダーの方は、まったくその暴力をまともに止めようとしていない（それだけの警備の人数を集めようとしていない）。

集まりの参加者からの報告を聞くと、「諦めた方がいい」、「われわれ（警察）がいなくなって、ケンカになってもいいのか」と、主催者側に呼びかけ、一方的に主催者側を規制するだけで、右翼はかなりやりたい放題の状態が続いたというのだ。

「市民警察」のタテマエの神奈川県警は、合法集会が右翼につぶされるなら、それでよしという態度だったのだ。この事への批判が、この記事にはまるでない。全国紙も取り上げない状況下で、右翼への批判的な記事を（あたりまえだが）大きく載せた事は、評価すべきなのかもしれないが、（特権を持ち、それゆえに腐敗しがちな国家）権力のあり方に、常に批判的に切りこむというジャーナリズムの、あたりまえの姿から見たら、ずいぶん後退した記事である。

マス・メディアの、そして警察のあり方への具体的批判を、私たちは忘れるわけにはいくまい。政府が「強制しない」と公言しながら行った、「日の丸・君が代」の国旗・国歌への法制化とは、こういう事態（右翼の、警察のそうした態度）を必然的につくりだしているのである。

私たちはこのような状況に入っていることを見すえつつ、「強制」拒否の抵抗運動を、さらに広げてゆかなければならない。

〔『反天皇制運動じゃーなる』32号・00年3月14日〕

［2000/4］

「傀儡政権」と「日の丸・君が代」

「傀儡天皇制」の現在を考える

「日の丸・君が代」を国旗・国歌と法制化することによってあらためて開始された、政府の「日の丸・君が代」の全面的な強制政策は、今年の入学式・卒業式でピークをむかえたといってよかろう。しかし、その強制への「拒否」の意思表示の動きも、多様な形で噴出した。「強制はしない」と公言しながらの法制化であるにもかかわらず、学校では教師への処分体制をさらに強化しつつ、いろんな方法での強制を全国化した（文部省の意向を受け入れてこなかった地域には重点的に攻撃をかけ、これに右翼の脅迫も連動した）という事態。予想したとおりとはいえ、言っていることと、やっていることが正反対である権力政治家のあまりに欺瞞的な態度は、あらたな怒りをもうみださせたのだ。

そして、地域で職場で少数派として孤立しつつ、自分の意志で拒否の姿勢を貫こうという人々が、相互に連絡しあいながら、運動的に支えあおうという動きが、あらためて各地で力強く公然化した。強制のさらなる日常化の中で、抵抗の運動の連絡の日常化をつくりだしていくことこそが必要である。攻撃の強化を〈抵抗の交流〉のチャンスとして活用しうる運動こそがつくりだされなければならない。そのように私たちは考え動き続けてきた。

この「日の丸・君が代」問題を批判する論理に、この強制は、戦前の軍国主義への回帰であり、新たな「戦前の時代」づくりだというものが、かなり支配的である。一面ではあたっている批判といえなくはないが、単純な「回帰」などではないという点に、私たちは、もっとこだわる必要があるのではないか。

『世界』の三月号にタカシ・フジタニが「ライシャワー元米国大使の傀儡天皇制構想」を新しく発掘した資料を基に書いている。

「慎重に計画された戦略にしたがって、我々のイデオロギー闘争に勝利する必要がある。その第一歩とは、当然のことながら、協力的な集団を我々の側に引き入れることである。この集団が仮に、日本国民の少数部分を代表するものであれば、それはある意味で傀儡政権（puppet regime）ということになろう。日本はこれまで傀儡政府を策略として幅広く利用してきたが、傀儡が不十分であったために大きな成功をおさめることはなかった。しかし、我々の目的にかなった最良の傀儡を日本自身が産み出している。我々の味方として引き寄せることが可能なばかりか、中国における日本の傀儡がつねに欠いていた、莫大な重みを持った権威を彼自身備えもつ、そのような傀儡。私が言わんとするのは、勿論、日本の天皇のことである」（傍点部分は原文ではゴシック）。

一九四二年九月一四日の日付入りの「メモ」である。タカシ・フジタニは、まだそんなに政治力のあったわけでないライシャワーの主張が力を発揮したわけではないとはいえ、このライシャワーの構想通りに、事態が進んだことに注目すべきであると、ここで語っている。そして、このメモを、このように読むべきだと語っているのだ。

「ライシャワーが天皇を戦略的道具としてしか見なしていなかったこと自体に、深い怒りを覚えるナショナリストも多いに違いない。しかし、統合の象徴としてであれ、現人神としてであれ、『道具』としての役割をもたない存在としての天皇など、いったいありうるのだろうか？」。

局部的な政治意思を全体的なものであるかのごとく代表する「傀儡政権」こそ「象徴天皇制とナショナリズム・シンボル一般の持つ性格」だ、そうタカシ・フジタニは語っているのだ。

まぁ、その通りだろう。しかし、私は、天皇ヒロヒトとそれをかこんだ日本の支配者が、直前まで殺し合っていた敵国の「傀儡」に積極的になることで（もちろん、スケープゴートは差し出し）、〈裏切り〉によって戦後国家をつくりだしたという点に、もっと注目しておくべきだと考えている。

アメリカの「傀儡権力」が象徴天皇制国家である。そして、この「傀儡権力」が国家主義（ナショナリズム）を、その事実を隠しながら一般的に鼓舞しつづける。占領期以後も、この政治支配の基本構造は、いろいろな変容を伴いながら、変わらずにきているといえないか。

「売国ナショナリスト」たち。「強制はしない」が全面「強制」の口実という政治体質は、ここの決定的欺瞞によって支えられている（ホラがベース）。

象徴天皇制国家もアメリカ製なら、敗戦・占領で一時公的な場所で消えた「日の丸・君が代」の復活も、単純な復活でなく、アメリカ製につくりかえられての再登場だったのである。

この間、アメリカの軍隊が日本をかなり好き勝手に使うことを可能にする「ガイドライン安保」体制が新たにつくり出されたことと対応して、「日の丸・君が代」が国旗・国歌として法制化された。軍事的には主体的に「従属」しつつ、日本国家の固有の「伝統」「天皇」をたたえる必要を強調する支配者たち。

敗戦・占領という断絶が、天皇制・「日の

丸・君が代」を決定的につくりかえていることの意味（天皇らが戦争責任をとらないことは、そのことによって可能になったのだ）を考えながら、私たちは「日の丸・君が代」の強制に抵抗し続けなければならないと思う。

そういう意味で、天皇（皇室）の賛美の強化も「日の丸・君が代」の法制化をステップとした強制の全面化も、戦前への回帰ではありえないのだ。

［『反天皇制運動じゃーなる』33号・00年4月4日］

[2000/5]

延命した排外主義の再強化

森発言・石原発言をめぐって

四月九日、東京都知事石原慎太郎は陸上自衛隊第一師団の練馬駐屯地の創立記念日の式典に出席、九月三日の「防災訓練」（陸海空三軍が主役）についてふれつつ、「今日の東京を見ますと、不法入国した多くの三国人、外国人がですね、非常に兇悪な犯罪をですね、繰り返している」と発言した。

「大きな災害が起こった時には大きな騒擾事件すら想定されます」「治安の維持も、一つ皆さんの大きな目的として遂行していただきたい」と続くこの発言は、彼が朝鮮や台湾などの日本の旧植民地の人々を（そして、それ以外の外国人労働者をも）取り締まりの対象としてしか考えていない人物で、日本の植民地支配や侵略戦争の歴史にまったく無反省であることを、あらためてハッキリさせるものである。

かつての関東大震災の時の日本人の手による朝鮮人虐殺の歴史を、くりかえせと煽動しているがごとき発言ともいえよう。こうした右翼排外主義者が、今、大人気の東京都知事なのである。

この作家は、かつて大江健三郎や開高健とならんで、純粋戦後派（戦場体験を持たない若き戦後派）と呼ばれていたはずだ。いったい戦後とはなんだったのだろうという気分になるのは、私だけではあるまい。

東京都知事だけでは、もちろんない。こういう発言を思い出そう。三月二十日の石川県加賀市内で、自民党の森喜朗幹事長（当時）の、「天皇陛下即位十年をお祝いする国民祭典」のビデオを上映しつつの発言である。

「君が代斉唱の時、沖縄出身の歌手の一人は口を開かなかった。おそらく（君が代は）知っていると思うが、学校で教わっていないのですね。沖縄県の教職員組合は共産党が支配していて、何でも政府に反対、何でも国に反対する。沖縄の二つの新聞、琉球新報、沖縄タイムスも。子供みんなそう教わっている」。

私の手にした新聞記事では、この「沖縄出身の歌手」は匿名だったが、テレビの報道などは、「十年式典」の時の歌っていない安室奈美恵の表情が、わざわざ流されたらしい。プロダクションの営業政策で「式典」に出席した彼女に、知らなくてか、歌いたくなくてかはともかく、歌わない権利は、もちろんある。なんで非難されなければならないのか。

教職員組合と『沖縄タイムス』・『琉球新報』という二つの新聞も「共産党支配」の結果、国に反対する、なんていう発言はどうか。「日の丸・君が代」を拒否するという、私たちの立場と同じものを、保守党の権力者に要求してもしかたない。しかし日本がかつて沖縄を植民地支配してきたあげく全住民をまきこみ戦闘に追い込んだ歴史、そして戦後は切りすて（米軍に売り渡し）復帰後も構造的に差別してきている歴史（基地の押しつけに象徴される）のなかで、沖縄の人々が、どういう気持ちで生きているのかという点に、まったく思いがいかない。この男には、たとえ権力者であったとしても人間的想像力がなさすぎないか。

国家や政府への民衆の当然の批判も、「アカ」がやらせている、として常に権力（国家）は絶対的に正しく、批判は取り締まりの対象としてしか考えなかった、かつての天皇制ファシズム国家の支配者の心理と論理が、そのままこの男に生きつづけているというしかあるまい。

三月三十日、沖縄県議会は「沖縄戦を糾す有識者の会・国旗国歌推進沖縄県民会議」なる右翼団体の「一坪反戦地主ら」を県の外郭団体を含む機関の役職から排除することを求める陳情書を採択してしまった。

これは、平和祈念資料館などの監修委員から、日本政府そしてそれに支えられている稲嶺県政に都合の悪い人物は排除し、人々の大きな批判をあびて失敗した、日本軍の残虐性を薄める展示「改ざん」の方向をさらに追求すべしという政治的メッセージがこめられた陳情である。

そしてこれは、森発言に対する、右翼の対応ともいえるであろう。権力に逆らうような思想の持ち主は排除されて当然という、ファッショ的でまったく人権を無視したこの主張は、県の自民党議員を中心とする与党議員らによって採択されてしまったのである。

森発言も石原発言も、ゴロツキ天皇主義右翼の思想水準であることは明らかだ。そして、森喜朗が今、首相におさまっていることは、いうまでもあるまい。

そういう日本の首相・東京都知事の行政下を、今私たちは生き、生きさせられているのだ。恐ろしい気分にならなかったら、どうかしている。

もちろん、石原発言は「防災訓練」が実はどういうものであるのかを正直に語ったものと読むこともできる。この軍事訓練は排外主義を煽り、国家（軍隊）が民衆を取り締まる作業に日本の民衆を自発的に参加させるようにするための訓練なのである。私たちが抗議行動を通して主張してきたことを、権力者がその口から語りつつあるのだ。だから、石原発言への抗議の運動も多様に噴出しつつある。

そして、政府の「強制はしない」といいながらの「日の丸・君が代」強制の全国的な展開に、抗議と抵抗の動きも広くつくりだされている。

こうした抗議と抵抗の動きの中に、実は民衆の〈戦後〉が生きつづけていることが力強く示されているのだ。

［『反天皇制運動じゃーなる』34号・00年5月10日］

［2000/6］

「呼び捨て」への暴行と「雅子さま」報道

右翼による言論への暴力に抗議を！

森喜朗首相は、今度は「どうやって日本の国体を守ることができるのか」（六月三日）と発言。この「国体」発言、問題にされると、「失言」と語ったと思ったら、失言ではなく「取り消し」の必要はない、「国の体制」という意味で使っただけだとひらきなおり。

この男の右翼天皇主義体質は、あまりに明白である。しかし、私たちは、大日本帝国憲法の精神を、いま生きているかに見える「復古」調、違憲の首相というマスコミのキャンペーンに同調していてよいわけがない。五月二十日から始まり、六月一日までの天皇・皇后のスイス・オランダ・フィンランド・スウェーデンへの「皇室外交」に対する批判は、マスコミにはまったく存在しなかった。そもそも憲法は「外交」する権能などを天皇（ら）に認めていないはずである。そうであるにも関わらず、特にオランダを舞台にした、戦争責任の清算の政治セレモニーに象徴される、露骨に政治的な儀式（謝罪の「おことば」）を、マスコミは、こぞって賛美し続けた。

森発言を違憲と批判しつつ、違憲の「皇室外交」を賛美し続ける、マスコミのダブル・スタンダード、これこそが問題なのだ。大日本帝国憲法・教育勅語の精神を生きる森への批判は、「国民主権＝象徴天皇制」をよしとする立場からのものであり、「皇室外交」賛美は、戦争責任に「クリーン」なアキヒト・ミチコ象徴天皇制賛美なのである。マスコミの主張は、象徴天皇制大肯定・賛美で一貫しているのである。

このことこそが、批判されなければならないのだ。マスコミの皇室報道の奇妙さという問題は、『噂の眞相』の編集長を日本青年社の右翼二人が暴行した事実を伝える『朝日新聞』の記事にもよく示されている。

「調べでは、島村容疑者らは午後五時五十五分ごろ同誌の事務所に抗議に訪れ、編集長室で岡留さんと副編集長に抗議するうち、テーブルにあった灰皿や台所にあった果物ナイフを投げつけたり、殴ったりして岡留さんにけがをさせた疑い。岡留さんはナイフで右足を切るけがをしたという／『噂の眞相』の関係者によると、島村容疑者らは同誌六月号の『一行情報』というコーナーに掲載された皇太子妃の雅子さまに関する報道内容に抗議。『雅子さまを呼び捨てにしたのは納得がいかない。謝罪しろ』と話していたという」（六月八日・傍点引用者）。

この記事には、被害者岡留安則編集長の「自由な表現活動を撤退するつもりは一切ない」というコメントもあり、全体として、他紙より大きくかつ具体的な報道で、右翼の暴行への抗議の姿勢もハッキリしている。

しかし、なんと「雅子さま」報道なのだ。マサコを呼び捨てにすることなど、あたりまえなことではないか。『朝日』は、すでに右翼のいいがかりをのんでしまった水準で記事をまとめているのだ。

この重大で、大切な一点で後退していることで、この抗議記事は、実に奇妙なものになってしまっている。

雅子と呼び捨ては許さん、雅子さまとしろと暴行した右翼への抗議記事が「雅子さま」でまとめられる。ナンナンダ、コレは。

「神の国」だの「国体」などという発言をする人物が首相になり、その首相の発言を批判しているマスメディアが、ひたすら象徴天皇制を賛美し、皇室への「さま」報道を続ける。神道主義＝神権天皇を、「象徴＝人間」天皇にモデル・チェンジして、侵略戦争と植民地支配の一切の責任を取らずに延命させる。こういうＧＨＱ（アメリカ）の占領政策にのって、天皇とともに日本の支配者の多くも、責任を軍人（特に陸軍）のリーダーにおっつけて延命した。この延命への批判を、マスコミが基本的にタブーにして、すでに五十五年近い時間が流れてしまったのだ。

この象徴天皇制としての天皇制の延命の時間こそが、「神の国」「国体」発言をする男を首相にするベースなのである。問題は、大日本帝国憲法・教育勅語の精神の「復活」なのではなく、そうしたものの、姿を変えての象徴天皇制の中への延命なのである。

マスコミの皇室に対する敬語報道と、右翼のこうした許してはならない暴力とは、無関係ではない。いや無関係ではないどころか、大いに関係しているのである。マスコミのこういう日々の「神聖化」が右翼の暴力の突出の心理的土壌を日常的につくり出しているのである。右翼と『朝日』が「―さま」で横ならびであることに、私たちは注目し続けなければなるまい。

こうした右翼の言論への暴力に断固として抗議の声をあげよう。そして、皇室「呼び捨て」は私（たち）の日常ではあるが、何よりも大切なことは、こういうあたりまえの文化を、様々な場所で拡大する努力を更に持続することである。

［『反天皇制運動じゃーなる』35号・00年6月13日］

[2000/7]

「皇太后」ナガコ死亡報道

皇室（「昭和」）の歴史と庶民の歴史の一体化は操作である

「皇太后」ナガコの死亡を告げるマスコミ報道は、やはり日本は「天皇を中心とした神の国」である事実を、クッキリと示したといえよう。

東京タワーの点灯も中止され、競馬などのギャンブルはすべて中止、文部省は学校への弔旗掲揚を求める通達、試合前に球場での黙祷のセレモニーを強制するプロ野球、……他に「自粛」の動きもいろいろあった。そして「神の一族」の神道にもとづく葬儀のセレモニーが続く。

『噂の真相』（八月号）の「『皇太后逝去報

道』の舞台裏事情と宮内庁の相も変わらぬ不可解な対応」は、それでも今回のマスコミ報道は、以前の計画と比較すれば、「はるかに小さく地味なものであった」と論じている。確かに、洪水のごとく天皇賛美の映像や記事がたれ流され、自粛が全国に日々拡大したヒロヒト天皇の病気・死をめぐる事態と比較すれば、それは「小さく地味」なものであったといえよう。

この記事は、宮内庁がそのように扱う方針を立てたのは、アルツハイマーの彼女を死ぬまで「マスコミや国民の前に一切姿を現わせない扱いをしていた結果であると語っている。「新しい時代に切り替えたい」という宮内庁の意思がそうしたのだというわけだ。

それなりに根拠のある分析である。しかし、私たちは新聞の号外も出たこの死去騒ぎの報道の内容の、あいかわらずのヒドさを、キチンと批判しておかなければならないと思う。

内容はナガコの人柄賛美一色である。人柄賛美は国家賛美であり、侵略戦争や植民地支配への戦後の無責任の大肯定である。皇族への弔意文の議決に反対してきた共産党まで、国会での決議に賛成したというのだから、共産党もこの「無責任万歳」のセレモニーに加わったわけである。恐ろしい事態である。

六月十七日。『朝日新聞』には元の編集委員岸田英雄が、彼女の明るさとスマイルが天皇の家族を支えたと論じつつ、こう書いている。

「白馬にまたがった天皇が神格化されたころ、皇太后もまた『国母陛下』と雲の上にまつりあげられたが、人知れず苦労も多かったようだ」。

戦中の陛下の「御心痛の様子」をみていたのが一番つらかったというナガコの発言が紹介され、こう続く。「何よりも良子皇太后が人間的に解放されたのは、戦後、象徴天皇制が定着してからだろう。天皇と共に植樹祭や国民体育大会などで沖縄を除く全都道府県を訪れ、『一生ダメだと思っていた外国』（ベルギーのアルベール殿下に）へも、二度旅行した」。

なんという言いぐさであろう。「国母陛下」として民衆を侵略戦争の地に狩りだし、その戦争の「銃後」の守りに女たちを動員したナガコの戦争責任という問題は、庶民と同様の戦中の「苦労」という物語で整理されることで、消滅してしまっている。そして、戦争が終わることで、庶民とともに「人間的に解放された」というのだ。処刑されるのではと気が気でなく動きまわった天皇ヒロヒト。その時、自分もどうなるかと思いつつ、「陛下のご心痛」を見ていたことは、つらくはなかったのかね、とでも聞いてみたくなるではないか。

調子のいいエピソードのくみたてで、「人柄」賛美を軸に無責任と偽善にまみれた政治神話がつくりだされているのである。

ここには、こういう主張もある。

「戦争中の防空壕（ごう）を兼ねた住まい『御文庫』に湿気が多かったのが影響してひざが悪かったうえ、……」

湿気がどうしたというのか。「御文庫」というのは、毒ガス対策の装置もついた、当時としては、地下につくりだした最大、最強の防空住居のことである。原爆が投下されても、とりあえずは安全ともいわれる天皇・皇后の地下住居のことである。

庶民は爆弾一発で破壊される防空壕にもぐり、火の海を逃げまどって多くの人々が死んでいった時、戦争での「玉砕」を煽っていた皇后たちは、まったく安全な場所にいたのである。

庶民は、天皇・皇后などと同じ「昭和の歴史」など生きてはこなかったし、これからも生きないのだ。

〔『反天皇制運動じゃーなる』36号・00年7月11日〕

［2000/8］

雅子「斂葬の儀」欠席騒ぎ

つくりものの「笑い」とつくりものの「心配」

雅子が皇太后の『斂葬の儀』（七月二十五日）に欠席した。まあ皇室にとっては重大な行事である。「ご懐妊か?」という話にマスコミがなるのは当然だが、古川清（東宮大夫）の、欠席の理由の説明が以下の通りだから、話がさらにおかしくなる。

「雅子さまは暑さが続いて疲れがたまり、夏バテのような状態。お身体を大切にしていただくという見地から、お取りやめになった」

夏バテぐらいで欠席していい儀式ではないとされているわけだから、本当は何が理由なの、という声が高まる。

おまけに、その六日後（八月一日）高校総体に出席のため、雅子は動きだす。出席は七月三十日に発表されている。

そんなにすぐ動けるのに、どうしてというふうに話題は進む。『週刊新潮』（八月十日号）の「雅子さま『休養』で伝えられた『真相』」の分析は、こういう「皇室関係者」の声で方向づけられている。

「これは申し上げにくいのですが、どうやら雅子さまはこの時、もしかしたら〝ご懐妊〟かも知れないと思われる状況にあったのです。つまり女性としての、月のご体調の変化がその可能性を示していた。それで、万が一にも、と大事を取って、……」。

「夏バテ」という発表で、騒ぎになるのをへたくそにかわしたが、結局、そうではないということで高校総体には出席ということになったというのだ。この記事、先の「皇室関係者」の雅子の「重圧」は「本当にお気の毒です」という声で結ばれている。

『週刊文春』の「宮内庁記者会が問い詰めた雅子妃『皇太后さま斂葬の儀』欠席の理由」（八月三日号）、「雅子妃『本当に夏バテ?』で記者奔走」（八月十日号）にはこういう「宮内庁関係者」の声が出てくる。

「雅子妃は、医者はもちろん医療関係者の相談もお受けにならない。昨年のご懐妊騒動以後は、宮内庁はじめ、身近なお世話係にまで不信感を抱かれていて、……」。

精神的に深刻な状況、というわけだ。ここでも「関係者」の心配発言。次の記事は、「国民が納得できる説明を望みたい」との宮内庁担当記者の声で結ばれている。ノイローゼ説が基調である。

『女性セブン』は「雅子さまの健康状態が気にかかるのだが……」という調子で、「夏バテ」で「ご懐妊」なしの宮内庁発表を紹介しつつ、「いまはただひたすら、雅子さまさまの体調が回復されることを祈りたい」と結ぶ記事（「雅子さま『斂葬の儀』を急きょご欠席の『波紋』」（八月十日号））。

『週刊女性』の「独占真相『斂葬の儀』ご欠席は夏バテが原因ではない」（八月十五日）には、こういう「東宮関係者」の声が紹介されている。

「雅子さまが、ある妃殿下とお話しされている時に、急にドアの外に人がいないかどうかを確かめに行かれたそうです。それだけナーバスになっていらっしゃるのだと思いますが……」／「雅子さまが、このごろふさぎがちなのは私たちおそばに仕える者が一様に気にしているところです。食事をとられないこともありますし……」。

こちらも、ノイローゼ説のようだ。この記事の結びは、こうである。

「幸い、雅子さまにも皇太子さま、美智子さまという理解者がいる。服喪中であるが、あえて〝前例〟を破り、ゆっくり静養され、早くあの微笑を取り戻されるよう祈りたい」。

「夏バテ」発表の裏に、正確に何があったのかは、結局よくわからないが、こういう記事を読んでみると、雅子がさらに心理的に追いつめられており、「懐妊」騒ぎの時、内部から情報を流した身のまわりの人間への不信でかなりノイローゼ状態であることはわかる。記事は「雅子さまが心配」というトーンでは、みな同じであるが、「皇室関係者」なるものの「声」をたれ流している点もほぼ共通している。こういう記事をみたら雅子はますます不信を増大させるしかないだろう。マスコミは（それにリークしている「皇室関係者」なるものも）雅子を追いつめることをしながら、「心配」してみせているのだ。

世襲の国家の象徴一家の皇太子の妻となれば、懐妊・出産はマスコミあげての大騒ぎになるにことは十分認識しながら、「皇太子妃」というウルトラ特権的な「身分」を手にした雅子は、裏でイライラしていても表で笑ってみせるしかない（高校総体への出発時は、つくられた笑いをふりまいている）。

つくりものの「心配」とつくりものの「笑い」。マスコミも雅子も、いっていることとやっていることが正反対で、メチャクチャなのだ。

〔『反天皇制運動じゃーなる』37号・00年8月8日〕

[2000/12]

世紀末「皇室報道」

静けさの向こう側　踏み込まなかったメディア

静かな年末である。昨年の一二月一〇日の『朝日新聞』一面トップの「雅子さま、懐妊の徴候」報道から始まり、一二月三〇日の夜の再検査の結果、流産との発表に終わったマスコミの大騒ぎと比較すれば、皇室報道は嘘のように静かである。

十二月九日の三七歳の誕生日に先立つ記者会見。流産についてふれ「報道が過熱したことに「戸惑いを覚えた」との彼女の発言の報道も静かなもの。ここでも弁解しているが彼女が今年、話題になったのは、七月二十五日の皇太后の本葬（「斂葬《れんそう》の儀」）への欠席とその理由をめぐってである。夏バテが公式の理由とされた「前代未聞の事態」をめぐって、その本当の理由は何かが取りざたされたのである。八月二十三日のスケジュールも取りやめる、しかし八月一日の高校総体は出るとの発表なのだから、なにがなんだかわからない話。自分の懐妊をマスコミにリークした側近への不信感の拡大が、対話の拒絶を生み出し、こういう事態にいたったようだという週刊誌報道。

『週刊文春』は、「昨年のご懐妊騒動以来、周囲との信頼関係は回復されないまま」という皇室記者の声をつたえている（「美智子さま『咳嗽《がいそう》』雅子さま『ご静養』への懸念」一一月三十日号）。静養が続いていることが話題にされているのだ。〝わがまま〟、いや「雅子さまをわがままとは失礼な」というようなつまらないことを書く、女性週刊誌記事もあった。今年の「雅子」をめぐる報道で、私たちが注目すべきなのは、このような問題では、もちろんない。

「雅子が再び五月に『懐妊の兆』で情報漏れ警戒した宮内庁が箝口令《かんこうれい》の説」との『噂の眞相』（六月号）の一行情報。この情報は皇太子妃に敬称をつけないので皇室を侮辱していると右翼団体（日本青年社）の二人が編集室を訪れ、編集長と副編集長に暴行。すなわち、この許しがたい暴力の理由が、「雅子さま呼び捨て」である。こんな理由での右翼のメディアへの乱入（暴行）は、あまり前例がないはずである。

「日の丸・君が代」強制へ向けて『産経新聞』が事実を無視したセンセーショナルな「偏向教育」キャンペーンをはり、それと連動して右翼の暴力が突出し（街宣車・脅迫状）、さらに、それに後押しされ「日の丸・君が代」拒否教師への教育委員会の処分が現実になってしまうという状況（国立市）。こうした右派メディアと右翼の暴力が公然と連携する時代の中に、「呼び捨て」への脅迫と暴力が浮上してきたのである。こうした暴力に批判的なメディアを含めて、マスコミは「さま」報道一色であり、私たちは右翼の要求にみあった水準でしか存在していないことの意味をまず考えてみなければならないはずだ。そして、右翼の「さま」を要求しての暴行にストレートに対応するのが、『産経新聞』の皇太后の死を「皇太后陛下崩御」と報道する姿勢である。さすがに今回はそうではなかったが、「昭和」の天皇ヒロヒトの死の時は、沖縄・長崎などの新聞をのぞいて、マスコミは、「崩御」で横並びであったという歴史的犯罪を想起すべきである。

さて、今年の皇室報道の主役の一人は皇太后であった。この間、長いこと話題にされることはなかったが、その死によって最後のクローズアップということになったわけだ。

マス・メディアは、彼女のスマイルのチャーミングさを、「昭和天皇」につくした人柄のよさを、やさしさを、こぞって賛美する記事を流した。こうした「人柄」賛美が隠蔽したのは、皇太后の戦争責任である。皇后時代の日本赤十字社名誉総裁としての活動については、みなふれているが、それが、そこで語られているような、ただの人道的な福祉活動であったわけではないのだ。

かつて皇国少女であった北村小夜《さよ》は、こう書いている。

「私が日本赤十字社救護看護婦養成所に行ったのは、それは女が行ける陸海軍に最も近い位置、というより陸海軍と一体であったからである」(『慈愛による差別』軌跡社)。

国家の戦争のため身を忘れてつくす看護婦を養成し、自分(皇后)の股肱《ここう》(手足となって働く臣民)として彼女たちを、勇んで戦場に送りだすことを任務として、侵略戦争の時代を彼女は生きたのである。煽動し、戦場へ追いこんだ皇太后は無傷であった(敗戦後、その責任を問われることも、まったくなかった)が、「天皇陛下の股肱」であった軍人たち同様、「皇后の股肱」も多数、殺傷された。彼女は「ほほ笑み」でそうした責任を隠し、マス・メディアはそれに全面的に協力し続けた。結局、彼女の死亡報道は、その歴史の隠蔽と偽造の仕上げであったこと、このことを私たちは忘れるわけにはいかない。

『産経新聞』(六月十七日)の社説は、こう書いている。

「その生涯をかけて、皇太后さまが保ってこられた皇室のよき伝統は、時代が変っても現皇后陛下、そして皇太子妃の雅子さまへと受け継がれていくことだろう」。

「受け継がれていく」のは、戦争責任であり、それをまったく不問にした戦後の責任である。

赤十字といえば今年、天皇夫妻はスイスの国際赤十字本部を訪問している。五月二十日から六月一日まで、スイス、オランダ、フィンランド、スウェーデンを「皇室外交」。オランダでは異例の長さの十分間スピーチ。戦争の犠牲者、傷を負い続けている人々の存在に「深い心の痛みを覚えます」との「おことば」がマス・メディアで話題にされた。メディアは戦争の反省と賛えるが、それは侵略戦争の「傷」について天皇が抽象的にふれることで、個々の被害者に直接に届く国家賠償をしないという不誠実で、反省のない日本政府の政策にベールをかけるという、露骨に政治的なパフォーマンスなのである。

そもそも、戦後の憲法は天皇(皇室)に外交の権能など与えていない。反対に、そういう行為は許さないという理念が表明されているはずだ(第七条天皇の国事行為)。だから、憲法の理念を前提にすれば「皇室外交」などは、あってはならないことなのだ。そうであるにもかかわらず、この明白な違憲行為について批判的を主張は、ここのところ、ほとんどマス・メディアからシャットアウトされている。

森喜朗首相の「天皇を中心とする神の国」日本、という発言は、大日本帝国憲法的精神のあらわれであり、「主権在民」の戦後憲法の精神に違反しているという批判は、マス・メディアに大量に生産された。今年は、この批判の高まりと、「皇室外交」を政治的にバックアップする記事の大量なタレ流しがほぼ同時であった。一方で、そもそも「おことば」外交など違憲で許されない行為であるにもかかわらず、マス・メディアは、こぞってその「おことば」の政治を賛美してみせた。他方で、森首相の「神の国」発言は、戦後憲法に反すると批判し続けたのである（批判はある意味であたりまえだが）。

これは、まったくのダブル・スタンダードである。そのダブル・スタンダードぶりが、この時に、鮮明に露呈したのだ。

結局、天皇（制）の戦争責任・戦後責任をまったく問わずに、象徴天皇の行為に関するダブル・スタンダードをより構造的に強化しつつ、マス・メディアの皇室報道は世紀を超えていくことになる。マス・メディア自身の戦争責任・戦後責任がまったく果されることなく二〇世紀が終わることを、それは象徴しているといえよう。

［『週刊金曜日』・00年12月22日］

第III部

象徴天皇制「再定義」のプロセスを読む

[1993/9]

「平和大国」意識こそが問題ではないのか?

反天皇制運動と反派兵運動の合流点

私たちは今年の八月十五日の「反靖国集会」を、「天皇のドイツ・イタリア・ベルギー訪問に反対する共同行動」の結成集会(デモ)として実現した。

靖国神社に参拝した閣僚は十四日に行った羽田孜副総理・外相らを含めて五人と昨年比三分の一に減少したとはいえ、議員は八十七人が参拝している。参拝した閣僚はすべて「新生党」、ここにはこのメンバーの伝統的な右翼体質が、はっきりと示されている。

マスコミは、細川新首相の、あの戦争は「侵略戦争であり、間違った戦争だった」という発言を大きく扱い、この八・一五も土井たか子衆議院議長の「……私たちの過ちによって惨たんたる犠牲を強いられたアジアの人びととの和解を私たちは手にしていないのであります」という発言と重ねて、新政権が自民党と違った姿勢を示している点をしきりとクローズアップしている。

八月十五日の『毎日新聞』の社説(「『侵略戦争の反省』の実質化を」)を例に引こう。まず細川首相が戦後補償のために「一兆円基金」創立の検討に入ったことを評価し、日本の教科書が、かつての侵略の実態にふれていないことを批判する。そしてこう論ずるのである(この基金は公式には否定された)。

「日本の若者が『暗い過去』を知ることは『負の遺産』を背負うことになる。しかし、それを『正の財産』に転化させる教育が必要だ。/それはアジアをはじめとする開発途上国の人たちの広い分野での貢献を促す前向きの学習だ」。

この後、国際ボランティアとして活動する若者が増大している事実を告げ、こう続く。

「今年四月、カンボジアで国連ボランティアとして選挙監視の行動中に射殺された中田厚仁さん(当時二十五歳)は、小学四年のとき、父親と訪れたナチのアウシュビッツ収容所跡に触発され、大学で国際法を学んだという」。

この文章は、国際ボランティア=「世界市民」を育てる、学校・社会・家庭教育を呼びかけて終っている。

首相が侵略戦争と認めることも戦後補償に積極的な姿勢を示すことも、よいことだと私も思う(もちろん、侵略戦争の実態を自分たちの手で正確に調べなおし、直接の被害者あるいはその関係者に補償がキチンと支払われ続けることにならなければ補償したことなどにはならないのだが)。しかし、過去の侵略の反省や謝罪が現在の経済侵略そして軍事的侵略を正当化したり合理化するためになされるのであれば、それは欺瞞である。

「国際ボランティア」、「世界市民」、なにやら美しいイメージをかきたてる言葉だ。しかし、UNTAC(国連カンボジア暫定行政機構)のカンボジア占領政策とそれへの自衛隊(PKO派兵)・国連ボランティアの、「国際貢献」をスローガンにした参加は、「侵略」とは何も関係のない行為であったといえるのか。

多国籍化した日本の資本(商社)にとってそれは「復興ビジネス」であり、UNTACは「平和」を武力で強制したのである。

七月三十日、カンボジアで自衛隊の動きなどの監視活動をしてきた三人の友人の報告を中心に、私たちは集会を持った(主催「カンボジアPKO監視市民共同デスク」)。そこでは、日本人の国連ボランティアが現地の民衆といろいろトラブルをおこしている状況についても報告された。殺された中田についても、決してマスコミが報じているような美しい話ではないことも告げられた。考えてみれば、

「現地の人にうらまれて殺された」というのがUNTACの調査後の公式見解であった。事実は具体的に知らされておらず、なにが真実かは断定はできない。しかし、そうだとしても決しておかしくない状況に国連ボランティアはいることは事実であるようだ。金と軍事の力で占領する政策が、現地の民衆の心に反発や反抗をうみだすのはあたりまえである。個人的「善意」などは、このシステムの内側（無条件占領体制）をくぐれば、ただの傲慢である。

過去の侵略への反省は、PKO派兵やUNTACの占領への民間ボランティアの協力（新たな侵略）を拒否することと結びつけられなければならないはずだ。

政府やマスコミは、本当のところ過去についてもまともに反省しているのであろうか。

八月十五日の全国戦没者追悼式典の天皇の「お言葉」にはこうある。

「……国民のたゆみない努力により、我が国の平和と繁栄が築きあげられましたが、苦難にみちた往時をしのぶとき、感慨はつきることがありません」。

細川首相の式辞はこうだ。

「また、歴史の教訓に学んで、国際紛争の解決の手段としての戦争を永久に放棄することを国家の意思として宣言し、平和国家としての再生の道を戦後一貫して歩んできた日本国民の総意として、この機会に……」。

土井衆議院議長の追悼の辞。

「戦後、我が国はめざましい経済的発展を遂げ、今日では、国際社会において重要な地位を占めるまでに至りました。これも、ひとえに国民の一人ひとりが、あの悲惨な戦争を思い自らの歴史の過ちを反省し、その過ちを二度と繰り返さないとの決意のもとに、平和国家としての再生をかかげ努力を積み重ねて……」。

三つは戦後の「平和国家」日本の大賛美の姿勢で共通している。朝鮮戦争・ベトナム戦争という他国を舞台にした戦争でボロもうけしてきた日本経済、アジア第三世界の自然を破壊する収奪によって経済大国となった日本。この経済侵略大国がPKO派兵を通して政治・軍事大国への道を突き進みだしている現実。こうしたあたりまえの歴史的現実がまったく、くみこまれていない言葉である。

あの侵略戦争に、もっとも責任ある制度であった天皇制。天皇なるものがいまだ存在し、その天皇が戦死者を追悼する儀式の中心に座り、政府（官僚）の作文による「お言葉」を吐く。言葉の内容以前に、こうしたことが行なわれ続けていること自体が、あの侵略戦争をまともに反省していない事実を、端的に示しているではないか。

七月三十一日、私は「天皇制問題を考える栃木県連絡会」のメンバーたちの皇太子夫妻の高校総体への参加を糾弾する行動に合流すべく、栃木にいた。私もまいた、「連絡会」のリーフレットは以下のように書きだされている。

「八月一日に開催される高校総体開会式の出席のため、皇太子夫妻が七月三十一日から八月四日の五日間にわたって来県します。そのために、約二千人の警察官による大々的な交通規制や警備が行われ、訪問先の大田原市美原公園には一千万円程の費用をかけた皇族専用のトイレまで作られました。また皇族が訪問する際に、警察が精神病院に対して外出制限を秘密裡に要求したり、『要注意』と勝手に決めつけた人物の調査・尾行を行うという人権侵害行為が後を絶ちません。皇族の通過道では、行政や警察が『みにくい』と判断した施設（豚小屋・長崎県、セメント工場・埼玉県など）を、場合によっては数百万円かけてブロック塀によって覆いかくすということまで起きています。たった二人の皇族が来県するだけのために、なぜこれほどのことが行われるのでしょうか？」。

朝から何人もの刑事につけまわされていた現地のメンバーと私た

ちは昼の情宣・抗議活動、午後のデモ・夜の集会というハードな連続行動を元気にやりぬいた。この日の行動については、七月十七日・十八日に京都で開催された第二十回反天皇制運動全国交流会で、各地の運動体の報告と討論の時に栃木の「連絡会」メンバーの提起をふまえて論議された。「国体」「植樹祭」「海づくり大会」といった、全国めぐりの天皇儀礼への現地抗議行動を持続する機関として有効に機能してきたこの「全国交流会」に、あらたに「高校総体」という皇太子儀礼への取りくみがプラスされたのである（もちろん、いくつかの地で、すでに抗議の行動は独自に取りくまれてはいた）。

この日の栃木での行動については、私は短文を書いている。それを引用しよう。

——どういうわけか『皇太子来県反対』とか『天皇制はいらない』とか書いたゼッケンをつけてビラまきをしていた私たちは、歓迎と見物のために集まっている人々の中にスンナリと入りこめた。もちろん私服の刑事をふくめて、大量の警察官がとりまいてはいたが。／私たちは『日の丸』の旗をわたされている人々に、天皇・皇族の存在がいかに民衆にとって迷惑であるかを説明したリーフレットをくばり続けたのである。もちろん拒否する人は多かった。しかし、右手に『日の丸』左手にリーフレットという人間も決して少なくはなかったのである。／いよいよ、夫妻の乗った車がくるという時、私も歓迎の人々とともに車を待った。もちろん、『帰れ！』の声をたたきつけるために。身をのりだして待っているととなりのセンスを持った五〇歳代の和服の婦人が、驚いたように私のゼッケンを見ながらこういった。「あなた天皇制がいらない人」。「ええ」と答えると、「それでは日本がこまるでしょう」。——（『反天皇制運動spirits』28〈八月一日〉号）。

私が婦人に「アッ・ソウ」と答えると同時に浩宮・雅子が通過（私たちは雅子側）、拡声機や抗議の横断幕はとりまいていた警察の力で押さえられ、一瞬の声だけの抗議であった。

その後、昼めしをすまして、デモの出発まで時間があったため、のんびりしていた公園の前を、なんと二人の車が通過した（イベントをすましての帰り）、偶然にそこにいた東京から来た私たちはもちろんバッチリ、「帰れ！　帰れ！」の声をはりあげた。今度は警備はてうすであり、車は窓があけられ、ユックリと走っていたのである。手をふる浩宮の表情が一瞬ギクッとしたのがはっきり確認できた（今度は浩宮側だった）。走って来た警察官が私の口を後からふさいだ時は、すでに事はすんでいた。「声を出すのを実力で阻止する権利がおまえらにあるのか」と警察官らに抗議する。と、「まあ、しょうがないな」といったボヤき声。彼等も暑い日の長い警備でくたびれているのだ。

主に雅子に向けられた「キャー」という声の大きさは、そこには確かに存在したし、歓迎の人波の中には、私たちの登場に「こんなことが許されていいのか」といった怒りの対応を示す人が何人かはいた。しかし、ファナチックな天皇（皇室）信仰の感情が、警備の警察官を含めた歓迎の人々を支配しているわけではまるでないのだ。有名タレントへの関心とあまり変わらない人の集まりともそれはいえた。ただ、日本というお国のシンボルとしてそれは不可欠という観念はまちがいなく強固である。「日本（人）」の大切なシンボルとしての皇室という観念自体は自明の事柄とされているのだ。経済大国のシンボルとしての皇室。この間、ＡＳＥＡＮ三国・中国への「皇室外交」を展開したアキヒト天皇（夫妻）は九月三日から、ドイツ・イタリア・ベルギーへ向う。ＰＫＯ派兵の承認と日本の国連常任理事国入りのための「皇室外交」。皇室は経済大国日本のシンボルにとどまらず政治・軍事大国日本のシンボルとして活発に動き出しているのである。

七月二十九日、私は「平和基本法」をめぐる討論集会で問題提起。

この集まりは八月五日・六日の広島での「平和に生きる社会を創るヒロシマのつどい」（主催反戦・反核広島集会実行委）へ向けての東京での討論会であった（反戦反核東京集会実と派兵チェック編集委共催）。この問題は、広島の六日の集会でもメイン・テーマであった。

私は、この「平和基本法」構想は、「解釈改憲」あるいは「立法改憲」という実質を持った主張（最低限であれ軍事力を持とうという主張なのであるから）を、憲法（九条）の理念の具現化（軍事力ではない力）といいくるめようという点で、まったく賛成できないものであることを、くりかえし主張してきた。

そして私は、あらためて、この間の反天皇制と反派兵のための様々な行動や討論を通して、この構想の論理的な前提にまったく賛成できないという思いがさらに強まった（この点は提案者の一人である前田哲男を含めたフォーラム'90の〈いま、国連と憲法九条を問う6・26シンポジウム〉の司会をしている時には、特に切実にそう感じた）。

この構想は「国民的コンセンサス」、国民的多数派形成を自己目的化している傾向が強い。そのためには「平和・経済大国日本」という多くの民衆が自明の価値としているもの（天皇の「お言葉」、細川首相と土井衆議院議長の発言もそうだ）を自分たちの主張の前提にすえてしまっている（だから大国の支配の装置としての性格をさらに強めている現在の国連への具体的批判がまったくそこに欠落するのである）。

たとえ少数派であれ、この大国意識を内側から突き崩す闘いこそが大切なはずだ。こうした原則と運動への姿勢。ここで反派兵の運動は、持続されている反天皇制運動と合流していかなければならない。（八月二十三日）

［『インパクション』82号・93年9月］

［1993/11］

旧ファシズム三国交流＝「天皇外交」は何をもたらすか

「国連大国」化と〝美智子バッシング〟

右派の訪中反対運動が準備した〝天皇夫妻バッシング〟

十月二十日ミチコ皇后が倒れ、失語症になったという宮内庁の発表でマスコミは大騒ぎである。倒れた理由が心痛ということであるから当然にも「美智子バッシング」が原因という話になる。五十九歳の誕生日に当たっての、皇后になってから中止した記者会見にかわる宮内庁記者会の提出した質問に回答するという「会見」で、「しかし事実でない報道には、大きな悲しみと戸惑いを覚えます」とはっきりと異例の反論をした直後に倒れたのだから、できすぎた反撃であり、その効果は強力であった。

「美智子皇后バッシング」に持続的に反撃していた『週刊朝日』、そして『女性週刊誌』は勢いづき、（『週刊朝日』〈十一月五日〉は「美智子さま叩きと、ご病気の関係」の大特集をくみ、女性週刊誌はグラフで記事で「美智子さま、おいたわしや」の大合唱）他誌も合流、そして連続的なバッシングの中心メディア『週刊文春』は沈黙へと一時的に逃げこんだ（〈十一月四日〉号は、なんとこの件にふれた記事がまったくない）。『週刊文春』にひきずられるようにこのバッシングに同伴していた『週刊新潮』は、写真ページで娘と宮内庁病院に向かう美智子の車中の顔、「……欧州ご訪問の際の笑顔と打って変って　淋しげな表情がお労《いたわ》しい」などとキャプションをつけている（タイトルは「心労の皇后さま」）。記事は『週刊文春』同様なし。とぼけた話である。

テレビや新聞（ここにまでバッシング報道は拡大していなかった）

は、こぞって「おいたわしや」（バッシング非難）報道である。こうなれば〝バッシング〟の正当性を主張するメディアはマスメディアの中からは、とりあえず消滅してしまう。

ただ、この件で、マスコミにおける皇室報道のタブーの拡大につながることへの不安は「美智子たたき」を批判してきたメディアの方に強い。例えば、『週刊朝日』の特集記事の結びの言葉は、こういう学者の発言である。

「『……皇后の病気をきっかけに皇室報道全般での萎縮状況が生まれるとすれば、それは不健康なことだと思う』」。

『女性セブン』の「美智子さま隠されていた失語症の病歴」（十一月十一日号）にもこうある。

「……テレビのワイドショーや、女性週刊誌は、ストレスの原因を皇室バッシングにあると大々的に報じ始めたが、両者を短絡的に結びつけるのはある種の危険をはらむことになる。／つまり、結果的に批判の精神を封じ込めることになる可能性があるわけだ」。

しかし、ミチコの反撃のパワーは強力である。『週刊読売』（「皇后様を追いつめたのは誰だ!?」十一月七日号）にはこうある。

「実は宝島社、問題のリポートにコメンテーターや読者の声を加えたものを『「皇室の危機」論争』という単行本にして、二十日に出版する予定だった。『「宝島30」が完売したから』（石井取締役）というが、何ともたくましい商魂だ。しかし、製本を終え出荷段階に入っていたのに、皇后さまが倒れられたため、急きょ発売が延期になった」。

商魂からいえば、最高の発売チャンスを自主規制（延期）することに、この記事は肯定的である。マスコミにおけるバッシング・タブーは一時的にはかなり強化されていくことはまちがいあるまい。

ここでは詳しく分析しているスペースはないが、月刊誌『宝島30』（八月号）の「皇室の危機――菊のカーテンの内側からの証言」（宮内庁職員を自称する人物の手記）の強烈なインパクトが、バッシング騒ぎをマスコミ（週刊誌メディア）につくりだしたわけである。ただバッシングムードは、はるか以前からのものであった。この記事が決定的であったのはミチコの人格非難（メチャクチャに身勝手、癇症《かんしょう》持ち、欲が深い女、天皇を引きずりまわす女帝という性格だと具体的なエピソードをちりばめながら論じたてること）を公然としてみせた点にある。宮内庁の体質（秘密主義・マスコミへの非協力）をなじるかたちで非難をにおわせる記事はいくらでもあったが、それなりに大きなメディアでこういう記事が出、『週刊文春』、『週刊新潮』などが大々的に紹介することでマスコミの中で話題にされるなどということは、かつてなかったことであったのだ。

この〝ミチコバッシング〟は、この間マスコミは、はっきりとふれることを避けているが、まちがいなく〝アキヒト天皇バッシング〟でもあったのである。そんなミチコを許しているアキヒトへの非難。ストレートに天皇というのはまずいので皇后を媒介にというスタイルであることは、よく読みとれるようになっているのだ（天皇自身を問題にしているものもある）。天皇夫妻の人格非難がマスコミに噴出する、菊（皇室）タブーのある部分のタブー破りを『週刊文春』中心の「右派メディア」が行ったのは何故か。

「宮内庁幹部のもとに、二十八、二十九日と連続して週刊文春の花田紀凱編集長が訪れた。九月に三週連続で掲載した皇室批判記事に宮内庁が抗議している件での話し合いだが、このところピッチが上がっている。／二十六日には、宮尾盤・宮内庁次長が記者会見で、週刊文春と月刊「宝島30」八月号の記事について公式に反論した。記事には『――とうわさされている』とか『――と関係者が言っている』などの言い回しが多用され、反論をかわしやすい形になっていることを認めながらも、『代表的なところにまず意思表示することから始める』と、口ぶりからは、他メディアへの〝波及効果〟を期待しているフシもうかがえた」（『読売新聞』十月三十日）。

宮内庁はミチコが倒れる以前に動き出していたとはいえ、それほど積極的に動いていたわけではなく、やはり「ミチコの反論と卒倒と失語」がこうした脅しの動きをいっぺんに加速したようである。（「幾つかの偽りについてだけでも、関係者の説明がなされ、人々の納得を得られれば幸せに思います」という言葉がミチコの反論の中にある。これがこの動きを作らせていることは確実だ）。しかし、まだ右翼の動きはつたえられない。バッシングが仮に「朝日」側からしかけられていたら、そういうわけにはまったくいかなかったはずだ。たとえばミチコが倒れた日に朝日新聞社役員応接室でピストル自殺した右翼は、自会の属する会「風の会」をイラストで「虱の党」と揶揄されたことで一年以上会社におしかけそうしてみせたのだというのだから（なんと『週刊文春』も『週刊新潮』も、バッシング問題を逃げた号で、彼をたたえる記事を大きく載せている）。「右派メディア」によるバッシングは、右翼の暴力のタブーといったムードからかなり自由である。なにせお仲間である。「右」からであるから、マスコミで天皇夫妻の人格非難（批判）の通路は気楽につくられたのであろう。この「批判」は、アキヒト天皇（夫妻）の中国訪問に反対する大きな動きが源流にあった（以前から「平和教育」で育ったアキヒトに対する不信ということは右翼の中でよくいわれていたことでもある）。「反共イデオロギー」をふりかざしたり、「人権」をたてにしたり、市場としての中国は利用価値がないとの分析を根拠にしたりして、右派（雑誌でいえば『諸君！』『正論』『文藝春秋』などの右派メディア）は天皇訪中に反対するキャンペーンをくりひろげた。それは少なからぬ自民党議員らを押したて、かなり広い動きとなった。この流れの中に、「天皇の政治的利用に反対する」という「護憲右翼」（!?）風な言論もしきりと組織されたのである。この時訪中を推進していた政府・外務省官僚は「陛下自身の意思」を持ちだして右派を説得しようとした。たとえ「御聖断であっても反対」というような声が浮上した事実にこのことはよく示されている。こうして右派は押し切られた。「皇室外交」への不満から「ミチコバッシング」すなわち「アキヒトバッシング」への具体的通路は準備されたと考えることができる。「浩宮・雅子婚約・結婚報道」の中にも「スター・タレント天皇制」「純愛物語」演出への不快感の表明というかたちで、その不満は示されていた（それの中心のメディアはやはり『週刊文春』であった[1]）。そして皇太子の結婚騒ぎが終わるとともに、ストレートなバッシングの動きが具体的に開始されだしたのである。

天皇（夫婦）のドイツ・イタリア（バチカン）・ベルギー「外交」

ミチコ皇后の卒倒の原因として〝バッシング〟とともにとりざたされたのは、あまりのハードスケジュールである。先にふれた『女性セブン』（十一月十一日号）は、「〝その日〟までの過密スケジュール」というグラフ記事で、十月四日から倒れる日までの〝ぎっしり〟の動きを追っている。そして「だから美智子さまは倒れられた！　皇室ウォッチャー11人が緊急提言」という記事の中には「美智子さまの今年の主な行事」として一月からの動きが示されている、七月からはこんな具合である。

「7月8日　東京サミット晩餐会　7月27日　北海道南西沖地震の奥尻島を訪問　7月28日　奥尻島より帰京　8月7日　ベルギーのボードワン国王の葬儀参列のため出国　9日　帰国　8月15日　全国戦没者追悼式　26日　武蔵野陵参拝　28日　東京・上野松坂屋の絵画展を鑑賞　9月3日～17日の間の欧州3か国公式訪問に出発　4日　ローマ法王と会見　5日　イタリア大統領と昼食会　歓迎晩餐会　8日　バチカン訪問　9日　ベルギー国王と晩餐会　11日　EC委員会と会見　13日　ドイツでの晩餐会出席　14日　ドイツの

福祉施設を訪問　15日　ドイツライン川下り　17日　ミュンヘン訪問　19日　帰国　10月1日　東京・日本橋三越で開催中の『日本伝統工芸展』を鑑賞　4日東京・調布市の特別養護老人ホーム訪問　8日　保健文化賞受賞者と会見　9日　東京ステーションギャラリーを訪問　12日　エリツィン・ロシア大統領の歓迎晩餐会　15日　秋の園遊会　18日　東京・葛西臨海水族園を訪問　19日　ポルトガル大統領の歓迎晩餐会」。

なにも、女性週刊誌の記事のトーンで「お疲れが重なったのも無理はない」などと同情してみるために引いたわけではない。税金の使いほうだいで労働もせず生活の心配のない彼女らが、このくらい動いたって何がハードなものか。例の『宝島30』の記事（「皇室の危機」）も、天皇夫妻（とそのファミリー）の動きは、このところ、ヒロヒト時代と比較して三倍位になっているとレポートしていた。ミチコとアキヒトはほとんど二人で動いているわけであるから「象徴」の動きが激しくなっていることは確かである。そして象徴天皇に許されていないはずの「皇室外交」の動きが特にめだつのだ。

九月二日は、私もメンバーである反天皇制運動連絡会などが呼びかけてつくられた「天皇のドイツ・イタリア・ベルギー訪問に反対する共同行動」の三国外交に反対を訴える集会とデモ。九月十五日は、『皇室外交』と国連を問うシンポジウム—ファシズム三国の戦争責任と今日」（主催は「共同行動」）。問題提起者の一人であった私は、二日同様（主催者発言）なによりもこの外交が日本の派兵国家化と連動していることを問題とした。

はじめてのアジア「外交」であった天皇（夫婦）のアセアン三国の訪問は自衛隊が掃海艇を中東に送る（派兵する）のとほぼ同時期になされた。またカンボジアPKOとの名目での本格的派兵の時期にはアキヒト天皇（夫妻）は中国を訪問している。さらに、日本政府の政治大国・軍事大国日本をアッピールする国連常任理事国入りを目ざす動きと対応して、ドイツ・イタリア・ベルギー訪問があったのである。日本・ドイツ・イタリアという、旧ファシズム三国が、いまこぞって国連の常任理事国入りの希望を表明しているのだ。そういう状況であるからこそ、アキヒト天皇（夫妻）のはじめての旧ファシズム・国めぐりがあったのである（イタリアはもちろん、統一ドイツははじめて）。

「ヴァティカン市国は、いうまでもなくローマ教皇（法王）を元首とする主権国家である。同時に、教皇庁として世界の九億の信徒を擁するローマ・カトリック教会の総本山でもあって、政治と宗教の両面を備えた組織である。当然、日本国はヴァティカン市国と国交をもっている。天皇の訪問は、その中で外交的な儀礼ということになるのであろうか」。

「伝えられるところによれば、ヴァティカンでは日本の神道を高く評価しているという。それは、自然と人間の調和を説く教義がカトリックのそれと一致するということであるらしい。奇妙なことに、国家神道として天皇制を支え、日本の軍国主義の支持基盤となっていた事実に、ヴァティカンはほとんど注意をはらうことをしなかったものらしい」。

「……皇室祭祀の祭司としての天皇が国際的に承認されたことになるのではないだろうか？　しかも、その相手としてローマ教皇を選んだのは天皇の宗教的立場を計算しているに違いない。それは教皇にとっても不都合でないばかりか、カトリックの宣教戦略にとっても有効な相手であるはずだからである」（「天皇のヴァティカン訪問に思う」『反天皇制運動Spirits』29〈九月一日〉号）。

九月十五日の「シンポ」の問題提起者の一人であった大島孝一の文章である。「シンポ」でも彼は象徴があたかも元首のごとく外交でふるまうことの批判だけではなく、「天皇の宗教的立場」がもたらすおかしさを明快に指摘していた。[2]

バチカンとの「外交」という点に関しては、バチカンは国連・ユネスコなどに代表を送り、様々な国連活動を展開していることにも注目しておく必要がある。この「外交」にも国連が強く意識されていたことはまちがいあるまい。

「シンポ」で私は、今回の訪欧は、例えばヒロヒト天皇の時代、一九七一年のヨーロッパ七ヶ国（イギリス、ベルギー、デンマーク、オランダ、西ドイツ、フランス、スイス）訪問（あるいはアキヒト天皇の中国訪問）の時の国内のマスコミの大々的キャンペーンぶりと比較して、記事も小さく静かであることの政治的意味を問題にした。マスコミはひたすら抽象的に「親善外交」のイメージをふりまき、戦争の歴史・ファシズムの歴史に具体的にふれることを避けた。そして天皇の「お言葉」も、そうした問題に意識的にふれないものであった。こうした「天皇外交」、政府・マスコミの姿勢に、過去の侵略戦争の責任を曖昧にしたまま、あらたに軍事大国・政治大国としての位置をハッキリと確立しよう（国連の常任理事国入り）という野望がすけてみえるのである。

七一年のヒロヒトの「外交」は、まったくの失敗であった。各地で「ヒロヒトラー帰れ！」の大きな声をあびせられ、車のガラスがこわされるような「歓迎」を受けた地もあったことにその点は端的に示されている。今回は反対の声はそれほど大きくはなかった（もちろん、なかったわけではない。「天皇アキヒト訪独糾弾！　侵略史の欺瞞的清算を許さない！」というこの間の反天皇制運動ではおなじみのスローガンが日本語で書かれた大きな横断幕を持ったデモもあったくらいだ〈ドイツ〉）。「共同行動」が訪問先に発した、反対のアッピールには、ドイツの教会組織などからいくつか回答があった。残念ながらそこには共通して、細川首相の「侵略戦争反省」発言を遅れた「ヴァイゼッカー発言」として評価、その政府が送った天皇が来ることに反対ではないという主張があった。言葉だけ前進した細川政府は、行動的には過去の政府と同様の姿勢しか示していない。戦後補償の問題ですら、すこしも具体的に前進させていないことがその点を象徴している。今、自衛隊法を改悪し、「在外邦人」救出の名目で、いつでもどこへでも軍隊を出動させる（軍用機を飛ばす）ことを可能にするべく精力的に動いている細川首相は、九月二十一日にスタートした第48回国連総会で「改革された国連でなしうる限りの責任を果たす用意がある」と発言しているのだ（ちなみに日本政府は二十一日にPKO分担金の一億九六〇〇万ドル〈約二百五億円〉を全額、国連の口座に払い込んでいる）。

経済侵略大国をベースにした日本の新たな政治・軍事大国化のための「皇室外交」。この大きな政治的行為を政府もマスコミも「親善外交」一般のベールにかけて「非政治」的なもののごとく示す演出をしてみせたわけである。ファシズム三国の過去の歴史をふまえて、現在の交流を考えれば、「皇室外交」のグロテスクさは具体的に浮き上がってきてしまう。細川首相の「謝罪」・「反省」のポーズは、あらたな現在の侵略大国日本を承認させるためのものにすぎない。それは皇室の「親善・平和外交」と対応する欺瞞的な政治操作である。今回は、残念ながら内外でこの欺瞞の政治を大きく破綻させることはできなかった。

「シンポ」で具体的に問題にした点には、今回の「皇室外交」ではじめて政府の専用機が使われたという問題もあった。この件は〝バッシング報道〟とかさなった。

『週刊文春』の「宮内庁vs防衛庁に、発展か　天皇・皇后両陛下は『自衛官の制服』がお嫌い」（九月三十日号）にはこうある。

「両陛下の搭乗された政府専用機を何のトラブルもなく無事に運行したのは、航空自衛隊の特別航空輸送隊に所属する、女性を含む十八人の選りすぐりの自衛官たちだった」。

この記事は羽田の到着時には「大役を果した」自衛官乗組員の制

服姿が見えず、出迎えの列にいた石塚勲航空幕僚長も制服ではなかったとし、こういう宮内庁の「自衛隊いじめ」を非難し、これがもし天皇の意思なら許されない、という内容のものである。これに対して『週刊朝日』は「防衛庁幹部も激怒した　天皇・皇后は自衛官の制服が嫌い説の根拠」（十月十五日号）で、防衛庁サイドに不満の声はほとんどないとし、「宮内庁vs防衛庁に発展か」は「大げさ」に対立をクローズアップしすぎていると批判。『週刊文春』は「『週刊朝日』は宮内庁のPR誌か」（十月二十一日号）で、売上げトップの自信をちらつかせながら、自衛隊内部に不満はうずまいている、「貧すりゃ鈍する」かと、激しくやりかえした。

こうしたやりとりが問題にしていないことこそが問題なのである。「シンポ」で私は、天皇と自衛隊が「外交」の舞台で公然とドッキングすること自体が批判されなければならないと主張した。制服をきていようがいまいが、そんなことが問題などではないのだ。マスコミからは仮に象徴天皇制を前提とする立場でも許されないはずの、こうした問題すら論議されることがほとんどなくなっているのだ。ここにも派兵時代の象徴天皇制のぶきみな動きが示されている。

この天皇訪欧にまったく右派メディアは反対のキャンペーンをはらなかったし、右派の反対への運動はなにもなかったということ、この点に最後に注意を喚起しておきたい。右派（メディア）は、天皇の政治利用反対と天皇訪中の時大きな声をあげてみせた（皇室外交自体が憲法上許されないというマトモ（？）な主張もあった）。もし、「政治利用」というのならば、今回も国連常任理事国入りをめざす、旧ファシズム三国交流という大きな政治的外交であり、反対の声をあげて当然なはずである。彼等はまったくの政治的御都合主義者なのだ。こうした政治活用には賛成なわけだ。理論の一貫性などどうでもいいのだろう。この訪欧の過程は、もっぱら別のストレートなバッシングのネタをさがしていたわけである。(3)

ミチコの「『お言葉』と卒倒と失語」の反撃は、〃バッシング〃を一時的に粉砕してしまったようである。

しかしこれまでの「バッシング報道」の持った意味を忘れてはならない。右からはじめて「開かれた」、マスコミでの天皇（夫妻）の人格非難（現在イギリスの王室とイギリスのマスコミとの関係にはほど遠いとはいえ）という事態は、天皇制支持を前提という枠の中で、それなりに、どのような象徴天皇（制）であるべきかの「自由」な討論のムードをつくりだす目的でしかけられたものである。それは、まちがいなく明文改憲のスケジュールをにらんでの発言であったはずだ。『週刊文春』と『週刊朝日』の〃売らんかな〃のやりとりの経済効果の問題とは別に、〃バッシング〃をめぐるやりとりにはそういう言論《メディア》の政治があった。そして、そこには象徴天皇制と軍隊の結びつきを批判し、天皇の様々な政治権能の拡大を批判する言論すら、まったく排除されていたのである。

派兵大国・国連大国へ向かう政府の下、「皇室外交」のスケジュールは、さらに過密になるようである。私たちは、こうした「皇室外交」の政治との持続的な闘いの中で、「女帝」ミチコの反撃（恫喝）後、明文改憲をにらんだ〃バッシング〃をめぐるミチコ（実はアキヒト）報道がマスコミでどうなっていくのか、タブーはさらに広がるのかに注目し続けなければなるまい。（十月三十一日）

［注］

（1）いったいなに様だったら、こんなフンゾリかえった中傷と誹謗だけを目的とした文章が書けるのか。岡庭昇が『図書新聞』（九月二十五日号）で、『雅子の真実』（社会評論社）に収められた私の「雅子・浩宮結婚イベントにおけるマスコミ操作についての発言にふれ「もうひとつの天皇教」だなどとわめいている。〈岡庭はよく「文春ジャーナリズム」を問題にしそれを論ずる。だから彼は本当は文春が好きなのだ、好きなら好きといえよこの「文春教」〉。てな論法の中傷記事である。こんなのが批判になりえるわけがない。唯一具体的なのは私が宮内庁は祖父がチッソの社長であるとし雅子を候補からハネておいて、雅子にするしかなくなったら、祖父はチッソの犯罪とは無関係というデマのキャンペーンをマスコミとくんで流したということを問題にした発言にふれた部分。私は岡庭によるとマサコを血縁だから同罪とした「天皇制の体現者」ということになるらしい。どう読んだら、そんなことがいえるのか。『雅子の真実』は私も参加している「国家と儀礼研究会」の集会記録である。論議されている内容がほぼまるごとまったく理解できないのはこの男の自由であるが、デマゴギーをふりまいて他人を中傷し天皇主義者呼ばわりする権利などがあるわけがないのだ。この男自分が恥かしくなるということはないのか。

（2）一九七〇年代から八〇年代はじめまでバチカンと日本の宗教界（神社本庁だけでなく）と天皇制の関係については丸山照雄の『現代日本の宗教状況――天皇主義の復権をめぐって』（柘植書房、一九八三年）がくわしい。

（3）アキヒト夫妻のヨーロッパ三国外交時の〝バッシング〟がらみの記事は、この「自衛隊の制服」問題以外は旅行中のミチコのファッションの評判、ベルギー訪問中に紀宮の見合いが準備されたか否か、などをめぐるものであった。それらはハッキリとしたバッシング記事（あるいはそれへの反論）というものとはいえない。

［『インパクション』83号・93年11月］

［1994/1］

皇后ミチコの反撃がつくりだした「右派」の内内ゲバ

「皇室外交」と自衛隊

私もメンバーである反天皇制運動連絡会などの呼びかけでつくられた「アキヒト天皇制を問う共同行動」主催の「皇后・天皇・宮内庁による銃撃煽動を許すな！」デモと集会（シンポジウム）が、十二月二十三日持たれた。

この日はアキヒト天皇の誕生日（六十歳）。誕生日を前にした記者会見での発言。

「さらに平成の皇室のあり方について、『日本国憲法に規定された象徴の望ましいあり方を常に求めていかなければならない』とし、皇室全体が『和の精神をもってお互いに助け合い、国や国民のために尽してほしい』との願いを表明した」。

「一方、皇后さまが言葉を十分には話せない状態に『深く心を痛めています』としつつも、回復に向かっていることに喜びの気持ちを表し、『ゆっくり見守っていきたい』と話した」（『朝日新聞』十二月二十三日）。

ミチコ皇后の「発言」とその後のパフォーマンスを契機にした、三回の銃撃テロ（宝島社社長実家・宝島社そして文藝春秋社社長自宅）をどう思うかという質問は不在（もっとも聞いてみたいところではないか！）。質問自体が宮内庁とのうちあわせの上でのものだから、マスコミ側にあったとしてもはねられただろう（はじめからマスコミ側は、そんなヤバい質問はタブーにしているだろうが）。

この日の集会にいたるまでに十二月四日のフォーラム'90の第五分科会「天皇制批判の方法」（主催「国家と儀礼研究会」）と十二月十

八日のシンポジウム「バッシング報道と女帝美智子の逆襲――その政治的意味を考える」（主催反天連）と二回、この問題について討論の集まりが持たれ、私に発言の機会があった。私は、この日の集会と同様、前の二つの集会でも、ミチコ皇后のパフォーマンスが銃撃を引きだしたという明白な事実に、まったくふれようとしないマスコミの報道姿勢を持続的に問題にしてきた。二十三日のデモと集会は、この問題をこそストレートにかかげて、つくりだされたのだ。

それにしても皇室全体に「和の精神」を求めるアキヒトの発言は、皇室・宮内庁の中に対立が強固に存在していることを正直に語ってしまっているといえよう。皇室・宮内庁を貫ぬく政治的内ゲバ。この問題もマスコミによって具体的にはレポートされていない。本当のところはふせられている。

実は、その上にミチコの逆襲によって、伝統主義右翼内部での内ゲバ（内内ゲバ）も露呈しだしているのだ。

この日のもう一人の問題提起者である土方美雄は、この間沈黙を守ってきた神社本庁の機関紙『神社新報』がここにいたってやっと「皇后バッシング」非難の主張を開始したことを報告した。

『神社新報』（十二月十三日）の「主張」（田尾憲男の署名がある）はこう論じている。

「皇室批判といへば、かつては左翼の専売特許であったが、今回は皇室の内廷に係わる暴露的記事が報道されるに及んで、皇室尊厳護持の陣営内でも、混乱と動揺が生じ、平成の新しい時代の皇室、特に内廷皇族のあり方をめぐって、大いに荒れる年となってしまった。／皇太子御成婚を機に、皇室を商品化して、金儲けの商業的ジャーナリズムの手段にしようと目論む、いわゆるマスコミの『開かれた皇室』論の風潮がさらに進行し、かなりの国民がそれに引きずり込まれ、宮内庁の幹部らも、巻き込まれてしまふに至った。畏れ多いことではあるが、本来商業主義的マスコミの喧騒からはなれた聖域たるべき皇室内廷にまでそれが及んできたのではないかと、われわれはこの一年をふり返って憂慮の念を深くしてゐるのである」（傍点引用者）。

この後、ミチコの「異例ともいふべき御自ら筆をとられ」た、「痛切極まりない御回答文」の発表についてふれ、こう続いている。

「さらに驚くべきことには、後に『文藝春秋』十二月号誌上で、手塚英臣侍従が『侍従が語る全真相』なるタイトルのもと、内部事情を暴露して、通常必ず事前に長官に見せて判断を仰ぐべきものを今回だけは、皇后さまの回答文は長官には見せずに、陛下に直接の御許しを得て即発表した、と公表してしまったのだ。／これでは長官が、両陛下にも、侍従からも、信用されていないことを暴露するやうなものではないか。さらに、かつては身内の家族にすら話さず、墓場までもっていくものとされた最側近の、国家公務員としての守秘義務を有する侍従のモラルは、今どうなってゐるのか」（傍点引用者）。

苦笑にさそわれる文章である。皇室・宮内庁の内部をオープンにするなかれと主張しているこの文章自体が、「皇室内廷」内部の激しい対立の事実を、『文藝春秋』のミチコの弁護にこれつとめている侍従のインタビューよりハッキリと示してしまっているのだから。侍従手塚は確かに「今回は時間的に間に合わず、陛下にごらん頂き御許しを得て即、発表しました」と述べている。長官にも見せなかったのは、時間がなかったから」といういいわけは苦しい。だから内部の対立という分析については、この「主張」の判断には、かなり根拠があると思えるのだ。

「主張」はさらに続ける。

「今回の皇后陛下の御不例は、無責任で不敬なマスコミの、根拠浅薄な『開かれた皇室』要求と、政府の無理な、いわゆる『皇室外交』推進による御疲労の蓄積の相乗結果として起こったものと筆者は拝察する」。

そして、「問題の御訪中」以外にも三回も「外交」したことを問題にし、こう論ずる。

「来年にはまた米国へ海外の長旅があるとも聞く。しかしこれは取り止めるべきである」。

天皇の訪米反対の主張を、はやくも展開しているのである。天皇訪中反対運動を大きなステップとして皇后バッシングは準備されてきたことは確実であり、この「神社本庁」の「主張」は、「開かれた皇室」と「皇室外交」（特に訪中）に反対という政治姿勢において、彼らが非難しているバッシング派とほぼ共通しているのである。

ある右翼団体の街頭ステッカーには、神社本庁路線の「マスコミ暴力団」「皇后様をいじめるな」というものも出てきている。彼等はミチコ（あるいはアキヒト）バッシングという方法、すなわち皇室制度と個人を区別して、あるべき皇室制度・天皇制へ向けて皇后あるいは天皇を個人として非難するという方法に反対しているのであり、マスコミに「開かれた皇室」派としてバッシング派を非難してみせているが、実は非難の対象が開かれた皇室・皇室外交推進派と対立している「皇室尊厳護持の陣営内」のメンバーであり、実は内ゲバ（内内ゲバ！）であることはそれなりに自覚しているのである。

皇室の活用をめぐる支配者内部のこうした激しい政治的分裂と対立をトータルかつリアルに分析し、それに運動的にどう持続的に介入していくか、この点こそが重要だと、私は二十三日の集会では強調した。

そこで強調したことには、もう一点ある。この日のデモのシュプレヒコールの中に、「天皇とガリ国連事務総長との会見糾弾」とともに「天皇とPKO関係者の懇談糾弾！」があった。

「天皇陛下は三十日、東京・元赤坂の赤坂御所で、国連平和維持活動（PKO）でカンボジアとアンゴラに派遣された国連平和協力隊の関係者ら約六十人と懇談された。……陛下があいさつし、隊員らの苦労をねぎらわれた」（傍点引用者・『読売新聞』十二月一日）。

文民警察官の死の時は、天皇から「恩賜」の品物が送られたということが、確か記事になっていた。天皇のこの間のイタリア・ベルギー・ドイツ外交は航空自衛隊員が運航する政府専用機が、はじめて使われた。

日本軍と天皇（一族）の公然たる結びつきは、ここへきて、さらに加速されているのだ。

国連PKO派兵国家化に対応した象徴天皇制の再編、この点にも、さらに着目すべきであること、この点をも、私は強調した。

この日の集会には、この問題と関連する以下のような資料が提出された。

「天皇、皇后両陛下が来年二月、東京都小笠原諸島を初めてご視察、その際の塔乗機の運航を自衛隊が担当することが十二月十日、発表された。宮内庁、東京都の発表によると、今回のご視察は、文禄二（一五九三）年、小笠原貞頼公（信濃国深志城主）が発見し日本領土になって以来ちょうど四百年経ち、また、昭和四十三年に米国から返還されて二十五周年という歴史的な節目にあたることから実現した。……自衛隊は東京―同諸島間の往復と各島間の航空輸送を担当。往復路は海自か空自の輸送機、各島間の移動は三自衛隊いずれかのヘリコプターが使用される予定」（『朝雲』十二月十六日）。

「外交」においてのみならず、国内の動きにおいても、かくのごとき事態が進展しているのである。アキヒトはかつての激戦地を「慰霊」にめぐるわけである。

海外派兵した軍隊の「苦労をねぎらう」セレモニーを天皇が持っても、軍隊を使って天皇が動いても、そのこと自体の危険性や違憲性を問題にする言論が、すでにマスコミにほとんど消えてしまっている。

どう考えても、戦後の「進歩派憲法学」の象徴天皇制解釈からしたら、許されてはいけないはずのことが大々的に展開されているにもかかわらず、それへの批判の声は、ほとんどマスコミには浮上しなくなっているのだ。

このことと、この間の皇后ミチコの、憲法などまったく無視した政治的暴走（勝手に天皇とともに個人的な「お言葉」を公的に発表してしまうことから始まったパフォーマンス）に対して、批判や疑問の声がマスコミからシャット・アウトされてしまっていることは連動している。

この日の論議でも話題となった記事で、天皇（皇后）のイタリア・ベルギー・ドイツ外交について、同行取材した朝日新聞の記者は、日本政府は過去の戦争の問題とは一線を画して前向きの親善という方針でのぞんだのだろうが、イタリア・ドイツの相手国の対応は過去の戦争の問題にふれるものであったと述べつつこう論じている。

「過去の問題だけではない。ベルギーではアルベール国王が日本市場の閉鎖性にクギを刺す一方、カンボジア、モザンビークでの日本の国連平和維持活動参加を評価し、一層の国際的役割への期待を表明した」。

「随員・随行員ら計三十五人。政府専用機の運航費を除いて総費用は約二億円と大がかり、ECとの関係構築、過去の反省、平和への国際協力の誓い、両陛下の訪問希望など、今度の旅には多くの要素があったが、もう一つ焦点が定まらなかったように感じられる。皇室の国際親善と外交の関係について、考え込まされた点もあった」（岩井克己「焦点ぼやけた『天皇訪欧』」『朝日新聞』九月二十三日）。

岩井は結局、外交の「位置づけや中身をはっきり」する必要を訴えてこの文章を終えている。おかしな主張である。「外交、政治に関与しない天皇の立場」を、彼も前提にしている。関与しないことになっていることに関与させ、その関与の「位置づけや中身をはっきりさせ」ろ、とはどういういいぐさか。

政府が「国際親善外交」といった一般的ムード以上の「位置づけ」や政治的内容を、明示したがらないのは、象徴天皇制は政治にも外交にも関与しないという意法の理念を大きく逸脱していないように見せるためである。それでも、相手国との関係では、それなりの重要な政治内容を持った外交になっていることは、まちがいない事実である。

この主張は結局、天皇の政治的権能を強化し、キチンと外交をやらせるべきだという方向、「朝日」、NHKなどのマスコミ主流がこの間推し進めている立場を、曖昧に表明したものと読むしかあるまい。もちろんこれは、戦前型の天皇制への復帰をねらっているわけではない。しかし、象徴天皇のままで実質的に元首化し外交をフル展開させようという意思が、そこにはにじんでいる。

「開かれた皇室派＝皇室外交推進派」は当然、きたるべき天皇の訪米にむけて、外交推進のキャンペーンをはることになるだろう。

「伝統主義皇室派＝皇室外交反対（国によっては消極）派」である右派は、この天皇訪米に向けて、バッシング派と反バッシング派の「内内ゲバ」の状況をかかえたまま、天皇訪中反対運動の時のような大きな反対運動をつくりだす方向へ向かうのであろうか。それとも、天皇訪米をめぐっても、判断の対立が公然化するのであろうか。

この大きく二つのグループ（イデオロギー）が対立しつつ（現在は右派が「内内ゲバ」をかかえこむ事態になっている）派兵国家（国連大国）化に向かう象徴天皇制の再編を全体的に見すえ、それに具体的に介入する反「皇室外交」＝反天皇制運動は、どうしたら可能か。このことをいろいろなところで論議しつつ、多様な反天皇制運動をさらに持続しなければなるまい。（十二月三十一日）

〔『インパクション』84号・94年1月〕

[1994/4]

天皇の戦争の「玉砕」地への天皇の「慰霊」

ミチコの逆襲第一ラウンド終了

一月十五日・十六日の二日間、第二十一回反天皇制運動全国交流合宿が、今年「植樹祭」の開催地と予定されている兵庫で持たれた。私は交流会に先立つ集会で、「美智子バッシングと銃撃」問題について講演。

この合宿（交流会）では、「植樹祭」以外の皇室イベントについても現地の報告をふまえて、取りくみが討論された。十月「アジア大会」（広島）、十月「秋季国体」（愛知）、十一月「建都千二百年祭記念式典」（京都）、十一月「海づくり大会」（山口）。

皇室の国内の動きについて、各地での反撃するパワーは、着実に強化されていることを実感させる集まりであった。五月の「植樹祭」六月の「天皇訪米」などということをプラスして考えると、ずいぶんのハード・スケジュールである。とにかく一つ一つ闘い抜くしかない。この時兵庫の友人から、兵庫県警でも「植樹祭」時のソフト警備のイメージ演出のため、女性の機動隊員が組織されたことを知らされた。ふざけた話である。

二月十一日は「天皇の自衛隊機による皇軍兵士『慰霊』を許すな！　反紀元節集会」（主催「〈アキヒト天皇制〉を問う共同行動」）。こちらの集会に対してはソフト警備どころではない、なんと八十人から百人近い私服刑事が集会場の入口近くにメモ帖やカメラを持ってたまっており、機動隊は集会場の建物全体を遠まきにかこんでいる。イヤーな予感を持ちながら会場に入った。

私は主催者発言。二月十一日の式典は今年も神道派・右派の「日本の建国を祝う会」（村尾次郎会長）の式典と政府（総理府など）の後援する「国民の祝日を祝う会」の式典の二つに分裂したまま行なわれた。「天皇陛下万歳」色（神武天皇建国史観）を希薄化させようという政府の意向がうみだした対立は、そのまま構造化されている。ミチコバッシングとミチコの反撃を通して、マスコミに公然と露呈した二つの天皇主義イデオロギーの内ゲバは、二・一一式典をめぐっては、はるか以前から存在していたのだ。

私は、この集会で、皇室バッシングと銃撃というグロテスクな権力者内の内ゲバという状況は、決して天皇と自衛隊の公然たるドッキングにブレーキをかけているわけではなくて、反対にそれを加速している事実を問題にした。

二月七日の『サンケイスポーツ』はかなり大きな記事でこう述べていた。

「天皇・皇后両陛下は12日から3日間、日本復帰25周年などを機に硫黄島など小笠原諸島を訪問される。両陛下の移動は防衛庁、自衛隊が一手に担当。航空、海上自衛隊の航空機20機以上、護衛艦約10隻と隊員2000人が加わる予定で、昭和天皇の『大喪の礼』、天皇陛下の『即位の礼』を上回る創設以来最大の『護衛作戦』になる」（傍点引用者）。

「創設以来最大の『作戦』になる見通し」という言葉は『東京新聞』（二月七日）の記事にもあった。

『朝日新聞』や『読売新聞』そしてテレビなどのマスコミは、こうした戦後最大の軍事作戦として準備されている天皇（夫妻）の「玉砕の島」への「慰霊」のための訪問についてふれても、軍事の問題についてはほぼ沈黙した。

『朝日新聞』は、もっぱらこういう点のみを報道した。

「……旧硫黄島民らで組織する『小笠原在住旧硫黄島民の会』（宮川典男会長）や『硫黄島帰島促進協議会』（麻生康次会長）が反

発。麻生さんは『島では軍優先で、島民は自由に水も飲めなかったうえ、軍の命令で島に残された百二十人中八十六人が死んだ。その碑をないがしろにした計画はおかしい』と訴えた。／都と旧島民らの交渉は昨年末から今月にかけて行なわれ、都は最終的に『国と都の碑だけ訪れ、小笠原村が関与した碑を外したのは問題があった』と配慮の不十分さを認めた。／この結果、旧島民の碑がある西岸にも足を延ばすことになったが、時間的制約のため、車内から陛下が拝礼するという異例の扱いとなる」。

しかし、このアジアへの侵略戦争のゴールにもたらされた惨劇を、ひたすら被害者意識だけで考えて、天皇（国）に「慰霊」して、なぐさめてもらいたいという心情は自然なのだろうか。どうして天皇らの命令で殺されていったという事実をふまえ、たとえ代替りした天皇であれ、天皇によって「慰霊」する行為は死者をさらに冒涜するものだというあたりまえの声があがらないのか。それとも存在しているのにマスコミが取りあげないのか。

もう一つ、マスコミがそれなりに話題にしていたのが「七千万円の昼食会場」。

『女性自身』には「美智子さまもご困惑――『ご昼食会場に改修費七千万円』はやりすぎの声が！」とのタイトルの記事があった。

おや、新たなバッシング風の記事が出てきたのかなと思って読んだら、さにあらず。

「硫黄島は第二次世界大戦で激戦の末、約2万人の日本軍が玉砕した地。長く米軍の占領地だったのが日本に返還されて、昨年が25周年。……《村では両陛下が昼食なさる会場として野ざらしのログハウスを、東京都が7千万円もかけて昨年暮れから突貫工事で改修している》／というのだ。財政の悪化している東京都がなぜにこんな？」。

こんなふうな問いを発した記事は、以下のような「ベテラン皇室記者」の声の紹介をふまえた結論でしめくくられる。

「『天皇陛下はつねづね〟歓迎は過度なものにならないように〟という考えをお持ちですし、皇后さまも同じお考えとうかがっています。／両陛下が〟質素、簡素〟を第一にお考えになっておられることは、たとえば昨年の7月、奥尻島へお見舞いにいらっしゃったときに、炊き出しのカレーライスでご昼食をすまされたことでもわかります。／それなのに受入れ側がどうしても過敏になって、手を入れすぎたりして、住民に〟両陛下のおかげ〟と誤解されたりすることは、結果的に両陛下のお心に背くことになるのではないでしょうか』／関係者がよかれと思ってしたことが、皇室と国民の距離を広げてしまうこともある。／ご回復目前の皇后さまに、〟ご迷惑〟がないように配慮してほしいものである」（二月二十二日号）。

結局、よくあるヨイショ記事にすぎない。「受け入れ側」が「過敏」にムダ使いするのは「受け入れ側」だけの責任であるわけがない。天皇一家は、伝統的にそういうことを強いるものとして存在してきたし、きているのだ。

ためにする「質素、簡素」な「両陛下」キャンペーンが、あらためてはられているわけである。しかし、七千万円は本当にウンザリではないか。

二月十一日集会の後のデモは出発時点で予想通り大もめにもめた。デモの責任者グループの一人であった私は、先頭で、デタラメな規制（先導車〈パトカー〉の前に機動隊の指揮車を入れるという権力側のルール違反）に抗議していたら、いきなり機動隊員にとりかこまれ路上に排除された。そんな風に暴力的に扱われたのは私一人ではなかった。

なんとかこの日のデモは逮捕者を出さずに終ったが、私たちの会場の場所に私服刑事が何人も張り込み続ける事態や、こうしたエキセントリックで強権的な「過敏」な警備も、天皇一族の存在（動き）

が必然的にもたらすものなのだ。そう、あのテロの銃弾が、ミチコの発言（天皇制の存在）の必然的産物であるのと同様に。

『産経新聞』の「主張」（「意義深かった硫黄島ご訪問」二月十五日）は、この「ご訪問」を以下のように総括してみせた。

「日本軍は地中深く掘られた地下壕（延長一八キロに及んだ）に立てこもって戦ったが、火山島のこの島では地下壕の気温がセ氏四七、八度にもなる。外は砲弾の雨、内は日の差さない焦熱地獄、加えて水不足……。信じられないほどの悪条件のなかで、それでも圧倒的な火力を持つ米軍を長期間釘付けにしたのは、米軍の本土進攻を少しでも遅らせたいという将兵たちの気持が支えになったのではなかったか。この戦闘で受けた被害の大きさに驚いた米軍は、本土進攻作戦に慎重となり、結果的に本土決戦が避けられた。／両陛下が参拝された天山の慰霊碑は、屋根の真ん中が方形に開いている。そして、霊前には冷水を絶やさないように手向けられている。戦死した戦士たちが地下壕のなかで渇望しただろう青空と、清らかな飲み水をせめてものお供えにしようという配慮なのだそうだ」。

「平和を希求する気持ちが強ければ強いほど、同胞の安全を願って生命をかけた人たちの遺志は、大切に語り継いでいかねばならない。硫黄島はわたしたち民族がたどってきた歴史のある種の記念碑でもあるからだ。今回の両陛下のご訪問は、そうした硫黄島の意味をみんなに思い起こさせたという点でも大きな意義があったと思われる」（傍点引用者）。

「わたしたち民族」という言葉で、加害者も被害者も一まとめにしつつ、その民族的悲惨さが具体的に語られる。そして、その体験が「平和を希求する気持」へとつなげられていく。あの悲劇は、今日の平和の中に生かされている、あるいは生かされなければならないというわけである。

「歴史」を語るなら、天皇制帝国の支配者たちによって侵略戦争へと動員されていった民衆は、硫黄島でも天皇制帝国の支配者の延命策動のために「玉砕」を強いられたのである、という点が、なによりおさえられなければならないはずだ。そして、日本の支配者との関係では被害者である日本の民衆もアジアの侵略された国々の民衆からみれば、加害者であることも忘れられてはならない事実である。

あの侵略戦争の最高責任者天皇ヒロヒト、彼の政治的継承者アキヒト、彼が天皇として存在しているということ自体が、日本の戦後体制が、まともに平和を希求してこなかったこと自体を象徴している。

すべての歴史的責任が、あたかもそんなものはなかったかのごとく語られることで、さらに水に流されていく。

天皇（夫妻）は、自衛隊の巨大な軍事作戦の中で動きまわることで、新たな派兵国家日本の強化に積極的に加担しだしているのだ。過去の侵略責任を忘却させることを通して、現在のPKO派兵の推進、天皇と軍のドッキングを強化しつつ戦死の意味づけを天皇（国家）が操作的に行う、という現在の状況の恐ろしさを見えなくさせる。なにせ、「平和天皇」の「平和を希求する慰霊」なのである。過去のそして現在の戦争に責任ある者たちが、あらたな「戦争国家づくり」のためにこぞって「平和」をアッピールする欺瞞。

『朝日新聞』（二月十八日）には「硫黄島への思い切々」という大きな記事があり、そこには戦死者の遺族の声が紹介されている。

「（夫の）戦死の公報は八月十五日、小さな子供二人を抱えて涙がかれるまでに泣いた日である」。「……この子も二十八歳で交通事故で亡くなった。小さな三人の子を残して。戦争は嫌だ、もうぜったい戦争は嫌だ」。

官僚の作文でアキヒト天皇の口から吐かれた「お言葉」。

「祖国のため精魂こめて戦った人々のことを思い、遺族のことを考え、深い悲しみを覚えます」。

「祖国のため」という言葉には、侵略戦争への反省がないばかりか、「玉砕」を強いた加害者側の責任を問う姿勢はまったく表現されていない。「祖国」（天皇制国家）へ命をささげることとは、彼らにとっては決して否定されるべきことではないことが正直に示されている。

「もうぜったい戦争は嫌だ」という遺族の人々の切実な思いは、マスコミの舞台で、天皇の「平和希求」と戦争のもたらした「深い悲しみ」を思う「オコトバ」の中に吸いこまれ、あらたな派兵（戦争）国家づくりのためのパワーに逆転されている。

平和の意義を抽象的に論じ、戦争の悲惨さのみをいくら具体的に語っても、それはマスコミと一体化した権力の派兵（戦争）国家づくりのダシに逆転させられて利用されてしまうのである。

侵略戦争をつくりだしたもの、侵略戦争に責任あるもの、これの歴史的責任を事実にそくして持続的に問い続け、現在のあらたな派兵国家づくりに具体的に反撃し続けること。このことを欠落させた「平和」論は、権力のイデオロギー操作にからめとられてしまうものにすぎない。自衛隊のPKO派兵の実績は着々とつみあげられ、日本の軍隊はトータルに戦闘可能な方向へ再編されようとしている動き（AWACS〈空中警戒管制機〉やパトリオット・ミサイルの購入決定を見よ！）の中に、今回の天皇訪問のための軍事作戦も浮上したのである。こうした動きと具体的に対決せず平和を抽象的に語るべきではないのだ。また、この訪問セレモニーはミチコの失語パフォーマンスの終了をも示す公的な舞台ともなった。「声〃全快〃」がハッキリとしたミチコ自身の言葉によって示されたのだ。

ミチコの逆襲の一ラウンドは、ここにとりあえず終ったのである。

（3月11日）

〔『インパクション』85号・94年4月〕

［1994/6］

「真珠湾だまし討ち」戦争論議への視座

天皇訪米に反対する運動のなかから

四月二十九日、私もメンバーの反天皇制運動連絡会など多数の団体・個人の呼びかけで準備された「天皇訪米に反対する共同行動」の結成集会（とデモ）があった。この『皇室外交』と派兵に反対する4・29集会」の主催者発言で私は、細川連立内閣が崩壊後も、さらに強化されている核査察を口実とした「朝鮮有事」キャンペーンと、それをテコにした派兵国家化の促進という状況下での天皇（夫妻）訪米の政治的意味を、具体的に問題にしていく共同行動をつくりだしていくことを呼びかけた。集会場をとりかこんだ公安（私服）刑事の数は、ものすごいものであった。そこにも「有事」治安体制という現実が示されていたといえよう。

アキヒト天皇「即位」儀礼が大々的につくりだされた時は、「湾岸危機―湾岸戦争」を契機として、政府マスコミは「国際貢献」のためにPKOに参加しようという大宣伝をくりひろげ、中東へ自衛隊を派遣してみせた（まだ、この時は直接的な戦闘参加はなかった）。新天皇アキヒトは、その後、中国・ASEAN三国そしてドイツ・イタリア・ベルギー（旧ファシズム三国交流）への外交を展開してみせた。この「皇室外交」のハデな突出は、日本軍のPKO派兵への国際的合意をとりつけるという政治目的があったことは明白である。派兵国家づくりのための皇室外交という点は一貫しているのだ。事実、その過程で、日本はカンボジア・モザンビークへPKO派兵し、カンボジアでは戦死者を出すにいたっている（二人の日本人死者は自衛隊員ではなかったが）。

今度の訪米は、米国を中心とする核大国の核独占のためのエゴイズムを貫徹しているにすぎない国連の「核査察」政策を、あたかも「普遍的正義」とするようなキャンペーンの下に、戦争を挑発するような行動をつみかさねている米国政府と、それに協力の姿勢を示している日本政府との関係を、より強化するという政治的役割を持った外交となるだろう。

柿沢外相らは「集団的自衛権を禁じた政府の憲法解釈を変える必要」を公然と主張しだした。これは自衛隊法改悪にとどまらず、支配者たちがフリーハンドの派兵国家日本にするための政策をトコトン推し進めるという宣言である。

法相になった男（永野）が「大東亜共栄圏」は正しい目的だったとか、「南京大虐殺はデッチ上げだ」とか発言して、国際的非難をあびて、すぐポストからはずされたという事態は、この国の支配者の右翼的体質をあらためて露呈させる事件ではあった。こんな言論が、そのまま通るほど、今の「国際社会」（支配者相互の交流社会）は甘くはない。

この点は右派も気づいている。だから、この間の「右派メディア」の天皇の訪米という「皇室外交」をめぐる主張は、「皇后ミチコ・バッシング」をたたみかけていた時や、天皇訪中に反対の大キャンペーンをはり続けた時ほど、ハッキリと「皇室外交」に反対するという姿勢を示していない。これは、もちろん訪問先が米国だということもあるだろうが、「外交」という天皇の「政治利用に反対」という主張を首尾一貫させるならば、訪米にも反対するのがあたりまえだと思うが、そうはなっていないのだ（「神社本庁」は、反対と明言しているが）。彼等も、日本の派兵国家化の促進には大賛成なのである。ただ、天皇（皇室）の利用のしかたがきにいらないのだ。

この不満の表明は、天皇軍訪米をめぐっては、あの「だまし討ち」の地とされているハワイの真珠湾に天皇（夫妻）が戦死者の「慰霊」にいくという点に集中している。

「外務省のスケジュールでは、天皇、皇后両陛下は真珠湾を訪れ、アリゾナ記念館で献花することになっているが、それを見たとき、アメリカの国民の多くが〝だまし討ちで死んだ将兵への謝罪に来た〟と理解するのも当然のことだ。『だまし討ちとは思ってないが慰霊に来た』と日本側が説明しても、通用しないのは確かだという。／それはまた、なぜ、日本の天皇はどこへ行っても謝罪ばかりしなければならないのか、という問題である」。

このように「だまし討ち」という評価自体を否定しつつ、この問題を論じている『週刊新潮』の「天皇『真珠湾』訪問は無いかも知れない」（三月三十一日号）は、こう結ばれている。

「宮内庁としては、天皇が政治に利用されるのを恐れ、判断に迷っているそうだが、今からでも中止したほうがいいのではないか」。

真珠湾訪問にだけ反対というわけだ。

もう一文紹介しよう。

杉原誠四郎の「陛下の真珠湾訪問は外務省の代理謝罪にならないか」（『諸君！』五月号）である。

日本の「宣戦布告」が、戦闘開始の後だったという事態が発生してしまっている以上、「日本政府および日本軍の本来の意図はともあれ、結果として形の上では日本は『騙し討ち』をしたのには違いない」という立場から、彼はこの問題を論じている。問題は、かつての「駐米日本大使館の失態」なのであり、それを謝罪しないし、その事実関係の資料を公開することもしないできている外務省の姿勢にあるのだと、彼は強調する。

「……その凄惨な戦争のその凄惨さの原因を作った失態の真相に関する資料を今なお隠し続け、責任を明らかにしていないのだから、アメリカおよびアメリカ国民に対し『騙し討ち』について謝罪しようにも謝罪できるはずがないのである。そうした状況で、また段階で、天皇の真珠湾訪問が行われようとしているのだ」。

これが結びの言葉である。

外務省の自分たちの歴史的責任をほっかむりした、天皇の政治利用反対、ということになるのだろう。

天皇訪米問題についての右派メディアの反対・批判キャンペーンは、真珠湾問題に限定されたものであり続ける、そう予想してよかろう。

私たちは、この天皇訪米が、「朝鮮有事」挑発への政治協力という日本政府の政治姿勢を支え、派兵国家化の促進と国連（安全保障理事国）の常任理事国入りという、軍事・国連大国日本を目指す政治を促進するものであるという点をトータルにふまえて、これに反対していかなければならない。

また、「真珠湾問題」については、以下のような視点が原則として確認されるべきだと思う。

「今から五〇年前の一九四一年一二月八日、日本帝国陸海軍が、アメリカ合州国はハワイの真珠湾を奇襲することで、イギリス・アメリカ・オランダとの全面戦争に突入した時、アメリカ側ではこれを『トレチャラス・アタック』と呼んだという。まさに『だまし討ち』としか訳しようのない表現である。……今日の問題として、戦費を賄うこともできないのに、軍事力と言葉でだけは世界の指導者を自負する現代アメリカ帝国の傲慢さを前にその傲慢さにおいて覇を競おうとする日本民族主義が台頭していることは、五〇年前の真珠湾攻撃との関連で、私たちにとって意味をもっていることにだけは触れておきたい」。

こう述べた後に、この「だまし討ち」という表現について、太田昌国はこう論じている。

「いわば同じ穴のむじなの争いと言うべき側面が、当時の日米の角逐のなかにはあったからだ。両国は、その経過には大きな違いを持ちながらも、すでに自らの政治的・経済的・軍事的・文化的な支配力を他所に一方的に及ぼす歴史を積み重ねていた。それによってこそ確立された自国・自民族の平和と安定を永続化させるために、両国は石油資源の確保に基づく世界制覇を競ったのだ。日本・ドイツ・イタリアのファシズム同盟は滅ぶべくして滅んだが、それらを敗北させるうえで主要な役割を果した（と、誤解されている）アメリカは、三国ファシズム体制に比べた範囲内での、民主主義的優位性を保持していたにすぎない。／実は、両国とも、数知れぬ『だまし討ち』の戦争を、各地で展開して今日に至っている。当時、日本が本当の意味での『だまし討ち』に等しい戦争をしていたのは、台湾と朝鮮を植民地化する過程において、また中国大陸や、さらには新たに大東亜共栄圏の版図に組みこんだ南アジア諸国においてであった」（『千の日と夜の記憶』〈現代企画室〉）。

基本的視点について、これに加える言葉はいらないだろう。私たちが、「真珠湾だまし討ち戦争」論議を考える時、ふまえておかなければいけないことを、つけくわえれば、この奇襲の戦死者を、「軍神」とたたえた、当時の日本政府・軍・マスコミのキャンペーンも、日本の民衆にとっても「だまし討ち」の宣伝であったということであろう。

「いっぽう日本海軍省は、真珠湾攻撃の際、特殊潜航艇の故障で、『捕虜第一号』になった酒巻和男少尉と、ニイハウ島へ不時着して、日本人二世ハラダ・ヨシオとともに逝いた西開地重徳一等飛行兵曹の件は、アメリカ軍の発表で、その全容を、いち早くキャッチしていた。／だが、『生きて虜囚《りょしゅう》の辱《はずかしめ》を受けず』に反した『捕虜第一号』酒巻和男小尉に関しては、厳重な箝口令《かんこうれい》を敷き、いっさいの報道を禁じた。／そして、国民の士気高揚のために、戦果はゼロに等しかったにもかかわらず、真珠湾へ、文字どおり必死のなぐりこみをかけた特殊潜航艇搭乗員十名のうち、酒巻少尉だけを除き、残り（全員死亡）を二階級特進の『軍神』に祭り上げて、全マスコミを総動員して、『九軍神』熱を煽《あお》った。／二人艇乗の特殊潜航艇五隻には、最初から九名しか乗らなかったような印象を与え、派手に各紙面を飾った写真からは、酒巻和男の姿は、完全に抹殺された。／海軍の鳴物入りの『軍神』騒動に、対抗意識を燃やした陸軍は、一九四二年十月十六日、陸軍空軍中佐・加藤建夫を、やはり二階級特進の『少将』とし『九軍神』に負けぬ『軍神』に仕立てあげた。／その際は、『大東亜戦初の論功行賞』という形の中で行われ、海軍関係では、〝ハワイ海戦空襲部隊の戦死者五十五名〟も、二階級特進の『軍神』扱いになり、西開地重徳もその中の一人で、彼には功五旭七の勲章が与えられ、二階級特進の特務少尉になった」（中島秀彦『真珠湾――二人だけの戦争』旺文社文庫）。

「軍神」づくりの中に、あれこれ政治操作があった点の問題をこえて、「軍神」キャンペーン自体が、大きな政治操作（だまし討ち）であることがふまえられなければならないはずである。

天皇制国家が国家によって戦場に狩りだされて死んだ死者を、自分たちの都合のいいように、すなわち新しい戦死者をつくりだす方向で政治的に意味づける。

こういう天皇制国家による死（者）の政治利用である軍神キャンペーンは、民衆に対する天皇制国家の「だまし討ち」である。

この日の集会の講演者であった林茂夫は、『平成自衛隊改造――海を渡った〝知られざる自衛隊〟の実態』（労働旬報社）で、以下のように述べている。

「そして、カンボジアに送られた部隊にも、『現代の金鵄勲章』が贈られている。施設大隊に特別賞状、同大隊長と停戦監視員のリーダーに一級賞詞が贈られ、さらに二級賞詞が施設大隊の副大隊長以下幕僚、中隊長の計九人、および停戦監視員の残り七人と現地支援チーム要員の計八人にといった具合である。そして、カンボジア派遣隊員全員に防衛記念章が与えられた。／自衛隊の海外派遣に先だって防衛庁は、防衛庁長官が授与する『賞じゅつ（恤）金』、つまり身の危険を顧みずに任務を勇敢に遂行した死者をほめたたえる賞金や特殊任務手当の支給額などを、飛躍的に増大させた」。

「軍神」づくりの精神は、今の日本軍（自衛隊）に、クッキリと再生しだしているのだ。

派兵が拡大し、死者の数が増大していけば、天皇制国家のやる、「だまし討ち」のイデオロギー操作は、基本的に同一であろうことは明白である。

天皇の米国訪問という「皇室外交」は、新たな日本内外の「だまし討ち」のための外交である。

マスコミのイデオロギー操作に抗して、かつての戦争体験（記憶）を、現在の状況の中で、あらたに読みなおす作業は私たちには不可欠である。

たとえその体験が、自分たちが直接的に体験したものではなかったとしても、その体験の歴史的意味を思想的につかまえなおすことは必要であり、それなりに可能なことのはずだ。

私たちの天皇訪米に反対する闘いは、こうした課題にも、積極的に立ち向かうものでなければならない。（5月16日）

［『インパクション』86号・94年6月］

「皇室外交」批判の論理はどうあるべきか

続・天皇訪米に反対する運動のなかから

［1994/8］

右派勢力の抗議に屈するかたちで、アッさりと真珠湾アリゾナ記念館への「慰霊訪問」はスケジュールからはずすことにして、アキヒト天皇（夫妻）は六月十日に訪米の旅に出た。

六月五日・十日と、私も参加している「天皇訪米に反対する共同行動」は、抗議のための集会とデモ（五日は私の父の葬儀とかさなり、集会の始まりをかすった程度の参加、十日は羽田現地闘争）。十九日は「天皇訪米と『朝鮮有事』体制づくりに反対する討論集会」。

六月十二日の反戦集会に三人の右翼が集会破壊を自己目的化した暴力をふるった（なぐりかかっておいて警察にかけこみ事件をつくりだすべく動きまわるといったハレンチぶり）。主催者は違っても、私も含めてその場にいあわせた人間の多くが参加する同じ会場での十九日の討論集会は、やや緊張したムードで持たれることになった。粉川哲夫・千本秀樹・野毛一起が問題提起。天皇訪米にかけた支配者のねらいと、それがどの程度実現しているといえるのかといった点について、活発な討論がなされた。

『文藝春秋』（八月号）に、編集部記事で「語られざる天皇訪米・全記録」が発表されている。

そこの総括にはこうある。

「人の集まりという点でも、反応はにぶかった。昭和天皇訪米の際の沿道の人の出と比べるとずっと少なかったし、たとえば十五日にバージニア大学を訪問された際も集まった市民は七百人たらず。かつてエリザベス女王がこの地を訪れた時は、二万五千人の市民が詰めかけ大変な混雑となったため、現地の警察は周囲にロープをわたして群衆整理の準備をしていたが、まったく必要がなかったという。／また十七日のセントルイス・ゲートウェーアーチでの日系人や在留邦人主体の歓迎式典でもアトラクションが事前に催され二千人が集まったものの、歓迎式典が始まると、陛下を一目見た聴衆の中にはセレモニーの途中で帰る人も目立った。／こうした状況についてはサンフランシスコ・エグザミナー紙が実に率直に分析している。／『御訪問に対する市民はきわめて控えめで、無関心だ。ワールドカップとシンプソン事件の方がずっと関心が高かった』」。

この文章は、以下のように結ばれている。

「今回の御訪米にアメリカのマスコミが興味を持たなかった大きな理由の一つは、現代の天皇は完全に非政治的であるためだ。そのため、彼らは両陛下に日米関係や過去の歴史への見解といったジャーナリスティックな質問を発することが出来なかった。／日本では天皇の『政治利用』がかまびすしく論じられる。だが外国においては、その『政治性のなさ』ゆえに天皇の友好親善は広い関心を生まない――もしそうだとすれば、天皇の外国御訪問について、われわれはいま一度真剣に考えてみる必要があるかもしれない」。

真珠湾・アリゾナ記念館訪問という「謝罪外交」の政治利用と、外務省の「過密スケジュール」づくりを具体的に批判した後の結論がこうである。

過密スケジュールについては、ミチコを気づかう、渡米直前での記者会見でのアキヒトの「この度の訪米の日程は非常に忙しく、またそれに加えて、体の負担も大きいので心配しています」という発言がここでは引かれている。この点については『女性セブン』（六月三十日号）にも「17日間で11都市。移動距離2万7000キロ。完全休養日は1日もなし。美智子皇后『超激務』に雅子さまの深憂――陛下も口にされたお体への不安。ご公務の厳しさを身をもって経験されただけに、ご心配も深く――」という記事が載った。ここでは天皇とならべマサコの心配をクローズアップしてみせている。

苦笑をさそうのは、あのミチコ・バッシングの中心メディアであった『週刊文春』が、「……、そのスケジュールたるや、超過密で大問題になっている」（「天皇訪米外務省のハシャギ過ぎ」七月七日号）という調子で、外務省批判のキャンペーンを連続的にはったことである。ミチコの体への深憂からではなく、天皇（夫妻）を政治利用する外務省をバッシングというわけである。

もう一つのミチコ・バッシング・メディアであった『諸君！』（八月号）では、大原康男が「『皇室外交』を『政治利用』するのは誰か」を書いている。真珠湾訪問に未練を示した朝日新聞などのマスコミ（主流）を批判しつつ、彼も外務省を徹底的に非難する。

「最後に、今回のご訪米でも明らかになったことだが、天皇の外国ご訪問について、外務省が宮内庁と事前に十分な相談をすることなく、その計画を自分たちだけの判断で決めてしまう積年の弊風を根底から刷新することが何よりも肝要である。そもそも天皇の外国ご訪問は、憲法に定める国事行為ではなく、象徴たる地位に基づく公的行為であるということで学説も行政解釈もほぼ一致している」。

「……宮内庁は、時の政府の政治的思惑に利用されて無用な議論を招くことを防止するために、皇室の方々の外国ご訪問に関する明確な基準を早急に定めるべきである。今回のご訪米をめぐる論議を教訓としてこのことを緊急提案したい」。

大原は、ここで、かつてヒロヒト天皇の訪米が一度みおくられた一九七三年のころの「朝日新聞」の社説を引き、そこでは「皇室外交」という言葉など使われず、政治利用への配慮が十分にあった事実を示してみせ、今日の皇室外交推進ぶりへの変身を批判してみせている。

私たちも、「朝日」などのマスコミ主流がまったくの天皇の政治権能の強化（皇室外交の推進派）になっており、天皇の政治利用反対論は、もっぱら右派の主張になっているという、ねじれ現象には着目しつづける必要がある。

ただし、大原ら右派の「利用反対論」はまったくの御都合主義であることも、忘れてはいけない。

「天皇は国家元首であられるから、外国の元首が訪日し、それに対するご答礼としての訪問も必要であろう。新規のご招請にも応えねばならないであろう」。

大原は、ここで、このようにも主張している。しかし、象徴天皇は「国家元首」という国家を代表する政治権能を持ったものではない。「象徴」とはそういう意味だ。だから皇室外交などあってはいけないのだ。こういう解釈でなければ論理が一貫しない。大原らにとっては、そんなことは問題にならない。天皇の政治的権能を強化すること自体に彼等はまったく反対していないのだ。外交というナマの政治で皇室が汚れること、アジアを中心に「謝罪」のポーズを皇室が示すこと自体に「日本人のプライド」が許さないと反対しているだけなのである。私たちは、こうしたナショナリズムをも批判していかなければならない。

ここまで右派メディア中心に、「皇室外交」に批判的なトーンの主張を紹介してきたが、テレビ・新聞などのマスコミの中心が、アメリカ現地での大歓迎ぶりをもっぱら報道し、親善外交大成功のイメージ・キャンペーンを連日くりひろげたことの方の問題を見落すわけには、もちろん、いかない。

浅見克彦は、マッカーサー夫人との天皇夫妻の会見についての報道などを素材に、「アメリカに対する日本の地位向上」というイメージ操作が日本のマスコミでどのようになされているかを具体的に分析した文章で、このように述べている。

「アメリカ支配からの脱却というテーマは、安保条約とも関わる微妙なものではある。しかし、ウチも強国になったので、なめたらあかんでというのは、とんでもないアブナイ話である。折しも、天皇渡米直前の六月九日には、皇太子妃の父、小和田恒国連大使が、日本は常任理事国となる実績をもち、その責任に耐えられると演説している。アキヒト訪米に重ねられた国際的地位の向上というイメージは、国連安全保障での『悪乗り』の下地となりうるのである」(「明仁訪米とアブナイ〝大国意識〟」『反天皇制運動Noise』2号、七月一日号)。

国連常任理事国入りして、アメリカのグローバルパートナーという政治意思が外務省─政府にあり、マスコミの多くが、その線にそって、この「外交」を大国意識《ナショナリズム》をソフトに煽る素材として活用していることはまちがいない。

六月十四日(夕刊)の『毎日新聞』の「ワシントンウォッチャー」というコラムにこういう文章があった。

「米国に来て9年になるが、6月12日ほど米国のいわゆる『3大ネットワーク』テレビ局の国際儀礼をわきまえない野蛮ぶりに憤激した例はない。/天皇、皇后両陛下が11日夕刻にはワシントンに到着。この日は朝からブレアハウスでのレセプションなど、いろいろ行事があった。/ところが、この朝の3大ネットの『ニュース・ショー』は両陛下を全く無視したのだ」。

「絶対に許せないのはNBC。両陛下訪米のために一時帰国しているモンデール駐日大使を番組に引っ張り出しながら、両陛下のことには前置きにも触れず、ひたすら『北』制裁と日米の対米貿易黒字の質問をした。この手前勝手な野蛮ぶり……」。

実は、それほど関心を持って迎えられていないという事実は、すでにふれた『文藝春秋』の文章にも、こまかくふれられていたが、こうした報道に流れているのも大国意識《ナショナリズム》であることが、この文章には、よく示されている。

『女性自身』(七月五日号)も「大歓迎」ぶりを示すグラビアの後に「アキヒトはスモウレスラーそれとも浮世絵師」という記事を載せ、現地の新聞の日本特集の大まじめなクイズの中に、アキヒトとは何者かとの問いの答え(選択)として浮世絵師、相撲チャンピオンなどというのがあると報じている。

アメリカの民衆にとっては日本はアメリカと肩をならべた大国などと意識されているわけではないのだ。

「地位向上」も大国主義《ナショナリズム》へのイメージ操作なら、アメリカに無視されていると怒ってみせるのも大国主義《ナショナリズム》への操作である。

六月十九日の討論会では、真珠湾・アリゾナ記念館訪問というのは、日本の外務省─政府が考えた、アメリカ大衆むけアドバルーンで、それを中止にせざるをえなかった結果、大衆うけするテーマをなくしてしまったのではないかという点が、様々に論議された。

こうした問題とは別に、十三日のアキヒト天皇の「お言葉」が、非常に具体的に政治的であった点には注目しておかなければならない。

「また貴国が半世紀にわたり、我が国の安全と世界の平和を確保するためにかけがえのない役割を果してきたことを忘れません」。

あのベトナム侵略戦争をはじめとする数々の第三世界諸国への米軍の軍事介入をまるごと大肯定してみせる発言である。

「……相携えて冷戦後の新たな要請にこたえていくと共に、アジア・太平洋の平和と繁栄に寄与することが両国の大きな課題になるものと思われます」」。

私は衛星報道(テレビ)でこの「お言葉」が吐かれるセレモニーを見ていて、ここに日本の大国意識がストレートに表現されていることを感じた。

アメリカの大歓迎ぶりと、対等づきあいしている日本をイメージ操作しているマスコミ(主流)にも、米国人にあまり関心を持たれていない「外交」であるという事実を報道しているマスコミ（右派中心）も、この「お言葉」の政治性をハッキリと批判する声は、ほとんど出ていない。

私たちに必要なのは、右派メディアとそれと対立しているマスコミ（主流）の主張、さらに天皇の「お言葉」に共通する大国意識を突き崩す戦いである。

天皇が実質的に元首として、具体的な政治的な発言をして外交を展開すること、このこと全体に反対すること、すなわち天皇の政治権能を強化する策動と対決する闘いと、この大国意識と対峙する（自分たちの意識からそれを削ぎおとす）運動はメダルの表裏である。

在日朝鮮・韓国人の民族衣装（チマ・チョゴリ）を切り裂く意識に連動するこの大国意識とぶつからない——反対にそれを煽る——「皇室外交」非難をも全面的に批判し抜きうる、皇室外交批判が、さらに大衆化されなければならない。

アキヒト天皇（夫妻）が、フランス・スペインへ向うスケジュール（十月二日）はすでに発表されている。広島アジア大会の開会式からフランスへの直行らしい。

羽田政権が村山政権になろうが、こうした動きにはなんら変化がない。

だからこそ、私たちの「皇室外交」批判の運動は、さらに力強く持続されなければならないのだ。（七月十二日）

『インパクション』87号・94年8月

［1994/10］

「三笠宮文書」と敗戦五十年

天皇の訪欧に反対する運動のなかから

村山社会党委員長を首相とする連立内閣が成立し、予想通り、社会党は急激に自民党の政策にのみこまれていってしまった。

自衛隊は合憲、日米安保体制は堅持、「日の丸・君が代」の承認、原発推進……。そして村山政権のルワンダ周辺への自衛隊の派兵の実施計画を閣議決定（九月十三日・内容は陸上自衛隊二百九十人、空自部隊百八十人、連絡調整要員十人、計四百八十人の要員、けん銃七十六丁、小銃百六十三丁、軽機関銃一丁を携行）と対応して、社会党はPKO法のPKF凍結解除の姿勢を示しだした。

国連安全保障理事会常任理事国入りを大きなステップとした政治・軍事大国（「普通の大国」）になるという、保守政党のねらいと基本的にまったく同じ土俵にのぼってしまうことで、この党は、ついに原則の転換（転向）を公然化してしまったのである。

八月十五日には、こうした村山政権・社会党の坂をころげおちるような転換をにらみながら「村山政権下の8・15と天皇訪欧を問う集会」（主催は「8・15と天皇訪欧を問う共同行動」）が持たれた。私もメンバーの反天皇制運動連絡会などの呼びかけで、天皇訪米反対運動をふまえてつくられた共同行動である。昼間はデモでその後集会というスケジュールであったが、私はデモの時間は、他の八・一五集会にアッピールにまわるという任務。三つの集まりに顔を出したが、どこの集会も総翼賛化ともいうべき状況への危機感が満ちており、人の集まりもよかった。

共同行動の集会の講師であった大河原礼三は、元高校の教師であった体験をふまえ、「日の丸・君が代」を拒否し抜くことの大切さを、戦争責任という視点から強調していた。侵略の血によごれた旗（と歌）をまとめて焼きすてなければ責任をとったことにはならないという主張は、心に残った。

九月九日には、共同行動の討論会が持たれ、天皇の訪欧（フランス・スペイン）という皇室外交の政治的ねらいを、訪米という皇室外交がなんであったのかという点をもふまえて、いろいろ討論された。

国連常任理事国入りとPKO派兵の承認という政治目的は一般的に理解できるか、外務省官僚らを中心に、どうしてここまでハードスケジュールをくみ、フランス・スペインをまわすのか、各国別によりこまかいねらいがあるのならばそれは何か。その点はどうもハッキリしないのではないか。こういうことがそこでは問題点として浮上したのである。

問題提起者の一人であった私は、外交目的のこまかい部分は、「非政治」のタテマエをまるごとかなぐりすてるわけにはいかない象徴天皇外交は、常によく見えないかたちにしかならないが、やはり、外交で象徴天皇が元首であるという態度を取り続けることで、外交をテコに天皇の元首化（政治権能の強化）という実質を支配者たちが政治的に着々と手にしている事態の大きさの問題を忘れるべきではないことを主張。さらに、「日の丸・君が代」を引きずって、天皇が元首として外交してしまうことによって、日本の戦争責任を決定的に曖昧にしてしまう政治のつみあげを、「戦没者平和祈念館」づくり、国会での「不戦決議」の準備、元軍隊慰安婦だった人々への戦後補償についての政府協力による民間募金構想などによる戦争責任の曖昧化とかさねて問題にする必要について提起した。

政府の準備しているこうした「戦後五十年」イベントは、戦争責任をとったというポーズをアジアのそして世界の人々に示し、再び派兵大国への道を進みつつある現在の日本を世界に承認させるねらいがある。だから私たちは、天皇制・「日の丸・君が代」をそのままにして戦争責任を取ったことにはならないという原則的立場を明確にし、こうした立場から私たちの「敗戦五十年」を問い、政府を批判する運動をつくりださなければならないはずである。こうした視点からも反天皇制と反派兵の論理は結びつけられて問題にされるべきなのだ。

七月六日の読売新聞は、三笠宮が参謀の時代に軍部批判の文章を残しており、それが五十年ぶりに発見されたという大キャンペーンを展開した。『This is 読売』（八月号）にその文章は全文収められた。この号は「闇に葬られた皇室の軍部批判」という特集で、三笠宮への確認のインタビューや発掘者のコメントなどもそえられている。インタビューで南京虐殺について、三笠宮はこう答えている。

「最近の新聞などで論議されているのを見ますと、なんだか人数のことが問題になっているような気がします。辞典には、虐殺とはむごたらしく殺すことと書いてあります。つまり、人数は関係ありません。私が戦地で強いショックを受けたのは、ある青年将校から『新兵教育には、生きている捕虜を目標にして銃剣術の練習をするのがいちばんよい。それで根性ができる』という話を聞いた時でした。それ以来、陸軍士官学校で受けた教育とは一体何だったのかという懐疑に駆られました。／また、南京の総司令部では、満州にいた日本の部隊の実写映画を見ました。それには、広い野原に中国人の捕虜が、たぶん杭《くい》にくくりつけられており、そこに毒ガスが放射されたり、毒ガス弾が発射されたりしていました。ほんとうに目を覆いたくなる場面でした。これこそ虐殺以外の何ものでもないでしょう」。

さらに、「満州」について、以下のような発言もある。

「……そこは他国の領土でした。居住者は他国民でした。個人の問題だったら不法住居侵入罪になること必定の事態でした。それをなんとかして表面的には日本軍は正しいことをしているのだと糊塗したところから、すべての問題が発生しました。……個人の所有地でも不法侵入罪ですから、他国の領土に侵入したら侵略と言わざるを得ないでしょう」。

閣僚の一人が、あれは「侵略戦争」とはいえないとか、「南京大虐殺はなかった」とかいって辞任に追いこまれることが、まだこの間もくりかえされている。

右派メディアが昭和天皇ヒロヒトの弟（第四位の皇位継承順位）の三笠宮の口から、こういった発言を引きだし大々的にクローズアップしてみせる政治意図は明白である。

この間、『諸君！』とか『正論』とかの右派メディアでの「大東亜戦争は侵略であったか否かをめぐる論議でも、「解放戦争」としてたたえたり、単なる侵略戦争などではないという主張とともに、侵略行為があり、侵略戦争であったと認めようという主張が多くなってきているのだ（もちろん、それはすでに賠償で戦後処理はすんでいるという主張とセットで出てきているのだが）。

ここには、アジアに向かって、軍事・政治大国として、ふたたびふるまうためには、「反省」のポーズは必要だという保守権力の政策意図が反映している。この「三笠宮文書」をネタにした三笠宮インタビューも、こうした流れの中に浮上したものと読む必要があるだろう。

『諸君！』（九月号）の「『三笠宮文書』読売スクープの幻」は、この文章はすでにいくつかに紹介、引用され研究されているものであり、スクープなどとはとんでもないと論じている。すでに紹介したことのある柴田紳一の怒りの主張らしいのだ。

発見者の須崎慎一の『This is 読売』に収められている解説（「戦争責任指摘した貴重な史料」）に柴田はこのようにかみついている。

「須崎教授は『「目的のために手段を選ばない」日本的体質』をしきりに問題視し、嘆いているが、日本に対するアメリカの原爆投下・無差別空襲やソ連の満州侵攻などは同教授の念頭にはいらないらしい」。

おなじみの責任回避のための言説である。「古典右翼」的反発だ。アメリカやソ連がひどいからといって日本のひどさがなくなるわけではあるまい。

しかけられたスクープは、「侵略行為」は認めて、アジアや世界に「反省」のポーズを政治的に示そうという、政府の（首相や中心政党がどう変わろうと一貫した）姿勢をバックアップして「古典右翼」の主張をおさえこむための皇室の政治利用というところだろう。

ヒロヒト天皇も軍部にひきまわされた平和主義者であったという、あいかわらずのイメージ操作も、三笠宮発言によってなされているが、この局面での、このクローズアップには、「反省」ポーズ、プロパガンダへ向けた政治意図をこそ読むべきであろう。

さて、一九四四年一月づけの「三笠宮文書」（「支那事変に対する日本人としての内省」〈幕僚用〉）自身についてである。

この文章は、皇室の人間ならではの特権を使った、当時ではめずらしいハッキリとした関東軍批判である。勝手に力で独走したけど中国の民衆のこころはつかまえられず、どうにもならないではないか、「内省」と「謙譲」が欠落した軍隊ではどうにもならない。こういう主張が、あからさまに示されている。しかし、今日の三笠宮発言のように、この戦争を侵略行為としてキチンと批判しているわけではない点は見落すわけにはいかない。

「読売」のキャンペーンは、そうした違いを無視している、いや無視しているというより、皇室は一貫して「反侵略・平和」の立場に立っていたというイメージ操作をこそ、そこでしているのだ。

「昭和天皇の弟が、戦争中に、これだけ率直な日本人としての自己批判を行っていることに心を打たれる」（「戦争責任指摘した貴重な史料」）というような須崎の発言にまどわされてはいけない。

「日本軍は赤筒を使っても、何を使っても知らぬ顔をしているかと思えば、重慶が日本の真似をして赤筒を使えば、鳴物入りで卑怯《ひきょう》だ。国際法違反だと騒ぎ立てる。何故日本は堂々と赤筒使用を世界に宣言しないか。強い犬は吠《ほ》えない。従来を振り返えって『聖戦』とか『正義』とかよく叫ばれ、宣伝される時代程事実は逆に近い様な気がする。『実行は最大の宣伝なり』」（傍点引用者）。

例えば、この主張である。赤筒とは毒ガスを意味するらしいが、読めばわかるように、三笠宮は毒ガス使用をやめよと述べているわけでは、まったくないのだ。

「付録」としてつけられた「綿鉄集（攻略之部）」にはこうある。

「（1）中国は鶏である。日本はまず鶏を十分肥らせて、卵を生ませてこれをもらえばよい。しかるに日本の経済政策は余りにも鶏の生存を脅やかすばかりでなく、卵を生まぬ先から、毛をむしりとるようなことをする」。

気持の悪い、植民地支配者のセリフである。

当時、三笠宮は、関東軍の侵略・植民地支配の手口の露骨な暴力性とストレートな抑圧性に怒っていたのだ。

もうすこし、それをソフトに、中国の民衆の同意をうまくとりこんでやらなければ、「もうからない結果になるじゃないか」と批判しているのである。

侵略行為への批判の意思がそこにないわけではない。敗戦という結果においつめられつつある関東軍を、このドジ、てめえらがもっとうまくやれば、こんなことにはならなかったのだと、この侵略戦争に責任ある立場にある「皇室＝軍人エリート」が非難しているにすぎないのだ。

この関東軍批判を、「侵略戦争批判・平和主義」の方向を持つものと考えるのは、やはりおかしい。それは『読売』の操作にまきこまれたものであるにすぎまい。

「実力ある者は最も謙譲なるべし」という「東洋王道の根本精神」なるものを説いて、この「三笠宮文書」は結ばれているが、実はここにこそ軍事大国・侵略大国日本の皇室の傲慢がにじんでいる。

「侵略行為」の「反省」のポーズを示す戦後五十年イベントをあれこれと準備している村山政権の今日の政治イデオロギーと、それは密通しているといえるだろう。

こうした、あらたな派兵大国・国連大国の政治を貫徹するための政治主義的「反省」。くりかえすが、侵略の最高責任制度である天皇制をそのままにし、その天皇を元首として外交させることなど許されるべきではない、「日の丸・君が代」をふりかざす天皇外交を推進する政府が、侵略の反省など、まともにしているわけがない。こうした視点をふまえて私たちは政府の派兵の拡大・皇室外交のさらなる展開に抗していかなければならないはずである。

敗戦五十年を思想的に問いかえす私たちの視座も、そこにある。

天皇制・「日の丸・君が代」の延命を許してしまった「五十年」の負債にひらきなおり、現実に屈服して、少し意味づけをズラしてみたりして、いたしかたなしなどと主張してみせるべきではない。私たちはそういう現実が蓄積されればされるほど、私たちの欺瞞と腐敗は強まるだけであるという事実を直視し、反天皇制というあたりまえの主張を、敗戦五十年という状況下の多様な具体的な運動課題の中に、さらに力強く拡大していかなければならないのだ。（九月二十二日）

『インパクション』88号・94年10月

［1994/12］

「皇室外交」と「明文改憲」

皇太子・マサコの中東訪問反対運動のなかから

九月二十五日は天皇（夫妻）訪欧反対のデモと集会（主催は「8・15と天皇訪欧を問う共同行動」）。「PKO」派兵を一方で持続しつつ、他方で「皇室外交」を展開し国連安全保障理事会常任理事国入りを目指す日本政府の動きと対決する運動は、残念ながら、まだ大きなものになっていない。

「皇室外交」の内実はすでに日本のPKO派兵の是認のためにというレベルから、PKO派兵の「成果」をテコに常任理事国入りの支持を取りつけるというレベルにアップされだしていることは、今回のフランスとのやりとりによく示されていた。

「皇室外交」の政治と闘うことの重要さ、必要さは、日々明白になっているにもかかわらず、運動の大衆化が、なかなかうまくできないことに、あせりを感じながら、私はこの日の闘いを走り抜けた。

広島のアジア大会開会式に天皇（夫妻）、皇太子（夫妻）が出席し、天皇（夫妻）はその直後に出発ということもあり、広島現地のアジア大会（開発のためのスポーツ・イベント）に反対する人々と合流した抗議行動（十月一日・二日）もくまれた（私は不参加）。

天皇（スポーツ）イベント。反天皇制運動連絡会のメンバーとして、私が持続的に担ってきているのは「国民体育大会」に対する反対・抗議運動である。十月二十九日、第49回愛知国体（わかしゃち国体）がスタートの日、現地の「愛知国体に異議あり！　市民ネットワーク」の人々の呼びかけにこたえて、名古屋での、入場者へのビラ撒き、デモ・集会行動。

天皇（夫妻）に直接に抗議の声をたたきつけるチャンスは持てなかったものの、九州から北海道まで、それぞれ各地で反対行動に取りくんできた人々が結集。天皇と国体が全国を転々とするのに対抗して、各地での反撃をつみあげ、毎年そこへ結集するという、課題を明確にしたネットワーク・スタイルがスムーズに定着していることが実感できた。持続が力になっているのだ（もっとも現地の人がそれほど広く結集していない点は気になったが）。

十一月四日、皇太子夫妻の五日からの、サウジアラビア、オマーン、カタール、バーレーンの中東四ヶ国の訪問をにらんで「『8・15』と天皇訪欧を問う共同行動」は、討論集会を持った。

この「共同行動」のしめくくりの討論会は、中東研究者の藤田進の問題提起の講演が中心であった。彼は、「湾岸戦争」の舞台であり、パレスチナの出稼労働者などのそこの民衆の惨劇が（マスコミによって隠されてはいるが）なまなましい地へ行くということ、そして石油利権でつくられた「ロイヤル・ファミリー」国家との、利権まみれの「ロイヤル外交」であることを、具体的な史実をふまえて示した。湾岸戦争を巨額の金と基地提供で支えた日本の、その軍事的勝利の上にのった利権のための「皇室外交」であるという問題を明快に提起したのである。

こうした提起をふまえて、この日の討論の中で、私は、二つの問題について発言した。

一つは、マスコミの報道を見ていると、今回の皇太子（夫妻）の「外交」は「天皇外交」なみの扱いになっているという点。皇太子（夫妻）外交の政治的地位が上げられてきているという問題。

もう一つは、その「外交」の政治性が、「イスラム文明にとまどう雅子さま」といったトーンの報道（これは女性週刊誌とテレビのみでなく他の週刊誌にまで共通したトーンであった）でまったくおおわれてしまっているという問題である。政治的な問題を非政治的にイメージ操作をしてみせるというのは「情報《マスコミ》天皇制」の常であり、「皇室外交」でもそういう操作は、訪問国がどこであれ、いつものことではある。しかし、今回も、その操作を具体的に批判し続けることが必要だと訴えたのである。

訪問前の報道を見ての判断であったが、訪問中、後の報道を見て、私はますますその思いを強くした。

「雅子さま『ベールとアバーヤ』に囲まれた異国での不安は……」「飲酒、肌の露出、女性の写真撮影はノー。公式の場では男女の同席厳禁。殿下と離れ離れの行動も」(『週刊女性』十一月十五日号)

こんな調子の予測による「御心配」ニュース(番組)が週刊誌やテレビに流れた。

そして、この「異文化」との交流を見事に皇太子とマサコは果したというふうに、報道の流れは続いた。

「いわば、『日本一の外交官』として念願の国際デビューを果した雅子さま」というキャプションが『微笑』(十一月二十六日号)の「雅子さまをもてなす『一夫多妻』の国々が選んだ貴婦人たち」にある。ハッピーな「ロイヤル・ファミリー」間の「外交」(交流)ぶりはカラー写真で各週刊誌を飾り、テレビに映し出された。マサコの「ロングスカートとパンツの日々」(『女性セブン』〈十二月一日号〉の写真のキャプション)は大きな話題とされ続けたのだ。

『週刊新潮』の十一月二十四日号は、トップに四ページを使った、カラー写真で「皇太子御夫妻中東の旅」である。そこのキャプションにはこうある。

「食事と服装が問題と、出発前から話題になっていたお二人の旅は、しかし、案ずるより産むがやすしのようだったのはご同慶の至り。/サウジアラビア、オマーン、カタール、バーレーンと四ヶ国を回られたのだが、どの国でも大歓迎、サウジアラビアでは非公式の予定だった晩餐会が公式のものに変更されたし、カタールでは初めて御夫妻同席の公式晩餐会(上の写真)が開かれた。ゲスト側の夫人が出席するのはイスラムの世界では『極めて異例』なのだそうだ。オマーンでは国王から予定外の名馬のプレゼントも。/そもそも今回のご訪問は、三年以上前から湾岸協力会議六ヶ国を、と懸案となっていたもの。今回日程の都合がつかなかったクウェートとアラブ首長国連邦、そしてヨルダンには来年一月に改めて訪問されることが決っている。皇室外交の新しい担い手となったお二人には、これからも忙しい日々が続きそう」(傍点引用者)。

「元首天皇」なみの「極めて異例」な歓迎をうけた皇太子夫妻は、「新しい皇室外交の担い手」として来年一月には、クウェート・アラブ首長国連邦・ヨルダンを訪問するというのだ。

一方でゴラン高原への日本軍のPKO派兵という話も具体化している状況をにらんで、この「皇太子(夫妻)外交」の政治的意味を考えてみなければなるまい。

戦争の血と石油の利権にまみれた「皇室外交」は「雅子さま『子羊の目玉』と『砂漠のトイレ』中東ご訪問テレビで見られなかった『あのこと』集」(『女性自身』十一月二十九日号)「雅子さま『羊の丸焼き』ハプニング中東の旅現地密着詳報」(『週刊女性』十一月二十九日号)といったトーンのマスコミのベールに隠され続けたのだ。

憲法上は象徴天皇にも許されていないはずの外交が、皇太子とマサコによっても本格的に展開されだしているという状況。そしてマスコミにはそうした政府の動きを当然のこととして、どのような問題もないことのごとくに「非政治的」なもののごとく美化する報道があふれており、批判的な主張はほとんど消滅してしまっているという状況。

私たちはこうした恐るべき状況を正面から見すえていかなければならない。

十一月三日の『読売新聞』の朝刊に「読売新聞社の試案」という

かたちで「憲法改正試案」が大々的に発表された。

トップに「国民主権」を持ってきたり、環境権や人格権などの条文がプラスされたりと、「民主的」イメージ操作はほどこされているものの、自衛隊の合憲化という権力者たちの目標に答えた改悪プランである。

しかし、今までの保守権力が「解釈改憲」でつみあげてきた既成事実にのっかった「明文改憲」プランで、いってみれば『読売』にしては「ソフト」イメージであることもあり、右派仲間から、すぐ非難の声が飛び出してきている。

「偽善と人権で日本人を『腰抜け』にした、『憲法』と読売新聞」というものものしいタイトルの記事が『週刊新潮』(十一月十七日号)に載った。

「読売新聞は『自衛力保持を明記』と紙面で大見出しを打っているが、現憲法の〈武力の行使は、国際紛争を解決する手段としては、永久にこれを放棄する〉という条項を残しておくのなら、自衛隊は晴れて〝合憲〟になっても、矛盾した状況に置かれていることに変わりはない。

西尾幹二・電気通信大教授はこう話す。

『国際情勢の変化に対応して憲法を変えるというのに、大きな悩みの種についてはどうも逃げ腰で、メスが入ったとは言えない。いまの憲法に引きづられているという印象を持ちました。なかでも気になったのは、安全保障です。武力行使を認めずに、自衛のための組織を持つことができるというのは、いまの憲法とほとんど同じことで、相変らず身動きの取れない状態に陥るだけです。にもかかわらず、国際平和のため自衛の組織を提供できる、とある。となるとカンボジアの二の舞いで自衛官の身を危険にさらすだけです』。

カンボジアにPKO部隊を送るとき、やれ重火器はいけない、小火器もだめだと、不毛な議論が行われた、またそれが繰り返されることになる」。

バンバン自由に海外派兵できる巨大な軍隊(日本軍)の活動を正当化する改憲にまで踏みこめというアジテーションである。

この「改憲試案」は、自衛隊の合憲化はあたりまえで、問題はその動きが、どこまで合憲であるかだといったマスコミの言論のムードをさらに強化する役割を果すことになっていくだろう。

私たちが注目すべき点に、『週刊新潮』の記事はまったくふれていないが、天皇条項の変化という問題がある。この「案」では、第二章に移された「天皇」は一見、象徴天皇制という基本性格については手をつけられていないように見える。しかし、「天皇の国事行為」(第九条—現行憲法の第七条に対応する)の一項(トップ)はこうである。

「国を代表して、外国の大使及び公使を接受し、また、全権委任状及び大使、公使の信任状、批准書及び法律の定めるその他の外交文書を認証すること」(傍点引用者)。

現憲法の五項(半分)と八項と九項を一つにまとめて、「国を代表して」という文章をプラスしたものである。ようするに外交に関する行為をひとまとめにしてトップに持ってきて、ハッキリと外交元首としての権能(国を代表する権利)を保障するものにしようというわけだ。

権力者たちのねらいが、ここにも明自に示されているといえよう。

象徴天皇のままの元首化。これも、すでに政府が「改釈改憲」という方法で、つくりだしてきてしまっている現実(既成事実)の法的な追認である。もちろん、このような明文改憲が実施されれば、さらに象徴天皇一族の存在が政治的に重くなる方向のバネになることはまちがいあるまい。

「外交」については「国事行為」として認められていないという象徴天皇規定のブレーキがまったくはずされてしまうのである。そうした規定がありながら、ここまでやってきた権力者たちが、それがまったく合憲化されたら、外交で（そして外交を突破口にして他の政治領域でも）さらにどのように天皇（皇室）を政治的に活用しだすかはわかりはしない。

国連の安全保障理事会の常任理事国（核大国クラブ）に入ること、これを一つのゴールとして、今、日本の支配者は様々な動きを活性化しだしている。

派兵・軍事大国化の推進と皇室外交の強化、これは常任理事国入りの政治の車の両輪である。

この両輪の動きをスピーディにするためにも「明文改憲」は必要だ。こういう支配層の判断がクッキリと読みとれる時代に私たちは突入している。

「国際貢献」イデオロギーは「国連大国」日本イデオロギーであることが、さらに明確になってきた。それは「強化された象徴天皇（制）国家、軍事・派兵大国」日本の実現のためのイデオロギーなのだ。

だから「皇室外交」との闘いは、改憲・派兵・国連常任理事国入りといった支配者の政治にトータルに反撃する視点をふまえて、さらなる大衆化を目指して、持続されなければならないのである。

少数派としての悪戦の持続は必至であるが、多様なテーマの関連が、わかりやすく露呈しだしている現在、運動課題の交流を通じた大衆運動の強化のチャンスに状況を組み立てなおす努力を持続するしかあるまい。だから、私たちの「敗戦50年」という歴史舞台は、運動の力強い交流の舞台として意識的に準備されていかなくてはならないのだ。（十一月二十五日）

［『インパクション』89号・94年12月］

［1995/1］

敗戦五十年を問う視座

反天皇制運動というベクトルから

「天皇制共産主義」!?

少々自分の過去の判断を訂正しなければならないな、そんなふうに考えざるをえない現象が起きているようだ。

日本共産党の歴史の中からうまれ、敗戦直後のこの党のリーダーだった徳田球一らを「革命英雄」と呼ぶ「マルクス・レーニン・スターリン主義者」の政治組織（党）が、天皇と天皇制を大肯定し、すばらしい「民族主義の伝統」と主張しだしたのである。広く人々が結集した行動（例えば「反安保の六月行動」）の時などには、このグループも参加したこともあり、私たちとは全く無関係とはいえないものの、そのあきれる権威主義・事大主義・前衛（党）主義の体質ゆえ、日常的にはほとんどつきあいようのない団体である。だから直接的にここで批判的な主張を展開したいわけではない。「暴力団対策法」に反対する運動で「暴力団」や右翼と共闘しているうちに、そういう方向へのめりこんでいったようだが、天皇主義者と同質的な政治文化の持ち主であった彼らがそうなることは、考えてみればさして驚くようなことではないともいえよう。

ただ「訂正」は必要である。かつて私はこう論じた。

「左翼の転向にふれて葦津はこう述べている。『……社会主義的な人々が、日本人の国体意識の中に自ら主義を防衛しうるもの、政治権力の圧迫を防ぎ得る側面のあることを認識していたという事実。』（「続・国民統合の象徴」）／国体論は権力が強制したイデオロギーである。圧倒的な暴力支配（テロ・リンチの日常化）と転向強制という事実を前に、こうした主張をおいてみると、この論理のハレンチさは一目瞭然であろう。／国体論者になることをしなければ「出獄」できないような条件下で、天皇制社会主義のごとき論理がいくつ生まれたからといって、それを『国体論による主義の防衛』などと強弁し、国体論の内容の多様さの具体例とする葦津の論理は、愚かをとおりこしている」。

「民族」（粉川哲夫・高橋敏夫・平井玄共編の『思想のポリティクス』〈一九八六年〉所収）という短文の中の主張である。葦津とは神社本庁系右翼の代表イデオローグ葦津珍彦である。

もちろん、私はこの主張（批判）の基本線を訂正しなければならないと考えたわけではない。一九三〇年代の「大転向」の時代につくりだされた「天皇制社会主義・天皇制共産主義」論が、天皇制ファシズム権力の大弾圧（暴力による強制）の産物であることはまちがいない（もちろん、そこに自発的モメントが百％ないなどと、いいたかったわけではないが）。このことは天皇制ファシズム権力の敗戦による崩壊という流れの中で、こうした理論がアブクのように消えていってしまった事実によって、端的にそうであることが証明されているともいえよう。

ただ、私は、こうした主張をした時、天皇制を批判したからとてむき出しの暴力的弾圧をしかけることはなくなった象徴天皇制下の戦後に、自称コミュニスト（党）がそのまま天皇制を「神秘化」してもちあげ「天皇制コミュニズム」のごとき理念をかつぎだして運動を呼びかけるようなことは、もうあるまいと考えていた。天皇制への転向はもちろんありうる。しかし、こんなかたちでのそれは、小さなグループとはいえど、ないだろうと予測していたのである。マルクス・レーニン（・スターリン）・天皇主義という論理の浮上には、やはりあきれた。もちろん、それも国体（天皇制）意識の中に、自らの主義を防衛しうるものを発見した、などというものではない。かつて同様天皇制にのみこまれてしまったにすぎない。ただ、戦前（中）の元コミュニストたちより、そうであることの自覚が少ないという点が戦後的な性格であるといえるかもしれない。

この程度には、ストレートなくりかえしはあるのだ。そう判断を変えなければならないようである。

これは、現在の新たな転向・翼賛時代の激流の中のごく一部分の現象である。そうした状況下で、彼等は日本のコミュニズム文化の天皇制文化との親和的性格ぶりを、ゴリゴリの「古典マルキスト」グループであるがゆえに正直に露呈させたのだろう（「左翼天皇制」！）。重要な問題は、この時代を支配する翼賛大運動である。

社会党大会と右翼の「激励」

九月三日、社会党大会において自衛隊合憲、日の丸、君が代是認、日米安保体制の堅持、ＰＫＯへの積極参加、原発推進、国連安保理常任理事国入り追求、……といったかつての原理の転換（転向）を表明していた村山委員長（首相）らの方針は、社会党全体の方針として確認された。

その日早朝から、この大会の会場入口で抗議のビラ（アッピール）まきをしていた私は、奇妙な風景を目撃することになった。社会文化会館の入口の近くは抗議のための行動にきたグループ、個人でゴッタがえしていた。私のように社会党とは直接なにも関係ない人間は少なく、社会党内の「護憲」グループが多かった。この入口周辺の一部から大きな道路を一つへだてた向こう方に、宣伝カーをかこんでのぼり旗を何本か立て、横断幕を持ったグループが目に入った。そこには、こんなふうに書かれていた。

「赤旗社会党は『反省』して日の丸社会党に生まれ変われ！」。「赤旗社会党よ！　日の丸容認なら党大会で掲揚せよ」。これまでの政策を「天皇陛下と国民に謝罪せよ」というようなものもあった。

右翼団体であるが、非難と攻撃というより、「激励行動」とも受けとれる内容であった。

この風景は、社会党の現在を、そして総保守化＝翼賛化へ向かう状況を象徴しているといえよう。その時私は、来るところまで来てしまったなと思いながら、ある文章を思い出した。

「しかし、やがてGHQの民主化政策の急進的な政策が明らかとなり、もとの社民系、日労系、日本無産系の間に、いっそ社会党を作ろうという話がまとまったということだ。社会党が社会主義者とはまるで縁のない分子と、情実と便宜とのために作られたに過ぎないことは、その後の党内事情が立証したところである。

それだから、結成懇談会には名古屋の『忠孝労働組合』の山崎某も出ていれば、右翼の津久井某も来ており、浅沼稲次郎が開会の挨拶の中で堂々と国体擁護を主張するやら、最後に賀川豊彦が天皇陛下万歳の音頭をとるやら、遺憾なくその本質を暴露し、私たちの一団は天皇陛下万歳の唱和に憤慨して退場したほどであった」。

荒畑寒村の『寒村自伝』である。

結局、敗戦後約五十年の時間の流れの中で、右派の圧倒的なヘゲモニーが貫徹していた時代に、社会党は帰っていっただけだ。あるベクトルから見ればそういえないこともない。この党（これに関係したすべての個人ではなく）は、転向したというより基本的な体質が変わらなかったのだともいえるだろう。

この党には、大日本帝国（戦前・中）の切断を志向した、つくりだされるべき〈戦後〉への運動がほんとうのところまともに蓄積されていなかった。こう結論するしかないことだけは確かなようである。

そして、その村山内閣は「戦後五十年」へ向けて、急ピッチでさまざまな動きをつみあげだしているのだ。

「戦後五十年」と「終戦の詔書」

栗原幸夫が『aala』（94冬Ⅳ号）の編集後記で、敗戦時の天皇の「詔書」を引いて、こう述べている。

「そこには中国や東南アジアの国々に対する戦争については一言も触れられていない。かれらは一括して『帝国ト共ニ終始東亜ノ解放ニ協力セル諸盟邦』に仕立て上げられ、そのうえで『曩ニ米英二国ニ宣戦セル所以モ亦実ニ帝国ノ自存ト東亜ノ安定トヲ庶幾スルニ出テ他国ノ主権ヲ排シ領土ヲ犯スカ如キハ固ヨリ朕カ志ニアラス』と強弁されている。そしてこのような『大東亜戦争』観をひきずったまま、昭和天皇は日本国の象徴となった。かれは一度もこの戦争観を取り下げたことはなかったし、国会もまたこれを問題にしてその訂正を決議したことはなかったのである。『戦後五〇年』は、なによりもまずこの天皇の『詔書』の根本的な否定から始めるべきだろう」。

この「詔書」は「昭和二十年八月十四日」附のものであり、内閣総理大臣男爵鈴木貫太郎以下ズラズラと大臣名が連記されているものである。栗原のいう通り、読みなおしてみると、ひどい内容である。全文を引こう。ただし、そのままでは読みにくいだけなので、「読み下し文」の方を引用する。

「朕、深く世界の大勢と帝国の現状とに鑑《かんが》み、非常の措置を以て、時局を収拾せんと欲し、茲に忠良なる爾《なんじ》臣民に告ぐ。

朕は、帝国政府をして、米英支蘇四国に対し、其の共同宣言を受諾する旨、通告せしめたり。

抑々《そもそも》帝国臣民の康寧《こうねい》を図り、万邦共栄の楽《たのし》みを偕《とも》にするは、皇祖皇宗の遺範《いはん》にして、朕の拳々《けんけん》措からざる所、曩《さき》に米英二国に宣戦せる所以《ゆえん》も、亦実に帝国の自存と東亜の安定とを庶幾《しょき》するに出《いで》て、他国の主権を排し、領土を犯すが如きは、固《もと》より朕が志にあらず。然るに交戦已《すで》に四歳を閲《けみ》し、朕が陸海将兵の勇戦、朕が百僚有司の励精、朕が一億衆庶の奉公、各々《おのおの》最前を尽《つく》せるに拘《かかわ》らず、戦局必ずしも好転せず、世界の大勢亦我に利あらず。しかのみならず、敵は新たに残虐なる爆弾を使用して、頻《しき》りに無辜《むこ》を殺傷し、惨害の及ぶ所、真に測《はか》るべからざるに至る。而《しか》も尚《なお》交戦を継続せんか、終《つい》に我が民族の滅亡を招来するのみならず、延《ひい》て人類の文明をも破却すべし。斯《かく》の如くんば、朕何を以てか億兆の赤子《せきし》を保《ほ》し、皇祖皇宗の神霊に謝せんや。是れ、朕が帝国政府をして、共同宣言に応ぜしむるに至れる所以《ゆえん》なり。

朕は、帝国と共に終始東亜の解放に協力せる諸盟邦に対し、遺憾の意を表せざるを得ず。帝国臣民にして、戦陣に死し、職域に殉じ、非命に斃《たお》れたる者及び其の遺族に想《おも》いを致せば、五内《ごだい》為に裂く。且《か》つ戦傷を負い、災禍を蒙《こうむ》り、家業を失いたる者の厚生に至りては、朕の深く軫念《しんねん》する所なり。惟《おも》うに、今後帝国の受くべき苦難は、固《もと》より尋常にあらず。爾臣民の衷情も、朕善く之を知る。然れども朕は、時運の趨《おもむ》く所、堪《た》え難きを堪え、忍び難きを忍び、以て万世の為に太平を開かんと欲す。

朕は、茲に国体を護持し得て、忠良なる爾臣民の赤誠に信倚《しんい》し、常に爾臣民と共に在り、若《も》し夫《そ》れ情の激する所、濫《みだ》りに事端を滋《しげ》くし、或は同胞排擠《はいせい》、互いに時局を乱《みだ》り、為に大道を誤り、信義を世界に失うが如きは、朕最も之を戒む。宜しく挙国一致、子孫相伝え、確《かた》く神州の不滅を信じ、任重くして道遠きを念《おも》い、総力を将来の建設に傾け、道義を篤くし、志操を鞏《つよ》くし、誓って国体の精華を発揚し、世界の進運に後《おく》れざらんことを期すべし。爾臣民、其れ克《よ》く朕が意を体せよ」。

読んでいて、怒りがこみあげてこなければどうかしている。こんな文章で、戦争にピリオドを打つことが開始され、戦後への時間が流れ出したのである。

政府も軍人も役人もすべての庶民も、みんなみんな「朕＝天皇」のものである。これがすべての前提だ。

「東亜の安定」と「解放」のための正しい戦争も、全力で闘ったが力がつきた、原爆という「残虐なる爆弾」もおとされてしまった。このままだと「我が民族」＝「朕」も文明も滅んでしまうから、がまんして戦争を止める、「神州の不滅」（神の国日本は滅びない）、「朕」のいう通りにせよ。

ここには、植民地支配や侵略への反省はもちろん、被爆というゴールに象徴されるこの侵略戦争にかりだされた民衆の悲惨への責任感など、どこにも認められないのだ。戦死者の遺族を思えば、心がはりさける、といったことも述べているわけであるが、「朕」の「赤子」として使いすてにしてしまったこと自体には、なんの反省もないのだから、やりきれない。本当に責任感があったら、心どころか自分の肉体も「はりさく」しかないのではないのか。ヘラヘラとこんな言葉を読んでいるわけにはいかないはずだ。自分たちはヌクヌクと生きながら「朕」は深く民衆のことを心配している、などと、この時点になっても語り続けているヒロヒト天皇・日本の支配者層の偽善のポーズは許しがたい。

しかし、である。栗原は、天皇も国会も、ここに示された戦争観を取り下げたり、訂正したりしないまま来た、と述べていた。それは「爾臣民、其れ克《よ》く朕が意を体せよ」と呼びかけられた日本の民衆の多くは、まだ、その「朕が意を体」し続けているということではないのか。取り下げされることも、訂正させることも日本の民衆は、させてこなかったのだから。これだけ命をオモチャにされても、根本的なところで、天皇制にはもちろん、もしかしたら侵略戦争にもそれほどこりなかったのではないのか。このことがやはり、大問題である。

「東亜の解放」「帝国の自存と東亜の安定とを庶幾する」戦争、すなわち自分たちの防衛とアジアの解放と安定をこいねがった正当なる戦争という「大東亜戦争史観」は、本当のところ正面から否定され反省されずに五十年に近い時間が流れてしまっているのだ。

「……、光栄ある我が国体護持のため、朕は爰《ここ》に米英蘇並びに重慶と和を媾《こう》ぜんとす」(引用はすべて村上重良編『正文訓読近代詔勅集』(1))

軍人向けの「終戦の勅語」(八月十七日附)の方は、「国体護持の為」とのみその理由が示されており、ひたすら自分たちのためだけの「終戦」という事実がよく読みとれる。天皇制帝国の支配・侵略戦争への怒りの声、敗戦が決まった時点での天皇ら支配者らのひらきなおりへの民衆の怒りの声は、政治的に力づよく示されることはなかったのだ。なんという戦後のスタートだったのだろう。

確かにこれの「根本的な否定」という作業こそが持続されなければならないことは明らかだ。

東京裁判の中の支配者たち

天皇・重臣グループを中心とする、あの侵略戦争の責任者たちが、いかにスピーディーにGHQに様々に働きかけ、占領軍に天皇(制)の責任を問われないように、巧妙かつズルがしこく立ち回ったかを、あざやかに分析してみせた『昭和天皇の終戦史』(2)のなかで、吉田裕は東京裁判尋問調書を素材にこう論じている。

「第一には、相互に見解や思惑のちがいをはらみながらも、ほとんどの供述が、天皇を擁護し、戦争責任を東条や武藤などを中心にした少数の陸軍軍人とその協力者にになわせるという方向性をもっていたことである。もちろん、ここで名ざしにされている人々の多くが、戦争政策の最も強力な推進者であったことは事実である。しかし、彼らだけで巨大な戦争マシーンの全体を動かすことは不可能であり、多くの人々の協力や黙認、傍観があって初めてこのマシーンは機能したのである。そのことの責任についてはまったく口を閉ざしたまま、多くの被尋問者たちは、東条を中心にしたグループの責任だけを指摘したのであった。

なお、少なくとも主要な戦犯容疑者間では、戦争犯罪の日本側の事務を担当していた終戦連絡横浜事務局の鈴木九萬《ただかつ》公使などが中心になって、天皇の訴追を回避するための『意思統一』が行なわれていたことも見逃すことができない。これについては田尻愛義が、『それから戦争犯罪容疑者の逮捕がはじまっていたが、問題の東条さんが自殺をはかるようなぶざまもあって、まず軍事裁判前の容疑者の取調に応ずる態度が不安になってきた。そのためにはわざわざ厳重な監視をくぐって、天皇の責任を一言半句口にすべからずという決意を促す連絡をとるために苦心したし、鈴木九萬公使にご苦労をかけもした』と書いている通りである(『田尻愛護回想録』)。

ちなみに鈴木のあとをうけて戦犯事務を担当した中村豊一、太田三郎の両公使も、そうした面での被告間の調整にあたっていたようである。

第二には、ほとんど全部の日本人関係者が太平洋戦争の正当性を否定した上で、自分はその戦争に反対だったと供述していることである。このことは戦争責任者を名指しにすることと、いわば表裏の関係にある。具体的にいえば、太平洋戦争そのものを『自存自衛』のための戦争あるいは『大東亜共栄圏』建設のための戦争として正面から日本の立場を擁護しているのは、管見の限りでは、みずからの責任を負う覚悟を決めていた東条英機と嶋田繁太郎の二人だけである。

同様に東京裁判の公判廷の場でも、ほとんどの被告が自分はあの戦争に反対だったと陳述している。右翼の指導者で被告の一人でもあった大川周明は、被告のこうした陳述を目のあたりにして、四七年十二月二十日の日記に、『いずれにもせよ、戦争は東条一人で始めたような具合になってしまった。誰も彼も反対したが戦争がはじまったというのだから、こんな馬鹿げた話はない。日本を代表するA級戦犯の連中、実に永久に恥さらしどもだ』と皮肉をこめて書きつけている（『大川周明日記』）」。

天皇の「終戦の詔書」と同様の姿勢を貫いたのはA級戦犯グループでは東条（陸軍大将・首相、判決は絞首刑）と嶋田（海軍大将・海相で判決は終身禁固）ぐらいのものであり、あとは東条らに責任をひたすら押しつけたわけである（そういう方針が天皇・重臣グループによってたてられていたのだ）。あの戦争の正当性を否認した、いいかえれば侵略戦争と認めた多くの支配者たちは、天皇ともども東条ら一部の軍人のトップと対立しつついやいや引きずられただけだという姿勢で裁判をきりぬけようとしたわけである。

天皇同様、彼等にも戦争推進者としての責任感など、まったくなかったのであり、侵略戦争への反省もそこには認めようもないのだ。

吉田はそこで日本の保守派（支配層）が国際検察局（IPS）関係者を「教育」する場として、尋問の過程があったとそこで述べている。

GHQ（アメリカ）と、天皇制（国体）と自己の延命のみを自己目的化した日本の支配者は、そのように協力しつつ、戦後の占領国家の秩序空間をつくりだしていったのである。日本の支配者たちは、「大東亜戦争」史観の根本的な反省もなく戦後をスタートした（東京裁判自体がそのことを具体的に示しているのだ）。そして多くの日本の民衆も、そういうことに大きな疑問を持つことは少なかったのである(3)。

敗戦直後から、こういう姿勢であった支配者たちが、時間とともに、「反省のポーズ」もやめて、「大東亜戦争」肯定の心情と論理をあらわにするのは必然であったのだ。

だから、就任直後の細川（連立政権）首相の「侵略戦争」発言は、実に注目すべき転換であったのだが、その独走はすぐブレーキをかけられ「侵略行為」という言葉へと後退せざるをえない歴史的な必然も、この戦後の歴史の中に蓄積されているのである。

「侵略戦争」と「侵略行為」

しかし、それなりの転換（「反省のポーズ」の復活）は、どうして開始されたのか。日本が「経済大国」にのしあがってきた事態を前提に、その経済利権システムをアジアに強固にし、そのためにも世界のリーダーアメリカと肩をならべる「政治大国」（軍事力も誇示しつつ）になりたいという野望のつよまりが、その「転換」の理由である。このことの具体的な政治表現の一つが国連安保理常任理事国入りだ。アジアの社会の中で政治的リーダーとふるまうには、それなりにかつての戦争を「清算」してみせなければならないのだ。それなりの「謝罪」の姿勢も必要になってきたわけである。

吉田裕は、こうした「転換」は中曽根内閣の時代から始まっており、細川発言の基本線は自民党政権時代が長いこと準備していたものであったことを論じている「歴史意識は変化したか(4)」（『世界』一九九四年九月号）で、細川発言の軌道修正とその後の羽田首相の発言についてふれ、以下のように述べている。

「……首相の『侵略戦争』発言自体が日本新党内部での充分な論議の積み重ねの上になされたものではないこと、連立与党間の根まわしも充分でなく羽田孜外相は「『侵略戦争』とまで言うとは、思ってもみなかった」と周辺に漏らしていたことがわかる。したがって、自民党や日本遺族会の猛烈な反発をうけると細川首相は『侵略戦争』発言を事実上撤回し、すでにみたように所信表明演説では『侵略行為』という表現を使うようになる。

こうした軌道修正は、細川内閣の後継内閣である羽田内閣では、より明確な形をとって現われることになった。羽田首相は九四年五月二十日の参議院予算委員会で、谷畑孝議員（社会党）の質問に次のように答えている。

この戦争そのものについて侵略的な行為があったということ、これについては私も認めるところであります。
実は、侵略戦争という言葉と用語の意味につきまして、これはどういうもので確定されたというものはございません。
ただ、私どもこうやって振り返ってみて、やはりその結果としてまさに侵略的な行為であったということ、……このことによってそれぞれの国に耐えがたい苦しみとか悲しみというものを与えてしまったということ、これを反省し、率直にその皆様方に対しておわびしながら、……今日の五十年を迎えてきているわけであります……」。

「つまり、羽田首相は、『侵略戦争』という認定は一貫して拒否しつつ、結果として日本の行為が周辺諸国に大きな惨害をもたらしたことを反省し謝罪すると主張しているのである。いわば『結果としての侵略戦争』論であり、そこには戦争責任問題に関する細川内閣の基本政策を継承しながらも、『侵略戦争』発言の波及効果を最小限に押しとどめようとする意図を読みとることができる」。

吉田はここで、七月十八日の村山首相の最初の所信表明演説の言葉も「侵略行為」の反省であることにもふれ、さらにこう論じている。

「……戦争の侵略性や加害性をまがりなりにも認める方向での政策転換が、はっきりした歴史観や戦争観に裏打ちされていないからということになるだろう。言葉をかえていえば、政策転換の必要性に対する認識がまず初めにあって、そこから従来の歴史観の一定の見直しが導き出されるような関係、より端的にいえば、現実の政治的必要性に歴史観が従属するような関係が、そこには明らかに存在しているのである」（傍点引用者）。

別のかたちでいえば、「従来の歴史観」、それは侵略戦争を推進した歴史観であるわけだが、それの根本的反省はまったくなく、支配者の政治的な都合（アジア社会でうける必要）にそって、それへの部分的「反省」のポーズがつくりだされただけというわけである。

敗戦・東京裁判から続く、一貫せる政治的御都合主義（無責任と欺瞞）。

八・一五の「不戦決議」を準備している村山内閣の姿勢がそうであることは、十月二十四日の橋本龍太郎通産相の発言を村山自身が「問題ない」としたことにも端的に示されている。

衆院税制改革特別委員会での橋本発言は以下の通りである。

「私は、第一次世界大戦の途中から中国大陸に対する日本の政策の中に侵略と言われるものが出てきた、どこでいったい日本の方針が変わったんだろうという気持ちをいまも持ち続けている。そして、ドイツの植民地だった部分に対する日本の攻撃から、その後の行動の中に、現在の我々からすれば、当時の指導者がどうしてそういう方向をとったのか、侵略と言われても仕方のない部分がある、と私自身もそう考えている。

また、朝鮮半島の歴史をひもとくとき、今の歴史観からすれば当然のことながら植民地主義と言われても仕方のない行動を、我々の先輩方はその時点において選択された。この歴史というものを我々は忘れるわけには参らない。

しかし、第二次世界大戦に限定した場合、当時の日本は米国と戦い、英国と戦い、オランダと戦いという要素を持ち、戦争を行ったことは事実だが、侵略戦争と言い得たかどうかとなれば、私には疑問は残る。なおかつ、少なくとも敗戦の直前に旧満州地域に怒涛のごとく侵入を開始してきたソ連軍の行動までを含めて、日本が侵略戦争を戦ったと申し上げるつもりは断じてない。

そして、当時の日本として、その地域の方々を相手として戦っているつもりはないままに、太平洋の各地域を戦場とした事実がある。戦域になってしまったところの方々に本当にご迷惑をかけたと思っている。しかし、その地域に対して侵略であったのかと言われれば、言葉の定義の問題として、必ずしも侵略であったかどうか、なかなか微妙な部分になると思う」（傍点引用者）。

この発言について韓国外務省が「歴史事実を歪曲した」と「遺憾表明」。これに対して村山首相は「発言は中国、朝鮮半島に対して侵略行動があり、植民地支配があったということを前提としていた。問題はないと思う。（韓国に）理解いただけると思う」と記者団の質問に答えた（傍点引用者・『朝日新聞』一九九四年十月二六日）。

この記事は以下のようにも論じている。

「今月五月に永野茂門法相（当時）が南京大虐殺について「でっち上げだと思う」と言った際、外務相は発言を『妄言』と強く反発。韓昇洲外相が駐韓日本大使を呼んで直接抗議し、適切な措置を求めた。また、八月に桜井新環境庁長官（当時）が『侵略戦争をしようと思って戦ったのではない』と言った際には、『時代錯誤的発言』として駐韓日本臨時代理大使を呼び、日本政府の明確な立場の表明と適切な措置を求めた。／今回は駐韓日本大使を呼ぶまでには至っていない」（ここの外務省は韓国のそれ）。

中国からも抗議の声はあがったようだが結局辞職となった前二者と違って、政府の弁護のもとに、橋本発言は問題なしの方向で決着してしまった。十月二十八日の『朝日新聞』にはこうある。

「……孔大使は、橋本通産相が国会の答弁で『中国に対する侵略』と『朝鮮半島に対する植民地支配』を認めていることを指摘した上で、韓国政府として五十嵐長官の説明を受け入れたことを明らかにした」。

五十嵐の説明とは、「橋本発言は日本政府が過去の戦争について公式に述べてきた立場と一致している」、である。

侵略の意思はなく侵略戦争ではないという主張は許されないが、侵略行為や植民地文記はあったが、全体として侵略戦争というわけではない、これは許されるし、これこそが政府の公式の見解だというのだ。

以前から、「右」に突出した「大臣」らが「大東亜戦争」肯定論的な発言をし、首相（政府）は同情しながら、辞職をせまるというパターンはくりかえされてきた。こうしたことのくりかえしを通して、トータルには侵略戦争ではないが侵略行為や植民地支配という「部分」はまちがいなくあった、その点の「謝罪と反省」は必要という政府公式見解がつくりだされてきたのだ。[5]

政府公式見解通りとされる橋本発言は、英米・オランダとの戦争の「部分」は侵略戦争ではないし、戦場となった太平洋の各地の日本軍の行為も「侵略」とはいえない「部分」だという主張だ。アジア・太平洋戦争を「部分」に分解して、侵略的な部分とそういえない部分に分離し、だからトータルには侵略戦争とはいえないという詭弁である。台湾・朝鮮・中国へと侵略を拡大し、植民地支配圏を広げ、そういう侵略（植民地）支配の必然的な展開のはてに「太平洋戦争」もあったのであり、東南アジアへ拡大した侵略もあったのだ。この日本の近代国家の侵略的性格の一貫性がまるごと正面から否定・反省されなければならないのにもかかわらず、それだけは避けているのだ。

『政府対右派』のトータルな批判を

こういう政府見解を基本的なところで支えている心情と論理は、欧米帝国主義に対抗するため日本はアジア地域に進出していったのであり、日本は自国の自衛とアジアの共存のために戦ったのだというヒロヒト天皇の「終戦の詔勅」に通底するものである。だとすれば、辞職を強いられた右派大臣や、政府の謝罪を含む「不戦決議」の阻止をかかげ「戦没者追悼」という名目で、あの侵略戦争を賛美する地方議会決議を採決する活動を展開している「日本を守る国民会議」などの右派勢力と政府は根っこのところは共通しているのだ。政府は現実の政治的必要性から、「反省と謝罪」のポーズをかなりの

「部分」示さなければならないと考えているにすぎないのだ。

だから、あの侵略戦争の「戦没者」を「英霊」として讃える「顕彰」運動をしている日本遺族会（会長は橋本龍太郎だ！）に国でたてる「戦没者追悼平和祈念館」の運営をまかせようとしたりすることが平然と行なわれたりするのである。

「九三年度予算に一二億円が計上され、国会でもほとんど議論なく成立した。総予算一二三億円で、九五年一二月オープンの予定。建設地は日本遺族会が経営する九段会館（旧軍人会館）の駐車場部分（といってもここは国有地である）。／建設費と開館までの諸経費は国が出し、管理運営は日本遺族会が行うということも昨九三年秋までには決った。国立民営のスタイルである。」（田中伸尚「『戦没者追悼平和記念館』はなにを問いかけているか[6]」）

これについては、ここで田中もふれているが、加害（侵略）の部分の展示もあるべきではという声も出、計画通りでいこうとする右派と対立する事態となり、また建設予定地の住民の了解なしの大きな建物づくりであったため、地域住民の強い反発もうまれ、着工できずにストップされている（ここでも右派と政府は現象的には対立している）。

また、「与党戦後50年問題プロジェクト」をつくった与党によってまとめられた被爆者援護法案が、「国家補償」という文言を入れず、「国の責任において」の「特別な被害」への「援護対策」というものにおちつかせられたこと。すなわち国が戦争責任を取って「国家補償」するのではなくて、単なる特別の社会保障と位置づけた国家の姿勢。これも戦争についての政府統一見解の論理と無関係でない。もちろん原爆以外の民間の被害者に「補償」が拡大しないようにおさえたという経済的動機も強くあったろう（そこまで拡大されてあたりまえであると私は考えるが）。とにかく「国民」なるものに対しても国家（支配者）の戦争の責任は曖昧なのである。

「戦後補償は『国家間の賠償で解決済み』とする政府・外務官僚に対し、私たちは一貫して、個人への謝罪と補償、さらには補償以前の『生死確認、遺骨返還、現地追悼』すらも、何らなされてこなかった事実を、当事者に直面して知り、当事者の心に届く補償行為を行え、と叫び続けた。この期間、集中的に開かれた与党の委員会では、『国家責任』と『個人補償』に対して論議が行なわれた、と聞く、目の前での私たちの座り込みをみて、その論議が揺れた、とも聞く。委員会が開かれる度に、私たちに伝わってくる討議内容は、たしかに微妙に変化はしていた。／しかし、最後に出されてきた慰安婦問題等小委の3党合意の結論は、『国家責任』をきわめて曖昧にした『民間基金』による補償行為であった。

私たちは、こんな『民間基金』構想には反対である。国家が自らの責任を頬かぶりして、その責任を民間に肩代わりさせる『民間基金』を、私たちは断固として拒否する」。

韓国の「太平洋戦争遺族会」の人々とともに戦後補償の要求の運動を進めている「日本の戦後責任をハッキリさせる会」の十二月八日附の「ハンスト日報」の文章の一部である。

「与党戦後50年問題プロジェクト」の「従軍慰安婦問題等小委員会」の討議に、十四日間のハンスト・座りこみをもって抗議行動がくまれたわけだが、その闘争を終わるにあたってのアッピール文である。

植民地支配・侵略の部分として認めた対象についても、結局キチント責任を認めて、補償するということをしないのだ、この無責任と欺瞞のヌエ国家は。

「日本を守る国民会議」などを中心とした右派勢力は「終戦五十年国民運動実行委員会」をつくり、政府の「謝罪国会決議」阻止へ動きだしているわけであるが、その系列の「議員連盟」の活動が、戦後補償についても国家補償への大きなブレーキとして機能したようである。

「平成7年は、第二次大戦が終結して50年という歴史の大きな節目の年である。滋賀県議会は、終戦50年という歴史の節目にあたり、昭和の困難に直面し祖国の安泰と愛する父母兄弟や故郷の平安を守るために尊い生命を捧げられ、今日の平和と繁栄の礎を築かれた二百万余の戦没者に対し、心からなる追悼と感謝の意を表明するとともに、第二次世界大戦を歴史の教訓として真摯に学び、世界の恒久平和に寄与することをここに誓う。以上、決議する」。

この侵略戦争への反省がないどころか戦死者の追悼を通して戦争を賛美してみせる意図が明白な決議は十月十三日附の滋賀県議会のものである。

右派の「終戦五十周年国民運動実」は、この滋賀をトップに、これまで愛媛、千葉、岐阜、富山、高知、島根、香川、大分の九県で、各地でのそれに強く反対する住民の運動を無視して、こうした決議を採決させている。

これは政府の「不戦・謝罪決議」を阻止するためのプレッシャー運動でもあるのだが、各地で自民党地方議員がこれを推進しており（社会党もまきこまれているところもある）、このことによく示されるように、やはり政府と右派は根っこは同じなのである。

私たちは、右派対政府の対立にまどわされることなく、侵略戦争の責任をまともに取らないという共通の根っこをこそ撃ち抜く「敗戦五十年」を問う運動を、力強くつくりだしていかなければならない。

その「根っこ」にはなにがあるのか。もちろん天皇制である。侵略戦争の最高責任制度をありがたいものと上にいただく国家が、仮に言葉の上でだけ「侵略戦争」と認めたとしてもまともに責任を取る論理が持てるわけがないのだ。五十年間もその責任を曖昧にしてきた戦後責任をかさねて、その無責任と欺瞞を根底的かつ歴史的に問いなおす反天皇制運動。これが追求されなければならないのだ。

日本の近代天皇制国家は、連続的な侵略国家であった。欧米だって植民地を持ち侵略したではないかという、あたりまえの事実は、日本の近代の免責のためでなく、ヨーロッパ近代の侵略史と日本の近代の侵略史とかさねて批判する方向で、さらに詳細に検証されなければならないはずである。日本の近代は「ヨーロッパ」（侵略と植民地支配）の歴史を、地理的にアジアでありながら生きてしまったし、生きているのだから。

私（たち）が「敗戦五十年」へ向かう思想的・実践的視座は、こういうものでなければならないはずだ。

（十二月二十一日）

[注]

（1）村上重良編『正文訓読近代詔勅集』（新人物往来社・一九八三年）

（2）吉田裕『昭和天皇の終戦史』（岩波書店〈新書〉・一九九二年）

（3）支配者のこうした延命と日本の左翼インテリの被害者意識だけの自分たちの責任の弁明（すりかえ）とは対応していると思う。この点については私の「可能性としての戦後」（『月刊フォーラム』一九九四年十月号）参照。

（4）吉田裕の連載「日本人の戦争観——戦後史のなかで」の第一回「歴史意識は変化したか」（『世界』一九九四年九月号）。後に『日本人の戦争観　戦後史のなかの変容』（岩波書店、一九九五年）としてまとめられた。

（5）奥野誠亮や藤尾正行らのこうした発言について、私は『検証［昭和の思想］』の第一巻『国際化という［ファシズム］』に収められた「大東亜戦争肯定論の現在」（一九八八年十二月）で検討している。

（6）田中伸尚「『戦没者追悼平和祈念館』はなにを問いかけているのか」（『インパクション』88号・一九九四年十月）。田中は日本遺族会については、「日本遺族会の五十年」（『世界』一九九四年九月号）で詳細にレポートしている。

［『象徴天皇制研究』3号・95年1月］

[1995/2]

「阪神大震災」と皇室

天皇（夫妻）はなんのために被災地へ行くのか

一月二十八日の昼のテレビニュースで、福島県での第五十回国民体育大会の閉会式の様子が流され、「阪神大震災」の地である兵庫チームの参加がクローズアップされると同時に、二人の子持ちになった秋篠宮が、震災の地の人々を「心配する」「お言葉」を吐くシーンが長々と映されていた。

やはり「震災」（多くの民衆の不幸）をダシにした皇室の便乗政治はさらに活発になっていくのだろう。

私もメンバーである反天皇制運動連絡会（第Ⅲ期）は、その前日（一月二十七日）に「『カコさま誕生』？　ふざけるなニッポン象徴天皇制！」という緊急の集まりを持った。そこでは、最初に予定していた紀子の第二子出産をめぐる問題と同時に、「大震災」と皇室政治の問題が、おのずと論議の中心となった。

一月十四・十五日に東京での「第23回反天皇制運動全国交流会」、その翌週の土・日曜日には、この合宿でもテーマとされた右派の「戦没者追悼」決議という各地方議会での侵略戦争賛美と闘った各地の人々が（結局十二の地方議会で、決議されてしまった）、次のラウンド（二月からスタートする）の決議策動と、どう対決していくのかを討論する東京での集まり。一月二十一日の土曜日には去年の年末から準備していた「海の日」祝日化に反対する集会（「大東亜共栄圏」の確立へ向けて「海洋思想の昂揚を図る」ためにかつて制定された「海の記念日」の復活であり、明治天皇の「巡行」の帰路〈明治丸〉から横浜でおりた日にちなんだ日〈七月二十日〉の祝日化）もあった。他方で、二月十一日をにらんでの「敗戦五〇年『紀元節』を問う実行委員会」も、本格的にスタート。

私は去年末からこうした動きの中を、いそがしく走りぬけながら、政府の「戦後五十年」処理政策や右派の「終戦五十年国民運動」の多様な動きを具体的に一つ一つ反撃しているグループや個人が、広く協力して、私たちの「終戦五十年」の運動（歴史認識づくり）を大きくつくりだすにはどうしたらよいかを討論する場の必要を、強く感じていた。そうした場をつくりだす作業（敗戦五〇年問題連絡会）にも着手した直後、一月十七日に神戸で大地震があり、マスコミのバックアップのもとにこれを口実にした「皇室政治」も開始され、これがまた国家の「戦後五十年」の政治の一つの強力なカードとなることが明白になってきたのである。

二十七日の集会の問題提起者の一人であった野毛一起は、この間のマスコミの震災報道を大量の新聞（スポーツ紙を含む）を具体的に示しつつ分析。テレビの高速道路や巨大ビルの破壊と猛火のすさまじさの、くりかえしの映像化、そして新聞の死者の数（千人突破二千人、三千人、四千人、……という具合）の大見出しという手法などでの災害の「全国民」イベント化、「非常時ムード」の演出。そして政府・地方行政のモタモタへの非難をテコにした自衛隊待望ムードのつくりだし。こうしたマスコミのつくりだした「国民的災害」のイメージの中に天皇が登場することの意味をこそ問題にした。そこで野毛は、TBSのテレビニュースが十八日に「マス・メディアはマクロの情報にのみ集中し、ミクロの情報に応えられない」という自己反省の言葉を示したが、そうした姿勢は、いまだ、ただされていないことも指摘した。

どこに水や食糧や休めるところがあるといった被災者のために、なによりも急がれなければならない情報は流されず、「災害イベント」らしいシーンの放映に終始しているマス・メディア。そこには倒壊した住居の中から何かを盗んだことなんかについてふれて「こんな奴は死刑だ！」という声も示された（スポーツ紙の大見出し）。「非常時に非国民は許すまじ！」ということらしい。だいたいマスコミの大騒ぎは、視聴率の高さ、売り上げのよさといった、センセーショナリズムによる便乗商法の結果である点を忘れてはなるまい。雑誌の「大震災」特集は続々と刊行されている。『週刊朝日』の臨増には「朝日新聞社では、この緊急増刊の売り上げの一部を救援金として被災者の皆様に送らせていただきます」という言いわけが刷りこまれているのだ。苦笑をさそう事態である。

野毛の話にもどそう。「天皇Xデー」の報道をこえる一色報道であったマス・メディア、これが「死の国民的」舞台を演出し、その「国民的死」をたばねるために天皇が登場する。かつての大災害（死者の多い）には天皇が「見舞い」に行った事実をふまえ「国民的災害（ケガレ）」と「国民的救済（ハレ）」という天皇儀礼の政治空間が、一人一人の人間を「ニッポン人」という意識にたばねていく、この点こそが問題だと彼は論じた。ニッポン人の死のたばね人天皇というわけだ。

もう一人の問題提起者であった私は、野毛のこのシャープな提起をふまえ、紀子の出産騒ぎは雅子にプレッシャーをかけてはいけないという「プレッシャー報道」とセットに浮上してきており、皇太子の子供はどうなるという点への「国民的関心」の演出に向かっていることをまず問題にした。

「帰国後は、いよいよ雅子さまの〝ご懐妊〟が最優先されることになる」（「衝撃『雅子さま男児誕生なき日』を想定」「宮内庁が動き出した皇位継承問題の中身！」『微笑』二月十一日号）。

中東から帰って来たら「〝ご懐妊〟が最優先」とは何か。ひたすらロイヤル・ファックに集中すべしということらしい。「全国民待望のロイヤルファック・ロイヤルベイビー」ということなのだろう。女性週刊誌には、このところ、こうした記事が多い。考えてみればずいぶんグロテスクな記事である。それは最大の公務がセックスであるという天皇一族の存在様式のグロテスクさそれ自体の反映である。

そして、皇太子・雅子の中東訪問記事の中にも震災問題が重ねられてきている。

「常に〝国民とともに〟と語られ、また常に〝国民の幸せ〟を語られる皇室には、この大災害時のご旅行はいかにも似つかわしくない。なぜ延期できなかったのか」。

『週刊新潮』（二月二日号）の「今なぜ皇太子御夫妻の中東訪問が『強行』されたのか」は、このように述べている。もちろん皇太子夫妻を非難しているわけではない。強行させた宮内庁と外務省を攻撃しているのである。そして皇太子の方は「心配ぶり」をことさらクローズアップしてみせる。

「だが、当のご夫妻を間近に見る同行記者には、この旅が〝お慎みの旅〟と映っている。皇太子殿下自身、出発前日の記者会見で、『このような状況の中で外国へ行くことは忍びない気持ちです』／と胸中を語られていたが、

『皇太子殿下はクウェートまでの政府専用機内では〝朝日〟と〝日経〟の衛星版を読まれ、到着後は英字紙に載った地震の記事を読まれ、外務省もできる限り地震に関する情報を届けているそうです』／とある同行記者はいう」。

ここには加瀬英明の以下のような発言も紹介されている。

「もし皇族にご不幸があれば、この中東ご訪問は中止になったでしょう。天皇家は日本の総本家なのですから、五千人以上もの方が亡くなったのであれば、皇族のお一人が亡くなられたのと同じように受け止めても良いんじゃないでしょうか」。

皇族一人の死と民衆五千人の死がイクォールだなどと、ふざけたことをぬかしている。本当に「日本の総本家」で日本の国民全部心

配しているのなら、毎日毎日全国どこかで行なわれている庶民の葬式に皇族はみんなして出席し続ければいいじゃないか（拒否されるところも多かろうが）。そうした連日の葬式参加だけで皇室の一生は終ってしまうだろう。

この抽象化された、具体性のない全国民を「御心配」というイメージ！

この記事は天皇についてはこうだ。

「天皇陛下は朝夕、現地のことを心配されています。情報に細かく目を通し、関係者の報告を聞き、最大の関心を持って見ていらっしゃいます」。

一月二十日の通常国会開会式での天皇の「お言葉」の中に次のくだりがあった。

「今次の地震による被害はきわめて甚大であり、その速やかな救済と復興は、現下の急務であります」。

これに対して閣僚から「もっと踏みこんだ発言はできないものか」といった注文が相次いだとつたえている『朝日新聞』（一月二十一日）には、こうある。

「閣議では野中広務自治相が「もう一歩踏みこんでいただけないものか」と発言。五十嵐広三官房長官が『私も同じように考えたが、宮内庁としては伊勢湾台風のときの例があって、難しいようだ』と説明している。他の閣僚からも『過去の例にとらわれる必要はない』などの意見が出たという。／『お言葉』は、「内閣が宮内庁と相談のうえ作成し、閣議に諮られる。今回の地震に際して、天皇は国会開会式での『お言葉』とは別に、一九日、犠牲者の遺族や被災者らを見舞うメッセージを出している」。

全国民（ニッポン人）の「総本家」として「御心配」の姿勢をもっと強く示すべしという閣僚。それを大々的につたえるマスコミ。

『週刊新潮』の「天災と人災で壊滅した神戸地震」（二月二日号）にはこうある。

「『陛下はこの間、被害の状況をきわめて早くから把握しておられました』。／と宮内庁の八木貞二侍従は言う。／『両陛下が最初に地震を知られたのは、当日午前六時半ごろのNHKニュース。その後も当直の侍従を通じて、死者や行方不明者、火災地域など被災地の状況は逐一報告されていました。情報は警察庁から宮内庁に入った資料です』／陛下は時間を追って被害が拡がる神戸周辺の市民を常に気遣かわれた。葉山御用邸へお出ましなどの予定は、両陛下のお気持ですぐ取りやめられた一方、伊勢神宮の状況について、安泰かというお尋ねもあった。／国会前日の十九日には小沢国土庁長官が皇居で現地の視察報告をしていた。陛下はこの日、宮内庁を通じて『遺族に対し、心から哀悼の意を表し、多数の負傷者の一日も早い回復を祈っています」というお見舞いのメッセージも出されている」。

この記事は、出おくれた村山首相や閣僚などと違って、天皇はスグ情報を集め、心配し続けているのだというトーンで一貫している。

『週刊文春』（二月二日号）にも、こうある。

「『地震当日、天皇皇后両陛下は、いつものように朝早くから起きておられ、六時三十分ごろ、テレビのニュースでお知りになりました。両陛下は災害のことをご心配になり、当直の侍従に、被害の状況報告資料が入り次第、逐次届けてほしいとご指示がありました。また伊勢神宮はご安泰であろうか、とのお尋ねもありました』／両陛下のお側に仕える八木貞二侍従は、阪神大震災発生時点での皇居の奥《おく》の状況をこう説明する。／『また、自ら葉山御用邸での御静養（一月二十日から二十四日の予定）の取り止めをお決めになりました。その後も、テレビをずっと御覧になり、たいへん心配されているご様子でした』／戦後最大の災害に対する両陛下のご心情が伝わってく……」（「東京で起きたら『天皇家』はどうする」）。

「陛下」は「御心配」しっぱなしというイメージが、マスコミでつくりだされている。

集会のこの日の新聞（夕刊）には、大震災を配慮して皇太子（夫妻）が三十日の帰国予定を二十八日に繰り上げることと、「見舞い」を希望する天皇の意思にそって天皇夫妻が三十一日に被災地へ行くことが決められたという記事があった。

私は、この集会で、かつての関東大震災が、民衆に反発されていた軍隊を、民衆に親しませる舞台となったという歴史的体験の意味を考える必要をも訴えた。マスコミの「有事」の「危機管理」のための軍隊のスピーディな活用（中央集権的指揮）の必要キャンペーンもハネかえしていかなければならないのだ。

天皇（皇室）と自衛隊（軍隊―殺人と破壊の特別訓練集団）がマスコミの演出した「全国民的心配」の舞台（「神戸大震災」）に浮上してきている。

「雅子さまは、うまくファックして、出産できるのかしら」という「全国民（ニッポンジン）の心配」。大災害地の人々はどうなるという「全国民（ニッポンジン）の心配」。マスコミがつくりだす「全国民的心配（関心）」という舞台（ムード）の中央を、「全国民」を代表・象徴する人格として天皇一族は動く。この皇室の人間の動きに、関心をよせ、心を同化させることで、ニッポン人としての国家的一体感が個々の民衆に蓄積される。

象徴天皇制の民衆統合（ナショナリズムの生産）のメカニズムは、こうしたものである。

被災者のためでなくマスコミに支えられた国家のための天皇（一族）のイベント（被災地「お見舞」行動）。私たちは、これにハッキリ糾弾の声をあげていかなければならない。強権的な警備をともなう、ゾロゾロ人をしたがえた夫妻の「見舞い」など、「オジャマ」以外のなんだというのか。（一月二十九日）

『インパクション』90号・95年2月

［1995/4］

「不戦決議」と侵略責任

「〈提言〉戦争・植民地支配反省の国会決議を」への疑問

二月十一日、私は長崎の「2・11ヤスクニを考える市民の集い」の講演で、東京の「敗戦五〇年『紀元節』を問う実行委員会」の集会とデモとは別行動となった。

長崎につくと昼、すぐ食堂に飛びこむと、佐世保での「日の丸行進」の人々の動きが、テレビに映し出されていた。なんとなく気持の悪い思いをしながら、集会場へ向うことになったのである。

翌日（十二日）の『長崎新聞』にはこうある。

「佐世保建国記念の日奉祝会（辻田徹会長）は中心部、相浦地区、早岐地区の三ヶ所で日の丸行進をした。中心部は昨年より四百人多い四十八団体、約一万四千二百人（主催者発表）が参加した。／行進は昭和四十二年から始めたが、例年、参加者は一万人を超え『国内最大規模』（同）になっている。／中心部では佐世保公園を出発。横断幕や大小の日の丸の旗を手に手に、四ケ町・三ケ町アーケードを通り、同市八幡町の亀山八幡宮まで約二・五キロを行進した。／このほか、長崎、大村、島原市などでも奉祝大会、パレードなどがあり、阪神大震災の犠牲者のめい福も祈った」。

長崎でも右派の動きが、大きくなっているようだ。東京での集会の後のデモで、解散地近くに右翼数人が乱入、かなり危いシーンがあったという報告を、帰ってすぐ受けた。いやな年になりそうだ。

二月二十二日、三回の相談会をふまえて「敗戦50年問題連絡会」を本格的にスタートさせた。ここでも毎回報告されているわけであるが、右派の侵略戦争を賛美する決議は、地方の社会党の協力のもと、今会期でも栃木・山形・青森・岩手・茨城・宮崎の六県議会で可決されている（三月二十五日現在）。地方議会は自民党が、この右派決議を中心に推進しているわけであるが、この動きのターゲットは、自民党が支える村山政権の「不戦決議」である。いったいどうなっているのか。これの阻止を主張する流れをつくりだしている「終戦五十周年国会議員連盟」系の議員は新進党議員を含めてすでに二百五十二名もいるのだ。

三月十日は、「敗戦50年・『紀元節』を問う実行委」主催の総括討論集会。テーマは「地震・天皇・自衛隊の相関関係を問う」。「阪神大震災」を口実にした自衛隊活用論を、皇室のメンバーがくりかえす被災地での「お見舞い」パフォーマンスとかさねて問題にした討論会である。軍隊と天皇制という国家のための危機管理装置（民衆統合・治安装置）への原則点批判の必要を確認。

ここでも、右派に引きづられて、オタオタしている政府の「不戦決議」をめぐる問題もあれこれと論議された。

「侵略戦争だったかどうかは、国家意思がどこにあったか判断すべきです。あれは自衛の戦争だったのです。米英と戦うために、その植民地であるアジアを占領、大きな迷惑をかけました。しかし、白人の植民地を解放するという面もありました」。

「議員連盟」の会長奥野誠亮の『朝日新聞』（三月十六日「不戦決議　選択肢を考える〈上〉」での発言である。

彼の頭の中には、かつての侵略戦争を、解放のための戦争とした大東亜戦争史観が、ほぼそのまま生きているのだ。

「不戦決議」推進派の『朝日新聞』は三月十八日の「社説」で、この発言をたたいてみせている。

「太平洋戦争に至った歴史を考えるとき、私たちは一方的に英米が『善』で、日本が『悪』だったと決めつける気はない。弱肉強食の国際情勢下、アジアは欧米諸国の権力ゲームの場にされた。そんな反感が日本のアジア主義を育てた面もあろう。／しかし、では肝心のアジアの人々が『日本が救ってくれる』と期待したか。なるほど各地に協力者もいたが、彼らは民族の支持を得られず、『傀儡（かいらい）』のレッテルを貼られて終ったではないか。／中国では国民党も共産党も「大東亜共栄圏」の思想にはまったく共鳴せず、それぞれ米国とソ連の影響の下で、日本と徹底的に戦う道を選んだ。日本の植民地だった朝鮮半島の両国では、八月十五日が民族解放の記念日とされている。／こうした事実は、少なくとも日本の植民地支配や戦争の目的が、まったく独善的なものだったことを意味している。戦争がアジア諸民族の独立に結び付いた面はあるにせよ、それは結果論に過ぎまい。／戦後五十年。戦争への反省はそれなりに国民に広く行きわたってきた。日本の『侵略行為』を認め、アジア諸国に対して反省を口にしてきた最近の首相らの言動は、そんな国民感情を反映している」。

侵略戦争や植民地支配が「独善的」でないわけがないし、部分的に「侵略行為」があったとする政府見解（裏がえせばトータルには侵略戦争ではないという主張）をなぞっているだけの論理である。私たちは、右派のグロテスクな発言にのみ眼を奪われて、それより政府の「不戦決議」の方がましと、それを促進しようというロジックにまきこまれてはならない。あれだけの殺傷を伴った強盗行為を侵略戦争とハッキリ認めないなどという姿勢を許容してはならないのだ。

この決議の必要を力説している大沼保昭は以下のように述べている。

「しかし、徹底した平和主義国家である戦後の日本が、なぜいまだに国際社会で信用されないのか。それは、世界中の国が侵略戦争と考えている戦争を、日本がそう認めてこなかったからです」。

大沼は、政府見解とは違って、ハッキりと侵略戦争と認める。その上で、こう論ずるのである。

「日本は戦争責任を正面から認めてこなかった代わりに、憲法九条を厳格に解釈することで軍国主義復活への疑いを晴してきた。いわば九条に過度の負担をかけてきたわけです。それでも、平和維持活動（PKO）への参加に対してさえ、アジア諸国は猜疑（さいぎ）心を抱いてきた。／戦争の過ちを端的に認めれば、日本は積極的国際主義への大きな一歩を踏み出すことができる。九条を国際社会の現実に適応するように柔軟に解釈することで、PKOへの全面的参加も可能になる。安保理の常任理事国入りにもプラスに働くでしょう」（傍点引用者、『朝日新聞』三月十八日「不戦決議　選択肢を考える〈下〉」）。

新たな派兵大国・国連大国になるための過去の侵略への「反省」というわけだ。単なるみそぎである。それは「謝罪」の政治的ポーズ以上のものではあるまい。

国連安保理常任理事国入り、PKO派兵のエスカレーションを目指している村山政権の本音が、ここに語られているわけである。こんな「決議」は欺瞞以外のなにものでもあるまい。

『世界』（三月号）の「〈提言〉戦争・植民地支配反省の国会決議を」にも「過去の反省に立脚し憲法の精神に合致した国際貢献」という内容の項目が示されているが、これは大沼の「PKO派兵＝貢献＝国際主義」とまさか同じ内容ではないのだろうが、どうも大沼のような主張と、どう一線を画そうとしているのか不明確である（侵略戦争という認識については大沼より後退している）。

この〈提言〉については、私は「『敗戦50年問題連絡会』スタート」（『市民の政治』NO.31、三月三日号）で以下のように批判した。

――通産大臣の橋本龍太郎も、この「議員連盟」のメンバーである。この「議員連盟」の母体である「日本を守る国民会議」は、アジア太平洋戦争は侵略戦ではなかったと主張しているばかりか、西洋帝国主義支配からアジア諸国を解放したのだと、種々のパンフレットでくりかえし、叫んでいる。

去年十月二十四日の橋本の発言に、こういうくだりがあった。

「……その地域の方々を相手として戦っているつもりはないままに、太平洋の各地域を戦場とした事実がある。戦域になってしまったところの方々に本当にご迷惑をかけたと思っている。しかし、その地域に対して侵略であったのかと言われれば、言葉の定義の問題として、必ずしも侵略であったかどうか、なかなか微妙な部分になると思う」。

あれは「解放だ」と大臣としてはいえないので、「侵略」とはいいきれないというい方になっているのだ。

「提言」（内海愛子・田中宏・宮田節子・高木健一・新美隆・和田春樹）の人々は、橋本発言を考慮して、侵略戦争とは呼ばなくても良い、「戦争の生みだした現実の認識で一致すれば、問題はない」と論じている。

しかし、橋本（ら）と本当に「戦争の生みだした現実の認識で一致」しているのか。存在しない「一致」を、あたかも存在しているかのごとくに論じてみせることで、いったいどんな内容のまともな決議ができるのであろうか。

橋本は「日本を守る国民会議」とともに、右派の動きの中心団体である「日本遺族会」の会長でもある。この提言は、この点にも「考慮」したのであろう。こういう主張もしてみせている。

「私たちの求める国会決議は、戦争で死んだ人々とその遺族の名誉を傷つけようとするものではない。むしろその死の意味を深く考え、平和と諸国民の和解、肉親、同胞の安らかな生を求めた人々の死を歴史の中に真に生かすことを求めるものである」。

あの戦争は「平和と諸国民の和解」を求めたと読めるが、あれだけすぐれた仕事をしてきた人々に、どうして、こんな主張ができるのか……。——

今、これにプラスしておきたいことは、この政府（橋本）ラインの主張での決議ということになれば、トータルには侵略戦争とはいえない（侵略行為という部分はあったが）という主張を、わざわざ国会で決議することになるか、それでよいのか、という問題である。

結局、大沼の発言のラインでまとまっても、新たな派兵大国・経済・政治（軍事）侵略のための、過去の侵略の「反省・謝罪」であることを考えれば、こうした提言が、どのように政治活用されるかは明らかではないのか。

「あなたは（大本営陸軍部の）参謀総長として困難な戦局の下、私の戦争指導に加わり、十分にその職務を果たした。今（参謀総長を）解任するにあたり、ここにあなたの功績と勤労を思い、私の深い喜びとするところである。時局はいよいよ重大である。あなたは今後もますます軍務に励み、私の信頼にこたえてくれるよう期待している」。

これは三月十九日の『毎日新聞』にヒロヒト天皇がA級戦犯として処刑された東条英機に、「慰労」の「勅語の大意」として紹介されたものである。

天皇ヒロヒトが東条の戦争政治を深く信頼していたことが読みとれる内容である。一九四四年七月二十日づけのものだ。

過去の天皇（死んだヒロヒト）の戦争責任をあらためて明らかにする、この勅語は、米占領軍の資料ファイルにあり、はじめて今回公表された。

ヒロヒト天皇の死後、続々とヒロヒトの戦争指導者ぶりを示す、資料（証言など）が公開されるようになってきている。

過去の侵略については、政府もマスコミも責任をそれなりに一般的に問題にはしだしており、ヒロヒト天皇の戦争責任についても、事実を示すことは開始されているといえよう（マスコミは、はっきりとその責任を問うというような主張はしてはいないが）。

しかし、過去の侵略責任を明らかにすることが、現在と未来の経済的・政治的（軍事的）侵略を国際社会でスムーズに押し進めるためになされるのだとすれば、そんなものに共感しているわけにはいかないではないか。

ヒロヒトはやはり、戦争の血にまみれていたが、アキヒト天皇はクリーンだ。だから新天皇の、PKO派兵・国連常任理事国入りのための「外交」はクリーンだ、などというイメージ操作にからめとられてはならないのだ。

新しい戦争としてのPKO派兵を促進し、国連の「核クラブ」への参加を求めることが、どうして「平和的」であり「クリーン」なわけがあろう。

過去の侵略を反省・謝罪し、戦争責任を取るということは、過去の侵略への天皇制国家の責任を認め、具体的な個人補償を実施することであり、現在の、あらゆる意味での新たな侵略を許さないことでなければならないはずである。

政府は、この間、補償について、天皇制国家の責任を認めることを拒否し続けてきた。あげくに「侵略戦争とはいえない」という内容の不戦決議を準備しだしている。

私たちは、こうした動きに、キチンとして批判をこそ対置していかなければならない。

仮に「不戦決議」を出すとすれば、それには天皇制の廃止まで入れられなくても、最低「反PKO派兵」「戦後補償（国家の侵略責任を前提にした個人補償の実施）」という具体的内容が含まれていなければならないはずだ。そうでなければ、おかしな決議はするな、こう主張するしかないではないか。（三月二十九日）

［『インパクション』91号・95年4月］

［1995/6］

「廃墟」・「憲法の約束」・「国会決議」

天皇制論議の不在という問題

六月六日夜、「戦後50年国会決議」の与党内の合意がついにとれた。「歴史を教訓に平和への決意を新たにする決議」（案）は以下の通り。

「本院は、戦後五十年にあたり、全世界の戦没者及び戦争等による犠牲者に対し、追悼の誠を捧《ささ》げる。

また、世界の近代史上における数々の植民地支配や侵略的行為に思いをいたし、我が国が過去に行ったこうした行為や他国民とくにアジアの諸国民に与えた苦痛を認識し、深い反省の念を表明する。

我々は、過去の戦争についての歴史観の相違を超え、歴史の教訓を謙虚に学び、平和な国際社会を築いていかなければならない。

本院は、日本国憲法の掲げる恒久平和の理念の下、世界の国々と手を携えて、人類共生の未来を切り開く決意をここに表明する。

右決議する。」

この事実をつたえる七日の『朝日新聞』の見出しは、「『侵略』と『反省』盛る　今国会中に実現へ」である。「侵略行為や植民地支配への深い反省」という言葉を入れるか否かでドタンバまでもめ続けた。社会党・さきがけに自民党が（党内の右派――なんと多数派――を執行部がおさえこんで）歩み寄って、その言葉をなんとか入れて合意が成立したわけである。

社会党は、外部の大衆運動団体（私も参加している「敗戦50年問題連絡会」なども含む）にも呼びかけ、侵略戦争賛美決議を地方議会であげる運動をつみあげ、「国会決議阻止」のための運動を展開している右派の動きと対決する、決議推進の大衆集会を何度か持った。

『朝日新聞』は、決議推進派として、大々的に推進のためのキャンペーンをはり続けた。そして、その目標がほぼ達成したことをつげる七日の記事には、さらにこうある。

「日本の侵略行為や植民地支配を反省する――歴代の首相が言及し、多くの歴史家が事実関係を認めていることを戦後五十年の国会決議に盛り込むことが、なぜこれほどもめたのか」。右派の戦争認識が、あたりまえの決議を、これまでもめさせたという説明が具体的にこの後に続く。そして、「新進党」側の以下のようなコメントも紹介している。

「連立与党がまとめた決議案について、新進党執行部は『歴史認識はわが党の声明と一致する』（海部俊樹党首）、『決議実現に向けて折り合っていける内容だ』（羽田孜副党首）と評価する声が大勢だ」。

この「決議」は、あのアジア太平洋戦争をトータルに侵略戦争と認めることを拒否している。部分的に「侵略的行為」があったとしているだけである。ひどい内容である。そういうあたりまえの問題は、こうした論議の外になげ出されてしまっている。そして、この決議は、国家の侵略責任を認めた戦後補償などと結びつけるようなことはしない（単なる言葉だけ）と決めた上でつくられているのだ。

四月二十九日の「『みどりの日』糾弾！　天皇制の戦争責任を問う」集会とデモ（「敗戦五〇年の今、天皇制の戦争責任を問う共同行動」の結成の集まり）、五月三日、四日の「敗戦50年問題連絡会」主催の「侵略を忘れず・許さず・不戦を誓う一二〇日運動――憲法記念日にあたって――映画とシンポジウム」、五月二十六日の「侵略賛美の『アジア共生の祭典』とごまかしの『民間基金』反対！　加害の歴史を見つめアジア太平洋の人々に謝罪と補償を！　5・26集会」（主催同実行委）という自分が主催者として係っている集まりや、社会党系の集会にも参加している時、一つの問題が、私の頭の中で渦をまいていた。私（たち）は、国会決議促進運動に、侵略戦争を反省するまともな決議をという主張をかかげてであれ、加担するような運動はまったくやらなかった。いいかげんな決議をつくるダシに利用されるにきまっているようなことをする気にはなれなかったのだ。「侵略」「反省」をめぐる攻防を見ながら、この国は、本当にインチキな国であることにあらためて怒りがわいてきた。決議のイイカゲンさは、たとえ侵略戦争という言葉を入れても、政府が少々補償のごとき金を出したとしても変わるものではない。

天皇の軍隊・天皇制国家による侵略戦争の「責任」「反省」「謝罪」をめぐる「決議」についての論議がありながら、天皇（制）の責任について一言も語られないのである。そしてそうであることにマスコミはなんの疑問も示さなかったのだ。天皇（制）に戦争責任があるという、あたりまえの事実を認めるかどうかという以前に、そのことが問題にすらされなかったのである。これをタブーとする「合意」は、政府―マスコミ―右翼が一体化して、この論議が始まるはるか以前から成立させていたのだ。

なんという「戦後五十年」であろう。

四月九日の『朝日新聞』に「廃虚は過去のものでなく、将来もあると考え、憲法が示す『約束』を改めて国民投票で問え」という鶴見俊輔の論文があった。ここで、鶴見は「廃虚」から五十年の今、「政府の行為によって再び戦争の惨禍が起ることのないようにすることを決意し、ここに主権が国民に存することを宣言し、この憲法を確定する」との憲法前文の精神は、「廃虚を背にしてアメリカがたて日本人が同意した約束」であるとし、その「『約束』を国民投票にかけるほうがいい」と主張している。

日本の現在の大国路線がつくりだすであろう未来の「廃虚」を見すえ、一九四五年の「廃墟をみつめる」ことこそが必要だと、彼はここで力説しているのだ。

未来の「廃虚」という鶴見の話で、すぐ想起したのは小松左京の『日本アパッチ族』（一九六四年）である。私は、偶然それをあらためて手にして読んでいたのである。

国家による「棄民」とされた、人々が、鉄をたべて「アパッチ」として生き延び、結局、日本国と闘い、「食鉄人」を増加させながら日本を消滅に追いこみ、アパッチ国を建設するという、あのSF小説である。小松は「まえがき」で、かつての「大阪最大のしかももっともすさまじい「『廃墟』」と、その廃墟のアナーキーなエネルギーを吸収して生きていた「有名な屑鉄泥棒――通称『アパッチ族』」について語りながら、こう述べている。

「……ふと私は、その風景の中に、まだ廃墟の姿が残っているのに気がついた。いや――風景のほうにでなく、私の心の中に廃墟がいきいきと生きつづけているのに気がついたのである。あの手のつけられない無秩序と、ほとばしりだすエネルギー、そして無限の可能性―戦後十九年たったにもかかわらず、まだ私の中に、あの廃墟が生きながらえているのを見いだしたとき、私は一抹《いちまつ》のなつかしさとともに、はげしいおどろきを感じた」。

「こうして、私は『アパッチ族』の物語を書こうと思いたった。それはもはやあの屑鉄泥棒のことではなく、無秩序なエネルギーにみちた、『廃墟』そのものの物語である。同時にそれは、この小奇麗に整理された今日の廃墟の姿ではなく、廃墟自身のもうひとつの未来、もう一つの可能性かもしれない。――この荒唐無稽《こうとうむけい》な、架空の物語は、私の中になおも生きつづけている『戦後』なのである」。

小松がもう一つの「可能性としての戦後」として描いたらSF小説の世界には、それが「戦後」であるにもかかわらず、過去の戦争についての記憶がまったく排除されていることに、あらためて気づいた。この楽しいSF小説の快作は、「アパッチ対人間」の新しい戦争の物語ではあっても、「廃墟」にいたったかつての戦争を見つめなおすことで、未来の「廃墟」を見すえるというふうになっていない。

勝利した食鉄人の社会・国家も、人間（日本人）の国家・社会同様の暗い抑圧的なものでしかなく（社会主義国のイメージ）気楽なユートピアなど描いていない点は、この小説の魅力であるが、ドラマの展開の中に「戦争の時代の記憶」がまったく生かされていないのだ。

そういえば、「アパッチ」と闘う未来の日本国の中の天皇（制）の位置も——存在していることはまちがいないのだが——まったく不明瞭にしか語られていなかった。

鶴見俊輔の論文にもどろう。

彼は、占領政策の「ゆきすぎ」は、占領をスムーズにするために、戦争の責任について、「軍の指導者と一部の軍国主義的指導者に責任をかぶせ「日本国民には責任がないという方針をとったこと」であり、この「偽善性」は「東京裁判」（七人のA級戦犯と多数のBC級戦犯の処刑）の方針にも貫かれていると語る。

「おなじく占領軍の都合にのって、日本の官僚機構、知識人は戦争責任の追及をまぬがれた。それは、あの戦争それ自身を一九三〇年代そのままに進めてゆく考え方を、かなり多くの国民の支持を得て、政治家、言論人、知識人にのこしている。それは、敗戦と占領なしでは、日本が韓国、台湾の植民地を手ばなすことがなかったであろうということを直視させず、日本軍人による張作霖爆殺以来すすめられてきた中国侵略を、日本人自身の手でとめることができなかったという事実を直視させせない。権力を批判する側に立つ政党と労働組合の運動も、その事実から眼をそらして、自分たちのグループに属さない他者の責任のみを追及するところから自己改革の力をうしなった。左とか右とかいう陣営の分類でかたづく問題ではない」（傍点引用者）。

鶴見は、今日の問題の起源としての「占領」をこのように見すえ、この論文を以下のように結んでいる。

「戦争責任の追及を必要と私は考えるが、一九四五年までの十五年におよぶ戦争の中でこの国では戦争責任の追及がつみあげられなかったという、史実を直視することを今もさけとおっていることの中に、戦後五十年がある。戦争責任の追及がなされる前に、未来にある廃虚の直視が必要であると思う」（傍点引用者）。

明快で、シャープな論理である。占領政策のつくりだしたパラダイムの批判を、未来の予想される「廃虚」の直視と一九四五年の「廃虚」の底に沈んでいる深い意味の思想的に再発掘によって行うという方法も魅力的である。

鶴見も、国会「決議」などをめぐる状況を十分に意識して書いているのだと思うが、私も、この「決議」をめぐるイライラした気分の渦中でない状況で、この文章を目にしたら、共感だけで通過してしまったかもしれない。

しかし、今はそうはいかない。鶴見は、日本の侵略戦争責任を論じて、軍のリーダーと軍国主義者のみに責任を負わせた占領軍のつくりだした「偽善性」を論じ、日本の「官僚機構・知識人」「日本国民」が自分たちの責任を問わずに来てしまっているという「五〇年」の負の歴史を指摘している。それは、そうである。しかし、占領軍と日本の支配者が協力してつくりあげてきたこの「偽善性」を問題にするなら、まずはなによりも天皇（制）の戦争責任の問題こそが明示的に語られなければならないのではないのか。象徴天皇制として天皇制が延命してしまったことの責任（戦争責任が問われなかった責任）こそが批判されなければならないのではないのか。どうして、そのことが一言もふれられていないのか。「官僚機構」という言葉に含まれていると考えるべきだというのかもしれない。しかし天皇（制）の問題は、官僚機構一般に解消できるような問題ではありえない。

「眼をそらし」「直視することを今もさけてとおっている」事実で、

最重要なことの一つは天皇（制）の戦争責任であり、それを問われずに、象徴天皇制として天皇制が延命され続けていることの問題（戦後責任）ではないのか。

官僚も知識人も「国民」も、戦争責任と戦後責任を自問すべきであるというのはいい。しかし、どうして「現人神」の「闘う軍神」を中心とする特別の（特別に責任の重い）リーダーたちの問題を、独自に問題にし続けるという、あたりまえの視点だけがそこに明示されることがないのか。

考えてみれば、結局、この鶴見の『朝日新聞』の文章は、マス・メディアのタブーにふれることなく、うまくおさまってしまっている。

私（たち）も、経済大国から政治・軍事大国へ向う日本の未来――「決議」も結局、そうした政治をうまく展開するための政策との一つにすぎない――にある「廃墟」を直視しつつ、一九四五年の「廃墟」の深い意味を考えてみなければならない。

あの「廃墟」の時代にも、日本の民衆は占領軍は占領政策のために天皇（制）の責任を不問に付したことの持つ問題の大きさに気づかなかった。憲法は、問わないことを「約束」して成立したのだ。この「史実」に目をふさぐことで象徴天皇制は安定的に延命しているのである。これに目をふさぐことの中に、今の「戦後五十年」がある。

未来の「廃墟」は、私たちにこの事実とも正面から向きあうことの必要をこそ告げているのではないのか。（六月七日）

〔『インパクション』92号・95年6月〕

天皇の「慰霊巡幸」のねらい

[1995/9]

ゴツン、ゴツン、バンバンという音が背中でする。汗まみれでグチャグチャのシャツが機動隊のタテで押されて、さらにもみクチャになっている。

アキヒト天皇が墨田区の横網公園の中の東京都慰霊堂に入ると同時に、早朝から抗議のために集まっていた私たちを、公園近くの横断歩道で実力でストップさせていた警察官が激しく動きだしたのだ。四十人ぐらいの私たちをタテで包囲、突きとばしながら近くの別の小公園へ排除・隔離しようというこれまでのパターンである。「欺瞞的な慰霊をやめろ、アキヒト帰れ！」のシュプレヒコールをしながら、私たちは少しずつ後退を強いられる。

八月三日のことである。七月二十六日に長崎、二十七日に広島、八月二日沖縄といったアキヒト天皇（夫妻）の「慰霊の旅」のゴールの日だ。

二つの被爆地、地上戦の大激戦地、東京大空襲の慰霊堂という「追悼＝慰霊巡幸」の政治的なねらいは明らかである。

私の参加している「敗戦五〇年の今、天皇制の戦争責任を問う」共同行動は七月二十七日錦糸公園で集会とデモ。これをステップとして八月三日の抗議行動もくまれたのだ（私は七月二十六日の広島での抗議集会にも問題提起者として参加）。

アキヒト天皇が「追悼＝慰霊」の儀礼を展開している対象は、すべて天皇制国家のリーダーが開始した侵略戦争が敗北に追いこまれるドタン場で発生した死者たちであった（昨年の二月十一日にアキヒト天皇（夫妻）は、あの激戦地・硫黄島の「戦没者慰霊」の旅に出ている）。

「国体護持」（天皇制延命）の約束を取りつけるために、戦闘をグズグズと持続させ、もう一度、戦果をあげて交渉を有利にというヒロヒト天皇らの政治意思が、大量の死者をつくりだしたのである。

天皇制国家のリーダーたちが、自分たちの延命のための時間かせぎの間に、多くの民衆が殺されたのである。天皇制国家のための被害者を、アキヒトが天皇として「慰霊・追悼」する。それも、天皇の強い希望でそうするというマス・メディアを舞台にしたパフォーマンスが演出されたうえに、「お言葉」でなく「お気持ち」なる文章を事前に発表するスタイルで。

アキヒト天皇は「平和天皇」ヒロヒト天皇の「偉業」をつぐ天皇であると宣言して「即位」した。彼（ら）の世界では「戦争」は「平和」であり殺傷は「偉大なる行為」なのである。

天皇制国家の被害者を、戦没者＝犠牲者という曖昧な（あるいはムード的に美化した）言葉でつつみこんで、追悼してみせる。死を強制した天皇制国家が、あらためてその死を自分たちのために意味づける（国が管理してみせる）儀式として、天皇の慰霊儀式（「巡幸」）はある。

それは、自分たちに向かう、あたりまえの批判をかわすだけではなく、自分たち（天皇制国家）をありがたく思わせ、感謝させるという倒錯を組織するための政治儀礼なのだ。それは、もちろん、PKO派兵国家へ向う象徴天皇制国家がつくり出す新たな戦死者を想定しての儀礼でもある。（国〈天皇〉が追悼せずして、どうして新しく国〈天皇〉のために命をささげる人間が出てこようか、というロジック）。

敗戦五十年の今年、敗戦処理の大がかりな政治イベントとして、それは準備され展開されたのである。沖縄の「平和の礎」での追悼儀礼は、日本人、沖縄現地人以外の朝鮮、台湾の人々さらにアメリカ人を含めた外国の人々も共にまつる儀礼となった。これは、右派が全国的に展開した戦争賛美決議を地方議会であげる運動の中で、社会党が協力する地域で、妥協的につくりだされた「内外の死者」を追悼するというロジック、被害者も加害者も「犠牲者」というカテゴリーでさらにゴチャゴチャにしてしまう政治的な欺瞞度が非常に高いロジックと共通するものである。

八月十五日。昼は、天皇参加の「全国戦没者追悼式典」と閣僚らの靖国神社参拝を糾弾する集会とデモ（主催「共同行動」）。夜は「戦没者の『慰霊』とは何か？」（主催「敗戦50年連絡会」）。

汗ダクのデモの後、夜の集会に向う途中で、村山首相の「国策を誤り」「植民地支配と侵略」を行ったことを「痛切な反省と」するとの談話の内容と、天皇の戦争責任についての記者の質問に「戦争が終った時点で国内的にも国際的にも（天皇の責任は）問われていない。談話の『国策を誤った』ということをもって陛下の責任をうんぬんするつもりはない」と述べ、天皇の戦争責任は問わないという姿勢を示したことをつたえる新聞（夕刊）を目にした。

天皇の責任は不問にふした、「国策」を誤らせた最高の責任者（責任制度）の問題をはずした「反省」。

私は夜の集会の主催者発言で、まず、この村山の主張を問題にした。村山の反省が、非常に政治主義的な「反省」にすぎない事実は、天皇（制）の責任はまったく問題にしないことに端的に表現されているのだ。

追悼式典ではアキヒト天皇が「戦陣に散り、戦禍にたおれた人々」への追悼を表明し、戦後の「平和と繁栄」をたたえるヒロヒト天皇ゆずりの「お言葉」をくりかえしてみせている。侵略戦争にかりたて、死に追いこんでいった天皇制国家の責任を具体的に考えたら、天皇（制）などというものが、いまだに存在していること自体が許されないという、あたりまえの問題に直面せざるをえないことになる。そして、天皇アキヒトが天皇として追悼するなどということはとんでもない欺瞞であることも明らかになる。

天皇による追悼というすぐれて政治的な（そして宗教的な）国家儀礼の政治性は問わないという姿勢（そういうかたちで国家の政治を実現していくというスタイル）は、政府だけでなくマス・メディアにも共通している。マス・メディアは、「戦没者追悼式典」だけでなく、この間の一連の天皇の「慰霊の旅」を、平和を願い戦争の犠牲者に思いをはせる、人間的にやさしい天皇（夫妻）として演出してみせることを持続した。

天皇（夫妻）の「追悼儀礼」自体が、天皇制国家による侵略戦争とその戦争に動員された民衆の被害という歴史事実を操作的にネジ曲げて認識させる、政治的な儀礼であるという、もっとも重大な問題には、まったくふれなかった。それにふれずに「人間天皇（夫妻）」のやさしい「お気持ち」などをクローズアップすることも、また政治操作である。

「マスコミじかけの天皇制」は、政府とマスコミがくんだ、こうした政治的演出（歴史意識の隠蔽と捏造）のための装置なのだ。

『週刊金曜日』（八月十一日号）の「政治」の欄に深津真澄が、今夏は五十年前の夏を思い出させるという書き出しで、以下のように述べている（「明仁天皇の慰霊の旅をどう受け止めるべきか」）。

「その一つは、天皇・皇后がそろって戦争の犠牲者を悼み、平和を祈る『慰霊の旅』に出たことだ。旅は原爆被爆の広島、長崎から沖縄戦最後の地の糸満市、そして空爆犠牲者が眠る東京都慰霊堂と続いた。いずれも戦争の惨禍を浴びた土地である〈「犠牲者」と「惨禍」という一般的主張である点に注目せよ〈引用者〉〉。／この旅に宮内庁は初めは消極的だったらしい。政治的論議を呼びかねない天皇の行動はできるだけ避けたいという考えだったようだが、戦後五〇年の国会決議をめぐって、あれほどしつこい異議が出たぐらいだから、その心配も分からないではない〈天皇〈制〉をめぐる点なんか、問題にすらされなかったではないか、まったくそれはタブー化されていたのだ、そのことの方が大問題のはずだ〈引用者〉〉。／だが、天皇個人の強い意思が関係者の懸念を押し切って、旅を実現させた。出発の度に宮内庁を通じて、犠牲者を追悼し平和を願う気持ちを素直に述べた談話が発表されたが、これは多分、前例のないことだろう〈前例はないだろう、「お言葉」以上に主観的な思いを強めた文章を出すなんて行為は、象徴天皇の政治権能を強化することであり、象徴天皇制の理念を前提としても政治的逸脱、すなわち明白な違憲行為である〈引用者〉〉。／とくに締めくくりの東京都慰霊堂参拝の際の談話では『戦後、日光の疎開地から戻った私が目にした光景は、今日の東京からは全く想像することのできないものでした。焼け野原の中に小さなトタンの家々が建っていた当時を振り返るとき、あの廃墟の中より今日の東京が築かれたことに深い感慨を覚えます』と、肉声そのもので語りかけている〈国家の象徴の「肉声」とは、演出された「肉声」以外ではありえないことを忘れるべきではない〈引用者〉〉。／少年時代を戦争の中で過ごした明仁天皇はときどき、周囲が驚くほど断固として平和と民主主義を尊重する決意を示すことがある。六年前の即位後の朝見の儀では『皆さんとともに日本国憲法を守り、これに従って責務を果たすことを誓います』と発言した〈この発言自体が「朝見の儀」という憲法の「政教分離の原則」の理念をふみにじる国家儀礼の中の言葉であったことを忘れるべきではないし、「お言葉」は政府の作文である、それに私たち民衆は天皇同様の憲法遵守義務を負っているわけではないというのがあたりまえの憲法理解である〈引用者〉〉。／明仁天皇は、戦争責任を明らかにしないまま歿した昭和天皇に代わって、けじめをつけることが後継者としての責務と思いを定めているふしがある。皇太子時代、過激派に火炎びんを投げつけられた経験もありながら、沖縄を六度も訪れ琉歌までマスターしたのは、償いの意味もあるのではないか（「けじめ」とは何で、「償い」とはなんの償いなのかが具体的に語られるべきだろう、ムード的な表現で事柄を曖昧にすべきではない、天皇制国家の戦争責任の問題を終りにしてしまうということが「けじめ」の意味だろう、「過激派」というレッテルで問題を隠蔽してはいけない、火炎びんには天皇あるいは皇太子が戦争の罪を「償う」ことなどできないという、あたりまえの抗議の意思がこめられていたのだ〈引用者〉）。／戦後五〇年にあたっての『慰霊の旅』が実現したのは、こうした明仁天皇の思いが働いてのことだろう。昭和天皇と戦争のかかわりについては、まだ論議は決着していないが、人間としての誠意を感じさせる『慰霊の旅』は素直に評価してよいと思う（「論議は決着していない」わけがない、どのようなレベルでもヒロヒト天皇には責任はあった、それを政治的に問わないという支配者の政治が戦後一貫して支配してきただけである、アキヒト天皇も天皇としてそうした政治〈意識操作〉の担い手であり続けているにすぎない、「人間的誠実さ」を演じる欺瞞のアクターというのが天皇一族の決定されている政治性格である、彼等の「誠実」を語ることは権力者の政治演出に協力する行為以外を意味しない〈引用者〉）」。

深津はさらに結論的に、こう主張する。

「……新憲法下の天皇は終戦の翌年に神格を否定し、人間宣言をした精神を引き継いでいるはずだ。政治的な争点を離れた問題はできるだけ自由に、人間としての思いを遂げることのできる存在であるべきだ（天皇・重臣らが戦後に延命するために占領軍の意思にしたがって発した「人間宣言」ほどのインチキはあるまい、絶対の「現人神」天皇の命令の結果で死んでいった何十万、何百万の死者たち、あるいはその侵略戦争の結果殺されていったアジアの何百万、何千万という死者たちの存在を考えたら、私は、もともと神じゃない、そんなふうに考えた方がおかしいなんて発言が、人間として吐けるわけがないじゃないか、こんなことを言えるのは「人非人＝神」だけではないのか〈引用者〉）」。

深津は、『毎日新聞』以外が今度の「慰霊の旅」の扱いが小さく、社説でも論じていないと述べつつ、このように結んでいる。「皇室問題を論じることを敬遠するようでは報道機関の使命放棄ではないか」。

「平和」に心をくだく、誠実な天皇一族という記事は、週刊誌、テレビ、新聞などのマス・メディアに、一貫してたれ流されてきている。これ以上、こんな操作的な情報がどうして必要だなどといえるのか。

この深津の文章を長々と検討してきた理由は二つある。一つは、この文章は、マス・メディアの「象徴＝人間」天皇万歳というプロパガンダとまったく同じ精神で書かれているので、典型的な政治文章として批判の素材にふさわしいと考えた。

もう一つは『金曜日』の〝顔〟ともいうべきページの政治主張としてこれが書かれているからである。

『金曜日』といえば、いろいろな市民運動体の熱い期待に支えられているメディアである。総保守化・翼賛化が進む時代状況の中で、そういう動きに抗する、多くの読者を持つ大資本（広告）にしばられない自由なメディアとして多くの人々に評価されている。

しかし、こんな「政治」主張は、『金曜日』の「使命放棄」どころではなく、「使命」の逆転といった内容のものではないのか。（八月二十四日）

［『インパクション』93号・95年9月］

[1995/11]

天皇による「慰霊」と天皇の「追悼」

国家儀礼の名目主義的統合について

十月二十日、私もメンバーである反天皇制運動連絡会も参加して準備された「96東京植樹祭を問う共同行動」の結成集会が持たれた。

この国民体育大会・豊かな海づくり大会とならぶ、年に一度の全国巡回の天皇イベントである植樹祭が、私たちの地元である東京で開催されるべく動きだしているのだ。辰巳の森海公園（江東区）、中央防波堤内埋立地（江東区）、檜原・都民の森（檜原村）の三ヶ所が会場であり、東京都にはすでに植樹祭の実行委員会がつくられている。開催日は来年の五月十九日である。

この日の集会は、東京都（知事）あてに要望書（質問状）を出すなどの先行的な運動をしてきた「東京・植樹祭問題連絡会」の主催（これを解散して大きな共同の行動の集まりへ向かう集会）。この「連絡会」を構成していた「植樹祭問題を考える江東連絡会」のメンバーらによって、「緑化」の美名の下に、一日の行事のために巨額の出費をし、その日の以前から過剰警備を必然化し、実は会場設営のための自然破壊を伴う、この欺瞞的な天皇イベント、それへの歴史的そして今日的（東京での準備）への批判が具体的に報告され、集会参加者もまじえて、あれこれ熱心に討論。

この日の結成宣言の結びはこうである。

「私たちは、東京都・政府への具体的な抗議をさらに強め、非政治的天皇儀礼として演出されている、このイベントの国家・天皇主義への民衆統合という政治的な性格を明らかにする行動を、本格的にスタートすることをここに宣言する」。

この日の討論の中でも、天皇制批判の運動に日常的に参加している私たちには、植樹祭批判の論理はある意味で自明になっているかもしれないが、それがどうして大きな政治問題なのかを、地域の人などに説得するのは、非常に困難だという点が問題となった。

天皇賛美のための天皇を中心に置いた国家儀礼。天皇制を決定的に否定すべきものと考えている私（たち）にとって、その国家（天皇）統合儀礼への批判はあたりまえだ。しかし、その前提を共有しない多くの人々に訴えかける言葉は、費用（税金のムダ使い）、自然破壊の現状、人権を侵す警備体制等々、といった具体的な問題から、強制され続ける天皇儀礼がどれだけおかしなものか（その政治性）を一つ一つくりかえし明らかにし続けるものであることが必要である。またその作業を通して、私（たち）の天皇制否定の論理も、抽象的信念をこえてより強化されなければならないといえよう。

翌日の二十一日は、「反天連」というよりは派兵チェック編集委員会のメンバーとして私も主催者側に立って準備してきた、反戦反核東京集会（昼にデモと全体会、二十二日に分科会）。

この日のデモは、米軍人による少女レイプ事件を直接の契機として、うねりだした沖縄民衆の基地撤去・反安保条約の闘いが、文字通りに「島ぐるみ」のパワーであることを示した（主催者の見込みをもはるかに超えた）八万五千人集会の当日でもあり、沖縄闘争への連帯が強く押し出された。そして、夜の全体会にも、一坪反戦地主会（東京）の上原成信の報告（彼等も昼に別のデモをしていた）もあり、沖縄問題が必然的にクローズアップされた。

私は、全体会の講演者の一人として発言。

「敗戦50年」問題をめぐる運動の中で、戦後という秩序（空間）が、スタートの時点からどれだけ歪められてつくられてきたのかという問題を、五十年という時間をふまえてあらためて具体的に明らかにする必要を感じた点について、話をした。問題の中心は、天皇制の戦争責任であり、これをついにメインのテーマと考えなかった戦後の反戦・平和運動の弱さということである。もちろん、沖縄売り渡しという戦後のスタートの時点でのヤマトの犯罪の主役も天皇ヒロヒトであった（「天皇メッセージ」）点についてもふれた。そして、中心の具体的テーマは、広島・長崎・沖縄・東京都慰霊堂、八・一五戦没者追悼式典と続いた天皇による「追悼＝慰霊」という政治イベントである。

今年、このテーマをめぐって、私の記憶に残った言葉の一つは、和田春樹のものであった。ある集会で直接耳にしたのだが、同じことを『月刊社会党』でも語っている。

「本当に遺族の人たちが、というより死んだ人たちが、どんな気持ちだったかということをまず考えなければならないと思うんです。死んだ後にも差別をする。「英霊」は二〇〇万人だと言いますね。軍人だけが『英霊』なわけです。『英霊』のなかには一緒に動員された朝鮮人・台湾人は入っていない。一緒にB・C級戦犯として処刑された人でも入れない。そういうあり方はおかしいですよ。フィリピンなどでは、日本人も朝鮮人も一緒に酒を飲んで、『海ゆかば』を歌い『アリラン』を歌って、一緒に絞首刑になっているんです。／また日本の各地で、原爆で死んだり東京大空襲で死んだ人たちも大勢いるわけですが、そういう人たちは『英霊』じゃない、関係ないと切り離している。それから一〇〇〇万人とか二〇〇〇万人と言われるアジアで殺された人、死んだ人たちのことも切り離している。この人たちからみれば、『英霊』という日本の軍人・兵士たちは侵略の手先です。／しかし、死んでしまえば人はみな同じで、B・C級で処刑された朝鮮人も殺されたフィリピン人も中国人も、殺して殺された日本兵も、死んだ人の魂はみんな同じところにいるわけだから、あの戦争で死んだ人はみんな一緒になって、戦争がない世界をつくるための犠牲になった人たちだと考えるべきです。あの戦争は正しかったのだ、と言い張って、二〇〇万人の軍人だけを特別扱いにするということでは、死んだ人も浮かばれないんじゃないかと私は思いますよ」（傍点引用者）。

侵略者も被侵略者も、あるいは日本に侵略・植民地支配されて、日本軍として侵略戦争に動員された人々も、「死んでしまえばみな同じ」平和を願っている「英霊」として扱うべきであるというのだ。

戦争の犠牲者、戦後の平和のための犠牲者を国は尊重せよという心情と論理。それは個々具体的な責任（侵略国の「国民」としてのそれ）を流しさり、戦争責任（自分たちのそれを問うことを通して日本〈天皇〉国の責任）を問うことをさせずに、侵略戦争の事実を曖昧にしたり、それを正当化したりするものであった。

このもっぱら右派（右翼も含む）や日本遺族会によって活用されてきた論理を、和田はそのまま使う。もちろん彼はいま見たように侵略戦争を正当化することを批判するつもりで、そうしているのだが。

和田は「平和運動の側でも、遺族の人たちの気持ちを十分理解したり取り込んだりすることは非常に弱かったということはあったと思いますね」とも、ここで発言している（「対談・戦後50年国会決議の実現をめざして　アジアとの信頼関係をきずく平和国家日本の顔を鮮明に」五月号）。

彼の主張は「右派」のそして国家のイデオロギーに取り込まれたものであるにすぎないのではないか。

国会決議の文案を準備するようなポスト（国家の公人）にいて、戦争の死者は「死んでしまえばみな同じ、みな平和を願った犠牲者」などと死者を勝手に政治的意味づけをした発言をすることが、侵略者も被侵略者もまとめて同じ「英霊」とすべきであるなどと発言することが、どんなにグロテスクなことであるか。もはや彼には、そのことが自覚できなくなっているようである。

敗戦五十年の今年、右派が推進した侵略戦争賛美の地方決議には、侵略戦争の敵も味方もひとまとめにして、平和のための犠牲者として追悼する内容がおりこまれたものが多かった。そして沖縄の「平和の礎」という「慰霊碑」は、内外の死者の名がきざまれた。死んでしまえば、みな同じなのは、死者はもはや発言できないという点である。戦後の国家は死者を「平和の犠牲者」という言葉につつみこんで、具体的な責任をあらかた回避してきた。今年は、その欺瞞のベール(言葉)をさらに広げる動きがあったわけである。

勝手な政治的意味づけ。戦後の「平和」のための尊い戦闘による犠牲者であるというのなら、より侵略に戦闘的であればあるほど、戦後の「平和」を準備したとでもいうのか。侵略死と戦後の「平和」に直接的な因果関係などありはしない。平和のムードで、戦死者をつつみこむことから、こうしたイデオロギー操作が開始されていることにこそ、私たちは注目すべきである。

彦坂諦は「なぜ、死を意義づけようとするのか?」(『反天皇制運動Noise』16〈九月一日〉号)でこう語っている。

「それにしても、ほんとうに死者がそうしてほしいとねがっているような慰霊のしかたを、ひとびとはしているのだろうか? だいいち、ほんとうに死んでしまったひとのねがいを、生きている者はどうして知ることができよう。しかし、とりわけ、不慮の無念の死をこうむらなければならなかった者が、その死後に、なにを、はたして、のぞんでいるのか、わかるのだろうか?／死者は語らない、語れない、ということこそ、死という事実の本質なのだ。すべては、だから、生者の思いいれにすぎない。『慰霊』という行事においては、慰めるのも、慰められるのも、死者ではなく、生者なのだ。死者たちは、もはやどうしようもなく、生者たちにゆだねられている。／『大日本帝国海軍』のもと『軍人』や『遺族』たちによる『太平洋上慰霊祭』に赤い服を着て出ようとしたら不謹慎だと『慰霊祭実行委員会』から制止された女性の話を、私は『八・一五集会』の会場でした。この人は世間では『おばあさん』としてしかもう呼ばれない年になっているのだが、いまは亡き夫が、その服ステキだね、とほめてくれたときのことを忘れていない。私のとむらいにきたひとは、私の赤い服を知っている、私は、あのころはまだそれが似あう少女だった。／なのに、それは厳粛であるべき『慰霊祭』にふさわしくない、といって基準を立て、儀礼化するところから、しだいに死者との距離は遠のいていく、遠のいていくにしたがって、死者は、生者たちによる恣意的な利用にゆだねられていく。そのような利用の最たるものが、国家権力による『公的』な『戦没者慰霊』のありようだ」。

国を護るため、あるいは戦後平和国家のための犠牲者という、国家のための「恣意的利用」(イデオロギー操作)に、和田の主張が足をすくわれたものにすぎないことは、明白ではないか。

一連の天皇(国家)による「追悼＝慰霊」という儀礼は、実は個々の人間の具体的な関係にねざした個人的なおもいや切実感を切りすて、ただし、それと連続しているかのごとくイメージで、名目的につくりだされる。

個々の人々の具体的な気持ちは、名目《タテマエ》化され儀礼化されることによって、切り捨てられているにもかかわらず、あたかも、その気持と地つづきのものであるかのごとく国は天皇を使って演出する。個々人の切実さは「転倒」され国家共同体に幻想的に利用される。天皇(国家)儀礼を批判する人間は、自分の肉親や友人を追悼する遺族の気持をふみにじるものだという主張は、その「倒錯」の産物なのだ。その思いをふみにじっているのは天皇儀礼の演出家である国家の支配者たちの方なのだ。天皇の「追悼＝慰霊」儀礼のこの名目主義的な民衆統合のメカニズムについて考えていて、私はこれが、天皇の病気の心配から追悼(Xデー)儀礼という国家儀礼においてもそうであったことに思いいたった。

天皇ヒロヒトが重病という状態の時、「全国民」は、心配の身ぶりをすることを行政や企業の強制、マスコミのムード的演出、右翼の強迫などによって強いられた。それが「自粛」であった。本当のところは「他粛」というべきなのかもしれないが、身ぶりが身ぶりを呼ぶ「横ならび」への主体的意思もそこにはまちがいなくあった。

本当は、人間は具体的につきあったことなどない人間の病気を強く心配するわけはない。天皇主義右翼の中にはパチンコ屋やバーにも「自粛」をせまって金をかせいだ人間が出ていることは週刊誌の話題にもなっていた（自粛産業）。マスコミはいつまでも死なないので経費がかかりすぎで困っていたし、財界は「自粛不況」が話題になり困りだしていた。さらに政治家は、足どめされた状況が長くて困りはてていた。彼等のホンネは「早く死んでくれ」であっただろう。

それでもやっと死んだら、大々的な追悼儀礼がキチンとつくりだされた。名目だけの心配に名目だけの追悼。

国家の支配者にとっては、この名目的な儀礼が、どうしても必要なのだ。

天皇による「追悼＝慰霊」儀礼も天皇の追悼儀礼も、植樹祭などの全国一巡のくりかえされる天皇（国家）儀礼《イベント》も、共通しているのは名目主義的な民衆統合のメカニズムである。私たちはここを具体的に撃ち続ける運動を持続しなければならないのだ。（十月二十七日）

〔『インパクション』94号・95年11月〕

抽象（計量）化された死者の哀悼（弔い）の欺瞞

［1996/1］

加藤典洋批判

十二月二日のフォーラム90の分科会「『死者』と『女』に開かれた天皇制!?」（主催「国家と儀礼研究会」）、十二月九日の「戦後50年・市民の不戦宣言」意見広告運動の懇談会、十二月二十三日の「『慰霊』を通して天皇制の戦争責任を考える」（主催「反天皇制運動連絡会」）と、自分もメンバーであるグループ主催の小集会での発言が続いた。

敗戦五十年の今年の運動を総括する論議であり、私のテーマは天皇の「慰霊＝追悼」儀礼ラッシュであった今年、あらためてこの国家儀礼の政治的意味を考えてみること、という点で共通していた。

こうした討論の素材の一つとして、私は、かなり話題になり続けている加藤典洋の「敗戦後論」（『群像』一九九五年一月号）と、それを補足する加藤の発言を使った。

「……一言でいえば、日本の三百万の死者を悼むことを先に置いて、その哀悼をつうじてアジアの二千万人の死者の哀悼、死者への謝罪にいたる道は可能か、ということだ」。

この論文の中で、加藤は、こういう主張を強く押し出し、「三百万の死者」の哀悼のみ考える「改憲派・保守陣営」（代表的文学者は江藤淳）と「二千万人の死者」を悼むことしかしなかった「護憲派・革新陣営」（代表的文学者は大江健三郎）に「日本人」を図式的にわけてみせ、この不毛な対立をこえる「日本人」＝私の努力を論じている。

この主張には、いくつも批判が出た。

「……『侵略者』の〝悲劇〟への『哀悼』を被侵略者の〝悲劇〟

への『謝罪』の『先に置く』べきだ、ということは出てこないだろう。南京の虐殺者たち、七三一部隊の隊員たち、従軍慰安婦を性の奴隷とした兵士たち、その他あまたの『侵略者』たちの〝悲劇〟への『哀悼』を、彼らの〝犠牲〟となった人々の〝悲劇〟への責任より『先に置く』ことは、倫理的にも政治的にもできない相談である」（「汚辱の記憶をめぐって」『群像』一九九五年三月号）。

　こう批判した高橋哲哉は、この論文の中で、以下のような加藤の主張をも問題にした。

「天皇の責任とは、臣民にたいする責任であり、何より、その名のもとに死んだ自国の兵士たちにたいする責任にほかならない。二千万人のアジアの死者たちに対する責任はわたし達日本人に帰するが、三百万人の死者にたいする責任の一半を天皇はやはり免れないのである」。

　高橋は、こう批判している。

『その名のもとに』殺された『アジアの死者たち』に対する天皇の責任は、こうしてどこかへ行ってしまう」。

　加藤の、気持の悪いナショナリストの身ぶりに対する、こうしたあたりまえの批判を、加藤は、まったくはぐらかした。

　西谷修との対談（「世界戦争のトラウマと『日本人』」『世界』一九九五年八月号）で加藤は、高橋は自分のモチーフの「意味がわかっていない」と強弁するのみであった。

　高橋は「《哀悼》をめぐる会話——敗戦後論批判再説」（『現代思想』一九九五年十一月号）で、加藤の「議論の混乱」ぶりを整理しつつ、あらためて批判をくりかえした。

　太田昌国は、高橋の批判を肯定的に紹介しつつ、西谷修との対談での以下のごとき加藤の発言を問題にした。

「日本の場合だったら、南京大虐殺、朝鮮人元慰安婦、七三一部隊などの問題に対して、そういうものの前で無限に恐縮する、無限に恥じ入ることが大事だという高橋さんのような人がいる一方で、これでは脈がない、これは違う、これはいやだ。思想というのはこんなに、鳥肌が立つようなものであるはずがない、という僕みたいな人間もいる。ヨーロッパには吉本隆明みたいな人間がいなかったということじゃないか（笑）」。

　この論争相手の主張を「矮小化」「戯画化」する方法を批判しつつ、太田は、これが吉本隆明の「差別糾弾主義者」「第三世界（倫理）主義者」非難の手口のコピーではないかと論じ、さらにこう主張している。

「加藤が、個人的な経験として、そのようにふるまう反差別主義者や第三世界主義者やそれへの同調者の軋轢をいやというほど味わってきているのかどうかはわからない。私の経験で言うなら、万一そのようにふるまう組織なり人物なりがいたとしても、ひとは、それを具体的に特定し、その言い分に即した反論を行うことで、その種の問題を解決する糸口を得ることができる。加藤のように、またしても問題をムード的に一般化したり、問題の本質を矮小化して、他者の非を言いつのることは、結局みずからきわめて安易な場に居直らせる結果を招いてしまうのではないか。『自分が日本人であって、日本にいることで何らかのおかげを蒙っている、ぼくはそういうことでの貸し借りを無しにしたい』と加藤は『願望』を語っている。何気なく語ったのかもしれないが、一国家（民族）が他の国家（民族）に対して行った一方的な植民地支配や侵略戦争に関わる問題だけに『貸し借りを無しにしたい』という言葉は、問題の本質にあまりに無自覚で、恐ろしげに響く。加藤の口から発せられるこんな言葉を耳にせざるを得ないアジアの民衆の『絶望』は深いにちがいない」（傍点引用者・「〝左翼的心情〟との〝訣別〟に落し穴はないか」『月刊フォーラム』一九九六年一月号）。

　まっとうな批判である。「ムード的な一般化」という問題でいえば、加藤の軍事力（核）による平和（憲法）の押しつけという戦後のスタートの時点の「よじれ」への、保守派（江藤淳）と革新派（大江健三郎）の両者の無自覚（とそれの五十年間の連続）というムード的図式については、菅孝行が的確にこう批判している。

「…よじれ、ねじれと言うなら、敗戦による汚点もさることながら、加藤が付随的に扱っている冷戦の進展に基づく占領政策の指標の逆転が日本人にもたらした影響こそ問題にするべきではないか」（「歴史の『ねじれ』と民族という試金石」『情況』一九九六年一月号）。

こう述べつつ菅は、江藤も大江も、その「よじれ」には、それなりに自覚的であるはずだと論じている。戦後民主主義派（革新）の反戦思想と右派の主張の両者の評価についても、加藤の図式はムード的な画一化による。恣意的なものであるというしかない。

加藤批判の主張をややくわしく紹介してきたのは、この天皇の「慰霊＝追悼」儀礼ラッシュの今年、それへの持続的な反対行動の中を走ってきた私の問題関心に引きよせて、加藤の主張を考えてみると、まだ決定的に批判されるべき点が残っていると思わざるを得ないからである。

問題は「三百万の死者」と「二千万の死者」という抽象（計量）化された「死者」の図式的対置であり、そうした「死者」の「哀悼」（「弔い」）ということ、それ自体である。

鵜飼哲は姜尚中との対談（「戦後――沖縄」『図書新聞』十二月二十三日号）で、二千万の死者と三百万の死者という二つのカテゴリーの人々を切断したのは日本側（五二年のサンフランシスコ条約）であり、三百万の方の遺族にのみ手厚い恩給が支払われている現実を加藤はどう考えているのか、と問い、以下のように論じている。

「沖縄で非国民として日本兵に殺されたような人たちは、その三百万と二千万の間のいったいどこに位置するのか。あるいは、朝鮮人や台湾人のB・C級戦犯で処刑された人たちはいったいどこに位置するのかという問題が必然的に出てきます」。

ほぼ同主旨の批判を、加藤典洋と姜尚中の対談（「敗戦後論とアイデンティティ」『情況』一九九六年一・二月号）で、姜が直接に投げかけているが、加藤は、まともに答えていない。

当然の疑問であり、批判であるが、死者のありようの具体的な違いという現実を問題にするなら、もう一歩つっこんで考えなければならないことがあるはずだ。

加藤は「敗戦後論とアイデンティティ」でこんなふうに、いいなおしている。

石原吉郎の死者に対する「計量的発想」の否定にふれ、死者は計るものではなく、「死者というのはいつも一人です」と語りながらこう述べているのだ。

「『一人の死者を弔うことによって三百万人の死者の枠をくぐり、二千万の死者に直接とどく』、そういうあり方を編み出すことができるかもしれない」。

ほとんど言葉遊びである。

彦坂諦は、石原吉郎の思想にふれながら、こう論じている。

「この世界に生起するさまざまな〈惨禍〉の悲惨さをそれによる死傷者の数の大きさによって表現するしきたりに、私たちはあまりに深くなじんでしまっているようだ。このしきたりが私たちにとってあまりになじみぶかいので、私たちは、そこでの死傷者の数が多ければそれだけ〈惨禍〉の悲惨さが大きいようについ思いこんでしまって、もともとどのような比較もゆるされないはずの二つのできごとの悲惨さの程度を比較してみせたり、『大虐殺』と呼ばれるにあたいする死傷者の量的基準を作ってみたり、はては死傷者の数を明記した文書が残されていないできごとは存在しなかったと認定するのが客観的態度であると言明したりする」。

「一人の人間の死を、その人間にとって『あくまで理不尽』な、なにものにもかえない『ただ一人の悲惨』と認めることと、どのような状況のもとにあろうとあくまで『一人の一人に対する責任』を問いつづけることとは、じつは、生にたいするおなじ態度である」(『ひとはどのようにして兵となるのか(上)』一九八四年)。

彦坂は、ここで、石原の思想は、決して「三百万」とか「二千万」という抽象化を許さない、個別具体的な一つの死(悲惨)のかえがたさに徹底的にこだわりぬいたものであると語っている。

加藤の論理は、一番大切な、個別具体的な一個の人間の死と、それへの「哀悼」(「弔い」)という点を、はじめからスッ飛ばすことでなりたっているのだ。加藤は、侵略戦争の「責任」を取ること、そのことを「謝罪」することと、死者を「哀悼」する(「弔う」)ということを、まったく無神経に同列の問題として論じ続けている。「日本人」として生き、生かされている私(たち)は、国家に侵略戦争の「責任」を認めさせ、被害者個人(とその関係者)にとどくキチンとした国家の補償をさせ、その戦争の被害者に「謝罪」させなければならないと考え、そうしたことを求める運動をもそれなりにしてきている。

しかし、国(天皇)が自分たちで死に動員した死者を「哀悼」するなどという儀礼は認めるわけにはいかないのだ。

死と、その死の追悼は、決定的に個人的な問題である。それを大きな「数量」の中にとかしこみ、死を管理するために追悼セレモニーを演出するのが国家である。これは日本にかぎらず、おそらくどこの近代国家(戦争の単位)も行っているものであり、日本の場合は、常に国家を「代表」=「象徴」する「特別な人」としての天皇が中心に座る儀礼としてそれは組織されてきたのだ。死者を「哀悼」する気持は、その死者との個人的なそして具体的な距離によって決まる。日々、大量に人は死んでいる。まったく関係もなく知らない人を「哀悼」する気持など、どうして持てるというのか。

死者を追悼する主体は、決して「日本人」一般の「私たち」などではない。自分(個人)である。「日本人」として大量の死者をまとめて「哀悼」するなどという発想自体が、国家のイデオロギー操作にまきこまれて成立している論理であるにすぎない。私は「三百万人」の死者だろうが、「二千万人」の死者であろうが、大量な死者一般を、決して「哀悼」したり「弔ったり」しない。いや、そんなことは本当はできないのだ。

右派勢力が全国的に展開した、戦争の「犠牲者」を追悼するかたちで「侵略戦争賛美」地方決議をあげる運動。その決議は、地方の社会党との妥協を通して「内外の死者」を追悼するという内容になったものが少なくない。沖縄革新のつくった「平和の礎」は内外のすべての死者の名をきざむ方向でつくられた(もちろん、それを拒否するアジアの「外」の遺族も存在した)。

これは、「三百万人」の死者の方から「二千万人」の死者をつつみこむ政治的な動きと、考えることもできよう。

確かに、加藤は、侵略戦争の「謝罪」と「責任」を論じているのであり、右派勢力は責任の曖昧化(あるいは拒否)をねらっているという違いがある。しかし、この表面的には決定的な違いは、本当に「決定的」か。

「日本人」という共同体に自己を消滅させて「三百万」「二千万」の死者の「哀悼」(「弔い」)を論じるという欺瞞を持続する加藤の思想の目の位置は、すでに国家人(治者)の位置にすえられているのではないのか。(十二月二十七日)

[『インパクション』95号・96年1月]

〈補論〉

高橋哲哉の主張への疑問について、私は『ピープルズ・プラン研究』(Vol.3-No.3〈二〇〇〇年〉号)に書いた(「『戦中・戦後責任』と『謝罪』と『追悼』をめぐって——『倫理主義』という問題」)。

［1996/3］

天皇の「御製」と国策スローガン

「東京植樹祭」反対運動の中から

二月二十一日は、私もメンバーの反天皇制運動連絡会も参加している「96東京植樹祭を問う共同行動」の「反紀元節」集会とデモ。

この集会の講演者の一人であった小田原紀雄は、天皇アキヒトが今年の歌会始で、東京植樹祭を強く意識している歌を詠んでいることに注目すべきであると発言していた。

「山荒れし戦の後の年々に苗木植ゑこし人のしのばる」。アキヒトはこう詠んだ。

これを引きながら、水谷三公という政治学者が『諸君！』（三月号）（坂本多加雄との対談「象徴天皇制度をどう育てるか」）で、以下のように述べている。

「日本の長い歴史の間には戦争に負けたこともあった。政治体制が変わったこともある。しかし、風土はそう簡単には変わらない。その象徴が天皇である。環境問題、エコシステムと人間のかかわりまでも視野に収めた文化風土の象徴として、天皇なり皇室がある。こう考えれば、それなりに安定感がある」。

日本の文化・伝統のシンボルとしての天皇というパターン化された言い方を、より環境・風土のシンボルに引きよせて論じている点がより今日的な押し出しである。これに対して坂本は、こう主張している。

「日本国といって何を思い浮かべるかは各人各様ですが、国政上はそれが天皇であると定めたのが象徴天皇制度です。そのことを天皇御一身それ自体が象徴だと解釈する説が一般的なようですが、しかし、それだけでは何のことやら具体的にはわからない。私は天皇を中心的要素として組み込んだ儀式全体が象徴である、と解釈すべきだと思います。／さらに言えば、『日本国の象徴』と『国民統合の象徴』の違いは、天皇が行う儀式の差だとも考えられる。大嘗祭、新嘗祭や元始祭などの有職故実によって定められた一連の儀式は日本国を象徴するものです。それに対し、天皇が植樹祭に出向かれたり、慈善事業の席でご挨拶なさるのは、動態的な国民統合の象徴としての働きをなされていると解釈していけば、象徴という曖昧な言葉ももっとわかりやすく理解できるのではないでしょうか」。

両人は象徴天皇制を、どう「育てるか」、すなわち、国家（社会の支配者）のイメージ・シンボルとして象徴天皇一族をどのように政治的に活用すべきなのか、とアケスケに論じているのである。

こういうスタンスからの主張は、この間、非常にふえている。おそらくそれは、皇室に対する若者の無関心さへの支配者側の危機感の表現とも読むことができる。

宮内庁はもっとうまくマス・メディアを使った皇室によるイメージ操作すべく努力せよ、というメッセージが、そこには明確に存在している。あまり、うまくいっていないという認識が前提にあるのだ。もちろんそれは、冷戦構造の崩壊から始まる世界の秩序の大々的再編成の動きに、象徴天皇制をうまく対応させなければならないという支配者側の動きの中でうみだされている危機感である。

植樹祭は天皇中心の儀礼であり、巨額の税金を使う（今回の東京のそれも警備費を除いて十八億円といわれている）、会場づくりのための自然破壊を伴うイベントである。

「自然愛護」の伝統が日本人に強くあり、それは象徴天皇の「植樹の姿」に象徴されていると思いこませるイメージ操作。これがその儀式の本質である。これだけメチャクチャな開発行政で、自然破壊を行ってきた日本の支配者たちがふりまく「自然保護」のイメージ。

実態のグロテスクさを隠蔽するためのイメージ操作以後のものではそれはない。

　ご両人は、「学芸の伝統」とも皇室をむすびつけてもっとうまい操作を、ともここで述べている。国体論風に日本の独自性をことさら強調するのではなくて「国際性」のある文化・学芸をとも論じている。

　この二人にとっては、本当のところ天皇一族がどういう「人間」であり、何を考えているのかなどということは、どうでもよいのだ。国家のマス・メディアを舞台にしたイメージ演出（「国民」へのだまし）をうまく演じなければならない機関として象徴天皇制は位置づけられているのである。いいかえれば今年であれば、「植樹祭」にちなんだ歌をそれなりにつくらせればそれでよいのだ。その歌にこめられた本当の気持の質など、どうでもよいのである。イメージ操作のパフォーマンスを天皇らに、うまくこなさせること、それだけなのである。

　森川方達編著の戦時国策スローガンを集めた『帝国ニッポン標語集』（現代書館）で、森川は、こう書いている。

「本書に再現したスローガン（国策標語）に、その時代は生なましく甦る。戦前・戦中の国民が、公の価値観から私生活の内側に至るまで、何から何までことごとく国家の監視下に置かれていたことの、これが証明といえる。かつての『天皇制国家』のイデオロギーは、国民にたいして喧伝されたこれらの七五調のスローガンに凝縮されている」。

　そこに収められた森林あるいは樹木「愛護」のスローガンを紹介しよう。

　一九三三年の京都府のもの。

「山は青々　御国は八千代　仰ぎ見る木も　双葉から　護れ山林　自然美日本　茂る林に　栄ゆる子孫　愛せよ山林　親しめ青葉」。

　同年の三重県のもの。

「茂る山々　国土の護り」。

　一九四〇年の神奈川県のもの。

「清めよ道路　愛せよ並木　伸ばせよい道よい並木　道路と並木に感謝と愛護　愛護で伸ばせ　並木と道路　緑の街路樹　文化の誇り　愛せよ並木　明るい道路　緑の並木　伸びゆく道路」。

　同年の東京樹徳会のもの。

「溢る国力　したたる緑　緑で蔽へ　健康日本　富の耕作　まず殖樹　ドンドン植えて　スクスク伸ばせ」。

　こうした国策スローガンの背景には、日本のアジアへの植民地支配と侵略戦争の拡大とがあった。「青葉」も「緑の街路樹」も「日本の自然」も「文化の誇り」もみな、「溢る国力」すなわち侵略の軍事力を美しくかざるイメージ操作のために動員されているのだ。大量の人間の殺傷を伴う、巨大な地球環境の破壊を推進するために、こういう森林愛護国策スローガンは乱発されたのである。

　天皇の歌は、こういう国策スローガンのような政治的性質を持っていることにこそ私たちは着目すべきなのだ。

　何人もの逮捕者を出しながらの支援者も含めた抵抗を暴力的にたたきつぶして、青島都政は路上生活者のダンボール・ハウスを新宿西口地下道路一帯から排除し「動く歩道」の着工に突入した（一月二十四日）。人間を「キタナイ・クサイ」からと排除する論理を都政自身が採用したわけである。この文字通りの都庁の隣人をゴミクズでもあるかのごとき扱いをして恥じない青島都政は、一九九五年六月三十日に、東京植樹祭（五月十九日）へ向けて「東京森隣生活宣言」なるものを発している。

『『森』は遠い存在ではなく、私たちの暮らしをささえる大切なパートナーです」で始まるこの宣言は、「森との共生」を訴え、スローガンとして「森がささえる暮らし、都市がはぐくむ緑」なるものを提示している。

この「自然環境愛護」のスローガンは、かつての国策スローガンと同質のものである。

「緑と森との共生」の「森隣生活」の内側には、職を失い住居を失ってしまった人間が生きていく場所はつくられていないのである。そして、天皇・皇室を中心とした国家イベント（植樹祭）へ向けたスローガンであるのだから、それは「弱者」を排除して国家の強者（天皇一族がそのシンボル）のありがたい〈グリーン〉のイメージをうたいあげたものなのだ。

私たちは「植樹祭記念シンポジウム」などの連続的キャンペーンへと抗議のビラまきをつみあげてきている。この青島都政が準備している天皇（国策）イベントに反対する運動は、より大衆化されなければならない、新宿の路上生活者排除への抗議行動で逮捕され暴行をうけた友人らの件で、動きまわりながら、あらためて私は、そういう思いを強くした。

天皇アキヒトの歌については、少々おもしろいことが話題になっている。

『週刊新潮』（二月十五日号）の「天皇の『御製』を入選作にしちゃった朝日新聞の不覚」はこう解説している。

「前代未聞の椿事と言っていいだろう。こともあろうに天皇陛下が昨年の歌会始で詠まれた御製が、朝日新聞の短歌欄に『入選作』として掲載された。読者が亡夫の作品と勘違いして投稿したものだが、選者を含めて誰も気付かず、そのまま採用されたというお粗末。朝日は翌日の紙面で陛下に対する『おわび』を掲載。幹部も宮内庁に謝罪に出向くハメとなった。不覚を取ったと言われても仕方があるまい」。

三重県版の短歌欄の話で、その短歌は〈人々の過せし様を思いつつ歌の調べの流るるを聞く〉。

『週刊新潮』の記事の結びはこうだ。

「反省しているようで、そのくせ何故か不遜にみえるところが朝日の朝日たるユエンなのかも知れないが――」。

パターン化された「朝日」タタキの記事である。

この記事の中で死んだ夫の作品とかんちがいした女性が、わびながら、こんなこともいっている。

「確かにいま考えれば内容的には、社会的地位の高い、例えば大企業の社長さんのような方が詠んだ感じで主人の歌とは違うことに気が付くべきだったのかも知れません。でも、とにかく私はただ単純に感動してしまったのです」。

亡夫は「ごく普通の勤め人」と述べた後の言葉である。

偉い、ふんぞりかえった地位とか身分の人間のものであると気付くべきだったというのだ。

選者の、おわびをつたえる話の中にも、こういうくだりがある。

「それで例えば軍隊で、たくさん部下をお持ちだったような立派な方が部下たちの行く末を思うとか戦地から遠くの銃後の人々に思いを馳せているという風に受け取ってしまった」。

エライ軍人さんの歌だと思ったというのだ。

まあ、このような判断（主張）が出てくるのは、その限りで当然だ。

私たちは、天皇の歌などをありがたがって、とんでもないことだなどと批判してみせたり、誤りをひたすら「おわび」してみせたりしているマス・メディアのあり方全体をこそ問題にすべきである。

国策スローガンとしての天皇の「御製」を、無条件に賛美し、積極的に価値があるものであるかのごとく論ずる、戦前（中）とその点ではまったく変っていないマス・メディアの体質こそが批判されなければならないのだ。

考えてみれば、私たちは、かつてのようにほぼ画一的な「国策スローガン」をくりかえしくりかえし、大量に受容することを強いられているのではなくて、多様で、巧みな「国策スローガン」を、まったくそういうものとは意識せずに、日常的にマス・メディアによって、そそぎこまれて生きてきたのであり、生きているのだ。

天皇の「御製」の国策性（政治性）や都の宣言の政治性を、より具体的に批判しぬく反天皇制運動を、そして、そうしたものにとどまらずに社会に氾濫する様々な「国策スローガン」を問題にしうる運動をこそ、私たちは目指さなければならないのだ。（三月四日）

［『インパクション』96号・96年3月］

[1996/5]

象徴天皇制の「国際化」へ向けた「再定義」

皇室外交・慰霊巡行・女性天皇

経済・社会のグローバリゼーションの拡大と日本国家

このところ、国境がなくなってきているとか主権国家がゆらいでいるとか、さらによく語られだしている。確かに、「ヒト」、「モノ」、「カネ」、そして情報がボーダーレスに流れているといった状況が大きくなっていることは、まちがいない。特に、経済のグローバリゼーション（「自由化」）の進展ということに目をやれば、そういう評価にそれなりの根拠があることは理解しうる。

しかし、近代主権国家（国民国家）が、大資本の多国籍企業化の時代の流れの中で、国連などの国際機関による政治（軍事）がさらに強化されている状況によって、解体に向かっており、「近代国家」の時代は終っている、あるいは終りつつあるというような主張は、私はどうもなっとくできない。

東西冷戦構造の歴史的産物である公安警察は、冷戦構造が崩壊後も、日常的捜査の対象をいろいろな大衆運動・市民運動に拡大するなどと公言しており、「オウムとサリン」では違法調査のやり放題で、破防法の団体適用を、なんと宗教団体にすることまでやりだしている。デモンストレーションに対する暴力的な規制の日常化という点も、かわらない。国家の暴力装置である警察は、単に量的にだけでなく、民衆の生活の内側への介入の拡大という意味でも強化されている。こういう、私が肉感的に感じている事態と国家が衰弱に向っているという主張は、どうもズレているのだ。

もう一つの国家の暴力装置である「自衛隊」も、予算的にも軍事演習のパワーという点でも、弱体化とは反対の方向へ向いつづけている。確かに国連PKOというかたちで日本は派兵国家化を推し進めており、国連機関、あるいは米軍にくみこまれての動きが、さらに強化されるというスタイルではあるが、それは「日本国軍＝自衛隊」の動きの活生化でもある。

大地震あるいは「オウムとサリン」騒ぎの中で、自衛隊はそういわないで治安出動（待機）をくりかえした、そして地方自治体の内側での活動に市民権をも持ちだしている。軍隊と住民のドッキングが進んでいるのだ。

特別な歴史をしょった地方自治体である「沖縄県」が、中央政府の沖縄への基地おしつけ政策に、その地域の住民の安全のためにとの判断から「ノー」をいった。政府（あるいはそれと一体化した裁判所）は、この動きに対して平然と、自分たちのつくった法手続（ルール）をも無視して、軍用地を取りあげ続けようとしている。地方分権的なパワーが、ほとんどない社会に私たちが生きていることを、これは痛切に実感させる。

ヒト・モノ・カネ・情報の「国際化」、ボーダーレスの進展を、そのまま国民国家（主権国家）のトータルな弱体・衰弱・終焉に結びつけることには無理がある。資本が国境をこえやすくするために国家による束縛をなくすという政策を国家自体が推進している状況は、そのまま国家の衰弱などを意味するわけではあるまい。先進国資本の国境を超えた展開を支えているのは国家（軍事力を含めた）自身であるのだから。

武藤一羊は、経済のグローバリゼーションの進展と、日本の「危機管理」国家化の強化との関係について、座談会（「何が終わり、何が始まるか――日本・アジア・世界」『月刊フォーラム』一九九五年十二月、栗原幸夫・降旗節雄・塩川喜信が参加、司会は私）で以下のように発言している。「グローバリゼーションと国家の関係は、グローバリゼーションが国家にダメージを与える、そうすると国家はイデオロギー的にフィクションをつくってまとめていく、そういう逆転した関係が、いたるところでできているのではないか」。

「日本の場合は中曽根首相時代から、国際化の中で自覚的にナショナリズムが強調された。／それは世界的な傾向だと思う」。

ここで武藤は、国家のイデオロギーの「フィクション」のレベルが高くなるという問題、経済社会のグローバリゼーションに国家のナショナリズム・イデオロギーの強化が対応する、という「逆転した関係」を問題にしている。この視点は重要だ。

私は、一般的に「国民国家・主権国家」の「国際化」時代における衰弱を語るのではなくて、暴力装置としての国家が、またイデオロギー装置としての国家が、こういうグローバリゼーションの時代に、どのように対応しようとしているかこそを具体的に批判的に分析しなければならないと思う。そして、こまかく見ていけば、その対応は「逆転した関係」との性格規定からはもれてしまうものもあるのだ。

「外交」と「巡行」と神道（宗教性）

戦後国家の中核をなすイデオロギー装置である象徴天皇制をめぐる問題を軸に、ここでは、国家のイデオロギーが、「国際化」（グローバリゼーション）にどのように対応しているのかを検討してみよう。

アキヒト天皇の「即位」へ向けた、天皇「代替り」のセレモニーの渦中で、新天皇に、「国際化時代」の天皇として「皇室外交」を積極的に動いてほしいという期待の声が、マスコミによって大々的に組織された。これは、天皇を積極的に外交に使おうという政治権力者たちの意思の反映でもあった。

事実、アキヒト天皇夫妻（そして皇太子夫妻）は、ヒロヒト天皇時代とは、うってかわって「皇室外交」をハデに展開し続けた（アジアへの「謝罪外交」反対という右派の声が大きくうまれ、どういう「外交」にするかという点で支配者内部に対立があり、現在〈昨年から〉はかなり「外交」にはブレーキがかかりだしているが、その点は、ここでは問題にしない）。

また、アキヒト天皇になって、「海づくり大会」も天皇行事に格上げされた。「国民体育大会」「植樹祭」とともに、全国をめぐる天皇イベントに、天皇はより積極的に動きまわっている。いわゆる「巡行」が増大しているのである。そして、去年の敗戦五十年の年は、沖縄・広島・長崎・東京都慰霊堂（大空襲の被害者らがまつられている）への「慰霊巡行」を、慰さめたいという、自分の気持を押し出して実施した。

それは、「国体護持＝天皇制」の延命のために、敗戦をグズグズと引きのばした天皇らによって死に追いこまれた人々を、そういう歴史事実を隠して、平和の犠牲者としておごそかに追悼してみせるといった、とびきり偽善的なセレモニーであった。

こうした「外交」と「巡行」（「お言葉」などを伴う）は、マスコミに正面からの批判記事は、ほとんど載らなくなってしまっているとはいえ、憲法の象徴天皇制の規定からははずれた天皇（皇室）の行為なのである。そもそも皇室外交などというものはあってはいけないものであるはずだ。

経済大国から政治・国連・軍事大国へというコースを進んでいる日本の支配者は、国際社会で、その位置を確固ときずきあげることへの合意形成へ向けて、積極的に象徴天皇制を活用し続けているのだ。しかし、その活用は、国事行為という枠からはずれた行為を天皇（皇族）に積極的に担わせることを必然化する。だから、憲法違反という批判を免がれがたいのである。政府は、勝手な解釈によって、その行為を合法としているわけだ。「代替り」の政治過程に連続的に露出させざるをえなかった国の行う「皇室神道」の儀礼の宗教性という問題（これも憲法のかかげる政教分離の原則に反していることは明白）同様に、「外交」も「巡行」もその行為の合法的根拠を憲法に求めることは、強引な「改釈」によらなければ無理なのである。

坂本多加雄は、政府・官僚らへのアドバイザーの雑誌ともいうべき『国際交流』の六八号（一九九五年七月・特集〈象徴天皇制度と国際化のなかの日本――戦後50年にあたって〉）に収められている「象徴天皇制度とフランス革命神話の拘束」で、「宗教性を帯びた古代儀式の公的な挙行」と政教分離の原則の関係について「宗教的少数者の信仰の自由の保障について配慮しつつ」なら、公的挙行もなんら問題はないと解すべしと述べている。坂本はここで、「国民主権」と「王制」を対立的なものと考えるフランス革命モデルの憲法解釈から脱して、象徴天皇制と「国民主権」は調和的であるという事実解釈の立場に立つべきだと強調してみせている。そして、「象徴」の解釈について、このように論じているのだ。

「日本国憲法は、帝国憲法における天皇の『統治権』のうち、実質的な政治決定者としての権限が『国民』にあることが改めて宣言されている点に特質を持つ。それでは、天皇には、何が残されたか。それが、日本国憲法が定めるところの、内閣総理大臣、最高裁判所の長官の任命、そして、第七条に列挙された一連の国事行為であるが、さらに最も重要なものとして、『象徴』としての行為も考えるべきである。これらはいずれも、現行通説が、その『形式』性を強調するものであるが、それは、それで構わない。しかしながら、そもそも、『形式』とは何であろう。『形式』とは、直ちに無意味なものを意味するのであろうか。『形式』とはまさしく『形式』であることによって独特の機能を果たすのではなかろうか。天皇の行為の『形式』性を強調する論者は、いずれも、それでは何故、そのような

『形式』が必要であるかを説こうとはしない」（傍点引用者）。

「象徴天皇制デモクラシー」、天皇制と国民主権は調和的だという学者の政治主張は、決してめずらしいものではない。象徴天皇制スタートの時点での津田左右吉や南原繁らの主張もそうであったことを想起すれば、そのことは明らかだ。しかし、天皇儀礼（形式）・天皇パフォーマンスの機能の積極的な意味を強調するスタイルの主張の新しさには着目すべきであろう。

「非政治的」というタテマエの下で独自の政治的機能を持っていること、「非宗教的」というタテマエで、それなりの宗教性をもっていること、これを明示してみせる、こういう押し出し方は、それなりに新しい。

坂本は、こういう論理（解釈）を使うことで、「巡行」も「外交」、皇室神道の儀式も、すべて象徴天皇の、必要で大切な「一連の行為の大系」だから合憲と主張しているのだ。

象徴天皇制の「再定義」という問題

坂本は最近の政治学者水谷三公との対談（「象徴天皇制をどう育てるか」『諸君！』三月号）でも、ほぼ同じ主旨の発言をくりかえしている。ここで坂本は宮内庁が自分のように、「憲法第一条の解釈を含めて、象徴天皇制の本来あるべき姿をきちんと論理的に国民に説明しようとしない」のは問題と述べ、これに対して水谷は、こう論じている。

「戦前の一時期まで講座派的な不毛な論議がまかり通っていたので、それに対応する防衛として、同じ議論の土俵にのってはいけない、無視するという態度できたせいもあるでしょうね。しかし、もはやこの問題は一応の決着をみたと考えるべきです」。

注目すべきは、彼等がともに、象徴天皇制の新たな論理的な解釈の必要を訴えていること、そして、ここでさらに水谷が上山春平の日本の歴史の「律令制」から「立憲制」へという整理を紹介しつつ自分の主張をしている点である。

坂本多加雄の論文が収められている『国際交流』のトップの文章は上山春平の「天皇制について」である。

上山は、まずアリストテレスの『ポリティカ』の「君主の権力が制限されるほど、君主の地位は無傷で存続される」という言葉の紹介を、そこでしている。「君主の権力のいちじるしい制限が日本君主制の伝統である」、それが天皇制が長く安定的であった秘密なのだというわけだ。ここで上山は「律令的天皇制の時代」と「憲法的天皇制」の時代に天皇制の歴史を大きくわけ、二つを連続的に整理し、明治憲法下の天皇制と反対の、権力が制限された（象徴天皇制のごとくの）ものが本来の天皇制なのだと語っている。この近代国家の権力装置としての天皇制という歴史的性格をはずし、古代も近世も、近代もチャンポンでのべったらに論ずるという上山のような超歴史的方法で、象徴天皇制の制度としての安定性・積極性を論ずる主張が、このところあれこれとつくりだされている。

例えば、この『国際交流』に「不執政の天皇――象徴天皇制の源流を求めて」という文章を書いている、中世・近世の歴史研究者今谷明は、不執政の天皇が最高の天皇制であるとくりかえしている。

「戦後、GHQの改革指令が皇室周辺に及び、宮内庁の役人らが周章したとき、貞門皇太后（大正后、昭和母）のみは泰然自若として『江戸時代以前に戻るだけだ。心配するな』と左右の人にいったと伝えられる。明治の王政復古の結果、神聖不可侵の絶対主義天皇が形成されたが、そんなものは元来、天皇家の永い伝統にはなかった特殊形態であり、今こそ本来の天皇家に還るのである、という趣旨であろうが、たしかに彼女の一言は、ことの本質を衝《つ》いている面がある」。

『諸君！』（三月号）にも今谷は「象徴天皇こそ歴史の叡知」とい

う論文を書いている。今谷はここで「儀礼的君主制」と象徴天皇制を規定し、結論的にこう述べている。

「象徴天皇制こそは、日本人が、摂関制・院制・幕府政治・明治憲法体制と、天皇専制と天皇傀儡の間で揺れ動きながら、歴史における試行錯誤の苦悩の果てに生み出した一つの政治制度であると結論される」。

天皇の「外交」「巡行」「宗教儀礼」という憲法上の根拠がない、あるいは不明確な政治的パフォーマンスを、事実として実施させ続けてきた歴史（既成事実のつみあげ）にひらきなおりつつ、むしろ、そういったこと全体を前に押し出して、歴史的にも現在的にも積極的なものとして意義づけてみせるという、体制側の象徴天皇制の「再定義」の作業が、いよいよ本格化しているのである。

この再定義の作業は「戦争責任と関係ない」クリーンな天皇のイメージを軸としたアキヒト天皇の「即位」の時点から大きく進められだしたものである。「クリーン」と環境問題にも心をくばる天皇（グリーン）が、アキヒト天皇のヒロヒト天皇とは変った（あるいはそれなりに引きついだ）とするイメージ戦略の中心であり続けているわけだが、このイメージ戦略の展開とともに、象徴天皇制の論理的な「再定義」の作業も蓄積され続けてきた。

もちろん、象徴天皇制は戦後とともにスタートしたわけであるから、支配者による象徴天皇制の論理づけの作業はその時点からなされており、「平和天皇」・「文化天皇」のイメージ、「不親政・不執政の天皇」の積極性という主張は、すでに当時からあった。しかし、様々な天皇儀礼を習慣的なものとしてそのまま延命させたり（例えば国会の開会時の天皇の「お言葉」）、「復活」させたりしてきた、敗戦直後から「講和」へ向かう時代の支配者らには、かつての「大日本帝国（明治）憲法」への郷愁の心情がかなり強くあり、反対にアメリカ（占領軍）に押しつけられた戦後憲法（象徴天皇制）になじめない気持が隠せないものとして存在した。戦後憲法（象徴天皇）を無効とし、大日本帝国憲法下の絶対神聖天皇へのストレートなまるごとの「復古」を説いた人間は、右翼文化の中を別にすれば多くいたわけではないし、右翼文化の中ですらそういう主張はすぐ少数派になってしまったわけであるが、大なり小なりそうした気分とそれに支えられた主張が象徴天皇制を語る支配者（や体制イデオローグ）にはつきまとっていたのだ。

この間の「再定義」の論議を支配しているのは、こうした気分からの決定的な決別である。国民主権の象徴天皇制（戦後憲法の原理）の方が天皇制（国家）主権の天皇制（大日本帝国憲法の原理）よりはるかにすぐれており、軍の独走を可能にした親政天皇制（大日本帝国憲法の原理）は、例外的にダメな時代の天皇制と、正面から批判的に位置づけられ出しているのだ（大日本帝国憲法下でも天皇は「象徴」機能を果していた、だから戦後とそれは連続しているという、今までよくいわれてきた主張よりは、より戦前〈中〉の原理への否定のトーンがそれは高い）。

常に「改憲」の必要を主張しつづけてきた体制側にも、国民主権（象徴天皇）憲法の理念はそれなりに定着してきているのだ。

小沢一郎のとりまきの憲法学者である小林節は、自分の憲法改正プランをまとめた著作の書き出しの部分で、「私は日本国憲法が大好きである」とくりかえしている。そして、その理由を次のように論じている。

「言うまでもないことであるが、私達、人間は皆、日々、幸福を目指して生きている。そして、幸福とは、抽象的に表現するならば、『自分らしく』つまり自分の個性の赴くままに生きられる場合に生ずる満足な状態のことであろうが、そのことを日本国憲法は『すべての人を『個人として尊重』すると表現し、それが国家という共同生活の最大の目標だとされているのである。それにひきかえ、大日本国憲法の下では『神聖』にして『不可侵』な（三条）天皇が国家の全権力を掌握し（四条）、「臣民《しんみん》」と呼ばれていた国民は法律すなわち天皇（五条）が認める範囲内でしか自由を享受できない（第二章）ことにされていたが、そのような体制の下では、真の意味で各人の個性の解放、つまり幸福は制度上保障されてはいない」（『憲法守って国滅ぶ』一九九二年）。

世代の交替ということもあるのだろうが（小林は一九四九年生まれ）、ここには帝国憲法への郷愁の気分などまったくない。

こういうスタンスで、小林はここでも、象徴天皇の国家の「元首」という地位を明確にすべきだと主張しているのだ。復古型の天皇制強化論ではなくて、象徴天皇制の強化・再編の提案なのである。

一九九四年十一月に発表された読売新聞社の「改憲案」も天皇条項をまとめて二章に移し、トップは「国民主権」とした上での、天皇の対外的な「代表権」を認める規定をプラスするプランだ（国の代表権を持つものを「元首」と規定するなら、天皇の元首化である）。だから、このプランも、こうした象徴天皇制の「再定義」の支配的傾向を示しているものの一つなのだ。

象徴天皇制の「再定義」とは、「国際化」の時代が要請する象徴天皇の政治儀礼（パフォーマンス）の動きの積極的な意味づけの論議であり、この動きを、まったく体系的に合憲とする憲法解釈論でもあり、さらにはそのことをより憲法の文章としても明示的に示すべきであるという方向での改憲論でもありえるという具合に、組織されてきているのである。

「女性天皇制」問題の浮上

象徴天皇制の儀礼・パフォーマンスの意味をアピールしているもう一人の皇室アドバイザー学者坂本孝治郎は、戦後五十年の天皇の「慰霊の旅」による「平成」の象徴天皇制の定着を論じた文章（『世界』一九九五年十月）でこう述べている。

「試みに（開かれた皇室）という視座から象徴天皇制の現在をみるとき、『皇長孫』の誕生が固有天皇制の命運をも担う構造、すなわち男系世襲制への固着は、少子化の時代状況からしても再考の余地があろう」。

女性でも天皇になれるようにしなければ、天皇が皇族の内側でスムーズに世襲されるようにならないのではないかという危機感が、支配者によって広くハッキリと認識され、それへの対応の動きがより具体的に出てきたのは、おそらく昨年の初めあたりからである。

『読売新聞』に、宮内庁が内部でそれを問題にしだしているという記事が出て、二月の皇太子の記者会見では、女帝を可能にする意思があるか否かの記者側の質問が出た。そして、こうした流れの中で、女性週刊誌のみでなく（ここでは紀子の二人目の子供が女性であった時点で、この点をめぐる記事はかなりすでにあった）、『週刊文春』などでも連載の記事で、こうした問題をめぐる記事がつくられた。橋本龍太郎などの政治家の「女帝容認」発言が飛び出し、話題となり、明文改憲の目玉として「女性天皇制」を押し出そうという政治的意図を持って『This is 読売』（今年の一月号――発行は去年末）が「女性天皇制の時代」を特集するという事態にまでなっている。

子供ができないという〝雅子バッシング〟をおそれ、記者の前に出れなくなっていた雅子のおびえへの配慮もあって、新宮内庁長官鎌倉節は一月二十五日に記者会見して、「女帝は検討していない」とわざわざ発言。マスコミの女性天皇制騒ぎのエスカレーションにブレーキをかけてみせた。

しかし、英紙『インディペンデント』に、宮内庁は、女性の皇位継承を研究のために、職員がオランダ、ベルギー、デンマークを訪問する手筈をととのえているという記事が出ていることを『週刊新潮』（三月十四日）がすぐ紹介している。この記事（「宮内庁は否定してもデンマークにリークされていた女帝研究視察」）は、公的には宮内庁は否定しているという事実をつたえながら、このように結ばれている。

「ともあれ、目の前の紛れもない現実は、わが皇室の皇位継承者の中には、第一順位の皇太子殿下から第七位の高円宮まで未成年男子はいないこと。さらに、昭和四十年の秋篠宮誕生から今日まで、三十一年間にわたって、ただ一人の男子も産まれていないということだ。／宮内庁の責任は重い。今回のヨーロッパ派遣についてもその建前は建前として、水面下では英紙が言うように『女帝』研究をしてくるのであれば、結構なことである」。

皇室典範をかえるだけで、法律的には可能になるのだから、中継ぎとして女性も天皇になれる方向へ変えるべきであるというトーンがマスコミの、この問題を扱った記事には、ほぼ共通している（小林節の改憲プランも女性天皇制プランだ）。「女を天皇にするなんて」という帝国憲法的感性からの反対論はほぼない。ここにもハッキリと断絶がある。

このように象徴天皇制の「再定義」の動きの中で、「女性天皇制」という問題が急浮上してきているのである。この問題は、アキヒト新天皇制という枠組みをこえて、大きく、象徴天皇制に「再定義」をせまる大問題だ。

もちろん、これは雅子に子供ができず（年とともにその可能性は低くなる）、紀子は二人とも女の子供であるという、偶然の事態が引きおこした問題である。しかし、この偶然を、支配者の政治の中で、あたかも必然的なものとして置きなおそうという動きもはじまっている。この情報《マスコミ》天皇制の時代である、天皇になる予定の子供は、小さい時からそのようにマスコミの舞台で映し出されていなければならないし、本人もその方向で教育されなければならない。だから、支配者にとっては、時間のゆとりがある話では、実はないのだ。そして、この世界的な「女の時代ムード」に、うまくひっかけて、象徴天皇制の大々的アピールのための素材として「女性天皇制」の演出が考えられ出していることはまちがいあるまい。

考えてみれば、民衆の強い関心を組織できた皇室イベントは、美智子・紀子・雅子の婚約・結婚イベントであった。若い人を中心に天皇制への尊敬の気持の衰えどころか、無関心が拡大している危機的な現状を、女性天皇制で突破しようという政治は、彼らにとっては、かなりリアリティのある選択だろう。国内はもちろん、国際社会へ「民主天皇制」のイメージをふりまくこともこれで可能である。

グローバリゼーションの時代に対応しつつ、このように象徴天皇制の「再定義」が具体的にすすめられている。

この「再定義」状況をトータルに批判する具体的論理と運動の中に、「国民国家」を越える私たちの通路があるはずだ。

［『月刊フォーラム』・96年5月］

[1996/6]

天皇のイベントと「オウム憲法」

「東京植樹祭」反対運動の中から②

五月四日の『朝日新聞』に以下のような記事があった。

「天皇、皇后両陛下が四月下旬、山梨県を訪れた際、山梨市内の二つの総合病院の精神科が、入院患者を外出させないようにしていたことが三日、分かった。ひとつの病院は、ふだんは自由に出入りできる時間帯に開放病棟の入り口を施錠していた」。

天皇（夫妻）が近くを通るから、その時間帯は、「精神病者」は外に出さないようにするという病院の姿勢は、まちがいなく「病者」差別にもとづく人権侵害である。

国家によって特別に尊い存在とされている天皇（皇族）が動くたびに、こういう行為は、いたるところでなされ続けているのだ。

五月十九日の東京植樹祭においても、天皇（夫妻）のための特別な対策の実施、すなわち人々の隔離・排除を伴う、重警備体制づくりが準備されている。それは様々な国家による人権侵害をうみださざるをえない事態だ。そこで私たち（私もメンバーの反天皇制運動連絡会などの呼びかけでつくられた「96東京植樹祭を問う共同行動」）は弁護士の協力の下に「植樹祭・人権ホットライン」を開設し、「皇害」の被害者の連絡窓口をつくった。

四月二十一日には、このホットラインをともにつくった江東区で植樹祭に反対して活動している人々とともに、江東区での植樹祭総合リハーサルに抗議する行動の後に、会場周辺の大きな団地を中心に一万枚の「ホットライン」の存在を知らせるビラ配り。

午前中の抗議行動には、私服刑事がゾロゾロと大量についてきた。緑や青のジャンパーを着た都の職員や関係者と、ボーイスカウトガールスカウトの子供たちが、天皇・皇后と書かれたタスキをかけた人間をかこんでリハーサルをくりかえしている公園の中へ、私たちは、私服をつれたまま（？）ドンドン入っていった。私たちは、この愚かしいリハーサル作業を、とりあえず、のんびり見学した。中には、天皇役にあれこれ声をかけている職員の後に立って、「もっとゆっくり」などと声をかけ、天皇役がその気になってふるまったりしているのを見て笑っているようなメンバーもいた。

会場を混乱させるわけにもいかず、この日は私服刑事たちは、マイクと横断幕を持ちだして私たちが公然と抗議行動を開始しだしても、介入してくることはなかった。

しかし、午後の団地へのビラ入れ行動にも、私服刑事はわざわざついてきた（何グループかにわけたので、ついてこなかったグループもあったようだが、私のグループには最後までついてきていた）。

それは直前から当日にかけて、この人家と人通りが多い都市の公園という、あまり例のない会場での植樹祭のために、すさまじい警備体制がつくりだされるであろうことを予想させるものであった。法律など無視した、警察による規制がなされることになるだろう。この国家の超法規化は天皇（皇室）警備の日常なのである。

四月二十六日には東京都庁内の植樹祭準備室との交渉。「共同行動」から私を含めて八名の参加。

天皇参加のイベントに子供を学校が動員するように働きかける都の姿勢に、私たちの批判はまず集中した。都側は、「天皇中心のプログラムではない」などと、事実をねじまげた対応に終始し、子供の動員も区の自主的判断で都が強制しているわけでないと逃げ、まったく無責任な態度を示した。当然にも、そこは交渉というより抗議と批判の場となった。

「会場の近くの住民がこうむる、皇室警備による人権侵害の責任を都はどうとるつもりか」という私たちの質問に、「警備の責任は警視庁にありますので、私たちの問題ではない」と彼等は答えた。あなたたちが中心でつくっている植樹祭の実行委員会には警視庁の人々は参加していないのかと聞きなおしたら、「もちろん参加して協議している」という。「では、あなたたちの責任ではないか」とたたみかけると、「でも、警備の責任は当方にはありません」と逃げる。

合法的でない行為を行政が自覚的に行うのだから、責任の所在は無限に曖昧にせざるをえないわけである。

無理な動員とムチャな警備を必然的に伴う天皇イベント。国家の支配者たちはどうしても、これをやり続けなければならないのである。

四月二十九日には「『みどりの日』糾弾！　東京植樹祭を許すな！」集会とデモ（この日も大量の公安警察が会場の入口に集まった）。私たちのこうした一連の抗議行動は、麻原彰晃が法廷に出てくる局面を迎え、「オウム騒ぎ」がまた大きくマス・メディァでつくりだされる渦中で持続された。

私は、「オウム憲法」なるものに象徴されるものと、天皇制の類似性を、あらためて考えざるをえなかった。

芦沢宏生は「『オウム』事件と天皇主義国家」（『法学セミナー』四月号）で、このように論じている。

「ご存じのように、大日本帝國憲法ができたのが一八八九年。『第一章天皇　第三條　天皇は神聖にして侵すべからず』

世上、いわゆるオウム真理教の『憲法』らしきものとして、新聞紙上に掲載されたのは一九九五年の五月（産経新聞一九九五年五月八日、真理国基本律第一次草案）。

この『憲法』草案がオウム真理教が公認したものかどうかは定かではないので、これから述べることは、その案の持つ考え方に絞って比較します。

そこで、それを見てみると、

『第一章　神聖法皇　第一条　神聖法皇は、大宇宙の聖法の具現者であって何人といえども、この権威を侵してはならない。』

約一世紀をはさんで、この二つの文の間には、何らの思想上の差異は存在しません。

ちなみにオウムの憲法と称されるもののタイトルを転記してみます。

第一章　神聖法皇

第一条　不可侵、第二条　統治、第三条　政府、第四条　官吏の任命、第五条　法の制定、第六条　刑罰、第七条　軍の指揮権、第八条　条約の締結

第二章　国民の権利の義務

第九条　救済活動、第十、十一条　略、第十二条　納税、第十三条　軍役、第十四条　真理国国民たる資格

第三章　神聖法皇位の継承および摂政

第十五条、十六条　略

第四章　真理国の国章その他

第十七条　略、第十八条　真理国の暦（その建国の年を真理暦元年）、第十九条　真理国の首都

第五章　改正手続き

第二十条　本律の改正は、神聖法皇のみがこれを行う。

一九九四年七月二一日木曜日

国家シントー（神道）によるテンノー（天皇）主義は、一九二五年の治安維持法成立後、むき出しの国家暴力によってみせかけの法治主義すら投げすてました。戦前の特高警察によるリンチ、殺人、盗聴、尾行、戦争行為による無差別、大量殺戮等々は、おどろくほ

ど暴力的です。

オウム「事象」の特徴を国家シントー（神道）に依るテンノー（天皇）主義の現象と比較してみると、以下の四点となるでしょうか。

（一）天皇の絶対化・神聖化＝教祖・尊師・神聖法王の絶対化

（二）テロリズム、国際法の軽視・無視＝行動の無倫理・無規範性

（三）臣民への天皇崇拝思想の注入＝信者のマインドコントロール

（四）国家シントー（神道）の無教義、反普遍性・反客観性＝無教義と言語の稚拙さ

オウム関連の事件の行動原理と現象（報道されている限りをみて）は、日本近現代において、われわれが体験した国家シントー（神道）による苛烈なテンノー（天皇）主義体制の酸鼻を極めた過程を顧みれば、あまりにもその類似性におどろきます」。

芦沢も、この文章で強調しているが、単にかつての絶対神聖天皇制が問題なのではなくそれが象徴天皇制というかたちに変わりながら延命しつづけているということ自体こそが問題なのである。

「現人神」と自称することはなくなったとはいえ、天皇（皇族）は特別に神聖視されるべきものとして日本国家―社会に存在していることには変わりはないのである。

天皇（皇室）警備が、外見だけソフトに見せる努力がなされているとはいえ、実際は常にウルトラにハードであり続けていることが、そうであることを端的に表現しているのだ。

確かに「現人神天皇」から「象徴＝人間天皇」になることで、戦後の天皇制はシントー（神道）天皇という宗教的色彩は後景に退ぞけられたものに変わった。〝尊さ〟の宣伝は、マス・メディアによる「人柄」賛美という世俗化した方法に大きく道をゆずったのである。

しかし、天皇（皇族）のウルトラな特別視と特別扱い、これは国家権力―マス・メディアが一体化して、一貫して保持し続けてきた姿勢である。それは、この間、強化されることはあっても、なくなるようなことはなかったのである。

天皇（皇室）は、常にそういうものとして存在しているのだ。

サリンは自衛隊がすでに作っていたという明らかにされた事実、自衛隊員、元自衛隊員のオウムのメンバーがかなりおり、そうとう奇妙な動きをしていたらしい事実、こうしたことに着目すれば、「国家（天皇）の軍隊」とオウムの「軍隊」の類似性は明白である。

オウムのリーダーの宗教的信念に基づくらしいまったくチャチな「軍事」活動は、マス・メディアによってふくろ叩きにされ続けてきた。裁判が進展している今の状況においても、麻原らへの人格非難のエスカレーションは、とどまるところを知らない勢いである。

しかし、天皇の国家の機構である検・警察や裁判所が、〝尊師〟の絶対＝神聖視がつくりだしたと、自分たちが認定する「犯罪」を裁くという行為は、よく考えれば、かなり奇妙な話ではないか。

象徴天皇一族を特別に尊重する義務を民衆に強制している国家、彼等はおそらく自分の分身をあまりに自分に似すぎているとして裁いているのだ。

オウムと麻原を非難し続け、商売のネタとして使いまくっているマス・メディアも、相当に奇妙である。すでにふれたように、天皇（皇室）の特別神聖化の最大のイデオロギー装置が、いま、マス・メディアであることは、あまりにもハッキリした事実ではないか。だから、ここでは天皇制国家と「オウム」王国の類似性が語られることがないのだ。象徴天皇制（国家）への公然たる批判は、この世界ではタブーであり続けている。

芦沢は、紹介した論文で、この点については、このように述べている。

「すでに多くのキリスト教系大学の教員や思想家が、この類似性を、慎重な学問的言いまわしで指摘しているところです（かれら知識人、出版人へのテロリズムは続いています）」。

私たちは、この東京植樹祭反対行動にいたるまでの、長い反天皇制運動の持続の中で、公然と天皇（皇室）行事に反対し、「天皇制などいらない！」という声をあげる運動が、全国各地に産まれていることを実感している。

それがたとえ少数のグループにすぎないとしても、運動の世界においてすらタブーであり続けたこのテーマに、警察の特別なマークや右翼の脅迫をはねのけつつ、取り組み続けている人々は決して少なくはないのだ。

しかし、マス・メディアのタブーは、強まったことはあれ、弱まったことはない。

また、東京植樹祭のために使われる費用は、今年が九億七千万円、準備してきた三年間で十八億円ぐらいだという。この都民税の信じられないムダ使いは、天皇（皇族）の特別扱いのための費用なのである。この徹頭徹尾天皇（皇室）が環境問題に心をくばる尊敬すべき「人間」であることを政治的にアッピールするための皇室儀礼。こうしたものには巨額の税金をそそぎこみ、新宿西口を中心とするダンボール・ハウスに住んでいる路上生活者は暴力的に排除することをして恥じない都政。この国政と連動するのみの都政。この緑の都政をスローガンに天皇の植樹祭というイベントへ向かう青島都政が路上生活者を排除の対象としか考えない姿勢と、天皇（皇室）が来るからと精神病棟に施錠してしまう病院のトップの姿勢とは対応している（その背後に国家〈警察〉の指導が共通してあっただろう）。

天皇イベントとしての植樹祭に反対する運動は、天皇「神聖」視と裏腹の天皇タブー（オウム報道のインチキ）と民衆の排除・人権侵害とも正面から向きあったものでなければならないはずだ。（五月十五日）

〔『インパクション』97号・96年6月〕

［1996/8］

混乱を内包しながら進む象徴天皇制「再定義」

「女帝」・スキャンダル・海の日・「護国神社参拝」

私たちは、五月十八日・十九日（式典日）の東京植樹祭に反対する連続行動を走りぬけた。現地でのデモ前夜の十九日の集会は、全国各地で天皇「巡行」の動きと闘ってきている人々が結集。いろんな運動体験談が楽しく報告された。この集まりの司会をしながら私は、小さな動きではあれ、実に多様な反天皇制の闘いが歴史的に蓄積され続けていることを、あらためて認識させられたのである。私はこの日の夜の交流会で「女帝」問題の論議の必要を訴えた。

「沖縄の闘いに連帯し新しい反安保行動をつくる実行委員会」の活動も六月十五日のシンポジウム、十六日の屋外集会とデモで一応のゴールということになり、次のステップへ向けての総括討論に入った。この十五日のシンポでは私は第三分科会「安保『再定義』と象徴天皇制の『再定義』」を担当、発題者の一人でもあった。私はここでも、六月九日の集会「『女帝』で天皇制はどうなる」（主催同実行委）で発言した時と同様に、女性でも天皇になれる制度へ象徴天皇制を変える準備を支配者たちがしだしていることの持つ問題の大きさについて論じた。

七月十三日は大阪で「国体に異議あり！大阪連絡会」の結成集会とデモ。講演者として参加した私は、反天皇制の視点からの「国民体育大会」批判だけでなく、「女帝」問題と雅子・秋篠宮スキャンダル報道に関する問題もプラスして話をした。

今、私もメンバーの反天皇制運動連絡会（第Ⅲ期）は、天皇による戦死者の「慰霊」の国家イベントが持たれ、多くの議員・大臣の靖国神社参拝がなされる日である八月十五日、この日の動きへの抗議行動の準備に向かっている。それとともに「反天連」としては大々的にキャンペーンされている新たにつくられた「国民の祝日」である七月二十日の「海の日」に抗議する集会への取り組みもあった。明治天皇が北海道「巡行」して「明治丸」で横浜に帰った日（一八七六年）にちなんで、あの開戦の年（一九四一年）に「伸ばせ皇国の生命線」との思いをこめて「海の記念日」がつくられた。「海の日」はそれの「復活」という性格を持っている。もちろん、それは、そういう歴史を全面に押しだしてという方法ではなく、それを裏にかくして、ソフトに「海洋国家」日本をアッピールしながら再浮上してきたのである。

「反天連」と靖国・天皇制問題情報センター共催の抗議集会が持たれた七月二十日は、私は十九日からの連続シンポジウム（主催フォーラム'90）に参加のため沖縄にいた。私は「海の日」に抗議する集会のビラを持参、沖縄の集まりでもまいた。二十日の安保・沖縄問題のシンポの発言者の一人であった西尾市郎が、あえて、「海の日」の復活という問題にふれて発言し、沖縄では抗議集会が一つも持たれていない状況であると述べていた。

私たち反対派の非力をあざ笑うかのごとく、「海の日」祝日化を推進してきた日本船舶振興会などがつくっている「国民の祝日『海の日』を祝う実行委員会」の沖縄地区実も、大々的なイベントをくりひろげていた。この「実行委」がビルの中などにはりめぐらしたカラーポスターはクジラを上に描いており、「海の日」の文字が中央に書かれているといったシンプルなもの。そこには、このような文章が下の方に書き込まれていた。

「ビーチウォーク&クリーンアップ大作戦・七月二十日（祝）全国約六十か所の海岸で開催。一般市民参加による海岸美化運動に、あなたも参加しませんか」。

天皇も戦争も、まったく裏にかくして海のクリーンアップを前に掲げて、「海の日」は「復活」したのである。

私は、京都で二ヶ所、大阪で一ヶ所持たれた「海の日」の抗議集会への「反天連」のアッピールに、全国各地で抗議行動が毎年持たれるようにするべく努力しようと書きこんだことを思いだしながら、このポスターをマジマジと見た。歴史の知識がなければ、これが「復活」することに、なにも問題を感じないだろう。しかし、PKO派兵を日常化している日本国家が、有事法制の研究を公的に推し進めだした日本政府が、「海洋国家日本の繁栄を願う日」として、わざわざ「海の記念日」をソフトに「復活」した政治的意味は、決して小さくあるまい。

四月二十五日は、「天皇制問題を考える栃木県連絡会」の呼びかけに答えて、天皇（夫妻）の護国神社参拝に対する、現地の抗議行動に合流。まず、天皇（夫妻）がまわる栃木県立博物館の入口で抗議のリーフレットまき。それは、このように書きだされている。

「七月二五日、天皇の護国神社参拝が行われようとしています。／護国神社は靖国神社の地方分社です。靖国神社は、日本のアジアへの侵略戦争を推し進める役割を果たした施設です。日本軍の戦死者を『英霊』として祀り、崇めることによって、遺族のえん戦気分を癒し、より一層侵略戦争に協力させるための役割を果たしました。／日本の敗戦後、靖国神社や護国神社は一宗教法人として残されました。そこでは、戦争遂行のため果たした役割を反省するどころか、いまでも侵略戦争の戦死者を『英霊』として祀り、崇めています。これまで、ただ一度だけ現職の首相として公式参拝を行った中曽根元首相は、公式参拝を強行する前、『国のために死んだものを祀る場所がなくて、誰が国に命を捧げるか』とまで言い放ちました。この発言でもわかるように、いまでも靖国神社（護国神社）は国のために死ねる人間をつくるための施設としてあり続けています」。

この抗議行動は奇妙な展開となった。県警の刑事らは、私たちを取りまいているだけで、以前のように（あるいは他地域でのように）、私たちの抗議行動に暴力的に介入してストップさせるといった非合法的な動きをしなかったのである。「日の丸」の旗を持たされた歓迎のために集まった人々のとなりに、私たちもならんで、「天皇の護国神社参拝に抗議する」などと書いた大きな横断幕を三つ広げて、天皇らの車が走って来るのを待ちかまえて抗議。警察官が私たちの存在を隠そうとし暴力的に介入、それに抗しながらなら、こうした抗議行動は何度も私は体験している。しかし、刑事が取りかこんでいるとはいえ、私たちの行動への介入がまったくなかったのははじめての体験であった。どうして、こういうことになったのか。

『朝日新聞』（七月十六日）に、こういう記事が載っている。

「栃木県弁護士会（田中徹歩会長）は十六日、昨年十月の天皇来県の際の栃木県警（森喬本部長）の警備に関して、市民団体の表現の自由を侵害する行為があったと判断し、近く警告することを決めた。『天皇制問題を考える栃木県連絡会』（田上中代表）が同弁護士会に人権救済を申し立てていた。／申し立てによると、昨年十月十一日、連絡会のメンバーが宇都宮市内の沿道で天皇制廃止を訴えるリーフレットの配布やハンドマイクによる宣伝をしたところ、県警は『道路交通法違反だ』として中止を求めた。天皇の車列が通過する際、『天皇制反対』を叫んだメンバーに対して警察官が数人がかりで体を押さえつけて口をふさいだ上、ゼッケンを引きちぎるなどの暴行を加えたとされる。申し立てにはその場面の写真も添付した。／同弁護士会の人権救済委員会は、県警に対して二度にわたって事情聴取の協力を要請したが、県警は『警備は適正かつ妥当だった』と書面で回答しただけ。このため、申立人からの事情聴取や添付写真、独自調査をもとに判断した。／その結果、リーフレットの配布については①道路使用許可が必要な行為とは言えない　②天皇来県を歓迎する多数の市民には特別の規制をしておらず、交通規制の必要もなかった、として県警の警備は法的根拠がなく、表現の自由を侵害すると結論づけた。さらにメンバーに対して私服警官による根拠のない暴行があったと、判断した」。

この「警告」の全文のコピーは、この抗議行動の後の護国神社へ向かうデモの前の集会の時に、参加者に配布された。

やりすぎの暴力警備を写真にもバッチリ撮られ、告訴を恐れた警察側の「ソフト」警備、だったわけである。

この栃木県警の皇室警備のジグザグには、「再定義」されつつある、象徴天皇制の混乱が正直に示されているように、私には思えた。

この時の集会は、キリスト者の発言が多かったためということもあろうが、「この天皇の護国神社参拝は、天皇の靖国神社参拝へのステップであり、各地の護国神社への参拝が今後展開されるであろうことに注意しなければならない、第二次反靖国闘争へ向けてがんばろう」という調子の発言が続いた。こういう危惧には、もちろん根拠がある。PKO派兵は日常化されているのであり（第二次ゴラン派兵も目前）、クリントン・天皇、首相会談というセレモニーを伴って宣言された日米安保条約「再定義」は、米軍とともに動く白衛隊の行動範囲を「アジア・太平洋」から世界へ公然と拡大するという内容のものである。本格的実戦のできる軍隊へ向けて有事法制の研究も着々とつみあげられているのだ。

この派兵国家日本の象徴が、かつてのように、これから何人もでてくるであろう戦死者の国家宗教による管理のための「慰霊」儀礼の中心にすわる。これをあたりまえにするためには、神道という特定の宗教と天皇（皇族）らの特別の関係はあらためて公然化される必要があるのだ。そのために、私的な参拝だからいいではないか、などといいながら護国神社参拝が行われたわけである（こんな警備体制下の参拝のどこが「私的」だ、天皇・皇室は「公人」としてしか存在していないではないか）。

しかし、ストレートに、これがかつての国家神道の復活へという政治であり、象徴天皇制はそういう方向に再編されつつあると断言することはできないと、私は思う。そうすべしという意思は支配者の中に根づよくある。しかし、そのようなかつての戦争責任を想起させざるをえない「単純復古」路線はまずいという意思も強力に存在しているのだ。首相の靖国参拝がストップされたままの事態が、その事をよく示している（これは元遺族会の会長橋本龍太郎が首相になったからといって変更されることは、とりあえずないのだ）。

それに、マスコミじかけの象徴天皇制自身が大きく変化しだしてしまっている。この栃木護国神社参拝は、最初の予定より大きく遅れた。天皇が軽い病気になったためである。その原因については、クリントン米大統領とのセレモニーに参加せず、タイに行っていた秋篠宮をめぐるスキャンダルであるという報道を『週刊新潮』が流し、宮内庁の抗議という事態がこの間にあった。『週刊新潮』側は、その抗議に公然と反論。秋篠宮のタイの女性問題については根拠があり、そのことで紀子の父親が天皇に抗議した後に、アキヒトが病になったのも、ちゃんと調査にもとづくものであると報道した。

とうとう、皇室のストレートな下ネタ・スキャンダルがマス・メディアに浮上する時代に、日本もなったのである。

「現人神」的天皇（皇室）の復活という具合に考えることに、まったをかける事態が他方で産みだされているのだ。

秋篠宮の性スキャンダルにショックを受けて天皇が護国神社参拝を一時のばし、その事実が一部のマス・メディアで公然と示される状況下で、あらためて栃木県護国神社参拝を「私的なもの」とことわって、天皇夫妻が行った。これに「女帝」への動きをかさねて考えてみれば、象徴天皇制の「再定義」は、そんなにスンナリと一つの方向が示されているわけではないことがよくわかる。

かなり矛盾と分裂を内包し、混乱した大再編＝「再定義」が推し進められているのだ。

情報産業（マス・メディア）のマス・メディアに「開かれた」皇室へ、という要求は、ダイアナ・スキャンダルに示されるようなイギリス王室スタイルへの転換をという衝動を内にひめている。

この衝動のパワーは、私の予想をこえて日々、強くなってきているようである。そして、こういう皇室のイメージは、国家の死者を国のために祀る、神聖なる天皇（皇室）というイメージとは、まったくズレたものであろう。

「情報《マスコミ》天皇制」のイメージの分裂は、まさにハッキリしだしているのである。

今、私たちに求められているのは、まず一つのイメージからのみ、象徴天皇制を論じ批判するということをやめることである。

国家神道復活という路線への純化も、まったくのスキャンダル皇室になるという路線への純化も、おそらくありえまい。

矛盾と分裂を公然化させつつ、混乱を内包しながら進む象徴天皇制の「再定義」の過程をトータルにおさえること。そして、矛盾を矛盾として分裂を分裂として動的につかまえつつ、どういう反天皇制運動の批判的介入が、天皇制の衰弱につながるかを実践的に模索すること。こういう運動的姿勢こそが、いま必要である。（七月二十六日）

〔『インパクション』98号・96年8月〕

[1996/10]

今、なぜ「女性天皇制」か

加納実紀代の女帝容認論批判

私もメンバーの「反天皇制運動連絡会」などの呼びかけでつくられた「天皇の『慰霊・追悼』を許すな! 八・一五集会」実行委による、集会とデモに参加。例年通りの晴れわたった八月十五日、これまた例年通り、私は全身汗まみれであった。

橋本首相は、その日以前に靖国参拝、「公式」か「私的」かなどという参拝の区別は「ばかげたこと」と発言。「ばかげた」論理で靖国参拝を正当化してきたのは、自分たち保守政権であることを棚上げにしたふざけた主張である。

神道(宗教)と国家の歴史的な関係の公然たる露出という方向を政府は歩み続けている。この二つを結んでいるのは、もちろん天皇制だ。こうした古くから続く「伝統」を生きる象徴天皇制に、新たな要素がつけくわえられようとしている。「女性天皇」を可能にする方向への象徴天皇制再編がそれである。もちろんこれも現象的には近代天皇制以前にあったものの「復活」といえないことはないのだが。

「今、なぜ『女性天皇』なのか」という討論集会を十月二十七日に持つ準備もあり「反天連」の中で、今、もっとも集中的に論議され続けているのは、この問題である。

「明治以後の近代天皇制は、天皇は統帥権があったけれど、戦後、象徴天皇制になってからは、軍事、政治から切れたし、男でなければという必然性はない。いま男系男子に限るというのは無理でしょう。女帝を容認した上で天皇制を批判するという二段構えでいかなければと私は思っています」。

「左翼の側は女帝容認は天皇制擁護になると突っ込めなかった。だから擁護派の側から女帝容認論が出てきたとき、こちらの用意ができていないという感じがあります。天皇制を廃止する手前の段階として、運動論的に女帝問題を考える。廃止のステップにし得るのではないか」。

「ヨーロッパ王室では、継承権がこれまでの男子から第一子になった結果、皇太子が弟にとって代って、お姉さんになった例がある。私は天皇制を無化していく、権威をだんだん低下させていく一つの方向性として、女帝容認をこちらから仕掛けていくのも、有効性がまるっきりないわけではないと思っています。アブナイ道ではありますが」。

私との対談における加納実紀代の発言である(「アブナイ『女性天皇制』論」〈『週刊金曜日』一九九六年三月八日号〉)。

正直にいって、私はこの時の、こうした彼女の主張に、愕然とした。

おそらく、私の方がうかつであったのだが、権力側が、「女性天皇」への準備を具体的にしだすという状況になっている時点で、加納がそのように主張するとは、まったく予想できていなかったのである。

「反天連」の月刊ニュース(「反天皇制運動NOISE」17〈一九九五年十月一日〉号で大川由夫が、ここにいたる加納の以前からの主張を、かなり具体的に示し、批判していた(「加納実紀代の『女帝論』?」)。そして、私もそこに引かれている彼女の主張を読んでいなかったわけではないのだ。

しかし、私は、「私も女帝なんてできっこないと思っているから言ってる」という以前の発言(「アキヒト天皇制に〝未来〟はあるか」私との対談。『平成天皇の基礎知識』〈社会評論社・一九九〇年〉)の線にそって彼女の発言を理解していた。

そして、〈なにがなんでも男で、女を排除しよう〉という「女帝拒否」の理論と、そんな論理をゴリ押ししようという執念に支えられたかつての支配者への反発から、そういう感性と論理を問題とする「女帝論議」をまきおこそうという限りでは、別に私には違和感はなかったのだ。私は彼女の主張を、そういう角度から象徴天皇制を批判するための論議をつくりだす提案、というふうに理解しており、女性でも天皇になれるように運動しようという主張につながるなどとは、考えてはいなかったのである。

だから当然、支配者たちが、こぞって「女性天皇」という政策を選択せざるをえなくなり、そうすることの積極的意味づけをあれこれしだした時点で、こうした発言が彼女から出てくるとはまったく思っていなかったのである。

雅子や紀子に男の子がこのままできなければ、支配者たちは〈なにがなんでも女性天皇制を〉とゴリ押しせざるをえないのである。そういう動きはすでに始まっているのだ。

私は、戦前（戦中）の婦人解放理論家や運動家たちの多くが、自分たちの「母性主義」の思想によって、天皇制国家（侵略戦争）に、それなりに自発的に翼賛してしまった事実を、加納（ら）の仕事によっておしえられた。それは天皇制の中に「解放」を見出す倒錯した心情と論理を、女性の運動（思想）にそくして歴史的かつ具体的に分析（批判）してみせてくれる貴重な作業であった。

同時に加納は、〝人間味〟と〝家族的あたたかさ〟をアッピールする象徴天皇制の、外面的にはソフトな、民衆意識の国家への統合の持続を鋭く指摘してみせ、それへの多角的な批判を展開している。その主張は、単にかつてのような「専制的天皇制」への回帰の危惧からの天皇制批判でなく、象徴天皇制の多様な政治的統合力自体を正面から批判する運動を目指している、私たちの反天皇制運動に、多くの知的刺激を与えてくれ続けるものである。運動的にも、彼女に私たちはあれこれ協力してもらってきた（もちろん、今後もそういう関係を持続したいと考えている）。

だから、私は、どうして彼女のような人が、この時点でそういう発想になるのか、よく理解できないのだ。

そんなわけで、「アブナイ『女性天皇制』論」（対談）では、驚きアセって世襲の身分制自体の否定という原則的運動の対置以上のことは、あまり主張できなかった。

加納は、私がそこで「天皇制・皇室の民主化」を彼女が主張しているのではないかと批判したのに対して、こう答えている。

「女帝を容認すれば、民主化されるなんて思わない。そもそも天皇制に民主化なんてありえない。世襲で国民が選べないんだから。でもアブナイところに踏みこまないで反天皇制をスローガン的に言っているだけでいいのか、というのが一つ。それから『男系男子』規定という明らかな憲法違反を見直すという問題がある」。

加納は「女帝」も可能なものになることによって天皇制が「民主化」するなどというのは「幻想」だと考えている。だが、「女帝」を成立させることで天皇制の「権威を低下」・「無化」させ、そのことが天皇制の「廃止のステップ」になるはずだと主張しているわけである。

こういう文脈だけで読むと、「女帝」問題の戦術的活用という運動が必要だという主張に読めるわけだ。

しかし、この主張は、了解できない。支配者が「女帝」コースを選択しなければ天皇制の存続ができないという状況になりつつあり、象徴天皇制の延命のための「女帝」が具体的に日程にあがっている今、「女帝」の成立は「天皇制の権威の低下（あるいは無化）」のチャンスで「天皇制廃止のステップ」となるというのは、やはり幻想にすぎまい。

そんなところで反天皇制運動は成立できないというしかない。それは、これから強くなるであろうマス・メディアにバックアップされた支配者の「女性天皇制」＝象徴天皇制のさらなる「民主化」というイメージ操作に、自分の方から、自発的にまきこまれてしまう主張ということになってしまうのではないのか。

別のところで、加納はこう述べている。

「皇位を男系男子に限るということはあきらかに憲法14条の『法の下の平等』に違反している」。「憲法14条『法の下の平等』は性差別とともに『社会的身分又は門地』による差別を禁じている。それでいえば、そもそも世襲による特権的天皇制はあってはならないものだ。日本国憲法は、天皇世襲を定めた2条と14条に矛盾を抱えている。／しかし反天皇制が普遍的正義としての人間平等と人権保障のためであり、その達成は『改良主義』的努力の積み重ねにしかない以上、明らかな法的男女差別はそれが一部の人間にだけわかるものであっても改めるのがスジというものだ。／いまや反天皇制運動には、天皇制存続派の女性天皇容認論をその限りで支持しつつ、しかしそれでは解消できない天皇制の問題性を『雅子さまご懐妊』を待ちわびる人びとにも通じる言葉で明らかにするという、しなやかでしたたかな姿勢が求められている」（「女性天皇の時代!?」『靖国・天皇制問題情報センター通信』一九九六年一月十五日号）。

「……皇室典範という成文法におけるあきらかな憲法違反を放置すること、それによる法治主義の腐食のマイナスもまた大きい」（女帝容認の理由としてこう語っている。「『近代』にこだわり直す」『情報センター通信』一九九六年六月三十日号）。

こうした主張を見ると、加納は、単なる戦術的主張を展開しているのみではないことはよくわかる。

制度としての「女帝」の導入を、それがいかに限定されたものであれ「改良」としてやはり位置づけているのである。それは、「女性差別」をなくしていく方向での制度の「改正」と幻想的に考えられてないわけではないのだ。「女帝」による天皇制の権威の低下（無化）、廃止のステップ論とそれは明らかに矛盾している。この二つは対立的な事柄であるはずだ。

「天皇制存続派の女性天皇容認論をその限りで支持し」、「世襲による特権的天皇制」を批判する反天皇制運動なるものが、どのように存在しうるのか。そんなアクロバットのような「しなやかでしたたかな」運動がどうしたら可能なのか。

「世襲による特権的天皇制」を延命させ、新しい時代にうまく対応させるために支配者が準備しつつある「女性天皇制」政策。それを「容認」し「支持」することが、天皇制の権威の低下やそれの廃止にどうして結びつくというのか。

「世襲による特権的天皇」になれる、例外的な女性が出てくるということが、この社会で生きる多くの女性たちへの「差別」を少なくしていくことと、どのように関係しているというのか。〝血の神話〟に支えられた国家の象徴の再編を容認・支持することが、どうして差別をなくす「改良」といえるのだろうか。

天皇制は歴史的に女性差別の元凶の制度として存在してきたのであり、それが表面的に衣装を変えて「女性天皇制」を採用し、延命・強化をしようとしている。その時、そういう政策を容認することが、いいかえれば「女性天皇制」という女性差別の元凶のより「ソフト化・民主化」へのイメージ・アップ戦略を容認・支持することが、本当に、女性差別の解消につながるのであろうか。まさか、加納も「女性天皇制」政策を採用すれば象徴天皇制の女性差別のシンボルという性格がなくなると考えているわけではあるまい。差別のシンボルの偽瞞的なイメージ・チェンジを容認することでなくて、それが「女性解放」と連動しているとイメージさせる〝目くらまし〟であることを明らかにし、天皇制が自分たちの「解放」を先取りして示しているとのマスコミじかけの幻想を具体的に批判し続けること、このことこそが必要なのではないのか。

私はこう判断するしかない。

天皇制（国家）への民衆の〝あこがれ〟、それへの〝一体感〟。支配者は、様々な手口で、それを組織し続けてきている。差別と抑圧と支配の元凶を、差別、抑圧、支配から民衆を守ってくれる、あるいはそれから解放してくれるものと考える倒錯した心理と論理。これを民衆の中に不断に組織することこそが、マスコミじかけの天皇制の政治的任務である。

だから、そういう幻想、倒錯を一つ一つ具体的に打ちこわし、天皇制（国家）に依存することを自明とする自分を含めた民衆のあり方を変え、天皇制からあたうるかぎり自立した民衆相互の関係をつくりだしていく多様な小さな努力のつみあげの生活の中での持続、これが私にとっての反天皇制運動である。

権力の政策に、うまく内側から介入して一挙に成果を手にしようという「運動」の発想を私（たち）は取らない。そういう「運動」をのみつくして天皇制共同体国家の幻想はふくらみ続けてきたのであり、そういう試みは、天皇制の弱体化とは逆の結果をもたらし続けてきたことは、歴史がよく教えてくれる事でもある。

このように書いてきて、私は奇妙な気分に落ちこむ。こんなことをなんで私が加納に主張しなければならないのか。

だって、こうした反天皇制（運動）への思想的視座は、ほかならぬ加納らに、私たちがおしえられてきたことではないのか。

そうではありませんか、加納さん。（九月二十五日）

［『インパクション』99号・96年10月］

［1996/12］

象徴天皇憲法五十年と私たち

栃木での「天皇外交」との闘いの中から

足利の地方新聞である『両毛新聞』（十月二十六日）の見出しはこうである。「凄い人気、お召列車　両陛下ご来足　全国から鉄道ファン」。それは、こう書きだされている。

「天皇皇后両陛下が、二十四日にご来足され、国賓として来日されたベルギーのアルベール二世国王ご夫妻を、足利学校にご案内されたが、JR両毛線の小山駅から足利駅まで、九年ぶりといわれるお召列車が運行され、『ぜひお召列車を見たい』という、全国から大勢の鉄道ファンや沿線の人々がつめかけた。今回、運行されたお召列車は六輌編成で一九六〇年製、あずき色の風格ある車体。日の丸とベルギーの国旗を掲げた電気機関車を先頭に、沿線の両側に、ずらりカメラをかまえた鉄道ファンの前を走った」。

『下野新聞』には、「お召列車」を撮ろうと千七百人のアマチュアカメラマンが集まったという文章と写真がある。

天皇（夫妻）やベルギー国王などより、古い列車への関心が正直にクローズアップされている点が苦笑をさそう。

十月二十四日朝、私たちは上野駅に結集。「天皇制問題を考える栃木県連絡会」の人々の来県抗議行動へ合流してくれという呼びかけに答えて足利駅へ向かった。途中、小山駅で両毛線にのりかえる時、遅れて、予定より後の列車にのりこんだ。私たちはそこが「お召列車」のスタートの駅であることを知らなかった。私たちがのった車輌はどうやら普段と反対側。なんとホームの反対側には「お召し列車」らしきものが準備されているではないか。私服刑事や警察官がキチンとした服装の駅員たちとともにゾロゾロおり、花がかざられたりしていたので、やはりと思ったら、私たちの車輌にも制服警官らがのりこんできた。私たちは「お召列車」の前を、同じコースで走る車輌にのりこんだわけである。沿線には住民がかなり見学に集まってきており、カメラを持っている人間は少ない数ではなかった。

奇妙な気分のまま足利につくと、栃木市に来県した時などよりははるかに多くの人々が集まっていた。ウンザリ。人々をかきわけながら駅前の結集予定地へ。しかし、そこはすでに右翼（全員で十名以上）が「栃木県連絡会」のメンバーを取りかこむようにして脅迫をしていた。一応、警察官がわって入るかたちになっていた。私たちは後から右翼と刑事をかきわけて合流。「きさまら日本人か！」などとさけびながらせまっている右翼を警察はほぼ野放し。

「今回は事前のデモ申請の段階から、警察は右翼の妨害を予告して、一週間前から連絡会メンバーに対して『身体の危険』をちらつかせながら、街頭宣伝の計画そのものを中止させようとした。『やつらは本気だ』『今回は防ぎようがない』『拳銃を持っている』『自衛措置もとってくれ』などと、連日脅しをかけてきた。そしてあたかもそれを裏づけるかのように、『二三日（天皇の宇都宮到着）と二四日は準備して待っている』などの脅しの電話も入ってきた。／一方、天皇の順路での歓迎態勢も、幼稚園児・保育園児などの動員割り当てを行ない、消防署員が『日の丸』とベルギー国旗を配る（足利市）、町広報で天皇の通過時間を知らせる（益子町）、事前報道で天皇の通過時間を知らせる（真岡町）など、異例の歓迎攻勢であった。／当日は、私たちは右翼の妨害を予測しながら足利現地入り。いったん別の集合場所に集まり、街頭宣伝を予定した交差点に向かう計画を立てていたが、団体行動がとれず（二手に分かれてしまった）、なおかつ足利市内の土地勘がなかったため、体勢をとる前に右翼と鉢合わせになり、混乱状況に巻き込まれてしまった」（「右翼・県警一体となった脅迫・妨害に屈せず、天皇来県抗議行動を貫徹！」『反天皇制運動Noise』36〈一九九六年十一月〉号）。

私たちは、この「混乱状況」のまっただ中に合流したわけである。右翼の暴力的介入と脅迫を警察はうまくつかい、天皇来県（外交）への抗議の声をシャット・アウトすることをねらったことはまちがいあるまい。

押しまくられてばかりはいられない。天皇（夫妻）の乗った車が近づいて来た時、私は右翼の前にしゃしゃり出ていつものように「帰れ！　帰れ！」の声を発した。

この後、公園に集まりなおして、手塚のいう、「おそらく」足利市で「初めて」の天皇制批判の集会とデモ。

右翼との押しあいの「混乱状況」のやり取りの中で、印象に残ったことがある。

右翼のボスらしき男が、こう叫んだ。「きさまら憲法読んでみろ、天皇陛下は国家の象徴であられるのだぞ、歓迎しないで反対するなんてことが許されるのか！」。

「栃木県連絡会」のメンバーが、これにこうやりかえした「憲法に天皇陛下などと書いてないぞ、イイカゲンなこというな！」。

「陛下」などと日本国憲法には書かれていないのは事実である。しかし、私が注目したいのは、右翼が戦後憲法（象徴天皇制）を前に押しだして、自分たちの行動を正当化するようになってきている事の方である。

戦後憲法（象徴天皇制）を押しつけ憲法として否定し、大日本帝国憲法（神権天皇）の基本理念を復活しようという思考は、右翼の中でも、やはり大きく後退しているのだ。

改憲イデオローグとしてハデに動いている憲法学者である小林節は『This is 読売』十一月号「公布50年　改めて問う『憲法と日本人』

特集のトップの座談会「第九条をめぐる不毛を超えて」（長尾龍一・江橋崇の参加）で、こう述べている。

「憲法解釈の変遷については、アメリカ留学で目からうろこが落ちた。ある高名な憲法教授が授業の中で、こう解説してくれた。／『憲法というのは、できるだけ言葉少なに、できるだけ美しい言葉をちりばめて、国民に次の時代の希望を持たせるようにつくるものだ。あまり長く時間をかけて論議すると、分裂してまとまらない』。例えば、天皇制を期待する人には国体が残った、嫌いな人には民主国家になったと、これでいいわけだ」。

私は、もちろん「これでいいわけだ」などとは考えないが、戦後新憲法秩序形成時の重大問題を反対の立場から照し出す発言である。

象徴天皇制国家というのは、大日本帝国憲法秩序の理念のもたらしたマイナス（戦争など）の「反省」の結果と考えようとすれば、そう考えられるようにつくられていたし、帝国憲法理念からの連続と考えたい人には、そう考えられるようにつくられたのだ（天皇制が、どのように変型をしいられたとしても、延命しているのだから）。

この欺瞞的な二重構造、ヌエ的な構造を小林は積極的に評価してみせているのである。

五十年前の新憲法制定の中心人物である金森徳次郎は、かつて、「国体」は変更されたのか否か、という何人もの人々によって、多様な論争をも含めて展開された大論議について、自分の立場を以下のように表明している。

「……日本の憲法の中における天皇の地位を考えるとすると、行く道はただ一つだけである。即ち、天皇には、第一義的な意味における権力はないのであるということになる。しかし、憲法以外の面において、国民と天皇との間に存在する幾多の美しき感情の存在は、これは認めなければならぬのであって、これは政治の問題ではなくて、人間の心持の問題である」（『憲法遺言』一九五九年）。

この新憲法制定時に国務大臣であった金森の主張は、「天皇が国の中心」であるという「国民感情」としての「国体」は象徴天皇制になっても、なんら変わらない、「天皇は国民の憧れの中心」であり続けているし、そうでなければならないのだから、というものである。

天皇の統治権が「国体」であると、狭く解釈するから「国体」が変更したという主張が出てきたが、狭い法律用語の枠組にとらわれずに考えればよいのだと語っているわけである。

これが、国家の基本法である憲法の第一章の解釈についての当時の国務大臣の論理なのである。

金森も小林のいう「天皇を期待する人」であり、「国体＝天皇信仰の国民感情」は「残った」という方を強調したわけであるが、天皇の統治権がなくなり「国民主権」の「民主国家になった」という憲法の原理の転換に関しては、そのように説明してみせたのである。

ただ、金森説は学会では通説とならなかった。ポツダム宣言を受諾した時、「人民の意思」による決定が前提の国家に日本はなったのであり、それは「神の政治（天皇）」から「民の政治（天皇）」へと原理を変更させた、だから「憲法史の観点」から「八月革命」というべきことであり、新憲法の制定は、その原理の制度化であるとした、憲法学者宮沢俊義の「八月革命説」的理解が憲法学会では通説として定着していくことになった。

「もし『国体』の下に天皇が神意にもとづいて日本を統治せられるという神権主義的天皇制を理解するならば、そういう『国体』は八月革命によって消滅してしまったといわなくてはならぬ」。

「『国体』の下に天皇制を理解するとすれば、八月革命で廃止されはしなかったのであるから、そこで『国体』を変革されなかったということはできる。しかしこの場合でも天皇制の根柢が神権主義から国民主義に変わったこと、従って天皇制の性格がそこで根本的な変化を経験していることは注意せらるべきである」（「八月革命と国

民主権主義」『世界文化』一九四六年五月号)。

それは、主権の転換をこそ強調しているのであり、金森と正面から対立している主張である。

しかし、私は、この両者に共通するものにこそ注目しなければならないと思う。

「国体」は変更したともいえるし、しなかったともいえる。この論理が共通点である。

金森は不変の「国体」を強調し、宮沢は変更(革命)した「国体」を強調しているが、こうしたヌエ的(二重構造)の解釈は共通している。もちろん、これは解釈の方に問題があるというより、憲法の理念(象徴天皇制)それ自身の問題である。

小林は、このヌエの便利さを、あらためて確認してみせているのだ。

今回の選挙は、国会における「明文改憲」の実現の可能性を、より拡大した。「天皇制=国体」を残すことで、ヌエ的な二重構造を原理とする憲法=国家秩序をつくり、戦争責任をスリぬけてきた日本の支配者たちの改憲のねらいが、九条の平和主義の否定を通した明治憲法原理への回帰などではなくて、この象徴天皇制(ヌエ原理)の徹底化へ向けた九条(平和主義)の改定であることは明らかである。

足利で脅迫に動いた「右翼」も、小林も、多くの保守党の人々も金森のようなスタンスをより強化する方向での象徴天皇制の改編をねらっているのだ(小林は「女性天皇制」を可能にせよと主張している人物である)。

私たちは、こういう動きに対して、宮沢のような論理(解釈)に支えられた「護憲」の運動を、とにかく担うしかないのか。

そうではあるまい。私たちは、新たな「護憲」運動と共闘しなければならないだろう。

しかし、この間の五一年の戦後を、そして五一年の戦後憲法(秩序)を天皇制の戦争責任の問題を軸に問い続けてきた私たちは、「改憲」に反対する運動を、この戦後憲法の二重構造(ヌエ)原理を正面から批判し続ける作業を媒介にして、あらためてつくりだしていくしかないのではないか。

「国体=天皇制」をなくせなかったこと。これが、どれだけ私たちの存在を欺瞞にみちみちたものにしてしまっているかは、戦後補償のまともな一歩すらふみだせない現状を見ればあきらかである。

日本の侵略を反省しようという姿勢を「自虐」とし、侵略史としてあった日本の近代史の、その事実をふまえようとすること自体を「自虐史観」と非難する書物が、ベストセラーとなりマス・メディアの話題となっている今の状況が示すのは、侵略最高責任制度である天皇制が、変化しつつ戦後に延命したという五十年前の事実によって準備され続けてきたのだ。もちろん、それは戦後憲法の平和主義理念に支えられた平和主義が風化してきた結果だと、いえる面もあるだろう。しかし、戦後の護憲平和主義は、この天皇制(国体)と正面から対決することを避けることによって、はじめから空洞化していたということを忘れるべきではない。

戦後憲法の九条(絶対平和主義国家の理念)の大切さを考えれば考えるほど、私たちは憲法の象徴天皇規定によって延命した「国体=象徴天皇制」との正面からの対峙する運動をつくり続けるしかないのだ。

アキヒト天皇の「外交」への批判も、象徴天皇に対外機能など少しも憲法は与えていないという論理を超えて(儀礼的行為だからよいというヌエ的解釈が準備されている)、象徴天皇制の存在をまるごと問う視点からなされ続けなければなるまい。(十一月十九日)

[『インパクション』100号・96年12月]

［1997/1］

「天皇誕生日」という政治イベント

ペルーの事態と私たち

私たちが、例年のように、十二月二十三日の天皇誕生日を、天皇（制）の戦争責任をこそ問い直す日とするべく集会を準備している時点で、ペルーでのトゥパク・アマル革命運動（ＭＲＴＡ）の日本大使公邸占拠が伝えられた。日本時間十八日午前、現地十七日夜である。

「赤十字当局スポークスマンが一九日、フランス通信（ＡＦＰ）に語ったところによると、ペルーの首都リマの日本大使公邸を占拠している左翼ゲリラが事件発生後に解放した人質の総数は三一四人に上り、邸内に依然約三八〇人が捕えられているという。／人質解放はこれまで二段階に分けて行なわれ、一七日夜に女性・老人を中心に三百人が、一八日、一九日の両日に一四人が解放された」（『朝日新聞』十二月二十日）。

この後、人質は次々と出され続けているわけである。

二十日の新聞には、こういう記事もある。

「武装ゲリラによるリマの日本大使公邸占拠事件で、宮内庁は一九日、天皇誕生日の二三日に皇居・宮殿で予定していた祝賀行事を中止することを決めた」。

天皇イベントは、あっさりと粉砕されてしまったわけである。

「一足早く天皇誕生日を祝うパーティが開かれている最中の事件だった。各国の外交官や日本企業の駐在員、ペルーに住む日系人らが招かれていた。隣家の壁をロケット弾で壊して侵入したという。綿密に計画したうえでの襲撃だったようにみえる。／問題は、なぜ日本大使の公邸が狙われたのかということだ。

犯人は『日本政府による継続的な内政干渉に抗議する』と語った。日本による経済援助は特定の人々が対象で、貧困層の救済に役立っていないとも主張した。／一九九〇年に政権の座についたフジモリ大統領は、テロの取締と破綻に瀕していた経済の再建を重点課題に掲げた。経済を安定軌道に乗せ、国民生活を向上させることは、ゲリラ組織の根を断つことにもつながる。その重要な前提の一つが、日本からの経済援助だった。／財政の健全化とインフレの抑制に努めた結果、九四年には一二・七％の高い成長を遂げた。テロ対策でも、今回のグループを含む二つの組織の最高指導者を逮捕し、治安は改善傾向にあった」。

この『朝日新聞』（二十日）の社説（「人質の無事解放を願う」）の主張の基調は、他の多くのマス・メディア同様に、以下のごとき「テロ」非難である。

「いかなる理由があろうとも、テロは許されない行為である。卑劣なテロに屈してはならない」。

しかし、経済が成長し、「治安は改善傾向にあった」という話は、苦笑をさそう。人口の圧倒的多数が失業者であり、「スラム」に取りまかれた都市の権力者のいう「経済成長」とは何か。反体制グループへの武装弾圧のエスカレート（秘密警察・特別情報局の動き）による「治安改善」とは何か。ＭＲＴＡは、大量の政治犯の解放を要求している。フジモリ政権は日本の「援助」によるペルーの支配層の人々の経済「成長」（＝日本企業の利益）体制を暴力的につくりだした「テロリスト政権」なのではないか。野放しにされた、人権無視の国家の暴力こそが、今回の事態への引き金になっているのだろう。

「卑劣なテロ」が国家によって日常化された社会。この国家（フジモリ政権）を日本政府はバックアップしているわけである。

日本のマス・メディアの「テロ」非難、「人質心配」キャンペーンの裏側にある事実にこそ、私たちは目を向け続けなくてはなるまい。

また、反天皇制運動を担い続けている私たちが、今度の件で、決して見落してはならないことがある。それは「天皇誕生日のパーティ」なるものの存在である。攻撃した人々がその点をどのようにおさえているかはともかく、「天皇イベント」への突入行動であったことの意味をこそ、私たちは考え続けなければなるまい。

人質になっていると見られる人々の職業と名前がマス・メディアに具体的に示され続けた。そこには、日本大使館の「大使」「公使」だけではなく「三井物産」「三菱商事」「丸紅」「日商岩井」「兼松」「トーメン」「三井金属」「松下電器産業」「ペルートヨタ」「旭化成工業」「味の素」……。進出日本大企業の現地のトップが、ズラズラとならんでいるのだ。

失業者とスラムに取りかこまれた社会の中で、「天皇誕生日」の大パーティーは、巨額の費用を投入してハデに持たれ続けてきたのであろう。

この「天皇イベント・パーティ」は、おそらくペルーでだけ持たれているわけではない。世界各国の大使館で、この「天皇イベント」は毎年くりひろげられてきたのであろう。

現地の日系企業のトップたちが外務省のトップとともに、天皇を祝うというセレモニーを媒介に、「日本人」としてのアイデンティティを権威主義的に確認する。そういう政治舞台として、それは世界的に組織されてきたのであり、組織され続けているのである。

もちろん、こうしたパーティには、企業や役人のトップ以外の人々も参加していないわけではあるまい。しかし、その中心が、そのような人物らによってつくりだされていることもまちがいないところであろう。

日本政府の発行しているパスポートには、天皇家の紋である菊がすりこまれている。「菊＝天皇家のシンボル」への権威主義的統合のシステムは、外国でも、いや外国でこそ、「邦人」のためにフルに機能し続けているのだ。

「天皇の誕生日を祝う」。それは、きわめてあたりまえの事のようになされ、あたりまえの祝い事としてマス・メディアでも報道され続けている。

しかし「国民」の「祝日」としてそれを祝うことは決してあたりまえではないのだ。天皇制の戦争責任・戦後責任を問い続ける立場から、私たちはそれを「祝う」ことを拒否する。そのことを集会を通して私たちは訴え続けてきた。天皇を「国民」がこぞって「祝う」というイベントは、戦争責任（戦後責任）を忘れさせてしまう政治操作である。だから私たちは、侵略戦争の最高責任制度である天皇制の責任を、あらためて問いなおし、その歴史的記憶をより深化させる日として、「天皇誕生日」の集会を今年も持ったのである。

ペルーで、日本大使公邸での「天皇誕生日」のパーティが武装襲撃され、日本での祝賀行事も中止においこまれた。

この事実は、この「天皇誕生日」イベントが単に、国内の過去の歴史的記憶の操作ということだけではなく、世界的に展開されている日本国家のナショナリズムの政治であり続けている事実をこそよく示している。

私たちは、歴史的そして現在的な象徴天皇制の国際社会における役割に注目しなければならないのだ。

ペルーの「ゲリラ」の私たちへの「誕生日」のプレゼントは、私たちの天皇（誕生日）イベント批判の視野の拡大のうながしである。

［『反天皇制運動NOISE』32号・97年1月15日］

象徴天皇制批判の原理的視点

「護憲」論・「女帝」容認論への疑問

［1997/2］

ペルーのトゥパク・アマル革命運動の日本大使公邸占拠による、現地の天皇誕生日の大パーティを粉砕する行動とその後の「人質」をつかった政治交渉の動きに注目しつつ、私もメンバーの反天皇制運動連絡会は討論集会「私たちにとって『戦争責任』とは何か——天皇制の戦争責任を追及する」を、十二月二十三日の「天皇誕生日」に開催した。ここでも、中学校社会科教科書から「従軍慰安婦」などの記述の削除を要求する地方決議をあげる動きを全国化しようというグループの中心メンバーがかかげる「自由主義史観」への批判が語られた。

そして、「反天連」と日本基督教団、靖国・天皇制問題情報センターの呼びかけによる、二月十一日の反「紀元節」集会の実行委員会づくりの過程においても、今年は「自由主義史観」批判をメインのテーマとした集会（とデモ）としようという声が多く、そういう内容にする方向での準備が、今、すすんでいる。

「自由主義史観」グループの動きは、敗戦五十年の「国会不戦決議」が侵略責任を認めるものにならないようにプレッシャーをかけ、国がその責任を認めるかたちの戦後補償をつぶす、こうした動きを精力的に展開した「終戦五十周年国会議員連盟」（会長奥野誠亮）や「日本を守る国民会議」などの右派グループの活動の延長線上に浮上したものだ。

ただ、湾岸戦争で国防と「国際貢献」の大切さに目ざめたという「教育学者」藤岡信勝や人気漫画家小林よしのりらの新しい右派の〝スター〟の突出した行動に支えられた今回の動きは、むきだしの右翼運動という実態に大きな大衆的ベールがかぶせられている。そこが、不気味である。藤岡らの主張に特別新しいことはなにもない。軍事の問題についても、日米安保「再定義」（日米軍事同盟のアジア・太平洋から世界への拡大・強化、沖縄基地の合理的再編）へ向かう政府の動きを後押しする主張がそこにあるだけだ。右派にとっても、「日米安保」は神聖で護持され続けなければならない戦後の「国体」なのである。

大島孝一はこう語っている。「安保と天皇制の問題が別々に切り離されたものでなく、むしろ密接に支え合って私たち日本に住む者（日本国民に限らない）に立ち向かっていることを覚えておきたい。私が言いたいのは、日米安保体制は天皇制を最大限に利用してその温存を図ろうとしているし、天皇制は安保によって手厚く守られているという構造がある」（「安保と天皇制の絡み合い」『熱風・突風』第四号〈一九九七年一月十五日〉）。

こうした問題意識は、私も非常に大切だと思う。大島はここで、安保と天皇制の「絡み」の具体例として、戦後憲法施行（五月）の年の一九四七年に発せられた天皇の「沖縄メッセージ」を紹介している。

それは、ソ連邦からの日本の安全のため沖縄を二五年、五〇年あるいはそれ以上軍事占領してくれという、連合国軍総司令部（マッカーサー司令官）あてのヒロヒト天皇自身の希望をつたえたメッセージだ（この事実が広く知られたのは一九七九年である）。

それは、戦争責任の追及からのがれようというヒロヒト天皇らのまったくの「私利」に基づくハレンチな動きであった。

国事行為が十項目に限定され、国政に関する権能を持っていないはずの象徴天皇のこの動きについて大島は、「天皇側近の官僚も不慣れで憲法の精神にうとかったかもしれない」と語っている。このヒロヒト天皇の動きは、もちろん「象徴」の枠組を大きく逸脱する政治行為であった。しかし、それを可能にしたのは側近や官僚の「ふなれ」などということではないようだ。

豊下楢彦は『安保条約の成立――吉田外交と天皇外交』（一九九六年・岩波書店）で衝撃的な事実を明らかにしてみせている。

一九五〇年に米国務長官特別顧問となり対日講和問題で米側を代表したダレス。このダレス文書などを根拠に豊下は、一九五一年（九月）のサンフランシスコ講和会議での対日平和条約とセットの日米安全保障条約の調印の、外交的ヘゲモニーをにぎったのはヒロヒト天皇であったことを具体的に示している。ヒロヒトは、極端な軍事的従属（勝手な米軍の基地使用など）にブレーキをかけるためそれなりの政治交渉をしようとしていた吉田茂（首相）や、沖縄の米軍のみで日本は「再武装」不要とかなりの時期まで考えていた占領連合軍最高司令官マッカーサーの肩ごしに、米国のダレスらとの「外交交渉」をくりひろげたというのである。ワンマン吉田を後からけとばし、日本の再軍備を前提にアメリカの軍隊に積極的に日本領土をヒロヒト天皇は、いそいでさし出したのである。

首相らの「内奏」と天皇の「御下問」の政治システムは、象徴天皇になっても、この時代は、作動し続けていたのだ。

「……、今回あきらかとなった『内奏資料』が示しているのは、吉田の側に憲法上の『疑義』などといった発想そのものが欠落しているであろうこと、そして『内奏』の内容それ自体が一般論どころか交渉経過そのものの詳細な報告であった、ということである。しかもそこに、『臣民』としての吉田が〝直立不動〟で「資料」を読み上げているというイメージをかさねあわせるならば、その『内奏』とは、新憲法下の首相と『象徴天皇』との関係というよりは、旧憲法下において首相が『元首』たる天皇の『裁可』を求めるようなものであった、といっても誤りではないだろう」（同前）。

国政に関する機能を持っていない儀礼的存在という象徴天皇をベールにして、天皇ヒロヒトは、政治的権力者として動きまわっていたのである。そして、この事実は、民衆には隠され続けてきたのだ。

何故、この時期、天皇（ら）はこのようにハデに動きまわったのであろうか。豊下は、こう説明する。

「要するに、天皇の側が描く最悪のシナリオとは、朝鮮戦争での米軍の敗北、ソ連共産主義の直接あるいは間接の侵略による革命政権の樹立、あらたな戦争裁判の開始、といったものであったはずなのである」（同前）。

憲法で象徴と規定されることで、内外に戦争責任を取らずに延命することを宣言した後にも、まだ天皇らは安心できなかったのだ。なんたる、徹頭徹尾に自己利害のみの存在であろうか。「国体（天皇制）護持」のため沖縄の後に、日本の領土と民衆をもヒロヒトは米軍にさしだしたのである。かくて、日米安保体制が日本の「国体」となったのだ。

こうした問題は、新資料が出るたびに今まで部分的には検討されてきた。例えば、重光葵の日記が出版され、一九五五年の訪米を控えたこの外務大臣（第三次鳩山内閣では副総理）が天皇ヒロヒトに「内奏」し、「日米協力反共の必要」ゆえに在日米軍の撤退は「不可なり」と指令されていることがそこに示されていた。重光のアメリカでの交渉相手もダレス（国務長官）であった。「内奏」自体が憲法上まずいという発想が重光にもない。

この事実が明らかになった一九八八年、社会党議員の憲法上の問題にふれる質問に答えて、当時の宮内庁次長藤森昭一は象徴天皇の規定を隠れみのにして「政治発言は一切おっしゃらないはず」と逃げている。このことにふれながら、私はこう書いた。

――戦前（中）はもちろん――強力にかつはっきりと――戦後も天皇ヒロヒトは権力政治家として主体的に立ち振舞っていたのであ

る。この点にこそ注目すべきなのだ。アメリカに依存しつつの反ソ反共包囲外交（軍事）＝日米安保体制の維持・強化という戦後の支配層総体の基本路線に主体的にアンガージュしているのである。／この「日記」の証言は、私にかの「天皇メッセージ」をすぐ想起させた。

――この「天皇メッセージ」から「重光日記」の「日米協力反共の必要」との「天皇発言」の主張は連続している。あの侵略戦争の最高責任者天皇、もっとも犯罪的な制度、天皇制。これをなんとか延命させていくといった戦後のヒロヒトを含む支配者たちの利害にそって、アメリカ軍の軍事的従属下の日米安保体制という戦後体制が選択され、つくりだされてきたのである。――

「天皇制と日米安保体制――『天皇メッセージ』と重光日記の『天皇発言』」（『インパクション』54号〈一九八八年八月〉）の文章である。

豊下の作業は、例えば千本秀樹が『天皇制の侵略責任と戦後責任』（一九九〇年・青木書店）で開始した戦後の政治家ヒロヒトの実証的批判という作業を、より厳密に推し進め、敗戦直後のヒロヒトの政治活動をより具体的に示してみせるものである。宮内庁や外務省が隠し続けている資料が明らかになれば、天皇（制）のハレンチさはより具体的に見えるようになることは、まちがいあるまい。

さて、大島論文にもどろう。彼は、この文章の結論部分で、こう論じている。

「『天皇制はいらない』とするスローガンを立てることに私は必ずしも反対ではない。しかし、天皇制をなくしてゆくプログラムを考えることなしに、ただスローガンを掲げるだけでは事態は何一つ進展しない。それればかりか、運動としても逆効果を招くことになりはしないか？　つまり、できもしない空虚なスローガンは、運動そのものを萎縮させるばかりだからである。ここでも議論に値する問題を立てる必要がある。／天皇制をなくすためには、憲法の天皇条項を削除するのでなく、むしろ現在の憲法を完全に実施することを目標として、天皇および天皇制支持者も納得いくような仕方で天皇制が自然に消滅する道を探るべきである」。

確かに、「打倒」、「なくせ」というスローガンを掲げるだけではだめだと、私も思う。言葉（スローガン）の過激さなどが運動を力あるものにしないことは、その通りである。しかし、この大島の運動論は疑問である。

天皇に「そもそも基本的人権が認められないということが果して許されるのだろうか？」「憲法の前文の精神からすればとうてい許されるべきものでない」、とここで大島は論じている。

大島のいう憲法の象徴規定の「完全実施」とは「民主的解釈」を前提にすることは明らかであろう。私は、こうした戦後革新の護憲運動のスタンスこそが、まず歴史的に問いなおされるべきであると考えている。

それは、「現人神」の「専制君主」的な神権天皇制から「国民主権原理」＝「民主主義」の象徴天皇制への転換を民主化の前進と評価することにのみエネルギーをそそぎ、あの五十年前の象徴天皇制の成立はアジアへの侵略戦争の最高責任者（制度）ヒロヒト天皇（制）がまったく責任を取らずに戦後に延命することの宣言であったという決定的な問題をよく見えなくさせてしまう主張だったのではないのか。日本の天皇制帝国のアジア侵略の戦争・戦後責任を史実をふまえ具体的に問い続けることこそが、もっとも切実な天皇制について「議論に価する問題」と考える私は、とりあえずであれ、象徴天皇制を肯定的に前提にした主張にくみすることはできない。私にとっては天皇の「人権」などについて考えるよりも、天皇（制）の責任について考えることの方が、はるかに優先されなければならない事柄である。

もちろん、私も、「国政に関する機能」を持たない純粋に儀礼的な存在としてのみ天皇を扱えという憲法解釈の論理とそれをかかげた運動が、象徴天皇制の政治的強化へのそれなりのブレーキとして機能してきた歴史があることは認める。しかし、この条文の解釈学は、条文の土俵でのみ争うことで、いままでふれたような象徴天皇制の動き、事実として存在する権力として象徴天皇の具体的存在様式に批判的にメスを入れることを忘れさせる傾向はなかったか。この憲法のトップにかかげられた存在を「非政治的」と解釈することで、権力分析の対象からはずして論じてきた長い歴史のマイナスを考えるべきではないのか。儀礼的にのみ存在せよと要求するのではなくて、その「儀礼的」存在という名目の下で実際になにがおこなわれているのか（例えば、アキヒト天皇制下の現在の秋篠宮・雅子の連続記者会見によるマスコミ批判という今日の事実は、象徴天皇制はますます政治的に生きていることを示している）。条文の理念（解釈）とその実態をかさねて、まるごと批判的に問題にし、議論していくことこそが私たちにとって必要なことなのではないのか。

「法律上に天皇が国家の象徴であるといふのは、如何なる意義であるかと言えば私は、天皇の御一身が形体的に国家を代表し、国民は法律上恰も国家に対する如くに御一身に対し尊崇敬愛の義務を負うことを意味するものと解すべきであると信ずる。普通に国家を代表すると言えば、国家の意思を代表することを意味するのであるが、天皇は国家の意思を代表せらるるのではなく、天皇の御一身が国家の形体を代表し、国家の現れと看做さるるのである。国家の尊厳が有形的に天皇の御一身を通じて表現せられ、何人も其の尊厳を冒涜すべからざる義務を負うのである」。

「要するに憲法の趣意とする所は、国民が天皇の御一身を日本の国家の有形的な現われとして、及び全国民の統合せられた姿として仰ぎ見るべきことを法律上の義務として定むることに在る」（傍点引用者）。

戦中、軍部のリーダーや国粋主義者やそれに引きずられた政府に激しく攻撃された美濃部達吉の戦後憲法解釈である（『新憲法逐條解説』日本評論社・一九四六年）。

国家を代表する君主として象徴天皇を位置づけた美濃部の「象徴天皇制デモクラシー」感覚が、ここによく示されている。こういう解釈は、憲法学界では、「象徴」の非政治性、単なる儀礼的性格を強調する「民主的」解釈が通説として定着していくとともに、後景にしりぞけられていった。しかし、このエートス（と解釈）は、日本の権力政治家（保守政党）にも、そして資本家にもほぼ共通するものであり続けた（その本当のところの尊崇度がどの程度であれ）。

憲法解釈学の「顕教」は、天皇は政治権能のない非政治的な「儀礼」的な存在。しかし解釈学の「密教」は「国民」が犯すことは許されない存在。そして、実際の政治運営は（またマスコミ社会での扱いは）「密教」的理解によってなされ続けた。〝臣茂〟（吉田）らの天皇へのビヘイビアが不変だったことにそれは端的に表現されている。だから、「非政治」的な存在のはずだし、そうあるべきだという解釈学的一般論（そのことの単純のくりかえしは、「非政治」という名目をかかげて、そのベールの下で政治を展開する権力のイメージ操作に、まきこまれてしまうことになる）を超えて、実態とそれをつつむ名目のイデオロギーをまるごと批判し続けていくことこそが大切だ。それは国家儀礼の持つ独自の政治機能を解明していく作業に連動する。こうした政治権力としての象徴天皇制を正面から批判していく作業は、「できない空虚なスローガン」をかかげるということとは別のことのはずだ。象徴天皇制批判の原理・原則をどこに置くのかという問題として私は論じているつもりである。

私は、戦後の運動が（象徴）天皇制批判という重要な問題で、積極的なものをあまりつくりだせなかったのは、今のべたような、「進歩派」が〈憲法解釈学的錯視〉とでもいった発想からよく抜けだせなかったからではないかと考えているのだ。

こうした点について私は、とりあえず政治権能のまったくない純粋に形式的「象徴」に追いつめようという大島らの思想（運動）と共闘しつつ、さらに論議を具体的につめていきたいと考えている。

さて、最後に、私の批判に答えた加納実紀代の反論について、ふれないわけにはいくまい。

まず、私の説明不足ということもあったのだろうが、少し誤解していると思える点について。

「世界の潮流、少なくとも〈北〉の王制の国がすべて女子の王位を容認しているなかで、「女帝」否定を貫くとすれば天皇制特殊論に立たねばならない。そこで右翼の天皇制護持論と峻別するのはかなりむずかしい」（「反天皇制運動に風を入れよう」『インパクション』100号）。

こう加納は述べているが、私は、象徴天皇制が女性も天皇になれる制度としての「女性天皇制」に変わることそれ自体に対する反対運動をつくろうなどとは、まったく考えていない。そして、雅子に紀子に男の子供ができない状態がさらに続けば、そういう制度への転換を、支配者はこぞって強いられるだろうと考えているので、「天皇制特殊論」をことさら強調しているわけでもないのだ。

私は、「男だろうが女だろうが象徴天皇などいらない」という原則に立ち、象徴天皇制がこの時代の中で、どのように支配者らによって「再定義」されるかを具体的かつ批判的に分析しつつ、「女帝」是否論を成立させている象徴天皇制という土台を蹴飛ばす運動を、さらに持続したいと思っているだけである。だから、「女帝」を肯定しないのは前提だが、ことさら「女帝はダメだ」などと強調する気もない。

加納の今回の文章で、私と加納の判断の違いをうみだしている根拠が、私なりによくわかった。

「皇太子妃決定の報に『キャリア・ウーマンが認知された』などとハシャいだフェミニストたちの沈黙の背景に天皇制に対する〈おびえ〉と反天皇制運動に対する忌避を感じてしまう」（同前）。

こういう加納の主張には、やはり首をかしげたくなる。宮内庁は公的（名目的）には「女帝ナシ」と語り、「女帝論議」がマス・メディアに噴出することをおさえるべく動いているわけだから、確かにそういうタブーはマス・メディアにつくりだされているだろう。しかし、反天皇制運動のつくりだすタブーとは何か、そもそも自分たちはもちろん、各地の運動もそんな力量を持っていないと考えざるをえないが、そのことより、この両者がどうして同じレベルで論じることが加納に可能なのか、そこがよく理解できないのだ。

こうした、こまかい問題は、まあ、いい。

加納は、こう語っている。

「『女帝容認』は〈性〉という軸で考えればさしあたりプラスである。しかし〈民族〉や〈階級〉という軸でみればもちろんマイナスである」。

〈民族〉や〈階級〉という視点から見て、それはプラスと考える人もいればマイナスと考える人もいるように〈性〉という軸で考えてもプラスという人もいればマイナスという人もいるというのが、まず前提ではないのか。いや、加納個人の判断としてそうだというのなら、こう言いなおそう、私は「女帝容認」は〈女性〉という軸で考えてもプラスとは考えられないと。それはあなたが男だから、というのなら、男にもプラスと考える人が多いように女にもマイナスと考える人々がいることを無視すべきでないと。

グチャグチャともってまわった言いかたをしたが、私がいいたいのは、象徴天皇制国家（世襲制身分制度）の「尊厳」に一時的であれ身をあずけて手にする女性の「解放感」にマイナスならともかく、積極的な意味を見い出せないということである。

これは、やはり原理・原則の問題である。最高の差別的権威を容認し、その力をかりた「女性解放」が、あたりまえの女性解放の道だなどと、考えることは、やはり私にはできないのだ。

こうした差別的権威のシステムから身をはなし、そこから自立していこうという運動の志向においては、反天皇制運動と女性解放の運動は、それなりに共通の志向を持っていると私は考える。

私も「〈解放〉を考えるにあたって一つの軸では考えない」というスタンスをとっているつもりだ。だが、この原則点で反天皇制運動と女性解放運動が対立しているというのなら、両者は本当の意味では永遠に出会えないものだというしかないのではないか。（二月二十八日）

〔『インパクション』101号・97年2月〕

〈補論〉

私は、どうも加納の「フェミニストたち」の「反天皇制運動に対する忌避」という主張を、運動側が強いる禁忌（タブー）という方向へ勝手に引きよせて解釈することで、この点については少しトンチンカンな反論を加えているようだ。論争文であるので、あえてそのままにした。

［1997/4］

「自由主義史観」が隠蔽するもの

「戦後民主主義」思想はキチンとした反植民地侵略史観だったのか

私がコミットし続けている反天皇制運動の潮流の今年の二月十一日の「反紀元節」集会は「自由主義史観」批判がテーマであった。そして、三月二十二日のシンポジウム「沖縄・アジアを通して安保再定義を問う」（主催・沖縄の軍用地強制収用に反対し、新しい反安保行動をつくる実行委）は、沖縄・安保問題が軸の集まりであったが、「自由主義史観」批判のトーンがその中にも強く流れるものとなった。

この集会（全体会）の講演者であった加々美光行と太田昌国の二人は、竹内好の思想についてふれた。加々美は、日本の戦争責任・植民地侵略・戦後補償にこだわった竹内好について語り、太田は反対に、植民地侵略への責任とは逆のベクトルへの歴史認識を（事実を隠し、「日本人の誇り」を回復しようと）押し出す「自由主義史観」の論理と心理に近いものが竹内の思想の中にあることを示してみせた。

二人の主張には、それぞれ根拠がある。竹内は、その意味で、非常に矛盾した存在であったと私は思う。

この集会での話を聞きながら、私はこの間、教科書から「従軍慰安婦」についての記述を削除せよという要求をかかげた「自由主義史観」の旗をかかげたニュー右翼（内容は今までの右翼の主張のひろいあつめであるがマス・メディアへの押し出しは、新しい）の運動が隠蔽しようとしているものはなにか、という問題について、あらためて考えさせられた。

もちろん、一つは、「強制連行」という概念を官憲の奴隷狩りのごとき連行ということに極端に狭く限定し、それは証拠がない、だから「慰安婦」の強制連行はなかったという強弁による、彼等の日本軍の強制連行による軍隊慰安婦制度づくりという歴史的事実の隠蔽である。この点については、歴史学者吉見義明らの史実にもとづいた綿密な反論が提示され続けており、なんと未成年者を大量に含む強制連行システムの実態がより具体的に明らかにされている（一つだけあげれば、吉見の『従軍慰安婦』（日本軍性奴隷）消すことのできない真実――『慰安婦』問題の教科書記述をめぐって」〈『労働情報』No.475～476号〉岡山での講演の記録）。

この点についてのニュー右翼の論者のためにする政治的操作のための言説のインチキさは、事実にそくして物を考えようとする姿勢さえあれば、ハッキリと見えるはずである。

私が、ここで問題にしようという「隠蔽」は、その点についてではない。

一九九三年の細川首相（当時）の日本の「侵略戦争」との発言に危機感を持った自由民主党の靖国関係三協議会（「英霊にこたえる議員協議会」「遺家族議員協議会」「みんなで靖国神社に参拝する国会議員の会」）が「大東亜戦争」を正当化する歴史認識を再確認するためにつくりだした「歴史・検討委員会」。ここの活動も「自由主義史観」グループの動きを歴史的に準備してきたものであるが、その「検討委員会」での報告者の一人である松本健一はそこで「幕末から大東亜戦争までという、九十年の歴史の時間」の「道筋」は「外国を打ち払う」という「攘夷戦争」であると語っている（「幕末から大東亜戦争まで」『大東亜戦争の総括』歴史・検討委員会編・展転社）。もっぱら侵略してくる外国への自衛の戦争という性格が一貫しているというわけである。この松本は、「自由主義史観」グループの主張を後押しした論文「『皇国史観』と『大東亜戦争』封印が日本人から『歴史』を尋った！」（『SAPIO』一九九七年三月号）で「歴史とは民族がどのように生きてきたかという物語だ」などと国家主義者《ナショナリスト》然とした論理をふりまわしながら、「自由主義史観」をこえて、戦後の「民主主義史観」が隠蔽した「大東亜戦争」で「誰に敗け、なぜ敗けたのか」を問いなおすべきだと力説している。松本は「日本民族がどこで踏み違えたのか」という「過ちを歴史に書くことは、屈辱ではあるが恥ではない」と語り、「自由主義史観」との距離をしめす。しかし、松本の戦争それ自体を悪と考える発想から解放され、国際社会のルールを破った戦争のあり方が悪なのだと強調する論理は、「自由主義史観」の代表イデオローグ藤岡信勝の主張とそれほど遠いものではない。

「……大東亜戦争は対欧米では『自存・自衛』という要素が十分あるし、アジアに対しては侵略といわざるをえない面がある。その侵略性を原理的に一切認めない立場を『大東亜戦争肯定史観』、その逆に自衛の側面を認めることを一切拒否する立場を『東京裁判史観』と名づけて、『自由主義史観』はどちらの立場もとらないと私は言ってきたのです」。

藤岡の吉田裕との対話での言葉である（「ここがおかしい！　歴史教科書論争」（『This is 読売』三月号）。

「大東亜戦争」のアジアへの侵略的性格を認めるという点でも、それの欧米帝国主義への「自衛」的性格を強調してみせる点でも松本と藤岡は同じであり、戦後民主主義史観を戦争の真実を隠蔽したとまとめて一括する論法も同じである。

藤岡ら「自由主義史観」グループは、戦後民主主義・マルクス主義史観を、日本の近代史を侵略史一色に塗りたくった「自虐史観」「反日史観」だと批判し続けている。私が考えなければいけないと思うのは、こういう藤岡らの（松本もそれに近い）論法が隠蔽してしまっているものである。

藤岡の対論者吉田裕は「民族的なアイデンティティをどう考えるのかという問題。あるいはナショナリズムという問題を、戦後の日本の歴史学は避けて通ってきた面があるのは事実だと思います」と、ここで語っている。

この発言は、一九五一年の竹内好の「血にぬられた民族主義」「民族の存在を捨象した」という「近代主義」批判の言葉を思い出させる（「近代主義と民族の問題」）。しかし、である。戦後左翼の問題は、この竹内も含めて自分たちの民族主義的体質をはっきり批判的に対象化できないでズルズルきたというところにこそあるのではないのか。

竹内の一連の作業は「大東亜戦争」の二重性格（侵略戦争と自衛からアジア解放への思いのこもった戦争という二重性）を論じ、後者の意義を救い出そうとするものであった。この作業は、竹内の戦中の思想の延長線上で準備されたのだ。

「率直に云えば、われわれは支那事変に対して、にわかに同じがたい感情があった。疑惑がわれらを苦めた。われらは支那を愛し、支那を愛することによって逆にわれら自身の生命を支えてきたのである。支那は成長してゆき、われらもまた成長した。その成長は、たしかに信ずることが出来た。／支那事変が起るにおよんで、この確心は崩れ、無惨に引き裂かれた。苛酷な現実はわれらの存在を無視し、そのためわれらは自らを疑った。余りに無力であった。／現実が承認を迫れば迫るほど、われらは退き、萎えた。舵を失った舟のように、風にまかせてさ迷った。辿り着くあてはなかった。／現実はあまりに明白かつ強力で、否定されようがない。われらは、自分を否定するより仕方がなかった。ぎりぎりの場所においつめられて、ひそかにただならぬ決意を胸に描いたこともある。／今にして思えば、局限された思惟の行く先はこのようでしかなかったであろう。くよくよと思い煩らい、一も行動に出ることもなく、すべてのものを白眼に視た。この間の消息は、この雑誌の読者が賢明にも見抜いていたことと思う。不敏を恥づ、いわゆる聖戦の意義を没却した。わが日本は、東亜建設の美名に隠れて弱いものいじめをするのではないかと今の今まで疑ってきたのである。／わが日本は、強者を懼《おそ》れたのではなかった。すべては秋霜の行為の発露がこれを証している。国民の一人として、この上の喜びがあろうか。今こそ一切が白日の下にあるのだ。われらの疑惑は霧消した。美言は人を誑《たぶら》かすも、行為は欺くを得ぬ。／東亜に新しい秩序を布くといい、民族を解放するということの真意義は、骨身に徹して今やわれらの決意である。何者も枉《ま》げることの出来ぬ決意である。われらは、わが日本国と同体である。見よ、一たび戦端の開かれるや、堂々の布陣、雄宏の規模、儒夫《だふ》をして立たしめる概があるのではないか。／この世界史の変革の壮挙の前には、思えば支那事変は一個の犠牲として堪え得られる底のものであった。支那事変に道徳的な苛責を感じて女々しい感傷に耽り、前途の大計を見失ったわれらの如きは、まことに哀れむべき思想の貧困者だったのである。／東亜から侵略者を追いはらうことに、われらはいささかの道義的反省も必要としない。敵は一刀両断に切って捨てるべきである。われらは祖国を愛し祖国に次いで隣邦を愛するものである。われらは正しきを信じ、また力を信ずるものである。／大東亜戦争は見事に支那事変を完遂しこれを世界史上に復活せしめた。今や大東亜戦争を完遂するものこそ、われらである」。

竹内と同様に戦後民主主義の代表的イデオローグの一人である鶴見俊輔は、この一九四二年（一月）の「中国文学」に載った「大東亜戦争と吾等の決意」という竹内の書いた宣言を引きつつ、「戦争支持」にふみきった「人を誑す」この「美言」と、こうした「感動」が薄らぎながらも竹内の姿勢が一九四三年（三月）の『中国文学』廃刊まで保持された事を肯定的に紹介しつつこう論じている。

「大東亜解放という日本政府の宣言にそって生きようとするならば、このように考えてゆくことが当然だ。このような戦争目的にたいする献身が、もし私のまわりの人びとによってなされているとしたら、こどものころからの厭戦感情にしがみつくことによって生きてきた私は、心をうごかされただろうと思う。……しかし、大東亜戦争をたたかった日本人の底に、このような日本国家の利害を越えようとする誠実なくわだてがあったということを今は認めざるを得ない」（『私の地平線の上に』一九七五年、潮出版）。

「日本文化の自己否定」を強調する（「中国文学の廃刊と私」『中国文学』一九四三年三月）竹内の発言をも引きながらの主張ではあるとはいえ、これはやはり奇妙な独善とナショナリズムの気分に満ち満ちた、おかしな論理というしかないではないか（加害者が被害者の犠牲は堪えられると語る傲慢のどこが誠実か！）。

「強者」の植民地侵略の手法にならい「堪え」がたい「弱いものいじめ」（大量殺傷）のあげくに、もう一方の「強者」グループに宣戦したにすぎない日本。民衆の欧米帝国主義の植民地侵略への反撥や自衛の気分を、日本の支配者は自分たちの植民地侵略を美化し正当化するためにフルに活用した。「アジア解放のための聖戦」のたてまえ通りに事態を進める条件などすでに日本のどこにもなかった。竹内は侵略を隠蔽する「解放」のイデオロギー、そのイデオロギーに酔っぱらった事実にいなおった。だから、そのイデオロギーの「美名」はそれ自体として美しかったし、積極的に意義があるという姿勢を竹内は戦後も崩さなかった。鶴見は、その姿勢を最大限持ちあげてみせているのだ。

「永久革命（者）」だとか「階級」などという言葉を思いいれたっぷりに使っていた時代の、ようするに転向する以前の松本健一は、竹内の「宣言」の思想を批判しながら、この鶴見の評価を肯定していた（『竹内好論——革命と沈黙』一九七五年・第三文明社）。

松本の思想には、ナショナリズムの連続性が読み取れる。そして藤岡信勝も教育学会で「マルクス主義」イデオローグとして活躍し続けていた人物である（藤岡の主張〈教育方法論〉のその時代から現在までの連続性については小山俊士の「藤岡論理の非論理性を暴く」〈『金曜日』二月二十六日号〉参照）。

鶴見は、「自由主義史観」のもう一人のイデオローグである漫画家小林よしのりの『ゴーマニズム宣言』を、まだ今日ほどデマゴーグ然とした内容のものではない時代にではあったが、ほめたたえていた。

あの屈折したナルシズムとヒロイズム（上昇願望）に満ちた、気持の悪い漫画を、「天才的」と天まで昇るほどほめたたえていたのである。

この評価を眼にした時、私は、鶴見が以前、山上たつひこのマンガ『がきデカ』の〝タマキン〟むき出し、銭欲むき出しのエゴイズムの笑いを、軍国主義への抵抗力として恣意的に持ちあげて評価した時と同様の疑問を持った。

『ゴーマニズム宣言』の賛美は『がきデカ』のエゴイズム賛美の延長線上のものである。

「自由主義史観」の「反日史観」との攻撃が隠蔽しているのは、マルクス主義を含む戦後民主主義（進歩派）史観の「自由主義史観」に連続してしまう思想的性格の問題である。

私たちの「自由主義史観」批判は、この隠蔽を思想的に引きはがす（自分たちの足もとの歴史的ネックを対象化する）方向でこそ、つめられなければならないのではないか。（四月二日）

〔『インパクション』102号・97年4月〕

アキヒト天皇の南米訪問の政治的意味

再開された「天皇外交」を問う

［1997/6］

ペルーの日本大使公邸を百二十七日間占拠したトゥパク・アマルー革命運動（MRTA）のゲリラは、全員虐殺された。四月二十三日から日本のマス・メディアはフジモリ・ペルー大統領の人質の「解放」と武力突入を讃え、ゲリラ虐殺を大肯定する報道でうまった。ゲリラは、あれだけの「人質」を結局のところ、一人も殺さず、フジモリの方は投降した少女ゲリラをも殺すという「突入」であったのに。

フジモリの「平和的解決の努力」は単なるマヌーバーだった。軍部の政治的暗殺に支えられたこの腐敗せるフジモリ政権（MRTAの行動はこれへの抗議の意図からなされた）。なんと日本の国会は「全会一致」（新社会党は棄権）で、「人質釈放」への「感謝決議」をあげた。テロリスト国家への感謝。恐しい国会（国家）である。

江藤淳は、「総理と大使の不様な『国ごっこ』」（『諸君！』七月号）で、フジモリをほめあげ、日本政府の「平和的解決」を求めた姿勢を非難してみせている。

「そもそも、テロリストに大使公邸を占拠されるという失態がどれほど重大なことなのか。政府や外務省の認識はここでも浅薄と言わざるをえません。いかなることがあっても大使公邸を守り抜くというのは、外交官の心構えのイロハのはずです」。

江藤は大使公邸と大使館のどちらの方が大事かと問うて、こう答えている。「もちろん公邸です。公邸には使節そのものがいて建物には菊の御紋章がついているのですから」（傍点引用者）。さらに彼は続ける。

「しかも、大使は認証官で、昨年十二月十七日（現地時間）の事件当日、そこで行われていたのは天皇誕生日のパーティーでした。つまり条約によって、国内の領土に等しいと不可侵を保証された敷地内の、菊の御紋章がついた建物のその中で、天皇陛下のお誕生日をお祝いする会が開かれていたところを、テロリストに襲われてしまった」。

「現行憲法の下では日本は君主国なのか共和国なのかあまりはっきりしませんが、現実に君を戴いた国であることは間違いありません。天皇誕生日は国民の祝日であり、世界各国にある在外公館がこの日を最大の慶祝すべき日として、任国の人々をお招きして友好を深める機会にしている。天皇陛下の御健勝をお祈りし、皇室の繁栄を祝うパーティーをテロリストによって汚されたのは、何よりも先に陛下に対して申しわけないことです。世界百国以上に派遣されている日本の大使は全員賓客を接遇する公邸の居間に天皇皇后両陛下のお写真を飾っています。昔の御真影とは違って、今の両陛下の大変柔和で優しいお顔のお写真が飾ってある。そのお写真には御署名もあるはずです。そこでこういう暴挙が起きたということについて、外交官、大使ならばまず畏れ入らなくてはいけない。もちろん政府、総理大臣も同様です。／実は橋本総理は事件が起きた直後に宮中にお詫びに行ったようです」（傍点引用者）。

外交官に〝サムライ〟がいなくなったとなげき、「公邸＝天皇」の「不可侵を守り抜くという気概と心構」の必要をこそ説いている、この天皇主義者の文章を長々と引用したのは、外国から見れば、まちがいなく戦後日本も天皇制国家として存在しているとしか見えない事実を、あらためて確認しておきたかったからである。そしてMRTAのゲリラは、この「ナショナル・デー」の、日本の民衆の巨額の税金を使って、「国民主権」の原理をふみにじる、ハレンチな天皇儀礼を文字通り〝粉砕〟したのであるという事実をも、キチンと確認しておきたかったからである。

フジモリのゲリラみな殺し政策は、この「畏れおおい」行為への、当然の返答であると江藤は考えているのだろう。そうすると国会の「感謝決議」は天皇制国家の〝メンツ〟をつぶしたゲリラを殺していただいてアリガトウ、という天皇制「国会」のメッセージということになるのだろう。なんというグロテスクな光景であろうか。

もう一回、この江藤の文章から引く。

「青木前大使はペルーに最初の移民を送りこんだ外務大臣・青木周蔵の曾孫です。周蔵は元長州藩士で、青木家は戦前なら子爵の名門です」。

ペルーの日本人移民。すぐ出されたが、「人質」となった人々に沖縄の人が多く、ここでの沖縄人移民の多さが、そこにも象徴されていた。

私もメンバーの反天皇制運動連絡会も呼びかけてつくられた「『みどりの日』・植樹祭・天皇南米訪問に反対する共同行動」は、四月二十九日の「天皇制の戦争責任を追及し、アキヒトの南米訪問に反対する」集会（デモ）、そして五月二十五日の「天皇のブラジル・アルゼンチン訪問の意図するものは何か？」討論集会、さらに天皇の「外交」のスタートをにらんでの五月二十九日の屋外抗議集会とデモ（二十九日は、沖縄の収用委員会の「公開審理」とかさなってしまい私は沖縄行きで参加できなかった）と連続的な行動をつみあげた。

この間、「右派」グループの「天皇謝罪外交」反対運動におされて――中国訪問がピークであった――ストップされていた「天皇（皇室）外交」が再開されたのである。

天皇のブラジル・アルゼンチン訪問はなにをねらうのか。国連常任理事国入りをねらっている日本政府（外務省）が、もう一つの国連常任理事国入りの有力候補であるブラジルへ、そして日本人移民が歴史的に大量に存在しているブラジルへ天皇（夫妻）を送る。このブラジル・アルゼンチン訪問はＯＤＡをテコとした日本の経済進出（「自由主義的」政策）の展開とも対応していることは明らかである。

私たちの討論は、この「皇室外交」がますます政治的性格の強くなってきている点に、そして、実態としてそうであるにもかかわらず、日本のマス・メディアが、まったくそれがさしたることでないかのごとく扱っている点に、集中した。

四月二十九日の集会の講師であり、ブラジルでの生活の長かった牧師の宗像基は、こう述べている。

「日本の移民政策は『二〇三高地占領作戦』だと言われる。即ち、仲間の屍を乗り越え、踏み越えて突撃をくり返し、どれだけ犠牲が出ようと、すべてよし、とする作戦である」（「ブラジル移民と天皇制」〈『反天皇制運動NOISE』36（一九九七年五月一五日）号〉）。

この「棄民＝移民」政策であったにもかかわらず、ブラジル政権の強引な移民同化政策への反発もてつだって、「どれほど『お上』からひどい目にあわされても『悪いのは、役人であって、天皇ではない』、『今に天皇がすべてをよくして下さる』という信仰」が移民の中で強化されたのだという。

あの「勝ち組」（皇国日本は敗けていないという狂信を生き続けた人々）がいっぱいうまれた背景について、高橋幸春は、こう分析している。

「しかし、多くの移民にとって唯一の情報源は日本からの短波放送だけだった。敗戦という情報が流れると同時に、日本の勝利というデマ情報が日系社会を貫く。日本が勝っている。勝っていてほしい、負けるはずがないという心情は、無条件降伏のニュースはアメリカの陰謀というデマを生み出した。／移民はそれまで故郷に錦を飾ることだけを夢見て働いてきたのである。しかし、広島、長崎は原爆投下によって焦土とかした。日本はアメリカの占領下に置かれる。故郷は破壊され、移民は帰る場を失った。これまでの苦労はいったい何のためだったのか。日本の敗戦を認めることは、祖国の終焉でもあり、自分たちの今までの長年の苦労を水泡に帰することでもあった。日本の敗戦は絶対認められないことだった。その心情が、敗戦はアメリカのデマで、真実は日本の勝利という蜃気楼を日系社会に映し出したのである（『日系ブラジル移民史』〈三一書房・一九九三年〉）。

移民生活の苦しさ、棄民の悲劇こそが、この狂信をつくりだしたのだ。

象徴天皇アキヒトのブラジル（南米）「外交」には、こういう強烈な天皇（日本）主義信仰を、あらたにつくりだそうというねらいがあるわけであるまい。移民の二世・三世が生きている今、彼らにもソフトな「天皇国日本アイデンティティ」を保持し続けさせること。これが「天皇外交」の移民対策であると思う。事実、現地での日本人移民の天皇（夫妻）歓迎フィーバーは、量的にもダウンしており、以前のようなことはないことがマス・メディアでも報道されている。

しかし、天皇制国家の、「棄民」した人々をも、うまく利用しようという政策への姿勢は変っていないのだ。

国際社会の中では、すでに「元首」として天皇は位置づけられている。政府・外務省が、そういう政策を取り続けているのであるから。そのこと自体が多いに問題である（そもそも象徴天皇に、儀礼的なスタイルであれ「外交権能」などないのだ）。そして、その上に、今回はさらにひどいことを行っているのだ。

「九日閣議決定された天皇、皇后両陛下のブラジル訪問で、六月二日から四日にかけて滞在する首都ブラジリアで、両陛下が同国連邦議会を訪問する日程が盛り込まれた。天皇が訪問国の議会を訪れるのは初めて。／英国王室など外国王室では、外国訪問の際に相手国議会を訪れたりスピーチしたりするのは珍しいことではない。しかし日本の皇室では、昭和天皇の時代を含めて、天皇が外国を訪問して相手国の政治家と歓迎晩さん会やレセプションなどで言葉をかわしたりする機会は必ずあったが、議会を訪れたことは、これまでなかった」（傍点引用者）。

「こうしたことは、戦後憲法下の象徴天皇として、政治との関与を一切避けることで、政治的色彩のある元首として誤解される余地をつくらない、自制的な姿勢を示すものと受け取られていた。ただ一方で、『親善訪問の実をあげるためにも、国民代表の議員が集まる議場を訪れるのは効果的』との意見も折にふれて出ていた」。

五月九日（『朝日新聞』）の記事であり、「象徴天皇のあり方として賛否の論議を呼びそうだ」と結ばれているが、さらに「政治的色彩のある元首」としての行為に天皇がふみこむという憲法違反、それを政府（外務省）が勝手に決めていること自体が、マス・メディアでは、なにも問題にされていなかった。

そして、アキヒト天皇は議会を訪問し、スピーチまでしてしまったのである。

「右派」のブレーキに抗して、政府・外務省は、「外交」に天皇（皇室）をフルに活用する。こういうメッセージも、そこにこめられているように思う。

「愛媛玉ぐし料訴訟」の、宗教（神道＝靖国神社）と国家との分離を要求する最高裁判決（政教分離の憲法原則のそれなりの貫徹）を支持する『朝日新聞』などのマス・メディアは、「皇室外交」については、『読売新聞』などと同様に、違憲の政策の推進派である。

神社本庁系の「右派」グループを中心に、最高裁判決への強い非難の言説は組織されている。

国家と宗教（神道）との直接的ドッキングを阻止し、国家神道の「復活」を許さない、長い裁判闘争の歴史的成果を、私は否定しようというのでは、もちろんない。

「だが、大法廷判決が指摘したように、戦前のわが国には、国家と神社神道が結びついて国民に参拝を強制し、信教の自由が抑圧された歴史があった。／その苦い経験から、国家といかなる宗教との結びつきをも排除する、政教分離規定がつくられたことを忘れてはならない。国民も決して後戻りを望んではいまい」（傍点引用者）。

『読売新聞』（四月三日「社説」）ですら、こう主張しているのである。

単純な「反動復古＝国家神道の復活」路線は、多くの支配者すら望んでいないのである。

だからこそ、最高裁は、こういう判決を出したのだ。

裁判の〝勝利〟に酔っているわけにはいかない。

私たちは、国家の象徴天皇制の「再定義」の基本方向をこそみすえ、それと正面から対決する思想と運動を目指そうとするのであれば、この点はキチンとおさえておかねばなるまい。

私たちの、この「ブラジル・アルゼンチン訪問」反対の運動は、予想通り、さほど大衆化しなかった。しかし、こうしたマス・メディアで、疑問が提出されることすらほとんどない「皇室外交」こそが、本当の大問題なのである。多国籍企業の「自由主義」（グローバリズム）政策のための「皇室外交」。国連常任理事国入り（ＰＫＯ派兵国家化の強化）のための「皇室外交」。

これに反対する運動の大衆化という困難な課題こそが、現在の反天皇制運動の重要なテーマであり続けているのだ。（六月十日）

〔『インパクション』103号・97年6月〕

［1997/7］

象徴天皇制「再定義」の現段階

「愛媛玉ぐし料最高裁判決」をめぐって

ブレーキ

国会議員の人数、そしてマス・メディアの世論調査を読むかぎりでの民衆意識の動きという点でも、九条を変更する明文改憲が可能な状況に入りつつある。条文に手を付けるとすれば、九条だけの問題ではない。私もメンバーの反天皇制運動連絡会の中では、雅子に子供ができないという偶然にも追いつめられて、女性も天皇になれるという制度、「女性天皇制」への動きがこの改憲の流れと合流して押し進められつつあるのではという危惧を持ち、「女帝」幻想批判の論議を、この間つみあげてきている。

私（たち）は、この象徴天皇制の再編の動きを、この間の政府やマス・メディアがいう安保体制の「再定義」というネーミングと対応させ、象徴天皇制の「再定義」と呼んできた。四月二日に出た、愛媛県が靖国神社や県の護国神社に玉ぐし料などを支出する行為を違憲とする最高裁の判決と、それをめぐる多くの言説も、象徴天皇制の「再定義」のプロセスをかたちづくるものといえよう。

そこで、この判決とそれへの論評の検討を媒介に、どのような「再定義」が進んでいるのかを、考えてみたい。

判決は、政教分離の原則を厳格に解釈するためではなく両者の関係を限定的分離とするためにつくりだされた「目的効果基準」（注）を厳密に解釈し、違憲とした（十五人中十三人の多数意見）。

注　「目的効果基準」とは、国や公共団体の行為の目的が宗教的意義をもち、その効果が宗教に対する援助、助長、促進または圧迫、干渉等になる行為を「宗教的活動」とする基準。宗教的意義が希薄化し習慣化した社会的儀礼にすぎないから、神道の儀式に県などが関係してもよろしい、こういう判決のためにつくりだされてきたともいえる法理。

この判決の「目的効果基準」の解釈に対し、神社本庁のイデオローグである大原康男などは、「同じ法理に拠りながら、全く正反対の結論が導き出されているという奇妙な事実」と論じているが、それはそれなりの根拠があるのである（「靖国玉串料『違憲判決』最高裁はどうかしている」『諸君！』六月号）。

また、この「目的効果基準」の厳格適用は、「政教分離原則の原点、つまり完全分離へと収斂されていく可能性をつくりだした」と期待をこめて評価する田中伸尚らの根拠も、判決の中にあるといえるのだ（「玉串料違憲判決は社会を変えられるのか」『世界』六月号）。

この判決を積極的に評価する『朝日新聞』は、四月三日の社説（「厳格な政教分離を求めた司法」）で、「首相や閣僚の『靖国公式参拝』への動きなど、政教分離原則をなし崩しにしようとする流れに対してひとつの歯止めとなる」と論じている。

神社本庁路線の『産経新聞』は「納得しにくい玉ぐし判決」（四月三日社説タイトル）と論じた。神社本庁の新聞『神社新報』（五月五日）は、県の靖国神社の慰霊祭への参列をやめた知事が二、三出ていることをレポートしつつこう論じている。

「これら県知事等の公人の儀式参列取り止めの動きとはまた別の、さまざまな動きも各地に出てきてゐる。その具体的実例としては、神社の奉賛会の会長をしてゐる知事や市長などが、今回の違憲判決を受けて会長職を他の人と交代したいと申し出たり、また総代会長などの役職を辞する動きなどが見られる」（「憂慮される悪影響」）。

ここには、今回の判決がそれなりの「歯止め」となっていることが、よく示されている。その点でこの判決を積極的に評価することは、ある意味では当然である。

ブレーキなし

しかし、である。判決（要旨）はこう語っている。

「戦没者の慰霊及び遺族の慰霊ということ自体は、本件のように特定の宗教と特別のかかわり合いを持つ形でなくてもこれを行うことができると考えられる」。

先にふれた『朝日』の社説にもこうある。

「戦没者を追悼すること自体は、いうまでもなく自然な心情だ。しかし、国や自治体が特定の宗教を助長することの是非は、それとは別の問題である」。

ここで問題にされているのは、特定の宗教団体（具体的には神道）と特別な関係を持った国や自治体の慰霊儀式である。特定の宗教と結びついていなければ、そうした儀式は問題がないのか。

国が（もちろん地方自治体のバックアップもうけつつ）戦死者をつくりだす、その国が死者を大々的に慰霊・追悼してみせる。戦死者をつくりだした責任を隠蔽してみせるこの欺瞞のセレモニーに問題はないのか。毎年くりかえされている「全国戦没者追悼式典」には問題がないのか。それが天皇を中心とした儀礼であること、国家が慰霊と追悼のセレモニーの主役であることこそが問題ではないのか。

神道と直接に結びついていなくても、国（天皇）の慰霊・追悼という政治行為は大問題であるはずだ。

『神社新報』の四月十四日の社説（「最高裁の判決を見て」）にはこうある。

「明治維新以後の日本は、国の権威と独立を維持する戦ひで、多くの犠牲者を生んできた。国の生存死亡を賭ける戦争のそれぞれが重要なのは、それらの戦で戦歿した人々は、国のために人生を捨て命を失ったといふ事実である。国は、そしてそれを構成する国民は、彼ら英霊に最高の敬意を尽くし、彼らの前に再び彼らと同じやうな犠牲者を出さぬ『平和の誓い』をしなければならぬ義務がある」。

「英霊」という言葉をはずし、彼らが無条件に前提にしている「靖国」（神道）と国家のドッキング（国家神道という理念）を排除しても、こうしたロジックと心情はなりたつ。

侵略戦争に民衆をかりだした国家が、かりだされて死んでいった人々を、「平和」のための死者として勝手に慰霊・追悼する。侵略戦争で死んだ人間が、「平和」のために命をささげた尊い人とスリかえられて位置づけられる。国家にかりだされ、殺し、殺される戦場にたおれた人間を、国家が勝手に「平和」の死者としてしまうことで遺族の感情を満足させ、国家の侵略戦争責任をはぐらかしてしまう。死んでからも人々は国家によって政治的にオモチャにされている、ともいえよう。

ハッキリと特定の宗教に媒介されているか否かを問わず、こういった政治的セレモニー自体を、私たちは拒否すべきではないのか。

「愛媛玉ぐし料最高裁判決」は、こういった象徴天皇制国家の国民統合にブレーキをかける内容を持ち合わせてはいない。さきほどふれたように、かつての侵略戦争への民衆動員は、国家神道（国家と「現人神天皇」のストレートなドッキング）のイデオロギーによって支えられていた。この判決は、かつての「国家神道」の復活という動きには、大きなブレーキとなるだろう。しかし、宗教性をうしろにかくしてしまった（皇室神道の世界では「神」としての儀式を天皇は〈私的〉にくりひろげ続けている）「人間・象徴」天皇制国家の民衆動員（PKO派兵はすでに日常化しているのだ）にブレーキをかける内容を判決は持っているのだろうか。

それは、ほとんど持ち合わせてはいない。

かつての「国家神道」による日本の侵略や植民地支配の記憶をアジアの人々にストレートに想起させるような方向への象徴天皇制の「再定義」に対する大きなブレーキが、この判決によってかけられたことはまちがいない。そうすると、象徴天皇制は、どちらに向かって「再定義」されつつあるといえるのであろうか。

アクセル

五月三十日から、アキヒト天皇（夫妻）はブラジル・アルゼンチン訪問に出発する。天皇外交が再スタートするわけである。日本国家の「移民＝棄民」政策の地への訪問であり、日本とともに国連常任理事国入りの有力な候補国への外交である。

日本政府は国連総会で、核兵器使用禁止宣言、使用禁止条約促進決議、核戦争非難決議、核軍縮促進の決議などに賛成せず、多くの人権決議にも反対（ないしは棄権）という姿勢を示し続けてきた。そして、アメリカの軍事侵略に反対することをまったくしていない。こんな国が常任理事国になることは、大国支配の装置としての国連という性格を、さらに強めることにしかならないことは明白である。そして、皇室「外交」は、この間、常に政府・外務省主導の国連常任理事国入りの政治という任務を担うものであったといえる。

そもそも、天皇（皇室）の「外交」などありえないというのが象徴天皇制の建前（非政治的存在）であるにもかかわらず、『朝日』、『毎日』などの政教の厳密な分離を主張するグループも、天皇「外交」を促進するキャンペーンをし続けているのだ。こうした「皇室外交」にブレーキをかけるどころか、アクセルをふかし続けているのである。

反対に「神社本庁」ラインの右派や『産経新聞』は、皇室外交反対（時に中国・韓国などのアジア地域）の声を大きくあげ、それにブレーキをかけ続けている。彼らのスローガンは「天皇の政治利用・謝罪外交反対！」であった。

政府・外務省（の主張）と「右派」（神道グループが中心だが、神道主義者とは限らない広がりを持っている）が、どういうイデオロギーの内容で対立しているのか。

かつての「侵略戦争」について「謝罪」のパフォーマンスが必要なら、それなりにやって、アジア・太平洋での多国籍化している企業の権益を維持・強化・拡大する方向へスムーズに進もうという「外交象徴天皇主義」グループと、伝統的ナショナリズムをふりかざし、侵略戦争の過去をまったく曖昧にするか、正当化するかして国際社会をのりきろうという「神道あるいは伝統尊重の象徴天皇主義」グループ。この両極の対立があり、この二つの極の振り幅の中で、いろいろなイデオローグやイデオロギーが渦巻いているのである。多国籍企業のグローバリゼーション政策への加担という基本方向の上で、二つの極のイデオロギーが対立し、からまりあっているのだ。

この間、「謝罪と反省」パフォーマンス政治は「右派」グループの強力な反撃にあい（もともと、ホンネのところがかなり共通しているということもあり）、スマートな展開とはならなかった。「玉ぐし料最高裁判決」は反対に「右派」への強烈なパンチであったともいえよう。

象徴天皇制の「再定義」は、こういう二つの潮流の対立と反発の磁場として進展しているのである。

「判決」は、神道主義者への強烈なパンチであったことはまちがいない。しかし、私たちは、もう一方の象徴天皇主義グループと同じ位置から、このパンチを評価してハシャいでいるわけにはいくまい。神道と国家の公然たるドッキングに抗議の声はあげても、天皇（国家）の戦死者の追悼儀式に抗議の声をあげないのでは、その象徴天皇制批判は、ほんものではないのだ。そして、ＰＫＯ派兵を加速する「皇室外交」の政治と闘わない「玉ぐし料最高裁判決」賛美は、もう一方の象徴天皇主義イデオロギーにまきこまれた論理にしかならないのではないか。

単純な「国家神道」の復活などという象徴天皇制の「再定義」のコースはありえない。「再定義」はその極のパワーに足をひきずられながら進むことはまちがいないが、「外交象徴天皇制」グループこそが主流なのである。

二つの極のクロスする動きをトータルにふまえた、象徴天皇制の「再定義」に抗する運動が、さらにつくりだされなければなるまい。

（五月十三日）

［『飛礫』15号・97年7月］

［1997/9］

皇室（南米）「外交」とペルーの虐殺

フジモリ・天皇会談を問う

沖縄の軍用地強制使用第六回公開審理（八月十二日）から帰ってすぐの八月十五日、私は「沖縄から天皇制の『戦争責任』を問う！──『戦死者追悼』を考える」集会とデモへ（主催は同実行委）。

私もメンバーの反天皇制運動連絡会などの呼びかけで、毎年実行委がつくられている集まりである。今年は北村小夜と沖縄からの石原昌家が講演。

石原は、一九四七年の天皇ヒロヒトのマッカーサーへの、沖縄の軍事占領は、日本に主権を残したまま、二十五年から五十年ないし、それ以上の間貸与する方式がよいというメッセージについて紹介し、あらためて注意をうながした。

そして、この「天皇メッセージ」と一九五二年に発効した対日講和条約の類似性を問題にした。

「日本国は、北緯二十九度以南の南西諸島（琉球諸島及び大東諸島を含む。）、孀婦岩の南の南方諸島（小笠原群島、西之島及び火山列島を含む。）並びに沖の鳥島及び南鳥島を合衆国を唯一の施政権者とする信託統治制度の下におくこととする国際連合に対する合衆国のいかなる提案にも同意する。このような提案が行われ且つ可決せられるまで、合衆国は、領水を含むこれらの諸島の領域及び住民に対して、行政、立法及び司法上の権力の全部及び一部を行使する権利を有するものとする」。

この第三条である。

この間の、米軍用地特別措置法の改悪という沖縄特別差別政策への抗議へと、この歴史的な話は、つなげられていった。

現在、占領時代の歴史分析は、この時代に天皇ヒロヒトが具体的に政治（外交）路線を引き、政治的に動きまわった事実を浮きぼりにしだしている。

「天皇メッセージ」の線で、対日講和条約三条がうみだされた事は、まちがいあるまい。

再開された天皇アキヒトの「皇室外交」は、この時代の天皇ヒロヒトのように、政策の具体的な内容を決定すべく動いているわけではないだろう。それはあくまでも「外交」セレモニーである。しかし、それは政治性がまったくない、などということはありえないのだ。政府の基本政策にそって、その外交政策をより強固なものにするという政治性を、それは十分に持ったものなのである。

「ペルー事件武力解決と天皇皇后南米訪問の関係」（『靖国・天皇制問題情報センター』第225号〈九七年七月十五日号〉）で太田昌国は、こう語っている。

「事件が発生して1ヶ月、2ヶ月と経ち、事態が、出口の見えない膠着状態におちいったかと思われたとき、日本政府の頭をもっとも悩ませたことは、5月末に予定されている天皇・皇后の南米訪問までに、この問題は解決できるのだろうか、しかも人質に多くの犠牲者を出すことなく……ということだったろうと推定できる。問題は何よりも、天皇誕生日を記念するレセプションの場で起こったのだから、事件が未解決のまま、あるいは多大の犠牲者を生み出して『解決』をみた場合にも、当事者が平気な顔をして近隣の国々を訪問できるわけがないと考えるのが当然というものだろう」。

日本政府の「平和的解決」を求める動きが続いて、二月一日にカナダのトロントで橋本（首相）とフジモリ（ペルー大統領）との会談が持たれることになるのだが、この点について、太田はここで、こう続ける。

「この会談結果について、日本のマス・メディアは『平和的解決で合意』と報じた。後日明らかになったところによると、現地にいた共同通信の某記者は、橋本が『武力解決を事実上容認』との解説記事を東京に送ったという。踏み込み過ぎと判断した東京のデスクはこれをボツにした。結果から見ると、この記者の観測が正しかったことになる」。

太田は、この会談は、四月末までに「解決」を希望する日本政府（橋本首相）が「武力解決を淡々とであっても容認した」と推定している。

この推定には、かなりの根拠があると、私も考える（この点については、フジモリ大統領の来日に抗議するデモ〈七月二日〉の後の討論集会〈七月六日〉でも私が発言したことでもある。この集まりは、緊急に明らかになったフジモリ来日〈フジモリと首相・天皇らの会談〉に抗議するために、太田と私の二人の呼びかけで持たれたもの）。

太田の分析に国内の「右派」の動きもプラスして判断すべきだと思う。天皇アキヒト（夫妻）の中国訪問の抗議で、非常に見えやすく公然化した、彼等の「謝罪外交」反対運動。これは、保守系議員を大量にまきこんだ、政府をゆさぶる大きな動きであった。そして、阪神大震災直後の皇太子（夫妻）の中東訪問、この時も、国内の「危機」に対処せず、「外遊」は許されないとの非難の声が、「右派」によって大々的に組織された。その結果、皇太子（夫妻）が、スケジュールを縮めて帰国したことも、まだ記憶に新しいことである。

ナマの政治にタッチして、天皇の責任が問われるようなことになってはいけない、という論理で、「皇室外交」（とくにアジアへの）に反対という「右派」グループは、権力の内部に強力に存在しているのである。

ペルーの「人質」がそのままで、天皇が隣国であるブラジル、アルゼンチンに訪問することに反対という声が、すでに存在していたことも、おおいに予想できることだ。

橋本首相は、その意味でも「解決」をいそがざるをえなかったことも確かなのである。

『週刊ポスト』（七月二十五日号）には「〈知られざる危機管理スッパ抜き！〉『天皇ブラジル外遊』で橋龍・外務省を動転させた『脅迫電話』」という記事が載った。

「ブラジリアの日本大使館にかかってきた一本の電話が、一瞬にして随行団と日本、ブラジル両国政府、さらに、アメリカ政府までも極度の緊張に陥しいれた。

日本大使館の電話交換手がその電話を受けた。／男の声だった。

『ブラジル連邦警察の者だ』

男はそう短く名乗り、訛りの強いポルトガル語で、次のひと言をいい残して切ったという。

『われわれは日本のエンペラーを暗殺する』――

交換手はすぐさま警備担当の一等書記官に報告した。／テロ組織が警察や軍内部にメンバーを潜入させることはありうるし、途上国では警察官、軍人が要人暗殺に関わることは珍しいことではない」。

「……天皇、皇后のブラジル訪問がペルー日本大使公邸人質事件の武力解決直後だったことから、《暗殺予告電話》の背後に、報復テロを連想して当然だろう。しかも〝警察官〟なら天皇、皇后に近づくことも難かしくない。／前触れもない1本の《脅迫電話》に、日本大使館が瞬時に凍てついたとしても無理はない」。

ブラジルの首都ブラジリアに天皇（夫妻）滞在中の六月三日の脅迫電話。橋本首相は次の三点を指示したと、この記事はつたえる。

「〈万が一の場合に備え、警備を一層厳重にせよ。金はいくらかかってもかまわない〉／〈在ブラジル日本公館の電話機すべてに盗聴装置と逆探知機をセットせよ〉／〈経過を逐一、報告せよ。ブラジル政府とは東京が直接協議する〉」。

「橋本首相は情報不足に焦燥感を募らせていたという。／『リマの報復ではないだろうな』／報告を受けた時の第一声はこうだった。／橋本首相は現地対策本部への指示と同時に、外務、防衛、警察の各省庁にあらゆる方面から情報収集を行うように指示した。／宮内庁では鎌倉長官が両陛下に随行していたため、残った職員全員に禁足令が出された。外務省、宮内庁では橋本首相に歴訪中止を進言することが一時真剣に討論された」（傍点引用者）。

「元首の危機」などと書きたて、象徴天皇元首化キャンペーンに一役買っている（外国にはすでに「元首」としてふるまっていること、外国はそのように受けとめ続けている事実、これは忘れるべきではないが）この記事を、どう読むか。

結局、ハードな警備をよりハードにして天皇（夫妻）はスケジュール通り動いたわけであるが、「リマの報復」はあって当然のことと、政府首脳が受けとめていた点にこそ注目すべきだ。

「皇室外交」をスムーズに展開するための「武力解決（MRTAメンバーみな殺し）」の容認。このフジモリのテロに加担した橋本首相らの、天皇への報復テロへのおびえ。

血まみれ（政治・軍事まみれ）の「皇室外交」の実態が、そこにはクローズアップされているではないか。

来日したフジモリに、橋本首相は「今年度分として約四百二十六億円の円借款の供与などの経済協力」の約束をしつつ、フジモリのテロ政策への感謝を、あらためて表明した（『産経新聞』七月三日）。

その記事は、天皇とフジモリの約三十分の会見（三日午後）についてもふれており、以下のような言葉を天皇が吐いたとつたえている。

「私の誕生日のレセプションに起きたことに心を痛めています。大統領と政府のご尽力で解決されたことを深く感謝しています」。

投降した人間をも含めた、だまし討ちでの〝みな殺し〟を、天皇アキヒトは断固支持し、「感謝」してみせたのである。

この天皇・フジモリ会談がどのような「外交」であったかは、もはや、こまかく論ずる必要はあるまい。

血まみれの「外交」のしあげの「お言葉」。

「軍事作戦終了後、フジモリ大統領は勝ち誇った表情を浮かべながら、邸内を巡回した。一階から二階へ上がる階段の途中には、セルパとロハス（通称アラベ）の死体が転がっており、大統領はそれを見下ろしながら階段を上った。日本ではぼかしが入れられて曖昧な画像になったが、セルパの首は半分だけ切り裂かれ、喉仏が真っ二つにされていた。そしてロハスの首は先から見当らなかった。切り口は明らかに刃物で切られていた。見せしめに、首が切り裂かれたのであろう。事実、ペルーにおいては、この映像がぼかしもなくこれ見よがしに繰り返しテレビで放映されたという。フジモリ大統領は、こうして、ペルー民衆を威嚇したのだ。

また、特殊部隊が邸内をほぼ制圧した段階で、三人ないし四人のMRTAメンバー（うち一人は女性）は『投降』し、武装解除されていた。兵士たちは彼（女）らを思い切り蹴ったり殴ったりした後に、公邸外に連れ出そうとした。『頼むから殺すな』と日本人の人質が叫んだ。『チャビン・デ・ワンタル』とフジモリ大統領によって名づけられたトンネルを抜けて周囲の民家の一角に連れ込まれた彼（女）らは、そこで処刑されたのだろうと、現場にいた報道者は言う」（太田昌国「チャビン・デ・ワンタル、哭く」『インパクション』103号）。

まったく人権を無視した獄中政治犯の処遇、貧富の差を拡大し、貧者を大量にうみだす経済政策、これらにMRTAは抗議して、政治交渉に入っていた。その限りでは、当然の抗議内容であった。その交渉途中での〝だまし討ち〟。投降した人間をもリンチしたあげくに殺し、リーダーの首は切り落して、テレビでそれをクローズアップ。見せしめの脅迫。結局、大量の「人質」を一人も殺すことはしなかったMRTA占拠メンバーは、みな殺しにされたのである。

このハレンチな大虐殺を、日本のマス・メディアはこぞって賛美してみせた。国会は感謝決議をあげ、首相は経済援助の強化を約束しつつ感謝し、天皇アキヒトは「深く感謝」。

「皇室外交」のスムーズな展開の条件をつくりだしたことへの「感謝」なのだ。

天皇（夫妻）のブラジル・アルゼンチン訪問をはさんで、「右派」メディア中心に、フジモリの「勇気」をたたえ、日本政府（橋本首相）の「平和解決」をタテマエ的に主張し続けた弱腰ぶりを非難する声がマス・メディアで大きく組織された。

警察の特殊部隊と自衛隊の協力の強化も語られ、武力による「危機管理」体制の拡大が叫ばれたのである。

そして、こうした声は、「ガイドライン安保」のみなおし（有事〈戦争〉法づくり）による戦争を具体的に遂行する国家（戦争国家）への転換を進める政府の動きを正当化するキャンペーンへと、連動していった。

だいたい、武器をすて手をあげた人々をメチャクチャにリンチしたあげくに殺す「勇気」などを賛美することが、どうしてできるのか。

安保「再定義」の実質化を進める日米政府が準備している暴力（戦争）が、どのようなものであるのかを、このハレンチな暴力（虐殺）が象徴しているといえよう。

「皇室外交」とこの暴力が一体のものである事実を、今回の天皇（夫妻）の南米訪問は、鮮明に示してみせたのである。反天皇制（反「皇室外交」）運動は、こういう視点をふまえて、さらなる軍事国家化に抗する反安保運動と合流していかなければならないのだ。（八月十九日）

［『インパクション』104号・97年9月］

［1997/11］

ダイアナ事故死フィーヴァーをめぐって

ダイアナの交通事故死に始まる一週間以上のマス・メディアの騒ぎには、本当にあきれた。イギリスもすごいものだったらしいが、日本のメディアも大騒ぎ。

半旗がかかげられ、記帳に徹夜で人がならび、いろいろなイベント（祭り）が「自粛」される。

イギリス（ロンドン）の人々の動きと、マス・メディアの今までのスキャンダルを後景にしりぞけた、「悲劇のプリンセス」一色のダイアナ賛歌の大洪水をみせつけられ、私はやはり、天皇ヒロヒトXデー（死亡）前後の状況を想起せざるをえなかった。

もちろん、花束の山がきずかれる風景は、日本にはなかったし、おどろおどろしい神道儀礼のごとき宗教儀式の連続というようなことは、イギリスではなかった。

しかし、全国民が弔意を表明しているというムードが、マス・メディアによって強烈につくりだされ、そのムードがさらに人々をかりたてるというメカニズムは同じであり、「自発性」がいたるところでマス・メディアによって組織されたという点で共通している。まるでダイアナの死の追悼などに関心などなく生きている人々が存在していないかのごとき排外的な気分がそこにつくりだされていたことも確かである（追悼しない人間は「非国民」といったムード）。

エリザベス女王の父であるジョージ六世の死んだ時（一九五二年）と比較して、はるかに大量な記帳者が続々とつめかけた。これはダイアナ人気のすさまじさを見せつけるものであるとはいえるが、その「人気」はマス・メディアの発達によってつくりだされたものであることは、あまりにも明らかである。

パパラッチ（追っかけカメラマン）の追跡が事故死の原因であり、パパラッチとともに彼らの写真を高く買うメディア（主要に大衆紙）への非難が最初は高まった。しかし死んだ運転手が泥酔しており時速一九六キロの猛スピードで走っていたことか明らかにされ、ともに死んだ新しいエジプト人の大金持ちの恋人との結婚を阻止しようとした英仏両国の秘密情報機関が仕組んだ謀略だという声がエジプトなどからあがり、パパラッチ非難のトーンはダウンした。その恋人の一族の裏の顔が武器商人であるという話など、その後も様々な「情報」が飛びかっているわけであるが、こういう死にかた、死のあつかわれ方自体が、ダイアナが情報社会《マスコミ》のシンボルにつくりあげられた結果の産物であることをよく示している。

象徴天皇家（皇室）とイギリス王室のマス・メディアを媒介にした「国民」統合の政治力の共通性。この点は、このように分析できると思う。

もちろん、両者の違いも、また明白である。それは、チャールズ皇太子と離婚し「元妃」であったダイアナ（まあ、離婚できてるところが、すでに皇室とは違う）賛歌の高まりは、王室の人気回復とは反対に、ダイアナに冷たい王室（エリザベス女王とチャールズ皇太子）への非難の高まりという具合になっていることに端的に示されている。

「今回のダイアナ元妃の死に際して、ブレア首相は、直ちに民意を酌み上げた。ダイアナ元妃の死が国民に与えた衝撃と哀悼の念を直ちに理解した。そして王室存続のためには、国葬は無理でも、それに準ずる規模、格式の葬儀にせざるを得ないと知ったのだ。だが聡明な彼は、女王がそうした大規模葬儀を望まないことを、英王室を破壊した元凶のダイアナ元妃に好ましい感情を抱いていないことも理解していた。それを理解しつつも、バッキンガム宮殿に葬儀の形式について働きかけた。

ブレア首相がその際利用したのは、ダイアナ元妃の肩書である。『ハー・ロイヤル・ハイネス（妃殿下）』という称号はなくなったが、準皇太子妃である『プリンセス・オブ・ウェールズ』のタイトルはついている。正式の王族のメンバーではないが準王族である。だから国葬でも王室葬でもないが、それに匹敵する規模の葬儀を与えるべきと主張し、バッキンガム宮殿を説得した。『ユニークな人のユニークな葬儀』という新しい独自のやり方を見いだしたのである」（「ダイアナ元妃『死』が幕を開けた英王室の『危急存亡』劇」『サンデー毎日』九月二十八日号）。

マス・メディアがダイアナ賛歌をかなで、弔意をあおり、首相がその「民意」をテコに、エリザベス女王を説得して、「国民葬」が国家的に演出されていったわけである。

ここでまちがうと英王室が国民にそっぽを向かれてしまう。「英王室を守る」ため首相は、そのつくりだされたダイアナ人気を、うまく王室の内側にとりこもうとしたわけである。

しかし、それは、それほどうまくいったわけではなかった。マス・メディアに演出された、全国民追悼ムードに突き動かされて、王室がしかたなく追悼劇の中心にすわったことは、隠しようもなかったからである。

『朝日新聞』の「世論巻き込み王室批判」（九月十日）が、この問題を整理して示している。

ダイアナの死んだ八月三十一日の夜に、王室評論家アンソニー・ホールデンが、バッキンガム宮殿前からテレビ中継で「おそらく、ロンドンで半旗がないのはここだけでしょう」と発言したことがきっかけで、「王室は冷たい」という「国民」の非難がつくりだされていったとこの記事はつたえている。

しきたりとしては、そこに半旗がなかったのはあたりまえであったが、「非常時には例外があってもよいのでは?」のホールデンの発言に多くの賛意が組織されたというのだ。

この第一幕につぐ第二幕はこうである。

「バッキンガム宮殿は事故当日、『女王と皇太子は深い衝撃を受け、悲しんでいる』との声明を発表した。わずか二十四語。ダイアナさんの名前も、その死を悼む言葉もなかった。宮廷官僚はプロトコール(典礼)と前例に従い、自然災害の時と同じ要領で仕事を進めていた」。女王の判断は、「密葬案」だった。ブレア首相が動きチャールズ皇太子に国民の気持をくむことを進言。「国民葬」となったのである。

第三幕は、記帳の人の波の高まりを背景にした大衆紙『サン』などの「そっけない声明」だけの王室への批判の浮上。

「ロンドンに戻らない理由を、宮殿は『二王子をメディアの好奇の目から遠ざけ、立ち直りを助けるため』と弁明」。/ブレア首相はチャールズ皇太子に電話した。『物事は悪い方向へ向かっている』。ここでもブレア首相がチャールズ皇太子をつつき皇太子が女王に働きかける(この時は夫フィリップ殿下が皇太子に味方したらしい)という構造で、王女はしぶしぶ半旗をかかげ、追悼の「ふり」。

ラストの幕はこうだ。

「三日午後、バッキンガム宮殿は『ひつぎを一目見たいと集まってくる国民の数を考えると、距離が短すぎる』(ガーディアン紙)との批判があった葬列ルートを『三倍強に延長する』と発表した。『女王と皇太子が、国民の励ましに感謝している』とのメッセージも公表した。だが、またもダイアナさんの追悼の言葉を欠いていた。/四日朝の各紙は、さながら『王室批判』のオーケストラだった」。

その結果、葬儀の日は、バッキンガムに半旗が掲げられ、予定を早めに首都に特別機で着いた女王は、ダイアナを賛える言葉を、テレビに向かってはいた。

テレビと新聞(主に「大衆紙」)というメディアに、そのメディアがつくりだした大衆の追悼ムードに王室のプライドは屈服を強いられたようである。

結局、パパラッチ批判でスタートしたダイアナ報道は、批判された大衆紙の逆襲の成功というかたちでおちついたのである。民衆とともにいるダイアナというイメージで、王室を批判するメディア。マス・メディア側の勝利していくプロセスが、ダイアナ神話(悲劇のヒロイン物語)の定着という状況をつくりだしていったのである。チャールズ皇太子を飛ばしウィリアム王子を王にとの声も強くなり、エリザベス女王とチャールズ皇太子の人気は大きくダウンに向かっている。王室存亡の危機というわけである。

これは、イギリス王室とメディアの関係が、新しいラウンドに入ったことを示している。

『イギリス王室とメディア』(一九九五年、筑摩書房)で水谷三公は、一九三六年に死んだ国王ジョージ五世の死が、国王の好んだ『タイムス』(高級紙)の発売(朝刊)にまにあわせた、国王のきらった扇情的大衆紙(夕刊)の情報独占になる時間をさけるための、安楽死であった事実を明らかにしている。

この本は、ラジオに出ることをしぶりながらも最初に出た王であるジョージ五世の息子、次のエドワード八世が、大衆メディアの王となっていく過程を具体的に分析している。ここから始まった王室と大衆メディアの関係のありかたの歴史が、ダイアナの死をめぐる報道で、とにかく一つのサイクルを終えたともいえるだろう。

マイケル・ビリックの、王室とそれを支える民衆意識のあり方を調査し、リアルに分析してみせた『イギリス王室の社会学』(社会評論社)の解説で、訳者の一人である野毛一起は、このように書いている。

「こうして、大衆は王族たちの『素顔』を欲望する。『日常的であることが非日常的であるような存在』としての王族たちは、『裸の真実』（これ自体が作られた真実であるという複雑な関係はある。それゆえ『裸の真実』とは『物語』でもある）へと世俗化されていくシナリオの中で、神秘化されるのである。むろん、この世俗化要求は、どんなに激しいブーイングやスキャンダルの暴露があろうとも、君主制の廃止、王室の全面否定とはならない。本書でビリックが、どんなに激しいスキャンダルの嵐が吹き荒れようとも、その嵐自体が王室を擁護する力になるだろうと考えているのは正しいのである」。

こうした評価は、ダイアナ・チャールズスキャンダルの時点を考えてみれば、まったく妥当であるといえよう。そのスキャンダルが民衆の王室への関心を強めさせ、大衆の現状への不満のエネルギーを、イメージとしての物語へ、王室への非難あるいは共感という通路から誘いこんでいったのである。王国の物語の大衆的参加がそこにあるだけなのだ。

ただ、今回の離婚したダイアナの逆襲に心情的に加担した大衆と王室の関係は、少々むずかしい。

これも広い意味での王国の物語への大衆的参加の政治セレモニーではある。しかし、エリザベス女王とチャールズ皇太子へのブーイングは、王室を追われたダイアナへの同情によって生まれているのである。いってみれば王室のイメージ自体が分裂し、二つあるようなかたちになってしまって来ているのだ。

この対立は、スキャンダルやブーイングを「王室を擁護する力」にすんなりと転換させない要素なのだろうか。さらに、王室とマス・メディアはあらためて、どういう関係をつくりだしていくのだろうか。

この点は、じっくり見ていくしかない。『イギリス王室の社会学』でマイケル・ビリックは、あの人たちのように生きたいというあこがれを、特に女性たちに感じさせる力を、「王室が持つエロス的な力」と表現している。

この「エロス的な力」は皇室にもある。美智子が雅子が紀子が、そういう力を、マス・メディアのパワーを媒介にして、発揮し続けている。

自分たちの現状への不満や疎外感を、イメージとしての王室（皇室）の物語を生きることで、解消してしまう大衆。この私たち大衆のありかたを変える。不満や矛盾の現実を、それ自体として直視し、それと闘っていく具体的な関係をつくりだしていく。

このことなくしては、民衆が自分たちの自己決定としての〈民主主義〉政治を生きることはできない。

これは、王室体制下を生きる民衆にとっても皇室体制下を生きる私たちにとっても共通の課題である。

ダイアナ騒ぎは、あらためてそのことを私たちに確信させた。

［『月刊フォーラム』・97年11月］

[1997/11]

ダイアナの死をめぐる報道

「慈悲深いプリンセス」の神話とコンプレックス

私もメンバーの反天皇制運動連絡会は、この間ガイドライン安保と有事法制づくりに反対する共同の行動への参加以外に、「組織的犯罪対策法」という、警察権力の盗聴を合法化する内容の、うまく使えない「破防法」にかわるものともいえる弾圧立法への反対運動、天皇イベント・スポーツである大阪国体と長野オリンピック反対運動に取りくみ続けてきた。

十月二十四・二十五日は、「国体に異議あり！　大阪連絡会」の呼びかけにこたえて、現地での集会とデモに参加。二十四日、集会場につくと、中心の活動家一人が「予防拘禁」で逮捕、自宅と連絡事務所に家宅捜索されたことが報告されていた。

なんと、何日も前の国体のステッカーを一枚はがしたこと（ワッペンのようなものですぐ取れるもの）を口実にしての事後逮捕だという。罪名は窃盗。あきれた手口である。

天皇警備は、なんでもあり。こういう権力の姿は、ますます強化されているといえる。それは、二十五日の街頭デモンストレーションの解散地での私たちに対する暴行にも、よく示されていた。この日抗議デモの参加者は二百人以上。この隊列の横に、私服刑事（公安）がなんとほぼ同数の二百人以上ゾロゾロくっついて歩いたのである。あげくに、解散地の公園の入口は、日も沈んだ時間で、うす暗い。車の中の荷物をとりに行こうとした私を多数の私服が取りかこんで、つきとばしたり、けりあげたりの暴行。自転車で入ってきた通行人が自転車をひっくりかえされて、まきこまれて騒ぎが大きくなり、うまく脱出できたが、集会・デモ参加者を見えないところにつれこんで暴行するなどということはあたりまえといった態度であった。東京からわざわざ私たちをつけてきた公安刑事の姿もあったが、彼等も大量の結集でもりあがり、非合法警察の本質をストレートに露出させていた。

手帳でのメモとり、ビデオやカメラで写真撮影を、すさまじい人数の私服刑事がおこなっている様は、この国に「思想・表現の自由」などがどこに保障されているのか、とあらためて考えこませる風景であった。

「組対法」づくりに賛成している刑法学者や弁護士らには、盗聴を見えるかたちで合法化すれば、警察による盗聴のエスカレーションがふせげ、人々の人権もそれなりに守られる、などと主張している人間が多い。

こういう論は、現実を無視した愚論の典型である。すでに公安警察は、様々な人権侵害行為を、人々にあまり見えないところで、日常的にくりひろげている。非合法であるにもかかわらず、盗聴もあたりまえになっている。こんな彼等が、それが合法化されれば、いったいどんなにひどいことをしだすかは、あまりにも明らかではないか。

私たちは、ひどい「組織的犯罪」を行っている日本最大・最悪の団体は国家権力（警察）であることを、体験的によく知っている。その国家の、人権侵害権をさらに強化する法律などに誰が賛成しよう。大阪国体を前にして、公園の野宿者の追放を行政—警察一体化して展開していることも集会で報告されていた。

「ふれ愛」をキャッチフレーズにし、外国籍の人らにもひらかれたものであることを売りものにした「なみはや国体」（第52回）は、本当は〈天皇は一万人の警察官でガードする、野宿者は死んでもかまわん〉という姿勢によって支えられているものであるにすぎないのだ。

こうした、天皇スポーツ・イベントに抗議する運動の中を走りまわりながら、この時期の私たちの話題の中心は、やはり、イギリスのダイアナ事故死をめぐる事態についてであった。

日本のような人権無視の重警備が王室警備として日常化してはいないことは、よく知られているが、やはり特別に聖化されている王らが存在しての王制である。

八月三十一日、元英皇太子妃ダイアナが恋人のエジプト人、そして車の運転手とともに交通事故死。この件をめぐるマス・メディアの（イギリスはもちろん、テレビ・芸能新聞〈スポーツ新聞〉・女性週刊誌を中心に日本のマス・メディアの）騒ぎは、かなりのものであった。

この騒ぎから、ダイアナへの同情からのイギリス王室非難のさらなるエスカレーションの今日にいたる動きで、もっとも気になったのは、マス・メディアがこぞって、演出したとはいえ、多くのイギリス「国民」の「心から」の悲しみの身ぶりが、どうしてあそこまで「自発的」に生まれたのかという点である。

なぜ、あれほどたくさんの花が投げられ、あれほどの涙が流されたのか。

イギリス・トロツキストのロッド・マーシャルは「ダイアナの死――支配階級内部の闘争と社会主義的未来への闘い」（『かけはし』十月十三日号）で、こう語っている。

「ちょうどソープオペラ（昼のメロドラマ）の登場人物が死んだときに人々が泣くように、人々はダイアナが死んだ時に泣いた。多くの人がコメントしているようにわれわれは個人的にダイアナを知らなかった。しかし、それは実は問題ではない。／もしわれわれが自分の苦しみを投影して、いささかの慰めを得るならば、われわれは自分の苦しみを投影した人の苦しみを知ることになる。われわれは自分自身を知っている程度にダイアナを『知っている』のである」。

本当は知らない人だけど、マス・メディアでよく知っている人。イギリスをおおった追悼ムードは、まともな追悼（具体的な知人・友人を思う気持）などではない。多くの人々の生活的不満、苦しみの、ダイアナの悲劇への投影の結果であるというのだ。

平井純一は「ダイアナの事故死によせて」で、こう論じている。

「民営化・規制緩和の政治によって切り捨てられた下層の人々は、『福祉に熱心なダイアナ』に救いを見いだしていたのかもしれない。そしてそれがダイアナ人気の秘密であったとすれば、英王室から排除されたダイアナへの思いは、必ずしも『王室人気』の復活につながるものにはならないだろう」（『かけはし』九月十五日号）。

〝パパラッチ〟の追っかけ非難とタブロイド紙の報道姿勢への批判が支配的であったスタート時の報道への同調は、すぐ、テレビやタブロイド紙がつくりだした「庶民の心の女王ダイアナに冷たいイギリス王室〈チャールズ皇太子・エリザベス女王〉」批判のトーンへの同調へと大きく転じていった。

追っかけカメラマンによる死ではなく、酔っぱらって、薬をのんでいた運転手のスピード運転のための死という、死因の認識の変化が、この転換をつくりだす契機になった。こうしたタブロイド紙（「大衆紙」）非難から「大衆紙」中心の王室非難のトーンへの同調が、どういうプロセスでつくられたかは、すでに前の論文で検討した。

今度のダイアナ・フィーヴァーは、マス・メディアを舞台にした悲しいおいたちの高貴なダイアナの「慈悲深さ」のパフォーマンスにわが身の不幸を倒錯的に投影する多くの民衆の存在によってつくりだされたとする、平井の一般的分析には根拠がある。

浅見克彦は、この大衆心理に、別の角度から、より具体的に切りこんでいる。多くの人々の倒錯的投影を加速する心理的要因に、「ダイアナ・コンプレックス」があるというのだ。下ネタゴシップ中心の低俗報道への欲望と、その負い目を逃れるためのマスコミ批判という矛盾した二つを抱えこんだ存在としての庶民。さんざんスキャンダルを楽しんできたその庶民の、その「負い目」（コンプレックス）が〝パパラッチ〟そして王室への非難に向かわせている。スキャンダルを後景にしりぞけ「慈悲深い悲劇のプリンセス」というイメージを庶民がダイアナに投影する心理の中に、そうしたコンプレックスがあるというのだ（「ダイアナ・コンプレックスの危い行方」『反天皇制運動じゃーなる』3〈十月十四日〉号）。

この分析は鋭い。私は、浅見のこの主張を眼にして、彼女の死の夜を思いだした。

ダイアナの死は、八月三十一日の深夜に事務所にいる時に電話で知らされた。「号外も出ている。テレビをひねれば、特別な報道がすでに流れていると思う」。こんな連絡だった。いそがしかったので、テレビを見るかどうか迷ったが、とにかく少しは見ておこうと思って、チャンネルをガチャガチャしてみた。何チャンネルか憶えていないが、若い女性のニュースキャスターが深刻そうな表情で、こんなふうに話していた。「なにかダイアナさんの命を私たちが消費してしまった、そんな気持がします」。となりに座っている芸能レポーター梨本勝も、これまたいつになく深刻そうな顔で、うなずいていた。

ダイアナの死をも大々的に「消費」する番組で、そんなふうに語っている女性らの発言を、私は複雑な気持で聞いた。なんたる欺瞞といってしまえばそれきりの話であった。しかし、彼女らは主観的には少々マジなように思えた。あそこでは、スキャンダルをつくりたれ流したマス・メディアの側の人間のコンプレックス（負い目）が正直に語られていたのではないか。

劇的な死を契機に、マス・メディアに「美しき心のプリンセス」物語づくりにこぞって走らせたのは、マス・メディアの記者らにもダイアナ・コンプレックスがあったからではないか（その日のテレビにすでに「悲劇のプリンセス」というトーンでまとめられた回想フィルムが流れていた）。日本のマスコミ人にも、瞬時そういう気分が流れたのだから、イギリスにおいては、もっと強烈であっただろう。多くの人々のダイアナ・コンプレックスとマスコミ人のダイアナ・コンプレックスが連動・クロスして、「聖ダイアナ」物語をつくりだしていった。そう考えることはできる。

浅見は、このダイアナ・コンプレックスを心理的バネとしたイギリス王室批判は、「王室の求心力を減殺するものではなく、むしろあるべき王室を求める人々の関心」によるものであるから、君主制自体を強める結果につながっていく可能性が大きいと、ここで語っている。王室（王制）の危機などと簡単にいうなというわけである。

私も、基本的にはそう思う。しかし、とりあえず、ダイアナ人気が王室非難というかたちで盛り上がっている状況の特殊性を無視すべきではあるまい。その状況が強いるイギリス君主制の変容に注目すべきであろう。

と同時に、美しく正しい王制あるいはダイアナを求める大衆心理（これはゴシップとスキャンダルを欲望する心理とメダルの表裏である）、その幻想のイメージに自己の不満や不安を倒錯的に投影して「安心」する大衆（下層の）心理それ自体を撃つことこそが大切であるという平井や浅見の原則的立場をこそ私（たち）も共有すべきだ。

皇室の障害者施設訪問時、天皇や皇后の慈悲深さをメディアで演出するため、障害児が休日なのに強制的に学校に呼びだされたりしている実態。こうした欺瞞に私たちは強い批判の言葉をなげかけてきた。

このような物語への介入、具体的批判を、私たちはダイアナのマスコミじかけの物語にも忘れるべきではない。

ともに死んだ恋人ドディ、ひと月の小遣いが二千万円といわれる高名なこのプレイボーイ。この男の財源である彼の父は国際武器商人とくんで一財産をきずいた人物。「死の商人」の流す大金で、男とたわむれていたダイアナの「地雷撲滅キャンペーン」活動。ここには通常の慈善は欺善に通ずるといった一般性を超えた欺善と欺瞞がある。

このインチキを正面からキチンと具体的に批判し続けること、こうした作業こそが、今、大切である。

「悲劇のプリンセス・ダイアナ物語」への心情的加担は、「慈悲深き皇室」という物語へくみこまれていく心理に通底しているのであるのだから。

天皇・皇后に「汚れた」野宿者を見せないようにする。そのためには、野宿者がどうなったってかまわないのだ。

アキヒトがミチコが福祉施設などをたずね、慈悲深い皇室のイメージをマス・メディアを媒介にして、日々ふりまきつづけている。そして、その笑顔の裏では、野宿者の追放が暴力的に行なわれているのだ。まったく人権を無視した暴力的な天皇警備も展開されているのである。

ふりまかれる「美しさ」と「正しさ」のイメージと、実態としての差別的な暴力。こういう存在であるという点では、イギリスの王室も日本の皇室も同じである。

国家の「聖性」を一身で王らが担うというシステムがそれを必然化するのだから。

自分たちの不満や不安、苦しみを、ダイアナ（元妃）や皇室の「美しい物語」に倒錯的に投影する大衆心理（私たちも無縁とはいえないそれ）に批判的に介入しうる反天皇制運動が、さらに追求されなければなるまい。（十月二十七日）

［『インパクション』105号・97年11月］

[1997/11]

坂本多加雄の天皇観

「自由主義史観」の第二ラウンドの新しいイデオローグ

「第二ラウンド」あるいは「新しいステージ」

自由主義史観研究会は、この間、中学校の歴史教科書の中から従軍慰安婦の強制連行という記述を削除する要求をかかげ、地方議会で決議をあげるという活動を展開して、マスメディアの注目を集めた。

彼等のこうした右翼でおなじみの活動スタイルの選択は、会の代表である教育学者藤岡信勝の「大東亜戦争肯定史観」にも「東京裁判史観」にもくみしない「自由主義」なる立場という主張を、もう一人のイデオローグ西尾幹二の「大東亜戦争肯定史観」よりの主張に接近させる結果になった。

漫画家という、自分の職業をフルにいかして、話題をつくり続けた小林よしのりの政治主張も、以前から『諸君！』とか『正論』『文藝春秋』などの右派メディアで語られ続けてきた、パターン化された「戦後革新」批判の「物語」以上のものでは、まったくなかった。主張の「新しさ」が、ほとんどそこには認められないのである。

それでも、この研究会の活動は、他方で「新しい歴史教科書をつくる会」を発足させた。

阿川佐和子・小林よしのり・坂本多加雄・高橋史郎・西尾幹二・林真理子・深田祐介・藤岡信勝・山本夏彦という呼びかけ人の名前を眼にした時（一九九六年十二月二日）、私は、坂本多加雄の名前があることに、一瞬、オヤッと思いつつ、ナルホドそういうことかという気持になった。

「どの民族も例外なく持っている自国の正史を回復する」ことを訴える、このグループの活動の中心は、坂本ということになるのかもしれないなと予感したのだ。

その時、私は彼の『象徴天皇制度と日本の来歴』（都市出版・一九九五年）に眼を通していた。坂本の語り口は、それなりに「新しかったし、表面的には非常にソフトで「リベラル」な印象を与えるものであった。ゴリゴリの右翼のイメージをふりはらい、「自由主義」の看板をいかした「新しい歴史教科書」という方針で、彼等が活動を再活性化していこうということになるとすれば、坂本は適任だ。

私の予感はあたり、「新しい歴史教科書をつくる会」の第二回シンポジウム（一九九七年六月三十日）では、坂本が「歴史教科書をつくる際の12の要点」という基調報告をしている。このシンポの司会者である西尾幹二は、「私たちの活動も第二ラウンドに入ったという感じです」（『正論』一九九七年十月号にその記録が収められている）と語っているが、第二ラウンドの中心のイデオローグとして坂本が浮上してきているのだ。

『産経新聞』（一九九八年一月七日）にはこうある。

「次代の日本を背負う子供たちに正しい歴史を伝えることを目指す「新しい歴史教科書をつくる会」（西尾幹二会長）は六日までに、次の平成十一年度文部省検定（十二年度採用、十三年度使用）に向けて中学校用教科書の編さん作業を開始した。／同会が作成する教科書は『歴史』と『公民』の二種類。それぞれの教師用指導書と自習ノートのほか、検定を目的としない歴史教科書のパイロット版『国民の歴史』（仮題）もあわせ、計七点の出版を目指す。発売は扶桑社。編集作業その他に産経新聞も全面的に協力する。／歴史教科書は坂本多加雄・学習院大教授、パイロット版は西尾幹二氏がそれぞれ責任執筆にあたる。パイロット版は通常の教科書の四、五倍の分量で物語風に書かれ、検定用の白表紙本ができる来春ごろ市販される」。

会の中で意見がわれ、まとまりがつかないという状態も予想できるが、とにかく坂本をも中心の一人にすえて、彼等の教科書づくりは開始されたようなのだ。

栗原幸夫は「『自由主義』以後の思想的境界」（『反天皇制運動じゃーなる』6〈一月十三日〉号・反天皇制運動連絡会〈Ⅳ〉発行）で、こう語っている。

「ではこの坂本の登場によってひらかれた新しいステージとはどういうものかというと、それをひとくちで言えば、自虐史観批判というわばネガティブなところから出て、もっとポジティブに日本の歴史（彼の独特のカテゴリーを使えば『日本の来歴』）を語るような統一的な歴史観をつくるということである。そして坂本が彼の著者『象徴天皇制度と日本の来歴』（都市出版）で言うところを読めばわかるように、この要請に応える歴史観は、もはや『自由主義史観』がたとえ建前としてだけであったにもせよもっていた多様性の容認とは対立する、国民統合の基軸としての『象徴天皇制史観』なのである」。

ここでの私の課題は、この「第二ラウンド＝新しいステージ」に登場した坂本の「天皇観」の批判的な検討である。

「来歴」

坂本の天皇論の問題の前に、この間、アカデミズムの世界に身をおきつつジャーナリズムの世界で精力的に発言しだした彼の「来歴」について少しふれておこう。

一九五〇年生まれ。一九九一年に出版された『市場・道徳・秩序』の「あとがき」にはこうある。

「まず、筆者が東京大学大学院在籍の時期に、終始、ご指導頂いた松本三之介先生に感謝」。「また、大学院入学当初、ご指導頂いた石田雄先生にも感謝」。

専攻は日本政治思想史。山路愛山、福沢諭吉、徳富蘇峰らの日本の近代の入口の知識人の思想史研究がもっぱらのテーマ。

丸山真男の学派の流れに位置する人物である。そういうところから、右派のイデオローグが登場する時代なのだろう。坂本の文体に丸山の影響を読みとることも可能だ。もちろん彼は、丸山の思想史整理の「図式」から「はみだした側面」(『市場・道徳・秩序』の「序」)に注目する作業にこそ取りくんできたわけであるが。

ところで、坂本は「来歴」というカテゴリーについて、このように説明している。

「切実な自己理解の要求から語られた物語は、『真実性』を有する。ここでの真実性とは、まず当人の物語を構成している個々の出来事や思い出が、当人にとって真に実在したものであると考えられており、かつ他人も、その実在を何らかの形で承認しうることを意味する。……フィクションの文芸が、そこに登場する出来事が実在するという意味での真実性を持たないことは言うまでもない。そこで、人々が自らについて語る物語については、フィクションと区別して、来歴という言葉で呼ぶのが適切だと思われる」(『象徴天皇制度と日本の来歴』)。

そして、物語をフィクションと「来歴」(自己理解の要求から、真実性をもって語られるもの)とに区別した彼は、「物語としての来歴」の「筋」は歴史研究(厳密な因果関係を目指す)とは異なるものであるという説明をくわえる。

さらに、実業人の伝記の「筋」などを論じつつ、彼はこう述べるのだ。

「……歴史研究が目指すのは、成功に至る『原因』についての、外部の客観的な立場からなされる解明なのであり、これに対して、来歴が提供するのは、先にも述べたように、当人が目下の人生や社会に対して、ある特定の実践的な態度や方針をとるに至った『理由』なのである。すなわち、来歴の『真実性』とは、このような『理由』を真に開始しているのか否かという『信頼性』の程度に関わるのである」(同前)。

客観性を目指す歴史研究と区別された「実践的な態度や方針をとるにいたった理由」を提出するものとしての「来歴」。

しかしまだ、彼がアカデミズムの中でつみあげた思想史研究の成果を持って、なぜ右派イデオローグとしての「実践的な態度や方針」をとるにいたったのか、その理由は坂本自身によって具体的には語られていない。

そうした「来歴」の説明は、ストレートにはなされていないのである。しかし、手がかりとなる発言はある。少し検討してみよう。

湾岸戦争という「理由」

坂本は、個人の「来歴」の話から、「われわれ」の「来歴」、「日本人」「国民」としての「来歴」すなわち「国家の来歴」を語ることが大切であると論じ、戦後国家の「来歴」をこう論ずる。

「戦後の来歴については、さしあたり、日本国憲法の理念とされた平和主義と民主主義を軸とする物語を思い浮かべればよいであろう。そこでは、戦前までの日本が、非民主的な政体のもとにあって、対外的には、軍国主義の侵略戦争の道を歩み、その目論見が失敗した結果、『国民主権』の実現と非武装の確立という新しい理想に目覚めて再出発したという『回心』の物語が語られていた。湾岸戦争の際に、半世紀近くにわたる戦後の日本の『平和主義』の危機が叫ばれたり、ここ数年来の『戦争責任』・『戦後補償』をめぐる喧しい論議も、このような従来の来歴が改めて先鋭な意識の対象に上っていることのあらわれである」(同前・傍点引用者)。

湾岸戦争が、坂本にとっても転換点であったようである。

「かくして、こうした来歴のもと、日本人は、かつて、偏狭な『国家』観念の悪夢から目覚め、新しく、『人類』的立場において、世界に臨まねばならないという考え方が広がることになった。すなわち、この新しい来歴においては、そこで相対的な意義しか持たない『国家』という観念が忌避され、『人間』とか、『市民』とか、『人民』とかいった『普遍的』な名において、日本のありうべき態度が語られることになった。戦後の日本の来歴史が持っているある種のコスモポリタンな性格はそこに由来し、また、戦後の人々を捉えた『国際連合』への過度な思い入れも、そのことと無関係でない」（同前）。

「ところが、湾岸戦争以降、次第に明らかになってきたのは、日本が、国際社会での軍事を含めた活動への不参加を表明する際に、『人類』を主体とする来歴をその『理由』として掲げ、『人間』としての立場を強調しても、世界の国々が、必ずしも理解を示すものではないということであった。その場合、そもそも重要なことは、先にも述べたように、『平和と民主主義』というテーマは、それこそ『普遍的理念』として、世界の多くの国々で賛意を表明されることはあっても、その抽象性の故に、日本という特定の国家の長期にわたる事蹟を特徴づけるものとして受け止められる性格のものではなかったということであった」（同前・傍点引用者）。

平和憲法（九条）の理念を、最終的に崩壊させ、日本を戦争遂行可能（派兵）国家に転換するチャンスとして、湾岸戦争を位置づけた、日本の（そして米国の）支配者の「実践的な方針」にそった政治主張を、独得のカテゴリーを駆使して、彼は展開してみせている。

国家（戦争の主体としての）の復権の必要を、国民（国家に統合されたそれの）新しい歴史物語（来歴）をつくりだす必要を、彼は湾岸戦争時に強く感じたようである。

藤岡信勝と同様に、坂本にとっても湾岸戦争が、その決定的な「理由」なのだ。

坂本は、復権され、新たに語られるべき「日本国の来歴（物語）」の中心に、その「長期にわたる事蹟を特徴づけるもの」として、皇室制度を置く。それこそが「日本の同一性を保証するもの」だというわけだ。

湾岸戦争が、新しい象徴天皇解釈（「再定義」）の契機になったのかもしれない。

「実践的関心」に基づく天皇解釈

坂本は、こう語っている。

「皇室制度そのものが、日本の優越性とか、あるいは、『特別の使命』といった観念と必然的に結びついていると考える必要は必ずしもないであろう。日本は、それ自身の伝統を帯びた君主を戴きながら、世界の他の多くのそれぞれの伝統を帯びた君主制の国家と並んで国際社会に参加していると考えればよいのである」（同前）。

かつての「皇国史観」風なむき出しの排外主義の主張ではない。そして、坂本にとっては、天皇は、あくまで国家制度的な存在である（ただし、天皇制というマルクス主義起源の言葉は、使おうとしない）。

「『天皇』は、何よりも制度であり、また、『天皇』という言葉は、科学的術語のように、研究者によって任意に定義可能な操作的な用語ではない。とはいえ、このことは、天皇の意義について、唯一不変の絶対的なものがあることを意味しない。あくまで『天皇』という制度が、わが国の国家制度上どのように位置づけられてきたのか、また、『天皇』という言葉が、律令体制をはじめとして過去の法制において何を意味していたのかということを跡づけて、そうした過去の実践とそれへの解釈の集積をもとにしたうえで、現在の実践的関心に即して、解釈学にその意味を確定すべきである」（同前）。

坂本の「現在の実践的関心に即した解釈」によれば、例えば天皇の「大嘗祭」の儀式については、こういう論理になる。

「伝統の維持とは、それまでの形態の本質と思われる部分を、その都度、解釈を通して確認して、新たな形を与え、その活性化を図ることである」。

だから、儀式が実は「明治期」につくりなおされたものでも、なされない時期が長くあったりしても、問題はないのだというわけだ。伝統とは現代の実践的関心のもとにつくりなおされる（新たに解釈される）ものなのだと彼は論ずる。

ここに語り口のある新しさがある。

「……こうした天皇を劇的な中心に据えた儀式が国民という観衆の前で公然と挙行されるまさにそのことが『天皇は日本国の象徴である』ということの本来的な意味なのである」（同前）。

私は、以前、坂本の象徴天皇論についてふれて、こう述べた。

――天皇儀礼（形式）・天皇パフォーマンスの機能の積極的な意味を強調するスタイルの主張の新しさには着目すべきであろう（「象徴天皇制の『国際化』へ向けた『再定義』」『月刊フォーラム』一九九六年五月号）。――

坂本は、同一儀式のくりかえしや持続を「伝統」としてありがたがったりしない、儀礼の活性化へ向けた実践的な再解釈の必要をこそ説くのである。

国家を「想像の共同性」と考えたり、「国民国家」づくりの実践的目的のために「伝統」がつくりなおされたものであるという主張を、彼は否定しない。「想像」であれ、「幻想」であれ「つくりもの」であれ、それこそが必要なのだと論ずるのである。

「もともと、『伝統』というものが、本来、過去の思想や事実をそのまま維持することではない。その都度の新しい状況に対応しながら、一貫した理念のもとでの過去の事例の再解釈を通じて創造されていくものである。わが国の明治以降の天皇を中心とする国家儀礼も、そうした見地から認識し評価しなければならない」（『国家』観念希薄化の果てに」『外交フォーラム』一九九八年一月号）。

坂本は、この論文で、自覚的な国民・国家（天皇儀礼）づくりがないと「素朴で自然な同胞感情に由来するナショナリズム」が暴発する危険があると論じている。

「作為と自然」という丸山真男の図式がそこにある。作為としてのナショナリズム（「国民・国家」意識）の意義というわけだ。もちろん、実際は伝統と天皇儀礼をつくりなおし、解釈しなおす主体は日本社会のエリートたちであり、民衆はそれの操作の客体であるにすぎない。

坂本の天皇論の特徴は、このように天皇制の古くさい神秘性（宗教性）のベールを剥ぎ、その上で現在の実践的関心による「つくりもの」である点をこそ価値づけているところにある。

坂本は、大日本帝国憲法下の「現人神」天皇への回帰という発想はない。戦後憲法下の象徴天皇の「再定義」・再解釈で十分という立場である（天皇条項については、だから積極的な明文改憲論者とはいえない）。

天皇制（憲法）の連続性

坂本は日本国憲法下の象徴天皇と大日本帝国憲法下の神権天皇との連続性を象徴天皇の方から論じてみせるのである。

例えば天皇ヒロヒトの「人間宣言」。これは天皇自らが神格を否定したといわれているが、そこで否定されたのはキリスト教のような一神教的な神（God）にすぎず「人々に常ならぬ感銘と畏れを感じさせる」、すべてのものが「神」であるという日本的な「神」ではないと、彼は強弁する。

こういう説明で彼は、天皇は、かつて民衆にとって、天皇を見たら眼がつぶれるとされているほどの「絶対神聖」な存在であったという、あたりまえの事実すら見えなくしてしまう。天皇（国家）の絶対神聖視のシステムが、あれだけの植民地支配と侵略戦争に民衆を動員することを可能にしたのである。そして、GHQの「人間宣言」政策は、そこに打撃をくわえようとしたものである。

こういう彼の天皇の歴史の再解釈（「来歴」づくり）は、国家主義の実践的関心に引きづられすぎた、あまりにも事実を無視した主張であるにすぎない。

ただ、この「人間宣言」解釈を通してつくられた象徴天皇論が、以下のような右翼的心情（伝統的天皇観）とは、まったく切れたものである点は、おさえておかなければなるまい。

「御聖代は二つの色に染め分けられ、血みどろの色は敗戦に終り、ものうき灰いろはその日からはじまつてゐる。御聖代が眞に血にまみれたるは、兄神たちの至誠を見捨てたまうたその日にはじまり、御聖代がうつろなる灰に充たされたるは、人間宣言を下されし日にはじまつた。すべて過ぎ來しことを『架空なる觀念』と呼びなし玉うた日にはじまつた。／われらの死の不滅は瀆《けが》された。……」

二・二六事件で処刑された青年将校と神風特別攻撃隊員として死んだ若者たちの、天皇へのうらみの声を死者の世界から、呼びもどしてみせた小説。三島田起夫の「英霊の聲」（一九六六年）からの引用である。

「かかる日に、／などてすめらぎは人間《ひと》となりたまいし」という、絶対神天皇をこそ求める心情（これは作者三島のものでもあった）とは、まったく断絶しているのだ。

こうした心情と自衛隊の「国軍化」という実践的関心に基づく三島の決起（切腹にいたるそれ）について、坂本は『近代日本精神史論』（講談社学術文庫・一九九六年）で以下のような司馬遼太郎のコメントを、かなり肯定的に紹介している。

「三島事件の翌日、司馬氏は、『毎日新聞』紙上に、『思想というものは、本来、大虚構であることをわれわれは知るべきである』と述べ、にもかかわらず、『思想は現実と結合すべきだというふしぎな考え方がつねにあり』、そこでは、『虚構』を『現実化』するために『狂気を触媒とする』といったことが行われ、その典型的な例は日本では吉田松陰であった。しかし、彼ですら、自殺によって自らの思想を完結しようなどとは思わなかったのであり、その意味でも、三島氏の死は『異常』なものである」。

坂本は司馬の主張に一体化しているわけではないが、司馬同様三島の心情とはまったく切れていることは確認できる。

坂本は、大日本帝国憲法下の天皇をなつかしがるのではなく、大日本帝国憲法と日本国憲法との連続性をこそ論じたてる。

「ここで改めて、日本国憲法が、大日本帝国憲法の改正手続によって成立したということの意味を考えねばならない」（『象徴天皇制度と日本の来歴』）。

坂本は、宮沢俊義、美濃部達吉らの、ポツダム宣言の受諾による「八月革命」という決定的断絶説に批判をくわえ、こういう「改正手続」は「形式」だからどうでもよいなどとはいえず、「『形式』とされている部分も等しく考慮するところの、新たな物語を考えねばならない」と強調する（同前）。

大日本帝国憲法を「立憲君主制」に引きよせて解釈し（軍部の独走の軍国主義を批判し、天皇〈制〉に責任ナシとする論理）、それと日本国憲法との連続性（象徴天皇制への連続）を、大日本帝国憲法の改正手続で日本国憲法がつくられた事実をテコに論じているわけである。

「改正手続」問題のクローズ・アップ（この点は、天皇制を批判する立場の私たちも、大いに問題にすべきであるが）という点をのぞけば、この間のマス・メディアが流し続けたインチキな「象徴天皇制の物語」が、坂本の個性的なタームにくるまれて展開されているだけである。

この物語の内容は、まったく新しくない。

坂本の個性は、「国民国家」や天皇制批判の論理を逆手に取って、国民国家や天皇制の必要性を根拠づけてみせる論法にあり、彼の象徴天皇制の「歴史物語」の内容は、戦後の保守権力者の主張（マス・メディアのたれ流している物語）とさしたる違いはないのだ。

結局、坂本の「自由主義史観」第二ラウンドの新しいイデオローグとしての役割は、象徴天皇制の物語の再解釈、そして「元首象徴天皇制」の再定義の作業によって、古くさい右翼の天皇主義の心情と論理（神権天皇ムード）にまだ引きずられているグループと、戦後保守の象徴天皇積極的肯定論とを結びつけるところにあるのではないか。その作業を、若い世代をもまきこんで実践しようとしているのだろう。

こういう状況の中で、私たちが考えなければならないのは、「八月革命説」に象徴される、戦前（中）の軍国（神権）天皇制から象徴天皇制への転換を決定的なものであると考え、象徴天皇制を形式的・儀礼的な存在（あるいは封建的な残存）で、たいしたものではないと位置づける、コミンテルン・テーゼ的理解や、護憲解釈学の発想を決定的に相対化することである。そして、象徴天皇制という国民国家を支える儀礼のシステムの政治機構と正面から向きあい、その天皇の多様な儀礼の一つ一つに具体的に反撃する論理と行動をさらにつみあげていくことだ。

新ガイドライン安保による、戦争遂行可能国家（戦死者をうみだす国家）への具体的な転換というプロセスに対応する象徴天皇制の「再定義」のイデオロギー的作業の突出。ここが、坂本らが浮上してきている政治状況（舞台）である。

新ガイドライン安保体制（有事法）づくりへ向う戦後国家の最大のイデオロギー装置である象徴天皇制。この象徴天皇制の新しいイデオローグである坂本の思想の批判は、今後、より多面的になされねばなるまい。

［『インパクション』105号・97年11月］

〈補論〉

この後に書かれた坂本多加雄の独自な思想的役割を批判的に分析した論文としては、岩崎稔の「忘却のための『国民の物語』――「来歴論」の来歴を考える」（『ナショナル・ヒストリーを越えて』〈小森陽一・高橋哲哉編、東京大学出版、一九九八年〉）がある。

世紀末長野オリンピックと対人地雷禁止キャンペーン

戦争のための「平和の祭典」をめぐって

［1998/1］

今、私もメンバーの反天皇制運動連絡会は、十二月二十三日の「天皇誕生日」の天皇制の戦争責任を問い続ける集まり（「ナショナル・デーを問う」）をステップに例年の二月十一日の「紀元節」抗議行動への準備に突入している。

今年は、長野（冬季）オリンピック開催中の行動である。当然にも、アキヒト天皇が「元首」の名誉総裁として「お言葉」を発することを中心の問題にすえたオリンピック批判というテーマもおりこまなければならない。また、アキヒト天皇（夫妻）は、五月二十三日にはポルトガル入り（大統領との会見）、二十六日にはイギリスに渡り、エリザベス女王らとの会見、そして三十一日にはデンマーク（王との会見）に入って六月五日に帰国という「皇室外交」スケジュールがすでに発表されている。

この「元首」づらをした「外交」の問題も落とすわけにはいかない。

討論をふまえて「長野オリンピック・皇室外交を問う2・11反『紀元節』集会」という名称を決め、私たちは実行委員会づくりに向かいだした。

この「2・11」の前には、一月二十四日・二十五日は東京で第二十七回めの反天皇制全国交流会（合宿）が開かれる。「反天連」も呼びかけ団体の一つであり、今回は東京でそれを準備する受け入れ団体でもある。この交流会での議題も、「2・11」と、ほぼダブることにならざるをえない。

十二月三十日の『朝日新聞』に「『地雷なくせ』徹夜マラソン　長野・聖火走者元英軍兵士ムーンさん」という見出しの記事。

「『チャリティ・ラン』は、長野五輪の聖火最終走者グループのひとりを務めた二日後の一九九八年二月九日午後一時に箱根湯本を出発、東京に向かって夜を徹して走る。東京に入ってからさらに、在京の百以上ある各国大使館を訪問して対人地雷全面禁止条約への参加を訴える予定だ。十日夕には首相官邸を訪れ、日本が速やかに禁止条約を批准するよう求める。走る距離は百キロを超えるという。／元英軍兵士のムーンさんは、二年前に非政府組織（NGO）のスタッフとしてモザンビークで地雷撤去作業をしているときに、右手右足を失った。その後、対人地雷キャンペーンのリーダーとなり、……」。

この元英軍兵士かつNGOの善意を、まるごと否定する気はない。しかし、これは、あの〝金まみれ〟〝戦争まみれ〟のエリート・スポーツ大会（国家単位の競争を媒介にした国威発揚セレモニー）にかぶせられた「平和」と「善意」のベールである点を、忘れるわけにはいくまい。

この「聖火リレー」自体が、ナチ（ベルリン）オリンピックの時、ナチの軍隊によって発案されてつくりだされたものである事を、まず想起すべきだ。聖火台などとともにナチズム（好戦グループ）のプロパガンダと権威づけのために考えだされた儀式なのである。

国際的には侵略戦争への意思を隠し、国内的にはナチの支配の偉大さを認識させるための「聖火」。

こういう「聖火」リレーの基本的性格は、オリンピック開催国にとって、本当のところ変っていないのではないか。

日本の政府は今、新ガイドライン安保体制の実質化、すなわちアメリカ軍とともに具体的に戦争をする軍隊づくりへ向けて自衛隊法の改悪・有事（戦争）法の準備を進めている。この戦争遂行可能国家への転換に「平和」のベール（「平和の祭典」長野オリンピック）をかぶせようというわけである。天皇・「君が代、日の丸」が浮上する舞台としてのオリンピックは、「非政治・国際交流」・「平和」イメージにくるんで、ナショナリズム（国民的一体感）を組織するわけである。そう現実には、戦争国家日本への一体感を。

十二月二日の『朝日新聞』には、こうあつた。

「政府は二日午前の閣議で、対人地雷全面禁止条約に署名することを決定した。小渕恵三外相がカナダのオタワで開かれる『対人地雷禁止オタワ会議』に出席し、三日夕（日本時間四日午前）の署名式で署名する。これにより、政府は今後五、六年で、いま保有している約百万個といわれる対人地雷をすべて廃棄する義務を負うことになる」。

「政府はこれを踏まえたうえで、一九九九年の通常国会までに条約批准の承認案や対人地雷の製造や所持を禁ずる法案を提出する方針だ。／地雷除去活動への支援に関連して、村岡兼造官房長官は閣議後、『除去活動に必要な貨物の輸出は、武器輸出三原則によらないこととする』との談話を発表した。／除去のための機材はこれまで、武器を無力化するための武器として輸出を認めていなかったが、人道的除去活動に使うことなどを条件に例外扱いすることを決めたものだ」。

私は、「対人地雷禁止」キャンペーン（運動）の持つ、ある矛盾については、『派兵チェック』（62号連載『呪縛のメディアとメディアの呪縛』第二十回「湾岸核戦争と対人地雷廃絶意見公告」）ですでに問題にした。「対人地雷」のみの禁止は、代替兵器の開発を加速させ、兵器産業を活性化させているのだ。だから中曽根康弘のような戦争政治屋たちまでが、「禁止」キャンペーンにコミットしているのである。

問題は、さらにある。

武器を無力化する武器は「武器輸出三原則」の例外として輸出してよしとすること、これは大問題であるはずだ。「人道」キャンペーンをテコに、武器輸出三原則がさらに空洞化されるステップが踏まれだしているのだ。

こういう動きの中に、長野オリンピックの聖火最終ランナーとして、元英軍兵士が登場し、チャリティ・ランが、オリンピックとともにクローズアップされているのである。

戦争国家日本づくりのための「対人地雷禁止」キャンペーン・オリンピック。

事実上は戦争準備のためのオリンピックであったナチ・オリンピックも、それが開催されている時は、「平和の祭典」というイメージがひたすら演出されていたことを忘れるわけにはいくまい。

ベルリンの次は東京の予定であった。当時の日本の侵略戦争の拡大政策は、この開催を不可能にしたのであった。

イギリスのダイアナはこの「対人地雷禁止」キャンペーン・ガールをつとめて話題になっていた。「死の商人」（武器商人）の親子の大金で遊びほうけていて死んだあのダイアナである。

このダイアナの死へのイギリス民衆の、彼女のスキャンダルで遊びすぎたゆえのコンプレックス（負いめ）と同情は、人々の中にイギリス王室への強い非難の声を産みだした。しかし、である。十二月二十五日の『朝日新聞』（夕刊）には、こうある。

「二十四日付の英紙タイムズに掲載された世論調査結果によると、チャールズ皇太子の人気がダイアナ元皇太子妃の死後急上昇していることが明らかになった。

十二月半ば。実施されたこの調査では、皇太子の仕事に満足している人は六一％の高率に上がり、不満足は二九％にとどまった。評価の理由は、①公の席で人々と気軽に声を交わすようになった②母親を失った息子のウィリアム、ヘンリー両王子を気遣っている、など。ちなみにブレア首相の支持率は六一％。

皇太子の人気はダイアナさんが事故死する直前の調査では、『不満が四六％と『満足』の四二％を上回っていた」。

なんと、気軽に話をし、母をなくした自分の子供を気づかったら、人気回復なのだ。

結局、かくもイージーに、「美しき王室」の物語は再建されていくようなのである。あるべき王室を求める人々の気分は、こんなお手軽な「物語」で、非難から「満足」へと転換していくものなのか。

このイギリス王室と、天皇（夫妻）の「外交」の準備が開始されているのだ（ブレア首相の来日も、そのためのものでもある）。そこで、政府はどういうイメージを政治的に演出しようとしているのであろうか。

外交権能など、まったく持っていないはずの象徴天皇の「外交」。それが、いかに親善セレモニー以上のものではないとマスコミや政府によって語られるとしても、国家の政治的顔（「元首」）として天皇が国際舞台でふるい続けることによって、元首象徴天皇のイメージが、さらに政治的に強化されることは、まちがいあるまい。

そして、長野オリンピックでは、天皇は、国家の元首が座るべき、名誉総裁の席に座るのである。歴史的に、東京オリンピック・札幌オリンピックの時も、そうであったことが、公然と批判されたり、問題にされることは、ほとんどなかったのだ。

象徴天皇の「元首」化は、憲法の明文改憲がなされなくても、すでに、このように事実として私たちに押しつけられ続けているのである。私たちは、この環境大破壊国際スポーツ大会の、この点に、なにより注目し、抗議の声をあげ続けなければならない。

この長野オリンピックの演出家浅利慶太はインタビューに答えて、このように語っている。

「つまりこの世紀は西欧との出会い・対決の世紀だった。逆にいうと互いの誤解の世紀でもあった。それが第二次大戦に巻き込まれていった根本にあったと思うんですね。

だから、今世紀の最後に行われる冬のオリンピックが日本だってことが非常に重要だなと。日本というのはどういう国であり、人々は何を考えているのかを世界の人々にアピールできるチャンスだ。やりたいのはこれだと」。

「ええ。日露戦争に始まって二十世紀は戦争まみれ。この戦争と悲惨の世紀の終わりにその戦争にかなり大きな責任がある日本という国から、次の世紀こそ平和にという祈りを込めたアピールをしたい。

長野って場所も大事です。

善光寺をとりまく盆地からは多くの縄文遺跡や古墳も出ている。有史以前から続く文化や宗教の一つの中心地で二十世紀の五輪が開かれる。長い日本の文化を伝えたい」。

「で、大相撲の力士全員が登場し、東の正横綱が土俵入りをする。土俵入りはまさに地を清める儀式ですね」（「語る浅利慶太の世界①」『朝日新聞』十二月十五日〈夕刊〉）。

最終聖火ランナーについては、このように語っている。

「彼が日本の男女のメダリストたちと一緒に走ってくれれば、同時中継で、平和への連帯を世界中に発信できます。」

「清い日本の伝統」と「平和」のアッピール。「平和」のベールにつつまれたナショナリズム。

二十世紀は、確かに戦争の世紀であった。そして、その戦争の世紀の主役国（侵略戦争国家）の一つが日本であったことも事実であろう。

そして、二十世紀のオリンピックも、戦争まみれであった（これはオリンピックが国家間対抗エリートスポーツ大会であることが必然化したものであった）。

くりかえすが、この世紀末長野オリンピックも、「平和」のイメージは、しきりとふりまかれ続けているが、現実は、戦争遂行国家へ転換を開始している国家・社会のエリートたちが、巨額の金（大部分税金）をぶちこんで準備してきたものである。

浅利は、さらに、このようにも語っている。

「日本人の大半は平和主義者なんですよ。あの悲惨な戦争、敗戦をくぐって、戦争が好きなやつなんか一人もいませんよ。僕らの世代には。

みんなで共通のものを歌って、それで結ばれていく。見ているだけじゃだめだと思うのね」。

あの「悲惨な」侵略戦争も「東洋平和のため」というスローガンの下に戦われたことを忘れてはなるまい。

「悲惨な戦争、敗戦をくぐって」も、私たちは、あの戦争に最高に責任のある天皇制をなくすことができなかったのである。そして、天皇（皇室）は「清き」日本の「伝統」として、存在し続けているのである。

かつて、その天皇の下に「みんなで共通のものを歌って、それで結ばれ」て侵略戦争をし植民地支配をつくりだしたのだ。その天皇を名誉総裁（元首）の地位におく、大スポーツ・イベントの演出家が「日本人の大半は平和主義者なんです」と述べ、「僕らの世代」はみんなそうだと語る。

戦争のための「平和の祭典」。

オリンピックの基本的性格は、まったく変っていないことを、天皇アキヒトが名誉総裁の席にすわることと、この演出家浅利の発言が象徴しているといえよう。

私たちにとって、戦争をなくしていくということと、「オリンピック」という政治イベントを終らせるということは、おそらく当面は別の課題ではないのだ。

世紀末長野オリンピック反対運動は、このことの深い自覚の下に持続されなければなるまい。（一月十四日）

［インパクション106号・98年1月］

「聖火」・「日の丸」・「君が代」・天皇制

「平和のシンボル」への読みかえがもたらすもの

［1998/4］

二月七日早朝、私は新幹線で長野に向かった。長野オリンピック反対の現地行動に参加するために、である。この開発オリンピックの産物である長野新幹線に乗って反対行動へ、という自分たちのありかたに、かなりウンザリした気分になりながらの行動であったが、アッという間に現地についた。

私もメンバーの反天皇制運動連絡会の友人たちだけでなく、東京からは二十人近くの人々が参加。一月二十四・二十五日に東京で開かれた「第27回反天皇制運動全国交流会（合宿）」での長野からの報告は、現地の取り組みの困難さがしきりとアッピールされていた。そういうこともあり、小さな小さな集まりだろうな、という予想に反して、駅前からの大通りでのデモには百五十人ぐらいの人々が、大小様々な抗議のプラカードや横断幕などを持って、にぎやかに参加した。環境破壊、外国人労働者の使いすて・排除、天皇の名誉総裁（元首）としての参加、子供の動員、予算のムチャクチャな無駄使い……繁華街にいろいろな切り口からの長野オリンピック反対の声が飛び交った。

デモの後に、すぐ集会、ここでの発言を聞き、自分も発言しながら、長野の人々の動きに対応して長野誘致反対運動をスタートさせてから、十年ぐらいの時間が流れていることに、あらためて気づかされた。

ＩＯＣ（国際オリンピック委員会）の会長サマランチを長野で追いかけ、おびえた知事が最初は拒否していたのに私たちとイヤイヤ会見したこともあった。そのころの元気な活動について、最近、私はこういうレポートを書いた。

――一九九〇年九月十六日～二十日の間、IOCの総会が東京で開催された。この総会に先だつ十二日に「ジャパン／オリンピック・フォーラム」であったのだ。／私たちは、この誘致のためのフォーラム会場に入りこみ抗議行動を展開した。NHKが全面バックアップのこのフォーラム、総合司会が磯村尚徳であった。なんと二日間にわけての衛星放送までしたのである。／会場の外での横断幕を広げての抗議の集まりと呼応して、内に入った私たち四人の前で、サマランチは「商業主義大歓迎、商業主義なくしてスポーツの発展はない」という発言から、スピーチを始めたのだ。／私たちは「ノー・オリンピックス、サマランチ・ゴーホーム」の声をあげ続けながら会場の警備員とストレートにぶつからぬよう走った。／会場のかなりの混乱に対して、磯村が衛星放送を意識してであろうが、表情をあまり変えずに、私たちの方を見ないで、カメラの方を見つづけながら「静かに！」という声を発していたことをよく覚えている。混乱などないようにテレビに映すための努力である。／さすがにプロだが、イヤな奴だとその時思った。もちろんサマランチもまた、動揺はあったろうが平然としていた。こんなところで驚いていては、オリンピック・マフィアはつとまらないのだろう。――

私が編者である、『君はオリンピックを見たか』（社会評論社）のために新たに書いた「五輪神話の仕掛人とその背後関係」からの引用である。

長野オリンピックは開催されてしまった、しかし、とにかく天皇が元首として「お言葉」を発する開会式のこの日、「ノー・オリンピックス」の声を、私たちは現地長野であらためてはりあげたのである。おそらく、オリンピック反対の現地デモは、日本では最初のことだったのではないか（東京・札幌では、そういう行動はなかったはずだ）。

長野のデモ・集会には、始まっている大阪への誘致、これへの反対活動に取りくみだしている人々も参加していた。長野の闘いは、大阪へ受け継がれていくことになるだろう。

この日に発せられた長野の「オリンピックいらない２月行動」の宣言には、こうある。

「カネで買った長野冬季オリンピックを開催するために、一兆五千億円以上の税金が使われた。しかし、その支出は大会開催の今になっても、ハッキリと住民に公開されていない。長野県の借金は現在一兆四千四百三十九億円、長野市の借金は千九百三十三億円、白馬村の借金は百十六億円三千万円である。県の借金を合わせると、長野市民は一世帯あたり三百五十五万円、白馬村村民は一世帯あたり五百六十三万円と、子どもの世代までオリンピックの借金を返済しなければならない。高齢化社会を迎える住民への行政サービス低下、教育や福祉予算の削減は必至である」。

オリンピックへの「ボランティアの動員」を強いられている長野の人々は、誘致でフィーバーしていた時が信じられないぐらい、シラけた気分の人々が多いという。

しかし、マス・メディアじかけのこの国際イベントは、金メダル騒ぎをテコに、「国民的」フィーバーをやはり、うまく演出した。

金メダル選手の競技は、くりかえし「感動のシーン」としてテレビに流れた。競技の報道には目もくれなかった私でも、例えば食堂の中のテレビから、新聞の一面の見出しで「全国民」のともに感動したとマス・メディアが叫ぶシーンが飛びこんできた。「日本（日の丸）ガンバレ」大合唱の声は、いたるところから聞こえてきたのだ。

二月十一日、私たちは「長野オリンピック・皇室外交を問う２・11反『紀元節』集会」（主催同実行委員会）の集会とデモ。多数の私服刑事がベッタリとはりついて、いやがらせで身うごきが取れなくなるような状態の中で、めげずに連続的抗議行動に取り組んでいる長野の人々と呼応した東京での行動である。

皇太子（夫妻）もオリンピック会場にあらわれた。そして、この皇太子夫妻を名誉総裁とするパラリンピックが、三月五日からスタートした。この軽度の障害者のみ参加できる、障害者の世界に分断と差別と競争を持ちこむ、国際競技大会。対人地雷で片足を失った元英軍兵士が聖火の長野オリンピックの最終ランナーとなり、その後に彼が対人地雷禁止キャンペーンのチャリティ・ラン。こういう「チャリティ」ムードをステップにしてつくりだされた「慈愛の祭典」ムード。このムードが「差別と分断」を隠蔽する。

「車いすで聖火リレー」という開会の記事を目にした時、長野オリンピックの聖火リレーのスタートが沖縄の「平和の礎」からであったことを思い出した。

一面が「聖火『平和の礎』出発」の大見出しの『沖縄タイムス』（一月六日〈夕刊〉）にはこうある。

「長野五輪の聖火リレーは六日午前九時五十五分、全国三ヵ所のうち最も早く、糸満市摩文仁の『平和の礎（いしじ）』を出発した。……午前九時半に始まった出発式では、大田知事が『平和を希求する県民の願いが日本全国はもとより、全世界の人々にリレーされることを希望します』とあいさつ。昨年十二月十九日にギリシャで採火された聖火をトーチに点火し、第一区間を走る伊藤美和（一六）に手渡した。／リレーは、六人一組。ゴールの那覇市パレットくもじまで、十二区間を七十二人が走った。途中『ひめゆりの塔』では走者が犠牲者のめい福を祈って献花した。首里城や国際通りを経て……」。

行政がつくりだした戦死者の「慰霊」のための建築物「平和の礎」が、こういったイメージとしての「平和」を大量にふりまくことで成立する大イベントにこのように活用されるのは当然なことなのであろう。ヤッパリといった風景であった。

アメリカのイラク空爆準備が着々と進み、日本政府も基本的には、この戦争を支持・協力する姿勢を示し続けた渦中での「平和の祭典」オリンピック。空爆は中止に向かったとはいえ、リアルな戦争開始の危機と「平和」の空騒ぎが同時進行する、このエリート・スポーツ大会の欺瞞性は、「空爆ヤメロ！」の行動の中にいた私を、ひどくイライラさせた。

私は、この間、十一回持たれた、軍用地強制収用のための「沖縄県公開審理」に毎回足をはこんだ。そして、二度ほど、その時に、海上ヘリポート建設反対の運動が力強く展開されている名護市にも行き、そこの海岸線を車で見てまわることもした。その時、海辺の小さな学校に「聖火宿泊碑」なるものを発見した。「一九六四年九月七日オリンピック東京大会の聖火当地宿泊を記念」するものであるとその碑のそばの石にきざまれてあった。

そして、その碑は「聖火のあとさき」のタイトルで以下の文章をきざんでいる。

世界を相手に嘉陽が
お祭り行事をしたのだから大ごとだ
心の片隅に生きた小さな企が　みるみる
聖火が近づくにつれふくれ上がり
ただならぬ様相を呈し　とうとう
村人では手におえないものとなった
が　やっとのことで綱は離さなかった

昨日も今日も　純粋な聖火致来の希望に
励まされながらも待ちくたびれた挙句
すかさず西の果からギリシヤから
御神火は赤橙の光に白い煙を引いて

すいすいトクトクと
日の丸の渦波を突っ走って
海近く森近く
オリンピアに似ているという
潮騒の嘉陽の岸辺にランランと燃えた
安堵か神秘か感激か　シュンとした
興奮がそこの群集を掩っていた

そして聖火の台風一過
嘉陽も人も名残りさびしくさびれた
しかし満足と喜びの後味は良く
五輪の池は静かに影を映し
碑文は永く後世に語り告げん

嘉陽は地名である。人口の少ない古びた学校の中に碑は「名残りさびしくさびれた」感じで、火がともされたのであろう聖火台とともにポツンとあった。

東京オリンピックの時だから、もちろん復帰前のものである。東京オリンピックの時の沖縄の「聖火リレー」は「本土《ヤマト》」幻想をあおりたてる政治儀式として、つくりだされたのだ。

「……聖火はまず、沖縄に上陸しました。沖縄への聖火の誘致は六二年に決定されており、まだアメリカ合衆国の統治下にあった沖縄を日本の最初の聖火到着地とみなすことによって、沖縄返還への世論形成に利用しようという意図がかなりはっきりと読み取れます。

聖火が沖縄へ与えた影響は、大きいものがあったのではないかと考えられます。聖火の沖縄でのルートは、ひめゆりの塔など南部の戦跡地巡りを一つのポイントとして打ち出すというものでした。聖火は『平和の火、戦跡地を行く』(『沖縄タイムズ』六四年九月八日夕刊、一面見出し）という表現に見られるように、『平和』のシンボルに読み換えられてゆきます。このことは『日の丸』や『君が代』にもっと端的にあらわれています。聖火受け入れは、沖縄教職員会なども積極的に歓迎して『その日〔聖火は沖縄入り〕は各家庭とも国旗を掲揚し、全島を〝日の丸〟一色で塗りつぶそうとしているが、全琉小、中、高校でも、聖火が通る沿道を〝日の丸〟でかざろうとその準備もおおわらわ』（同上、六四年九月四日）といった記事が写真入りで大きく掲載されています。そして、聖火到着の儀式が行われた奥武山競技場で君が代とともに日の丸が掲げられました」（小倉利丸「大衆動員に使われた聖火」『君はオリンピックを見たか』所収）。

「聖火」をそして「日の丸」をさらに「君が代」を平和のシンボルと読みかえることで成立した復帰運動。東京オリンピックという政治イベントにつつみこまれた復帰運動。

この「読みかえ」を通して、今に続く米軍基地の押しつけ強化は実現してきたのである。

それが「聖火のあと」の現実である。そして、この押しつけられた基地への激しい抗議の運動が、沖縄では、この間、力強く噴出し続けている。

そうであるにもかかわらず、またもや「聖火」は平和のシンボルと読みかえることへの抗議の声は、沖縄の反基地運動の中にもほとんど聞こえなかった。これは沖縄の大田知事らの平和運動として、朝鮮人などの被害者も加害者もゴチャゴチャにして名をきざむ「平和の礎」づくりに、批判の声がまったく少なかったこととも対応している。

「世界を相手に、お祭り行事をするのだから大ごとだ」という気分は、長野全体を、おおっていた。しかし、オリンピックが長野住民にもたらす様々な被害が見えだした時、「大ごとだ」という意味は、地域ナショナリズムの気分とは違った方向に彼等の中でも転じだしたのだ。

沖縄でも、東京オリンピックの時のような大がかりの聖火リレーフィーバーは生まれようもなかった。

オリンピックという国際イベントが、本当のところ地域の民衆にかつて何をもたらし、今何をもたらし続けているのか。

「聖火」への「希望」をたくすことが戦争の道へつながったナチ・オリンピック。オリンピック・イベントのこうした国際的な体験も、さらに運動の中で、つきあわされなければならない。（三月十一日）

［『インパクション』107号・98年4月］

［1998/6］

「皇室外交」と戦争責任

ポルトガル・イギリス・デンマーク訪問

五月二十三日の『朝日新聞』に以下のような記事があった。

「外務省は二十二日、英国のインディペンデント紙が三日付の紙面に、二十五日に訪英する天皇の写真を殺人犯人三人と並べて掲載したことについて『極めて不適切だ』として同紙に対し抗議した、と発表した。同紙編集長から林貞行駐英大使あてに『犯罪者と同列に並べる意図はなかった。誤解を招いたようであることを申し訳なく思う』という謝罪の手紙が寄せられたという」。

思わず、ニヤリとしてしまう記事である。何を、外務省はそんなに気にしているのか。殺人者と同列の天皇（天皇制の戦争犯罪は、一般の「殺人犯」などと比較にならない、大量の殺傷であるが）。最高の戦争責任者であったヒロヒト天皇が、そのまま敗戦後に延命し、彼の死とともに先代の「偉業」をたたえてアキヒト天皇が即位した。少なからぬ英「国民」が、実は天皇について、イヤーな気分を持っている。そのことへの不安が、外務省の態度に示されているのだ。

四月二十日の『朝日新聞』には、こうあった。

「英国の各メディアが十九日報じたところでは、来月に予定されていた天皇陛下の訪英の際に、旧日本軍の捕虜となった元英軍人たち約二千人がロンドンで抗議行動を計画している。馬車でバッキンガム宮殿に向かうご夫妻に対して背を向け、映画『戦場にかける橋』で有名になったクワイ河マーチを口笛で吹いて抗議するという。／英国の元戦争捕虜たちは、当時の日本軍によって課せられた強制労働など非人道的な行為に対する謝罪と賠償を要求している」。

天皇制は、大量殺傷行為である近代の戦争を象徴する制度である。戦争責任をまったく取ることなく延命している天皇制の国際的な動きは、いつも戦争の記憶を掘り起こす。

四月十五日の『朝日新聞』は、イタリア大統領との晩さん会について、こう報道している。

「国賓として来日したイタリアのスカルファロ大統領を歓迎する宮中晩さん会が十四日夜、皇居・宮殿で開かれた。天皇・皇后両陛下、皇太子ご夫妻、橋本首相夫妻をはじめ、関係者二十八人が出席した。／陛下は晩さん会の中で『貴国と我が国は先の大戦の経験から、戦争の大きな痛みを知っております。この度のご訪問中、貴大統領が広島をお訪ねになることも、平和に対する真摯なお気持ちの表れと拝察されます』などと述べた。／スカファロ大統領は『過去を顧みれば、とりわけ私のようにあの想像を絶する悲劇の時代を直接生きた者は、いかなる戦争に対しても断固として反対すべきだとの思いを新たにいたします。戦争は野蛮な愚行以外の何ものでもありません』などとこたえた」。

平和のシンボルのごとくふるまう天皇の「外交」の動きでは、常に戦争の悲劇が語られる。それは、実は「想像を絶する悲劇」「野蛮な愚行」の象徴として天皇制は存在し続けているからなのである。

戦後、「平和」のベールをかけて展開され続けてきた、この五月二十三日からのポルトガル・イギリス・デンマーク訪問として展開された「皇室外交」は、新ガイドライン安保体制（「有事立法づくり」）という、アメリカ軍に協力して具体的に戦争を遂行する、すなわち各地へ派兵する日本国家への再編と対応するものなのだ。

だから、それは派兵国家日本を国際的に承認させるための「皇室外交」という政治的性格を持つものなのである。

私もメンバーの反天皇制運動連絡会（Ⅲ）などの呼びかけでつくられた「天皇制の戦争責任を問い『皇室外交』に反対する共同行動」主催で四月二十九日に集会とデモ。

天皇ヒロヒトの誕生日を「みどりの日」として祝うこと自体を毎年私たちは問題にしてきた。まず私は主催者発言で、この日をストレートに「昭和天皇の『遺徳』を記念する日」にしようという動きが活発になってきており、共産党を除く全党の議員の連携で『昭和の日』推進議員連盟」が四月十日に結成されたという問題についてふれた。こうした動きには、国内でも、天皇制とあの侵略戦争の記憶をめぐって、歴史観の争いが続いていることがよく示されているのだ。

今回のポルトガル訪問は、ヴァスコ・ダ・ガマのインド「到達」から五〇〇年を記念したリスボン万博に天皇夫妻が参加するという「外交」。

ヴァスコ・ダ・ガマの「大航海時代」が近代植民地の時代、暴力と搾取と収奪の時代の始まりであったという事実を隠蔽するこの「万博」イベントに、台湾、朝鮮、中国などの日本植民地支配のシンボルであった「天皇」が「平和」の使者づらして行くわけである。

デンマークは王室国家である。ヒロヒト天皇の天皇としての最初の訪問国がデンマークであった（一九七一年）。この時、デンマークの人々とともにそこにいた日本人のグループが糞尿弾（コンドームに大量につめこまれたクソ）を天皇の車に投げつけ、天皇の戦争責任を問うという、強烈な抗議行動があった。「福祉国家」デンマークの王室との「皇室外交」も、少なからぬ人々の戦争の記憶を噴き出させたのである。

ダイアナの死を契機にする、イギリス王室へのイギリス民衆の不満と非難の高まりは、王室改革を加速させ、イギリス王室は王位継承権の男女平等へ向かっている。こうしたイギリス王室との「皇室外交」は、「女性天皇」も可能なものにする制度への変更をせまられている（男の子がうまれない）皇室のイメージ・チェンジの戦略が準備されているのではないか。

それが、どのようなものであるかは、まだ、明らかではないが、他方の「戦争」を逆手にとった「平和アッピール」外交が、日米の支配者によって、どのように準備されているかは、すでに明らかになっている。

「英国で暮らす一人の日本人女性に、エリザベス女王から、バッキンガム宮殿への招待状が届いた。招待の日付は五月二十六日。その前夜、国賓としてロンドンに入る天皇、皇后両陛下を迎える歓迎晩さん会への招きだった。戦争中に日本軍の捕虜として厳しい体験を強いられた元英軍兵士らの中に単身飛び込み、その訪日のため、両国の人々の和解のために献身してきた。終戦まで郷里・三重県紀和町の鉱山で多くの英国人捕虜が働かされ、何人かが死んでいったこと、その墓を地元の人が手厚く守っていることを知ったのがきっかけだった。女王は今月二十八日には、元捕虜の人たちとともにこの女性をウィンザー城に招き、第四級勲功章（ＯＢＥ）を贈って、飲み物を手に親しく懇談する」（『朝日新聞』四月二十二日〈夕刊〉）。

この女性の「和解のための献身」について、この記事はさらにくわしく紹介している。

「先月末、横浜市保土ヶ谷区にある英連邦兵士の墓を三十人近い英国人らがひっそりと参拝した。在英日本人の恵子ホームズさんが付き添っていた。／長崎の原爆資料館、平戸での日本人家庭宿泊、沖縄でのひめゆりの塔参拝などを経て東京に入った。／歓迎会で、元捕虜の代表は『戦争の惨禍に巻き込まれた各地で、人々が憎しみを忘れて平和のための運動に取り組み、旧敵国の私たちを温かく迎えてくれた。私たちも憎しみを棄てて友情の手を握り合いたい』とあいさつ。泰緬（たいめん）鉄道建設にかかわった元日本兵も駆けつけ、おわびの言葉を述べた。／保土ヶ谷での墓参は、その翌日だった」。

「恵子さんによる元捕虜や家族らの日本ツアーの企画はこれで六回目になる。／恵子さんは、英国人と結婚して一九八〇年からロンドンに住んでいる。八四年に夫を飛行機事故で失い、八八年に帰郷した際、郷里の人々が英兵戦没者記念碑を立派に建て替え、老人会の人たちが花を絶やさず、掃除や草取りを続けていることを知った。／戦争中、同町板屋（旧入鹿〈いるか〉村）の鉱山で、南方戦線の捕虜になった約三百人の英軍兵士が使役され、十六人が死亡している。その名を刻んだ石碑をカメラに収めた恵子さんは、村人の善意を英国の戦友たちに知らせたいと思った」。

「当初は、英国に進出した日本企業も相手にしてくれなかった。だが、次第に反響が広がり、九二年十月、二十六日の元捕虜・家族の訪日と紀和町での合同慰霊祭が実現。以後、ほかの元捕虜も対象にして毎年のように続けられている。

近年は日本の外務省も助成するようになった。政府や外交官が半世紀も積み残してきた『和解』への重い扉のかぎを、一人の女性が主開けた形だ。／恵子さんは『地元紀和町をはじめ多くの人たちが主役。捕虜の人たちの心のいやしはまだ長い道のりが必要』と語っている」。

この女性や人々の「善意」は疑いえない。日英の民衆が交流できたことは、まちがいなく積極的な意味がある。しかし、「合同慰霊」などの儀式に外務省が「助成」しだしたあたりから、この「善意」は、おかしな政治（偽善）にまきこまれだしたのではないか。外務省は、この間、日本の派兵国家化、すなわち軍事国家化を熱心に推進してきている。そして、皇室と王室の晩さん会というイベントへの、この女性の招待である。

天皇制も王室も、この戦争に民衆を動員した。アジア・太平洋戦争は、日本の植民地支配のための侵略戦争であったが、イギリスにとっての太平洋戦争も、そういう性格のものであったことは同じである。この戦争に重い責任のある制度は、責任を取らずに、そのまま延命して、「平和」を語ってみせている。そして、彼女らの「善意」をたたえてみせることで、あたかもそれが自分たちの「善意」のようにアッピールしてみせる。皇室・王室は戦争の責任を隠蔽するだけではなく、自分たちを「平和」の花飾りで、かざってみせるのである。

国家(皇室・王室)のつくりだした戦死者を、国家が「慰霊」し追悼してみせる儀式は、それ自体が欺瞞的ではないのか。

イギリスは、この間、アメリカと軍事行動を共にすることの多い好戦国家であることも忘れるわけにはいくまい。

戦争のための「平和」儀礼。この晩さん会は、そうした性格を持ったものになるだろう。

私は五月八日に今年の神奈川国体に抗議するグループ主催の集会で話をし、五月十日には第四十九回全国植樹祭が行なわれている群馬植樹祭に抗議する集会で講演。

二つとも、天皇儀礼である。神奈川国体でも、前年の大阪国体と同様、戦争訓練のための銃剣道という種目が、あらためてクローズアップされて問題にされていた。国体も運営全体が自衛隊(軍隊)の参加によって支えられているのである。

群馬植樹祭は、アカデミー賞受賞アニメ『木を植えた男』の監督フレデック・バックを地元に迎えて、環境保護ムードを事前に演出してみせたようである。地元の『上毛新聞』が、このフランスのジャン・ジオノ原作の映画上映などが「植樹祭の目玉」であると大きく報道している。

私は抗議の声をあげている現地の人々から、この植樹祭の会場は、やはり、大変な環境破壊(大きな部分をハゲ山にする作業)を伴ったことを、確認した。

「見てみるまでは、あんなにすさまじい破壊だとは、思っても見ませんでした。ほんとうにすごいもんですね」との現地の人の言葉が印象的であった。

現実には環境破壊をしつつ「緑」の大切さをキャンペーンする。いかにも天皇を中心にした儀礼らしい欺瞞度の高さである。

戦争が平和で、環境破壊が環境保護。天皇制を媒介にすると意味が逆転する。

「実際の戦争が歴史の彼方へ遠ざかる一方で、皮肉なことに、過去の戦争が超大国となった日本の上に色濃く広がるばかりだ。否定されてきた歴史的事実は、全く予期せぬ形で表面化してきている。これまで役人や政治家が、戦時中の侵略や虐殺の記録を一般市民に否定したり隠蔽したりすることに、あまりに熱心だったため、日本の近隣諸国は日本に根深い不信を抱くようになっている」。

捕虜六万人とそれ以上の東南アジアの人々を動員し一万二千人の死者を出した鉄道建設。

この問題を扱った『泰緬鉄道と日本の戦争責任』(一九九四年、明石書店)の二人の外国人編者の「はじめに」の言葉である。(内海愛子、G・マコーマック、H・ネルソン編)。

戦争中の侵略や虐殺の記録は、支配者たちに隠蔽されてきたことはまちがいない。私たちは、この隠蔽(「平和」のベール・「善意」のベールをかけること)が、侵略戦争に最も責任のある天皇制によってなされ続けているという欺瞞に、より自覚的でなければなるまい。

四月二十八日の私たちのデモは、夕方に代々木公園の「反新ガイドライン安保」の集まりに合流した。

過去の責任を問いきれなかったことが、今の新たな戦争国家づくりを可能にしているのだ。現在を問うためにも、過去が鋭く問いなおされ続けなければなるまい。(五月二十五日)

『インパクション』108号・98年6月

［1998/8］

「原爆神話」――占領時代と現在

本島等発言をめぐって

その日が「海の日」とされてから、三回目の七月二十日がやってきた。朝日新聞は「日本財団」などの一ページの「海の日」がらみの広告が載っている。そこには、東大海洋研究所教授なる人物の以下のごときメッセージがある。

「今年は、一九九四年の国連総会で決められた国際海洋年。世界中で、海にかかわるさまざまな記念事業やイベントが行われます。／その中でも大きなものとしては、ポルトガルのリスボン海洋博。すでに五月から始まっていますが、日本で『海の日』にあたる今日はジャパンデーということで、巡視船『こじま』などが展示されます。……」。

すでに天皇（夫妻）のポルトガル訪問はすんでいるが、それはこの「ジャパンデー」を前提にしたリスボン海洋博のスタートにあわせた「外交」であった。私たちは五月三十一日に、こうした天皇外交に抗議する集会を開催した（「天皇制の戦争責任を問い、『皇室外交』に反対する共同行動」主催）。

この七月二十日には、すでに、この共同行動は解散しており、今年の「海の日」を問う集会の主催は、結成に向かっている「天皇の戦争責任を問い、アキヒト・金大中会談に反対する共同行動」の準備会であった。

「海の日」は明治天皇が北海道・東北巡行から横浜に帰着した七月二十日にちなんでつくられた戦前の「海の記念日」の「復活」という性格を持っているものであること。「海の日」にあわせて「われは海の子」の切手が発行されていること。「われは海の子」は教科書に八九年の学習指導要領の改定（「日の丸・君が代」強制改定）にともなって東郷平八郎とともに復活した。それは、あまり問題のない三節までしか教科書には載っていないが、七節の、「いで、大船に乗出して、我は拾わん、海の富。いで、軍艦に乗組みて、我は護らん、海の國」で明白なように侵略賛美の歌であること。こうした事柄を、北村小夜が問題提起した後をうけて、私は、政府の戦死者の追悼式の批判を、主要に核問題とからめて提起。

今年の八・一五に向かう「共同行動」の中で、核の問題をテーマにあえて選んだのは、今年、インドとパキスタンが核実験をして、核保有国であることを公的に宣言することで、核の拡散という恐るべき事態がクッキリと浮かびあがってくる時代に入ったから、というだけではない。敗戦五十年の年、アメリカのスミソニアン航空博物館での「原爆展」（広島に投下した飛行機「エノラ・ゲイ」展示がメイン）が広島・長崎の原爆被害の展示の部分へのアメリカ国内の反対の声の高まりによって中止になった事態。このことを契機にして、被爆地の侵略責任（加害責任）をハッキリさせる姿勢がなければ、核被害の悲惨さを訴え続けている自分たちの主張は、相手につたわらないと考えだした元長崎市長の本島等が、広島ドームの世界遺産化が決まった時、「広島よ、おごるなかれ」と主張した。

この、ヒロヒト天皇「Xデー」状況下で天皇に戦争責任ありと、あたりまえの発言をして右翼の銃弾をあびた、勇気ある人物の発言をめぐって、長崎・広島でくりひろげられている論議のことが、私の頭にはあった。

日本のそして、広島の侵略の歴史をふまえれば、原爆投下は「因果応報」と論ずる本島発言は、一方で原爆投下の正当化に通ずるとして、激しい非難の声をうんだ。そして他方で、「原爆の使用が不当であることも原爆投下の人類史的意味も十分に理解し」た（舟越耿一『原爆ドーム』世界遺産化の意味」『証言――ヒロシマ・ナガサキの声』第11条〈一九九七年〉上での発言、「原爆投下はやむをえない」というのはアメリカの世界の常識というような極端すぎる主張が含まれているとはいえ、彼が、正面から加害の責任をこそ問いだしたこと、その点を積極的に評価しようという声もうまれている。例えば一九九七年七月十二日の第五回シンポジウム「ヒロシマを語る」「原爆ドーム世界遺産化で考える――ヒロシマの被害と加害」（パネリストとしては本島以外は袖井林二郎・松元寛が参加）。『広島教育』一九九七年十二月号に収められたその記録からは、二人のパネリストは、加害の歴史をこそふまえようという本島の姿勢と主張を基本的に支持していることは、すぐ読みとれる。

一連の本島発言（連発している）をめぐる、いろいろな論議を目にして、私は、決定的な問題が、ほぼまったく論じられていないことに、いらだった。私もあの、いたましい原爆被害は、日本の侵略戦争のゴールにあったこと、侵略・植民地支配の強化という野望が結果的に引き出したという歴史事実を問題にすることは当然だと思う。そして、「私が天皇の戦争責任を言って銃弾で撃たれた時、広島は何も言ってくれませんでした」それが「私は非常に残念です」と語り、天皇らが戦争をやめなかったため原爆投下があったのだから、その責任をこそ考えるべきだと論ずる（「第五回ヒロシマを語る」での発言）本島の主張（や心情）は、私なりによく了解できる。しかしである、こういう主張には首をかしげざるをえないのだ。

「『ちちをかえせ　ははをかえせ　何故こんな目に遇わねばならぬのか』

峠三吉のこのことばは、親を皆殺しにされた、中国華北の孤児たちのことばだったのではないか。広島に原爆を落したのは『三光作戦』の生き残りだったのではないか」（「広島よ、おごるなかれ　原爆ドーム世界遺産化に思う」『平和教育研究』〈年報Vol 24〉）。

本島は、中国などの日本の侵略・植民地支配の被害者の人々と欧米（特にアメリカ）の国家と「国民」とをストレートに一体化して、論じ続けている。

植民地支配や侵略に抗した、台湾や朝鮮、中国の民衆（あるいは国家）が、原爆を投下したのではない。投下したのはアメリカである。日独伊の後発帝国主義国は、徹底した国家主義であるファシズム（軍事）国家体制をつくり、すこぶる好戦的であったのは事実である。しかし欧米の先進国は植民地支配も侵略もしなかったのか。そんなことはない。以前から、そういう力の支配の世界秩序の主役は欧米先進国であったのだ。ファシズム三国は、その秩序になぐりこみをかけたのだ。

日本帝国主義の侵略・植民地支配の被害者の怒りが、そのまま原爆投下につながるなどという構造はないのだ。これは事実として原爆投下で日本が敗けることを、アジアの民衆が喜んだということとはまったく関係ないことである。

第二次世界戦争を、「ファシズム（悪）対民主主義（善）」という基本的枠組みで考えることで、アメリカの原爆投下は、正義の原爆としてアメリカの支配者らによって正当化され、正当化され続けている。しかし、原爆投下は、いってみればアメリカ帝国主義（悪）による日本帝国主義（悪）への原爆投下であったのだ。

帝国主義諸国によって力で脅迫され侵略され植民地支配された国の民衆の抵抗力と、原爆をも含めた帝国主義国の軍事力が、同列にされ、一体化されて評価されてよいわけは、ないのだ。同列で考えられるべきなのは、日本の軍事力と欧米の軍事力（アメリカの原爆を含む）である。これは侵略・植民地支配の軍事力であり、それからの解放をめざす抵抗の力への抑圧であるという点が共通していたのである。

私たちは、自国のアジアへの侵略・植民地支配の加害責任を問い続けることと、アメリカの無差別殺傷兵器である原爆投下に抗議し続けること、この二つをこそ結びつけて考えるべきではないのか。

戦後、一貫して、アメリカの核の傘の中にいることを選択し続けた日本国家は、その政策によってアメリカの原爆投下を正面から批判する根拠を掘りくずし続けてきたことも問題だ。だとすれば核による「平和」を拒否することと、原爆投下をキチンと批判し続けることとは、通底する、いや通底させなければならない事柄ではないのか。過去の侵略責任とともに、戦後の日本の核政策の責任をも問われるべきである。

最初の方の論点が、本島発言をめぐってほぼ不在であるという状況は、変えられなければなるまい。私は、そう考えて、とりあえず自分の足もとの運動の中に、この問題を提起してみることにしたのである。

私は、つい最近、ビデオで『日本の悲劇』（亀井文夫監督）を見る機会があった。これは日本映画社がつくっていた週刊「日本ニュース」の「自由の声」というシリーズの一作品としてつくられたもので、一九四六年製作の四十五分の特別な「ニュース」映画である（ニュース映画、ドキュメンタリーフィルム、新聞の切りぬきなどをくみあわせてつくられている）。検閲を受けつつ、占領軍の指導のもとにつくられながら、まともに上映されることなくすぐ上映禁止にされてしまったという映画だ。

民間情報教育局（CIE）と民間検支隊（CDC）による二重の検閲制度による占領軍（アメリカ）の、こまかい映画検閲の実態を具体的に分析してみせた『天皇と接吻——アメリカ占領下の日本映画検閲』（草思社）で平野共余子は、このフィルムの内容を、以下のように紹介している。

「……一九二八年、ときの首相田中義一によって天皇に提出されたという、日本の世界征服の第一歩としての、中国支配の重要性を強調した『田中メモランダム』に注目している。そして『日本の悲劇』は、こうした対外侵略政策を政府の統制のもとにあったさまざまな団体が支えたが、国内では安い労働力を搾取し、外の市場で安い製品を売ることで成り立つ国家主義的資本主義経済が、このような侵略政策の背後にあることを明らかにしていく。ナレーションの一定のリズムで強調される『日本の悲劇』の多くのショットが、戦争をひきおこした者たちへの攻撃へと、効果的に観客を導いていく。天皇裕仁、東条等の軍人、日産や三菱等の財閥関係者や、戦争でにわか儲けをしたといわれる児玉誉士夫、あるいは平沼騏一郎、橋本欣五郎、西尾末広、岸信介等の政治家、徳富蘇峰、横光利一らのインテリともども、戦意高揚に努める人びとの映像語録が現れ、ナレーションで名指しで指摘される。戦争に協力し、戦争を通して莫大な利益を得た企業の資本を戦前と戦中で比較した数字が字幕で現われる。

彼らとは対照的に現われるのが、戦争と軍国主義の犠牲になった人びとである。村落や都市のスラムで貧困にあえぐ人びと、ご飯を節約せざるを得ない子供たち、そして自由主義思想ゆえに職を追われた京都帝国大学教授の滝川幸辰、特高に拷問で殺されたプロレタリア作家小林多喜二を含む、思想統制の犠牲者たちである。

侵略戦争の被害者は中国、フィリピンにと広がり、南京大虐殺や『バターン死の行進』の映像、音響が現われる。そして、それぞれの作戦の現地責任者の将校の写真が出て、ナレーションが〈この聖戦の現地責任者松井石根〉〈フィリピンにおける残虐行為の現地最高責任者本間雅晴〉と名指しで糾弾する。

そして日本政府の発表した戦果の数々が実はでたらめであったことを示す記録が登場する」。

海外侵略と国内の弾圧をセットにした軍国主義体制のリーダーたちの戦争責任を、鋭く具体的に、糾弾スタイルで問うた、このプロパガンダ映画は、今やすばやく平和主義者になりすましている、侵略戦争の責任者たちへの責任追及の必要をこそ訴えて終る。追及されるべき人物のナンバー・ワンは、もちろん天皇ヒロヒトである。大元帥の軍服が背広姿に序々に変わっていく映像は、平和主義者になりすました最高責任者を正面から問うているのだ。

平野は、このフィルムが上映禁止になった経過について、そこでこのように論じている。

「岩崎は、吉田茂首相が『日本の悲劇』について不満を表明していることは聞いていたが、二ヶ月前に民間および軍事の検閲を通過した映画が上映禁止になるとは想像もしなかった。岩崎は、マーク・ゲインや他の外国人特派員から、つぎのような説明を聞いた。八月二日に映画ずきの吉田は、恒例となっているその週の劇映画とニュース映画を首相官邸で試写させたが、『日本の悲劇』を見て激怒した。たまたまその場に招待していた米軍高級将校のなかに参謀第二部の将官がいて、彼も吉田の意見に賛成し、吉田は彼を通じてマッカーサーにこの映画の上映禁止を訴えたというのである。そして岩崎は、この将官がウィロビーであったという」。

岩崎昶の証言を通して、戦争責任を軍部（主に陸軍）のトップに押しつけて、天皇とともに自分たちの責任をほっかむりして戦後国家づくりを開始していた吉田の、〝うろたえと怒り〟がよく読める。

検閲の現場にいたニューディラー（コンデ）のバックアップもあって作られた、天皇を中心において、もっと広く正面から侵略戦争と弾圧の責任者たちの責任追及をと訴えたこのフィルムは、吉田のたれこみで占領軍のトップ（マッカーサー）によって上映禁止に追いこまれたのである。

占領軍は、天皇（制）の戦争責任を隠蔽した。しかし、隠蔽したのは、そればかりではない。その点は、この『日本の悲劇』というフィルムを通しても、よく読みとれる。

平野が紹介したように、日本の侵略性の理由は、もっぱら日本資本主義の特別な、国内の強搾取体制のみ（国内市場をかれさせ、海外に市場を求めざるを得ない）に求められている。だから欧米列強の侵略に対抗して、日本の侵略戦争は拡大していったという事実は、まったく語られていない。そして、沖縄戦も東京大空襲も広島・長崎への原爆投下についても、なにも語られずに、いっぺんに「敗戦後」が写し出されるのだ。

こうしたシーンが存在しないという事実が、この「占領プロパガンダ映画」の性格をよく表現している。

原爆（投下）問題は占領検閲体制によって「禁止された題材」の一つであった。製作を許した場合でも、内容にこまかく介入したのである。『天皇と接吻』はこう語っている。

「CIEは大庭秀雄監督、新藤兼人・光畑碩郎共同脚本の『長崎の鐘』の製作を、粗筋を二回書き直すことで許可している」。

「……検閲官は、〈原爆投下は二十万人の米国人の命を救ったばかりでなく、同じ数の日本人の命をも救った〉というメモを記している。そして、長崎の爆撃後の破壊の場面を問題として指摘している。

これを受けて、新藤の粗筋の第二稿は、〈原爆は、野蛮で狂信的かつ不寛容な日本の精神に対して、自由、文化、科学に目を見開くようにという、日本人に与えられた科学的啓示的出会いであったとも言える。原爆は文明に対する警告であり、日本人を平和に目覚めさせるものであった〉と、原爆投下を正当化する字幕を映画の最初にもってきて、日本の狂信的軍国主義者の責任を問うことで、原爆がもたらした破壊の場面を何とか検閲を通そうと努力している。この第二稿は一九四九年四月二十八日に審査され、検閲官は〈原爆の場面まではよい。科学者の生活を描くのもよいが、爆撃に関するところは望ましくない〉との見解を述べている」。

「映画は一九五〇年になって完成したが、そのときも予告編が問題になった。〈日本の軍需工場で、原爆の攻撃目標であった三菱造船〉を見せる代わりに、〈幼女が平和に遊んでいる公園に突然、原爆が投下される衝撃〉を見せるのは問題であり、この作品が永井博士の伝記である以上、〈長崎の原爆投下の部分を強調する〉必要はないし、そのような場面を入れることは、〈連合軍が日本の主要な軍事目標に原爆を投下することを選択した理由を、よりよく理解させることにはならない〉と検閲官は述べている。その結果、予告編は改変され、完成された映画は総合司令部各部署の代表が意見と助言を与えるために試写上映された。この件で占領軍は、原爆はあくまで軍事目標に投下されたということを強調することによって、実際には軍需工場も非戦闘員の市民も無差別に爆撃したことを日本の観客に思い出させないようにしたのである」。

事実をねじまげ、被害の実態を隠蔽しようとする米国占領軍の姿勢の背後に、少しは、うしろめたさの感情もあったのかもしれない。ともかく、一世代を超えて続く、広く深い被害のすさまじさは、隠蔽しても隠蔽しきれるわけはなかった。

しかし、原爆投下を文明への解放とする占領軍のつくった「原爆神話」は、日本の中においても、十分に批判されつくされたわけではないのである。そして、「民主主義対ファシズム」史観にもとづく、日本の侵略・加害責任を問うことは、アメリカの原爆投下の正当化と対応するという論理と心情は、まだ生きている。

本島発言は、もちろん、「原爆神話」をそのままなぞって、原爆投下を正当化しているものではない。しかしこの発言が、そういうふうに読まれてしまう根拠は、彼の発言の中にあるのだ。

アメリカの原爆投下は、日本の侵略・植民地支配同様、許されてよいことなどではない。この二つは同列で徹底的に批判されるべきことである。原爆はアメリカの植民地支配・侵略の力の象徴として存在し、存在しているのだから。

アメリカの軍事力をアジアの被植民地の抵抗の闘いと一体化させて「正義」とする〈占領民主主義＝民主主義対ファシズム史観〉がつくりだした神話。本島発言は、この神話にしばられたものである。日本の侵略・植民地支配と米国の原爆投下との間に直接的な因果関係はないのだ。両者はならべて批判されなければならないはずだ。

アメリカ「文明」（民主主義）の野蛮さは、勝敗が決まってしまった後に、自国の利害のために平然と原爆を投下したこと自体に、十分に示されているではないか。（七月二十四日）

［『インパクション』109号・98年8月］

戦争被害・加害と天皇制

被爆地「巡行」と皇室「外交」

[1998/10]

目前にせまった金大中韓国大統領の来日をにらんで、九月十五日に「金大中来日と天皇会談を問う」討論集会が持たれた（主催「天皇制の戦争責任を問い、アキヒト・金大中会談に反対する共同行動」）。私も問題提起者の一人として発言したこの集会では、過去の日韓関係（日本の朝鮮半島に対する植民地支配と侵略）の最終的な「清算」のための外交と位置づけられている日韓首脳会談・金大中と天皇会談が、結局、「清算」を政治的に演出していく舞台となるだけであることは明らかであり、私たちは日本政府がキチンと戦争責任を取ることを要求しつつ、金大中・天皇会談に反対していくことを、あらためて確認した。

侵略と植民地支配に、最高の責任があったのが天皇制である。この延命し代替りした天皇による「謝罪と反省」のポーズを示す政治儀式が日本政府によって演出されるわけだが、それは本当に責任を取る意思が日本政府側にないことを象徴しているのだ。天皇による謝罪（反省）がまともなものでありうる唯一の方法は、アキヒト天皇が天皇をやめて（天皇制をなくす方向で）わびるというものである。これ以外にはありえないのだ。

共有すべき「歴史認識」については、天皇（制）の戦争責任こそが問われるべきであるということとならんで、六五年の日韓条約の見なおしという問題がある。

この条約は、韓国併合はその当時において合法であったという日本政府の解釈を前提に成立している。この解釈（侵略・植民地支配のいなおり）を運動的に批判し続けることこそが大切なのである。一九九五年の村山（首相）談話の線の「認識」を示す発言を、韓国側は日本政府に求めているが、村山談話には、日韓条約の見なおしという具体的内容は、まったく含まれていない。

民主化運動のリーダーが大統領になっても、あたりまえの要求が被害者であった韓国側から、ハッキリと提示されることはないのである。日本への経済援助やハイテク中心の技術移転の要請がなされているという現在の日韓の経済関係が、こうした政治交渉の背後にあるのだ。取り引きによって、ネジまがった「歴史認識」がそのままにされてよいわけがない。

この歴史的な被害の責任という問題について、私は、あらためて長崎で考えさせられた。

八月九日、私（たち）は長崎市松山町の爆心地公園の集会に参加した（主催ピースウィーク98実行委員会）。この時、私は近くの資料館で、片岡弥吉の書いた『永井隆の生涯』を買った。あの映画『長崎の鐘』の主人公の生涯で、気になる点があったからである。白血病の身で原爆被災。それにもかかわらず原爆傷病者の救護につとめ、「平和」を訴え続け、ベストセラーを書きつづった永井隆を天皇が訪ねているのだ。

「二十四年四月二十八日長崎医大病院で、天皇陛下にお目にかかることになった。聖ヴィンセンシオ会員が、特に工夫して作った戸板の急造担架に乗って如已堂を出た。

陛下は永井さんのまくらもとでおおせられた。

「病気はどうです。」

「はい元気でやっています。」

「どうか早くよくなるように。」

陛下は永井さんの著書をお読みになっておられたので、特にねんごろにいたわってくださった。永井さんは、科学者にいます陛下と大学でお会いすることをうれしく思った。

天皇は科学者にませば大学の構内にして落ち着きたもう」。

そこには、こう書かれている（一九五〇年に国会の表彰勧告に基づいて天皇から銀盃一組をもらっている）。

天皇らの開戦によって原爆投下はもたらされた。そして、天皇らが「国体護持」（天皇制の延命）の保証をもとめて、敗戦をグズグズ引きのばしたため、二つの原爆は投下されたのである。

被害者が加害者をありがたがる。こうした倒錯がそこにある。

鈴木正男の『昭和天皇の御巡幸』（展転社）には、このように書かれている。

「ここでは、原爆で妻を亡ひ、自分も被爆者治療中に原爆症に斃れて死の病床にある永井隆博士を親しく御見舞になられた。博士には闘病中に書いた『長崎の金』『ロザリオの鐘』『この子を残して』等の著作があった。

陛下は寝台に寝たままの博士の病床へつかつかと寄られ『どうです、御病気は』とやさしく問いかけられ、『あなたの書物は読みました』と仰せられ、枕辺の長男誠一君（当時十四歳）と長女茅野さん（同九歳）にもいたわりの御言葉をかけられた。博士は、この日のことを、

天皇は神にまさねばわたくしに病いやせとぢかにのたまふ

と歌に詠み、次の如く述懐した。

〈天皇陛下は巡礼ですね。形は洋服をお召しになっていましても、大勢のおともがいても、陛下の御心は、わらじばきの巡礼、一人寂しいお姿の巡礼だと思いました。〉

そうして二年後の昭和二十六年五月、博士はカトリック信者としての一生を終へたのであった」。

責任を問う、どころではないのだ。この被害者が加害者をありがたがるという倒錯は、永井にのみあったわけでは、まるでない。

鈴木はそこで、さらにこのように書いている。

「永井博士を見舞はれた陛下は、七万人が一瞬のうちに死者となった爆心地を御覧になりつつ市民奉迎場へ向かはれた。爆心地には白い記念塔が建てられ、附近にはアメのように曲った鉄骨が赤さびて立つてゐる。遠く浦上天主堂の被爆の跡も見える。浦上球場の市民奉迎場に御着きになつた頃から小雨が降り出したが、グランドを埋めつくした五万の大群衆はみじろぎもしない。

『君が代』の大合唱が終ると、陛下はマイクの前に進まれ、一枚の紙片をひろげられた。広島市に次ぐ異例の御言葉である。

〈長崎市民諸君、本日は長崎市復興の状況を見聞し、また、市民の元気な姿に接することができてうれしく思ひます。長崎市民が受けた犠牲は同情にたえないが、われわれはこれを平和日本建設の礎として、世界の平和と文明のために努しなければならぬと思います〉

スピーカーから流れる御声は一語一語力強く会場のすみずみにまで響いた。御言葉が終るや堰を切ったように萬歳の声が爆発、五万の大群衆は感激の涙に濡れて日の丸を打ち振り、陛下は何度も何度も御帽子を高く高く振られるのであった。

陛下は更に長崎市内の三菱造船所を御視察、同所貴賓館の御泊所に御入になり、同夜は県内各界代表を御招きになつて県内事情を御聴取あらせられた。

陛下は翌朝午前九時二十五分、長崎市民の熱烈な御見送りを受けられ、佐賀県を御通過、再び福岡県に向はれた」。

この風景はどうだろう。

天皇が土下座してわびた、というならわからなくはないが、「犠牲は同情にたえない」、犠牲を〈平和の礎〉として努力せよと語り、「天皇陛下万歳」の声がそれを迎えているのだ。

戦争（原爆）の被害者を、平和のための犠牲者と勝手に位置づけ、

〈平和の礎〉とすることで、「戦争」が「平和」に転倒される。そうすることで加害者が見えなくなるのだ。

「国民」（被害者たち）とともに「平和」のために努力する天皇というイメージ。「国民」とともにと語りつつ、「国民」のズッーと上から「戦争」に「国民」を狩りたてた。この男が、なにごともなかったように「国民」に「平和」への努力をと説教しているのである。

ついでに、一九四七年の広島「巡行」の方も見てみよう。

「十二月七日、この日は原爆の地広島へ御入りになる日である。宮島口から御車で国道と広島へ向はれ、途中、県水産試験場で当地の名産であるカキの研究を御覧になつた。

広島市の入口に近い所に、原爆孤児八十四名が列んで御迎へしてゐた。これは広島災児育成所に収容された子供達で、亡き父母を供養するため仏門に入り、頭を剃って墨染の衣を来てゐる児も五、六人ゐた。

陛下は御車を停められ、そのそばへ玉歩を運ばれ、御優しく御慰めの御言葉を賜った。そして、そこにゐた原爆で頭のハゲた一人の男の子の頭をかこむやうにして御目頭をしばし押さへられた。周囲の群衆も皆静まりかへり、すすり泣いた。まったく畏き場面であった」。

この後、鈴木は、「山陽新聞」の記事を紹介している。天皇の発言は、こうだ。

「浜井市長から、

願くば特殊な戦災をこうむりました広島市民に深い御心をお寄せ下さいますことを謹んでお願いします。

と言上の辞を述べるや陛下は深くうなづかれ、右側のオーバーのポケットから小さな紙片を出されてマイクに向い朗々たる御声で、

このたびは皆のものの熱心な歓迎を受けてうれしく思う。本日は親しく市内の災害地を視察するが、広島市は特別な災害を受けて誠に気の毒に思う。広島市民は復興に努力し、世界の平和に貢献せねばならぬ。

と激励になり、慈愛深く市民の群を眺められた。思いもよらぬ陛下の御言葉をきいた市民はその瞬間、十数万のいけにえを捧げて砂のように乾いた魂のなかに新しい命をよみがえらせ、池田市議長の発声で感激にぬれた萬歳を絶叫、真っ赤にやけただれた土、黒こげの立木、あめのように曲った鉄骨などが死骸をさらすアトムの街に、陛下の御心はおおらかに愛と平和の希望を植えつけられたのである」。

天皇の慈愛深さをアジっている記事である。

天皇の発言は、ほぼ同じ内容。「気の毒」だが、「平和に貢献せよ」というわけである。

天皇主義者の著者鈴木は、この新聞記事を引いた後にこう語っている。

「天皇を怨《うら》む者など一人もゐない。皆どこでも、民衆は歓喜して天皇を迎え、熱狂して萬歳を唱え、感涙を流す。特に天皇を怨んでをるのではないかと思っていた広島では、何と七万人という空前の人達が集まったのだ」。

怨む者など一人もいない、などというのは嘘であるが、多数の人々がよろこんで天皇を迎えたことは事実であろう。「怨んでをるのではないかと思っていた」と鈴木ですら書いている。

怨んで当然、というより怨まなかったらおかしい。どうして、こういう倒錯がおきてしまうのか。

被害者が、被害をくわえた者との関係の中で、自分たちの被害について、キチンと考えていないのだ。

加害者（天皇制国家）に依存し、すがる被害者たち（民衆）。加害の事実を隠し、被害者たちに、慈悲深さをアッピールしつつ「平和」への努力の号令をかける加害者（天皇・国家）。

国家・天皇による被害の体験が、思想的にキチンとつめられてい

ないのだ。

日本の民衆は、かつての植民地支配・侵略の加害者であった。

この加害の責任の認識を、戦争の被害者意識がくもらせてきた。そういうことがよくいわれてきた。しかし、本当は、被害者意識すら十分に持っていないからこそ、自分たちの加害者性がよく認識できなかったのではないか。

被害者意識と加害者意識は、ことさら対立的に考える必要はないのではないか。

民衆が被害者意識をつめていく作業をさまたげるのも天皇(制)であり、加害者意識を持つことをさまたげるのも天皇(制)である。

天皇制との闘いにおいては、だから、被害者としての体験と加害者としての体験をかさね、その相互の関係の歴史社会的な意味を掘り下げて考えてみる作業が不可欠なのである。

そして、金大中と天皇会談という天皇(を使った)政治と、被爆都市を、自分らにまったく責任がなかったかのごとく「巡行」し、慈悲深くふるまってみせる天皇(を使った)政治とは通底しているのだ。

この天皇制の共通した政治的役割こそが、批判的に問い続けられなければならないのだ。(九月三十日)

[『インパクション』110号・98年10月]

[1998/12]

金大中・江沢民来日と象徴天皇の「皇室外交」

アキヒト天皇の訪韓に反対しよう

十一月二十九日の『朝日新聞』の二つの記事の引用から始めよう。

一つは、これである。

「小渕恵三首相は二十八日午後、日韓関係閣僚懇談会出席のために訪れた鹿児島市で、韓国の金鐘泌首相と会談した。金首相は天皇訪韓について『二〇〇〇年という節目の年に訪韓してほしい。新世紀へ第一歩を踏み出すためにもぜひお願いしたい』と実現を強く求めた。小渕首相は『温かく迎えていただけるような情勢をつくりたい』と応じ、実現に向けて環境整備に努力する考えを示した。韓国政府が天皇訪韓で具体的に時期を特定して招請したのは初めて。/この中で、金首相は『二〇〇〇年は、翌年から新しい世紀が始まる転機の年だ。二〇〇二年には(日韓が共催するサッカーの)ワールドカップもある。天皇訪韓のために双方で環境づくりをしていきたい』と述べた。韓国側の説明によると、金首相は『日本側で突発的な問題発言が起きないようにするなど日本側の雰囲気づくりが重要だ』と強調したという。小渕首相はこの後の閣僚懇談会では『重要なことなのでよく検討したい』と述べた」(一面)。

もう一つは、これである。

「韓国の金鐘泌首相は二十八日、鹿児島で行われた小渕恵三首相との会談で、『今後のアジア経済への対応として三千億ドルを目標に基金をつくってはどうか』と述べ、日本を中心とする『アジア通貨基金』の創設を提案した。これに対し、小渕首相は三百億ドルを資金枠とする『新宮沢構想』をすでに具体化させていることなどを説明した。／金首相は『最初は三百億―五百億ドルをめどにすればいい。日本が提案すれば、韓国も充分の負担に応じる』と語った。／しかし、日本は昨年、アジア支援策としては一千億ドル規模の基金創設を提案したが、米国の理解を得られず、実現しなかった経緯がある。／小渕首相も、こうした事情を金首相に説明し、新たな基金の創設には慎重な姿勢を示した」（三面）。

十月七日に来日した金大中韓国大統領と日本政府が設定した日韓の共同の政治（経済）の路線が、クッキリと見えてきている。これは、「二一世紀に向けた新たな日韓パートナーシップ」の「共同宣言」と「行動計画」の基本線の延長線に浮上した政策である。

この時、日本政府（小渕首相）は、九五年の村山（首相）談話を踏襲し、日本が「一時期韓国国民に対し植民地支配により多大の損害と苦痛を与えたという歴史的事実を謙虚に受け止め、これに対し、痛切な反省と心からのお詫びを申し上げる」と発言した。

植民地支配への「反省とお詫び」は、あたりまえのことであるが、問題は、そう単純ではない。

尾沢孝司は、こう論じている。

「日本政府は、日本軍慰安婦（性奴隷）問題に対する日本政府の法的責任、国家賠償、責任者処罰などを勧告したマクドガル報告を全面的に否定した。このことに示されるように、日本政府は、金大中大統領が具体的問題に触れないことをこれ幸いに、言葉の上だけの謝罪ですませたのだ。／問題は、村山談話が出された同じ年の一〇月の参議院での日韓条約に関する村山首相の答弁に示されたように、朝鮮半島の植民地は道義的、政治的には責任があるが、その基になった日韓併合条約は、法的には有効であったというところにある。六五年に締結された日韓条約においても、第二条で日本側の解釈は、大韓民国成立までは日韓併合条約は有効であったという立場をとり、あくまで植民地支配は法的には有効であったということに現在も固守し続け、日韓条約と同時に締結された財産請求協定の第二条で、財産、権利及び利益などの請求権問題は『完全かつ最終的に解決された』ことを理由に、元日本軍慰安婦など戦争被害者に対する国家賠償を拒否し続けているのである」。（「金大中大統領来日と日韓関係」『反天皇制運動じゃーなる』15〈十月十三日〉号）。

日韓条約（特に第二条）のみなおしがない「反省とお詫び」発言などは、まったくまともな反省でもお詫びでもないどころか、植民地支配の歴史的責任を取らないことを、あらためて確認するものなのだ。

金子文夫は、こう語る。

「金大中大統領来日の重要目的は、日本への経済協力要請であった。そのために過去の清算を急いだのであって、一九六〇年代初頭、朴正熙政権が植民地問題をあいまいにしたまま日韓条約締結を急いだことと状況は似ている。日本側はこうした韓国の苦境につけこみ、歴史認識問題の決着を韓国側に認めさせたうえ、国連安全保障理事会の常任理事国入りに支持をとりつけるなどの工作を試みた。／すでに日本は、昨年末のＩＭＦの総額五八〇億ドルに達する緊急支援プログラム（ＩＭＦ史上最高）では一〇〇億ドルを分担し、各国別では突出した役割を果たしている。今回発表された『行動計画』では、日本輸出入銀行による三〇億ドルの融資が約束された。さらにまた『官民合同投資促進協議会』の設置も合意された」（『反天皇制運動じゃーなる』16〈十一月十日〉号）。

「日韓条約の締結」の新たな状況下でのやりなおしという性格の外交であったことがキチンと確認されなければならない。

そういう流れで、金大中大統領は二〇〇二年のワールドカップ以前における天皇訪韓を招請したのである。今回の金鐘泌首相の「二〇〇〇年天皇訪韓」招請は、金大中の招請の次のステップの発言である。

「反省とお詫び」。この、かつての植民地支配の合法性を再確認する、かつての植民地支配への「反省とお詫び」。こういう欺瞞の外交が天皇訪韓の招請を必然化しているのだ。

マス・メディアには、「日韓の未来志向のパートナーシップ」への期待と賛美があふれた。その点は、マス・メディアの今までの基調であり、目新しいことはない。しかし、日韓連帯運動や戦後補償要求運動のグループの中からの金大中外交へのハッキリとした批判の声がチョッピリしかあがらなかったことは、私たちにとって、かなりピンチの事態がつくりだされていることを示している。

金大中はかつての民主化闘争のシンボル的存在であり、集中的に政治弾圧を受けた時代には、「金大中氏の救出」運動が日本でも、大きくつくりだされた。その金大中が平和的な政権交代によって第十五代韓国大統領となり来日したのである。今までの大統領とは違う姿勢を示すだろうという期待がうまれるのは不思議ではない。まして、金大中は、来日直前『世界』(九八年十月号)のインタビューで、こういった発言をしていた。

『慰安婦』の問題で我々は、国民基金のお金をハルモニたちが受けとるのに反対しました。『慰安婦』問題は日本の政府の責任であって、日本の国民の責任ではない。だから、国民からお金をもらう筋合いがないのです。そういうものをもらうということは、事の本筋をすり替えることになります」。

「……国連の人権小委員会(差別防止少数者保護小委員会)で、この問題は日本の政府の責任であり、日本の政府が賠償すべきだ、国民的にやるのは不当だという報告が公表されたことにも表れています。日本がこのままにすれば、国連の場でも、さらに問題になると思います。/こういう経緯があるために、韓国政府としては、そういう名目で基金からお金をもらうのは、事の本質からして間違っていると考えるのであります」(特別インタビュー「国民的交流と友好の時代を」)。

私的に、このように発言したものの、大統領としての金大中は、元軍隊慰安婦だった人々の補償問題など、まったく議題にもしないことで、終ったものとして処理する日本政府のハレンチな態度を、外交的に承認して帰ったのである。

東京でも大阪でも、金大統領は、在日の人々を含む日韓連帯運動に関係してきた人々などの、多くの民間人を招待する集まりを持った。そこでの私人としての発言は、いろいろあったのだろう。

しかし、大統領としては、日本の植民地支配を合法とする日韓条約を追認し、天皇訪韓を要請して帰ってしまったにすぎないのだ。このダブル・スタンダードは日本への経済協力要請をせざるをえない韓国大統領の弱味につけこんだ日本政府にしてやられた結果ではあるとはいえ、批判されてしかるべきである。しかしこのダブル・スタンダード「外交」によって批判の声は押さえこまれてしまった。

私もメンバーの反天皇制運動連絡会などの呼びかけでつくられた「アキヒト・金大中会談に反対する共同行動」は九月十五日に討論集会、そして十月四日には日韓連帯共同行動と私たちの「共同行動」の共催で「戦後補償実現! 天皇の訪韓を許さない! 金大中大統領来日・日韓首脳会談を問う10・4行動」(集会とデモ)をつくりだした(この反天皇制の「共同行動」は神奈川国体〈秋季〉反対の行動〈十月二十四日・天皇参加の開会式抗議、二十五日・銃剣道競技抗議〉まで闘い抜き解散した)。

私たちは「金・天皇会談反対」を中心にかかげた、こうした動きの中で、すでにふれた事態がつくりだされることを予測し、どのように少数派になろうとも、原則的な抗議の活動をつみあげようと、他方で新ガイドライン安保関連法案の浮上という事態への対応にもおわれながら、走り続けた(金大中外交は日米韓軍事体制の強化の舞台であったことも忘れるわけにはいかない)。

元軍隊慰安婦の補償を議題としてあげることすらしなかった（意見の対立があったことすら正式の外交で明示しない）金大中の外交姿勢を見ていて、私はある文章を思い出した。

「日本軍慰安婦出身　イ・ヨンス」の「私が政府の生活支援金を拒否する理由」（月刊『マル』九八年六月）の文章である。

「私が政府に生活支援金を拒否する理由は、政府次元で日本に法的賠償と公式謝罪を要求しない限り、この支援金は日本の民間団体がくれるお金と違わないためだ。政府の支援金は、挺対協基金額を合わせると三千八百万ウオンだという。私は政府の生活支援金三千百五十万ウオンを除いた残りのお金はありがたく頂く」（傍点引用者）。

日本の「国民基金」が、あたりまえの日本国家の謝罪と個人補償を回避するための政治的欺瞞だとすれば、それを受け取らせないために出された韓国政府の生活支援金も「政府次元で法的賠償と公式謝罪を要求」することが前提でなければ、同じ政治的性格のお金であると、彼女は受け取り拒否を宣言した。

金大中は「個人補償も公式謝罪」も要求しないどころか、外交の議題にすらしないという（すでに決着とする）日本政府の姿勢に従ったのである。

「支援金」は、ここで、そのような性格のもの以外でないことが、ハッキリと確定したのではないのか。

内部に大きな対立をつくりながら展開されてきた、戦後補償要求運動の中で、このことが正面から論議されていないことが不思議である。

この間、私たちと「共同行動」をになってきた平井純一は、日韓共同宣言にふれ以下のように論じている。

「『21世紀に向けた日韓行動計画』は、『自由で繁栄した世界経済実現のための協力』をうたい、『両国はアジア経済の金融を始めとする経済的困難の克服のために協力し、また、国際社会におけるその他の新たな経済問題に関しＯＥＣＤ等の国際規模での協力を強化していく』と述べるとともに、当面する韓国経済の危機克服のために『財政投融資を適切に活用し、総額三十億ドル相当円程度の日本輸出入銀行による融資の実現を図る』としている。／しかしこの『市場経済』や新自由主義への忠誠宣言は、あくまで日本と韓国が軸となってアジア危機を突破するという決意の表明であるととらえることもできる。そこに、アメリカやＩＭＦ・世銀のイニシアティブへの対抗的、ないし自立的意図が隠されているという解釈も可能になってくる。アジアの伝統的思想と民主主義の親近性を説く金大中の発言に、独自の『アジアナショナリズム』のにおいを嗅ぎ取ることもできる。／この間、アジア危機を生み出したアメリカ資本の金融投機に対するフラストレーションが各方面から強まっている。／石原慎太郎のベスト・セラーである『宣戦布告〈Ｎｏ〉と言える日本経済』（光文社）における『大東亜強円圏』＝『円』を基軸にしたアメリカの『金融支配』に対決するアジア経済圏の主張に見られる、露骨な帝国主義侵略論はさておくにしても、明白な左翼誌である『インパクション』一一〇号（98年10月号）の座談会でも、在日韓国人三世で大阪市大助教授のぱく・いる氏は『円を基軸にしたＡＦＭ（アジア通貨基金）を作りましょうというプラン』を積極的に支持している」（「金大中来日――日韓首脳会談と『日韓共同宣言』」『かけはし』〈十一月十六日号〉）。

さて、本誌（『インパクション』）の問題である。

ぱくいるは、「日本はアジアとの『援助交際』をやめよ――金大中大統領の訪日と日韓関係の構築をめざして」という論文も、この一一〇号で書いている。まったく不適切な比喩である「援助交際」で日本とアジアの関係を分析してみせたこの論文では、こう語っているのだ。

「日本がアジアの通貨・金融危機を生み出した欧米資本による通貨

流動性の危機に対処するために、本気で円を基軸通貨とするＡＭＦ（アジア通貨基金）を作ろうというなら、まずアジアから本当に信頼される国にならなければならない。そのためには、ドイツがＥＵに参加するために払った相当な戦後補償への取組みを見習う必要がある。というのも、戦後補償をしないことを見返りに『援助交際』を続けている限り、日本を中心としたＡＦＭ構想はアジアの民衆から『大東亜共栄圏』の復活といわれても仕方がないからだ」。

　私はここで、平井に対して、石原慎太郎の実質的には、新しい「大東亜共栄圏構想」（中国は排除したアジア連帯の呼びかけ）と違って、ぱくの主張は戦後補償の要求とセットだから問題ない、などといいたいわけではない。

　こういう、戦後補償要求（経済支配強化の条件をつくりだすための口実づくりとしてのそれ）は、日韓支配者の政治的思惑の土俵の上の主張としか取れないことを、私は平井とともに確認しておくために、ぱくの文章を引いたのである。

　平井のふれた座談会（「日韓関係の行方――金大中大統領の訪日で不幸な過去は克服できるか」（文京洙・姜恵楨・ぱくいる））では、こういうことも話されている。

　ぱくはこう語る。

「レーニンの死後フルシチョフはレーニン批判を行うことで国民統合を進めました。その教訓にしたがっていうと、天皇がアジアの嫌われ者になるか、平和の伝道師になるかの別れ道は、訪韓して自分の親父（アボジ）がやったことをちゃんと謝れるかどうかということです。それができれば彼も平和の使者になれる可能性があると思います。私はそうあって欲しいと思う。でないと、それこそアジアの嫌われ者に、このまま『平成天皇』も留まってしまう。天皇の韓国訪韓《ママ》と公式謝罪は一つの試金石だと私は思います」（傍点引用者）。

　これに文は、こう対応している。

「天皇制の議論については憲法を変えるというわけにはいかないですから、天皇制が過去にもっていた内容をどう形骸化していくのか。今後アジアとの関係でも国内政治でも、天皇がきちんと明白な形でアジアに謝罪することは天皇制の形骸化への大きな一歩になるかもしれない」。

　これにぱくは、こう答える。

「やはり今の天皇が過去の天皇のアジアに対する責任の謝罪をし、けじめをつける。これはやはり日本の外交を通じて問われた問題であるし、それを日本に提言できるのは私は金大中大統領しかいないと思うわけです。行使大儀を持つ（おそらく、「こうした意義を持つ」の誤植？）天皇の訪韓が実現することによって、本当の意味での両国の民主的な外交が出来るきっかけになると思うのです。……」。

　これを姜は、こう受ける。

「もし天皇の謝罪が実現するとしても、……」。

　日韓の支配者がつくりだそうとしている大きな政治として天皇訪韓（「外交」）、この基本線に何の疑いも持っていない。

　韓国の遺族会の人々が日本に来て、とにかく「天皇が謝罪せよ！」と声をあげるのをよく耳にした。彼や彼女が植民地支配と侵略戦争時の最高責任制度、天皇制に怒りをぶつけ、土下座して謝罪せよと要求するのは自然の心情である。土下座させて殴り飛ばしたっておかしくはない。「代替り」しているとはいえ、ヒロヒト天皇の「偉業」をたたえて即位した天皇アキヒトである。戦争責任も継承されているのだ。

　ただ、「公式」の席の天皇は、自分の意見（持っていればだが）で態度を決めることはできないし、しない。「お言葉」の基本的内容まで、政府が決めることである。その意味で、あたりまえの人間（個人）などでは象徴天皇はない。天皇個人の意思が「外交」の基本態度を決定するわけではない。さらに、象徴天皇に憲法は外交権能など与えてはいない。にもかかわらず、マス・メディアの全面バックアップの下に、この間日本の権力者は、象徴天皇に「外交」をさせ、あたかも天皇個人の意思で、それが展開されているかのごときイメージ操作をも行ってきているのだ。

この動きは、天皇制の強化の動きであり、これと、経済的・政治的・軍事的強国としてアジアの中の支配国として振る舞おうという日本の支配者の動きは連動している。

こういうことは、この三人の大学教師たちには、どうでもいいことなのだろうか。

日本がまともに植民地支配と侵略戦争の責任を取らなかったことは、最高の責任制度である天皇制が戦後に延命している事実に、端的に象徴されている。

この天皇が「外交」し、仮に、天皇として「謝罪」の「お言葉」を吐いたとしても、それは、事実としては責任を取らないのに、取っているかのごときポーズを示す、政治的欺瞞以外のものではない。

「レーニンの死後フルシチョフはレーニン批判を行う」などと、スターリンとレーニンをゴチャマゼに論ずるような学者に、すこし立ちどまって考えなおしてくれと言っても、無理か。

十一月二十二日「江沢民来日・天皇会談を問う討論集会」（主催「反天連」）で私は、問題提起者の一人としてアキヒト天皇は、皇太子時代からの「外交」キャリアがあり、外交天皇として期待できるという、マス・メディアの大キャンペーン下に「即位」したことを思い出して、韓国・中国の支配者との「和解」外交を展開している今日の事態を考えるべきだと主張した。

新しい経済的・政治的・軍事的支配の安定的確立のためのアキヒト天皇外交。政府（首相）は江沢民には「侵略」の言葉を使った謝罪を行ったが、天皇は金大中の時と同様、ナマの政治（戦争）にふれる「お言葉」はさけるというスタイルで事態が進んでいる。これが右派の天皇の謝罪外交反対というプレッシャーへの妥協という側面が強いのか、政府自身のハッキリとした方針なのかは、まだよくわからない（この点には注目し続けなければならないが）。

アキヒト天皇訪韓は、新天皇即位の時点からの日本の支配者の「皇室外交」の政治の一つの大きなゴールということになろう。訪中はすでに実現してしまった。戦後、天皇が足を踏み入れることのできなかった韓国への「外交」。それはアジアに向かって日本が戦争責任を取らないで戦後を終えることを最終的に宣言するセレモニーとなるだろう。ガイドライン安保によって本格的戦争国家に再編されつつある象徴天皇制国家のこの「皇室外交」に、ヒロヒト天皇（制）の戦争責任・アキヒト天皇（制）の戦後責任を問い続けてきた私たちは、正面から立ち向かわなければならない。（十一月三十日）

〔『インパクション』111号・98年12月〕

〈補論〉

私のこの文章にぱくいるから反論が寄せられた（『インパクション』112〈一九九九年二月〉号の「読者論壇」）。それに私が次号の『インパクション』113〈一九九九年四月〉号の「読者論壇」で答えたのが以下の文章である。

ぱくいる氏へ

私には、一国の政治責任者の地位にある人間を「支配者」と考えない感覚と論理は理解できません（もちろん、支配者はすべて悪で、全否定すべきだと考えているわけではありませんが）。

失礼ないい方ですが、私の批判への回答は、私からすると、まったく行きちがいで、あらためて同じ批判をそのままくりかえすしかないということになります。

そこで、経済援助をアジアにばらまくしかない日本政府、この日本政府とアジアとの関係を「援助交際」と呼んだ、あなたの主張を「不適切な比喩」と私が主張しているが、根拠が示されていないというあなたの反論にのみ答えます。

私には不適切は、あまりにも自明でしたので、失礼しました。

一九九九年版『朝日キーワード』では「援助交際」はこう解説されています。

「少女らの間で『エンコー』などと縮めて呼ばれたりしているが、中身は多くの場合、売春である。中高年が女子高生らの生活などを援助する、という形をとる。テレホンクラブや電話の伝言サービスなどを利用して少女らが援助交際を『募集』する事例も多くみられるため、警察は従来の売春の被害者という見方を変え、誘った少女を売春防止法の『勧誘』容疑で検挙するケースも増えている」。

少女の検挙拡大の是非の問題はともかく、これが「援助交際」という言葉の一般的な理解のされ方です。

買う男（あなたのいう日本）が金をバラまくというより、性を売る少女（あなたのいうアジア）が性を売ることに積極的で、罪の意識がないことに着目されてつくりだされた流行語です（もちろん本当のところ事実がどの程度なのか、私にはよくわかりませんが）。

こんな比喩が不適切であることを、これ以上説明する必要がありますか。

［1999/2］

「天皇抜きのナショナリズム」の動きなんてあるのか？

象徴天皇制の「再定義」の現在

私もメンバーの反天皇制運動連絡会は、今年の二月十一日反「紀元節」行動を、天皇訪韓反対・「女帝」問題の検討（とりあえずはミチコ皇后の一時間もの肉声講演がマス・メディアに流され続けている事態への抗議）を中心のテーマとしたものとすべく、動き出している。

この間、「女性天皇制」キャンペーンが、再開されだしているわけであるが、こうした動きとともに、「天皇抜きのナショナリズム」をめぐる論議が、右派メディアに浮上している。この件を伊藤公雄は、こう論じている。

「もちろん、こうした傾向は（天皇抜きのナショナリズム強調）は、今回の対談以前にすでに見え始めていた。自由主義史観のグループや『新しい教科書をつくる会』の運動においても、天皇問題は『意識的』といっていいほどに避けられたテーマになっている。少なくとも、ファナティックな愛着の対象としての天皇という図式は後退し始めている」（「チョー右派言論を読む」（4）「天皇制なきナショナリズム？」『派兵チェック』75〈一九九八年十二月十五日〉号）。

伊藤がふれている対談とは大塚英志と福田和也の「『天皇抜き』のナショナリズムを論ず」（『諸君！』一九九九年一月号）である。この後、伊藤は本誌（『インパクション』）の一〇六号の企画で、天野に「自由主義史観はなぜ天皇を語らないのか」を論議させるべく依頼したが、原稿は坂本多加雄論が書かれただけだった、「ぜひ稿をあらためて論じてほしい」と書いている。

ここで、それに答えようというのではない。自由主義史観グループなどの天皇抜きのナショナリズムの傾向についての論議のされかたに少し気になる点がある。ここで論じておきたい。

伊藤は大塚と福田の対談を「すごく面白く読んだ」と語りつつ、大塚のその対談の前提となる論文（『「天皇」はどこへいくのか」『諸君！』一九九八年十二月号）と、小熊英二の『世界』（一九九八年十二月号）の『左』を忌避するポピュリズム」の二つをそこで紹介している。

大塚や福田のような主張が、右派メディアに大きく浮上するような状況は、「おもしろいな」と私も感じるのだが、彼等の主張自体は、私にとってはあまり面白いというしろものではない。そもそも右派メディアに書いている人物なぞの……、などと偉そうにいいたいわけではない。

正確な事実認識に基づく判断とはいえない、かなりインチキな推論によって大塚は論理をくんでおり、福田も、それになんら疑問を提示しないで、思いつきの論を展開している。まず、このことをキチンと批判してから、私たちの論議を進めるべきだと思うのだ。

栗原幸夫は、戦後国家をどう乗り越えるかという状況の煮詰まりがあり、それが右派にとってはこういう象徴天皇制をどうするという問題を露出させているのだと語り、「われわれの天皇制論議をさらに深めよう」と叫びつづけている（「チョー右派言論を読む」「世紀の終わりに天皇制論議の更なる深化を」『派兵チェック』76〈一九九九一年一月十五日〉号）。私たちの論議を深化させるためにも、この問題をまず整理してみることが必要だと思うのだ。

大塚の「『天皇』はどこへいくのか」を具体的に検討しよう。大塚は共産党の不破委員長の象徴天皇制容認発言と、韓国政府が天皇という呼称を公式に使用しだした事態（国内では「日皇」で通していた）を示し、こう語っている。

「韓国政府や共産党の『天皇』容認をただ彼らの側の変化とのみ理解するのは多分、過ちなのだ。そうではなくて、韓国政府や共産党にとって、『天皇』はもはや敢えて目くじらを立ててまで問題にする必要がないほどにこの国では見失なわれつつあるからこそ、彼らは『転向』可能だったのではないか」。

まず、この間の不破発言が、象徴天皇（戦後憲法天皇）容認への共産党の決定的転換を示すものだという判断はまったく不正確である。これは以前からの共産党の基本スタンスであり、それの再確認以上の意味はない。社会党自壊のおこぼれで選挙での議席の拡大にうかれ、政権入り近しなどとトンチンカンな状況判断が、こうした発言を飛びださせたわけだが、もう一つの「安保棚上」論発言ほどの決定的政策転換ではないのだ。しかし主観的であれ権力が近いと思ったら、それを手にするためには「容認」をよりハッキリ明言せざるをえない。そういう存在として天皇制は今でもあり続けているのだ。これは、大塚のよう「天皇」が軽くなっているというのとは逆で、日常的には軽く思えるが、ギリギリの局面では、やはり重い、決定的なものであり続けていることこそを示しているのではないか。

もう一つ、韓国政府の転換について。この日本の植民地支配と侵略に結びついた名称の公式使用に韓国側に屈辱感がなにもないかのごとく考えるのは、大塚が日本のマス・メディアの操作報道の内側でしか、ものを考えていないからであろう。経済援助を引き出すための決定的外交カードとして、金大中大統領らは、これをきったのである。日韓両政府にとって、天皇をめぐる問題は、非常に大きな問題であり続けているからである（韓国側のくりかえされる天皇訪韓要請と、なんとかそれを実現したいと考えている日本政府の態度にも、そのことは端的に示されているのだ）。だから、この件で天皇は「見失なわれつつある」などと論ずることも、まったく妥当とはいえないと思うのだ。

大塚は、この二つの事態を根拠に、こういう主張をまで、そこで展開してみせる。

「たった今、ナショナリズムの再構築に熱心なこの国は、しかし、なし崩しに『天皇』を葬り去ろうとはしていないか。そ知らぬ顔で『天皇』の問題を置き去りにして、出来ることならなるべく触れないように『国家』や『民族』を語ろうとしてはいないか。ぼくはそう思えてならない」。

オイオイ、どうしてそういえるの、とでも対応するしかない。天皇を「葬り去」るナショナリズムの動向の存在は、これでは主観的にデッち上げられているというしかないではないか。

次に大塚は、「自由主義史観」グループの教科書批判の動きは『『天皇』抜きのナショナリズムを目指している」と、ほぼ断定してみせる。藤岡信勝が積極的に天皇制について発言していなかったり、小林よしのりの漫画に天皇が描かれていないのは、大塚のいう通りであり、そこに集まってきた若いインテリに象徴天皇への強い支持の意識もないのも事実であろう。しかし、だからといって、この右派グループを「天皇抜きのナショナリズムを目指」す集まりだなどと論ずるのは、まったくの誤りか、そうでなくても、いちじるしく一面的な主張というしかないではないか。

このグループの教科書づくりへ向かう第二ラウンドの代表的イデオローグ坂本多加雄はこの間、あれだけ精力的に象徴天皇制の「再定義」の作業をつみあげてきたではないか。古い「国体」論を、新しい輸入理論をテコに、再構築するこの作業の批判的検討の方を、伊藤の依頼に対して私が優先したのは、こちらの検討の方が、大切と判断したからであった。

かつて（「大日本帝国」下）の「神権天皇」「闘う軍神」というイメージに連続していない「天皇」イメージをどうつくるかという考えたことのない課題の前で、「自由主義史観」グループの人々は、とまどっている。そういう状況なんだと私は理解している。大塚は、自分の独断的判断を正当化するためにその存在を知っているはずの坂本の天皇論に何もふれていない（「天皇制」という言葉はコミンテルン用語として使われ出し定着した、などという、あたりまえの事柄を坂本の主張で確認しているだけなのだ）。

ずいぶん、おかしな論法ではないか。ついでにふれておくと、小熊英二の論文（『左』を忌避するポピュリズム」）も、坂本の思想の検討を欠落させたまま「自由主義史観」グループを論じているため、かなり一面的な評価になっていると思う。

大塚はさらに最近の改憲論は読売新聞社の試案のごとく、「天皇の元首化」などという復古主義は後退していると論じている。しかし、支配者の改憲論からの「復古主義」の後退などというのは、はるかズーッと以前からの話であり、読売の試案だって、実質上の「元首化」（国家の代表者天皇の外交を権利づけようという意味での）案である。「元首化」で「大日本帝国憲法」下の天皇をイメージするような論議など、とっくにほぼ消滅している。大塚は、日常の政治の中で重いものと位置づけない、非政治と儀礼的存在と宣言して存在している象徴天皇制の独自のナショナリズム（政治的統合力）の意味を、まったく考えようとしていないのだ。

さらに大塚は、「真子」が皇室写真の中心に置かれだした事実をネタに「真子」＝女中心に皇室がシフトしだしたなどという珍論をも、ここで提示している。皇室の「家族写真」の中心に座わるのが「権力＝皇室」の中心であるなどという主張には、まるで根拠がない。そんな前提はないのだ。くたびれてきたが、もう一点。

ワールド・カップで「君が代」を歌わなかった中田英寿の「国歌、ダサイですね」のコメントを引いて「天皇・君が代」忌避の心情の存在について論じている点。これを語るのなら、この発言に対して天皇主義右翼の脅迫があいつぎ、日本サッカー協会も協力して、中田は「君が代」を歌う男に変えられてしまった事実にもふれなければおかしいではないか（この件については中沢譲の「天皇制存置派言論クリップ第28回・『靖国・情報センター通信』256〈一九九八年十月三十一日〉号、参照）。

日本社会は、今だに、そういう社会であり続けているのだ。「君が代」・「日の丸」がそんなに軽いものなら、教育現場への強制が、どうしてこうまで徹底されているのかぐらい、よく考えてみるべきだろう。

大塚は象徴天皇制を「ナショナリズムの抑止力」であるとし、だから支持すると語る、これが結論だ。

象徴天皇制は「ナショナリズムの抑止力」という判断は、私がほとんど根拠が認められないと今まで論じてきた事柄によって支えられているのだから、こんな結論は、インチキの仕上げという印象しか私には持てない。

最後に、大塚が象徴天皇制支持に自分を持っていくスプリングボードとして活用した、「天皇があるせいで左右両側がナショナリティに対して無自覚であり得るという隠蔽の装置になっている」という福田和也の発言についてもふれておくべきだろう。

大塚との対談「『天皇抜き』のナショナリズムを論ず」で「もちろん、天皇陛下はいらっしゃっていただかないと困るし、皇統が続いていくことを信じています」と発言している。

ナショナリスト福田は、巨大な隠蔽装置である天皇制を全力で粉砕する、とでも語っているのかと期待したが、あきれた。

こういう発言のどこが「天皇抜き」なんだ。

福田も大塚も、天皇・皇室の女性化を、天皇制ナショナリズムの後退とイージーに判断しているらしい点でも共通している。しかし、事柄は、そんなに簡単なはずがない。近代天皇制は、「男性」性と「女性」性との二つを両方ともかかえこんで成立していたといえる。

天皇個人のイメージ。〝雄々しい　闘う軍神〟と〝国民すべてのことを常に気づかっている慈母のごとき天皇〟という二つのイメージが天皇制ファシズムの時代にすら、クッキリと存在していた事実に着目するだけでもいい。男性主義のタテマエの下でも「皇后」らの存在が常にクローズアップされていた事実も忘れるべきではあるまい。戦後の象徴天皇制にいたっては、「女性」人気で支えられてきた事は、あまりにも明らかである。「民間」から皇室入りしたミチコ・キコ・マサコの存在なくして、それは語りようがない。「女性」性によってソフトに天皇制は支えられ続けてきたのだ。そういうナショナリズム（統合装置）として、それは存続し続けてきたのだ。

大塚も福田も、象徴天皇制をありがたがっている点でも共通している。私たちは、むしろ、この事実に、象徴天皇制のイデオロギー的統合力の存在を確認すべきだろう。

だとすると、「天皇抜きのナショナリズム」という現実的な動きが、本当に浮上してきているといえるのだろうか。

右派メディアの一部に、「天皇抜きのナショナリズム」という、かなり根拠が曖昧な論議が組織されつつあるという状況の存在。「天皇抜きのナショナリズム」へ向かう動きではなくて、そういう根拠がよくわからない論議がつくりだされつつあるという事実。私たちはとりあえず、今このことにこそ注目し、その意味を分析するべきではないのか。（一月二十八日）

〔『インパクション』112号・99年2月〕

［1999/4］

「日の丸・君が代」法制化のための操作報道批判

教育委員会・政府こそが校長を自殺に追い込んだのである

広島県立世羅高校の校長が、「日の丸」掲揚「君が代」斉唱の教育現場への強制が強められたことが大きな直接の原因の一つとなって自殺（二月二十八日に発見）。このことを契機に政府自民党は「日の丸・君が代」の法制化を、現在の国会で実現するという方針を打ち出した。マス・メディアには、あたかも教組の「君が代」斉唱はやらないという姿勢が校長を追いつめた、あるいは教育委員会と教組の板ばさみになったというトーンの報道があいついだ。校長自身が「君が代」の押しつけに反対しており、国の押しつけ（強制）の強化こそが、校長を追い詰めたという事実をふまえた、教育委員会（政府）批判の声こそが発せられてしかるべきなのに、反対の操作的なニュースが流されたのである。

「日の丸・君が代」に賛成の姿勢を示さない教組そして広島の部落解放同盟を政治的に攻撃する口実に、政府・マスコミによってこの件はつくりかえられてしまったのである。

私もメンバーである反天皇制運動連絡会では、こうした攻撃に対して、とりあえず法制化への抗議の声を全国的に集めて「声明運動」とでもいったものを作り出し、すぐ反撃しようということが決められた。「日の丸・君が代」問題については、教育現場や地域では、まったく日常の問題であるにもかかわらず、「反天連」としては、なかなかうまく取り組めない課題であり続けた。「日の丸・君が代」拒否の運動は、全国の一人一人の教師あるいは、それを支える地域の親などの住民の孤立したガンバリによってのみ持続されてきた。いろいろな課題に追いまくられていて、いそがしすぎるということもあるのだが、私（たち）は、沖縄の「海邦国体」の時、ソフトボール会場の「日の丸」を焼き、強制に抗議した知花昌一の裁判支援を別にすれば、このテーマに持続的に取り組む形での運動を作り出せないできたのだ。そうしたことへの反省もあって、このギリギリの局面で、各地で上がるだろう抗議の声をつないで、いろいろなグループ、個人とともに、こんどこそできるだけキチンとした広い反撃の運動をつくりだそうと私（たち）は考えたのである。

三月三十一日の『毎日新聞』には、政府・自民党は自民党内にも消極意見もあり、民主、公明などの野党も慎重姿勢を示しているうえに、ガイドライン（日米防衛指針）関連法案など、急がなければいけない重要法案がいくつもあるので、今国会の会期内での成立は困難と判断、法案提出は先送り、という記事が出ている。

予想はできたことであるが、今国会提出ということは、ないようである。しかし、法制化へという動きは、このまま止まらないだろう。それは、戦争遂行可能な国家づくりのための法案であるガイドライン関連法案の成立を強行しようという政府・自民党の姿勢を見ていれば明らかだ。能登半島沖の「不審船」に対して巡視艇に威嚇射撃させ海上自衛隊の警告射撃と対潜哨戒機Ｐ３Ｃによる一五〇キロ爆弾を投下させている（三月二十四日）小渕首相にとっては、国家と天皇の尊重とそれへの翼賛の強制の法制化は、戦争国家に必要ということなのであろうから。

時間のゆとりはできたとはいえ、反撃のための活動は、いそがれねばなるまい。

『週刊金曜日』（三月二十六日号）に広島の問題のマスコミの操作報道にこまかく反撃したレポートが載った。まず、法制化の口実につかわれた、この事件の具体的事実関係を確認しておこう。

「報道機関によって自殺にいたる経緯の報道内容がずいぶん異なっ

ている。中でも、重要な二点にふれておきたい」。／まず世羅高校では連日、長時間にわたる職員会議・組合との交渉があったのか、という点である。／三月一日付『産経新聞』では、『二十五日に約五時間、二十六日に約四時間の職員会議があり、二十七日には広高教組（筆者注＝広島県高等学校教職員組合）分会執行部と約二時間（略）二十八日も午後十時から職員会議が予定されていた』と報道した。『週刊朝日』（三月十九日号）も、『二月二十五日、二十六日、二十七日と、連日、数時間に及び組合側との「話し合い」が行われたとしている。また、岸元会長も、参院予算委員会で『石川校長は、二月二十四日から先生が自殺される直前の二七日まで、連日連夜八回にわたり校内、校外で一日約五時間平均にわたる会議とか、交渉が持たれました』（議事録）と述べた。／しかし事実は全く違う。世羅高校の中島氏からの報告によると、『「日の丸・君が代」を議題とした職員会議は、二月一〇日に一時間、一七日に一時間、二四日が一五分、二五日が一時間半持った』。これが事実である。二六日には職員会議以外での話し合いさえもたれていない。／なぜこんな食い違う事実が報道されたのだろうか。校長が亡くなった直後、県教委の記者会見で、松本寛高校教育課長は、『職員会議はどれくらいやっていたのか』という記者からの質問に対して、『二五日十二時三〇分まで五時間、二六日一六時から四時間、二七日分会執行部と二時間やっている』と発表をしている。虚偽情報は県教委から出ていたのだ」（大田和彦「異常な圧力がかかる広島の教育—誰が世羅高校校長を死に追い込んだのか」）。

県教委が虚偽の情報を流すことになったのは、職務命令を出して校長の二十四時間監視体制を県教委がつくりだしたため、校長は夜遅くまで校長室にいて、職員会議中と報告するところにまで追い込まれていた結果の産物であると、大田はここでレポートしている。組合側の脅迫があったというような報道は、ほぼ無根拠。大田は、さらにこう述べている。

「職務命令によって自らの判断ができる道を全く閉ざされた校長の多くは途方にくれたに違いない。また、自民党県議団は二月二一日、四〇人の議員が公立高校卒業式に出席し、『日の丸・君が代』の実施状況を調査することを決定していた。各議員に配られた『卒業式における調査確認表』は、校長の式辞内容に『過去の戦争責任や戦争における日の丸の役割』に言及しなかったかなどの項目がズラリと並んでいる。戦前の言論チェックと同じである。／亡くなった石川校長は、二五日の職員会議で『職務命令があるので君が代は実施したい。ただ、身分差別に関わるものを生徒に示せるかどうか悩んでいる。どうしても合意が得られないのなら、従来どおり君が代なしの卒業式にしたい』『君が代は、天皇を賛美する歌で問題がある。現在の主権は国民にあり、あわない歌である』と明確に自分の考えを述べていた」。

あたりまえの戦争責任を語ること、「日の丸」の歴史の事実を語ることをタブーにする、言論チェックのシステム。これが校長を死に追い込んだのである。そうであるにもかかわらず、教育現場のごたごたが、こういう事件を発生させるから、キチンと法制化するのだと政府は言い出したのである。支配者の意向に翼賛する言動以外は、校長に許されなくなりつつあるのだ。

現在の教職員（組合）や部落解放同盟への「日の丸・君が代」強制の攻撃は、教員や解放同盟の人々にも、翼賛言動以外は許さない社会づくりを、政府が目指していることをしめしている。それは、国会自体が新ガイドライン安保翼賛国会になりつつある状況と対応しているのだ。戦争へ向かう国家への批判を許さない（ごく一部にとじこめてしまう）動きが、「日の丸・君が代」法制化の動きを作り出しているのである。

そして、マス・メディアのこの虚偽・操作報道によってこの翼賛体制は支えられているのである。それは翼賛報道なのだ。

『週刊文春』（三月十七日号）には「自殺校長（広島世羅高校）が引率していた（前代未聞）韓国への〃謝罪〃修学旅行・『日の丸・君が代』事件意外な展開」という記事がある。

「世羅高校の修学旅行の日程は三泊四日。問題のタップコル公園は二日目の日程に組みこまれ、昨年は十月十六日に訪れている。／「韓国日報」の記者が語る。／『タップコル公園では、まず生徒全員がひざまずき、犠牲者に対する黙祷を行いました。それからクラス委員の挨拶があり、謝罪文を朗読。日本からもってきた千羽鶴の献呈もありましたね。謝罪の内容は、日帝の侵略や蛮行について詫びたということです。旅行は今回で四回目だと聞いています』／謝罪文を朗読する時、生徒たちはハングルで書かれた垂れ幕を掲げた。そこには、『平和を作ろう　わたしたちの手で』と書かれていた。」

「旅行には、自殺した石川校長をはじめ、六クラスの各担任と副担任が同行。昨年四月に赴任した石川校長は、昨年初めて参加した」。

「『謝罪修学旅行』の記事をいち早く日本に伝えた「産経新聞」ソウル支局長の黒田勝弘氏が話す。／『最近では、日本の高校が修学旅行で韓国に来るのは珍しくはありません。ただし、「謝罪」のために訪れるというのは、他に例がないでしょう。歴史的にも複雑な背景をもつ国ですから、やはり高校生には少々重荷ではないかと思いましたね』」（傍点引用者）。

分断国家を作りだしたのは、日本の侵略と植民地支配であるという事実については「複雑」でもなんでもない。自分の祖父母あるいはそれ以上の世代の犯罪行為に正面から向きあい、その歴史的犯罪に対して、未来へ向けた「平和づくり」のために謝罪する高校生。彼や彼女たちが、そして教師たちが非難されるいわれなどまったくあるまい。

『週刊文春』の記事は、こういう事に、極端な「〃熱意〃」を持つ、特別な教師によって、こういう謝罪のセレモニーが演出されているに過ぎないと批判しているのだ。「自殺の真相にせまる」が見出しの文章の結びである。一部の教師の「君が代・日の丸」反対の「〃熱意〃」が校長を自殺させたとキャンペーンしているのである。

もちろん、私も（生徒たちが歴史的事実に向きあうことで、自発的に「謝罪」という行為を選択したのなら、なんの問題もないと思うが）、それが教師たちの強制で、つくりだされたセレモニーであったとすれば、賛成しかねる。人間の自主的で自由な判断を奪うこと。自主的な行動を押さえつけることは許されてはならないからである。

ただ、『週刊文春』のこのような記事では、本当のところは、わかりようがない。生徒の行為はことごとく、教師のまるごとの強制ときめつけ、明白に存在している教育委員会（政府）の「処分」という権力をふりかざしたメチャクチャな強制については、教育委員会の指導は校長への「支援」のつもり、などという教育委員会の人間のハレンチな言葉を肯定的に引いているだけなのであるから。

今年の二月（二十二日）に「学校現場に内心の自由を求め、『君が代』強制を憲法に問う裁判原告団」の『ココロ裁判意見陳述集　とおくまで　いくんだっちゅうの』が発行された。

ここには、裁判をおこした北九州の人々の、「日の丸・君が代」を強制された体験、そして、その重苦しい強制をハネ返す努力をした体験が、個人史にそくして語られているのだ。

「私が『君が代』斉唱で、校長から職務命令という言葉を聞いたのは、一九八七年三月のことでした。前年にも私は卒業式で座っていましたが、式後の酒宴の席で『立ってもらえんやったな』と一言言われただけでした。ところが、その年は卒業式前日に松尾良美校長から校長室に呼ばれ、『あなたは、自分の家族のことを考えているのか』と言われ、立つように説得を受けたのです。私は、家族を引き合いに、私に服従させようとする校長の姿勢に強い憤りを感じました。家族も自分の考えを十分に承知している旨を話して校長室を出ました。それから間もなくして終会の時間になったのですが、その席で校長は『井上先生に『君が代』の際、立つように説得したが聞き入れてもらえませんでした。立つように職務命令を出します。』と言ったのです。あまりの唐突さにびっくりするばかりでしたが、分会員が『心底嫌なものまで、従わせようと強制するのはおかしい』と声を上げてくれました。／卒業式当日、『国家斉唱、一同起立。』の号令の中、私は職員席で静かに座っておりました。その時、首藤元教頭が足早に私のほうへ近づいてきて、『立ちなさい。処分されてもよいのか。覚悟はできているのか。』と子どもたちの保護者にも聞こえる大声で怒鳴ったのです。私は憤りでいっぱいの気持を飲み込みながら、『立てません』と小声で一言言ったまま座り続けました。そして、式場内で見せしめにされたことにとどまらず、そのことが人事異動で、私の不当配転となって現れました」（井上友晃）。

すでに、たいへんな強制システムがつくりだされているのだ。『週刊文春』の記事は、校長の自殺の直後の卒業式で、「君が代」は流れたが、生徒は一斉に着席、斉唱はなかった事実をつたえ、教師がそうさせたと非難している。しかし、この着席に校長を死に追い込んだ政府・教育委員会への無言の大きな抗議の声を聞きとれない耳は、どうかしているというしかあるまい。

強制システムの完成をねらう法制化を許してはならない。（四月一日）

[『インパクション』113号・99年4月]

[1999/6]

「日の丸・君が代」法制化問題再論

「国旗《ナショナリズム》」反対論者は「甘えている」論批判

五月十七日に「日の丸・君が代法」が今国会で成立することに決まったという情報がマス・メディアに流れた。

新ガイドライン関連法案の成立を、なんとかストップしようと走り続けていた私は、一度、今国会はナシということになった「日の丸・君が代」については、次までなんとか時間があるだろうと思っていたので、クタクタなのにナー、とガックリした気分に落ちこんだ。

五月十八日の『東京新聞』にはこうある。

「政府は十七日、『日の丸』『君が代』を法制化する『国旗国歌法案』（仮称）を政府与党協議会に提出した。

条文は『国旗は日章旗（日の丸）とする』『国歌は君が代とする』──の二条で構成。別表で、①日の丸の旗の縦横比は二対三、②円の直径は縦の五分の三、③丸は紅、地は白──と定義し、君が代についても、歌詞とメロディーの楽譜を付すことにした」。

「野中広務官房長官は同日昼の政府与党協議会で『内閣告示で定めることも可能だが、国会の審議を経ない。時々の内閣の判断で国旗国歌が変更されても適当でない』と述べ、政府提出の法案とする意向を表明し、了承された。／公明党は今国会での法案処理に否定的だったが、強制、尊重規定は盛り込まないものになることから、『与党が法案提出するというなら仕方ない。粛々とやる』（首脳）と容認姿勢に転換した」。

ガイドライン関連法案成立へ向けたプロセスでつくられた「自自公」路線で、一気に法制化というわけである。論議、審議もあったもんじゃない、国会議員の頭数ぞろえしか政府は考えてはいない。ヒデエもんだ。

私もメンバーの反天皇制運動連絡会は、今年の四月二十九日の集会とデモを、「『日の丸・君が代』法制化を許すな！　天皇賛美の『みどりの日』に反対する」という名称で実行委員会づくりへ向かった。

その動きと併行して、「反天連」は四月六日の記者会見をステップに、反天皇制運動という枠組の外の多くの人々とも協力しつつ「『日の丸・君が代』の法制化に反対する共同声明」運動をつくり、スタートさせた。そして、その「共同声明」で六月二十日、多くの反対の声を結集する集会を準備しかかっている時、今国会成立という報道である。政党間の取り引きでできあがったから「成立」という情報の流し方が、すでに操作的である。ところがである。コンチクショーとあせって集会準備をしていると、公明党の内部に、論議なしの成立への批判が出て、今国会は流れそうだという報道。少々ホッとした。

二月末の広島県立高校の校長の、文部省・教育委員会の処分をちらつかせての「日の丸・君が代」強制に追い込まれての自殺を逆手に取って、教育現場の混乱をなくすためという口実での政府の法制化という動きがあったが、公明党含めた野党のいろいろな理由での、すぐに法制化することに反対の声でとりあえずひっこめたという経過があり、もう一度同じことが起きたわけである。ここには、政府の「日の丸・君が代法制化」への強い意志の存在がよく示されているのだ。「法制化」反対の声は、少数派とはいえ全国各地で発せられだしている、その声を結んで、大きな抗議のうねりをつくりだすべく、私たちはいそがなければならない。

この間、「日の丸・君が代」の法制化を批判する声の中に、「日の丸」はともかく、天皇の世を永遠にという「君が代」はよくないという主張が少なくない。この点を強く意識したのであろうが、四月二十九日の集会の発言者であった北村小夜は、皇国のシンボル「ひのまる」の美しさを戦後も教え続けてきた学校教育の問題を具体的に批判しつつ、天皇（制）・「君が代」・「日の丸」をセットで拒否する必要を、あらためて力説した。

「日の丸」（旗）も「君が代」（歌）も、民衆を侵略戦争に狩り出していくための国家の装置であった。日本を本格的戦争遂行可能な国家にするための新ガイドライン安保関連法案が成立させられる状況下で、「日の丸・君が代」法制化を浮上させるのは、権力にとっては必然的な政策である。

戦争国家化を押しとどめるためにも、「日の丸・君が代」法制化には反対し抜かなければなるまい。

佐伯啓思は井上達夫との対談（「主権国家にとってのナショナル・アイデンティティとは？」『世界』六月号）で、こう主張している。

「僕も法制化の是非自体は、あまり重要な論点だとは思いません。というのは、至極単純なことで、ナショナル・シンボルというのは一種の習慣なんですから、国民の間に定着しているかどうかが重要なことなのであって、日の丸に関しては九割近くが国旗として認めているわけでして、わざわざ法制化する必要はありません。しかし、逆に言えば法制化するというのは、慣習を法的に追認するだけのことで、強く反対することでもない」。

すこぶるインチキな論法である。確かに「日の丸」については、積極的反対者はかなり少数派であるようだ。サッカー場などでそれが大量にふられる風景がそのことを象徴していよう。しかし「国民」の日常生活のなかにそれはくまなく「定着」などしているわけがない。「祝日」とやらにそれを出している家がどれほどあるというのだ。そんなものは持っていないという家も少なくはあるまい。国家がヤレヤレというからおつきあいをしているところがあるという程度の人が多いのが実状であろう。だから政府は公教育の現場に、処分体制をつくり強制し続けているんじゃないか。法的根拠なしに一貫して「生活習慣化」させようとしてきた政府の政策の歴史を無視しつつ、法制化は「強く反対することでもない」との発言は「法制化」というさらなる強制化を後押しする政治的なものである。

古くから天皇主義者であったかのごとくふるまいだしている松本健一は、このように述べている。

「ただ、君が代は本来国歌ではなく、天皇礼式の曲であって、これが国歌にスライドしたのであり、日の丸が統一国家日本の国旗として定められた経緯とは、おのずから歴史がちがう。……日の丸のばあい、国旗（日の丸）と天皇旗（菊花紋章）とが、明らかに別のものである。日の丸は統一国家の旗つまり国旗であるが、菊花紋は天皇家の旗じるしにほかならない。むろん、わが民族はこの二つを、ばあいばあいによって使いわけている。国旗掲揚は日の丸だが、パスポートには菊花紋が刻まれているのだ。そのこと（ダブル・スタンダード）をだれも不思議におもわない」。

「それに、わたしは日本の国旗・国歌は法制化にはなじまない、と考えている。法律で定めたことは、法律で引っくり返される可能性がある、ということだ。……国旗・国歌についても、国民的常識がおのずと定着するのを待てばよいのだ」（「皇民か『国民の天皇』か」『産経新聞』〈五月十七日〉の「正論」）。

「国民の天皇」「君が代・日の丸」のより「国民的定着」のためには、法制化は「なじまない」方法だというわけである。

「わが民族」主義者松本の主張に基本的に共感する内容はなにもないが、天皇・民族主義者としては佐伯より、筋は通っているといえるかもしれない。

加藤典洋も、「日の丸」と「君が代」を区別して法制化問題を論じている。彼は「日の丸」が侵略国日本の「悪いイメージを引きずっている」なら「わたしは、日の丸を戦前日本に対抗する戦後日本を象徴する国旗として、引き受け、新しいものへと育ててゆくのがよい、という立場である」と語り、法制化は「学校の卒業式とか祝祭日での掲揚を義務づけないばかりか、そこでの用法をより開かれたものにすることを大切なポイントと考える」と述べている。

政府は、教育現場で強制し続けており、法制化はそれの完成であるという現実は、加藤にどのようにふまえられているのであろう。そして、開かれた国旗としての「日の丸」とは何か?

「君が代」については、加藤は「天皇の御代を永代に、という願いを歌った」ものだから国民主権の戦後には「合わない」から「歌詞を別なものに変え」法制化すべきと語っている。

加藤は「国旗・国歌」の法制化には、基本的なところで、何の批判もないようである。

「国旗がナショナリズムの象徴だからそもそも国旗というものに反対だという人がいるが、そういう人も外国に行くときにはパスポートを帯同する。そうである以上、彼は、国家に甘えているといわれても仕方がない」（「日の丸・君が代」『毎日新聞』〈五月十一日〉の「深層への思考」）。

ひどい論理である。加藤のロジックに従えばパスポートには天皇家の菊のマークがある、それを使いながら天皇制に批判的なのは「甘えているといわれても仕方がない」ということになるようである。国民国家の内側を生き、生かされている私たちが、国家のナショナリズム政策を批判することは、すべて「甘え」という論理にならないか。世界のシステムは、パスポートなしには外を自由に動けないものにつくられている（国家の暴力装置がそのシステムを支えている）。個々の人間がパスポート（ましてや菊の紋章のついたそれ）を使いたくないと主観的に思っても、個人の力では当面、どうにもできないのだ。私たちは、主権国家にくぎられた世界の中を、今、パスポートの問題だけではなく、様々な拒否をしたいけれども、現実にはできないという問題群をかかえて生き続けている。そうした矛盾を無数にかかえてしか生きられないのだ。

国家に「甘えている」という加藤の言葉が発せられる場所は、どこであるのか。それは、まちがいなく国家人たちの場所ではないのか。世界の民衆にとってあって当然の矛盾を、「甘え」と非難するナショナリズムの心情と論理が、かつての「非国民」非難と通底していくものであると批判されても仕方がない、といえないか。

これでは加藤も、松本とは別種の「国民＝国家」主義者であるにすぎないではないか。

加藤はこの文章を、こう結んでいる。

「かつて連続企業爆破事件というものがあった。その七〇年代の反日武装戦線の思想の経験は、単一の『まったき他者』ではない、複数の『ただの他人』との関係からこそ正義・モラルの問題をはじめるべきことを、わたし達に教えている。日の丸・君が代は、そのようなわたし達の思想の努力の、よき練習問題なのではないだろうか」。

「まったきの他者」と「ただの他人」という概念については、加藤はジャック・デリダが「正義は自分のすぐ近くの他人、いわばただの他人からくるのではなく、共同体が排除することになる『まったき他者』からこそやってくる、といっている」と批判しつつ説明している。

「反日武装戦線」の思想と行動の何を具体的に批判したくて、こういう抽象概念をふりまわしてみせるのか。もちろん、ムード的には理解できないわけではない。反日思想は、日本（人）の歴史的な加害者責任を鋭く問い続けた。その時、日本帝国主義・日本の侵略者民衆にふみにじられた人々を「正義」の存在として理念的に位置づけ、自分たちが不正義の日本人の一人一人であることを自己否定するために、文字通り命がけで侵略企業爆破を実行した。

加藤は、この爆弾闘争を支えた、観念的な「正義」のあり方を批判したいのだろう。そうであるなら、私にもそれなりに理解できる。しかし、近代国家の犯罪を侵略され植民地化された民衆の具体的ありよう（外）をくぐって考えること自体を、すべて絶対の「まったきの他者」による「正義」の裁きとして拒否することと、それは別のことであるはずだ。

「国家に甘え」ない加藤は、「日本国」と自分との間に距離を取ろうという「甘え」のない国家の中の「複数の『ただの他人』」との関係から「正義・モラルの問題」を考えようというわけである。そこに浮かび上がるのは「国民的正義《モラル》」であるしかない。「日の丸・君が代」は「国民的正義《モラル》」のための、よき練習問題であるというわけであろう。

国旗自体に批判的だなどというのは「国家に甘えている」という立場の人間のモラル論議に、私は何の共感もない。

その練習問題の回答は、すでに、二十世紀の無数の国家間戦争のナマの歴史が、具体的に示している。

私は、「国歌」「国旗」を法制化すること自体に反対である。尊重義務が書きこまれていないとしても、あえて法制化すること自体が、現実社会の中では「強制」化をもたらすのである。「用法をより開かれたものにする」法制化などという主張は、言葉の遊びであるにすぎない。

教育現場での強制によって、自殺者が出るような事態が発生し、その強制のさらなる強化策として、法制化へと政府が動き出した。そういう現状をふまえて加藤の発言を読めば、少数者の意見（存在）に対して、その存在（人権）を保障しようという立場と反対の立場で、加藤が自分の意見をくみたてていることは明らかである。

くりかえすが、私は「国歌・国旗」を画一的に「国民」に強制する「法制化」それ自体に反対である。そういうスタンスで、様々な立場から「日の丸・君が代」の「国歌・国旗」への法制化に反対する人々とつながっていきたい。（五月二十七日）

〔『インパクション』114号・99年6月〕

[1999/8]

「である」ことと「する」こと

「日の丸・君が代」法制化国会審議を「読む」

盗聴法（組織的犯罪対策法）のギリギリの攻防局面、いま国会の議員会館前に座り込みをしながら、この原稿を書き出している。

「日の丸・君が代」を国旗・国歌とする法案は提出され、六月二十九日の衆議院の審議入り、七月一日に内閣委員会がスタート。七月二十二日に採決。すぐ参議院へ。八月九日に参議院本会議で成立。賛成一六九票、反対七一票であった。すさまじいスピード審議。

この間、私もメンバーの反天皇制運動連絡会などの呼びかけでつくられた「『日の丸・君が代』に反対する共同声明」は、審議のある日は、ほぼ連日「議員面会場」での抗議行動、反対署名集め、それの提出、国会議員会館前座りこみ、「海の日」（七月二十日）に「日の丸・君が代」問題をかさねた集会（これは八・一五の実行委との共催）、『日の丸・君が代』拒否宣言」集会（八月六日）を軸とする集会やデモを持った。実質的に日本共産党系が大量結集の軸になった日比谷野音の大集会（七月二十三日）への事務局にも入っての積極的参加。私は連日の審議の傍聴を含めて、やれることは、ありとあらゆることをやった。もちろん国会の内側で法案を阻止できる見通しは、まったくなかった。無力感をかみしめながらの行動ではあったが、私の体はアセダクになりながら連日よく動いた。「日の丸」右翼によって殺された友人の記憶が、消耗だ、などと私にいわせなかったのだと思う。

八月九日の本会議傍聴後の「議面」の抗議集会で私は、二つの問題について報告した。広島世羅高校の校長の自殺を口実にして「学校に秩序を」と叫びつつ、政府はこの法案を提出したのであるが、実は政府・教育委員会の「日の丸・君が代」の強制こそが校長を死に追いこんだという、事実にそくせば明白な事柄が、キチンと明らかにされることが少なすぎたと思う。これが国会審議全体を通して感じられる問題点の第一。反対の主張を展開していた日本共産党の議員が、教育委員会と部落解放同盟の教育への介入があり、そのはさみうちで悲劇的な事態が発生したなどと発言しているありさまであった。そして、反対投票をしていた民主党の代表菅直人が「教育委員会と教師たちの板挟みになった広島県の校長が自殺するという残念な出来事も起きました」（『日の丸・君が代』法制化問題　尊重すべきは国民の合意」『論座』八月号）などと発言していることによく示されるように、彼等にもまったく問題が正面から見すえられていないのだ。だから人を自殺に追い込んだ人たちの、自殺は悲劇だ、だから法制化してより追いつめて、拒否したい人たちなど押しつぶしてしまおうというハレンチな態度。その根本が国会審議において、問題にされることが少なすぎた。政府の責任をこそ問うべきだったのだ。

第二は、九日の「拒否宣言」集会で大阪の豊中から来ていただいた人の報告でふれられていた件でもある。豊中市立第八中学校の校長への、右翼による「君が代・日の丸を全国に広めるため」とするテロについて、マスコミは後追い報道をまったくしなかった。これは法案成立にマイナスになる「事件」の報道をタブーにした結果ではないかと、彼は語っていた。この件は、国会審議でもほとんどふれられることはなかった。そしてアキヒト天皇在位十年式典（政府主催は十一月十日）へ向けて法制化をいそいだ政府と神道主義右翼グループの一体化した姿勢も、まったく問題にされなかったのである。

こまかい点についてふれれば、いくつも問題点があるが、私には、この二点が、一番大きくひっかかった。

ここではこまかい問題の一つ。「議面」の集会でも何度か問題にし、七月二十四日・二十五日に京都で開催された第二八回反天皇制運動全国交流会でも報告した問題、民主党の修正案（これは衆・参両議院ともに提出され否決されたものである）を、マスコミは、まったく分析していないので具体的に検討しておきたい。

七月二十一日の衆議院内閣委員会で、民主党の河村たかしは、以下のように修正案の趣旨説明をしている。

「まず、修正の概要は、第一に、『国旗は、日章旗とする。』としている第一条第一項の規定を『国旗は、日章旗である。』とし、第二に、本案の『国歌は、君が代』としている第二条の規定を削除しようとするものであります」。

問題は、「する」を「である」に変えるという方である。その理由は、こう説明されている。

「国旗につきましては、政府案におきましては、第一条で『国旗は、日章旗とする。』としているところでありますが、従来から、政府自身も、国旗は日の丸であるということは慣習ないしは慣行として定義していると答弁しているところであります。／そのような長年の慣行を法制化するというのであれば、創設的な意味を持たせる場合に用いられる『とする』という表現を用いるよりは、一定の事実について述べる場合に用いる『である』という表現を用いた方が適切であり、本修正案におきましては、国旗に関する規定中、『日章旗とする。』とあるのを『日章旗である。』とすることといたしておりますす。／そのことは、官から民へを党是とする民主党の理念、そして、社会の伝統、慣習を国家の管理より上位に置こうとする真の保守主義の立場からも適切であります」。

本当のところ、こういう主張でなにが語られているのだろう。このことで、「国家」より「社会」の方が上位に位置づけられる、ということになるのか。

この修正理由の説明を聞いて私は、すぐ七月一日の衆議院内閣委員会の自由党の西村眞悟の発言を思い出した。

「……『国旗は、日章旗とする。』という条文の文言は、これは創設的であって確認的ではないと私は思います」。

「これは、実は、ささいなことのようですが、これを『とする』という創設的な文言で想定しておきますと、将来この法律が政治的ないろいろな配慮によって、国会は法律をつくるところですから、廃止された場合、その瞬間に我が国に国旗と国歌は存在しないことになる。しかし、これを明確に文言上確認的に書いておきますと、この法律が将来なくなっても、我が国に君が代と日の丸の伝統がある限り、今現在がそうであるように、我が国は国旗と国歌を持っている国だということにおいて何ら変わりはない」。

この神道（伝統）主義右翼が、何を心配しているかは明らかであろう。西村は、「日の丸」と「君が代」の両方とも「する」を「である」にしろと主張しているのだ。政府側は、この時、法律的には創設的な言葉使いをするけれども、内容は、あなたのいう意味で、習慣と伝統の確認として立法するのだという具合に答えていた。

私は、この西村の主張を傍聴で聞きながら、あの丸山真男の有名な論文「『である』ことと『する』こと」を想起した。丸山は、そこで、このように説明している。

「……徳川時代のような社会を例にとってみます。いうまでもなく、そこでは出生とか家柄とか年齢（年寄）とかいう要素が社会関係において決定的な役割を荷なっていますし、それらはいずれも私たちの現実の行動によって変られることのできない意味をもっています。したがって、そういう社会では権力関係やモラルでも、一般的なものの考え方の上でも、何をするかということよりも、何であるかということが価値判断の重要な基準となるわけです。大名や武士は一般的にいって、百姓や町人に何かをサービスするから、彼らに支配権をもつとは考えられないで、大名であり武士であるという身伝的な『属性』のゆえに当然――先天的に――支配するという建て前になっています。譜代の臣とか株仲間とか家元とかいうのは、いずれもこうした意味での『である』価値であって、具体的な貢献やサービスによって、はじめてその価値が検証されるものとはされてないわけです」。

「『である』価値」は「自然に『流れ出て』」来るもので、各人の「分」に安ずる「である」関係をつくり、秩序を維持するものであるわけだ。

この一九五九年『毎日新聞』に連載、加筆されて『日本の思想』(岩波新書)に収められた、この文章(『丸山真男集』では第八巻に収められている)で丸山は、こんなことも論じている。

「……いろいろなかたちで潜在もしくは顕在している議会政治に対する批判を、たとえそれがどんなに型破り、あるいは非常識と思われる議論であっても広く国民の前に表明させ、それとのオープンな対決と競争を通じて、議会政治の合理的な根拠を国民が納得していくという道を進むほかに、どうして議会政治が日本で発展し、根づく方向を期待できるでしょうか。本当に『おそれ』なければならないのは、議会否認の風潮ではなくて、議会政治がちょうどかつての日本の『國體』のように、否定論によってきたえられないで、頭から神聖触るるべからずとして、その信奉が強要されることなのです。およそタブーによって民主主義を『護持』しようとするなど、こっけいな倒錯はありません。タブーによって秩序を維持するのは、古来あらゆる部族社会――『である』社会の原型――の本質的な特徴にほかならないのです」。

国家の上に社会(習慣)を置くため、などではなく、「日の丸」を「神聖な」伝統文化であるとし、「否定論」をまとめてタブーとする方向が、この「する」とせずに「である」とせよという主張には含まれているのだ。「日の丸」は先天的に価値なのであるという論理を認めよと、せまっているのだ。

民主党にも「日本会議」のメンバーの議員もいる。民主党の修正案のこの部分は自由党(自虐史観をやめて日本人の誇りをという自由主義史観派の主張とほぼ同一のものになっている)路線への思想的屈服なのだ。

丸山の議会政治論議は六〇年安保国会をにらんでの主張であるが、私たちが今、実感しているのは多数決議会政治(自自公)の頭からの神聖化という問題であろう。政府側(多数派)には、まともに審議し、問題を反省したり考えなおしたりしようという姿勢はまったくないのだ。審議は、単なるセレモニーと化しており、結論はすでにでている。あとは、「数の力」で押しまくるだけだという状況である。

議会内多数派「である」価値は、内容をどうするという以前に先天的に「価値」である。そういう論理が国会審議を支配しているのだ。政府の提案を批判したり非難したりすることは、タブーだとまでは言えないとしても愚かな許しがたい行為であるという姿勢が政府(側)議員や官僚の態度に、よく示されている(彼らの飛ばすヤジの内容のうす汚い傲慢ぶりがこのことを象徴している)。

国会審議の中で、予想もしなかった論議にぶつかり、丸山の古い論文を読みなおす機会を持った。ついでに、あらためて気づいた彼の主張の疑問点にもふれておこう。

丸山は、「芸術や教養」「文化や学問」は、「それがもたらす結果よりもそれ自体に価値がある」から「である価値」である、それに対して「政治」にはそれ自体としての価値などというものはない、だからなした結果によって判定されるしかないと力説している。文化・学問・芸術・教養は「貴族的」な「である」価値であり、民主主義政治は「する価値」なのだというわけである。

丸山は、こうしたことを前提にこういう主張を示した。

「現代日本の知的世界に切実に不足し、もっとも要求されるのは、ラディカル（根底的）な精神的貴族主義がラディカルな民主主義と内面的に結びつくことではないかと」。

よく引用される、一見、かっこいいセリフである。しかし、「政治」と「文化」（学問・芸術）のこんな単純な二分法の図式が、本当にあたりまえなのか。

神道主義右翼たちは日本の天皇がらみの文化と習慣は「である価値」（先天的自明のそれ自体として価値である）と力説している。丸山のように文化・学問は、まるごと、「それ自体として価値である」などと、本当にいえるのか。どのような学問か文化かの具体的な内実の検証ぬきで、そのようにアプリオリに権威づける発想は右翼の心情と論理に通底してしまうものでしかない。

反対に政治（民主主義）は、まったく実用的な価値以外ないものと、ひとまずであれ規定してしまっていいのか。民主主義の政治は文化（規範）的な価値なくして成立しえるのか。丸山の切れあじのいい二分法は、そのことによって本質的な問題を隠蔽していないか。精神的貴族主義は本当にラディカル・デモクラシーと出会えるのだろうか。

盗聴法（組織的犯罪対策法）は、野党の院内での抵抗でまだ成立していない。明日も国会へということになりそうだ。（八月十一日）

『インパクション』115号・99年8月

［1999/10］

主体的「従属」と国家主義（ナショナリズム）

新ガイドライン（安保）と「日の丸・君が代」

「山谷」製作上映委員会と私もメンバーの反天皇制運動連絡会の共催で、『日の丸・君が代』『靖国』やられたら……？」という名称の映画「山谷――やられたらやりかえせ」の上映と講演の集まりが九月二十六日に持たれた。

私（たち）がこうした集まりを持とうと思ったのは、二人の演出家（佐藤満夫と山岡強一）が右翼ヤクザのテロによって殺されるという結果をつくりだしたこの映画が、天皇ヒロヒト在住六〇年式典へ向かう時間の中で撮影されたものであり、一九八五年の中曽根首相（当時）の靖国神社公式参拝の時の「靖国」をフィルムに収めているからであった。

「日の丸」を宣伝カーに掲げた右翼ヤクザのテロという記憶と直面させるヒロヒト天皇在位六〇年式典へ向かう状況下のフィルムを通して、「日の丸・君が代」の「国旗・国歌」への法制化を、アキヒト天皇在位十年式典へ向けていそぎ、新たに靖国神社国営化プランを提案した権力者たちの今日の動きの意味を考えてみようと思ったからである。

発言者の一人であった私は、そこで、この法制化へ向かう動きの中にも、大阪（豊中）で校長への「日の丸・君が代」強制のための右翼テロが突出していることをふまえ、天皇制と右翼テロ、「日の丸・君が代」「靖国」がセットで問題にされ続けなければならないことを訴えた。

もちろん、私は、戦前（中）から連続する天皇制のテロと神道政治の問題をキチンとふまえるべきだと主張したからといって、象徴天皇制が戦前の神権（「専制的」）天皇制へ回帰しつつあるなどと語ったわけではない。

「日の丸・君が代」を「国旗・国歌」とする法律が衆議院で成立したことをつたえたその日の新聞各紙に、天皇主義者江藤淳の自殺が並んで報道されていた。

平川祐弘が『諸君！』（十一月号）に書いている追悼文（「江藤淳氏とアメリカ」）はこのように結ばれている。

「江藤氏は生涯、言葉を武器として、日本語であれ英語であれ、立派に戦った。慶子夫人と共同戦線を張って戦った。そして戦友である夫人を失い、自分にいまやその戦う力が欠けたと自覚したとき、自裁した、私が知る江藤淳さんとはそのような日本人であった」。

こういう、愛する妻の後を追った美しき死として、多くの人々は彼の自殺について語っている。私情に足をすくわれて、公人としての任務を放棄した、雄々しさの欠如をなじるというふうな、かつての天皇主義（国家公人主義）的美学や政治論理に基づく非難の声は、天皇主義者の中からも、ほぼまったく聞こえてこない。そういう意味で、あれほど大日本帝国憲法下の文化の価値を語り続け、戦後を非難し続けた江藤の死とそれへの論評自体が、すでに戦前（中）へそのまま回帰することなど、まったく不可能な文化の時間を私たちが生きていることを示しているといえよう。

『諸君！』の同じ号に、長谷川三千子は「皇国史観とは何か」という文章を書いている。

「この『皇国史観』という言葉には、日本という国家の本質を考えるうえで、とても大切なことがらがこめられているにもかかわらず、戦後の日本では、誰もがこの言葉を遠回りして避けてきた。その中身をのぞいてみようともせずに、ただ悪い言葉として避けてきた。

しかし、これでは、せっかく『国旗国歌法案』が成立しても、その意義を子供たちにどう教えたらいいのか、たちまち途方にくれることになってしまうでしょう。この『皇国史観』という言葉から顔をそむけたままでは、とうてい『戦後』への本格的な決着をつけるどころではないのです。もう一度、この言葉に真正面から向き合ってみる必要があります」。

皇国史観は「戦争スローガン」として使われたが、その政治思想の本当の中身は、天皇による「徳治」であり、目的を「人民の福祉」とする政治思想なのだ。「まさに『福祉と平和』のイデオロギー」がそれである。こう彼女は語る。

長谷川は、ここで「民主主義」も国家が戦争を正当化するための「戦争スローガン」であったと語っている。それはそうだ、しかし、皇国史観は本当は「平和」主義などという主張と、それがセットで語られるとウンザリである。絶対神聖な天皇を中心とした「皇国」が世界を一つにまとめるという、この民族主義的優越感に支えられた「史観」は、その内容において、侵略戦争・植民地支配を原理的に推進するイデオロギーであった。「福祉と平和」をかかげて、侵略・植民地支配をし、そして、天皇による「愛民」の政治を語って、民衆への強権的支配の政治を現実のものとする。「皇国史観」は排外主義とファッショ的政治のイデオロギーそのものであった。

こういう歴史的体験を、まるごと無視した長谷川の主張を読んでいると（この論文のタイトルが『諸君！』の背表紙にすりこまれている）、「戦前回復」ムードがなにかチョー右派論壇を支配しだしているかのような気分になる。しかし、歴史的事実を無視して、勝手な解釈をデッち上げるために、本来の『皇国史観』ということと強調している論理は、いくらなんでもそれ自体としてはパワーがない。「日本は万世一系の天皇が統治してきた神国」で、天皇のこの「愛民」の政治の恩に報いようという思想。これを「日の丸・君が代」が国旗・国歌であることの意味として解説してみせるべきだということらしいが、おそれいった主張である。こういうイデオロギーが支配者の中心のイデオロギーになるというようなことはあるまい。しかし、天皇神聖ムードをかきたてる、こうした言論も、支配者の論理をその外から支える力は十分に持っており、無視していてよいわけではない。

長谷川の主張は、自覚的であるのか無自覚にであるのかはわからないが、長谷川が絶対に神聖であると考えているらしい天皇制（「日本の国体」）が敗戦と占領によって、まったく解体され、軍部に責任をなすりつけ延命し、命乞いした天皇ら日本の支配者の協力の下に、アメリカ製につくりなおされたものであるという事実をすべて隠蔽することによって成立している。長谷川のいう「思想」は、まったく現実を生きていないのである。

現在進行している国家再編を、「戦前の明治国家体制の第一次・国民国家、戦後憲法体制の第二次・国民国家に次ぐ第三次・国民国家構想」であると論じている姜尚中は、「日の丸・君が代」の法制化について、こう述べている。

「それでは『なりゆき』の出発点としての『いま』は、どこから新しいエネルギーを補給することになるのだろうか。巨大な運動量を貯えた『初発』の場はどこに見いだせるのだろうか。／その古風なシンボルとして、さしあたり『日の丸』と『君が代』の法制化が強行された。だがこれらのシンボルは『伝統の創生』としてきわめて近代的な『発明品』にほかならない。そして戦後の象徴天皇制が、米国の優れた日本史家であるジョン・ダワーが『談合オリエンタリズム』（collusive Orientalism）という卓抜な表現で指摘しているように、日米合作の妥協の所産であることも否定できない。／この限りで、天皇制の変質が、日米同盟関係を担うような戦前への回帰であってはならないはずだ。つまり『初発』からのエネルギーの充当とはいっても、日米同盟と経済大国の『いま』を出発点としてそのイメージは融通無碍に変化し、歴史的な『原初』も実際には恣意的な選択に任せられているのである。この意味で、国旗・国歌法案が成立したからといって、それを戦前への復帰と短絡させることはできない。むしろ、日米合作の枠組みは前提としながら、象徴天皇制という『舶来の国産品』の形で存続を許された戦後的な『国体』をギリギリまで膨らませつつ、『国体の護持』の担保となった憲法第九条の改変作業が進められていくのではないか」（「溢れ出す国家という〈公〉揺さぶられる戦後の秩序感覚」『論座』十一月号）。

その通りだろう。この曖昧と恣意と融通無碍を原理として象徴天皇制国家（イデオロギー）は、あたかも「戦後回帰」イデオロギーであるかのごとき長谷川のような主張をものみこんで、アメリカに積極的に従属する軍事（政治）へと突き進んでいるのである。そこには、日米の支配者の関係を損なうような戦前への回帰というような実態は、まったく存在していないのである（長谷川の「思想」が歴史的現実をすべてスッとばして成立しているので、支配のイデオロギーの内側へのみこめるのである。そこにあるのは天皇（制）は偉大ですばらしいというムード的なお話があるのみなのだから）。

新ガイドライン（安保）関連法案の国会審議において、ガイドラインの正文は英文だけであることが明らかになった。普通の国家間のとりきめの文章は、二国間であれば二ヵ国語、三国間であれば三ヵ国語であることを考えれば、そのこと自体がアメリカのへゲモニーにひきづられている日本の実態を示していよう。もっとも、そういうスタイルを日本の支配者が積極的に選択しているわけだから、この「ひきづられている」という言い方は、事態を正確に表現していない。

この英文の政府訳は、政治操作の意図に満ち満ちていたものであった。一つだけ例をあげれば、lines of communication は「兵站線」などと訳される軍事用語だが、これを「海上交通」。このように軍事的色彩を曖昧にすることが大量になされたのだ。そして「周辺事態」の「周辺」は空間概念ではなく事態の性格によって決まるなどという、軍事活動の場所（空間）を特定しないためのデタラメな説明に象徴される、支配者の恣意と融通無碍の変化を正当化する、ひらきなおった論理。彼等は軍事活動の実態にベールをかぶせただけではなく、判断の主体、作戦行動の主体が、アメリカで、日本はひたすらそれに従うシステムであることについても、ベールをかけ続けた。

江藤淳は、新ガイドライン（安保）の成立は、新しい「占領」であると語った。アメリカの日本での軍事活動に全面的に協力していく新たなシステムづくりをそう評することには根拠があった。この「占領」的事態についても、政府は隠し続けている。

日本の民衆には、まったく説明されずに、アメリカ軍（政府）への軍事的（政治的）従属の強化を、日本の政府は、主体的に選択しているのである。ガイドライン審議に続いた「日の丸・君が代」の「国旗・国歌化」の審議において、政府は、象徴天皇の国の文化と伝統の意義を説く国家主義者としてふるまった。

ガイドライン安保の米日の従属的軍事・政治関係の実態からすれば、国家主義《ナショナリズム》のイデオロギーは基本的な根拠を失っている。アメリカとの関係で、彼等の言葉でいう「売国」的政策を展開しつつ、日本国家＝天皇の偉大さを語るナショナリズムのイデオロギーをたれ流すという矛盾。

もっとも、アメリカ製の象徴天皇制をシャッポにして占領の戦後をスタートした時、日本の支配者は、こうした矛盾を構造的にかかえこんでいたのであり、この隠蔽されていた矛盾を、あらためて新たなこの戦後日本（国民国家）の再編のプロセスが非常に見えやすくしているのだといえよう。

国旗・国歌とされた「日の丸・君が代」はアメリカ軍のへゲモニー下の日本軍のための旗であり歌であるのだ。象徴天皇制がアメリカ製の「国体」であるのだから、それが国旗・国歌として法制化されようと、戦前（中）のような旗や歌として「復活」する回路は、すでにそこにはない。

政府は九月二十八日に、アキヒト天皇の「在位」十周年式典を持つことを正式に閣議決定し、自治体、学校、民間企業への「日の丸」掲揚の協力要請の方針を明らかにした。

法案成立後、「日の丸・君が代」について、部分的に突出した掲揚や歌うことの強制の動きがいろいろ出てきた。そして、法案成立後の、全国的な強制の政治舞台は、やはりこの式典である（十一月十二日）。民間の奉祝への動きは「日本会議」（日本を守る国民会議をつくりかえた組織）や「神社本庁」などの天皇主義グループを中心に、はるか以前から展開されており、政府の式典当時、その後に独自の奉祝行事への準備が開始されている。

やはり、「日の丸・君が代」の「国旗・国歌」法制化は、この式典のために急がれたのである。「靖国神社」の新しい国営化構想（A級戦犯はずし）を野中広務がぶちあげてみせたのも、この「奉祝」の流れを意識してのものだったはずだ。

「日の丸・君が代」「靖国」「右翼テロ」は、象徴天皇制の国家主義的再編のプロセスにグロテスクに突出してきた問題なのである。しかし、こうした象徴天皇制下の国家主義の強化は、日本の支配者がアメリカへの軍事的・政治的従属にのめりこんでいくことと対応して発生しているのだ。「日の丸・君が代」「靖国」といった古めかしい天皇制イデオロギー（装置）の新たな浮上は、戦前回帰としてではなく、ポスト冷戦体制の米国関係の新しい展開に対応していることを見落としてはなるまい。（十月十三日）

〔『インパクション』116号・99年10月〕

［1999/12］

「天皇在位十年式典」をめぐる状況と〈第三の選択〉

私は本誌（『People's Plan Forum』vol.2 no.4号の座談会「いま、なぜ、日本国家は急激に変わろうとしているのか」で、「天皇在位一〇年式典」に、この間二〇万人のファンをコンサートに動員したGLAYのコンサートを、という構想も出されているが、右翼のセンスにあわないから実現はしないでしょう、というような発言をした。コンサートはなかった。しかし、GLAYはSPEEDや元X-JAPANのYOSHIKIらと式典には参加した。人気ロックグループなどを集めて（YOSHIKIが作曲したピアノ協奏曲を演奏）の「国民祭典」がつくりだされたのだ。多くの人気スポーツ選手、芸能人が参加しての〃お祭り〃が演出されたのだ。

この十一月十二日の「祭典」はこの直前に行われた政府主催の式典とは別のもので、政府が全面的に「バックアップ」したものの、〃主催〃の中心は日本会議などの天皇主義右翼グループ。彼らは「開かれた皇室」路線に批判的であり、神道の「伝統」的な儀礼を尊重すべしと主張し続けてきたはずである。

こういう演出になったのは、右翼グループが政府サイドなどの要請に押された結果なのか、それとも右翼グループ自身が積極的にこの路線にのめりこんだのか。このことは、今後、緻密に分析されなければなるまい。

『週刊新潮』（十一月二十五日号）のトップのカラーグラビアのタイトルは、「SPEEDからモリシゲまで―天皇在位一〇年式典の顔―」であり、一見よくあるグラビアであるが、そこには、こういう文章がそえられている。

「森繁久弥からSPEEDまで、約一五〇人の当代の人気者たちが一堂に会した。そうなると観客もアムロを知らないお爺さんから、君が代を歌えない女子高生まで千差万別。それでも仲良く雨の中で日の丸を振り続けた。実行委員会によると『皇室に無関心な若者に危機感を持ったための演出』だそうだが、何も分からず「万歳三唱する姿は、ちと怖いような気もする」（傍点引用者）。

「ちと怖い」という表現に、天皇主義者側の不安と自信のなさが正直に語られているのだ。

「日の丸」をさっさと投げ捨て、お目当てのタレントの演奏が終わると、天皇の「お言葉」など待たずにゾロゾロと帰りだす若者たち。天皇と国家の厳格さをこそ実感させようという天皇（皇室）儀礼の本来の目的と、そのために天皇（皇室）への人気タレントを使っての大衆「動員」という手段は、まったく調和しなかったようだ。この点についてはマス・メディアでも、いろいろ報道されている。

「皇居前広場を見ていた私の時計は、午後七時になろうとしていた。／一回きりだったはずの万歳三唱はなかなか終わらなかった。だが二重橋はすっかり周囲の闇に溶け込み、万歳をする人びとの彼方に、天皇と皇后の姿を具体的にとらえることはできなかった。／闇に向かって万歳をする主催者や来賓を横目に家路を急ぐ人がいる。『もういいよ』と声を上げる人がいる。それでも主催者の万歳の声はやまない。『天皇陛下、バンザーイ！』。その不自然なほどに高揚した調子は、かつての近代天皇制の光景を是が非でもよみがえらせようとする人たちの焦りの雄たけびに感じられた」。

右派（天皇主義者）の「焦り」の風景をレポートしているのは、政治学者の原武史（「天皇在位一〇年の式典を見て―『闇』へと向けられた万歳　長い『空白』あとの逆転」〈『朝日新聞』一月十六日夕刊〉である。引用したのは文章の結びであるが、このレポートの全体のトーンは、奇妙なものである。

原は、この「国民祭典」と一九四〇年（昭和一五年）にあった「紀元二千六百年記念式典」を比較し、後者は「昭和天皇」を主体とする一連の大日本帝国の偉大さを示す儀式の「総仕上げ」の位置をもった、長く長く準備されてきたものであり、「国民祭典」は「唐突に出てきた」と論じ、このように述べているのだ。

「『紀元二千六百年』のときは、昭和天皇と皇后は二重橋ではなく、会場を埋めつくした約五万人の人びとと同じ皇居前広場にいた。式典は一〇日、一一日ともに昼間に行われ人びとは同じ平面で天皇を見ることができた。一二日の新聞には、皇居前広場で舞楽を観覧する天皇・皇后の等身大の姿と、その背景に並ぶ人びとの姿が、同一の写真の中に収まっていた」。

「だが今回の『国民祭典』はどうだろうか。戦中・戦後の長い『空白』を経て、突如としてこうした光景が出てきたことの異様さだけが浮かび上がったように見える。しかも同じ平面にいて、生身の身体をさらしていたはずの天皇・皇后は、はるかに二重橋の高みに立っている。／天皇のいる位置に関する限り、『戦前』と『戦後』はむしろ逆転している。つまり『紀元二千六百年』の方が『象徴天皇』に近いのに対して、『国民祭典』の方が『現人神』的という倒錯した印象を受けた」。

この式典の「異様さ」を語ることは何もおかしくないが、会場に来た人びとと「同じ平面」に天皇夫婦がいたか否かという一点だけをとりだし、この式典全体の「印象」を語ることには無理がある。茶髪のタレントなどが大量に群れている場所の「巨大スクリーン」に天皇夫婦は映しだされ、「感謝します。どうもありがとう」と人びとに語りかけているのだ（前日には夫婦で記者会見している）。このトータルな演出を見て、戦中より「現人神」的であるなどとはいえまい。

この学者の主張は、いかにも『朝日』好みのものである。「現人神」（雲上人）のような天皇（皇室）ではなくて、国民の『象徴』である、国民とともにある「人間・民主」天皇制の積極的意義を、『朝日』はキャンペーンし続けてきた。そして、「象徴」＝「人間」天皇の「雲上人」化をねらう右翼への批判がくりかえされてきたのである。そのステロタイプ化されたスタイルの批判を原は、この「国民祭典」についてもくりかえしてみせたにすぎない。こういう主張の裏側には、被災地の人びとを「見舞う」パフォーマンスの時スキンシップ作戦をくりひろげ、被災者と同じ場所で等身大のまなざしで「心配」してみせる皇室のあり方を「平成流」などと名づけ、賛美する論理がはりついている。

被災地に、ものものしい警備体制をつくりだし、都合が悪い人間は追い出す。そしてマス・メディアに自分たちの慈悲深さのイメージを映しだすために、悲惨な状態に追いこまれている人びとをダシに使う。こんな行為が、被災地の人びとに本当は歓迎されているわけがない。皇室は実際のところは、〝動く迷惑〟であるにすぎないのに、マス・メディアは、こうした事実は決して報道しない。ひたすら彼や彼女らのつくられた〝慈悲深さ〟を賛美してみせるのだ。

『朝日新聞』の十一月十二日の社説「馬車は静かに揺れる」はこう論じている。

「天皇に向けられる人びとのまなざしは明らかに変質した。昭和天皇は、戦争と平和、現人神《あらひとがみ》と国民統合の象徴を、一身にして生きた。そこに漂っていたドラマ性や、ある種の重苦しい空気は随分薄らいだ」。

戦争の影がなくなったとアキヒト天皇制を意味づけているわけである。そして、「国民祭典」については、「開き」すぎの危惧を表明している。

「『国民祭典』には、人気ロックグループや、プロ野球、サッカーなどの有名選手らが多数参加する。彼らを目当てに多くのファンが集まるのを期待していたとすれば、何のための祭典か、といわざるを得ない。／いずれにしても、昭和のころには考えにくかったことだ」（伝統的天皇主義右翼と立場が逆転している!?）。

この「式典」の日に向けて「日の丸・君が代」を「国旗・国歌」とする法制化が急がれ、この「祝日」は全国的にそれを強制する日として政府によって準備されたわけであるが、その点については「そこまで力む必要があるだろうか」と主張し、こう述べている。

「天皇は即位にあたっての記者会見で、天皇制をめぐるさまざまな議論について問われ、『言論の自由が保たれるということは、民主主義の基礎であり大変大切なことと思っております』と答えた」。

「君が代を歌いたい人は、歌いたくない人の自由を尊重すべきだし、反対に君が代を歌いたくないと考える人も、歌いたい人の自由を尊重すべきである」。

天星の権威をかついで、「日の丸・君が代」の強制に抗議するポーズを示している。そして、「象徴天皇制デモクラシー」賛美メディア『朝日』は「天皇在位一〇年」を祝うのは当然という立場から、政府の「日の丸・君が代」強制を力みすぎと評する。しかし、象徴天皇の賛美と「日の丸・君が代」賛美は通底している。これらはセットで存在し続けてきたことを忘れるべきではない。だいたい世襲の特別身分制（なんと一身が国家を象徴する）という一族の存在を賛美することは、天皇のある種の「神聖化」であり、そうしたマス・メディアの天皇「神聖化」が天皇主義右翼のテロを生みだす社会的ムードをつくりだしているのだ。今年の六月、大阪府豊中市立第八中学校の校長を、「日の丸・君が代」を全国にひろめるためにとの目的で、右翼が刺した〈重傷〉。右翼テロと天皇（制）の存在も、実はセットなのである。だから、天皇（制）を権威づけながら「言論の自由」の積極的な意味を説くなどということは、まったく矛盾したことなのだ。こういう矛盾については、まったく問題にしないのが、こうしたメディアの特徴だ。

『毎日新聞』の十一月十二日の社説（「平成の皇室に確かな歩み」）は、こう論じている。

「明治憲法では、天皇は主権者であり、神聖にして侵すべからざる存在だった。特に昭和に入ってから、軍部などが暴走、国を破滅に追いやったが、その際あらゆる場面で利用されたのが『天皇』だった。／その教訓を、忘れてはならない。／過ちを繰り返してはならない。陛下自身『長い歴史を通じて政治から離れた立場において…国民の福祉と幸福を念ずるというのが日本の伝統的天皇の姿でした。…（憲法の）天皇は国政に関与せず、内閣の助言と承認により国事行為を行う、と規定しているのは、このような伝統に通じてのものであります』（九三年）と述べている。／象徴天皇は、日本の伝統に沿うものであり、一時期の天皇絶対主義の方が異様だったのだ。／天皇の政治利用は、あってはならないことだが、今もつけ込まれる余地がないとはいえない。主権者である私たち国民が、心しなければならないことだろう」。

天皇制と「国民主権《デモクラシー》」は無矛盾であるとの立場からの、軍部に戦争責任をなすりつけ、責任体制のトップにいた天皇（制）の植民地支配・侵略戦争の責任を問わない、あるいは曖昧にする、おなじみの歴史の偽造による象徴天皇制賛美論である。天皇の「言葉」による権威づけの手法も含めて、『朝日』と同じ論理だ。

ヒロヒト「天皇在位六〇年記念式典」（一九八六年）のときは、軍国主義時代の戦前（戦中）の天皇制と戦後の象徴天皇制を連続的に祝うことに、『朝日』とか『毎日』とかは、あるためらいを示していた。天皇（制）の戦争責任を正面から問うことはしないが、その天皇の軍隊の時代をまるごと肯定はできなかったのである。そのときでも、象徴（戦後）天皇制は一貫して大肯定であった。戦争責任からクリーンなイメージで売ったアキヒト天皇の一〇年は、戦前（中）の天皇制へ復帰するような動きについてのみ批判的なスタンスを示しつつ、彼らにとって、積極的に展開された「皇室外交」を軸に手放しの賛美の対象である。

こういう姿勢において、「日の丸・君が代」強制推進メディアであった『読売新聞』や『産経新聞』とこれらのメディアは同じ土俵にのっている（このふたつが象徴天皇制の対立しつつ依存しあっているふたつのイデオロギーである）。

「等身大の国民の代表」としての象徴天皇制（社説「在位一〇年で築かれた新皇室」十一月十二日）という〈象徴天皇制デモクラシー〉を強調する『読売』はもちろん、古くさい「君徳」と「民への仁慈の御配慮」（小堀桂一郎「御在位十年奉祝式典に寄せて」『正論』十一月十二日）という言葉をふりまいているハッキリした「右派」メディアの『産経』も、「国民主権」と象徴天皇制を調和的に考える土俵で共通しているのだ（天皇の方か民主主義〈国民主権〉の方にアクセントをおくかを両極にした対立がそこにあるのみなのだ）。

この両者の対立している土俵自体が拒否されなければならない。具体的にはアキヒト天皇に継承された天皇（制）の戦争責任とそれをとらずに延命し続けている戦後責任を重ねて問い続け、象徴天皇制デモクラシーをまるごと批判的に問う象徴天皇制と対決するデモクラシーへ、といった視座に立つ思想と行動こそが、私たちの第三の選択であるはずだ。（十一月二十六日）

［『People"s Plan Forum』Vol-2-no.5-6・99年12月28日］

[2000/1]

「在位十年式典」と「雅子懐妊兆候・流産」報道

大きく露呈する象徴天皇制の矛盾

私もメンバーの反天皇制運動連絡会は、「異議あり！天皇即位十年式典　許すな！『日の丸・君が代』十一月行動」を結成し、十月三十一日に討論集会、十一月七日集会とデモ、十一月十二日（式典当日）デモと連続抗議行動を展開した。

一応のゴールの十二月十九日の討論集会（「『天皇在位十年式典』とは何であったのか？」）まで、話題の中心は、「日本会議」を軸の右派勢力が準備した民間主催である「国民祭典」にGLAYやSPEEDや元X-JAPANのYOSHIKI、さらに安室奈美恵などの人気ロック系の歌手の大量参加（スポーツ界なども）の持つ意味である（YOSHIKIの「奉祝典」のピアノ演奏まであったのだ）。

政府式典に続いて、政府の全面バックアップに支えられて持たれたこの「国民祭典」は伝統的な右翼の発想からは、とても考えられないものであった。人気スター、タレントに「開かれた皇室」路線を、「開かれた皇室」というあり方に常に批判的であった神道主義（伝統主義）右翼中心のグループが、過激に突っ走る。ここに、どういうことが示されているのか。

「日本のあらゆる世代が集まり、従来にない新しい形の祭典を標榜した今回のイベント。この日は、一見、皇室とは結びつかない安室のほか、GLAY、SPEEDなどのメンバーがそろったが、実行委員長を務めた村上正邦参院議員は報道陣に対し、皇室に無関心な若者に危機感をもったための演出で、『きっかけは何でもいい。若者に日本人としての意識を持ってもらうためには、日本文化を凝縮している皇室の存在を意識してもらうことが一番早い』と説明した」（『サンケイスポーツ』〈十一月十三日〉）。

日本人意識（国民意識）を若者に植えつけたいという意図は明白である。若者の皇室（日本国）の無関心への危機感が、なんであれ天皇夫妻の前に人々を引っかき集めようというイベントをつくりださせたようである。私は右派全体が基本的にこの路線にのったのか、それとも「外」からこれを押しつけられイヤイヤそうしたのか、という点に注目した。右派内部から、ハッキリとした批判が式典開催後も浮上しない。この路線は、「日本会議」全体の基本路線であったと判断すべきようである。

もちろん内部に反発がなかったわけではないことは読める。例えば、右派の機関誌の一つともいえる『神社新報』の社説（「奉祝の秋を迎へて」〈一九九九年十月二十五日号〉）にはこうある。

「その中には『このやうなものまで奉祝事業の一環として実施されるのか』と感じるものも含まれるが、まさに官民挙げての幅広い行事が予定されてゐることに対しては、心強く感じる。／……単なるお祭りムードだけではなく、厳粛にしてまた華やかな実りある行事が無事に実施されることを祈る」。

これは「国民祭典」についてのみ論じた文章ではないが、それへの危惧の表明と読むことができよう。危惧や不満を、内部にかかえながら、この「祭典」は右派勢力によって演出された。もちろん茶髪ロック文化の若者と「厳粛」な皇室儀礼はミスマッチであった。お目当てのタレントを見たらすぐ、わたされた「日の丸」を捨てて、天皇の「お言葉」など聞かずにサッサと帰ってしまう若者たちと、最後まで「天皇陛下万歳！」を叫び続ける主催者という風景は、いろいろなマス・メディアもとりあげている。「動員」も五万人を予定し、実際には半分くらいだったようだ。「お祭りムード」と「厳粛」さがクロスした天皇主義者にとって「華やかで実りある行事」などという、彼等の希望。それは、むりやり動員の滑稽さだけが目立ったこの「行事」によってほとんど適えることはできなかったといえよう。

そうした意味で、このイベントは彼等にとって失敗。そういう評価を、私は、式典後の抗議の集まりの中で、主張した。

これに対して、皇居がどこにあるかも知らない若者たちを、「天皇在位十年奉祝」のために皇居に集めたというだけで、あちらの意図は実現したと考えることもできるのではないか。国旗・国歌と法制化した「日の丸・君が代」強制（特に学校などの公共機関に政府から「国旗掲揚」への「通知」が出された）の最初の全国的政治舞台となったことを含めて、「奉祝式典」全体を失敗と評することはできないのではないか。

こういった、その限りでは、否定しようもない私の判断に対する疑問を含めた主張が、いくつか飛び出し、討論が続いた。

私は、政府や右派勢力の試み全体が「失敗」であったと考えているわけでは、もちろんない。確かに政府や右派は、やり得であり、その限りで、成果を手にしたといえるだろう。しかし、「国民式典」の演出という点についていえば、かなり無理をし、結局、うまく演出できなかったという「失敗」の意味を小さく考えるべきではないと、そこでも強調した。

ここに露呈しているのは、象徴天皇制の、ある種構造的〈危機〉なのである。

高度成長期、そして多くの国民が「中流幻想」のマイ・ホーム意識にひたっていられる時代は、とうに終わっている。アキヒト・ミチコ天皇制は、冷戦構造の崩壊のプロセスの中で「即位」して十年以上動いてきた。それは皇太子（夫妻）時代のマイ・ホーム意識のシンボルをそのまま持続すればよい象徴天皇制ではなかった。「中流幻想」がまったく崩壊し（所得格差の増大は進み、野宿者が街にあふれ）、国家はアメリカの軍事戦略に主体的にくみこまれ、本格的に戦争のできる国家につくりかえられつつある。皇室は多国籍化した企業のグローバリズムの拡大、単身赴任、離婚の増大などに象徴される家族崩壊の社会のシンボルなのである。

戦争責任から「クリーン」なイメージのアキヒト・ミチコ天皇制は、ヒロヒト天皇ができなかった「皇室外交」を全面的に展開した。そして、「被災地」を見舞い、スキンシップ作戦を展開し、人間的な「慈悲深さ」をマスコミの舞台でしきりと演じてみせた。さらに沖縄を含め、戦争の死者たちが多くうみだされた地域への「慰霊巡行」も精力的に展開したのである。

マスコミが「平成流」と名づけた新しい象徴天皇制のイメージは、それなりに定着した。しかし、国家の側にとって何かが足りないのだ。ズッポリと平和主義のイメージであり続けた象徴のままで、戦争を具体的に担う国家の象徴でなければならない。まったく皇室に無関心な自己の私的欲望のおもむくままの若者たちに、にこやかに笑い語りかけながら圧倒的に「厳粛」な禁欲を要請できる存在でなければならない。こういうアクロバットを彼と彼女は皇太子夫妻にも助けられながら、演じ続けなければならないのである。だから、常に彼等のパフォーマンスには欠落感が伴うのだ。

いいかえれば、「国民祭典」の無理、滑稽さは、アキヒト・ミチコ象徴天皇制が、かかえこんだ大きな矛盾の露呈なのである。この矛盾をいろいろな角度から突く、多様な反天皇制運動がつくりだされなければならない。私は強くそう思う。

十二月二十三日は「反天連」主催の恒例の「天皇誕生日を祝わない集会」。今年は「『改憲問題』と『天皇在位一〇年』を考える」がテーマの集まり。この集会を準備していた時点で『朝日新聞』（十二月十日）に「雅子さま、懐妊の兆候」（一面トップの見出し）報道。すでに十一月十九日の討論集会でも論じられたが、このスクープから始まったマスコミの「懐妊の兆候」大騒ぎをめぐる問題が、話題となった。十三日に検査、懐妊発表のプログラム。ところが十三日は「確認」できず正式発表できる段階ではない、報道に「節度」を要求するという宮内庁の会見発表となり変った。ここで予想できたのは、勝手なスクープにクレームを出しながら、「人工授精か」などのまずい報道を統制しつつ「お祝い」報道に各社の足なみをそろえさせる報道協定を結ばせる方向へ宮内庁が動いていること。さらに、いろいろな検査をへて「流産」という可能性も少なくないこと。この二つであった。

宮内庁のマス・メディアへの抗議に対しては、『週刊新潮』（十二月三十日・一月六日合併号）にそれなりに筋の通った、批判の文章が出た。

「雅子さまが宮内庁病院で詳細な検査を終えられ、『現時点では、ご懐妊は確認できない』との結果が発表されたあと、宮内庁は、『医学的見地からの発表を待たず、先週末来、妃殿下のプライバシーにも触れる過熱した報道がなされたことは極めて遺憾であります。今後はプライバシーなど両殿下の人権を十分尊重し、節度ある報道がなされることを強く求めます』／とコメントを発表したが、これには呆れかえった。／たしかに節度ある報道ではなかったかもしれないが、それでは、宮内庁は節度があったのか。この騒ぎのそもそもの火元は『宮内庁関係者』ではないか。そのリークがなければ、新聞は書かなかった。いや、書けなかった。号外も出なかった。テレビも週刊誌も追っかけなかっただろう。／雅子さまがベルギーから帰国されたのは十二月七日である。朝日新聞が〈雅子さま、懐妊の兆候〉を報じたのは十日の朝刊だ。このわずかな間のいつ尿検査が行なわれたのか、分からないが、それを知ることの出来る者は極めて限られた人だろう。／宮内庁関係者なら、リークしたのは誰かおよそ見当はつくはずだ。宮内庁にとって獅子身中の虫ともいうべきこの人物を棚に上げておいて、火の消し方が悪い、火事場へ来て団扇で火をあおいでいるようなものだと、マスコミに文句を付けている宮内庁の料簡はまことに手前勝手なものだ。／『節度』をというのなら、まずこの獅子身中の虫を処断して、自らの節度を示すべきであろう。／『過熱報道に遺憾』という東宮大夫の言葉には、なにをいってやがる、と反発した報道関係者も多かったに違いない」。（「沈黙した雅子妃『ご懐妊』報道に想う」塩田丸男）。

天皇も怒っているらしいという声もあったり、自分たちも、追っかけで「ヤッタゼベビー」と大騒ぎを開始したことを棚に上げて、朝日新聞・NHKなどのトップ報道を非難のトーンに転じつつ（抜かれたうらみもあろう）沈黙へ向かったマスコミの動きの中では、それなりの「正論」といえよう。

追っかけて大ハシャギだった自分を棚上げにして『朝日』の姿勢を批判してみせた『週刊文春』（十二月三十日号）は、こういう宮内庁関係者の声を紹介している。

「いろいろ情報が錯綜しているようですが、ベルギー訪問直前に雅子さまは尿検査をされています。お体の調子がよろしくないので東宮内で検査が行われました。そのときに妊娠の兆候が見られましたが、まだ初期なので公務による影響はないと医師が判断したのです。それは皇太子ご夫妻も納得されていました。しかし鎌倉長官や両陛下には報告されなかったのです。／それどころか東宮幹部は、ご懐妊がマスコミに気づかれることを恐れたようです。雅子さまは今までは低いヒールの靴を履かれていたのに、ベルギー訪問中はなぜかハイヒールに変えていました」（「雅子妃ご懐妊情報で問われる『二つの責任』」）。

検査はベルギー行き以前で、天皇にも宮内庁長官鎌倉節にも知らされなかったというのだ（こんな具合に「宮内庁関係者」のリークは続いている）。ここで「万が一」の時責任を問われているのは「朝日新聞」と「東宮幹部」である。この『週刊文春』には、もう一つ関係記事がある。「『閉ざされた皇室』のすすめ」という福田和也の文章だ。

皇太子夫妻の「重圧」への「配慮をいっさい欠いた」「朝日」のスクープへの非難を書きつづった後、福田はこう論じている。

「皇室報道が過熱し始めたのは、昭和帝の病状報道からです。秋篠宮成婚、皇太子成婚と経て、皇室報道は過熱の度合を増し、いまや芸能人やスポーツ選手と勘違いしているかのような報道が一般化しています。／先般の『即位十周年記念式典』などは、こうした風潮のグロテスクさの最たるものでしょう。関係者の気持はわからないではありませんが、皇室がまるで歌手たちの人気に『便乗』しているかのようでした。今回の『ご懐妊スクープ』の無道に通じています」。

福田は「元首化・皇室財産返還等」へ向けて皇室を閉ざせと主張しているのだ。

ロックバンドへの「便乗」をやめろと、「パンク右翼」がのたまう。（皇太子アキヒト・ミッチーブームの時からこうした傾向はすでに本格的に始まっていた）。

十二月三十日、再検査、雅子は流産と夜に発表された。テレビは同じ内容の宮内庁発表を沈んだ表情のアナウンサーがくりかえすだけ。翌日の新聞各紙はほぼ一面記事であったが、テレビと同じことのくりかえすのみ。ベルギー行きも、スクープ報道も直接の原因ではないと侍従医。責任追及への配慮がありあり。「懐妊兆候」大騒ぎ、そして沈黙あげくに「流産」報道。ここにも現在の象徴天皇制のかかえる大きな矛盾が露出している。（一月三日）

［『インパクション』117号・00年1月］

「在位十年国民祭典」の主催者側あるいは参加者側の総括

「天皇抜きのナショナリズム」の動きなんてあるのか？再論

[2000/3]

今年の二月十一日「建国記念の日＝紀元節」に反対する行動は、学校の卒業式・入学式で、国旗・国歌として法制化した「日の丸・君が代」の強制がさらに押し進められる状況を目前にして、必然的に「日の丸・君が代」強制への抗議を全面に押しだすものとなった。私もメンバーの反天皇制運動連絡会などの呼びかけでつくられた実行委員会の名称も「『日の丸・君が代』の強制に反対する2・11反『紀元節』実行委員会」である。

昼、集会とデモ、夕方から講演集会（久々に読谷村議になっている知花昌一に沖縄から来ていただいた）。例年より集まりはよく、法制化をステップとした「日の丸・君が代」の決定的な強制への危機感をバネとした抵抗の動きの広がりが実感できるものであった。

昼の屋外集会の主催者発言で、「天皇在位十周年式典」の問題について私は、主催者サイドの天皇主義右翼中心のグループである「神社本庁」の機関誌の主張にふれて、彼らの総括を、どのように受け止めるかという点について話した。

「……皇居前広場を埋めつくした老若男女のただ中にゐると、真後ろには女子高生が三人、件の口調で喋り合ってゐた。言葉遣ひも気にかかり、其処だけ異空間が存在するかのやうで、さすがに傍らに居合はせた年配の御婦人方は戸惑ひを隠しきれないでゐた。／ところが、である。彼女らはお目当ての有名人にワーワーキャーキャー叫んだ後に、国歌を歌い、万歳を三唱し、そして最後には『おもしろかったね』と言葉を交して帰っていったのである」。

『神社本庁』（一月二十四日号）の「主張」（「青少年と神社の行く末」）だ。次にこの時、東大教授らの発した、式典参加ミュージシャンへの公開質問（ロックの精神と生き方への裏切りにならないかという主張）についてふれ、このように展開される。

「……これほどまでに彼らを慌てさせ、危機感を抱かせるものは何なのか、筆者はその夜、かの女子高生と共有した僅かな時間の中にそれを垣間見た思ひがした。普段は何も考へてゐないやうに見える彼女らが、あの場面に際会して、ごく自然に君が代を口づさみ、万歳を三唱した時にである」。

彼らが、もっとも嫌っていたはずの「茶髪ロック」文化をエサに、若者を天皇儀式に参加させ、「日の丸」を渡し、ふらせ、「君が代」を歌わせ、「天皇陛下万歳」をさけばせる。こういう儀式にまきこんでしまえば、「天皇・民族・神社」の尊さは、わかるようになる、というわけだ。私たちも、くりかえされる儀式の政治的統合力の恐ろしさについては、それなりに自覚的である。しかし、この神道・天皇主義者のなりふりかまわぬ、恥しらずな主張はどうだ。何も考えていなくても、儀式を媒介にパクッてしまえば、こっちのもんだ。ロックだろうが「茶髪」だろうが大衆動員に利用できるものは、内容や思想など問わずに、利用すればよいのだ。

これが皇室神道主義者のホンネなのだろう。

「日の丸」を雨でグチャグチャな地面に投げ捨て、「君が代」も歌わず「万歳」もせずに、おめあてのタレントを見たら、ゾロゾロ帰ってしまった若者たちの存在（マスコミでも話題になった）についてはふれずに、そこに残り続けた若者たちについてのみ論じ、あたかも全員がそうであったかのごとく主張する。こうした操作のいやらしさもそこにはあるが、全体として、なんでもありの政治主義の無思想さがきわだちだしている。

『神社本庁』のこういうイデオロギーと対応しているのは、「日の丸・君が代」強制のための右翼の問答無用の暴力（脅迫）の、この間の突出という事態であろう。

『神社新報』の二月二十二日号は、「紀元節」イベントの報告号である。

「神武天皇の創業の理想をしのぶための奉祝中央式典は『日本の建国を祝う会』（小田村四郎会長）が主催し明治神宮会館で開催され、作家の出雲井晶氏が『神武建国を憶念する』と題し講演した。式典に先立ち、明治公園から明治神宮に向かってパレードがおこなはれ、表参道からは神輿も加わり奉祝ムードを盛り上げた。一方、日比谷公会堂では小渕首相出席のもと、『(財)国民の祝日を祝う会』主催による政府後援の式典も開かれたが、例年同様、神武天皇建国の意義を顧みる姿勢の見られない式典となった」。

神道（神話）の色彩を抜きとった政府サイドの式典への批判という、タテマエのスタイルは崩していない。しかし、人気芸能人、スポーツマン、なんでもかんでもフル動員の「国民祭典」についての自画自賛ぶりを考えれば、彼等の思想は、まったく空洞化しており、政府を批判する根拠は、まったく希薄になっている（もちろん、そんなものが、もともとどれくらいあったのかも、問題だが）。

こうした「伝統右翼」・皇室神道文化のタテマエすらある点で公然と自壊させだしている彼等の状況は、彼等の存在がどうでもよいものになりつつあることを示している、といいたいわけではない。逆である。再び自分たちの時代が近づきつつあるという、それなりに根拠のある状況への「自信」が、そういう態度を彼等に取らせているともいえるのだ。

「天皇在位十年奉祝」へ向けた「日の丸・君が代」の「国旗・国歌」法制化は、彼等の去年の大きな運動目標であった。政府（小渕内閣）は彼等の突き上げをもうけ、彼等の希望通りの事態をつくりだしたのである。

「日の丸・君が代」はそれなりに国旗・国歌として定着している、それなのにキチンとした論議なしに法制化することは賛成しかねるという立場で（神道主義者の中から、こういう主張はもっと出なければおかしいともいえるが）発言し続け、すっかり「文化＝伝統儀礼」天皇主義イデオローグぶりが身についてきた松本健一は、こう語っている。

「ところが、法案を検討し提出する過程で、十一月の十周年記念行事までに、国旗・国歌法を成立させよう、というアイディアが野中官房長官の頭のなかに生まれてきたのではないか。／というのは、野中官房長官にある人が『別にいまそんなに急いで法制化する必要はないんじゃない？』と問いかけると、野中長官は、十一月に記念行事がある、それまでにはぜひ法制化しておきたいのだ、と次のような言葉を口にしたという。／『今上天皇陛下はそのお人柄が高潔で、尊敬せざるを得ないものがある。だから今年十一月の即位十数年記念行事の前に、ぜひ「君が代」を国歌として法律で定めておきたいのだ』と。／そういわれると、自民党員や自由党員はもちろん、そのころ自民党と連立政権を組もうとしていた公明党の人たちにとっても、法制化に反対であるとはいえない。連立を組もうという政党間の取り引きをするさい、その問題を出されたら、公明党も法制化を認めざるを得ないという大勢が生まれた」（『「日の丸・君が代」の話』〈PHP研究所〈新書〉一九九九年〉）。

「テンノウヘイカノオンタメニ」でまとまらざるをえなかったという話が事実なら、恐ろしい事である。そういう「神聖さ」の政治力として天皇制が、政治支配者の文化のなかに十分に生き続けているということが、そこに示されているわけなのだから。こういう政治文化の質という点では、右翼の天皇主義者と保守勢力（政府）の政治家との間に、それほどの違いは存在していないのだ（実は天皇主義右翼そのものという人物も保守党のなかには大量に存在しているのである）。

伊藤公雄は「戦後保守と天皇制」（『反天皇制運動じゃーなる』31〈二月十五日〉号）で、このように論じている。

「しかし、90年代に入ると、日本においても、天皇を語ることのない右派・保守派が登場し始めている（このへんは、天野さんと論争になったのだが）。天野さんには『そんな動きはない』といわれたが、『自由主義史観』や小林よしのりといった、新たな右派・保守派が、（少なくとも登場しつつあった時期には）、意識的に天皇を避けてきたのは明らかだ。一部で評判になった福田和也氏と大塚英志氏の『諸君！』での対談（「天皇抜きのナショナリズム」）でも、政治機構としての天皇制評価はむしろ『戦後民主主義派』の大塚氏のほうが高いくらいだ。福田氏の主張は、天皇主義右派のものというより、反共リベラル派のいう天皇の政治からの排除＝文化装置としての徹底論（それを体現しているのが、『天皇を京都へ』という主張だ）に近いものだし、そもそも、おちょくりの感じられる部分以外では、『天皇陛下』ではなく『天皇』と呼びすてにしている」。

まだ、「論争」といえるほどのものではないと思うが、この問題についてたしかに私は一度、疑問提示の文書を書いている（本誌のこの連載「『天皇抜きのナショナリズム』の動きなんてあるのか？」『インパクション』112〈一九九九年二月〉号）。

そこで私は、伊藤のあげた対談の発言にもふれつつ、彼等（主に大塚）の「天皇抜きのナショナリズム」の動きと評するものが、ほとんど根拠のない、彼等の独断とインチキな推論の産物にすぎないことを具体的に批判した。ここでくりかえすつもりはない。私は伊藤に右翼メディアが意図的につくりだした言説にふりまわされて、敵の動きを見誤るようなことにならないようにしよう、と呼びかけたつもりだったが、どうも、うまく届いていないようだ。私は広い意味での右派の人々の中の特定の人間たちの具体的な主張を具体的に細かく検討する作業が、もっともっとなされなければならないと思う（例えば、伊藤のいう「反共リベラル派」の論理とは、どういう人物のどのような主張なのか、固有名詞をあげてもらわなくては、私にはすぐイメージできないのだ）。

この間、若者文化と右翼文化をつないでいる小林よしのりらは、天皇「抜き」のナショナリズムに向かっているのではなく新しい天皇制のイメージをどう描くかという点で、とまどっているにすぎないと、そこで論じた。その急ごしらえの右翼である小林が「国民祭典」に人気タレントたちとまじって出席し、その体験を報告するというスタイルで、正面から（象徴）天皇制について論じた漫画を描いている。これを具体的に検討してみよう。

「いよいよ天皇陛下がお出ましになる」「アストロ・ビジョンに映る天皇・皇后両陛下」（「どこにいらっしゃるのが映っているんだ——!?」キョロキョロする小林の画についたふきだしのセリフ）。「二重橋の上に小さな提灯のあかりが2つ…」「提灯2つしか見えなかった／お顔はアストロ・ビジョンで見るしかない」「しかし何しろ国の象徴だ／YOSHIKIやよしりんならファン・サービスというのは必要だろうが天皇は国民にサービスを要求される存在ではない／ともかく安全が第一だ／YOSHIKIがこの日のために作曲したピアノ曲を披露／メロディアスでエモーショナルですごくいい曲／これを聞く両陛下の無邪気な喜びようも実に愛らしかった」「しかし何といっても驚いたのは／天皇陛下のお言葉の中に次のようなくだりがあったことだ」。（「話しかけるにこやかなアキヒトの顔のふき出しのセリフはこうだ「天候を案じていましたが雨催（もよ）いで皆さんがぬれて寒いのではないかと心配しています」）。「なんとつい先程まで雨に降られていた我々の身を案じ／それに気遣う言葉を投げかけておられる！」「何という細やかな『公』のことのみを気遣う御心か！」「かつて長崎や神戸の被災地を訪ねた時／天皇は自分のネクタイをはずし／板張りの床にひざをついて被災者と目線を同じにして慰問されていた」「その被災者の気持ちの何万分の一かは／わかった」「もちろん／雨に濡れたくらいで〝被災〟だと思うものなどここには誰もいないのだが」「本当に『無私』の人に身を案じられると『もったいない』と思うものだ」「天皇は今回も国難打開のために密かに祈りをささげてこられたらしいのだ」「ここに集まった若者はＹＯＳＨＩＫＩらを見にきただけだと揶揄するマスコミ文化人らサヨクもいる／しかし少なくともＹＯＳＨＩＫＩが誰のために曲を捧げるかは若者も知っている」。「若者が著名人を通して天皇を知り日本人を自覚し出すのは良いことだ」「天皇制度がなかったら日本はどうなるか／考えてみたことはあるか？／日本国の権威・権力の頂点を目指す私利私欲の野心家たちがいっせいに動き出すだろう／宗教家が…革命家が…ファシストが…」（「新ゴーマニズム宣言」第108章「天皇陛下ご即位十年式典と祈り」『ＳＡＰＩＯ』十二月二十二日〈一九九九年〉号）。

みんな言葉で説明しているマンガなのでコマの中に書きこまれた文章を、つまみぐいして引いたが、主張していることはハッキリ読めるはずだ。「国民祭典」とロックミュージシャンと若者の関係については、最初に紹介した『神社新報』の「主張」と同じトーン。国民を案じ「祈る」慈悲深い「無私」の人天皇というイメージは、右派メディアや新聞などのマスコミがつくり続けているものとほぼ同じ。「国家＝公」を一身で体現する人というわけだ。凡庸な、ありきたりの、語られ続けてきた天皇イメージがなぞられている。

だが小林も、「天皇抜き」のナショナリストとは、やはりいえまい。

（三月四日）

（『インパクション』118号・00年3月）

[2000/5]

ハデになる天皇儀礼（イベント）

「日の丸・君が代」強制反対・大分「全国植樹祭」反対行動を通して考える

一方で、沖縄サミットに対抗する国際会議のための何度かの沖縄行きがあり、他方で二月十一日の「反紀元節」行動の後には、「日の丸・君が代」拒否の運動を持続しつつの四月二十九日の「みどりの日」（ヒロヒト天皇の誕生日）への抗議と五月二十日からスタートするアキヒト天皇・ミチコ皇后のスイス・オランダ・フィンランド・スウェーデン訪問という「皇室外交」に抗するための共同行動（『昭和の日』制定反対！　『皇室外交』に異議あり！　四・五月行動」づくり。三月二十五日に「『日の丸・君が代』強制反対意思表示の会」の屋外集会とデモ。右翼の暴力でつぶされた二月二十七日の神奈川での集まり（「『日の丸・君が代』の強制にＳＴＯＰ！　リレートークとデモ　in ＹＯＫＯＨＡＭＡ」）の直後、右翼の暴力に屈しないことをハッキリと表明するためにすぐ準備された、四月七日の「『日の丸・君が代』の強制ＳＴＯＰ！」集会とデモへの参加（主催・「日の丸・君が代」法制化と強制に反対する神奈川の会〈今度は、集会・デモとキチンと貫徹〉）。四月二十二日は大分の第五一回「全国植樹祭」反対の集会とビラまきに合流。夜に第二九回反天皇制全国交流会（合宿）。二十三日は、植樹祭現地闘争。四月二十九日は「『昭和の日』も『みどりの日』も天皇讃美の日はいらない！　4・29集会とデモ」（主催・「四・五月行動」）。

私は二十二日の大分の集会で、「いろいろ聞いていると、今度の植樹祭は、この間の流れと逆行して、ひどくハデになってきているのではないか」と発言した。

大分の「『もうやめよう！　全国植樹祭』実行委」のメンバーである中山田さつきは、この二日間の行動の報告（『靖国・天皇問題情報センター通信』292〈四月三十日〉号）で、このように書いている。

「『派手好き』『イベント好き』『皇室好き』の大分県平松知事の個性もあってか、大分の演出を、よりによって九州電力の原発推進キャンペーンをやっている大林宣彦という映画監督に、大会のテーマ曲の作曲を北島三郎に依頼、当日も歌唱と、とにかくハデに盛り上げた。一方二千人の参加者動員、地元の2つの町の全小学生によるマスゲーム、大分県内の様々な郷土芸能で天皇・皇后の『御前』で披露するという、時代錯誤的な構図の演出が行なわれた。この2時間の天皇イベントに使われた費用は17億円。警備費を含めたら20億円は超えるだろう額が、このくだらないイベントに浪費された」（傍点引用者）。

やはり、ハデになったのだ。

会場へ、一歩でも近づいて抗議行動をしようと車で動いた私たちは、レッカー車まで持ちだしてきた警察と、山の中でもみあい。思いのほか早めに帰ってきたので、テレビでこの「植樹祭イベント」を見た。

この天皇イベントのための人々の動員もふえており、全体がハデになっていることが、具体的に確認できた。このハデさを「時代錯誤的」と評する気持ちはよくわかる。しかし、こうした傾向は、決して知事の個性のみによってつくりだされているのではあるまい。おそらくそれは、この時代の動きに対応してつくりだされており、支配者にとっては時代にマッチした動きなのであろう。

三月二十日、森喜朗（自民党幹事長で、その後首相となった）のアキヒト天皇の「即位十年式典」の時に君が代を沖縄出身の歌手は歌わなかった、「学校で教わっていない」、「沖縄の教職員組合は共産党が支配」、「沖縄の二つの新聞、琉球新報、沖縄タイムスもそうだ」、という発言。国の方針に従わない「君が代」を歌わないのは「非国民だ！」という思想を生きている人間が、私たちの首相になっているのだ。

三月三十一日のプロ野球の巨人対広島の開幕戦の試合前のセレモニーで、SMAPの中居正広が「君が代」独唱。この歌手、ひどくオンチだったらしい。

「五万人の観衆が起立し、場内の緊張が高まったその瞬間、中居クンが口を開いた……。『彼が歌いだした瞬間、場内は大爆笑。外野のほうから笑いがウェーブのように広がってきた。ヤジもとんでましたね。「おい、マジかよ。本気で歌え」とか「余興じゃねえんだ、しらけるだろう」とか。今年はアイドルじゃなくて「国境なき医師団」の看護婦さんが始球式をやったり、いい緊張感の中でセレモニーが進んでいたのに、あれで全部ぶち壊しですよ』（ドームにいたファン）／場内を爆笑の渦に巻き込んだ原因は中居クンの歌唱力。声はダミ声で、音程も限りなくアヤしい」。

「SMAP中居ナル者「君が代」独唱は不敬デアル」のタイトルのこの『週刊新潮』（四月十三日号）の記事は、開幕戦の企画をたてた読売新聞に、こうかみつく。

「読売新聞といえば、『国旗・国歌』問題に積極的に取り組んできた。社説でもたびたびこの問題を取り上げ、〈国歌に一定の敬意を払うのは国際社会の最低限のマナーだ。そうしなければ恥をかくばかりか、身に危険が及ぶことさえある〉と述べている。／なのに下手くそで有名なタレントで笑いを誘う企画は、国歌に対していささか敬意を欠くのではないか……」。

さらに、おなじみ大原康男の言葉で、この記事は結ばれている。

「中居君は二十七歳ですか。十七、八の子供じゃないんだから、『君が代』を歌うことがどういう意味なのかわかっていると思いますが……。／これは一般論ですが、周囲の人の厳粛な気持を壊すほどのモノだったら、それは不敬にあたるとも言えるでしょう」。

君（天皇）の世は永遠にと、厳粛な気持ちで歌いあげない奴は「不敬ダ！」というわけだ。『週刊新潮』の記事だ。以前から、それは、こういう傾向のメディアであった。とはいえ、こういう主張が、あたりまえのものであるかのごとく堂々とまかり通ってきている状況には注目しておかなくてはなるまい。

天皇（皇室）讃美と「君が代・日の丸」の強制が全国的にさらに強められている状況が、各地をめぐる「天皇イベント」が金も多額に投じた、ハデなものになっていくことを、必然化しているのである。大分の植樹祭では、大きな「日の丸」があげられ、その方を向きながら、「君が代」を参加者がこぞって歌うというセレモニーがあった。

象徴天皇制国家を絶対なものとして、国民に強制する、新しい国家主義の時代が始まっているのである。

テッサ・モーリス＝スズキは英国王室の「無害な君主制ともいうべき神話」のなかで成長した自分の体験と比較しつつ、象徴天皇制について論じている。

「とはいえ、天皇制を無害な君主制に再構築しようとするこのような試みは、裕仁天皇という人物が、軍部の拡張主義の記憶と戦争責任の問題と逃れがたくかかわりあっていたがゆえに、つねに阻まれたのであった。君主制を非政治的で、恵み深い象徴主義の土壌へと置きかえようとする占領政策が成就しうるかのように見え始めてきたのは、裕仁の死去と明仁の即位以来の、この十年間を待たねばならなかった」。

ここでいわれている、「非政治＝無害」な天皇というイメージ演出のための試みとは、地方巡行などを通した、国民とのスキンシップ作戦のあれこれのことである。

「非政治＝無害」天皇のイメージをふりまく天皇制こそが象徴天皇制であるとすれば、ヒロヒト天皇よりアキヒト天皇の方がそれにふさわしい天皇であるという分析は、それなりに共感できる。そして、それによって、アメリカの「占領政策が成就する」のであるという主張はおもしろい。

「非政治＝無害」というイメージで存在し動きまわれることが、象徴天皇制の政治なのである。もちろん、そこには、巨大な矛盾が常に口をあけているのだ。

テッサは、この論文を、このように結んでいる。

「しかし、天皇制を無害な君主制の土壌へと完璧に置きかえようとする努力には、多くの不確実性がなおも取り巻いている。日本の天皇は、英国王室と異なり、華やかな人々に向けられるメディアの批判的な注目をかわしながら、大衆文化のアイドルたちと肩をならべ、首尾よく人気を獲得することができるであろうか？ 抜本的な経済社会再編の時代にあって、公共の説明責任から天皇の役割を免責することが可能だろうか？ 費用と受益という問題が、日本の多くの諸制度に抜本的な変化を強いようとしている時、天皇制のみを、公共の論議の組上に上げぬようにすることができるのだろうか？ 高失業と社会的不安が広がりつつある経済不平等の時代にあって、無害な君主制という神話は、はたして日本に根づきうるのだろうか？」（「無害な君主制として天皇制は生き延びられるか」『世界』二〇〇〇年一月号）。

戦後のヒロヒトの代から演出され続けた「非政治＝無害」というイメージの象徴天皇（それは、ヒロヒト天皇の戦争責任をも隠蔽するイメージ〈イデオロギー〉操作でもあったことはいうまでもない）。そういう象徴天皇イメージは、革新護憲派の「象徴天皇は非政治であれ」という主張にもバックアップされ、かなり広く戦後社会に定着したイメージとなってしまっている事はまちがいあるまい（新聞などの世論調査の「象徴天皇支持」の高いパーセンテージの内実は、そういうことを示しているのであろう）。

そして、ミチコ・キコ・マサコという民間から皇室に吸収された女性の流れ、彼女らの婚約・結婚イベントなどをテコに、トップドレッサーというイメージをふりまくマスコミ演出の流れに目をやれば、彼女らは「大衆文化のアイドル」人気を獲得するということにも、かなり成功してきているともいえよう（もちろん、この先の「皇室タレント」女性は、まったくタマ不足で、キコもマサコも年を取りつつあり、未来は暗い）。

天皇一族の生活費などは、「公共の説明責任」から免責するのは当然という法律（社会意識）の下を生かされてきている私たちの政治文化の中では、それを「公共の論議の俎上に上げる」ことはかなり困難だ。

例えば、天皇らが、まともに税金を払わないことに怒りの声を発している人間は、まったく少数である。皇室は特別でよい、という意識がまだまだ多くの民衆の意識を支配していることもあるが、それは天皇主義右翼の水面下の脅迫・暴力の伝統がつくりだしている現実であるともいえよう。

しかし、である。私たちの、あるいは全国各地の反天皇制運動は、しつこく、天皇イベント時の、ほとんど法律的根拠の明らかでない巨額の公費の消費について、裁判を含めて、様々な抗議活動を蓄積してきていないわけではない。

「全国植樹祭」の儀式の中の「天皇へイカバンザイ！」をやらなくなったりのこの間の変化は、権力者側の、そうした抗議行動のひろがりへの対応の結果であったともいえよう。

新しいガイドライン安保関連法案などを成立させた権力は、派兵（〈軍事〉国家化へのはずみのついた今の状況の中で、ひらきなおり、反対に、「日の丸・君が代」を国旗・国歌と法制化し、天皇儀式（イベント）の強化へと向かい出したのである。

二時間の天皇イベントのために十七億円（警備費用を含めたら二十億円）はくだらない金が、今度の植樹祭では使われているのだ。天皇イベントの費用の拡大は、「皇室外交」の動きの再度の活性化も伴って、不可避であろう。

「無害=非政治」のイメージの内実は、民衆に「有害な国家主義政治」であることを具体的に明らかにする運動を、私たちは、多様につくりだしてきた。

「高失業と社会的不安」がさらに広がり、「経済的不平等」の拡大の時代、新しい格差の時代に入っていることが多くの人の眼に明らかになりつつある今、こうした作業の持続とともに、私たちは、この巨大な税金のムダ使いのシステムである象徴天皇制の「ムダ」という点を、「公共の論議の俎上に上げる」努力をさらに目的意識的に追求すべきである。天皇一族の巨額な生活・活動費用を「公共の説明責任」の土俵に押しあげ、論議させるように運動していくことが、どのように可能か。このことが、反天皇制運動の中で、広く論議されるべきだ。

経済（多国籍化した日本企業）のグローバル化の進展と「経済的不平等」・格差の拡大は対応しており、天皇（制）「日の丸・君が代」の強制の拡大と日常化という、新しい国家主義イデオロギーの突出とは対応している。

民衆の不満を象徴天皇制国家への国民的一体化というイデオロギーでできるだけ吸収してしまい、不満や怒りを、外へ（排外主義）の方向へ組織しようというシステムが、つくられているのである。

私たちは、この強められている国家の幻想的一体化（それに対応する排外主義意識に抗し、その幻想の一体化をうち壊すためにも、国家にかこいこまれた天皇一族の税金のムダ使いを「公共の論議の俎上に上げる」運動の大衆化を目指さねばなるまい。（五月十日）

［インパクション119号・00年5月］

[2000/7]

「神の国」の「皇室外交」

象徴天皇制批判の原則を!

アキヒト天皇・ミチコ皇后が、スイス(国際赤十字委員会本部の訪問と在スイスの国際機関〈国連の難民対策など〉で働く日本人との交流)、オランダ、フィンランド(立ち寄りでフィンランドの〈国際貢献〉をたたえる「おことば」)、スウェーデン(王室間外交・老人介護施設などをまわり、いつものように〈福祉の皇室〉をアピール)を五月二十日から六月一日まで「皇室外交」。

五月二十七日に、この「皇室外交」をにらんで天皇制の戦争責任と戦後責任を問う討論集会が持たれた(主催・『「昭和の日」制定反対!『皇室外交』に異議あり!4・5月行動)。私は、そこでの討論で、この外交はメインがオランダで、そこではオランダ王室との交流の演出をテコにオランダの元抑留者などとの「癒された」関係のイメージづくりがねらわれていることを問題にした。「謝罪外交」反対の線の主張をしていた右派の『神社新報』までが、「日蘭融和」のために外交として評価してみせており、右派の反対言論も浮上せず、マス・メディアは「皇室外交」賛美一色であることも。

オランダで天皇は異例の長さの十分間スピーチの「おことば」、五月二十五日の『朝日新聞』の抜粋を引こう。

「両国が、先の大戦において戦火を交えることになったことは、誠に悲しむべきことでありました。この戦争によって、様々な形で多くの犠牲者が生じ、今なお戦争の傷を負い続けている人々のあることに、深い心の痛みを覚えます。二度とこのようなことが繰り返されないよう、皆で平和への努力を絶えず続けていかなければならないと思います。戦争による心の痛みを持ちつつ、両国の将来に心を寄せておられる貴国の人々のあることを、私どもはこれからも決して忘れることはありません」。

この日の『朝日新聞』は、反省であって謝罪ではないという方針の「おことば」の政府原案を「天皇や周辺が晩さん会直前まで推敲を重ねて」書き直したと報道している。天皇自身の気持ちのこもった「おことば」であるという操作的アッピールである。そこにはベアトリクス女王のスピーチの抜粋もある。

「第二次大戦は、両国民の間に深い溝を生みました。多くのオランダ人が命を失い、また多くの人がその体験を引きずり続けています。日本国民もこの痛ましい戦争の恐ろしい結果に苦しめられました。戦争の苦しみの記憶は消え去りません。繰り返し繰り返し戻ってきます。だからこそ、私たちが共有する歴史のつらい一章から目をそむけてはならないのです。それが、どんなに勇気が必要なことだとしても。その一方で、わたしたちの将来へのまなざしが過去に曇らされることがあってはなりません」。

未来志向の「美しい」言葉である。しかし、「戦争の犠牲者」の悲劇が抽象的に語られるだけの、天皇と女王の(言葉の)やりとりからは、オランダの植民地支配をしていた地域に日本軍が攻め込み抑留者問題なるものが発生したという基本的な事実すらもみえてこない。

『朝日新聞』は、こう論じている。

「抑留者が十三万人。親族など含めると国民の百人に一人が関係者だというオランダ社会で、対日歴史問題は戦後一貫して、のどに突き刺さったとげだった。/過去に終止符を打ちたいオランダ王室や政府の、天皇訪問にかける意気込みは小さくなかった。政府は再三にわたって、抑留団体と接触、根回しを進めた。/ベアトリクス女王も今月一月、日本政府を相手どり賠償請求訴訟を起こしている

「対日道義的債務基金（ＪＥＳ）」のバウマン会長を初めて王宮に招待し、話を聞いた。女王は『抗議行動は、オランダの尊厳を傷つけない形にしてほしい』と念をおしたという。／こうした働きかけが対日強硬派の態度を軟化させた。小渕談話は村山元首相の謝罪談話を確認する内容だが、同基金は『初めての正式謝罪で、精神的賠償はすんだ』（バウマン会長）と受け止めた。抗議行動もこれまでのところ、穏当なものに終始している」。

この後、二十三日の晩さん会、二十四日の昼食会に抑留者団体のトップが三人と七人招待されたが、出席者はそれぞれ二名だけだったとあり、あくまで賠償請求を続けるという招待拒否者の発言が紹介されている。

この「皇室外交」は、ずいぶん以前から日本政府が準備し、根回しをかさねて演出された事実が、そこから読み取れる。オランダ兵の捕虜とオランダ系住民への、日本軍の非人道的な処遇、女性を「従軍慰安婦」とするなどのおびただしい人権侵害。こうした皇軍の犯罪の個々の被害者にキチンと国家賠償もせずに「謝罪」ムードの「おことば」による「皇室外交」で戦争・戦後責任をなかったことにする。それはそうした欺瞞的セレモニー以外のなにものでもない。

すべてのマスコミは、こういう「皇室外交」を賛美しつづけた。

この時、他方でマスコミでは、小渕首相が倒れた後、密室の自民党主流派のボス交で首相の座についた森喜朗の、神道政治連盟国会議員懇談会の結成三〇周年記念祝賀会での発言（五月十五日）への批判の声が日々高まっていた。

「昭和の日の制定や先帝陛下六〇年の即位とか、政府側が若干及び腰になるようなことを前面に出して、日本の国はまさに天皇を中心にする神の国であるぞ、ということを国民にしっかりと承知していただくという思いで活動をしてきた」。

この「神の国」発言は、以前の教育勅語には「とてもいいところもあった」発言と重ねられ、森の大日本帝国憲法的体質（違法体質）のあらわれとして、マスコミによる非難の包囲をうけた。とりあえずは、右派メディアも正面から森発言を支持・バックアップすることはストレートにはしにくかった。森はさらに非難を呼ぶ「国体」・「英霊」発言を重ね、選挙直前でもあり、かなりの与党の人間をもゲンナリさせる気分に追いこんだ。

マスコミ（特に『朝日新聞』など）は、「国民主権＝象徴天皇制」下の戦後の今、国家神道を復活させるかの森首相の主張は許さないというトーンのキャンペーンをくりひろげた。

私は、かなりシラケた気分で、このキャンペーンを見ていた。こういう戦後民主主義憲法解釈学の論理と理念（天皇を非政治・非宗教の形式的存在以上のものにしてはならない）を前提にするのなら、なんで「皇室外交」などという憲法違反で存在してはいけないはずのものを賛美し続けるのか。「皇室外交」が、すぐれて政治的なものであることは、すでに見た。戦後憲法は天皇の許されている「国事行為」に「外交」など入れていない。そもそも天皇らに外交権能などないのだ。

マスコミはまったく政治的御都合主義であり、明白なダブル・スタンダードである。

戦後憲法は「皇室外交」も「国家神道」も、一応、理念的に許してはいない。一方を批判するなら他方も批判されなければならないことはあたりまえではないか。しかし、アキヒト天皇「即位」あたりから「皇室外交」を違憲とする主張は（右翼サイドの人々が謝罪外交反対論の文脈で時々発したものをのぞけば）まったくマスコミの論調から消滅してしまった。そして、アキヒト天皇の十年を越える活動の成果は「皇室外交」であったというキャンペーンのみが語られ続けてきたのである。

ダブル・スタンダードのハレンチさを、マスコミは、まったく気にかけていないかに見えるのだ。

シラけた気分にさせた、もう一つの理由は、戦後国家はまったく「神の国」ではない、とキチンと主張できるしろものではない、という問題があるからだ。だいたい「天皇一族」は皇室神道の世界では「現人神」の一族であり続けている。こういう人間を「国家の象徴」・「国民統合の象徴」の位置においたら、いくら「政教分離」の原則を他方でかかげても、国家と神道(という特定の宗教)は密着するのはあたりまえで、どうしても神道国家的な性格をもってしまう。神道儀礼は日常的には裏にかくされており、全面的に露呈されることは、あまりない。しかしヒロヒト天皇「Xデーの政治過程」は、そうした皇室の宗教儀礼を国家そのもののセレモニーとしてグロテスクに露呈させたではないか。

靖国神社を国と特別の関係を持つ「慰霊施設」として位置づける動きが戦後一貫しているのも、皇室神道(天皇一族を中心とする)の「現人神」が国家のシンボルという位置にいるかぎり、どうしても出てこざるを得ない動きなのである。

四月二十九日を「昭和の日」にするという法案は、ギリギリのところまでいって、森発言によって(ゴリ押しは不利というムードが支配し)、とりあえずは成立しなかった。これはよかった。しかし、私たちは、根本的な問題には、まったくふれないマスコミの言論そのものの問題を、常に批判的に見ていかなければなるまい。

長谷川美千子は、こう論じている。

「いったいこの発言のどこがどう『失言』なのか——朝日新聞の社説(五月一八日付)はこう非難します。『「日本を天皇を中心とする神の国」とみなす発言は、どう弁明しても、憲法の国民主権の原理と相入れない……象徴天皇制や政教分離の原則にも反する。』また、同様に、民主党の鳩山代表も『憲法の国民主権を真っ向から否定する考えだ』と言って反撥の姿勢を明らかにしています。/このような反対の声を上げること自体は、大いに結構なことです。しかし、反対する人は自らもまた、その考え方を問われることになるのを忘れてはなりません。たとえば、このような言い方で鳩山代表が森首相を非難するとき、それが鳩山氏自身にあらためて問われることになるのです。/もしも鳩山氏が、そもそも天皇と国民とは互いに国政の権力をめぐってあい争うような存在であって、その争いの中で国民が勝ちをしめるのが『国民主権』だと考えているとすれば、たしかにそのような『国民主権』と『天皇を中心とする神の国』という考え方とは、真っ向から対立することになるでしょう。しかし、そのような『国民主権』は、同時に日本国憲法一条とも真向から対立せざるをえません。天皇とつねに争っている国民が、他ならぬその天皇を自分たちの統合の象徴とするなどというのは、ただ端的な矛盾と言うべきでしょう」(「正論」「『神の国』発言に耳を傾けよう」『産経新聞』五月二十四日)。

この後に長谷川の「天皇を中心とする」と、「神」という言葉の解釈が続くのであるが、ここでは、そこまでつきあう必要はなかろう。

天皇制に批判的な「国民主権」という概念は「日本国憲法一条」と「真向から対立せざる」をえないかどうかはともかく、二つの間に「端的な矛盾」が存在していることだけは確かである。

そこに根本的な問題が、やはりあるのだ。

大日本帝国憲法理念の方向へ、日本国憲法(一章)を引きよせて解釈しようという長谷川の主張に、私はまったく不同意であるが、マスコミのダブル・スタンダードを原則にしたようなインチキ「護憲解釈」と比較して、その主張に根拠がないとは、私は考えない。

憲法一章(天皇条項)の存在は、主権在民の理念を制約してしまっているのだ。天皇条項を拒否する〈民主主義〉のスタンスから、森首相の発言を、そして、マスコミの問題をはずした森発言批判を批判し、さらに「皇室外交」を批判することこそが、私たちには必要である。

六月十六日、皇太后ナガコが死去した。七月二十五日に本葬にあたる「剣葬《れんそう》の儀」なるものを行うことを「皇太后大喪儀委員会」（鎌倉節宮内庁長官がその委員長）が決めた。

その「剣葬《れんそう》の儀」まで、いちじるしい儀式が行なわれ、それは死後一年間も続くのだ。これは「現人神」一族の葬式であるから神道の儀式である。宮内庁は「国の儀式」でなく「皇室行事」として、それを行うとしているが、この儀式全体に税金が使われるのであり、取りしきる宮内庁自体が国家の機関である。

政府による弔旗掲揚の強制も「自粛」の強制も（十六日、十七日）もすでにあった。ヒロヒト天皇の時と比較すればはるかに小規模なものであったとはいえ（ギャンブルは全部中止）「自粛」への横ならび現象も、人々の記帳の列も現出した。

ナガコの死はサミットで来る各国首脳らとの宮中晩餐会を中止においこんだ。サミットという国際的政治祭りを目前にしたマスコミは、大騒ぎは、ひかえているようである。

私もメンバーである反天皇制運動連絡会（Ⅳ）などの呼びかけで「『海の日』『皇太后大喪』『全国戦没者追悼式』に反対する実行委員会」が、つくられた。晩餐会を予定していた七月二十日には、日米間の会議が入った。この実行委では、反サミット行動をも取り組む。

さて、「神の国」の一連の政治セレモニーと、さらに私たちは闘い続けなければなるまい。（七月十二日）

［インパクション120号・00年7月］

[2000/9]

「平和の礎」のクリントン演説

天皇の死者の「追悼」と大統領の「追悼」

七月二十日、クリントン大統領の都合で、日米首脳会談を東京でというスケジュールも流れたが、私たちは「『沖縄サミット』『海の日』・『皇太后大喪』を許さない！」集会とデモ（「『海の日』『皇太后大喪』『全国戦没者追悼式』に反対する実行委員会」と沖縄現地での反基地行動に多くのメンバーを送り出している「戦争協力を拒否し、米軍基地の沖縄内移設に反対する実行委員会」の共催〈私は二つとも参加〉）。

デモは、右翼の車が大通りの反対側から、逆行して突っ込んでくる（なんと右翼がまちかまえていることを事前に知っていた警察は、ほぼ野放し）という緊張する局面もあったが、おちついて対処し、最後まで行動を貫徹。この間、右翼の暴力的な動きはハデになっている。「神の国」首相、「三国人」発言という排外都知事の時代である。ハシャいでいるようだ。

八月十五日の集会会場は、この日と同じ（文京区民センター）。デモ申請時に、警察署にこの件についてキチンと抗議に出かけ、右翼とのなれあいを直接に批判。「『神の国』はゴメンだ！　天皇制の戦争・戦後責任を追及し『全国戦没者追悼式』に反対する」集会とデモには右翼の介入はなかった（主催「『海の日』『皇太后大喪』『全国戦没者追悼式』に反対する実行委」）。

八月十五日にしては、めずらしい雨。雨中のデモでグチョグチョになりながら、今日の天皇の「全国戦没者追悼式」での例年通りの追悼の言葉と、平和の礎でのクリントンのスピーチとの関係について、しきりと考えた（私は集会の主催者発言で、この件について少しふれていた）。七月二十一日、クリントン米大統領は沖縄に着くとすぐ、糸満市摩文仁の平和祈念公園にある「平和の礎」に向かい、そこで沖縄の人々に向かって演説。この大田革新県政の平和運動として九五年につくられた、国籍も軍人であるか民間人であるかを問わず沖縄戦での死者（沖縄の人については一九三一年以降の死者）の名前を刻んだ碑の前での大演説である。沖縄サミットでもっとも注目されたセレモニーだ。

「米国の大統領として四十年ぶりに沖縄を訪れることを誇りに思います。サミットでは将来について多くのことが話されます。無言で力強く過去を語っているこの場所にくることが最も重要だと思いました。半世紀前、この島で命を落とした多くの人々のことを記憶にとどめ、二度と同じような犠牲を繰り返さないという願いに敬意をはらいたかったのです。／沖縄戦は八十日間以上続き、十万人以上の日本兵や一万人以上の米兵が亡くなりましたが、最も大きな被害を被ったのは人口の三分の一以上が犠牲となった沖縄県民でした。生き残った人々の九割は家を失いました。／平和の礎は沖縄戦の記憶をとどめるために建設され、戦った者同志を含め、すべての人々の悲しみにこたえ、強い人類愛を示しています。この点はただの戦争の追悼碑ではなく、人類が二度と同じ過ちを繰り返さないという共通の責任があることを想い出させてくれるものです」。

こんな具合に、クリントンは「平和の礎」賛美をまずブチあげたのである。アメリカ人の死者の名も刻まれている、沖日米共同の戦死者の追悼という政治演出には、ベストの場所があるというアメリカ側の判断が読める。クリントンは、さらにこう続ける。

「過去五十年間で日本は記念碑の精神にのっとり、責任を果たすべく手を取りあって努力してきました。我々二国間の同盟関係により、アジアの地域に平和が守られ維持され、もうこのような記念碑が建設されることはないという安心感をもたらしています。同盟はそのためにあり、維持しなければならないのです。／沖縄は同盟の維持のために死活的役割を果してきました。日本の国土面積の一％に満たないのに、在日米軍の五割以上が集中する沖縄に住む人々が、それを自ら望んだわけではないことは承知しています」。

沖縄の軍事基地は、日米軍事同盟の「死活的役割」を担ってきた、それは「平和」のために重要な存在であると、クリントンは語っているのである。ここでクリントンのいう「平和」は基地・軍隊・軍事同盟の強化と同義である。すなわち「平和」とは戦争準備、あるいは戦争そのもののことなのである。だから、その戦争の死者たちの記憶、「二度と同じ過ちを繰り返さないという共通の責任」を想起するためという「平和の礎」は、戦争を繰り返す準備のための、あるいは戦争のための「礎」とされているのだ。戦争（準備）のためのベールとしての「平和」。

さらに、クリントンは「よき隣人」である責任を真剣に受け取めると語り、「国と国を結ぶ橋という『万国津梁』として」世界の窓口となる沖縄について語り、琉球大学は米国がつくったことにもふれ、「礎に込められた希望と和解のメッセージ」と日米両国の「友情」「友好」が与える「希望」について強調する。そして、結びは以下の通りである。

「一八七九年、最後の琉球王・尚泰が首里城を去るとき、王としてとった最後の行動は未来への希望を語る詩を読むことでした。その詩は世代を超えて、私たちに語りかけてきます。

『戦いの時代は終わりを迎えている。平和の時代は遠くはない。絶望することはない。命こそ宝だ』

尚王の歌が、私たちの友情と共同作業を導いてくれますように。それが、私たちがこの礎に刻まれた人々にできる最良の贈り物なのです」（引用は『朝日新聞』七月二十日〈夕刊〉）。

沖縄の米軍基地の合理化・強化を推進することが、このようなかたちで宣言されているのである。戦争・軍隊・基地を拒否する意思を示す言葉として、沖縄の反基地運動の中で発せられ続けてきた「命こそ宝」も、クリントンによって、基地・軍隊強化を正当化するためのスローガンとして逆用されてしまっているのだ。

このクリントン演説への稲嶺恵一沖縄県知事の「あいさつ」は、こうだ。

「ウィリアム・ジェファーソン・クリントン・アメリカ大統領閣下、厳しい日程の中、ここ『平和の礎』を訪れていただき、心から感謝申し上げます。／閣下のご来県に際し、この場所を訪れていただくことが、多くの沖縄県民の願いでありました。その願いがかない、私はいま、感無量の思いであります。紺ぺきに輝く海と緑豊かな大地が広がるこの一帯が、五十五年前、日米両軍の最後の激戦地でした。この間の戦闘で沖縄は焦土と化し、一般住民を含む二十万人余のかけがえない生命と多くの貴重な財産を失いました。／この『平和の礎』には、沖縄戦で亡くなったすべての人々のお名前が刻まれています。一人ひとりが国籍や軍人、民間人の区別なく追悼されているのです。／私たちは、すべての御霊（みたま）を慰めるとともに、平和の尊さを再確認し、世界の恒久平和を祈念してこれを建立いたしました。／私たちは、このアジア太平洋地域においても、平和と安定に向けての動きが一層進展することを願うとともに、沖縄の米軍基地が整理・縮小されることを心から望んでいます。私たちは、閣下が、そうした方向に向けて第一歩を踏み出されたことを承知しております。……」（引用同前）。

基地の「整理・縮小」の「一歩」とは、新しい基地づくりによる基地の「整理」・合理化による飛躍的な強化である事実は、この間様々に明らかになっている。

米国の意向にそうのみの日本政府の方針に従って、この基地新設・強化政策に踏み込んだ稲嶺県政も、この政策に「平和の礎」のベールをかけて正当化しているのである。沖縄の友人たちには、「平和の礎」をこのように政治利用するクリントン・県政への怒りをぶつけつつ「こういう沖縄の人間の神経を逆なでするような行為は、新しい反発をつくりだしていくだけだ」と語る人が多かった。

事実、家にしのびこんでの少女レイプ未遂、交通事故をおこし逃亡という米兵の事件がサミット直前にあいつぎ、沖縄ではこれへの抗議行動は大きく突出し、七月二十日の「嘉手納基地包囲行動」には二万七千百人の人々が参加した。この力強い結集には、予定されている「平和の礎」セレモニーに対する怒りと抗議の意思がこめられていたことは明らかであろう。

七月二十日の『朝日新聞』には、以下のような記事があった。

「『主役』のはずの一人が欠けていた。二十一日朝、沖縄県糸満市の『平和の礎』。／クリントン大統領の演説の会場に、前沖縄知事の大田昌秀さん（75）は招かれなかった。那覇市内の事務所で演説を祈るような気持で聴き入った。基地問題で思いきった解決策が示されないか、と。

『広大な基地を縮小せずに、「よき隣人でありたい」というのは、他人の足を踏んだまま握手を求めるようなものではないか』

大統領の沖縄訪問も、サミット誘致もまず大田さんが求めた。

「しかし、サミット開催が決まり、クリントン大統領が昨年、普天間移設の『サミット前の解決』を求めたことで、日本政府の沖縄県や名護市に対する受け入れの圧力が高まる結果となった。／『平和の礎』も、大田さんが知事時代に建立した。戦争を繰り返さないことを死者に誓う場所にしたかった。その『礎』で大統領は日米同盟の重要性を強調し、基地縮小の具体策には触れなかった。／二十日、二万七千人が手をつないで嘉手納基地を取り囲んだ『人間の鎖』には、大田さんの姿もあった。『サミットは一過性だが、基地は二十一世紀を左右する重要な問題だ』。もし、基地を肯定した大統領の演説が、基地の固定化につながったら、何のためにサミットを誘致したのか……」。

まさか、沖縄に決まるなどとは考えずに「誘致」に名のりをあげたのだろうが、基地を押しつけつづける政策のために、政治的にサミット沖縄開催は決められた。経済力・政治力・軍事力で世界を支配する大国が、アメリカを中心に結集するサミット。ここで、基地が縮小・撤去される方向が検討される、などということが、あるわけがないのだ。それは、基地押しつけのための政治舞台であったが、世界の大国の支配者にとっては、それはあたりまえのことであったはずだ。

「平和の礎」についても、平和を死者に誓う場所を、あのように政治的に使われるのは許せないという気持は、理解できるが、それだけでよいのだろうか。

すでに天皇アキヒトも「平和の礎」で演説するという政治セレモニーを行っている。様々にことなる戦争（戦場）を生きながら、死んでいった人々、被害者も加害者もすべて一括して（その具体性を消して）刻み、追悼する場所。こういうものを行政がつくりだす必要が本当にあったのだろうか。アメリカの大統領も天皇も自国の民衆を戦場に狩りたてた存在（制度）である。その彼等が、国家の治者として戦死者を、まとめて追悼してみせる。

天皇儀礼である毎年八月十五日にくりかえされている「全国戦没者追悼式」は、日本国民むけの、そういう政治セレモニーである。多くの死者を、一括して「平和」のための「礎」であると、生者の側が勝手に位置づけ意味づけることのなかに、すでに操作があるのではないか。一人一人の人間の、自分の関係のあった具体的な個々の死者を追悼しようという切実な思い。これを批判しようというわけでは、もちろんない。

すべての死者をまとめて追悼する、死者はすべて私たちの平和のための死者と意味づけるべきである、こういう心情と論理を強いる儀礼空間。侵略戦争の戦場で、殺し合いの中で死んでいった兵士たちの無惨な現実。自国の軍隊に殺された住民たちの存在といった恐ろしい事実。こういった具体的な事態を見つづけるのではなく、抽象化された「死」を「平和」にまとめてくりあげ、国（行政）の立場から追悼してみせるセレモニーの成立する場（空間）。

「平和の礎」は、国家（天皇や大統領）が、新たな戦争のために、かつての戦死者を追悼してみせるセレモニー空間として政治的に活用されている。それは、そのように政治的に利用する方の問題といってればすむ問題ではないのではないか。「平和の礎」自体が、つくった人たちの主観的思いを超えて、そういう使われかたにふさわしい装置という条件がととのっている〈場〉であることの問題こそが問われなければならないのだ。

今年八月十五日も、多数の閣僚・国会議員の靖国神社の参拝があり、石原慎太郎都知事は知事として公式に参拝してみせた。（九月十四日）

［インパクション121号・00年9月］

［2000/11］

「日の丸」と明文改憲

運動の方向をめぐって

十月二十八日は、私たち「反天連」のメンバーも事務局を担っている『日の丸・君が代』強制反対の意思表示の会」の集会。この集まりは、私の希望もあって、I部にドキュメンタリー映画「ゆんたんざ沖縄」（一九八七年・シグロ作品・西山正啓監督）の上映と知花昌一の講演というプログラム（Ⅱ部は、自分の準備してきた文章を読み、短くコメントする「リード・イン　スピーク・アウト」）。この日の主催者発言でもふれたが、「日の丸・君が代」の国旗・国歌化をテコにさらに強制が拡大してくるこのプロセスで、私は「日の丸」を掲げた右翼暴力団に二人の演出家が殺された（撮影スタートの時点〈佐藤満夫〉と、バトンタッチして映画を完成させた直後〈山岡強一〉）ドキュメンタリー「山谷―やられたらやりかえせ」と「ゆんたんざ沖縄」を見なおしてみたいと、しきりに考えた。

天皇の世を永遠に、などという「君が代」反対は当然だが、「日の丸」はいろいろなスポーツ大会などを通して定着してしまっているから……、という声が、強制反対の運動の中ですら少なくない状況に、私はいらだち、「日の丸」の暴力性をこそ、あらためて確認し直したかったからである。

「山谷」は、すでに上映した。今度は「ゆんたんざ沖縄」の番だ。この映画は、一九八七年の海邦国体のソフトボール会場になった読谷で、「日の丸」掲揚強制に抗議し、引き下ろして焼きすてた知花昌一の裁判支援のために私たちが動きだした時、私も見ている。そもそもこの映画を製作したシグロの人々が救援活動のスタートの時点で、かなり運動を支えてくれたのであり、この日、知花自身も語っていたが、この映画が、彼がそういう抗議行動にいたる背景を、なによりも雄弁に語っているドキュメンタリーであったので、救援の動きとともに上映活動も展開されたのである。

映画を見なおして、東京の私たちの救援会の名称が『チビチリガマ世代を結ぶ平和の像』破壊に抗議し考える会」であったことをあらためて思い出した。

右翼の、知花の経営するスーパーマーケットへの襲撃、そして、チビチリガマの入口に、「集団自決」を強制された人々の遺族の人々がともにつくった「チビチリガマ世代を結ぶ平和の像」の破壊の直後に、私たちは、この会をつくったのである。

忘れようとして忘れられない悲惨の記憶にやっと立ち向かい、個々の遺族の人々にとっては墓という気持ちでつくられた「平和の像」。フィルムには、涙を流しながら像づくりに参加する遺族の人たちが映し出されていた。

彼らは像を破壊し、大きな鋭いモリをそこにつきたてたのである。そして、そのモリには「日の丸」の旗がまきつけられていたのだ。ビラに残された文章は「日の丸燃ヤス村ニ、平和ハ早イ。天誅下ス」であった。

あんな思いでつくった像が、破壊されたんだなあ、ということをあらためて思い出した。

チビチリガマの調査を知花昌一や遺族の人々とともに実現した下嶋哲朗（彼とも、救援活動のスタートの時に私は、はじめて出会った）は、このように書いている。

「『なんてひどいことを……』／遺族たちは絶句した。『チビチリガマ、世代を結ぶ平和の像』が、何者かによって木端みじんに打ち砕かれた。／除幕式（一九八七年四月二日）からわずか七カ月後のことだった。がれきの山と化した像の無惨な姿を見て、遺族の一人比嘉平信さんは、／『死者は、二度殺された』／とうめいた」（『生き残る―沖縄・チビチリガマの戦争』晶文社・一九九一年）。

追いつめられた肉親らによって「自殺」を強いられて死んだ人々を、もう一度殺した旗こそが、「日の丸」であったのだ。

十一月九日は、「反天連」も参加している「沖縄の反基地闘争に連帯し、『有事立法』に反対する実行委員会」（新しい反安保実行委Ｖ）の本格的スタートの集まり。「ＳＴＯＰ！　改憲・市民ネットワーク」の高田健が問題提起。明文改憲の動きと、どのように闘う反戦運動が目指されるべきかを討論。司会役でもあった私は、反天皇制運動の主体として、もっぱら発言。九条（平和主義）の明文改憲をねらう政府の改憲に反対するという共通の土俵の上で、象徴天皇制（憲法第一章）を自由に批判し続ける運動であれば、よいのではと主張。政府の「改憲」にわれわれの「改憲」を、などというスタイルは運動を混乱させるだけであるから取るべきでないと思うが、私たちが象徴天皇制（憲法第一章）の批判をダウンさせるようなことがあってはならないことも、また明らかであると思ったからである。この場では、まったく対立的な討論にはならなかったが、「許すな！憲法改悪・市民連絡会」発行の「憲法調査会のねらうもの」という「ＱアンドＡ」のパンフの「天皇制をめぐって」のところには、こうある。

「ただ、各種世論調査を見ましても、今、天皇制廃止論者の割合は非常に少ないことはまちがいありません。日本は共和国になるべきだと考えている人も、残念ながら、自分の目の黒いうちにそれが実現することはないと思っているのではないでしょうか」。「天皇制の廃止という議論が通る客観的な条件は絶望的に少ないのが現実です」。「今はともかく、これ以上、天皇制を強化させないように全力を注ぐことです」。

かなり、ガックリくる主張である。強化させないためにも象徴天皇制拒否の主張と運動が常に持続させられなければならないのではないのか。いったい「護憲」というスタイルで、結果的にであれ象徴天皇制を肯定してしまうかのような戦後革新の運動が、天皇制をめぐる今日のような状況をつくりだしてしまったことに対する歴史的反省はないのであろうか。

植民地支配・侵略戦争の最高責任者（制度）を延命させたままの腐った「平和主義」と私たちの非武装国家を目指す平和主義（九条をそう読む）とが同じであっていいのか。

「日の丸」を掲げた戦争国家への道が、あらためてつくりだされつつある今、天皇・「日の丸・君が代」と戦争を拒否する平和という内実を持った、政府による明文改憲に反対する運動をこそ、私たちは力強くつくりだしていかなければなるまい。支配者のつくりだした最大のタブーに挑むことを避け、奴らの明文改憲の阻止などできるはずがないではないか。

［『反天皇制運動PUNCH!』1号・00年11月14日］

[2000/12]

明文改憲と天皇制批判

運動の方向をめぐって②

十一月二十五日・二十六日の佐世保市での「戦争協力への道を阻止するための合宿討論会」に参加。私は派兵チェックのメンバーとして、もっぱらこの間の反戦・反安保の運動をめぐる討論と報告を目的に参加したのである。しかし、二十五日の「有事立法と改憲」をテーマにした分科会では、反天皇制運動と政府の改憲に反対するという運動との、ある意味で矛盾しているといいうる関係を、どのように考えるかという問題について、集中的に発言することになってしまった。

そこでは、「護憲」という立場から、あまり象徴天皇制批判はしない方が戦術的にはよい、というような主張を展開する人はいなかった。反対に憲法九条（平和主義）の積極的な意味を認め、これを改悪しようという政府の改憲に反対するという前提は共有しつつも、一章（天皇条項）はなくすべきだというのも改憲の主張であるわけだから、護憲という立場でないのはもちろん、改憲反対という論理も、どうもスッキリしないという意見が少なくなかった（そこには私同様、長く反天皇制運動を持続している参加者がいたので、それは当然といえば当然の話であったが）。

私は、徹底的に象徴天皇制批判にこだわり、そうであるにもかかわらず、ではなくして、そうであるからこそ政府の明文改憲に反対するという思想と行動がつくられるべきではないか、と主張した。この表面的な矛盾は、そういう方向へこそ突破すべきであると、私はこの間、強く思いだしている。もちろん政府の明文改憲の構想には象徴天皇制の強化（「皇室外交」など、すでに展開している違憲の行為のハッキリとした合憲化というレベルのものであり、戦前型の天皇制の「復活」ではないが）は含まれるであろう。その強化に反対なのはあたりまえだが、本来の象徴天皇（純粋の儀礼的存在）にとどめるべきだという「護憲」的立場に私たちは立たずにきた。そういう主張の人々との運動的協力は様々につくりだしてきたが、「護憲」という立場を超えて、象徴天皇制の存在それ自身と具体的に対決する運動をこそ、私たちは歴史的に蓄積してきたのである。この立場を戦術的に崩して、とにかく政府の改憲への反対運動の足なみを乱さないようにすべきだという、一部に存在する主張に、私は反対である。

しかし、天皇条項の存在への批判はあたりまえであるが、私たちの反天皇制運動は「改憲派」であると、ことさら主張してみせることにも積極的な意味を見いだせないのだ。

「護憲的」立場への後退などという政治配慮にふりまわされることも、政府の戦争国家化に向けた明文改憲が具体的なスケジュールになりつつある政治状況を無視して、ひたすら反天皇制「改憲」を主張することにも私は、賛成できない。

反象徴天皇制という思想と行動のパワーが、そのまま政府の改憲に反対する思想と行動であるという通路こそが、自覚的につくりだされなければならない。この合宿（分科会）で、こういう立場から、私は、あれこれ発言した。

佐世保から帰って、すぐ私は、改憲派のイデオローグの一人、西修の『「護憲ごっこ」はもう沢山だ』（『諸君！』二〇〇一年一月号）を読んだ。

西は、日本国憲法の成立のプロセスで、共産党が日本人民共和国憲法草案を提示し「天皇制の廃止」を主張した事実をまず示し、かつて解釈改憲を批判する非武装中立論者であった土井たか子については以下のように論じている。

「前任者の村山富市委員長が『自衛隊は合憲であり、日米安保条約を堅持する』と発言し、社会党大会でこの発言を承認したのは、一九九四年（平成六年）九月のことである。これこそまさに解釈改憲そのものである。党名こそ変更したが、村山委員長の後継者として、党首の座についた土井たか子氏は、自らの党の解釈改憲について、なんの釈明もしていない。元憲法学者として、そして公党の党首として、自らの非武装平和主義と自衛隊合憲、日米安保堅持との関係を国民にわかりやすく説明する義務がある」。

まあ、根拠のある批判だ。土井が党首の社民党は自衛隊は「かぎりなく違憲に近い」という方針にまた変わりつつあるようだと十二月五日の『朝日新聞』は報道している。こんどはまともな説明はあるのだろうか。

西は、さらに、このように続けている。

「前述の朝日のアンケート調査において、ただ一人『改憲』と回答した社民党議員がいた。その理由は『天皇条項を削除する』というものであった。まことに明快である。考えるまでもなく、どんな形をとるにせよ、天皇制と社会主義とは両立しない。社会主義に忠実であれば、天皇条項の削除は、当然に導かれる帰結である。／宮本顕治氏は、『天皇制批判について』と題する論稿でこう断言している。／『天皇制打倒の任務は、わが党の戦略的任務であり、決して単なる戦術的問題ではない。戦略的任務を率直かつ公然と掲げないならば、当面する変革の根本的任務を、大衆に普及することはできない。また戦略的任務を隠蔽するといふことは、党の基本的任務の放棄であり、大衆に対する欺瞞であり、同時に解党主義的な日和見主義である』（「民主革命の諸問題」一九四八年）／共産党、社民党の全国会議員中、『大衆に対する欺瞞』を避け、堂々と非日和見主義宣言した議員がわずか一人というのは、まことに情けない現象ではないのだろうか」。

「護憲」政党への、それなりに根拠のある批判（カラカイ）を書いている西は、この後にプライバシー権、環境問題などに対応できる新しい憲法の必要を力説してみせる。西は、天皇制大肯定論者であり、九条改憲でスッキリと派兵国家化という立場の憲法学者である。九条（非武装国家理念）の改悪という大目標へ向けて、「護憲」は欺瞞的で、新しい時代に対応する「改憲」があたりまえというムードを、彼はふりまいてみせているのだ。政府のイデオローグの、中心のねらいは、武装国家の合憲化のための改憲である。本当のねらいを、ソッと改憲のプログラムの一つにまぎれこませるというのが西の政治的めくらましの論法である。

戦後革新政党の「護憲」が欺瞞だろうが、戦後憲法に欠陥や不足の部分があろうが、九条改悪を含む改憲構想を私たちは決して認めるわけにはいかない。憲法一章（天皇条項）は、侵略戦争（植民地支配）への無責任を宣言しているものである。反対に九条には、人々の天皇の軍隊の蛮行への歴史的反省の思いが、戦後の時間の中でつめこまれてきた。そしてそれは戦争国家・軍事社会化のブレーキとして存在し続けてきたのだ。天皇制を批判し続けることは、私たちが九条の理念を生きるということである。そういう意味で改憲反対と天皇制批判は決して矛盾しない。

［『反天皇制運動PUNCH!』2号・00年12月12日］

[2000/12]

流動化する朝鮮半島の状況と天皇訪韓

全斗煥・ヒロヒト天皇会談（東京）から
金大中・アキヒト天皇会談（韓国）へ

二〇〇〇年六月一三〜一五日の朝鮮民主主義人民共和国（北朝鮮）の首都ピョンヤンでの韓国大統領金大中と北朝鮮の総書記金正日との歴史的な首脳会談は、北朝鮮を、米国中心のいわゆる国際社会へくり入れる大きな政治儀式であった。それは、もちろん「統一」を求める民衆の思いをベースにした、韓国金政権の「太陽政策」（対話と共存の政策）の結果ともいえる。また、軍事力による脅迫と包囲という政策から転じたアメリカの対北朝鮮外交の大転換がもたらしたともいえるし、国内経済の崩壊的状況で、ギリギリのところでの変更をせまられていた北朝鮮支配者たちの方針転換の産物ともいえよう。軍事侵略をする国家であることを、相互に前提にしつつ、軍事的にらみあいを持続しているより、とにかく対話が回復した関係がつくりだされる方がよいことは明白である。その意味で、南北首脳が統一への具体的な努力を共同で宣言したこの外交は、私たちにも歓迎されるべきものであることは、まちがいない。

しかし、忘れてはならないのは、ここから始まった政治的流動は、いよいよ具体的なスケジュールが検討される段階になりつつある天皇の訪韓という政治儀式（「天皇外交」）を、さらに大きな政治的性格（高度な欺瞞性といってよい）を付与するものにしていくであろうという点である。

サッカーのワールドカップ日韓共催の二〇〇二年をにらんで、できたらそれ以前にと語られてきた天皇訪韓。九月の金大中と森喜朗との会談で、金は、あらためて天皇の訪韓を要請した。ノーベル平和賞をも取ることになったかつての民主化運動のリーダー金（なんと政治的な賞であろう）、彼が大統領の時代に、天皇を訪韓させたいという意思が日本の側の支配者にも強くあることは、まちがいない。

天皇訪韓という問題を、ここで少し歴史的にふりかえってみよう。

一九八四年の九月六日から八日まで韓国から全斗煥が来日し、天皇（ヒロヒト）は、その歓迎晩餐会で「不幸な過去が存したことは誠に遺憾であり、再び繰り返されてはならない」という「お言葉」なるものを読みあげた。この時、植民地支配による「不幸な過去」の問題は過去の問題にして「日韓新時代」へというキャンペーンが、政府・マスコミによってしきりとくりひろげられた。この中曽根首相時代から、日韓「新時代」へ向けての「皇室外交」をも使った外交は、本格化したといえよう。

この時、桑原重夫は、このように論じた。

「私たち日本人にとって、戦前三十六年の朝鮮植民地支配の事実は、『国家』というものを考える時の原点である。これは、日韓問題に限らない。およそ明治天皇制成立以来の、この『三十六年』は、避けて通ることの出来ない、決定的な意味を持っている。それは日本人の生活に深く刻まれた傷であり、程度の差こそあれ、多くの日本人が常にこの問題を意識してきたということは、なにほどか、なお日本人の良心を呼びさましてきたといえる。私自身の場合も、日本の歴史を考えるとき、これは消すことの出来ない重みを持った、厳粛な事実なのだ。／それが、一片の紙に書かれた、誰の責任かもはっきりしない『お言葉』がのべられ、全斗煥がそれを『厳粛な気持で傾聴』して『衷心より感謝する』と応答することによって、簡単に『清算』されてしまったのである」（「全斗煥来日後の日本・韓国」『インパクション』32〈八四年十一月〉号）。

桑原は、この「歴史の忘却」のための政治セレモニーに抗し、「天皇・全斗煥会見による過去の清算」、ここから始まる日韓新時代という歴史意識づくりと対決していく運動の必要なことを呼びかけているのだ。

私自身にとっても、この「天皇・全会談」に抗議する運動は、後に日常化する、広く「皇室外交」に抗議する反天皇制運動の最初の取りくみであったので、よく覚えているが、この時代には、まだ、マス・メディアの中にも、「お言葉」という政治的な発言をなす天皇の「外交」を、象徴天皇の違憲行為である――それは儀礼的存在に限定されるべきものであるのだから――という「護憲的」立場からの批判の声は存在していた。そして光州の民衆大虐殺の責任者全斗煥への批判的コメントもあったのだ。

しかし、アキヒト天皇への代替りにともない、多様にくりひろげられることになった「皇室外交」に対して、時間とともに「違憲」というあたりまえの批判すら、マス・メディアからは、ほぼ消えていった。賛美記事一色となり、例外的に浮上するのは、右派の「謝罪外交」反対（特にアキヒト天皇〈夫妻〉の中国訪問の時）の声であるにすぎなくなったのである。

そして、今、戦争責任から「クリーン」を売りものに代替りした天皇（アキヒト）の「外交」相手は、「民主化」のリーダー、ノーベル平和賞受賞の金大中大統領である（軍事政権色があまり見えなくなった）。

すでに日本での会談は終わっている、「新時代」と「清算」の仕上げの儀式として、天皇訪韓は日本の支配者によって準備されているのである。もちろん、「皇室外交」が植民地支配と侵略戦争の歴史的責任の忘却のための政治的セレモニーであるという性格には、何の変化もない。それは、日本の歴史認識の「忘却」あるいは捏造（そんなことはなかったという）のための儀式である。「新時代」へ向かった桑原のいう〈良心〉の「清算」・「忘却」の本格的スタートが、ヒロヒト天皇と全斗煥との会見であり、天皇ヒロヒトの「お言葉」による政治（「外交」）であったとすれば、そのゴールが訪韓したアキヒト天皇と金大中の会談（韓国でのアキヒト天皇の「謝罪」の「お言葉」）ということになるのだろう。

ヒロヒト天皇・全会見に反対し、天皇の「お言葉」の政治を批判し、反対に植民地支配と侵略戦争の責任を取れという「皇室外交」に抗議する運動を持続してきた私たちはこの一大政治セレモニー（ゴール）を許さない運動を、より大衆化し抜かねばならないことは、いうまでもあるまい。そして、現在、朝鮮半島をめぐる国際情勢の流動化は、天皇訪韓の儀式を、韓国一国の枠を超えた政治的性格を持つものへと押し上げようとしているのだ。シドニー・オリンピックの入場パレードは、南北の一体化した選手団によってハデに担われた。こうした政治演出は、ワールドカップ時には、さらに強化されるであろう（今、韓国には南北統一主催の競技をつくる動きもあるようだ）。それは、なんらかのかたちで、北朝鮮をもくみこんだスタイルになる可能性は高い。そして、そこでアキヒト天皇が「南北統一と平和を希望します」などという欺瞞的な言葉をはく政治舞台がつくり出されるかもしれない。あの植民地支配と侵略戦争（分断支配をうみだしたことも含めて）の最高責任者の席（天皇制）に座る男が、そのように政治的にふるまうようなことが、許されていいのか。

〈良心〉の「清算」の儀式のゴールは、とてつもなくハレンチで欺瞞的な政治儀式の出現である。私たちは、抗議の声の拡大をいそがなければなるまい。日本の支配者たちにとっても、これを実現するためには、まだ、いくつもこえなければならないハードルも存在しているのだから。

日本と北朝鮮の「国交正常化」交渉と森発言

朝鮮半島をめぐって流動化を開始した政治状況のなかで、韓国（金大中）側の要請にもおされて、あわてた日本政府と北朝鮮の間での交渉が再開した。しかし、この交渉において「拉致疑惑」の問題を国交樹立の前提としようという日本政府の姿勢が、交渉のスピーディな進展をさまたげるという問題がおきている。

姜尚中は、十月二十日の朝日新聞（「私のメディア批評」）で、この問題にふれ、以下のように語っている。

「拉致疑惑の解決にしても、それを『入り口』論にして事態は一歩でも先に進むのだろうか。日本は国会決議や首相談話で植民地支配や戦争責任に関する謝罪の言葉を公にするのに半世紀近くの歳月を要した。とすれば、北朝鮮がすぐにでも『国家犯罪』ともいうべき拉致疑惑を公式に認め、謝罪し、原状の回復に努めると想定するのは、非現実な思い込みだろう」。

日本政府が「拉致疑惑」にこだわるのはあたりまえであり、行方不明の人々を一日も早く捜し出そうとするのも、あたりまえのことであると、私は思う。しかし、これの解決を交渉の「入り口」にすることは、現実的ではないという姜の主張には根拠がある。また、私たちは交渉相手の国に「拉致疑惑」どころではない歴史的負債をおったままであることをこそ、想起すべきである。

「北朝鮮に経済的圧力や軍事的威嚇を加えながら交渉に臨むのは、不信感にもとづく対抗手段であり、冷戦的思考の延長である。戦時中日本が行った朝鮮人の強制移住・強制労働は数十万人に達するという（月刊『日本の進路』十月号、七ページ）。それにもかかわらず、『拉致疑惑』を国交樹立交渉の前提とするのも、少なくとも相手側から見れば友好的ではないだろう」（加藤周一「夕陽妄語」朝日新聞十月二十日夕刊）。

三六年間の植民地支配の歴史の中での蛮行の、ごく一部が強制連行であったこと、そして戦後、日本政府は一貫してその責任を取ろうとしてこなかったこと、そういう歴史事実をふまえて考えれば、日本政府の姿勢がまったく「友好的なもの」でないことは、あまりにも明らかであろう。

さらに、この間の森首相の言動を見ていると、「拉致」されたとされている人々のことを、日本政府は本当に心配しているのかという疑念が浮かび上がらざるをえない。森らは、北朝鮮を威嚇するための政治的コマとして「拉致疑惑」を利用しているだけなのではないか（これが「最大課題」だという主張は、最高に利用できるという意味であるにすぎないのではないか）。

十月二十日、訪韓中に森首相は、ブレア英国首相との会談で、ある提案をしていたことを明らかにした。要旨は、このようなものである。

「二十年前から十人の男女が日本海側から拉致されている。警察側にも証拠があると思っている。罪もない人が突然連れて行かれる。その両親をはじめ、家族の身に立って考えると大変なことだ。そのことを苦にして亡くなった方もいるし、病に伏せられた人もいる。国民感情からして、この問題を解決することは一番重要なことだと考えている。我々の抱える北朝鮮との問題で最大の課題だ。／自分が三年前に（連立与党訪朝団の）団長として北朝鮮に行った。北朝鮮というのは大変メンツを重んじる国だから、正面から取り組むということではなくて、行方不明者ということでもいいから、北京でも、パリでも、バンコクでも、そこにいたということで、という方法もあるんじゃないか、ということも当時、打ち上げたけど、それについてはまだ明確な返事をいただいていない。／今月末には三回目の（国交正常化）交渉に入る。米欧とは違った対応をしなければならないということを理解いただきたい」（『朝日新聞』十月二十一日）。

裏取引「外交」、そして、第三国の首相にそれをオープンにして自慢話ふうにハシャぐ森。この男は、こんな話を、いろいろな外国の首相に、ふれまわっているのであろうか。こんな話をこんなふうに、オープンにすることは、「北朝鮮のメンツ」というのならば、メンツを踏みにじり、ひどく侮辱することであるということが理解できないのであろうか。そして、はじめから真実を明らかにする手続きをふまず、事実をまったく曖昧にしたまま、あるいは隠蔽したままで、どんな解決があるというのか。

秘密事項ではないし、与党訪朝団の中山正暉が言ったことを説明しただけだという森自身の弁明、中川秀直官房長官（右翼との交際や女性スキャンダルで辞任にすぐ追いこまれた）の「中山先生の個人的考え」との記者への説明。こういう責任を他人に転嫁する方法で森は逃げようとした。しかし、中山正暉の官邸に乗り込んでの「ウソツキ」抗議に、すぐ陳謝。「官房長官に指示したのは私じゃないよ」と言い訳。こういうドタバタの展開が続いた。

十月二六日の朝日新聞の社説（「政権の炉心が溶ける」）は、こう論じている。

「日英首脳会談の席上、森首相が『第三国での発見』という打開策を明らかにしたことの軽率さは、改めて指摘するまでもない。／このことによっては、拉致されたとされる人たちの生命にもかかわりかねない微妙な問題である。首相には、その認識がすっぽり欠けていた、と言わざるを得ない」。

後の責任転嫁のためのドタバタ劇までふくめて見えてくるのは、拉致されたとされている人々をおもんばかる、首相としての責任感など、この人には「すっぽり欠けてい」ることである。

右派メディアは、森の北朝鮮との外交交渉の姿勢を屈辱外交、国家への背信行為と非難するキャンペーンをはっている。しかし、この森の姿勢が、北朝鮮を侮辱した恐ろしく傲慢なものであり、まったく非友好的な態度であることこそ問題なのではないのか。もちろん「拉致」されたとされる人々は、その傲慢な交渉の道具以外に、位置づけられてはいない。「家族の苦しみ」なんてのも、政治交渉のためのコマ以上のものではないのだ。裏交渉は、「拉致」されたとされている人々をおもんばかった非常手段として、考えられたものではまったくないのだ（そうであったら、ペラペラ話しまくり、マスコミにオープンにしてしまうなんてことを、するわけがない）。

この「裏取引」と対応しているのが、北京での第三回目（第十一回本会談）の「国交正常化交渉」（森のあんな態度が前提では、交渉が進展しようもなかったのは、あたりまえであったが）でも示され続けた、日本政府の「北朝鮮とは交戦状態になっていなかった」から「補償」ではなく「財産請求権」で処理するという姿勢だ。これは、日本が分断国家をつくりだしてしまった責任はもちろん、植民地支配や侵略し続けた歴史的責任をキチンと認めることを回避し、その問題を曖昧にし、「金」で「解決」（清算）したということにしてしまおうということなのである。「拉致疑惑」「行方不明者として第三国で発見」の裏取引の政治については大きく問題にし続けているマス・メディアも、この重大な政治姿勢の問題について、批判的にふれる記事は、ほとんどない。

しかし、「拉致疑惑」裏取引が真実を隠したままの処理の方法だとすれば、「財産請求権」での対応という論理は、「三六年」の蛮行の責任と、そのことに口をぬぐってきた戦後の責任を曖昧にやりすごそうという、すなわち植民地支配と侵略という歴史的事実を忘却あるいは隠蔽しようという、許すべからざる主張ではないのか。

天皇訪韓を要請している韓国側も、日本の過去の朝鮮侵略・植民地支配を正当化した「日韓条約」（一九六五年）の時の「日韓請求権協定」に基づく「経済協力方針」での経済協力の方針を変更しようとはしていない。このように、日本政府は、朝鮮半島全体との関係で、侵略・植民地支配の過去を曖昧にし、忘却させる政策の一つのゴールである政治儀礼として、天皇訪韓を位置づけていることは、まちがいない。

戦後に天皇制が延命したこと自体が、日本がまともに戦争責任を取らないことの政治的表明であった。その天皇の「外交」によって、責任の忘却と隠蔽の政治が大きくつくりだされるのは、支配者の政治としては必然のコースといえるだろう。

この政治儀式（「皇室外交」）に反対する私たちは、当然、日本政府に侵略戦争と植民地支配の責任を認めさせ、韓国・北朝鮮の人々に政府が謝罪し、国が被害者（その関係者）個々人に届く補償をするべく働きかける必要があるはずだ。事実をふまえた歴史認識と補償は、必然的に連動する問題なのだから。

「皇室外交」という問題

昨年（一九九九年）にアキヒト天皇「在位」十年を「奉祝」する式典があった。この時、マス・メディアの「奉祝」キャンペーンの中心は「皇室外交」の成果の賛美であった。

じつは、アキヒト天皇「即位」の時のキャンペーンの中心も、「外交」であったのだ。皇太子時代、すでに外へ動き、「外交」のキャリアのあるアキヒトには、新しい時代に対応する「外交」を期待する。こういう声が、こぞってマス・メディアに大量に流された。新天皇に何を期待するかと、アンケートを出し、やはり多くの人々は「外交」に期待しているのだと、その調査結果を公表してみせている新聞もあった（「外交」を期待するという大キャンペーンの直後に、そんなことをやってみせたのだから、あきれたものである）。

ここには、日本の支配者たちの政治的ねらいが鮮明に表現されていたのだ。ヒロヒト天皇の外へ出ていく「外交」は、ヨーロッパへ出て、「ヒロヒトラー」の抗議の声と激しいデモなどで迎えられた大失敗の体験――これは、日本国内では、それほどキチンと報道されなかったとはいえ、失敗した「外交」であったことは明らかであった――もあり、ほとんど行われなかった。「外交」しなかったというより、できなかったのである。まだ生き残っている侵略のドンというイメージは、消えなかったのだ。支配者たちは、当時子供で侵略戦争のリーダーではなかったアキヒト天皇は、戦争責任という点では「クリーン」であるという主張を押しだし、ヒロヒト天皇にできなかった「外交」も、アキヒトなら可能だと考え、大いに期待したのである。彼らは自分たちの期待を、国民の多数の期待であるという方向にもっていくために、マス・メディアをフルに活用したのだ。

それが「国際化」時代にマッチした「外交」天皇アキヒト・キャンペーンだったのである。そして、「在位十年奉祝」時のキャンペーンは、その新天皇が、十分にそれなりの期待に答えた「外交」を展開してくれたことを確認するものでもあったのだ。

アキヒト天皇の「外交」は、日本が新たな派兵国家（戦争遂行可能な国家）へと大きく変容していくプロセスに対応するものであった。派兵国家へ向かう「経済大国」日本を世界に認知させるものとして、その「外交」はあったのである。だからそれは、二つの政治的性格を伴うものであった。一つは植民地支配と軍事侵略の過去の責任を曖昧にしたままの清算――忘却と隠蔽のための〈時には「謝罪」らしき言葉を伴う〉――のセレモニーという性格。もう一つは名実ともに世界の政治・軍事大国への仲間入りの表明でもある、国連の常任理事国入りを承認させるための「外交」という性格。たとえば一九九二年の中国訪問は、その巨大なステップであった。

そして、天皇訪韓は、この「期待」された「皇室外交」の一つの政治的なゴールである。世界経済のグローバル化に対応しつつ、韓国をかかえこんでの東アジアでの日本の経済的ヘゲモニーをあらたに再編し創り出そうという資本（財界）の野望をうまく実現するためにも、北朝鮮との交渉（対応）という性格をも含みこまざるをえなくなったこの「外交」を、政府はなんとかやりきるしかなくなっているのである（まさか森政権が、それを担うなどということはないだろうが）。

この間（アキヒト天皇の代になってから）、「皇室外交」は違憲なのだから、象徴天皇制を肯定する立場からでも、批判はあって当然なのだが、右派の「謝罪外交」批判論以外はマス・メディアから、ほぼ消えていることについては、すでにふれた。たとえば首相・閣僚らの靖国神社公式参拝の件などでは「政教分離」の憲法原則の立場から批判の声をあげないわけではない、『朝日新聞』なども、ひたすらなる「皇室外交」賛美一色になっているのだ。そして、神道主義右翼（右派メディア）の世界からも批判の声は大きく後退した（神社本庁の新聞『神社新報』あたりにも、賛美記事が載るようなことがおきている）。

また、政府が（野党、マス・メディアをもまきこんで）準備している明文改憲の政治プログラムでも、天皇条項については、「外交」権能がそれなりにある天皇（皇室）への転換をねらうというのが、ほぼ共通した彼らの意思であることは、よく読める。

こういうことは、何を示しているのか。それは「皇室外交」が支配者にとって非常に大切な政治であり、その一つのゴールである天皇（夫妻）の韓国訪問という政治セレモニーのハデな実現に、いま支配者たちの全体重がかけられているということなのだ。

反対の声を上げさせず、押さえこんでいくことに、政府・マスコミは一体化して、エネルギーをそそいでいる。抗議の声と動きを見えなくさせること、そういう準備が長い間、着々と蓄積されてきている。なぜそうなのか。それは朝鮮半島問題は、日本の支配者にとっては、一つまちがえば、国家の基本政策をガタガタにしてしまう危険性をかかえこんだ問題だからである。欺瞞と嘘のレベルは最高の政治を、経済〈金〉の力にまかせて実現しなければならないのだ。

だから私たちは、どんなに少数派であろうと、正面から天皇訪韓に抗議する声を上げていかなければならない。「国民基金」政策による運動の分断によって、戦後補償を求める運動は、この間、後退を強いられている。しかし、国家の責任を認めて謝罪を、国による補償（被害者らに届く）を、という主張は、元軍隊慰安婦にされていた女性たちへの補償問題を中心に、それなりの広がりを日本社会の中で獲得しているのも、もう一つの現実である。

「皇室外交」（忘却と無責任のための「謝罪」）に反対し、国家による補償を要求し、国境をこえた民衆の交流をつくりだす天皇訪韓に抗議する運動。こういう運動が、今までの反天皇制運動の枠をこえて、日韓連帯運動や戦後補償を要求する運動を担ってきた人々などとの協力関係を具体的に構想しつつ、広くつくりだされなければならない。

［『飛礫』29号・00年12月］

[2001/1]

「女性国際戦犯法廷」と「右翼」の脅迫

「民衆法廷」の「権威」をめぐって

十二月八日から開催された「女性国際戦犯法廷」は、十二日に英文の「事実認定概要」(仮判決)を公表して幕を降ろすまで、連日会場を埋めつくす人々の熱気であふれる状況が続いた。「最終判決」は二〇〇一年三月八日の国際女性デーに出されることになっているこの「民衆法廷」のとりあえずの「判決」について、青山薫は、以下のように報告している。

「……『仮判決』は、天皇の、戦時性暴力ひいては戦争そのものに対する主体的関与(責任と罪)を明記し、日本国憲法の現在まで続く歴史の隠蔽と責任逃れ、性差別と民族差別が分ちがたく結びついていることを指摘し、当時の連合国がみずからの都合によって日本と天皇に対する責任追及をしなかったことの問題を記している」。

まさに画期的な、判決内容である。さらに青山は、国際社会で高名な権威ある人々が裁判官の席に座ったとはいえ、国内法はもちろん、国際法のレベルでの法的拘束力を持たない、「サヴァイヴァー(生存者)」と呼ばれる、日本軍によって『慰安婦』にされた組織的強姦の被害にあった女性たちのうち、証言者として出廷した人が75人のこの「民衆法廷」の「権威」について、このように論じている。

「その『権威』は、一般的な法廷と同様のいわゆる権威と『正式さ』をも確かに纏っていた、この法廷の裁判官と検事の態度や法衣や法律用語や開廷前の『起立着席』にあったのではない。それはたとえば、裁判官の、サヴァイヴァーに対して『ここに来られて証言をなさったことに感謝し、勇気に敬意を表します』とねぎらう言葉が表面的なものではなく、私たち参加者の証言者に対する敬意を代表する真摯なものであることに現われていた。数十人のサヴァイヴァーのおばあさんたちが、それまで『法廷』であった舞台の中心に上がり、泣いたり笑ったり踊るようにして、手に手に白い布を振り私たちにアピールした姿にも現われていた。主役は明らかにあのおばあさんたちだった。息を呑むようなみごとな弁舌の国際的な法律家たちも、法廷の中をのぞく間もなく寒空で右翼と対峙していた警備陣も、徹夜で遠来の証言者を迎える準備をしたスタッフも、この主役を支える結果になったということが、女性法廷の『権威』のひとつだったと私は思う」(「戦争協力を拒否し、有事立法に反対する全国FAX通信」二〇〇〇年十二月十七日　第四号)。

脅迫(時には暴行も伴う)といやがらせを連日、執拗にくりかえし続けた人々との対応におわれ、会場の中に、ほとんど参加できなかった私(たち)にも、この青山が報告している「法廷」のムードは、つたわってきていた。

私(たち)は、ある意味では、つまらない、この役割を積極的に引き受けたのである。初日から右翼の介入があったため、「警備」のメンバーをも気づかって、その「つまらない」役割に参加する人々は、予想を超えて、増大した(特に土・日は)。私は、直接自分が日常的に交流している反天皇制運動や反戦運動のメンバー以外とは、「なぜ」そうするのか、という問題について話す機会は持てなかった。しかし、真剣に、この「つまらない」しかし、大切な任務を担った人々には、共通した思いがあったはずである。

〈主催者の女性たちのガードの必要はもちろんであるが、証言者の人々に、この局面で、何かあるようなことだけは、なんとしても、避けなければならない〉。

「はっきり言おう。『女性国際戦犯法廷』は人類に対する犯罪である」。

こういう、最大級の非難の言葉を、この「法廷」に浴びせている文章を『産経新聞』の記者を自称する人間が『正論』（二月号）に書いている（桑原聡「女性国際戦犯法廷の愚かしさ」）。

国策（日本軍）によって、「慰安所」がつくられ、「慰安婦」とされる人々がつれていかれたことは、おびただしい証言（と資料）によって、この「法廷」でも、より具体的に示されている今、「当時の日本の官憲や軍部が、アジアの女性を強制的に慰安婦とした事実はない」、「基本的に商行為であった」という、ひたすら日本国家（日本軍）の責任をなかったことにするという政治目的のために、事実を、自分に都合のよい方向へねじまげて論評しているだけの文章に、直接対応する必要はない。こういう発言は、以下のような、かつての日本軍（国家）の政策を、現在もなぞっているものであることを確認しておけばたりる。

「日本帝国主義の中枢ともいえる内務省・軍隊・警察はあたかも民間業者が自発的にカネ儲けのために女性集めをしているかのように細工しているが、帝国との関わりを隠蔽するのはすでに前節で見てきたように常套手段である。一八七三年に公娼路線が確立したときにも、ボアソナードの忠告通り政府が前面に出ず、地方官に委ね、なおかつ三業（貸座敷・娼妓・引手茶屋）が自主的に公娼統制に乗り出したかのように根回ししている。『韓国併合』に先駆けて統監府が朝鮮人『売春婦』の統制に乗り出したときも、あたかも朝鮮人業者の請願を受け入れ、許可したかのように仕組んでいる。ケシ粒のようなアンボン島（インドネシア）に一九四四年の終わりに『慰安所』を再開する時も、強制的に連行した現地の女性に一定期間ごちそうを与え、自由意志で集まったかのようにして、日本軍に直接反感が向けられないように策を弄している」（宋連玉「公娼制度から『慰安婦』制度への歴史的展開」『「慰安婦」戦時性暴力の実態［Ⅰ］』〈「日本軍性奴隷制を裁く二〇〇〇年女性国際戦犯法廷の記録」vol.3〉所収）。

「××を出せ！」「××を死刑にせよ！」などと脅迫的にガナリたてつづけ、なんどももぐりこもうとした右翼の、その時の発言とまったく同じ、証言にきた人々をあらためて誹謗する恥ずかしい発言をしているこの「記者」は、「法廷」が、出席者や傍聴者の権利を侵害する妨害者は入れず、趣旨に賛同すると誓約する人のみに傍聴券を発行したことにふれ、これは「暗黒裁判」だ、などと主張している。

通常の出入口から人々が出入できない状態、サヴァイヴァーの人々がおびえるような事態が、一時的にであれ現出してしまったのは、右翼の脅迫行為と、それを背後からバックアップしているとしか思えなかった警察の対応の結果である（〈ホンマモンの暴力右翼が、さらに来るといっている〉などという怪情報を公安警察はふりまきつつ、会場〈九段会館〉の責任者たちなどをおどし続けるだけ、右翼はやりたいほうだいであった）。

こういう「暗黒」社会の中に、私たちは生きているのである。「法廷」の主催者たちの配慮は、あたりまえのことだ。

私たちは今、例年通り、「紀元節」に反対する二・一一集会の実行委員会づくりに向かっている。そして、「天皇制の戦争責任を追及し、『日の丸・君が代』に反対する二・一一反『紀元節』集会」を「女性戦犯法廷」の「権威ある」（青山のいう意味での）内容を、運動的に共有できるものにすべく動き出しているのである。

〔『反天皇制運動PUNCH!』3号・01年1月16日〕

［2001/2］

戦後革新思想と「日の丸」

押しつけはやめて！　『日の丸・君が代』強制反対の声をひろげよう

三月三日に向けて、私たちは、あらためて集会（とデモ）を準備している。「日の丸・君が代」を拒否する、一人一人の意思を集め、交流させるために（「『日の丸・君が代』の強制に反対する意思表示の会」主催）。

政府の、強制のためではないといいながらの「日の丸・君が代」の国旗・国歌法制化は、やはり、学校空間中心に、それを問答無用とばかりに強制する結果をうみだしている。こうした状況に対して、戦前への「回帰」「反動」という批判の声が、各地であがっている。私はこうした声を聞くたびに、危機感は共有するが、少し違うのではないかという思いを強くしてきた。例えばである。

「父《とう》チヤンハイヨイヨナマイキナ支那兵《しなへい》ヲヤツツケルコトニナツタ。オヂイチヤンノクレタ日本刀《につぽんたう》デ、父《とう》チヤンハ岩見重太郎《いわみぢゆうたろう》ノヤウニアバレ、テキノセイリユウ刀《たう》ヤ、テツカブトヲ、オミヤゲニモツテカヘツテヤルヨ。タケシハ、母《かあ》チヤンヤ、オバアチヤンヤ、センセイノユウコトヲヨクキイテ、美絵子《みゑこ》や史太郎《したらう》ヲカワイガツテ、ヨクベンキヤウヲシテエラクナラナケレバナラナイ。タケシガ、父《とう》チヤンガ舟《ふね》ニノルトキニ、イツマデモ日《ひ》ノ丸《まる》ノハタヲフツテヰタノガ目《め》ニミエル。

タケシバンザイ。

父《とう》チヤンバンザイ」。

一九三八年に出版され、銃後にも戦場にも多くの読者を持った『土と兵隊』に収められている、火野葦平の子供への手紙である（全体が弟への手紙の集めというスタイルのもの）。

この「日の丸」をいつまでもふった銃後の人々と、それを目にしつつ勇んで侵略戦争に出兵していった人々の体験。そういう状況下で「日の丸」が果たした役割、それが人々を戦争に突き動かした力の意味に、戦後、本当に反省的に向かい合い続けた人々が、どれくらいいたのか。

天皇の世よ永遠に、と歌う愚かしい「君が代」についても、どれほどの人が、天皇の軍隊の侵略戦争の体験をふまえて問題にし続けてきたのだろうか。

占領軍による禁止がとけ、戦後、公的なセレモニーの場で「日の丸・君が代」が復活し、右翼天皇主義者の脅迫やテロの象徴として動き続けてきた状況下で、それに抗議する個人、そして運動は、もちろん多様に存在し続けてきた。しかし、それが、キチンと断たれ、反省された時間を日本社会が持ち、そうであるにもかかわらず、戦前（中）「回帰」が「反動」がこの間強まっていると、いえるのであろうか。

実は、まともな反省と抗議の声をあげる動きは、細々と、しかし力強く持続されてきたのではないのか。

植民地支配と侵略戦争の歴史的責任についての自覚は、少なからぬ人々にとっては、かなり後になって、バラバラにゆっくりとやってきた、というのが現実だったのではないだろうか。

一九五八年に、政府の改憲の動き（憲法調査会づくり）に抗して、憲法問題研究会が四六人の学者が発起人でつくられた。発起人を集めるための「勧誘状」に名をつらねているのは、大内兵衛、清宮四郎、宮沢俊義、湯川秀樹、茅誠司、恒藤恭、矢内原忠雄、我妻栄である。この新聞がいっせいに大きくとりあげた、有名学者がつどった勧誘状の日付は「昭和三十三年五月二十八日」である（傍点引用者〈元号！〉）。この文章は『憲法を生かすもの』（憲法問題研究会編の岩波新書〈一九六一年〉の大内兵衛の「はじめに」の文章に収められている。この憲法問題研究会が一九六三年に出版した『憲法と私たち』という岩波新書の「まえがき」と「結びにかえて」も大内が書いている（「社会保障とは何か」という論文もある）。「まえがき」の肩書きは研究会代表。その「結びにかえて」の文章で、戦前から労農派系マルクス主義者として高名な、まちがいなく戦後民主主義学者のチャンピオンの一人であった大内は、そこでこのように書いている。

「本日はいうまでもなく憲法十五年の誕生日であります。またもう二十五日でサンフランシスコ条約も満十年であります。日本国民にとって、これほど重大な社会的協定はないと思います。十五年目の今日、政府は盛大な祝賀会を開いてわれわれ国民にこれを守りましょうと誓った。それにもかかわらず、本日、政府筋でこの憲法祝賀のために一つの国旗をも立てないのはどういうことでしょう」（傍点引用者）。

この「国旗」は、「日の丸」のことを指していると解釈するしかあるまい。この一九六二年の五月三日の「憲法記念講演会」における講演（「政府の低姿勢を期待する」）をそのまま「結びにかえて」として収めたと、そこには注記されている。

問題は、大内だけではないのだ。この研究会の代表の発言は、おそらく講演会でも文章にされる過程でも、誰にも問題にされなかったのだ（そして、その後も、その点が批判されることなどなかったようなのだ）。ついでにこの新書に、代表大内とともに文章を収めている（会の活動の過程での発言をまとめたもの）人々の名前を示そう。中野好夫、我妻栄、竹内好、久野収、都留重人、宮沢俊義、松田道雄、戒能通孝、家永三郎、菊池勇夫である。

この大内発言は、この時代の戦後民主主義（戦後革新）の思想が、どの程度の反省と責任のレベルであったかを、象徴しているといえないか。ここには「父《とう》チヤンガ舟《ふね》ニノルトキニ、イツマデモ日《ひ》ノ丸《まる》ノハタヲフッテキタノガ目《め》ニミエル」という、戦中にくりかえされた民衆の日常的体験を批判的に見すえる、思想的な視点は、ほぼゼロである。

今、政府は、なりふりかまわず、教育現場への「日の丸・君が代」の全国的強制を展開しており、ハシャいだ右翼の脅迫のための暴力も、各地で突出してきており、『産経新聞』などを中心とする、拒否する教師の処分を呼びかける右派メディアのキャンペーンも、さらに強まっている。

しかし、こういうキツい状況であるにもかかわらず、いや、そうであるからこそというべきかもしれないが、ハッキリとした「日の丸・君が代」拒否の意思表示は、多様（子供も含めて）に、各地で噴出しているのだ。

街頭でのビラまきの時にも、しみじみと実感されるのではあるが、多くの人々は、起きている事態に、無関心である。この無関心に支えられて、強制のシステムはズルズルと強化され続けてきている。それでも、公然とあるいは隠然と拒否する人々の動きは、少数派としてであれ、止まることはないのである。

私たちは、この多様な〈拒否〉の意思を、広く交流させる運動を目指し続けている。こういう私たちの動きは、実は、社会的に孤立しながら、拒否の意思を貫いてきた、過去の人々の思想的・運動的な努力に支えられており、それとの交流でもあることにこそ自覚的でなければならないのではないか。

少数でも闘い続けること、これは戦後のいつの時代でも、あたりまえのことだったのである。

「押しつけはやめて——『日の丸・君が代』強制反対の声を広げよう！　さまざまな視点から〈意思表示〉を3・3集会」に集まろう。

〔『市民の意見30の会・東京ニュース』64号・01年2月1日〕

[2001/2]

「日の丸・君が代」強制反対集会と「女性国際戦犯法廷」

天皇ヒロヒトへの歴史的な怒り

『戦争協力を拒否し、有事立法に反対する全国FAX通信』(7〈2月7日〉号)に、鈴木香織が「NHKのETV2001『日本軍による戦時性暴力』に批判と抗議を」という文章を投稿している。一月三十日の番組だが、「女性戦犯国際法廷」批判の内容を強調し(秦郁彦が長く話した)、処罰要求の内容と、国境を越えた女性たちの共同行動でつくりだされた法廷の主催者たちについて完黙している点と、「誰が起訴され、判決内容がどうだったかということが何もわからない」というのが「批判と抗議」の根拠である。

テレビ(NHK教育)でこの「法廷」について番組がつくられ、放映されるという話を耳にした時、キチンと放映されるのだろうかという不安が頭をよぎった。しかし、天皇ヒロヒトに対する明確で力づよい「有罪判決」をテレビというマス・メディアがそれなりに流せたら、タブーが一回でもここで突破されることになるのだからという期待の気持ちも強く、まあ「法廷」の客観的事実を報道するのだから、右翼の脅迫があっても、放映はされるだろうと、その時は思った。

だが、なんと「天皇ヒロヒト有罪」の内容が、なにもふれられなかったのだ。どういうプロセスでそうなったのかは、よくわかりようもないが、マスコミの天皇(制)タブーは、やはり、すさまじいものである。

天皇ヒロヒトが「絶対神聖」な軍のリーダーとして、あの侵略戦争の大局的な方針について具体的に影響を与える局面も、たびたびあった事実をも含めて、日本帝国の主権者(「現人神」)であった彼の戦争責任は、現在、実証的にますます細かく明らかにされるようになってきている。事実にそくして考えれば、性暴力についての責任を問うた「女性戦犯法廷」の判決は、あまりに当然のものだ。しかし、マス・メディアは、「平和天皇ヒロヒト」という虚像を戦後一貫して、こぞって大量に流し続けてきた。それは、事実を隠す報道でもあったわけである。この伝統は、生き続けているのだ。

昨年の十月二十八日の「押しつけを跳ね返そう!『日の丸・君が代』強制にNO!の意思表示を」集会の報告集ができあがった。私もメンバーの「『日の丸・君が代』強制反対の意思表示の会」主催の集まりである。あらためて、その内容を読んでみた。映画『ゆんたんざ沖縄』の上映、私が主催者発言、知花昌一のスピーチ、そして十人の人々の「リードイン・スピークアウト」(何か文章を読み、短くそれにコメントする)というプログラム。それがまるごとおさめられている。

その集会で、もっとも記憶に残っているのは、八十歳を越えている戦中派福富節男の発言であった。彼は、マスコミが「人間宣言」と名づけた「……朕と爾等国民トノ間ノ紐帯ハ……」という、ふざけた「詔書」を少しだけ紹介する以前に、こんなふうに大きな声で論じたのであった。パンフレットから引こう。

「昭和の日に腹を切った陸軍大臣の話がある。八月の一五日ごろになるとしきりに語られるんですね。それは『一死をもって大罪を謝す』と書き残して自殺したんです。これは天皇にすまないということだけのことなんですが、日本の人たちはこんな物語にどうして感動するのか、私には不思議でしょうがありません。さて私は嫌いな人がたくさんいます。たとえば名前を挙げちゃうと、曽野綾子さん。偉そうに知ったかぶりで、教育の問題を論じています。あんな無知な人はいない。しかしなんと言っても最も嫌いなのは昭和天皇です。

嫌いと言うだけでは私の気分になってしまいますから、きちんというと、これほど無責任で、そして卑劣な人間は古今いない。その辺にいる卑劣な大臣・議員とか官僚とかはこれに比べるとチンピラです。昭和天皇ほど無責任で卑劣は者はいない」。

ヒロヒト天皇が死亡する直前の時代から、私は福富と反天皇制運動の中で親しく交流してきた。つきあいのはじまりの時、よく聞かされた話は、自分は数学をやっており、暗号解読が任務の兵隊だったが、兵隊時代に、ほとんど天皇との関係意識はなく、戦後も天皇および天皇制については、あまり考えない方できた人間だ、ということである。

その福富が、なにか「わだつみ会」の渡辺清の精神が、のりうつったかのごとき、烈しい天皇ヒロヒト批判の言葉を、たたみかけるように吐いたのである。正直、私は少し驚いた。しかし、それなりによく理解できた。

ヒロヒト天皇の死が契機となり、いろいろな資料が公開され続け、彼が、自分の延命のために、昨日まで憎むべき敵（殺傷の対象であった）占領軍（アメリカ）のトップにすがりつき、自分の責任を、自分の部下になすりつけ続けた人間である事実は、より具体的に読めるようになってきているのである。そうした歴史的事実をふまえ、福富は、強烈な怒りを天皇ヒロヒトに対して持つようになっているのだ。

天皇ヒロヒトへの激しい怒りの声を発した戦中派の人々の声に、福富も合流してゆく時間を、ゆっくりと歩んだのであろう。

この怒りは、戦争を体験していない、私たち戦後派にも、それなりに共有できるものである。「女性国際戦犯法廷」に参加した天皇の軍隊と戦争の被害者の人々（サバイバーと主催者たちは呼んだ）の抗議と怒りが、天皇ヒロヒトに向かったのもあたりまえのことであった。そして、福富の怒りも。

テレビでも「法廷」批判で活躍した秦郁彦が「カンガルー裁判『女性国際戦犯法廷』見聞録」という文章を書いている（『諸君！』三月号）。

彼は判決日の会場から外に出たときのことをこんな風に書いている。

「索然とした思いで会場の日本青年館ホールを出ると、警護の警官に混じって、『慰安婦は強制連行ではない』のプラカードを持った若い男が数人ポツンと立っている。傍には『チベットでの中国の暴虐を糾弾する』と呼びかけている男たち。『チベット自由と人権委員会』と名のる連中に聞くと、この女性法廷を背後で操っているのは中国だという言い分だった」。

苦笑をさそう主張である。チベットの人々の人権を問題にするのは自由であるが、連日集会場のまわりで、いやがらせの脅迫（時には暴力を伴ったそれ）をくりかえした「右翼グループ」。この、秦の「強制連行はなかった」という主張の「同志」たちは、この日は、集会の主催者（あるいは被害証言者たち）に向かって、大きな「日の丸」をふりかざし、つめより、悪罵を投げつけ、「てめえ死刑だ！」などと、脅迫行為をくりかえしていたのである。警察が野放しにしたため、多くの関係者が、あたりまえの出入り口から出入りできないような状況をつくりだしていたこのグループの動きについては、まったくふれずに「背後で操っているのは中国」などという、まったく根拠のない政治的デマを、自分の主張としてではなく、意味ありげにわざわざ紹介してみせる。いやらしい手口である。

ついでに。連日の右翼の脅迫的行為に対して警察（公安）は、ほとんど対処しなかった。いやそれどころか、いろいろなデマ情報（暴力右翼が向かっている。夜も帰らず右翼は居続けるだろう。といった調子のもの）を会館側と主催者側に流し続けたのだ。あたかも、右翼の暴力の突出を待っている、いや、けしかけているという姿勢がそこにはあった。公安警察の上の意思がそこに反映されていたのか、日常的に右翼とイチャついている麹町署のデカの体質がそうさせるのかは、ハッキリしなかったが、集会を混乱させよう（そしてうまくいったら中止に持ちこみたい）という意思は、警察の方が脅迫的にわめき続けた（初日は深夜まで）右翼より強いのではないかと思わせる対応であった（これは私自身の体験的実感である）。

こういう意思は、NHK教育テレビの、「天皇有罪」の判決が出たという、最も重要な事実すら流させないという意思に連動していることは、まちがいあるまい。

さて、秦の「裁判」批判にもどろう。

『それにしても二十五人の被告への判決をなぜ延期したんだろうね』／と疑問を呈すると、友人Kは、／『僕は九段会館でやった、初日（八日）の起訴状朗読にも出たんだが、検事団から何人かの名前が出ていたよ』とメモ帳をめくりながら、東条英機、板垣征四郎、岡村寧次、寺内寿一、朝香宮、松井石根、山下奉文、松山裕三……と読みあげた。／『東条は別として、慰安所のあった地域の軍司令官クラスじゃないか。』／とすかさずコメントしたのはM。／『松山裕三って誰だ』／『ビルマ、雲南で戦った第五十六師団長だよ。玉砕した拉孟、騰越守備隊の朝鮮人慰安婦が連合軍に捕まって写真も発表されている』／『そう言えば、その一人が会場に来ていたという話だ』／『それにしても、全員すでに亡くなっているよね』／『死者を裁くとは前代未聞の話だが、〝裁判ごっこ〟なら許されるのか』／『それに弁護人もいない。中学校の模擬裁判でも弁護人はついているのに』／『恐ろしいのは、それをプロの法律家が平気でやっていることだ。いくらショーだと割切っても、拒否反応が起きないのかなあ』／『ヒトラーやスターリン時代のファシズム国家では、法律家は似たような役まわりをさせていたよ』／『もし彼女たちに刑執行の権力を持たせたらと思うと、寒気がするね』／こもごも語りあったが、この不可解な〝裁判ごっこ〟の狙いはつかめそうもない」。

すこぶる政治的な非難である。中学生以下の「ごっこ」あるいは「ショー」にすぎないと断定的に落としこめる手口が、まずある。しかし、本当にそんなもんなのなら、なんで大の大人の秦は、こんなにあれこれと、細かい非難を書き続けるのか。まず、それがおかしい。もしそうなら「前代未聞」「ファシズム」などと最大級の悪口を投げつけるのはガキ以下の人間がすることではないか。

判決を実行する法的強制力もない〈民衆法廷〉という独自のルールの〈裁判〉であることは、主催者の位置づけで明らかである。だから、あえて一般の刑事裁判ではありえない、死者を裁くことをしたのである。

法的強制力のない思想的な〈裁き〉という独自のねらいと意味を隠し、ひたすら矮小なイメージを政治主義的にぬりたくることをねらった、こんな文章に、これ以上、かかわりあう必要はあるまい。

それでも、一点だけ。弁護人の問題については、主催者の松井やよりの説明を引いておく。

「じゃ誰に頼む、右翼的な、本当の意味での被告の弁護をする人に頼むのは、「法廷」を妨害される可能性があるのであまりにもリスクが大きい。それでこの「法廷」を理解している弁護士さんにその役をやってもらおうということになった。しかしそういう弁護士さんというのは、ほとんどみな「慰安婦」訴訟の原告の代理人でしょう。被害者の立場に立っている人が同時に被告の弁護をするということは弁護士法に違反する。だから、それはできないという話になった。／それでアミカス・キュリーという制度を提案されたのです。これは直訳すると「裁判所の友」という意味ですけれども、裁判助言制度というのか、そういう制度が英米の司法制度にあるわけです」（私のインタビュー「戦争責任追及、民主化へのエンパワメントを」

『インパクション』123〈二〇〇一年二月〉号）。

松井たちの「『法廷』を妨害される可能性」というリスクの判断には、十分根拠があったことは、現実の右翼の対応によっても証明されている。

あれだけの犯罪を犯した人々が、その件で裁かれなかったのだから、そういうことが未来に向かって、くりかえされないことを求めて、死者も思想的に「処罰」されるのである。

そして、何百万、いや何千万の人々に死をもたらした戦争の最高責任者天皇ヒロヒト、その責任をまわりに転嫁し、死ぬまでなんの罪にも問われなかった、この男への、怒りの思想的決着（オトシマエ）。これに「時効」なんか、あるわけがないのだ。

［『反天皇制運動PUNCH!』4号・01年2月13日］

［2001/2］

「癒し」としての「皇室外交」

オランダ「戦争展」・天皇（夫妻）の歌と「お言葉」をめぐって

「隠し」あるいは「騙し」としての「癒し」

『毎日新聞』の一月一日の、宮内庁が発表した、昨年中に詠んだ歌の紹介記事。皇后ミチコの歌はこうだ。

〈オランダ訪問の折に〉

慰霊碑は白夜《びゃくや》に立てり君が花抗議者の花とも置かれて

「皇室外交」の成果をたたえる、すこぶる政治的な歌である。天皇アキヒトのオランダ訪問の時の歌は、ここでは紹介されていない。八首すべてを紹介している『産経新聞』（一月一日）の方には、こうある。

若きより交わり来しと懐かしみ今日オランダの君を訪ひ来ぬ

「皇室外交」（オランダ王室との）賛歌であるのだから、もちろん政治的な歌であるが、和解のイメージを語ることで戦争責任を曖昧にしようと、ストレートに歌われているミチコの歌の政治性には及ぶまい。ミチコの方が実に、日本の支配者が皇室に何を期待しているかを、よく理解した歌である。天皇の方の歌で、ひろうとすれば、〈三宅島噴火〉といえないか。

火山灰ふかく積りし島を離《はな》れ人らこの冬をいかに過さむ

常に国民全体をそして、不幸な人々を気づかっている、慈悲深き皇室。こういうイメージを日々自己演出するのが任務の「人間」の作らしい伝統的な歌である。人の不幸を、皇室の人間は、いつも、こんな具合に、政治的に利用して、自分たちの「善人」ぶりをアッピールしてみせるのだ。実に、いやな存在だ。

昨年のオランダでの「皇室外交」は、それが戦争の傷を癒すためのものであるというイメージの演出が、政府・マスコミによって徹底的になされた「外交」であった。皇后の歌は、その演出方針にそって、歌われているのである。

「癒し」という言葉は、この間、いろんなところに使われている流行語だ。例えば、こうだ。「〝癒し系〟No.1美女に初めて発覚　本上まなみ『熱愛カレと夜ごと連泊』をスクープ撮」。『フライデー』（十二月八日号）のタイトルだ。「爽健美茶」のＣＭで人気の出た本上は「藤原紀香に代表される〝フェロモン系〟に対し、〝癒し系〟の美女として圧倒的人気を集めている」と書かれている。「癒し」vs「フェロモン」というわけだ。まあ、皇后は年だし、フェロモン系では、ないわな、などと冗談口をたたいてみたくもなるが、こういうところの「癒し」のイメージは、色気よりやさしさ、とでもいったところか。

元旦の『毎日新聞』には河合隼雄のインタビューが載っている。河合は森内閣の「教育改革国民会議」のメンバーとしてハシャいでいる、国際日本文化研究センターの所長である御用学者。このインタビューでも、森首相の「天皇を中心とする神の国」発言を、「自分の前にいる人の気に入ることを言う才能がすごくあるから、あの時は神道系の人が多かったので、……」などと、オベンチャラチャラチャラで弁護している。河合は「『こころの時代』のカリスマ」とか「内閣の『癒し役』」と、ここでは呼ばれている。こういう政治屋の世界での使われ方を見ると、ハッキリしてくる。森の発言（こころ）のグロテスクな政治的意味を曖昧にし隠す、あるいは騙す「役」が「癒し役」である。多くの人々のこころを「騙し」、事実を「隠す」のが「癒し役」の任務であるようだ。

さて、日本国を象徴し、代表する「癒し役」として天皇一族は存在している。この「癒し役」のイメージをふりまく大きな政治舞台の一つが、「皇室外交」である。あたりまえに憲法を解釈すれば、天皇らが行ってはいけない政治行為である、この「皇室外交」（そして「お言葉」）。かつては、違憲では、との疑問がマス・メディアにもなかったわけではないが、アキヒトが「即位」し、「皇室外交」への期待をマス・メディアがこぞってキャンペーンして以来は、そういう声は、マス・メディアの世界からはほぼシャットアウトされてしまった。だから、だいたい「皇室外交」などという言葉は、あたりまえのもののように使われてよいものではないのだ。

昨年のオランダ訪問は、彼と彼女が、たっぷりと「癒し役」を演じた、いちじるしい憲法違反の大きな政治舞台であった。

「オランダ戦争展」拒否をめぐって

天皇ヒロヒトは一九七一年に訪欧している。とりたてて強い天皇制批判の意思を持って、つくられたものではないと思われる『天皇語録』（由利静夫・東邦彦編・講談社・一九七四年）でも、当時のことは、このように書かれている。

「オランダ滞在中、天皇はアムステルダム動物園を訪ねられた。動物園前で、『帰れ』『人殺し』のプラカードを持ったデモ隊や群集から『ブー・ブー』と抗議の声があがった。訪問先では、デンマークで汚物、ベルギーで卵を投げつけられる天皇批判があったが、昔インドネシアをめぐって日本が戦争したオランダが、もっとも批判の声が強かった。」

激しいデモでヒロヒト天皇に抗議がなされたオランダ。昨年はこのオランダと日本の交流四百年事業としてスタートした、オランダ国立戦争資料館の企画である「旧日本軍のインドネシア占領に関する戦争展」の日本の各地での開催もあった。マス・メディアでは、広島・長崎の両原爆資料館などが、その開催を拒否したことが、もっぱら話題になった。『世界』（二〇〇〇年四月号）に中尾和代が

「拒否されたオランダ『戦争』展」というレポートを書いている。

「開催を断念する側の理由を整理すると、原爆資料館の『原爆についての展示ではないから馴染まない』、長崎市の『市民の歴史観に違いの出る恐れがある』、ピースおおさかの「アンネ・フランク展と重複する」というもの以外に、(1)資料や個人の記憶の真偽を証明できない、(2)施設の安全管理に自信がない、(3)企画展示の日程が合わない、(4)中立の公的施設として認識の分かれる戦争の問題は適当ではなく国が扱うべきなどがある。施設の安全管理の心配の背後には、いわゆる右翼の街宣車が騒がしくなることや、展示を快く思わぬ者による資料館破壊などへの恐れがあると考えてよかろう」。

中尾は、展示が「対話の場」を生み出す可能性を持っており、記憶(証言)を中心とした展示は、事実の検証への作業への関心を喚起するものだと語っており、積極的に開催すべきであるとする立場からのコメントである。

彼女は、そこで、このようにも語っている。

「オランダ皇太子訪日と天皇訪蘭を控え、海外メディアは日本における開催に強い関心を示している。もし展示が妨害されたり開催が中止になれば、日本は実質的な言論の自由のない反省心のない国と認識されるだろう。それは日本のイメージを対外的にさらに悪化させるばかりか、オランダで抗議活動に直面するであろう天皇夫妻に、一層険しい茨の道を備えるのみである。在位十年において、天皇は『それぞれの祖国のために闘った』人々への哀悼の意を表し、『戦争の惨禍を忘れず語り継ぎ、過去の教訓を生かし平和のために力を尽くすことは、非常に大切なことと思います』と述べた。『戦争の惨禍』が自国に限らないことは明白である」。

ウンザリした気持にならざるをえない主張である。いったい中尾は、皇軍のトップ・リーダーの「現人神」天皇ヒロヒトの戦争責任や、父の「偉業」を賛え「即位」した天皇アキヒトの戦争責任(戦後責任としてのそれ)を、どのように考えているのか。責任を、まったく取らなかった最高責任制度の位置に座ったまま、「戦争の惨禍を忘れず」「平和のため」などと、天皇が語り続けることの欺瞞性を、どう思うのか。ヒロヒト天皇はヒットラーのごとき独裁者ではなかったとしても、ヒットラーやヒットラー政治を賛え続けているその息子が国を代表し「戦争の悲惨」の記憶を語り、「平和」の大切などを説いているのと、それは基本的に変わらない行為ではないのか。

このオランダ戦争展(正式には「オランダ人、日本人、インドネシア人による日本占領下インドネシアの記憶——個人的証言と全体の印象」)の拒否問題について、広島市・長崎市の姿勢にターゲットをしぼりながら、舟越耿一は、オランダ戦争展拒否は、日本の戦争責任(アジア侵略)問題にふれたくないからだと批判し、以下のように論じている。

「私は、昨年の8・6広島の祈念式典の会場周辺で強烈に感じたことがある。それは、どの挨拶も原爆と平和については語りながらも戦争については一切言及しないことの奇妙さだった。つまり原爆が戦争の全景の中で位置づけられていないのだ。どうして原爆投下にまで至ったのかを語らずして原爆の悲惨を語ることの欺瞞。多くの人々がそのおかしさに気づかないとすれば、その病弊の深さ。/この欺瞞と病弊のはじまりは『原爆終戦論』にある。つまり、敗戦に至った一切の責任を原爆のせいにする論法。そのことによって、戦争を開始した天皇の責任も軍部の責任もすべて不問にされ、アジア侵略の過去も原爆によって清算されることになった。これこそ日本人の『原爆神話』であり、被爆ナショナリズムもここに始まる。天皇裕仁が『戦争中のことだから、気の毒ではあるがやむを得ない』と語ったことなど皆忘れている。誰も原爆投下に至った責任を問わない。その構図が現在の反核運動にまで引き続いている」(「オランダ戦争展拒否から見えていること」『反天皇制運動じゃーなる』36

〈二〇〇〇年七月〉号)。

天皇(制)の戦争責任を「隠した」、「戦争の悲惨」のアッピールの欺瞞。やはり、このことこそが、集中的に語られなければならないのだ。

戦争被害者の「癒し」をめぐって

東ティモール、インドネシア、日本、マレーシア、フィリピン、南北朝鮮、台湾そしてオランダの法律家たちによって準備された起訴状を前提に東京で開かれた民衆法廷である「日本軍性奴隷制を裁く2000年『女性国際法廷』」は、十二月十二日に判決(認定の概要)を公表して、その熱気に満ちた集まりの幕をおろした。そこには、こうある。

「この『法廷』に提出された証拠の検討に基づき、裁判官は天皇裕仁を人道に対する罪があると認定する。そもそも天皇裕仁は陸海軍の大元帥であり、自身の配下にある者が国際法に従って性暴力をはたらくことをやめさせる責任と権力を持っていた。天皇裕仁は単なる傀儡ではなく、むしろ戦争の拡大に伴い、最終的に意思決定する権限を行使した。さらに裁判官の認定では、天皇裕仁は自分の軍隊が『南京大強かん』中に強かんなどの性暴力を含む残虐行為を犯していることを認識していた。この行為が、国際的悪評を招き、また征服された人々を鎮圧するという彼の目的を妨げるものとなっていたからである。強かんを防ぐため必要な、実質的な制裁、捜査や処罰などあらゆる手段をとるのではなく、むしろ『慰安所』制度の継続的拡大を通じて強かんと性奴隷制を永続させ隠匿する膨大な努力を、故意に承認し、または少なくとも不注意に許可したのである。さらに我々の認定するところでは、天皇は、これほどの規模の制度は自然に生じるものではないと知っていた、または知るべきであったのである」。

戦時の性暴力について天皇「有罪」の判決である。この「裁判」は、「性暴力」の問題にしぼりこまれたものであった。だからそこでは具体的にふれられていないが、もちろん、天皇ヒロヒトの戦争責任は、植民地支配・侵略戦争の全体をおおうものであることは明らかである。だからこそ、この天皇ヒロヒトの「偉業」を継承するアキヒト天皇の戦後責任こそが、今、問われ続けなければならないのだ。

昨年五月二十日から六月一日まで、天皇皇后は訪欧(オランダ・スウェーデン・スイス・フィンランド)した。オランダがメインであった。ヒロヒト天皇を失敗をくりかえさないため、そして、反対に「外交」の成果をあげるための、様々な準備がなされた。直前の記者会見(五月八日)のオランダ訪問についての天皇夫妻の発言は、このようなものであった。

「このような歴史が続いた後で、第二次世界大戦の時に、戦火を交えることになったことは返す返すも残念なことでした。この戦争によって多くの犠牲者が生じ、今なお傷みを抱えている人々がいることは本当に心の痛むことです。このような両国民の間の交流の歴史を全体として認識し、その上に立って、一層の友好関係を進めていきたいと願っていることを伝えたいと思います」(アキヒト)。

「このような両国の交流の歴史の中で、先の大戦は両国の関係に深い傷跡を残しました。アジアで当時を過した人々の中で、今なお癒えることのない悲しみを負って生きている人がおられることに心を痛めております。私どもは今回の訪問で、日蘭の長い交流を通じ、両国の人々が誠意と努力をもって築き上げた強い友情のきずなを確認し、それを更に強める努力をしたいと思いますが、それと同時にその同じオランダの地に、今もなお戦時中のつらい記憶に苦しむ人々のおられることを決して忘れることなく、また、両国のきずなが今後二度と損なわれることのないよう祈りつつ、訪問の日々を過ごすつもりでおります」(ミチコ)。

「癒し」のための「外交」であると、アッピールしているのである。二〇〇〇年五月十一日の『朝日新聞』には、こうある。

「インドネシアで日本軍に抑留されたオランダ人による『対日道義的債務基金』(SJE)は90年4月に結成。現在はオランダやオーストラリアなどに会員3万5000人がいるとみられる。捕虜、民間抑留者や慰安婦にさせられた女性など会員8名が94年、1人2万2000米ドル(約240万円)の個人補償を求め東京地裁に訴訟を起こした。98年に一審判決で棄却され、現在控訴中」(「天皇訪欧オランダから(上)」。この記事の(下)の方には、こうある。

「インドネシアで日本軍の慰安婦にさせられたオランダ人女性は、現在数十人が生存しているとみられる。『女性のためのアジア平和国民基金』(アジア女性基金)が、オランダ事業実施委員会(PICN)が事業主体とし、99年から生活改善のための財・サービスを提供する事業を支援している。事業経費は計2億5000万円」(二〇〇〇年五月十二日)。

国家の戦争責任を認めて、被害者にとどく補償をするということをしないで、国の責任は認めないで、「民間」というたてまえの「基金」で逃げる(責任を隠蔽する)政策が、オランダに対しても取られているのが、よく読める。こういう無責任政策と、皇室の「癒し」のイメージ演出のための「外交」とが対応しているのである。

「天皇訪欧(上)」には、こう書かれている。

「SJEは日本政府への訴訟を起こしたのと同じ年の九四年十二月、ハーグにある日本大使館前で、月一回の抗議デモを始めた。大使館は『政府間で賠償問題は解決ずみであり、補償要求に応じられない立場は譲れないが、話を聞くことで彼らの気が少しでもすむのなら』と代表者を大使室に招き入れ、ほぼ毎月、大使が直接話し合いに応じてきた」。

こういうパイプをも使って、日本側は「皇室外交」のための根まわしをしてきたようだ。ベアトリクス女王も被害者団体の会長を王宮に招待して、「抗議行動は、オランダの尊厳を傷つけない形にしてほしい」と要請していることも、新聞などで報道された。

記者会見での天皇(夫妻)の発言については、例えば『毎日新聞』(二〇〇〇年五月一六日)の見出しは、こうだ。「インドネシアの強制収容問題、地元紙に、一面に陛下の『おわび』被害者感情好転か」。五月二十三日。アムステルダム王宮での天皇のスピーチ(オランダ女王主催の宮中晩さん会)は、10分間という異例の長さであったことと、戦争被害者の存在に「深い心の痛みを覚えます」と、「深い」とまで言った点が、マスコミにクローズアップされた(こういう「お言葉」なるものが、憲法上許されていないはずであることは、いうまでもあるまい)。ここには被抑留団体の連合組織の会長などが招待されている。

「晩さん会が始まる直前、招待客と両陛下が歓談する場で、ベアトリックス女王が真っ先に紹介したのが、五人の元抑留者だった。同氏が『元抑留者の多くがいまだに苦しんでいます』と話すと、天皇陛下は『毎日のその苦しみを思うと心が痛みます』と述べたという」(『朝日新聞』二〇〇〇年五月二四日〈夕刊〉)。

招待されても、拒否した団体(代表)もあったことを忘れるべきではないが、まともに責任を認め、補償していない事実を、「隠し」あたかも、なにかすばらしい「和解」、「癒し」が実現しつつあるというムードを演出する「騙し」としての「外交」が、つくりだされたのである。

ベアトリックス女王のスピーチは、こうだ。

「……過去との対決を回避することはよくありません。しかしながら、私たちの将来へのまなざしが、過去によって曇ることがあってはなりません。賢人の言葉にも『歴史の役割は、思い出すことのみでなく、将来への意味を与えること』とあります」。

「未来」を強調することで、インドネシアを植民地支配したオランダの歴史的責任について、日本の戦争責任の問題とともにやりすごそうというオランダの支配者の意思と、日本の侵略戦争の責任を曖昧にしようという日本の支配者の意思が、この「王室」と「皇室」の「外交」をつくりだしているのだ。

天皇の「謝罪」の「お言葉」なるものの内容が、天皇（制）の責任などまったくなかったという姿勢で、第三者的に「痛み」を語るものでしかありえないのは、必然なのである。（踏みこんだ「お言葉」を、などという「外交」の土俵にのった主張は、すべきでないことは、いうまでもないが）。天皇が「外交」している事自体が、日本国家がまともに責任を取る気がないことを象徴しているのだ。本当に謝罪する（責任を取る）気があるのなら、アキヒトは天皇をやめてみせるしか、ないではないか。最高の侵略責任のある座から、それをなくしていくためにおりる。これ以外に、彼が責任を取る道はない。

天皇の「お言葉」をめぐる報道の中に、作家深田祐介の、以下のような発言が紹介されている。

「戦争を挟む議論はかくのごとき不毛の水かけ論に終わる場合が多い。それ故に議論はこの辺で打ちきりにして両国の未来へ目を向けてゆきたい、というのが、日本国民の真意であり、陛下がそれを代弁されたのだ、と私は思う」（『朝日新聞』五月二十五日）。

政府・権力者の意向が、国民のまるごとの「真意」に置きかえられ、それを「天皇」が代弁しているのだと強弁する、まったく支配者ごのみのこの作家の発言。これは「癒し」のための「皇室外交」（「お言葉」）が、責任の「隠し」（「女性のためのアジア平和国民基金」！）と「騙し」（未来が大切、過去の責任はもういい！）の「外交」であるという事実をこそ示しているといえよう。

天皇有罪の判決にいたった「女性国際戦犯法廷」は、軍隊の「慰安婦」であることを強制された女性たちの交流の場ともなり、その民衆法廷は、不当に差別され抑圧されてきたその被害者たち自身の〈癒し〉の場となりえたという話を、この間、「法廷」関係者たちからよく耳にする。確かに彼女たちの多くは、あそこで、たいへん解放された気持を持ったであろうことは、その場で、私にも実感できた。

だとすれば、本当の〈癒し〉は、天皇制権力の「隠し」あるいは「騙し」としての「癒し」（国家・皇室によって演出された「癒し」）と対決する長い運動を媒介にして、つくりだされた事実にこそ、私たちは注目すべきであろう（「民衆法廷」は、日本国家への戦後補償要求の大きなステップでもあったのだ）。

今、二一世紀最初のワールドカップ（二〇〇二年・韓国と日本の共催）までにと、天皇（夫妻）の韓国訪問の準備が始まっている。この、「謝罪外交」の、とりあえずの最終ラウンドといえる、「癒し＝隠し＝騙し外交」の大きな欺瞞と対決し、反対の声を拡大する多様な運動が、つくりだされなければならないことは、いうまでもあるまい。

〔『インパクション』123号・01年2月〕

［2001/3］

NHKの「女性国際戦犯法廷」番組改ざん問題

右翼の脅迫と暴力の日常化

二月十一日、私たちは「天皇制の戦争責任を追及し『日の丸・君が代』に反対する反『紀元節』集会」（と集会前のデモ）を開催した（主催・同実行委員会）。デモには予想通り、右翼の暴力的介入があった。いきなり、デモの隊列の中に路上から乱入してくる右翼。それを追いかけるかたちで機動隊員と私服の刑事がデモ隊の中に入り込み、勝手な規制で大混乱という局面が二度あった。右翼はデモの進行についてまわり、脅迫をくりかえした。

私たちも参加した二月二十五日の神奈川での「『日の丸・君が代』強制に反対する」集会とデモ（主催・『日の丸・君が代』の法制化と強制に反対する神奈川の会）にも、集会場の前に集まった右翼が介入、私服刑事とベチャクチャ話しながら「日の丸」の旗などを持った右翼がデモの隊列にくっついて、脅迫的な言動を繰り返し続けた。

私たち「反天連」のメンバーも主催者として参加している「『日の丸・君が代』の強制反対の意思表示の会」主催の三月三日の「『日の丸・君が代』強制反対の声をひろげよう――さまざまな視点から〈意思表示〉を」の集会とデモにも、右翼が介入。街頭宣伝カーで「国賊反天連を粉砕せよ！」などと、集会中はがなり続け、デモの時はくっついてきて、しきりにカメラ、ビデオなどをとりながら、脅迫的な言動を繰り返し、解散地の公園では、待ちかまえ、「かかってこい！」などと挑発をくり返した。

右翼暴力団の、こういった動きは、どうやら日常化しだしているようだ。

二月一一日の集会の発言者の一人であった「『戦争と女性への暴力』日本ネットワーク」（VAWW―NETジャパン）のメンバーである西野瑠美子は、NHKのETV2001「日本軍による戦時性暴力」という番組が、右翼の暴力的介入によって内容が改ざんされたという事実について報告した。この点についてVAWW―NETジャパンの鈴木香織は「戦争協力を拒否し、有事立法に反対する全国Fax通信」9〈三月七日〉号）で、二月六日付けでNHK海老沢勝二会長宛に、VAWW―NETジャパンが明らかにしておくべきこととして求めた公開質問状について、以下のごとくレポートしている。

「◆当初の企画意図に沿って直接の番組取材制作者が作成したものが、NHKによって変更された過程。／◆変更に際して取材協力者、対象者であるVAWW―NETジャパンに説明しなかった理由。／◆ある時点から外部の制作者が外され内容も知らされないままNHKが最終的に番組を制作したのは事実か。／◆『法廷』の規模や構成、趣旨説明が無かった理由。／◆『天皇有罪』などの判決内容を紹介しなかった理由。天皇の戦争責任に触れないという判断は今回の番組製作過程で決定したのか、すでに内規が存在するのか。『天皇有罪』の法的根拠がないと判断したのか。／◆『慰安婦』問題で専門学者から批判されており『法廷』には最終の判決日しか参加していない秦郁彦氏を急遽訪問取材した理由、および当事者に反論・訂正の機会を与えなかった理由。／◆出演者に番組内容を事前に報せなかったのは事実か。／◆この番組に対して、どのような右翼団体がどのような要求をしたのか。右翼の妨害に対するNHKの姿勢。／◆自民党などの政権与党の政治家からの圧力があったか。NHKがそれにどう対応したのか。予算削減の危惧などの政治的圧力を無視できないのか。／◆（外部からの介入の影響が無かったとすれば）NHK独自の判断であのような不公正な番組を作った理由。／◆アナウンサーの最初の問題提起も、反論の機会が無ければ『偏向』になるが、わざわざ言わせた理由」。

ＮＨＫ側は、「編集方針は昨年十一月の制作決定時から放送までの間、一貫して変わっていない」「特定の団体等の圧力によって、放送内容を変更したということはない」と回答したと、ここで報告されている。

三月二日付の「右翼の圧力下の『女性国際戦犯法廷』番組改ざんは許せない」というＶＡＷＷ－ＮＥＴジャパン代表の松井やよりのＮＨＫ会長あての抗議文には、こうある。

「それに対して、十四日に届いたＮＨＫからの回答は、要するに、『法廷』の判決にふれなかったのは日本とアジア諸国の和解のためであり、番組は企画意図を編集方針に基づいて予定通り放送し、特定の団体等の圧力によって放送内容を変更したことはなかった、というものでした。／このような回答にＶＡＷＷ－ＮＥＴジャパンは到底納得できません。それは、私たちが調査した番組改ざんの事実経過とあまりにも離れているからです。私たちは番組関係者からの独自の調査を行い、また、ＮＨＫの吉岡民夫教養番組部長ら、ＮＨＫエンタプライズの島崎素彦スペシャル番組部長らからも直接説明を聞き、番組変更をめぐる事実経過が次の通りであることをつかみました。／昨年十二月二十七日のスタディオ収録では『法廷』のＶＴＲに高橋哲哉東大助教授、米山リサ・カリフォルニア大講師の二人が解説したのでしたが、それは、『法廷』についてくわしい紹介をしながら、二人がその意味や、人道への罪や戦時性暴力をどう裁くかについて解説するという内容でした。そのＶＴＲには、『日本軍性奴隷制を裁く女性国際戦犯法廷』という看板、この法廷を開く契機を与えた元『慰安婦』の姜徳景さんの絵、法廷の目的などを説明した主催者のインタビュー、『法廷』会場の様子、二人以上の被害者証言、加害者の証言、そして、肝心の判決も入っていたのですが、これらは30日の放映では全部カットされていました。また、二人の解説者の法廷に関するコメントも削られていました。／『法廷』開廷中からいくつもの右翼団体が会場の周辺で『法廷』反対を叫んでいましたが、『法廷』直後からＮＨＫに『法廷』についての番組中止を要求し始め、一月に入ると、『法廷』攻撃とＮＨＫへの圧力をさらに強めました。そのような雰囲気の中で十二月のスタディオ収録の番組を見たＮＨＫ幹部たちは、『法廷』から距離を置くように変更を命じ、番組制作者たちは何回かの手直しをさせられました。放送三日前の一月二十七日にはいくつもの右翼団体員三十数人がＮＨＫの建物に乱入し暴力的に番組放映中止を強要しました。その翌日の二十八日には、急遽、秦郁彦教授のインタビューを追加し、その後も、放送直前まで番組変更を続けたというのです。／その結果『法廷』に関する部分はほとんど形式的に残されるだけになり、戦時性暴力をテーマとした番組であるにも関わらず、『日本軍』『性奴隷制』などの言葉も一切なく、『慰安婦』制度についての日本の責任には全くふれない異様さでした。／ですから、右翼団体は『番組は骨抜きになり、ＮＨＫに勝利した。今後も抗議を続けよう』とホームページなどで勢いづいています。／しかし、このような番組改ざんは右翼団体の妨害だけではなく、自民党議員からのＮＨＫ幹部への圧力もあったといわれています。ＮＨＫはそれを否定していますが、編集権などをたてに真相を隠蔽し続けることは許されません。私たちは、今後とも真相の公開を要求し続けます」。

二月二十四日付で「『女性国際戦犯法廷』国際実行委員会からのＮＨＫあての、制作過程を公開し、「公正」な番組を制作・放映することを求める抗議文も出た。三月二日の朝日新聞は、この番組のコメンテーターである、高橋・米山・鵜飼哲・内海愛子のＮＨＫ（会長）への説明を求める申入書が提出されていることを報じている。

秦がつっこまれた第二回は、シロウト目にも改ざんは明らかであった。右翼の暴力と脅迫に屈し、その事実を隠蔽し続けるＮＨＫ。そして右翼の暴力を「市民」の正しい「抗議」などと評しつつ、「法廷」を非難する主張などが右派メディアに飛び交っている。すさまじい時代だ。

［『反天皇制運動PUNCH!』5号・01年3月13日］

〈補論〉

この問題については、私の松井やより（ＶＡＷＷ—ＮＥＴジャパン代表）インタビュー「ＮＨＫによる『女性国際戦犯法廷』ドキュメント番組の改ざん問題の真相をめぐって」（『季刊　運動〈経験〉』１〈01年5月〉号）を参照。

［2001/4］

「自己陶酔」史観教科書の登場

「今日的価値観」をふまえて過去の歴史を考えよう

三月二十日の「女性国際戦犯法廷」報告集会（主催ＶＡＷＷ—ＮＥＴジャパン）には、やはり十数人の右翼が押しかけ、脅迫的行為（入口で入場を止められた時の暴行も含めて）を長時間（集会が始まる以前から終わるまで）くりかえした。公安警察は、ほぼなすがままに放置。もちろん集会は、この妨害をはねのけ、キチンと持たれた。

右翼グループは、しきりと「勉強しろ、マルクス・レーニン主義狂信集団、反日の目をさませ」だとかの非難を会場入口ふきんにたむろして、くりかえしていた。この間、彼らの主張は、右翼天皇主義・国家主義者であると自己主張するのではなくて、自分たちは、イデオロギーから離れた、公正で客観的な主張をしており、自分たちが非難している対象こそが、イデオロギー的偏向だというスタイルのものになっている。このスタイルは「自由主義史観」派登場以来のものといえよう。

四月四日の新聞各紙は、三日にこの「新しい歴史教科書をつくる会」の中学の歴史と公民の教科書が、検定の修正をした後に合格したことをつたえている。「自由主義史観」＝「新しい歴史教科書をつくる会」などの右翼グループの機関誌となっている『産経新聞』の一面には、中西輝政の以下のような主張がある。

「まず率直な印象として、あれほど一部の人々が未公表の段階で騒ぎ、論議を集めたのに、修正を経て出来上がってみると『普通の教科書』ではないか、ということである。／これは、それだけ従来の歴史教科書がとても普通ではない、深刻な問題をはらんだものが多かったということだ」。

「つくる会」の会長西尾幹二は、『朝日新聞』(四月四日)の「私の視点」で、こう語っている。

「私たちの教科書は自虐の克服だといわれたが、むしろ『非常識』の克服であったと考えている」。

「私たちは一つのイデオロギーに囚われるのではなく、イデオロギーに囚われた従来の一切の単調な歴史に反対するものである」。

こういう口調を、脅迫右翼たちも、まねているのだろう。『産経新聞』(四日)には、こういう記事もある。

「だが、森首相は昭和五七年、検定で『侵略』が『進出』に書き換えられたとマスコミが報じた『教科書誤報事件』で韓国に関係修復の特使として派遣され、相手国の批判に本音とタテマエがあるのを見ている。あくまで検定制度を守る姿勢を貫いた。/森首相は三月七日、国会内で自民党の若手議員らに『君ら若手ももっと中韓の国会議員と親しくなって率直に話し合える相手を見つけ、パイプをつくりなさい』と話した」。

「天皇を中心とする神の国日本」というイデオロギーに立つ森善朗首相らの国家のトップにこの教科書がバックアップされたことに、いたく満足しているのだ。

『朝日新聞』(五日)は、教科書(中学公民)の検定で、国旗・国歌法が学校行事への「日の丸・君が代」の強制につながる懸念について掲載しようとした出版社のものが、その記述の部分が削られたとレポートしている。文部科学省はその理由を、「一般に法律は強制力を持つものであり、法律の強制をあやぶむという文章はおかしい」と説明しているらしい。

ほんとうにフザけた話である。法制化は強制を意味しないと、政府が主張し続け、この法律は成立したのである。こういう詭弁のスタイルは、学校の卒業・入学式に抵抗する教師への処分をふりかざしての、「日の丸」一〇〇%へ向けた強制を展開している、文部科学省—教育委員会の動きと対応しているのだ。その記事には、こういう弁明もある。

「同省教科書課は『法の強制力は一般論として言った。君が代を歌うことなどを強制するという意味ではない』としている」。

それだったら、具体的に「強制をあやぶむ」という主張は何もおかしくないではないか。事実として、法制化によって強制が全国的に拡大強化されているのだから、本当は「あやぶん」だり「懸念」したりどころの話ではないのだ。フザケルナ!

「つくる会」の教科書は、新聞の紹介だけでも、基本的な事実をも無視した、国家主義イデオロギーに満ち満ちたものにすぎないことはよくわかる。鹿野政直はこう批判している。

「全編にわたる基本的性格は、意識を国家に一体化させるための誘導と、社会運動や思想弾圧に関する記述が少ないことなどに表れる民衆の歴史の黙殺だ。『国体』中心の『自己陶酔史観』が貫かれていると言ってよい」(『朝日新聞』四日)。

この「自己陶酔史観」の排外主義イデオロギーの性格は、強制しないといって強制し、強制はあたりまえといって、それほど強制はないとしてみたりの文部科学省の詭弁のスタイルに、にている。私たちに「常識=普通」だといいながら、右翼国家主義のイデオロギーを押しつけているのだから。

佐藤学は、この教科書を、以下のように批判している。

「イデオロギー色の強い教科書が現場に持ち込まれることで、教師や保護者、生徒から問題視したり反発したりする動きも出るだろう。教室の場にイデオロギーや政治的対立による混乱が持ち込まれることを憂慮している」(『朝日新聞』四日)。

こういう批判には首をかしげざるをえない。「イデオロギー」とは政治的価値判断ということであろう。だとすれば、社会に政治（イデオロギー）的対立は現に存在するのであり、教育の場もまったくの真空の脱イデオロギー（公共＝客観）空間などではありようもないではないか。歴史の基本事実をも無視しようという「つくる会」の教科書の姿勢を批判するのは当たり前だが、イデオロギーの対立を排して、というインチキな「イデオロギー」をふりまけばよいというわけではあるまい。

テッサ・モリス鈴木は、「つくる会」側の、「今日的価値観」で過去を裁くな、といいながら、恣意的に「今日的価値観」で過去の日本文化を賞賛している論理の矛盾を指摘しつつ、「今日的価値観」をふまえた過去の過ちを裁く歴史教育こそが必要だと力説している。そうした価値観の歴史的限界や可能性を具体的に認識するためにもそうすべきだというわけである。そこで、テッサは、「地域や国家という境界を越えうる空間を創造する」教育という今日的価値を具体的に示している（「『現在の基準』で裁く意味」（『朝日新聞』四月五日）。

私たちの反天皇制運動に必要なのも、「自国」利害を基軸にした歴史というイデオロギーを越えた、「今日的価値観」であることは明らかだと思う。

脱イデオロギー的「物語」という国家主義者のプロパガンダに対して、私たちの方が「客観的＝科学的」かつ「実証的」だと主張するのではなく、私たちが、どういう「今日的価値観」に立っているのかをこそ、より具体的に明示する運動こそが、さらに目指されるべきではないのか。「日の丸・君が代」拒否の運動も、国旗・国歌をめぐる、歴史的体験をふまえた「価値観」をめぐる闘いである。

（『反天皇制運動PUNCH!』6号・01年4月11日）

［2001/5］

「雅子さま懐妊の可能性」報道をめぐって

マス・メディアは「女帝」による「継承」の安定を、の大合唱

例年通り、四月二十九日の反天皇制集会を、今年は「天皇制と『日の丸・君が代』の戦争責任を問う」集会として、「反天連」も呼びかけの実行委で準備していた四月十六日、雅子「ご懐妊の可能性」という発表があった。マス・メディアは、こぞって、ハシャギ、新聞も号外を出しての大騒ぎ。

なかなかできず、やっとできたら流産の「悲劇」をのりこえ、不景気に沈む日本列島に巨大な経済効果をもたらす、すばらしき高齢出産オメデトウという画一的なメッセージがうんざりするほど飛び交った。

しかし、「懐妊の可能性」とはいったいなにか。以前は彼女には、まったく可能性がなかったのか。「兆候」スクープで流産という過去にこりてのいそいでの「可能性」公表らしいが、おかしな日本語だ。

このオメデトウ騒ぎの中に、かなりハッキリしたイデオロギーが組織されている。以前の「兆候」騒ぎの中で、大々的につくりだされかかって、ストップとあいなった「女帝」論が、こぞって大々的に浮上しているのである。いくつかひろってみる。

まず、『週刊文春』（四月二十六日号）。

「学習院大学の篠沢秀夫文学部長も、『心からお喜び申し上げます』と言った後で、／『しかしお祝いと同時に、皇室典範について考える時期にきていると思います。皇位継承を「男系の男子」に限定していることが懐妊報道を過熱させ、いらぬ重圧の原因ともいえるからです。／これは明治期にフランス法をモデルにしたためと思われ

ますが、フランスでは「女系男子」にも王位継承を認めることで血筋を維持してきた。／今こそ国家百年の計を考えるべきなのです』／もし、今回のご懐妊で待望の男子誕生となっても、何十年後かに、またお世継ぎ問題が起きる可能性は高い」（深層レポート　雅子妃『悲劇』を克服した一年間）。

次は『朝日新聞』（四月十七日「社説」）。

「皇室典範は、男子だけの皇位継承を定めている。しかし、この規定がいまの時代に即したものかどうかについて、さまざまな意見が出ている。より開かれた皇室へ、法制度を含めた見直しをする時期がきているのではなかろうか。／さかのぼれば八年前の結婚以来、ご夫妻には赤ちゃんをめぐる『期待の重圧』が続いてきた」（「出産のご無事を祈る」）。

次は女性週刊誌から一つ。『週刊女性』（五月八日・十五日合併号）。

「天皇陛下のご学友で、元共同通信記者の橋本明さんも、皇位継承者は男子に限られるという現行制度の改正を求めている。／『騒ぎすぎずに、大事に見守ってほしいですね。それに無事生まれたとしても、女の子だとガックリきてしまうのではないでしょうか。現行の制度がある限りは。そうならないためには、出産予定の十二月までに、女帝が認められるように制度を改めるべきです。／そういった制度がないまま男子を生むプレッシャーにさらされる雅子さまも、おつらい立場のはずです。とにかく、女帝を認める制度がなければ、今回のニュースも一喜一憂の出来事になってしまうでしょう』／雅子さまのご懐妊によって、にわかに皇位継承をめぐる論議も活発化してきた。女帝問題も含めて、今は法律的な問題を整備するチャンスなのかもしれない」（「独走秘話　皇太子妃雅子様〝宮中いじめ〟に耐えた『信念』！」）。

「女帝」を可能にする方向へ皇室典範を変えよう、の大合唱である。直接の理由は、雅子へのプレッシャーの解消という点も共通したキャンペーンだ。

皇室の「伝統」の無条件の価値をふりかざし、女帝論に反対する言論は、右派のメディアの中にも消滅してしまっている。皇室を、そのように時代に対応させようという意思は、この間、広く組織され続けてきたのである。

一見「無害」の天皇一族の皇位継承のための懐妊騒ぎと、「女帝」騒ぎ、それほど眼くじらたてて問題にするほどのことはない、こういう意思は、いろいろなテーマで国家・社会批判の運動を担っている人々の中にも少なくない。

しかし、決して、そうではないのだ。

四月二十九日の私たちの集会には、天皇主義右翼は、脅迫のために登場することはなかった。しかし、五月一日の「緊急女性集会――歴史歪曲・女性蔑視の『つくる会』教科書を採択させない！」（主催ＶＡＷＷ―ＮＥＴジャパン）には、やはり集会開始前から右翼が登場し、集会が終るまで、脅迫的イヤガラセを続けたのである。渋谷区立の会場であった。彼らは、一方的な主張の集会に公的な機関が貸すのはおかしいと主張し、区役所と会場の受付に抗議をしつつ、集会参加者をにらみ、主催者への脅迫的言動をくりかえした。自分たちは、当然の権利にもとづく集会を破壊しにきているだけなのに、自分たちは「偏向」を正しているのだと主張する。人々の自由に暴力的に介入しながら、こんな集会を許すのは「許せない」とどなる。

こういう天皇主義者と、皇室制度は無関係といえるのであろうか。もちろん、そんなことはないのだ。彼や彼女らが天皇制を無条件に支持し、「日の丸・君が代」に反対する「非国民」は日本から出ていけ！　と叫び続けていることと、右派メディアの流し続けているイデオロギーとが対応していることは、いうまでもあるまい。

さらに問題なのは、例えば、「日の丸・君が代」の無条件の強制には、反対の姿勢（批判的）であるマス・メディアも、皇室を画一的に無条件に賛美するという姿勢については、天皇主義右翼と、まったく同一なことである。たとえば、この「雅子懐妊」騒ぎでは、国民はこぞってオメデトウと語っているという操作報道をし続けているではないか。

「自分たちには関係ない話、なんでマスコミはそんなにハシャグのか」、というような、いくらでも存在する声は、決してマス・メディアには出てこないのである。「挙国一致」のオメデトウ騒ぎ、「女帝」による皇位の安定的継承をという騒ぎを、マス・メディアこそが演出してつくりだしているのである。

皇室を公然と批判し、それを非難する自由は、マス・メディアの世界に存在していない。それはタブーなのだ（そのことは、「女性国際戦犯法廷」のＮＨＫテレビの改ざんという事態が象徴している）。

こういうマス・メディアのタブーに支えられた皇室制度の存在が、右翼の天皇（皇室）絶対思想に基づく、理論的にはハチャメチャな暴力的行動をも保障しているのだ。

「日の丸・君が代」の強制には批判的なマス・メディアも、画一的懐妊オメデトウ・「女帝」による皇位の安定的継承を、という「皇室」の強制という点では、右派メディアとまったく横ならびなのである。

こういうマスコミじかけの天皇（制）が継承され続けるからこそ、天皇主義右翼の暴力がくりかえし浮上するのである。

［『反天皇制運動PUNCH!』7号・01年5月9日］

あとがき

とんでもない分量の本になってしまった。おそらく、今までの私の本の中でも最大分量のものだろう。なんとか、天皇問題についての発言をまとめようと思った時は、はるか以前から何度かあった。

一九九八年の年末に出版した『反戦運動の思想――新ガイドライン安保を歴史的に問う』（論創社）の「あとがき」でも、「反天連を軸とした活動の六冊目をまとめる作業も開始している」と、私は書いているが、この後もズルズルと作業は延長してしまった。

反天皇制運動連絡会のⅣ期が二〇〇〇年の八月で終わり（Ⅴ期へのスタートが十月）、ここでしめくくるチャンスだ、一気にまとめようと思ったが、それもできず、Ⅴ期の活動（半年以上）のレポートをも含めて、やっとまとまった。

ほぼ八年間の、反天皇制運動の渦中で書き続けた文章が、まとめてブチこまれている。どうして、こんな分量になる前に、まとめなかったのかと、思わないわけではないが、ハッキリした理由があるわけではなく、なんとなく、うまいタイミングでまとめられなくて、こうなってしまったのである。ただ、これだけの数の文章を、一冊にまとめるという、時流とは反対の本づくりは、私にはふさわしいのではないか、といった、ひらきなおった気分もないわけではない。

さて、連載した文章の連載タイトルをここに記しておく。「靖国・天皇制問題情報センター通信」の四本（一一三回から一一六〈最終〉回）は「皇室情報の読み方」である。「反天皇制運動ＳＰＩＲＩＴＳ」（第Ⅱ期「反天連」の月刊ニュース）は「反天皇制ポレミック」が、第二十五回～二十七〈最終〉回）までと、その後が、「皇室情報の『誤読《よみなおし》』」（一回～九〈最終〉回）である。「反天皇制運動ＮＯＩＳＥ」（第Ⅲ期「反天連」の月刊ニュース）は、「帰ってきた、皇室情報の読み方」（一回～三十六〈最終〉回）。また「反天皇制運動じゃーなる」（第Ⅳ期「反天連」の月刊ニュース）は「皇室情報の『誤読《よみなおし》』」（一回～三十六〈最終〉回）である。さらに「反天皇制運動ＰＵＮＣＨ！」（第Ⅴ期「反天連」の月刊ニュース）は「反天運動月報」（一回～七回まで）である。

反天皇制運動の（「'96東京植樹祭を問う共同行動」）のニュースは「マスメディアの中の皇室」（一回～五〈最終〉回）である。

Ⅰ部の「象徴天皇制の『二重構造』とその〈よじれ〉」が書き下ろしである（Ⅱ部Ⅲ部の〈補論〉は単行本化にあたってつけた）。

『恋愛結婚じかけの天皇制』（一九九三年・インパクト出版会）の「あとがき」に、私はこう書いている。

「『皇室情報の読み方―天皇制イデオロギー論』（一九八六年・社会評論社）、『情報社会の天皇制―続・天皇制イデオロギー論』（一九八八年・社会評論社）、『マスコミじかけの天皇制』（一九九〇年・インパクト出版会）、『メディアとしての天皇制』（一九九二年・インパクト出版会）に次ぐ、私の天皇制イデオロギー批判をまとめたものの五冊目ということになる」。

だから、本書は、私の天皇制イデオロギー批判をまとめたものの六冊目ということになるわけである。

一九九三年五月一八日という日付けのついたその「あとがき」には、このようにも書かれている。

「私は『メディアとしての天皇制』の『あとがき』で『肉体的にも精神的にも疲労がたまり、へバリだしていないといえば、嘘になる』と書いているが、去年の夏は腰痛でひっくりかえり何週間も寝たきりという少年の時の骨折以来の体験もあった。かなりガタガタである。しかし、ムチャな力走をまだやめるわけにはいくまい」。

八年後の今、もはや全身がガタガタなのは「疲労」だけではなく、肉体の老化であることが明確な年齢（五十代）に、私もなっている。しかし、会議とデモと集会とアルコール漬けの日々は、さらに、さらに破滅的にエスカレーションしている。「ムチャな力走をまだやめるわけにはいくまい」などと、粋がってみても、正直なところ足のもつれに自覚的になるしかない状況である（アルコールのせいだけではあるまい）。

しかし、状況は、すさまじいところにまで来てしまっている。のんびりなどしているゆとりが、全くないのも現実である。とにかく、行けるところにまで、行ってみるしかあるまい。

運動の内側を生き、その内側から発する文章をまとめる。そういう流儀と方法で、反天皇制の問題にそくしては六冊（十七年間の動き）も、まとめられた。

これを可能にしたのは、「反天連」メンバーはもちろん、「派兵チェック編集委員会」のメンバーや反天皇制や反安保・反戦の共同行動を共に担っている人々との運動の持続である。いちいち名前を挙げることはしないが、長い協力者たちに感謝します。

これで終わると、なにやらラストというムードがただよってしまうから、明言しておきたい。まだまだ、運動も、書くことも持続する。それの行きつく先に何が待っているのか、などということには、本当は以前から、私にはたいした関心がない。運動の過程、それだけがすべてである⁉

最後に、いつも型どおりの感謝の言葉。インパクト出版会の深田卓氏、装幀の貝原浩氏、どうもありがとう。

言葉が型どおりだからといって、気持ちがこもっていない、というわけでは、まったくないつもりだ。よくも、ここまで長く、一緒にやってこれたものだという気持ちは、ひとしおである。特に、ひどい喧嘩も、くりかえした深田氏との関係については。

争う力がなくなったら終わりだ。まだ、喧嘩をしながら、運動を持続し、何冊もの本をつくり続けたいものである。

二〇〇一年五月二十四日（引っ越し後も、やはり「ゴミ溜め」のインパクト出版会にて）

天野恵一（あまのやすかず）
1948年生まれ
著書
『危機のイデオローグ ── 清水幾太郎批判』批評社、1979年
『皇室情報の読み方 ── 天皇制イデオロギー論』社会評論社、1986年
『情報社会の天皇制 ── 続天皇制イデオロギー論』社会評論社、1988年
『全共闘経験の現在』インパクト出版会、1989年、増補新版1997年
『マスコミじかけの天皇制』インパクト出版会、1990年
『メディアとしての天皇制』インパクト出版会、1992年
『「恋愛結婚」じかけの天皇制』インパクト出版会、1993年
『「無党派」という党派性 ── 生きなおされた全共闘経験』インパクト出版会、1994年
『反戦運動の思想 ── 新ガイドライン安保を歴史的に問う』論創社、1998年
『［無党派運動］の思想 ──［共産主義と暴力］再考』インパクト出版会、1999年
『沖縄経験─〈民衆の安全保障〉へ』社会評論社、2000年
主要共著
『戦後史の天皇』自由国民社、1986年
『マスコミ床屋政談』社会評論社、1987年
『派兵時代の反戦思想』軌跡社、1991年
『派兵国家日本の進路』緑風出版、1995年
『戦後50年100の肖像』インパクト出版会、1995年
『あの狼煙はいま』インパクト出版会、1996年
『本当に戦争がしたいの ── 新ガイドラインの向こうに見えるもの」1999年、凱風社
『「日の丸・君が代」は人を殺す！』社会評論社、1999年
主要編著
『批評精神』１～５号（個人編集）、合本、批評社、1981～83年
『検証［昭和の思想］』Ⅰ～Ⅴ（共編）、社会評論社、1988年～1994年
『撃ちくずせ天皇制』（共編）、あずさ書店、1989年
『平成天皇の基礎知識』（共編）、社会評論社、1990年
『反天皇制』（共編）、「思想の海へ」16巻、社会評論社、1991年
『大衆社会と象徴天皇制』、「コメンタール戦後50年」２巻、社会評論社、1995年
『「自由主義史観」を解読する』社会評論社、1997年
『君はオリンピックを見たか』社会評論社、1998年
『平和をつくる ──「新ガイドライン安保」と沖縄闘争』インパクト出版会、1998年

「日の丸・君が代」じかけの天皇制

2001年6月15日　第１刷発行

著　者　天野恵一
発行人　深 田 卓
装幀者　貝 原 浩
発　行　（株）インパクト出版会
東京都文京区本郷2-5-11服部ビル
03-3818-7576　FAX03-3818-8676
impact@jca.apc.org　http://www.jca.apc.org/~impact/
郵便振替　00110-9-83148

モリモト印刷

天野恵一の本

マスコミじかけの天皇制

下血重態報道からXデー、紀子ちゃん騒動までの過熱するマスコミを、『朝日』から『女性自身』まで全メディアを槍玉に挙げ、象徴天皇制の本質を暴き、天皇一族を罵倒する。88～89年の反天皇制闘争の渦中に書き継がれた著者の全天皇制批判論考1000枚を集大成。

A5判上製400頁　2900円＋税　ISBN4-7554-0015-5

メディアとしての天皇制

秋篠宮・紀子の結婚・出産、皇太子の妃選び……。マスメディアにあふれる皇室情報の政治とは？　あらゆる女性週刊誌から総合誌までを俎上に上げて「マスコミと天皇制のおいしい関係を赤裸々に暴いてしまった」皇室報道ウォッチング90～91年版！

A5判上製238頁　2650円＋税　ISBN4-7554-0024-4

「恋愛結婚」じかけの天皇制

マスメディアに作られた「世紀の恋愛結婚」＝「世紀末の謀略結婚」の化けの皮をはぐ。皇室報道ウォッチング第3弾、92～93年版！　雅子の真実篇。

A5判上製326頁　2900円＋税　ISBN4-7554-0032-5

全共闘運動の現在　増補新版

「1969年。その年の名を呼べば今も胸が熱くなる。回顧するにはたやすい、忘れ去るにはもっとたやすい二〇年という時を切り裂いて動く思索者、天野恵一の思考は集成された。〈連帯と孤立〉以降の乾いた舗道を、今も疾走する筆者の言葉に答える者は誰か。……」桐山襲檄賞の一冊。

四六判並製355頁　2300円＋税　ISBN4-7554-0067-8

「無党派」という党派性

生きなおされた全共闘経験

運動の体験を思想化する！　我々はどれだけこのことに自覚的であっただろうか。東アジア反日武装戦線や滝田修事件を通して、「革命的暴力」「運動の倫理主義」の神話を抉り、「新左翼」運動を総括する渾身の長編評論。

四六判上製335頁　2500円＋税　ISBN4-7554-0035-8

無党派運動の思想

[共産主義と暴力] 再考

今は亡き共産主義者・廣松渉は何故「東亜の新体制」を掲げたのか、山谷、連合赤軍に見る「革命的」暴力の構造、沖縄反基地闘争をめぐる記憶など、今日の社会運動に一石を投じ続ける天野恵一の最新論集。

四六判並製252頁　2000円＋税　ISBN4-7554-0086-1